ENSAIOS DE TEODICEIA

Gottfried Wilhelm Leibniz

ENSAIOS DE TEODICEIA
SOBRE A BONDADE DE DEUS, A LIBERDADE
DO HOMEM E A ORIGEM DO MAL

tradução TESSA MOURA LACERDA E CELI HIRATA
revisão técnica TESSA MOURA LACERDA

Esta obra foi publicada originalmente em francês com o título
ESSAIS DE THÉODICÉE SUR LA BONTÉ DE DIEU,
LA LIBERTÉ DE L'HOMME ET L'ORIGINE DU MAL.
Copyright © 2023, Editora WMF Martins Fontes Ltda.,
São Paulo, para a presente edição.

Todos os direitos reservados. Este livro não pode ser reproduzido, no todo ou em parte, armazenado em sistemas eletrônicos recuperáveis nem transmitido por nenhuma forma ou meio eletrônico, mecânico ou outros, sem a prévia autorização por escrito do editor.

1ª edição 2023

Editores   *Alexandre Carrasco e Pedro Taam*
Tradução   *Tessa Moura Lacerda e Celi Hirata*
Acompanhamento editorial   *Rogério Trentini*
Preparação   *Ricardo Franzin*
Revisão técnica   *Tessa Moura Lacerda*
Revisões   *Rogério Trentini e Marisa Rosa Teixeira*
Produção gráfica   *Geraldo Alves*
Paginação   *Renato Carbone*
Capa e projeto gráfico   *Gisleine Scandiuzzi*

Dados Internacionais de Catalogação na Publicação (CIP)
(Câmara Brasileira do Livro, SP, Brasil)

Leibniz, Gottfried Wilhelm, 1646-1716
  Ensaios de teodiceia : sobre a bondade de Deus, a liberdade do homem e a origem do mal / Gottfried Wilhelm Leibniz ; tradução Tessa Moura Lacerda, Celi Hirata. – São Paulo : Editora WMF Martins Fontes, 2023. – (Clássicos)

  Título original: Essais de théodicée: sur la bonté de Dieu, la liberté de l'homme et l'origine du mal
  ISBN 978-85-469-0470-9

  1. Bondade 2. Deus (Cristianismo) 3. Filosofia alemã 4. Leibniz, Gottfried Wilhelm, 1646-1716 5. Teodiceia I. Título. II. Série.

23-156947   CDD-231.8

Índice para catálogo sistemático:
1. Teodiceia : Cristianismo   231.8

Eliane de Freitas Leite – Bibliotecária – CRB 8/8415

Todos os direitos desta edição reservados à
Editora WMF Martins Fontes Ltda.
Rua Prof. Laerte Ramos de Carvalho, 133 01325-030 São Paulo SP Brasil
Tel. (11) 3293-8150 e-mail: info@wmfmartinsfontes.com.br
http://www.wmfmartinsfontes.com.br

SUMÁRIO

Apresentação VII
Uma leitura política da Teodiceia XV

ENSAIOS DE TEODICEIA 1

PREFÁCIO 3

DISCURSO SOBRE A CONFORMIDADE DA FÉ COM A RAZÃO 31

PRIMEIRA PARTE 93

SEGUNDA PARTE 165

TERCEIRA PARTE 275

RESUMO DA CONTROVÉRSIA, REDUZIDA A ARGUMENTOS EM FORMA 391

REFLEXÕES SOBRE A OBRA QUE HOBBES PUBLICOU EM INGLÊS SOBRE A LIBERDADE, A NECESSIDADE E O ACASO 405

OBSERVAÇÕES CONCERNENTES AO LIVRO *SOBRE A ORIGEM DO MAL*, PUBLICADO HÁ POUCO NA INGLATERRA 419

A CAUSA DE DEUS, DEFENDIDA A PARTIR DE SUA JUSTIÇA, CONCILIADA COM TODAS AS SUAS OUTRAS PERFEIÇÕES E COM A TOTALIDADE DAS AÇÕES 461

ENSAIO DE UMA TEODICEIA OU DOUTRINA DA JUSTIÇA DIVINA SOBRE A BONDADE DE DEUS, A LIBERDADE DOS HOMENS E A ORIGEM DO MAL 493

APRESENTAÇÃO

G. W. Leibniz (1646-1716), filósofo, jurista, matemático, cientista físico e engenheiro, nascido em Leipzig, era um exímio criador de conceitos, como definiu Gilles Deleuze, e também um escritor copioso – são dezenas de milhares de opúsculos e cartas para as mais diversas personalidades. Em vida, porém, Leibniz publicou pouco. Os *Ensaios de teodiceia*, de 1710, constituem seu único livro publicado.

Nascidos do diálogo com Sophie Charlotte, rainha da Prússia e filha do príncipe eleitor de Hannover, na corte de quem Leibniz foi bibliotecário na maior parte de sua vida[1], os *Ensaios de teodiceia sobre a bondade de Deus, a liberdade do homem e a origem do mal* debruçam-se sobre um dos labirintos no qual a razão humana se perde. Segundo Leibniz, há dois labirintos: o labirinto da composição do contínuo por indivisíveis e o labirinto da liberdade e da necessidade. O primeiro interessa particularmente aos matemáticos; já o segundo interessa a toda a espécie humana, na medida em que diz respeito diretamente à moralidade da ação das criaturas. Em resumo: se Deus existe, por que existe o mal? Se Deus é onisciente e conhece o que cada ser humano vai escolher antes de a ação se realizar, então como os seres humanos podem ser considerados responsáveis moralmente por suas ações? Não será Deus o responsável

---

[1] Leibniz expõe as circunstâncias numa carta a Thomas Burnett de 30 de outubro de 1710, in Dutens (ed.), *Leibniz, Opera omnia*, Genebra, Fratres de Tournes, 1768, t. 6, vol. 1, pp. 284-5.

pelo mal? Se Deus é onipotente e sabe que uma determinada criatura, posta em determinada situação, escolherá pecar, por que ele a cria nessas condições? Não será Deus o responsável por esse pecado?

A palavra "teodiceia", depois adotada para descrever argumentações semelhantes à de Leibniz, é um neologismo inventado pelo filósofo a partir de duas palavras gregas: *theos* (Deus) e *dikē* (justiça). Leibniz, que era jurista de formação, pretende defender a causa de Deus demonstrando, contra o senso comum e o labirinto que opõe liberdade e necessidade, que ele não é responsável pelo mal que existe no mundo, ainda que possa permiti-lo. As criaturas são responsáveis por suas ações. A questão que se coloca é que esse problema clássico que opunha necessidade e liberdade ganha tons dramáticos na filosofia de Leibniz. Porque não se trata apenas de explicar como a onisciência e a onipotência de Deus não ferem a liberdade das ações humanas, mas também que, pela definição leibniziana de substância individual, todo indivíduo tem uma noção completa na qual constam todos os predicados, ou ações, que definem o sujeito a quem a noção pertence. Em outras palavras: todas as ações das criaturas são determinadas. O Deus leibniziano cria um mundo de criaturas que, como sujeitos, têm seus predicados inteiramente determinados. Como dizer que essas criaturas são livres?

Sophie Charlotte se interessara pelas ideias de Pierre Bayle (1647-1706), e é a partir das questões postas pela princesa que Leibniz estabelecerá um diálogo com a filosofia de tal pensador, comentando não apenas verbetes do seu famoso *Dicionário histórico e crítico*, como também passagens de *Resposta às questões de um provincial* e de *Diálogos entre Máximo e Temístio*. Mas, para além de Bayle, Leibniz estabelece interlocução com uma grande gama de autores, tanto passados como contemporâneos seus.

Tratando do tema do mal e da justiça de Deus, que o preocupa desde a sua juventude, Leibniz nos apresenta uma exposição madura de sua filosofia. Como o leitor poderá descobrir nas próximas páginas, os grandes temas de seu pensamento são tratados na *Teodiceia*: a hipótese da harmonia preestabelecida, a tese de que este é o melhor dos mundos possíveis, a universalidade do princípio de razão suficiente e a plena inteligibilidade da realidade, a conciliação do determinismo com a liberdade, entre outros.

APRESENTAÇÃO

*

Os *Ensaios de teodiceia* são constituídos por três partes, além de um prefácio, um discurso introdutório, o "Discurso sobre a conformidade da fé com a razão", e quatro anexos. Na primeira parte, Leibniz constrói o problema, ou o labirinto entre liberdade e necessidade, a partir de duas classes de dificuldade, a liberdade humana e a conduta divina. Sobre o segundo ponto, ele afirma ser preciso garantir um equilíbrio perfeito entre os atributos de Deus, a bondade da vontade e a grandeza, composta pela onisciência e a onipotência. É esse equilíbrio que permite que se entenda Deus como primeira razão das coisas, e não um déspota. Esse Deus que é Razão age da maneira mais desejável possível, sua vontade segue sempre seu entendimento e a potência realiza o que a bondade da vontade escolhe. Um Deus que age de maneira sábia cria o melhor dos mundos possíveis: nós conhecemos uma ínfima parte do universo, por isso não podemos perceber, senão com os olhos do espírito, a harmonia que rege o todo – o mundo criado pela sabedoria divina é como um quadro belíssimo, mas para nós é como se esse quadro estivesse coberto por um pano, no qual há um furinho. O que vemos é essa parte mínima que transparece através do furo no tecido.

Ora, mas se este é o melhor dos mundos possíveis, o que é o mal? Leibniz entende o mal como negação, não ser, a sombra para a luz, digamos assim. O filósofo divide o mal em mal metafísico, mal moral e mal físico. O mal metafísico é a limitação natural daquilo que é criado (afinal, Deus não poderia criar outro Deus, o mundo é relativamente perfeito, é o melhor dos mundos possíveis, e não pode ser absolutamente perfeito como o próprio Criador). Desse mal metafísico deriva o mal moral da criatura racional, o pecado. Diferentemente do mal metafísico, o mal moral não é necessário. Do pecado decorre o mal físico, a dor.

Tudo está determinado no melhor dos mundos possíveis: há uma ligação de causas e efeitos que constitui a contingência tal como Leibniz a entende. Essa predeterminação dos eventos não impede o exercício da liberdade pelo ser humano. E é a essa tese que Leibniz dedica o restante da primeira parte da *Teodiceia*. Discorrendo e argumentando com autores diversos, como Aristóteles, Hobbes, Grócio, Calvino e outros, Leibniz apresenta sua concepção de liberdade.

Se na primeira parte da *Teodiceia* Leibniz faz uma apresentação geral do problema que enfrenta no livro, na segunda o diálogo com Pierre Bayle se torna explícito, na medida em que Leibniz cita, e comenta longamente, as dezenove máximas filosóficas que Bayle opõe a sete proposições teológicas em seu livro *Resposta às questões de um provincial*. Dessa maneira, Leibniz se serve das teses que apresentou na primeira parte para se contrapor a Bayle a partir da ideia de que, ainda que não seja possível compreender racionalmente as verdades reveladas, elas não podem estar contra a razão, ideia discutida no "Discurso sobre a conformidade da fé com a razão".

Na terceira parte da *Teodiceia*, Leibniz prossegue o diálogo com Bayle, mas o debate criado por meio de citações dos escritos desse pensador e de comentários diretos a eles não é a única forma de texto aqui. Nessa parte, o filósofo se dedica à questão do mal para se debruçar sobre o tema da liberdade humana, apenas apresentado na primeira parte. No § 288, temos a famosa definição da *liberdade* a partir da *contingência* (da ação), da *espontaneidade* (do agente, que encontra as razões de sua ação em si mesmo, em sua noção individual) e da *inteligência*, ou conhecimento distinto do objeto de deliberação, conhecimento de que só seres racionais são capazes. Ainda que todos os eventos no mundo criado sejam contingentes, como o próprio mundo, e ainda que alguns desses eventos sejam ações espontâneas, como a ação de qualquer ser vivo, apenas os seres racionais são capazes de deliberar sobre suas próprias ações; por isso, só seres racionais podem ser ditos livres. A liberdade da ação não está, portanto, na indiferença do que escolher, mas nessa capacidade de reflexão e deliberação. Mais uma vez Leibniz dialoga com a tradição, trazendo para seu texto – além de Bayle – Aristóteles, Cícero, Crisipo, Plutarco e os escolásticos, entre outros.

O texto se encerra com um longo apólogo. O filósofo imagina a continuação do *Diálogo sobre o livre-arbítrio*, de Lorenzo Valla, que, contra Boécio, nega que a previsibilidade das ações as torne necessárias. Leibniz quer explicar "da maneira mais clara e mais popular possível" (*Teodiceia*, § 405) como atravessar o labirinto do livre e do necessário. A presciência não torna uma ação necessária. Sabemos, desde Aristóteles, que enunciar que uma batalha naval vai acontecer amanhã não torna a batalha necessária. A preordenação também não torna uma ação necessária. Para mostrar isso, Leibniz descreve, na continuação do diálogo de Valla, como o último rei de Roma, Sextus Tarquinius, enfurecido com o destino previsto para si e desprezando a recomendação de Júpiter, que lhe aconselha renunciar à Coroa, executa exatamente o que o deus previu, sendo banido de sua terra e, depois, morto.

Teodoro, sacrificador do templo de Júpiter, não compreende por que este não deu a Sextus a boa vontade que o teria levado a outro caminho. Júpiter então o envia a Palas, sua filha, para que ele compreenda que isso não cabia ao deus. Quando chega ao templo da deusa, em Atenas, Teodoro dorme e sonha com "um palácio de um brilho inconcebível e de uma grandeza imensa", no qual há "representações não apenas do que ocorre, mas também de tudo o que é possível" (*Teodiceia*, § 414): o palácio dos destinos. Percorrendo as câmaras do palácio, Teodoro vê outros Sextus que se decidiram por ouvir o conselho de Júpiter. Subindo como numa pirâmide, cada um dos quartos em que entra é ainda mais belo, até chegar ao mais belo de todos, na ponta dessa pirâmide que é o palácio:

> A pirâmide tem um começo, mas não se vê o fim. Ela tem uma ponta, mas não uma base; ela prossegue crescendo ao infinito. Isso – como a deusa lhe explica – porque entre uma infinidade de mundos possíveis há o melhor de todos, de outro modo Deus não se determinaria a criar nenhum; mas não há nenhum mundo possível que não tenha outros menos perfeitos sob si: eis por que a pirâmide cresce sempre ao infinito (*Teodiceia*, § 416).

O apólogo e a imagem do palácio dos destinos visam mostrar por que este é o melhor dos mundos possíveis e como, neste mundo, tudo tem uma razão para ser assim, e não de outro modo. Leibniz conclui seu debate com Bayle com seu famoso princípio de razão suficiente.

*

Além dessas três partes, Leibniz redigiu quatro textos que deveriam acompanhar a obra como anexos. O primeiro é um resumo da controvérsia que expõe as principais dificuldades relativas à conciliação entre a bondade divina e a existência do mal, e suas respostas em forma de objeções e silogismos. Já outros dois apêndices giram em torno do conceito de liberdade e de sua conciliação com a determinação integral dos eventos. Para tratar desse mote, Leibniz comenta as obras de dois autores britânicos, Thomas Hobbes (1588-1679) e William King (1650-1729).

Em 1656, Hobbes publica *Questões sobre a liberdade, a necessidade e o acaso*, que encerra a maior parte da longa querela que manteve com John Bramhall (1594-1633), bispo anglicano partidário da filosofia escolástica. Enquanto Hobbes sustenta que todos os eventos, incluindo as ações humanas, são necessários, sem nenhum espaço para a vontade se autodeterminar independentemente das circunstâncias externas, Bramhall defende a doutrina do livre-arbítrio e dos futuros contingentes. Ao comentar o debate, Leibniz aproveita para expor a sua posição, que seria um meio-termo entre os dois contendores: tudo o que ocorre é determinado e fundamentado em causas, como Hobbes afirma e Bramhall nega, mas nem por isso se pode afirmar que os fatos sejam necessários, e seus contrários, impossíveis, como Hobbes pretende.

No próximo apêndice, Leibniz comenta *Sobre a origem do mal*, publicado em 1702 em Londres por William King – um bispo anglicano, tal como Bramhall. Embora reconheça muitos méritos na obra do clérigo e afirme o seu acordo com várias das doutrinas apresentadas pelo autor para explicar a existência do mal, Leibniz não pode aceitar a tese de que a verdadeira liberdade consistiria no poder da vontade escolher sem motivos. Ao contrário: toda escolha é antecedida e determinada pela representação mental de um bem, já que o princípio de razão suficiente, segundo o qual nada ocorre sem uma razão, não comporta nenhuma exceção.

Além desses apêndices, Leibniz menciona "um pequeno compêndio metódico em latim" que faria parte da obra. Trata-se do *Tratado apologético da causa de Deus*, que foi incorporado ao livro apenas na segunda edição, em 1712. O texto oferece uma apresentação bastante sucinta das perfeições divinas e da natureza do pecado, entre outros elementos envolvidos na defesa de Deus.

APRESENTAÇÃO

A presente edição conta ainda com uma versão alemã da *Teodiceia* (*Versuch einer Theodicaea oder Gottrechts-Lehre von der Güthigkeit Gottes, Freiheit des Menschen und Ursprung des Bösen*), que foi apenas iniciada por Leibniz e contém os sete primeiros parágrafos do *discurso preliminar da conformidade da fé com a razão*. Interessante é pensar no caráter plurilíngue da obra de Leibniz e no papel que o autor atribuía à língua. Ao redigir a obra em francês, pretendia atingir um público europeu mais amplo, sem deixar de incluir uma exposição latina de caráter mais técnico que exerceria apelo aos eruditos da época. Também não queria deixar de difundir suas teses em alemão. Embora tenha empregado pouco a língua materna em seus textos filosóficos em comparação com o latim e o francês, Leibniz considerava o idioma germânico especialmente propício para a expressão de conceitos filosóficos, e se pode dizer que foi uma personalidade importante para o desenvolvimento da língua. O filósofo lamenta, ademais, não poder redigir em inglês, pois considerava que os ingleses seriam juízes perspicazes das questões tratadas na *Teodiceia*.

*

O único livro publicado em vida por Leibniz tornou-o conhecido, mas recebeu críticas profundas, por exemplo, dos iluministas franceses do século XVIII. Ele foi alvo da ironia de Voltaire, em seu romance *Cândido*, e de Diderot, em *Jacques, o fatalista*. Leibniz se notabilizou como o ingênuo mestre Pangloss, para quem sempre há uma razão para algo ser como é; mesmo sofrendo os piores males, o Pangloss de Voltaire não deixa de afirmar que este é o melhor dos mundos possíveis. Ora, ainda que seja objeto da ironia, o que observamos nos *Ensaios de teodiceia* é uma construção extremamente cuidadosa a respeito da liberdade humana, questão que ocupa filósofos e filósofas há séculos. Nessa construção, Leibniz nos apresenta os principais temas de sua metafísica.

CELI HIRATA E TESSA MOURA LACERDA

UMA LEITURA POLÍTICA DA *TEODICEIA*[1]

O interesse na publicação da *Teodiceia*

Leibniz publica seus *Ensaios de teodiceia* em 1710, seis anos antes de morrer. Trata-se do único livro e de um dos poucos textos publicados em vida por esse filósofo, que não é, todavia, propriamente econômico em seus escritos. Leibniz escreveu uma quantidade enorme de textos sobre os mais variados assuntos, de matemática a física, de direito a metafísica. A variedade de assuntos fazia parte do espírito da época, mas o que surpreende na produção leibniziana é, em primeiro lugar, a quantidade de textos – que ainda aguardam a edição definitiva – e, em segundo lugar, a parcimônia na escolha daqueles que seriam publicados. Esse fato, por si só, justificaria um estudo sobre a *Teodiceia*. Por que Leibniz fez questão de publicar a obra?

Adicione-se a essa investigação a maneira como o texto foi composto: anotações guiadas pelas questões propostas pela rainha Sophie Charlotte a partir da leitura do *Dicionário histórico e crítico*, de Bayle. Pelo menos é o que nos diz Leibniz. O que observamos, no entanto, é que boa parte da *Teodiceia* se dedica a comentar e responder textos de Bayle que ainda não haviam sido publicados quando Sophie Charlotte morreu, em 1705. Com efeito, a segunda parte da *Teodiceia*, por exemplo, tece um comentário linha a linha

---

[1] Este texto foi originalmente publicado nos *Cadernos de História e Filosofia da Ciência*, Campinas, Série 3, vol. 21, n. 1, jan.-jun. 2011, pp. 289-300.

sobre um trecho de *Resposta às questões de um provincial*, de Bayle, cujo texto completo foi publicado apenas em 1707; também *Diálogos entre Máximo e Temístio*, publicado nesse ano, é objeto de comentários para Leibniz. De qualquer modo, os *Ensaios de teodiceia* são um diálogo com Bayle e retomam, nessa medida, o diálogo público entre os filósofos que se deu por meio do *Journal des Savants* e das edições sucessivas do *Dicionário*. E, apesar da morte desse interlocutor em 1706, Leibniz publica seu texto em 1710 em Amsterdam – note-se que a morte de Locke foi a justificativa para que os *Novos ensaios sobre o entendimento humano* fossem deixados entre os inéditos (a primeira edição é de 1765).

Ainda que não seja inteiramente escrito ao sabor das discussões surgidas nos salões palacianos, o texto da *Teodiceia* chama atenção pela quantidade de digressões, anedotas e citações dos mais diversos autores, nas quais Leibniz desfia sua erudição. Muito mais sintético e elegante é o texto escrito em latim e publicado simultaneamente, *Causa Dei*. A escolha da língua, aliás, é outro ponto a se considerar. Leibniz não apenas fez questão de publicar a *Teodiceia*, mas o faz em francês, a fim de atingir um público mais amplo do que o dos teólogos e filósofos tal qual aconteceria se publicasse em latim.

O interesse na publicação da *Teodiceia* está, provavelmente, no tema do livro: a justiça de Deus, tal como o neologismo formado a partir de *theos* e *dikē* nos revela – tema de suma importância no plano moral. Vejamos.

Teodiceia: entre a justiça divina e a justiça humana

Descrito geralmente como uma explicação racional a respeito de temas religiosos, o texto da *Teodiceia* representa muito mais do que isso no conjunto da obra leibniziana. Com efeito, não é apenas uma tentativa de apresentação racional dos preceitos do cristianismo, mas também a fundamentação racional da justiça humana, do direito, da política. O objeto da *Teodiceia*, o labirinto entre o livre e o necessário, sobretudo no que diz respeito à produção do mal, é apresentado sob o tema da justiça de Deus. Por quê? Ora, a justiça é uma verdade eterna, vale para Deus e para o homem, em qualquer tempo e lugar. Assim, ao apresentar a realização mais perfeita dessa ideia universal de justiça, isto é, ao descrever a ação do Criador, Leibniz está não apenas buscando garantir uma crença racional em Deus e defender o Criador de acusações absurdas, mas também fundamentando a justiça humana. A justiça humana (o direito e a ação política) deve exprimir a justiça divina.

O homem naturalmente exprime Deus em sua ação moral. É claro que, para usar uma analogia matemática, essa expressão vai desde a expressão do círculo por outro círculo até a mais completa distorção, como seria a expressão do círculo por um ponto ou uma reta, por exemplo. Isso explica por que essa expressão de Deus inclui, nos homens, os pecados, os erros de julgamento, as falhas. É preciso que esse homem, que exprime a divindade por partilhar com Deus o conhecimento de verdades eternas e ser consciente de sua ação, procure realizar em seu pequeno mundo o que é capaz de apreender do grande mundo. É preciso buscar uma expressão cada vez mais perfeita da justiça divina. Essa expressão se dá concretamente com a elaboração de leis que exprimam a ideia universal de justiça ou o direito natural.

O jovem Leibniz, jurista de formação, tinha o projeto de estabelecer um sistema de regras do direito que seguisse a mesma exigência de certeza matemática observada na lógica. Leibniz estudou os códigos civis a fim de pensar uma reforma do direito positivo com base na ideia de direito natural. Esse estudo deu lugar à tentativa de elaboração de um código de regras que exprimisse o direito natural e fosse ordenado de maneira matemática, a partir da ideia de justiça (*Elementos de direito natural*, de 1670-71, e *Nova methodus*, de 1667, são um esboço desse projeto). Essa tentativa fracassou, como o próprio Leibniz reconhece: em 1706, comentando os princípios de Pufendorf, admite que "essa desejada obra não existe"[2]. Se existisse, traria "definições luminosas e fecundas", ordenando os fundamentos de todas as ações e exceções válidas por natureza. A questão

---

[2] Leibniz, "Avertissements sur les principes de Samuel Pufendorf", in *Le droit de la raison*, Paris, Vrin, 1994, p. 21.

fundamental aqui é a impossibilidade da teoria de fornecer princípios suficientemente abrangentes para dar conta da prática da liberdade, ou, em termos mais gerais, a questão é a irredutibilidade do contingente ao necessário. A impossibilidade de determinação total do contingente reflete uma limitação das criaturas finitas – para Deus não há nenhum elemento irracional no mundo criado. Somos nós que não podemos criar regras a partir das quais ordenemos todas as ações e exceções válidas por natureza, porque o contingente implica uma infinidade que nosso entendimento é incapaz de abarcar. Eis por que Leibniz faz a opção pelo dever-ser. Eis também por que a *Teodiceia* pode ser lida como a fundamentação de uma ação moral que deve exprimir a ação do Criador. Na ausência desse código "matemático" de regras de conduta, devemos agir de acordo com a vontade presuntiva de Deus, e nada explica melhor como Deus age do que o ato de criação explicado na *Teodiceia*.

A justiça é definida por Leibniz como a providência divina aplicada aos seres inteligentes e é constituída pela união da bondade com a sabedoria divinas. Deus realiza a existência da justiça, mas, como dissemos, tal qual as demais noções da filosofia leibniziana, a essência da justiça é uma verdade eterna do entendimento divino e é a mesma para os homens e para seu Criador. A univocidade do ser funda uma jurisprudência universal. Ora, se a essência da justiça humana é dada por essa jurisprudência universal (que engloba também a justiça divina) e a existência da justiça é realizada por Deus na criação, falar em justiça humana pressupõe uma explicação acerca da justiça divina. Quando Leibniz publica uma obra que trata da justiça de Deus, ele está ao mesmo tempo oferecendo aos leitores os fundamentos da justiça humana ou, se preferirmos, os fundamentos da política.

Justiça: a caridade do sábio

A teoria da expressão pode contribuir para pensar esses temas, na medida em que a justiça humana deve exprimir a ideia de justiça, que conhecemos por meio do exercício da justiça divina ou da ação criadora de Deus. O ato de criação é o exercício da justiça. Deus concretiza a ideia eterna da justiça. Leibniz define, então, a justiça como a caridade do sábio, isto é, a vontade daquele que, conhecendo todas as possibilidades de ação e podendo realizar qualquer uma delas, deseja fazer o bem e, por isso, faz o melhor possível. Trata-se de definição que conjuga o poder de Deus e sua bondade sem privilegiar nenhum dos dois. Essa união entre a bondade e a grandeza, que se exprime na criação e no governo do universo como providência ou justiça, é o fundamento da célebre afirmação de Leibniz: o mundo criado é o melhor dos mundos possíveis. A excelência do universo é deduzida da perfeição divina, de maneira *a priori*.

Leibniz afirma: "Exprimir uma coisa refere-se àquilo em que há relações (*habitudines*) que correspondem às relações da coisa a ser exprimida."[3] E prossegue: "Pelo simples exame das relações do que exprime podemos chegar ao conhecimento das propriedades correspondentes da coisa a ser exprimida. Vê-se assim que não é necessário que o que exprime seja semelhante à coisa exprimida, contanto que seja preservada uma certa analogia das relações."[4] O que há de comum entre as expressões é essa analogia de relações, que é um elemento invariável. Quando a correspondência entre a expressão e o exprimido é plena, há uma identidade, nada varia, a analogia é total e, em última instância, deixa de ser analogia para se transformar em identidade – esse seria o caso, por exemplo, da ação justa divina em relação à ideia universal de justiça, mas em certa medida todos os códigos civis podem ser lidos como expressões mais ou menos perfeitas da ideia de justiça. A analogia expressiva pode ser pensada, então, como uma cadeia gradativa, do máximo de analogia (a identidade) ao mínimo de analogia (a diferença). A identidade é como um caso particular de analogia, o caso-limite[5]. Por meio da expressão é possível explicar como a ação política humana, ou a elaboração do direito, pode ser dirigida pelo próprio homem de maneira que exprima a ideia universal de justiça ou a perfeita ação justa (a ação di-

---

[3] "Quid sit idea", in *Die philosophischen Schriften*, editado por C. I. Gerhardt, Berlim, Georg Olms, 1890 (doravante citado PS, seguido do volume e da página), PS, VII, p. 263.

[4] PS, VII, p. 264.

[5] Cf. Serres, M., *Le système de Leibniz et ses modèles mathématiques*, Paris, PUF, 1968, vol. I, p. 59.

vina). Em outras palavras, é possível pensar como o homem, que exprime por sua própria natureza o Criador, poderia criar uma expressão cada vez mais perfeita da justiça universal. Compreendendo-se como expressão de um Deus justo, o homem pode tentar transformar as leis existentes de maneira que elas se aproximem da ideia universal de justiça. Deus exprime a ideia de justiça em sua ação, a ação humana exprime Deus e essa ideia de justiça, mas é possível aperfeiçoar essa expressão com o esclarecimento progressivo dos homens ou com as regras racionais do direito.

O conhecimento da ideia eterna de justiça nos ajuda a determinar as vias (ou as leis) que nos aproximam da realização, no âmbito humano, da ideia de justiça; mesmo sem a ilusão de que conseguiremos concretizar no tempo e de modo perfeito essa justiça, como podemos nos aproximar de sua perfeita expressão?

Caridade do sábio: essa é a versão final da definição leibniziana de justiça. Uma vez que a justiça é pensada como a união, no ato de criação, entre bondade e sabedoria, a justiça pode definir-se como a caridade do sábio. Na ausência de um código de leis escrito com rigor matemático e capaz de abarcar todos os casos da ação livre humana, o sábio será o modelo, tal qual Péricles para Aristóteles, de uma ética da prudência. Sábio é aquele que se mira na ação divina e que, por isso, visa em sua ação não apenas o bem próprio, mas o bem coletivo.

Como os teólogos, Leibniz recusa a limitação da justiça às realizações da sociedade humana; todavia, de acordo com a racionalização moderna do direito, o filósofo não vê a caridade como uma graça misteriosa, mas como amor explicável por seus meios (o progresso de motivos) e seu fim (a felicidade da espécie humana e a glória de Deus).

A caridade, afirma Leibniz, "é a benevolência universal, e a benevolência é o hábito de amar ou de estimar. Ora, amar ou estimar é se regozijar com a felicidade de outro"[6]. Nem todos os homens alcançam esse estado de perfeição e, ao realizar uma ação justa, não

---

[6] Leibniz, "Code diplomatique du droit des gens", in *Le droit de la raison*, Paris, Vrin, 1994, p. 162.

esquecem a utilidade dela. Há dois princípios de uma ação justa: a utilidade e o prazer. Falta à maioria dos homens perceber a continuidade entre esses dois princípios. Não há uma ruptura entre desejar o bem alheio como consequência de nosso próprio bem e desejá-lo como nosso bem. A benevolência do sábio não é uma bondade ingênua, mas refletida. Pelo estudo de si mesmo e do que, afinal, busca como bem em suas ações, ele se apercebe como parte de um todo, uma parte-total. Compreende, então, que o bem que busca para si mesmo ao agir é inseparável do bem coletivo.

Em resumo, Leibniz aponta dois caminhos para a implantação da justiça universal no mundo dos homens: um, pelo estabelecimento de regras de direito que correspondam ao movimento de um sábio, isto é, do bem próprio ao bem coletivo e deste ao bem universal; outro, mais longo, pelo esclarecimento dos homens, que os levaria progressivamente à sabedoria e a ações guiadas não mais pela utilidade, mas pelo prazer do amor. Tanto num como noutro caminho, a fundamentação da justiça universal pelo tratamento da justiça divina, que substancializa aquela, mostra-se um elemento vital. Tudo se passa como se, ao publicar a *Teodiceia*, Leibniz pretendesse esclarecer os homens acerca da justiça e, então, dar sua contribuição para que alcançassem a sabedoria – e, se não fossem capazes disso, teriam, pelo menos, uma fundamentação racional da justiça divina.

Pelo primeiro caminho, o mais curto, sabemos que a justiça humana tem um caráter progressivo, isto é, o dever-ser da lei é a expressão do acabamento de um ser que está no devir, e a divisão do direito em direito privado, público e interno reproduz o movimento ético que um homem sábio realiza. Assim, a justiça se divide em direito privado ou justiça comutativa, cujo objeto é o indivíduo ou a utilidade privada; direito público ou justiça distributiva, cujo objeto é a sociedade ou a utilidade comum restrita; e direito interno ou justiça universal, também chamada de piedade, que visa Deus ou a utilidade comum universal. Essa subdivisão reproduz, em alguma medida, o progresso da sabedoria em um indivíduo. As normas devem expressar o que se passa em um homem sábio que, individualmente, passa do direito privado à equidade e, finalmente, à piedade. Em um primeiro momento, o indivíduo ilumina a lei das substâncias que organiza o universo e esclarece sua situação aproximando-se de sua noção completa pelo conhecimento de razões que o levaram a existir. Reconhece, na sua individualidade, a universalidade que a envolve e, por isso, esse esclarecimento de si leva o indivíduo a passar de uma inclinação espontânea para o bem próprio a uma inclinação para o bem comum. Esse indivíduo que amplia sua percepção até adotar o outro no interior de si mesmo e vê a felicidade do outro como constitutiva da sua, podendo se dirigir à busca do bem público, sofre uma transformação tão profunda que passa a dirigir sua vontade não mais somente para a vontade de Deus, mas para Deus mesmo. No fim desse percurso, o sábio não precisa mais das regras do direito. Ele se torna o modelo para elas, que existem para conservar o vínculo social entre aqueles que ainda não compreenderam suas ações como partes constitutivas de um conjunto[7].

Vemos, assim, como o tema da justiça humana, ou mais particularmente do direito, está intimamente relacionado ao tema da religião. Basta considerarmos que a divisão da justiça em Leibniz tem como ponto de chegada ou acabamento do direito a justiça universal ou piedade. Em outras palavras, o acabamento da justiça humana se dá na religião. Eis por que, mais uma vez, a *Teodiceia* é, ao mesmo tempo, a elaboração racional dos preceitos da fé cristã e a fundamentação da justiça humana.

O contingente no encontro entre a Característica e a *Teodiceia*

Como estabelecimento racional de dogmas cristãos, o tema da *Teodiceia* se insere na preocupação de Leibniz com a questão da união das igrejas e da propagação da fé cristã; e, dessa maneira, o tema da justiça se encontra com o projeto de criação de uma língua ou Característica universal. Segundo nossa hipótese, o vínculo entre o tema da linguagem e o tema moral pode ser muito maior do que comumente se admite, na medida em que os objetivos de Leibniz,

---

[7] Discorremos sobre isso em nosso *A política da metafísica. Teoria e prática em Leibniz.* Cf. Lacerda, T. M., São Paulo, Humanitas, cap. 3, 2005.

ao publicar a *Teodiceia*, podem estar relacionados à percepção de que o projeto da Característica universal era inexequível. Em que sentido? A Característica universal seria um instrumento de propagação da fé, instrumento racional, isto é, justificaria ou até demonstraria racionalmente preceitos da religião. Ora, é exatamente esse um dos principais aspectos da *Teodiceia*.

Há ainda outro ponto em que a questão moral e a questão da linguagem se encontram. Como comentamos antes, Leibniz abandona o estudo dos códigos positivos de direito para tentar elaborar um código de regras ordenado de maneira matemática a partir da ideia de justiça (*Elementos de direito natural* e *Nova methodus*, já citados, constituem essa tentativa, mas não cumprem o papel inicialmente proposto). Sobre a questão da linguagem, Leibniz empreendia o estudo comparativo das línguas naturais, estudo para o qual elaborou uma hipótese (a origem cita, depois celto-cita, dos povos europeus e sua migração em direção ao Sol, leste-oeste) e privilegiou um objeto (as línguas faladas no Império Russo). Esse estudo era paralelo ao projeto de criação de uma língua formal, a Característica universal, que, assim como a dedução necessária das regras do direito natural, seria uma formalização das regras necessárias de nosso pensamento. Esse projeto também fracassou (ou, pelo menos, jamais pôde ser concluído). Nos dois casos, na questão moral e na questão da linguagem, identificamos, de um lado, uma vertente mais empírica (o estudo dos códigos civis existentes e o estudo comparativo de línguas naturais) e, de outro, uma vertente mais teórica (a elaboração das regras do direito natural e a Característica universal); ou, se quisermos, de um lado um estudo do contingente a partir de dados contingentes e, de outro, a tentativa de racionalização da contingência a partir do necessário. E, em ambos os casos, deparamo-nos com a irredutibilidade do contingente ao necessário.

Nossa hipótese é de que essa "coincidência" no estudo comparativo das línguas naturais e dos códigos civis, adicionalmente à impossibilidade (mesmo que momentânea) de criação de um código jurídico e de uma língua universal formais, capazes de abranger e explicar a infinidade de casos contingentes, dá à *Teodiceia* um papel de destaque na obra de Leibniz. Sem dúvida, esse papel é muito maior em relação à questão moral, já que esse é o assunto por excelência do livro, mas também em relação à Característica universal; se pensarmos que ela seria um instrumento de propagação da fé, veremos que a *Teodiceia* tem sua importância na medida em que pretende ser uma fundamentação racional de verdades reveladas. Com efeito, a Característica universal seria o instrumento por excelência da propagação da fé ou do estabelecimento da religião em bases racionais e, por isso, irrefutáveis. Nada, afirma Leibniz,

> é mais eficaz na propagação da fé que essa invenção. Pois, tão logo os missionários tenham introduzido essa língua, a verdadeira religião, a religião que mais concorda com a razão, se verá tão bem consolidada que não se temerá mais a apostasia [...] afirmo, pois, que é impensável, sem ser profeta ou príncipe, empreender qualquer coisa mais proveitosa para o bem da espécie humana e para a glória de Deus.[8]

Segundo nossa interpretação, a *Teodiceia* mostra-se uma outra via para cumprir o mesmo objetivo da fracassada formalização jurídica e, ao mesmo tempo, cumpre parte do objetivo de criação de uma Característica universal. Isso é possível porque o tema da *Teodiceia*, a justiça divina, é amplo o bastante para conter os fundamentos da justiça humana e a racionalização de verdades reveladas; mais do que o tema, a maneira de tratá-lo é particularmente importante, a saber, a explicação do contingente por seu fundamento e razão. Leibniz trata da moral e da religião não com base nas variações contingentes dos casos de ações humanas ou das diferenças entre as religiões; moral e religião explicam-se por seu fundamento necessário. Dessa forma, não é preciso dar conta de uma infinidade contingente de ações possíveis – o que seria humanamente impossível.

Assim, mesmo que esses não fossem os objetivos explícitos da *Teodiceia*, o fato é que esta obra serve para fundamentar a justiça humana e, ao explicar racionalmente determinadas verdades reveladas, serve também como instrumento de propagação da fé cristã, cumprindo, por outra via, os fins de um código de direito justo e da

---

[8] PS, VII, pp. 188-9.

Característica universal. Certamente por isso Leibniz fez questão de publicá-la, porque não separava sua filosofia teórica dos efeitos práticos, sobretudo morais, desta. A *Teodiceia* publicada (e não deixada inédita) é a prova dessa relação viva entre pensamento e prática que Leibniz via com clareza e buscava em vários projetos. O filósofo é autor de projetos das Academias de Ciência (como a de Berlim e da Rússia), que visavam uma interação entre saber e poder, com o aconselhamento dos príncipes pelos sábios, aproximando os governantes da justiça; ele ainda esboçou, entre outros, projetos de exposições chamadas "teatros da natureza", nas quais seriam exibidos exemplares de animais e plantas para mostrar as maravilhas da natureza criada e, assim, aproximar os homens de Deus visando a propagação da fé. A *Teodiceia* pode ser lida também como um projeto que visava aproximar os homens da crença racional em um Deus justo e sábio e, assim, do conhecimento da ideia da justiça e, logo, de ações morais que buscassem exprimir essa ideia.

TESSA MOURA LACERDA

ENSAIOS DE TEODICEIA

SOBRE A BONDADE DE DEUS, A LIBERDADE DO HOMEM
E A ORIGEM DO MAL

> [...] *Quid mirum noscere mundum*
> *Si possunt homines? Quibus est et mundus in ipsis,*
> *Exempluque Dei quisque est sub imagine parva.*[1]

---

[1] "O que há de admirável se os homens podem conhecer o mundo? Eles têm o mundo em si mesmos, e cada um é uma imagem de Deus em miniatura" (Manilius, *Astronomica*, IV, 895). A citação de Manilius, poeta latino, exprime uma ideia particularmente cara aos estoicos, segundo a qual os homens conhecem o macrocosmo, o universo, porque o semelhante conhece o semelhante e o homem é um microcosmo, uma imagem do universo e da razão que o ordena. [N. das T.: Salvo menção explícita, as notas são todas das tradutoras.]

PREFÁCIO

O comum dos homens, como sempre se viu, colocou a devoção nas formalidades; a *sólida piedade*, isto é, a luz e a virtude, jamais foi partilhada por um grande número. Não é de admirar, nada é mais conforme à fraqueza humana; somos impressionados pelo exterior, e o interior requer uma discussão para a qual poucas pessoas se tornam capazes. Como a verdadeira piedade consiste nos sentimentos e nas práticas, as *formalidades de devoção* a imitam, e são de dois tipos: umas ocupam-se com as *cerimônias da prática* e as outras com os *formulários da crença*. As cerimônias assemelham-se às ações virtuosas, e os formulários são como as sombras da verdade e se aproximam mais ou menos da pura luz. Todas as cerimônias da prática seriam louváveis se aqueles que as inventaram as tivessem feito próprias para manter e exprimir o que elas imitam se as cerimônias religiosas, a disciplina eclesiástica, as regras de comunidade, as leis humanas fossem sempre como uma sebe para a lei divina, para nos afastar das aproximações do vício, nos acostumar ao bem e tornar a virtude mais familiar. Esse era o propósito de Moisés e de outros bons legisladores, sábios fundadores de ordens religiosas, e sobretudo de Jesus Cristo, divino fundador da religião mais pura e mais esclarecida. O mesmo acontece com os formulários da crença: seriam passáveis se só houvesse neles coisas conformes à verdade salutar, mesmo que não contivessem toda a verdade. Mas muito frequentemente a devoção é sufocada por cerimônias e a luz divina é obscurecida pelas opiniões dos homens.

Os pagãos, que ocupavam a terra antes do estabelecimento do cristianismo, tinham somente uma espécie de formalidade; realizavam cerimônias em seus cultos, mas não conheciam artigos de fé e jamais sonharam em reduzir a formulários sua teologia dogmática. Não sabiam se seus deuses eram verdadeiras pessoas ou símbolos de potências naturais, como o Sol, os planetas, os elementos. Seus mistérios não consistiam em dogmas difíceis, mas em certas práticas secretas às quais os profanos, isto é, aqueles que não eram iniciados, não deviam jamais assistir. Essas práticas eram muitas vezes ridículas e absurdas, e era preciso escondê-las para preservá-las do desprezo. Os pagãos tinham suas superstições, eles gabavam-se de milagres; entre eles tudo estava pleno de oráculos, augúrios, presságios, predições; os sacerdotes inventavam marcas da cólera e da bondade dos deuses, das quais pretendiam ser os intérpretes. Isso contribuía para governar os espíritos pelo medo e pela esperança de acontecimentos humanos, mas o grande futuro de outra vida não era jamais considerado; não havia preocupação em dar, aos homens, verdadeiras opiniões a respeito de Deus e da alma.

Dentre todos os povos antigos conhecidos, apenas os hebreus tinham dogmas públicos de sua religião. Abraão e Moisés estabeleceram a crença em um único Deus, fonte de todo bem, autor de todas as coisas. Os hebreus falam de maneira muito digna da soberana substância, e é surpreendente ver habitantes de um pequeno cantão da Terra mais esclarecidos que o resto da espécie humana. Os sábios de outras nações talvez tenham dito, em algum momento, coisas assim, mas não tiveram a felicidade de ser seguidos e de transformar o dogma em lei. Moisés, entretanto, não tinha introduzido em suas leis a doutrina da imortalidade das almas: ela estava em conformidade com suas opiniões, era ensinada boca a boca, mas não era autorizada de uma maneira popular; até que Jesus Cristo tirou o véu e, sem ter força nas mãos, ensinou com toda a força de um legislador que as almas imortais passam para outra vida, na qual devem receber o pagamento de suas ações. Moisés já tinha apresentado as belas ideias da grandeza e da bondade de Deus, com as quais muitas nações civilizadas concordam hoje, mas Jesus Cristo estabeleceu todas as consequências disso e mostrou que a bondade e a justiça divinas manifestam-se perfeitamente naquilo que Deus prepara para as almas. Não entro aqui nos outros pontos da doutrina cristã, mostro somente como Jesus Cristo acabou por transformar a religião natural em lei e por lhe dar a autoridade de um dogma público. Ele fez sozinho o que tantos filósofos tinham em vão tentado fazer; e com os cristãos tendo adquirido, enfim, a superioridade no Império Romano, senhor da melhor parte da terra conhecida, a religião dos sábios se tornou a religião dos povos. Maomé, depois, não se afastou desses grandes dogmas da teologia natural; seus seguidores inclusive os propagaram pelas nações mais remotas da Ásia e da África, para as quais o cristianismo não havia sido levado, e aboliram em muitos países as superstições pagãs, contrárias à verdadeira doutrina da unidade de Deus e da imortalidade da alma.

Vê-se que Jesus Cristo, acabando o que Moisés havia começado, quis que a divindade fosse objeto não somente de nosso medo e de nossa veneração, mas ainda de nosso amor e nossa ternura. Isso era o mesmo que tornar os homens bem-aventurados por antecipação e lhes dar, aqui embaixo, um gosto prévio da felicidade futura. Pois não há nada tão agradável quanto amar o que é digno de amor. O amor é essa afeição que nos faz encontrar prazer nas perfeições do que se ama, e não há nada mais perfeito que Deus, nem nada mais agradável. Para amá-lo, basta considerar as suas perfeições, o que é fácil, porque encontramos em nós as ideias dele. As perfeições de Deus são as perfeições de nossa alma, mas ele as possui sem limites; ele é um oceano do qual recebemos apenas gotas: há em nós alguma potência, algum conhecimento, alguma bondade, mas estão inteiros em Deus. A ordem, as proporções, a harmonia nos encantam, a pintura e a música são amostras disso; Deus é todo ordem, guarda sempre a justeza das proporções, faz a harmonia universal: toda beleza é uma expansão de seus raios.

Segue-se, notadamente, que a verdadeira piedade e mesmo a verdadeira felicidade consistem no amor a Deus, mas um amor esclarecido, cujo ardor seja acompanhado de luz. Essa espécie de amor dá origem ao prazer pelas boas ações, que realça a virtude e, relacionando tudo a Deus como ao centro, transporta o humano ao divino. Pois, fazendo seu dever, obedecendo à razão, satisfazem-se as ordens da suprema razão, dirigem-se todas as intenções ao bem comum, que não é diferente da glória de Deus; sente-se que não há maior interesse particular que esposar o interesse geral, e se satisfaz a si mesmo comprazendo-se em buscar as verdadeiras vantagens para os homens. Tendo ou não êxito, fica-se contente com o que acontece quando se está resignado com a vontade de Deus e quando se sabe que o que ele quer é o melhor; mas, antes que ele declare sua vontade pelo acontecimento, trata-se de encontrá-la, fazendo--se o que parece mais conforme a suas ordens. Quando temos essa situação de espírito, não nos decepcionamos com infortúnios, só nos arrependemos de nossos erros sem que a ingratidão dos homens nos faça relaxar no exercício de nossa benevolência. Nossa caridade é humilde e plena de moderação, não gera em nós o afeto de mandar; igualmente atentos aos nossos defeitos e aos talentos dos outros, somos levados a criticar nossas ações e desculpar e reparar as dos outros: para nos aperfeiçoar e não causar dano a ninguém. Não há piedade onde não há caridade, e, sem ser oficioso e beneficente, não se poderia mostrar uma devoção sincera.

O bem natural, a educação honrosa, o convívio regular com pessoas piedosas e virtuosas podem contribuir muito para colocar as almas nessa bela disposição; mas o que as fixa mais nessa situação são os bons princípios. Já disse: é preciso juntar a luz ao ardor, é preciso que as perfeições do entendimento deem o acabamento às da vontade. A prática da virtude, como também a do vício, pode ser o efeito de um simples hábito; toma-se gosto por isso; mas, quando a virtude é razoável, quando se remete a Deus, que é a suprema razão das coisas, ela é fundada em conhecimento. Não se poderia amar a Deus sem conhecer suas perfeições, e esse conhecimento encerra *os princípios* da verdadeira piedade. *A finalidade da verdadeira religião* deve ser imprimi-los nas almas; porém, não sei como, aconteceu muitas vezes de os homens e até os doutores da religião afastarem-se muito dessa finalidade. Contra a intenção de nosso divino Senhor, a devoção foi reduzida às cerimônias, e a doutrina foi cumulada de fórmulas. Frequentemente essas cerimônias não eram próprias para conservar o exercício da virtude, e as fórmulas, algumas vezes, não eram suficientemente luminosas. Pode-se acreditar? Os cristãos imaginaram poder ser devotos sem amar o próximo e piedosos sem amar a Deus; ou acreditaram poder amar o próximo sem servi-lo e amar a Deus sem conhecê-lo. Muitos séculos escoaram sem que a humanidade tenha se apercebido desse defeito; e há ainda muitos resquícios do reino das trevas. Algumas vezes se veem pessoas que falam muito da piedade, da devoção, da religião, que se ocupam inclusive de ensiná-las, e não se encontram instruídas sobre as perfeições divinas. Concebem mal a bondade e a justiça do soberano do universo; figuram um Deus que não merece ser imitado nem amado. Foi isso que me pareceu ter perigosas consequências, uma vez que é extremamente importante que a fonte mesma da piedade não seja infectada. Os antigos erros daqueles que acusaram a divindade ou que fizeram dela um mau princípio foram, algumas vezes, renovados em nossos dias: recorreu-se à potência irresistível de Deus, quando se tratava antes de mostrar sua suprema bondade, e se empregou um poder despótico, quando se deveria conceber uma potência regrada pela perfeita sabedoria. Observei que essas opiniões, capazes de fazer mal, estavam apoiadas particularmente sobre confusas noções que se formaram sobre a liberdade, a necessidade e o destino; tomei da pluma mais de uma vez em determinadas ocasiões para dar esclarecimentos relevantes sobre essas importantes matérias. Mas, enfim, fui obrigado a reunir meus pensamentos sobre esses temas em conjunto e dá-los a conhecer ao público. Esse é meu objeto nos *Ensaios* que apresento aqui *sobre a bondade de Deus, a liberdade do homem e a origem do mal.*

Há dois famosos labirintos nos quais nossa razão frequentemente se perde: um concerne à grande questão *do livre e do necessário*, sobretudo na produção e na origem do mal; o outro consiste na discussão da *continuidade* e dos *indivisíveis*, que parecem ser os elementos daquela, e na qual deve entrar a consideração do *infinito*. O primeiro embaraça quase toda a espécie humana, o outro põe à prova apenas os filósofos. Terei, talvez, em outro momento, a ocasião de me explicar sobre o segundo e observar que, por não se conceber bem a natureza da substância e da matéria, tomaram-se posições que levam a dificuldades insuperáveis cujo verdadeiro uso deveria ser a derrubada dessas posições mesmas. Mas, se o conhecimento da continuidade é importante para a especulação, o da necessidade não é menos importante para a prática; isso será o objeto deste tratado, com os pontos que estão ligados à necessidade, a saber, a liberdade do homem e a justiça de Deus.

Homens de quase todos os tempos foram perturbados por um sofisma que os antigos chamavam de *razão preguiçosa*[2], pois ele levava a nada fazer ou, no mínimo, a não se preocupar com nada, e a seguir apenas a inclinação dos prazeres presentes. Pois, dizia-se, se o futuro é necessário, o que deve acontecer acontecerá, faça eu o que fizer. Ora, dizia-se, o futuro é necessário seja porque a divindade previu tudo, e inclusive tudo preestabeleceu, governando todas as coisas do universo, seja porque tudo acontece necessariamente pelo encadeamento das causas, seja, enfim, pela natureza mesma da verdade determinada nas enunciações que podem ser formadas sobre os acontecimentos futuros, assim como ela é determinada em qualquer outra enunciação, uma vez que a enunciação deve sempre ser verdadeira ou falsa em si mesma, embora não saibamos sempre o que ela é. E todas essas razões de determinação, que parecem diferentes, concorrem, enfim, como linhas que concorrem para um mesmo centro: pois há uma verdade no evento futuro que é predeterminada pelas causas, e Deus a preestabeleceu ao estabelecer as causas.

A má compreensão da ideia da necessidade, empregada na prática, deu origem ao que chamo *fatum mahometanum*[3], o destino à maneira turca; porque se atribui aos turcos não evitar os perigos e nem sequer deixar os lugares infectados pela peste, por causa de raciocínios semelhantes àqueles que acabamos de relatar. O que é

---

[2] Gregos e filósofos de língua latina usavam a expressão "razão preguiçosa" para se referir à suspensão da investigação quando considerada inútil. Provavelmente Leibniz se refere ao argumento de Crisipo, citado por Cícero em *De fato* [*Sobre o destino*], XII, 27, a XIII, 30; Leibniz quer com essa referência negar a existência de situações em que, façamos o que fizermos, as coisas acontecerão de qualquer maneira. Segundo Leibniz, em cada situação que vivemos está incluído nosso esforço de agir; "não agir" é também uma escolha nossa que contribui para o efeito, efeito esse que é diferente do que ocorreria se agíssemos. A crítica ao sofisma da razão preguiçosa aparece também em *Discurso de metafísica*, § 4, e na *Teodiceia*, I, §§ 55-8.

[3] "Destino maometano".

chamado de *fatum stoicum*[4] não era tão terrível quanto se pensava, não desviava a atenção dos homens em relação a seus negócios; tendia a dar a eles a tranquilidade sobre os acontecimentos, pela consideração da necessidade que torna nossas preocupações e nossas tristezas inúteis – no que esses filósofos não se afastavam inteiramente da doutrina de nosso Senhor, que dissuade as preocupações em relação ao amanhã, comparando-as com os trabalhos inúteis que um homem teria para aumentar sua estatura.

É verdade que os ensinamentos dos estoicos (e talvez também de alguns filósofos célebres de nosso tempo), limitando-se a essa pretensa necessidade, só podem oferecer uma paciência forçada; ao passo que nosso Senhor nos inspira pensamentos sublimes e nos ensina inclusive o meio de ter contentamento, quando nos assegura que Deus, perfeitamente bom e sábio, dá atenção a tudo, sem negligenciar nem mesmo um fio de cabelo de nossa cabeça; assim, nossa confiança nele deve ser total; de maneira que veríamos, se fôssemos capazes de compreender, que não há meio de desejar nada melhor (nem absolutamente, nem para nós) do que o que ele faz. É como se se dissesse aos homens: fazei vosso dever e sede contentes com o que acontecerá, não somente porque vós não poderíeis resistir à providência divina ou à natureza das coisas (o que pode bastar para ser *tranquilo*, e não para ser contente), mas ainda porque vós servis a um bom Senhor. E isso pode ser chamado de *fatum christianum*[5].

Entretanto, acontece que a maior parte dos homens, e mesmo dos cristãos, deixa que se introduza em sua prática um pouco do destino à maneira turca, embora não reconheça bem isso. É verdade que eles não se mantêm na inação ou na negligência quando grandes ou evidentes perigos e manifestas esperanças se apresentam, pois não deixariam de sair de uma casa que vai cair, nem de se desviar de um precipício que encontram em seu caminho; e eles escavariam a terra para desenterrar um tesouro semidescoberto, sem esperar que o destino termine por fazê-lo sair. Mas, quando o bem ou

---

[4] "Destino estoico".
[5] "Destino cristão".

o mal está afastado e é duvidoso, e o remédio é penoso, ou pouco de nosso gosto, a razão preguiçosa nos parece boa. Por exemplo, quando se trata de conservar a saúde e mesmo a vida por uma boa dieta, as pessoas a quem damos esse conselho respondem muitas vezes que nossos dias estão contados e que de nada serve lutar contra o que Deus nos destina. Mas tais pessoas recorrem aos remédios, incluindo os mais ridículos, quando o mal que negligenciaram se aproxima. Raciocina-se da mesma maneira quando a deliberação é um tanto espinhosa, como quando se pergunta: "*Quod vitae sectabor iter?*"[6] Que profissão deve ser escolhida? Quando se trata de um casamento a ser realizado, de uma guerra a ser empreendida, de uma batalha a ser travada? Pois, nesses casos, muitos serão levados a evitar a dificuldade da discussão e a se abandonar à sorte, ou à inclinação, como se a razão não devesse ser empregada senão em casos fáceis. Raciocinar-se-á, então, à maneira turca frequentemente (embora se diga, fora de propósito, que isso reestabelece a providência, que tem propriamente lugar quando se cumpriu seu dever) e se empregará a razão preguiçosa, deduzida do destino irresistível, para se isentar de raciocinar como se deve, sem se considerar que, se esse raciocínio contra o uso da razão fosse bom, teria sempre lugar, fosse a deliberação fácil ou não. É essa preguiça, em parte, a fonte das práticas supersticiosas dos adivinhos, em que os homens dão tão facilmente quanto na pedra filosofal, porque eles gostariam de caminhos curtos para chegar à felicidade sem dificuldade.

Não me refiro aqui àqueles que se abandonam à fortuna porque foram felizes anteriormente, como se houvesse qualquer coisa de fixo nela. Seu raciocínio, do passado ao futuro, é tão pouco fundamentado quanto os princípios da astrologia e de outras predições; e eles não consideram que há um fluxo e refluxo na fortuna, *uma maré*[7], como os italianos que jogam bassete[8] têm o costume de

---

[6] "Em que via deve seguir minha vida?" (Ausônio ou Decimus Magnus Ausonius, *Idílios*, XIII, i). Citação que aparece em um dos sonhos de Descartes, cf. Adam-Tannery, X, pp. 182-4.

[7] "Uma maré".

[8] Jogo de cartas com cinco jogadores, sendo um banqueiro e quatro "pontos" que competem pelo valor das cartas que são abertas.

dizer, e fazem observações particulares nas quais não aconselharia ninguém a confiar. Entretanto, essa confiança que se tem na fortuna serve muitas vezes para encorajar os homens, sobretudo os soldados, e os fazem ter efetivamente a boa fortuna que atribuem a si, como se as predições fizessem acontecer muitas vezes o que estava predito, assim como se diz que a opinião dos maometanos sobre o destino os torna determinados. Assim, mesmo os erros têm sua utilidade às vezes; mas ordinariamente apenas para remediar outros erros, e a verdade vale mais absolutamente.

Mas abusa-se dessa suposta necessidade do destino quando nos servimos dela para desculpar nossos vícios e nossa libertinagem. Já ouvi dizer muitas vezes, de jovens de talento que queriam ser livres-pensadores, que é inútil praticar a virtude, censurar o vício, esperar recompensas e temer os castigos, uma vez que se pode dizer do livro dos destinos que o que está escrito está escrito, e nossa conduta não poderia mudar em nada isso; e que, assim, o melhor é seguir sua inclinação e ficar apenas com o que pode nos contentar presentemente. Esses jovens não refletem sobre que estranhas consequências tem esse argumento, pelo qual coisas demais poderiam ser demonstradas; demonstrar-se-ia (por exemplo) que se deve tomar uma bebida saborosa mesmo se soubéssemos que está envenenada. Pois, pela mesma razão (se ela fosse válida), eu poderia dizer: se está escrito nos arquivos das Parcas que o veneno me matará no presente, ou que me fará mal, isso acontecerá mesmo que eu não tome essa bebida; e, se isso não está escrito, nada acontecerá, mesmo que eu tome essa bebida; consequentemente, posso seguir minha inclinação para tomar o que é saboroso, por mais que seja pernicioso – o que envolve um absurdo manifesto. Essa objeção os deteria um pouco, mas voltariam sempre a seu raciocínio, construído de diferentes maneiras, até que se os faça compreender em que consiste o erro do sofisma. É falso que o evento aconteça faça-se o que se fizer; ele acontecerá porque se faz o que leva a esse acontecimento; e, se o acontecimento está escrito, também a causa que o faz acontecer está. Assim, a ligação entre os efeitos e as causas, longe de estabelecer a doutrina de uma necessidade prejudicial à prática, serve para destruí-la.

Mas, sem ter más intenções e sem ser levado à libertinagem, pode-se considerar de outra maneira as estranhas consequências de uma necessidade fatal, levando-se em conta que ela destruiria a liberdade do arbítrio, tão essencial à moralidade da ação, uma vez que a justiça e a injustiça, o elogio e a censura, a pena e a recompensa não poderiam ter lugar para ações necessárias, e ninguém poderia ser obrigado a fazer o impossível ou a não fazer o que é necessário absolutamente. Não se tem a intenção de abusar dessa reflexão para favorecer o desregramento, mas não se deixaria de encontrar embaraço algumas vezes quando se tratasse de julgar as ações de outrem, ou antes, de responder às objeções, entre as quais há inclusive aquelas que concernem à liberdade de Deus, da qual logo falarei. E como uma necessidade insuperável abriria a porta à impiedade, seja pela impunidade que poderia ser inferida da necessidade, seja pela inutilidade em se querer resistir a uma torrente que arrasta tudo, é importante observar os diferentes graus da necessidade, e mostrar que há graus que não poderiam ser prejudiciais, assim como há outros que não poderiam ser admitidos sem dar lugar a terríveis consequências.

Algumas pessoas vão ainda mais longe: não contentes em se servir do pretexto da necessidade para demonstrar que a virtude e o vício não fazem nem bem nem mal, elas têm a audácia de transformar a divindade em cúmplice de seu desregramento e imitam os antigos pagãos, que atribuíam aos deuses a causa de seus crimes, como se uma divindade os conduzisse a fazer o mal. A filosofia dos cristãos, que reconhece melhor que a dos antigos a dependência das coisas em relação ao primeiro autor e o concurso deste em todas as ações das criaturas, parece ter aumentado esse embaraço. Algumas pessoas hábeis de nosso tempo chegaram mesmo a negar qualquer ação às criaturas. E Bayle, que chega em parte a essa opinião extraordinária, se serviu dela para reabilitar o dogma caduco dos dois princípios, ou de dois deuses, um bom e o outro mal, como se esse dogma respondesse melhor às dificuldades sobre a origem do mal; embora, em outros momentos, ele reconheça que é uma opinião insustentável e que a unidade do princípio está fundamentada incontestavelmente em razões *a priori*; mas ele quer inferir daí que nossa razão se confunde e não poderia satisfazer as objeções, e que nem por isso deve-se deixar de se manter firme nos dogmas revelados, que nos ensinam a existência de um único Deus, perfeitamente bom, perfeitamente potente e perfeitamente sábio. Porém, muitos leitores que estivessem persuadidos da insolubilidade das objeções e que as acreditassem pelo menos tão fortes quanto as provas da verdade da religião extrairiam daí consequências perniciosas.

Mesmo que não houvesse concurso de Deus para as ações más, não se deixaria de encontrar dificuldade por ele as ter previsto e permitido, podendo impedi-las por sua onipotência. Foi isso que levou alguns filósofos, e mesmo alguns teólogos, a preferirem recusar a Deus o conhecimento do detalhe das coisas e, sobretudo, dos acontecimentos futuros a concordar com o que eles acreditavam ofender a bondade de Deus. Os socinianos e Conrad Vorstius pendem para esse lado, e Thomas Bonartes[9], pseudônimo de um jesuíta inglês, muito sábio e autor do livro *Concordia scientae cum fide*, do qual falarei mais adiante, parece insinuar isso.

Eles procedem realmente mal; mas não procedem melhor outros que, persuadidos de que nada se faz sem a vontade e sem a potência de Deus, lhe atribuem intenções e ações tão indignas do melhor de todos os seres que se diria que esses autores efetivamente renunciaram ao dogma que reconhece a justiça e a bondade de Deus. Eles acreditaram que, sendo o soberano senhor do universo, ele poderia, sem nenhum prejuízo para sua santidade, levar a cometer pecados, somente porque lhe agrada ou para ter o prazer de punir, e também que poderia ter prazer em afligir eternamente os inocentes sem cometer qualquer injustiça, porque ninguém tem o direito ou o poder de controlar suas ações. Alguns foram inclusive levados a dizer que Deus se conduz efetivamente assim; e com o pretexto de que somos como um nada em relação a ele comparam-nos aos vermes da terra, que os homens não se preocupam se esmagam ao caminhar, ou

---

[9] Os socinianos eram discípulos de Lélio Socino (Sozzini) (1525-1562) e de seu sobrinho Fausto Socino (1539-1604), que fundaram a seita antitrinitária, que se opunha ao fatalismo de Lutero e de Calvino, interpretando a reforma em um sentido racionalista. Conrad Vorstius, ou Konrad von der Vorst (1569-1604), foi um teólogo sociniano e professor em Leiden. Thomas Bonartes (morto em 1681 ou 1682), de pseudônimo Thomas Barton, foi um teólogo realista inglês. *Concórdia da ciência com a fé* foi publicado em Colônia, em 1659.

com os animais em geral, que não são de nossa espécie e que não temos nenhum escrúpulo em maltratar.

Creio que muitas pessoas, aliás bem-intencionadas, chegam a esses pensamentos porque não conhecem suficientemente suas consequências. Elas não veem que isso significa propriamente a destruição da justiça de Deus; afinal, que noção atribuiremos a uma tal espécie de justiça que só tem a vontade por regra, isto é, na qual a vontade não é dirigida pelas regras do bem e se dirige inclusive ao mal, a não ser a noção contida na definição tirânica de Trasímaco em Platão[10], que dizia que *justo* não é outra coisa que não o que agrada ao mais potente? Chegam a isso, sem se dar conta, todos aqueles que fundamentam a obrigação no constrangimento e, consequentemente, tomam a potência como medida do direito. Mas logo se abandonarão máximas tão estranhas e tão pouco apropriadas para tornar os homens bons e caridosos por imitação de Deus quando se tiver considerado bem que um Deus a quem agradasse o mal de outrem não poderia se distinguir do mau princípio dos maniqueus[11], supondo que esse princípio se tornasse o único senhor do universo, e que, consequentemente, é preciso atribuir ao verdadeiro Deus sentimentos que o tornem digno de ser considerado o bom princípio.

Felizmente, esses dogmas exagerados quase não subsistem mais entre os teólogos. Entretanto, algumas pessoas maliciosas, que sentem prazer em criar dificuldades, os reavivam: elas buscam aumentar nossa confusão unindo as controvérsias a que a teologia cristã deu origem às contestações da filosofia. Os filósofos levaram em consideração as questões da necessidade, da liberdade e da origem do mal; os teólogos acrescentaram as questões do pecado original, da graça e da predestinação. A corrupção original da espécie humana, oriunda do primeiro pecado, parece-nos ter imposto uma necessidade natural de pecar, sem o socorro da graça divina; mas, sen-

---

[10] *A República*, I, 338c.

[11] O maniqueísmo, cujo fundador é Maniqueu (viveu na Pérsia, atual Irã, entre 240 e 274), é uma heresia resultante da combinação entre cristianismo e zoroastrismo, segundo a qual o mundo é dominado por dois princípios, o Bem e o Mal. Agostinho dedica longas passagens de suas *Confissões* para refutar a existência de um princípio do mal, estabelecendo a doutrina do mal como privação, o que Leibniz segue.

do a necessidade incompatível com a punição, se inferirá daí que uma graça suficiente deveria ter sido dada a todos os homens, o que não parece muito conforme à experiência.

Todavia, a dificuldade é grande, sobretudo com a destinação para a salvação dos homens, estabelecida por Deus. Há poucos salvos ou eleitos; Deus não tem, pois, vontade decretória para eleger muitos. E uma vez que se considere que aqueles que ele escolheu não merecem mais que os outros, e no fundo não são nem mesmo menos malvados, pois o que têm de bom vem do dom de Deus, a dificuldade aumenta. Onde está, portanto, sua justiça (dir-se-á) ou, pelo menos, onde está sua bondade? A parcialidade ou a *preferência de pessoas* é contrária à justiça, e aquele que limita sua bondade sem motivo não deve ser muito bondoso. É verdade que aqueles que não são eleitos se perdem por seu próprio erro; eles carecem de boa vontade ou fé viva, mas só cumpre a Deus dá-las a eles. Sabe-se que, além da graça interna, são ordinariamente as ocasiões externas que distinguem os homens, e que a educação, o diálogo, o exemplo frequentemente corrigem ou corrompem o que é natural. Ora, Deus dando origem a circunstâncias favoráveis para uns e abandonando os outros a circunstâncias que contribuem para a infelicidade deles, não haveria motivo para se ficar espantado? E não basta (parece) dizer com alguns que a *graça interna* é universal e igual para todos, uma vez que esses mesmos autores são obrigados a recorrer às exclamações de São Paulo e dizer "Ó profundidade!" quando consideram quanto os homens se distinguem pelas graças externas, por assim dizer, isto é, graças que aparecem na diversidade de circunstâncias que Deus faz nascer, das quais os homens não são senhores e que, no entanto, têm uma enorme influência sobre o que se relaciona com a salvação deles.

Não avançaremos dizendo, como Santo Agostinho, que, estando todos os homens compreendidos na danação pelo pecado de Adão, Deus poderia deixá-los em sua miséria e que, assim, é por uma bondade pura que ele retira alguns dessa miséria. Pois, além de ser estranho que o pecado de outro deva danar alguém, a questão ainda permanece: por que Deus não retira a todos, por que retira a menor parte e por que uns de preferência a outros? Ele é o Senhor deles, é verdade, mas um Senhor bom e justo; seu poder é absoluto, mas sua sabedoria não permite que ele o exerça de uma maneira arbitrária e despótica, que seria efetivamente tirânica.

Além disso, com a queda do primeiro homem tendo acontecido apenas com a permissão de Deus, e Deus tendo resolvido permiti-la apenas depois de ter considerado as consequências, que são a corrupção em massa da espécie humana e a escolha de um pequeno número de eleitos com o abandono de todos os outros, é inútil dissimular a dificuldade limitando-se à massa já corrompida; é preciso voltar, portanto, apesar das hesitações, ao conhecimento das consequências do primeiro pecado, anterior ao decreto pelo qual Deus o permitiu e pelo qual permitiu, ao mesmo tempo, que os condenados estivessem envolvidos na massa de perdição e não fossem daí retirados; porque Deus e o sábio não resolvem nada sem considerar as consequências.

Espero afastar todas essas dificuldades. Mostra-se que a *necessidade absoluta*, chamada também lógica e metafísica, e algumas vezes geométrica, e que seria a única a se temer, não se encontra nas ações livres; e que, assim, a liberdade está isenta não somente de constrangimento, mas também da verdadeira necessidade. Mostra-se que o próprio Deus, embora escolha sempre o melhor, não age por uma necessidade absoluta; e que as leis da natureza que Deus prescreveu, fundadas na conveniência, estão em um ponto médio entre as verdades geométricas, absolutamente necessárias, e os decretos arbitrários – o que Bayle e outros filósofos novos não compreenderam bem. Mostra-se que há uma indiferença na liberdade, porque não há necessidade absoluta para um ou outro partido, mas que não há jamais uma indiferença de perfeito equilíbrio. Mostra-se também que há nas ações livres uma perfeita espontaneidade, além de tudo o que se concebeu até aqui. Enfim, leva-se a julgar que a necessidade hipotética e a necessidade moral que permanecem nas ações livres não têm inconveniente e que a *razão preguiçosa* é um verdadeiro sofisma.

Quanto à origem do mal em relação a Deus, faz-se uma apologia de suas perfeições que não realça menos sua santidade, sua justiça e sua bondade do que sua grandeza, sua potência e sua independência. Mostra-se como é possível que tudo dependa dele, que ele concorra para todas as ações das criaturas, que ele crie continuamente inclusive as criaturas, se quiserdes, e que, no entanto, ele não seja o autor do pecado. Aí se mostra também como se deve conceber a natureza privativa do mal. Faz-se ainda mais: mostra-se como o mal tem uma outra fonte diferente da vontade de Deus e que, por isso, há razão para se dizer, do mal de culpa, que Deus não o quer e que somente o permite. Mas o que é mais importante: mostra-se que Deus pôde permitir o pecado e a miséria, e inclusive concorrer e contribuir para isso, sem prejuízo de sua santidade e de sua bondade supremas; embora, absolutamente falando, ele pudesse evitar todos esses males.

Quanto ao assunto da graça e da predestinação, justificam-se as expressões mais singulares; por exemplo, que somos convertidos pela graça precedente de Deus e só poderíamos fazer o bem com sua assistência; que Deus quer a salvação de todos os homens e só dana aqueles que têm má vontade; que ele dá a todos uma graça suficiente contanto que saibam usá-la; que, sendo Jesus Cristo o princípio e o centro da eleição, Deus destinou os eleitos à salvação porque previu que eles se aplicariam à doutrina de Jesus Cristo pela fé viva – ainda que seja verdade que essa razão de eleição não é a última razão e que a própria previsão é ainda uma consequência de seu decreto anterior, visto que a fé é um dom de Deus e que ele os predestinou a ter fé pelas razões de um decreto superior, que dispensa as graças e as circunstâncias segundo a profundidade da suprema sabedoria.

Ora, como um dos mais hábeis homens de nosso tempo, cuja eloquência era tão vasta quanto a penetração, homem que deu grandes provas de uma erudição vastíssima e aplicou-se não sei por que razões a afastar maravilhosamente todas as dificuldades sobre essa matéria que acabamos de resumir, encontramos um bom terreno para nos exercitar entrando com ele no detalhe. Reconhece-se que Bayle (pois é fácil ver que é dele que falamos) tem todas as vantagens de seu lado, exceto aquela do fundo da coisa; mas se espera que a verdade (que ele próprio reconhece estar do nosso lado) sobrepuje, nua e crua, os ornamentos da eloquência e da erudição, desde que seja desenvolvida como é preciso; e esperamos ter êxito nisso sobretudo porque é a causa de Deus que se defende e uma das máximas que sustentamos aqui afirma que a assistência de Deus não falta àqueles que não carecem de boa vontade. O autor deste discurso acredita ter dado provas disso aqui, pela atenção que dedicou ao assunto. Ele meditou sobre ela desde a juventude, conferiu anteriormente com os primeiros homens do tempo e ainda se instruiu pela leitura de bons autores. E o sucesso que Deus lhe deu (pela opinião de muitos juízes competentes) em outras profundas meditações, dentre as quais algumas têm bastante influência nesta matéria, dá-lhe talvez algum direito de se gabar da atenção de leitores que amam a verdade e a buscam convenientemente.

Ele teve ainda razões particulares bastante consideráveis que o levaram a tomar a pluma para escrever sobre esse tema. As conversações que teve anteriormente com algumas pessoas letradas e com gente da corte, na Alemanha e na França, e, sobretudo, com uma princesa[12] das maiores e mais incomparáveis, o determinaram a isso mais de uma vez. Ele havia tido a honra de dizer a essa princesa suas opiniões sobre vários tópicos do maravilhoso *Dicionário* de Bayle, em que a religião e a razão parecem estar em combate, e Bayle quer calar a razão depois de tê-la feito falar demais – o que ele chama de triunfo da fé. O autor deu logo a conhecer que era de outra opinião, mas não deixava de se contentar por um tão belo gênio lhe dar ocasião para se aprofundar em assuntos tão importantes quanto difíceis. Ele confessou que as havia examinado desde muito tempo e havia deliberado algumas vezes publicar pensamentos sobre esse tema, cujo principal fim deveria ser o conhecimento de Deus tal como é preciso para excitar a piedade e alimentar a virtude. Essa princesa o exortou a executar seu antigo desígnio, alguns amigos se uniram a ela, e ele ficou ainda mais tentado a fazer o que lhe pediam porque tinha motivos para esperar que no curso do exame as luzes de Bayle o ajudariam muito a dar à matéria a clareza que poderia receber com seu esforço. Mas muitos impedimentos viraram obstáculos, e a morte da incomparável rainha não foi o menor deles. Aconteceu,

---

[12] Princesa Sophie Charlotte (1668-1705), filha do eleitor de Hannover, Ernst-August, e sua esposa, Sofia. Ela se tornará depois rainha da Prússia.

PREFÁCIO

entretanto, de Bayle ser atacado por homens excelentes que se dedicaram a examinar o mesmo tema; ele respondeu amplamente a eles e sempre de maneira engenhosa. Ficamos atentos à disputa, ao ponto mesmo de tomar parte nela. Eis como:

Publiquei um sistema novo[13] que parecia adequado para explicar a união entre a alma e o corpo, e que foi bastante aplaudido mesmo por aqueles que não se mostraram de acordo, e houve pessoas hábeis que me testemunharam estar já de acordo com minhas opiniões sem terem chegado a uma explicação tão clara antes de ver o que eu havia escrito. Bayle o examinou em seu *Dicionário histórico e crítico*, no artigo "Rorarius"[14]. Ele acreditou que as concepções originais que eu havia apresentado mereciam ser cultivadas, valorizou a utilidade de certas considerações e apresentou também o que podia trazer dificuldades. Eu não podia deixar de responder, como é devido a expressões tão prestativas e considerações tão instrutivas quanto as dele, e, para aproveitá-las melhor, publiquei alguns esclarecimentos[15] na *Histoire des Ouvrages des Savants*, em julho de 1698. Bayle fez uma réplica na segunda edição de seu *Dicionário*. Enviei a ele uma tréplica, que ainda não foi publicada; e não sei se ele a respondeu.

Entretanto, Le Clerc[16] colocou um extrato do *Sistema intelectual* do falecido Cudworth[17] em sua *Bibliothèque choisie* e explicou de-

---

[13] *Sistema novo da natureza e da comunicação das substâncias, assim como da união que há entre a alma e o corpo*, publicado no *Journal des Savants*, em 27 de junho e 4 de julho de 1695 (PS, IV, pp. 471 ss.).

[14] Girolamo Rorario, ou Hieronymus Rorarius (1485-1556), cardeal italiano, autor de *Quod animalia bruta saepe ratione utantur melius homine* [*Os animais frequentemente usam a razão melhor do que os homens*], publicado em Paris, em 1648. Nas notas do artigo "Rorarius", aproveitando-se do tema do livro do cardeal, Bayle expõe e discute a concepção leibniziana da união entre a alma e o corpo.

[15] *Carta do sr. L. ao Autor, contendo um esclarecimento das dificuldades que o sr. Bayle encontrou no sistema novo da união da alma e do corpo* (PS, IV, pp. 517-24).

[16] Jean Le Clerc (1657-1736), teólogo suíço, erudito e crítico, editor da *Bibliothèque universelle et historique* [*Biblioteca universal e histórica*] entre 1686 e 1688, e da *Bibliothèque choisie* [*Biblioteca escolhida*] entre 1703 e 1713. Ficou famoso por sua exegese da Bíblia.

[17] Filósofo da Escola Platônica de Cambridge, autor de *The True Intellectual System of the Universe* [*O verdadeiro sistema intelectual do universo*] (1678), viveu entre 1617 e 1688. A filha de Cudworth, a filósofa Damaris Cudworth Masham, entrará em contato com Leibniz em nome da defesa da memória do pai. A correspondência entre Lady Masham e Leibniz inicia-se em 1703 e vai até 1705.

terminadas naturezas plásticas que esse excelente autor empregava para explicar a formação dos animais, e Bayle acreditou (*vide Continuação dos pensamentos diversos*, cap. 21, art. 11) que, estabelecendo essas naturezas, uma vez que elas carecem de conhecimento, se enfraquecia o argumento que prova, pela maravilhosa formação das coisas, que é preciso que o universo tenha uma causa inteligente. Le Clerc replicou (art. 4 do vol. 5 de sua *Bibliothèque choisie*) dizendo que essas naturezas precisavam ser dirigidas pela sabedoria divina. Bayle insistiu (art. 7 da *Histoire des Ouvrages des Savants*) que uma simples direção não bastaria para uma causa desprovida de conhecimento, a menos que seja tomada por um instrumento de Deus, e nesse caso ela seria inútil. Meu sistema foi mencionado de passagem, o que me deu ocasião de enviar uma pequena nota[18] ao célebre autor da *Histoire des Ouvrages des Savants* (que ele publicou no art. 9, em maio de 1705) na qual eu tratava de mostrar que, na verdade, o mecanicismo basta para produzir os corpos orgânicos dos animais, sem necessidade de outras naturezas plásticas, desde que se acrescente a *pré-formação* já inteiramente orgânica nas sementes dos corpos que nascem, contidas nas dos corpos a partir dos quais elas nascem, até as sementes primeiras – o que só poderia acontecer se o autor das coisas, infinitamente potente e sábio, e que faz tudo primeiramente com ordem, tivesse preestabelecido toda a ordem e todo o artifício futuro. Não existe caos no interior das coisas e o organismo está em toda parte em uma matéria cuja disposição vem de Deus. Descobrir-se-ia inclusive mais quanto mais longe fôssemos na anatomia dos corpos; e continuaríamos a observar o organismo, mesmo se pudéssemos ir ao infinito, como a natureza, e continuar a subdivisão por nosso conhecimento, como ela efetivamente continuou.

Como, para explicar essa maravilha da *formação dos animais*, eu me servia da harmonia preestabelecida, isto é, do mesmo meio de que me servira para explicar outra maravilha, a *correspondência da alma com o corpo* – no que eu mostrava a uniformidade e a fecundi-

---

[18] Trata-se de *Considerações sobre os princípios da vida e as naturezas plásticas* (PS, VI, pp. 539 ss.), publicado por Basnage Beauval (1656-1710), o editor da *Histoire des Ouvrages des Savants* [*História das obras dos estudiosos*].

dade dos princípios que havia empregado –, parece que isso fez com que Bayle se lembrasse de meu sistema, que explica essa correspondência e que ele já havia examinado em outra ocasião. Ele declarou (no cap. 180 de sua *Resposta às questões de um provincial*, vol. 3, p. 1.253) que não lhe parecia que Deus pudesse dar à matéria ou a qualquer outra causa a faculdade de se organizar sem lhe comunicar a ideia e o conhecimento da organização; e que ele ainda não estava disposto a crer que Deus, com toda sua potência sobre a natureza e toda a presciência que tem dos acidentes que podem acontecer, tenha podido dispor as coisas de sorte que, unicamente pelas leis da mecânica, um barco (por exemplo) fosse ao porto a que se destina sem ser governado, em sua rota, por algum condutor inteligente. Fiquei surpreso ao ver que se põem limites para a potência de Deus sem se alegar nenhuma prova para isso e sem se observar que não há nenhuma contradição a se temer do lado do objeto, nem nenhuma imperfeição do lado de Deus, embora eu tivesse mostrado anteriormente, em minha tréplica, que mesmo os homens fazem, frequentemente como autômatos, coisas semelhantes aos movimentos que vêm da razão; e que um espírito finito (mas muito acima do nosso) poderia inclusive executar o que Bayle crê impossível para a Divindade – além disso, uma vez que Deus regula antecipadamente todas as coisas de uma só vez, a justeza do caminho desse barco não seria mais estranha que a do caminho de um foguete que percorresse uma corda em um fogo de artifício, já que todas as regras de todas as coisas têm uma perfeita harmonia entre si e se determinam mutuamente.

Essa declaração de Bayle me levou a dar uma resposta; eu tinha o plano de expor a ele que, a menos que se diga que o próprio Deus forma os corpos orgânicos por um milagre continuado ou que tenha dado esse encargo a inteligências cuja potência e ciência sejam quase divinas, é preciso julgar que Deus *pré-formou* as coisas, de sorte que os novos organismos sejam apenas consequências mecânicas de uma constituição orgânica precedente; como quando as borboletas vêm de lagartas, caso em que, como mostrou Swammerdam[19], há

---

[19] Jan Swammerdam (1637-1680), anatomista holandês, fez importantes observações com o microscópio. É conhecido sobretudo por seus trabalhos sobre insetos, como *Historia Insectorum Generalis* [*História geral dos insetos*] (1669) e a obra póstuma *Biblia naturae* (1727). Citado também na *Monadologia*, § 74.

apenas desenvolvimento. E eu acrescentaria que não há nada mais capaz que a pré-formação das plantas e animais para confirmar meu sistema da harmonia preestabelecida entre a alma e o corpo, no qual o corpo é levado a executar, por sua constituição original e com ajuda das coisas externas, tudo o que faz segundo a vontade da alma, como as sementes, por sua constituição original, executam naturalmente as intenções de Deus por um artifício ainda maior que aquele que faz com que, em nosso corpo, tudo se execute conformemente às resoluções de nossa vontade. E uma vez que o próprio Bayle julga, com razão, que há mais artifício na organização dos animais do que no mais belo poema do mundo, ou na mais bela invenção de que seja capaz o espírito humano, segue-se que meu sistema do comércio da alma e do corpo é tão fácil quanto a opinião comum da formação dos animais, pois essa opinião (que me parece verdadeira) afirma, com efeito, que a sabedoria de Deus fez a natureza de sorte que ela seja capaz, em virtude de suas leis, de formar os animais, o que eu esclareci e mostrei melhor por meio da *pré-formação*, depois do que não se tem motivo para achar estranho que Deus tenha feito o corpo de sorte que, em virtude de suas próprias leis, possa executar os desígnios da alma racional, uma vez que tudo o que a alma pode ordenar ao corpo é menos difícil que a organização que Deus ordenou às sementes. Bayle diz (*Resposta às questões de um provincial*, cap. 182, p. 1.294) que somente há pouco tempo existem pessoas que compreenderam que a formação dos corpos viventes não poderia ser uma obra natural – o que ele poderia ter dito também, segundo seus princípios, da correspondência entre a alma e o corpo, uma vez que Deus realiza todo o comércio no sistema das causas ocasionais adotado por esse autor. Mas eu só admito aqui o sobrenatural no começo das coisas, em relação à primeira formação dos animais, ou em relação à constituição original da harmonia preestabelecida entre a alma e o corpo, depois do que considero que a formação dos animais e a relação entre a alma e o corpo são algo de tão natural presentemente quanto as outras operações ordinárias da natureza. É mais ou menos como se raciocina comumente sobre o instinto e as operações maravilhosas das bestas. Reconhece-se a razão não nas bestas, mas naquele que as formou. Sou, pois, da opinião comum a esse respeito; mas espero que minha explicação tenha dado a ela mais relevo e clareza, e inclusive mais amplitude.

Ora, devendo justificar meu sistema contra as novas dificuldades de Bayle, tinha o plano de lhe comunicar, ao mesmo tempo, pensamentos que tenho há muito tempo sobre as objeções que ele levantou contra aqueles que fazem concordar a razão com a fé no que diz respeito à existência do mal. Com efeito, há poucas pessoas que tenham trabalhado mais nesse tema do que eu. Mal tinha conseguido entender de maneira passável os livros em latim quando tive a comodidade de folheá-los em uma biblioteca, saltando de livro em livro; e como as matérias de meditação agradavam-me tanto quanto as histórias e as fábulas, fui seduzido pela obra de Lorenzo Valla contra Boécio e pela de Lutero contra Erasmo[20], embora visse que precisavam de atenuação. Eu não me abstinha dos livros de controvérsia e, entre outros escritos dessa natureza, as Atas do Colóquio de Montbéliard[21], que haviam reanimado a disputa, me pareceram instrutivas. Eu não negligenciava os ensinamentos de nossos teólogos; e a leitura de seus adversários, longe de me perturbar, servia para me confirmar os sentimentos moderados das igrejas da Confissão de Augsburgo[22]. Tive oportunidade, em minhas viagens, de conversar com alguns homens excelentes de diferentes partidos, como Pedro de Wallenburg[23], sufragâneo de Mainz; Johann Ludwig Fabricius[24], primeiro teólogo de Heidelberg; e, finalmente, com o célebre Arnauld, a quem cheguei a comunicar um diálogo latino[25]

---

[20] Lorenzo Valla (1407-1457), humanista italiano, um dos mais importantes representantes do Renascimento, escreveu *De libero arbitrio dialogus* [*Diálogo sobre o livre-arbítrio*]. Boécio (470-526), filósofo romano, autor de *A consolação da filosofia*, foi senador de Roma, cônsul e, finalmente, chefe de governo de Teodorico, que, depois, o manteve preso e o condenou à morte. Lutero (1483-1546) escreveu *De servo arbitrio* [*Sobre o servo arbítrio*], em 1525, como réplica a *De libero arbitrio* [*Sobre o livre-arbítrio*], de Erasmo de Rotterdam (1467-1536).

[21] O Colóquio de Montbéliard reuniu representantes luteranos e calvinistas em 1586.

[22] Carta do luteranismo redigida em 1530 por Melanchthon (1497-1560).

[23] Pedro de Wallenburg e seu irmão, Adriano, eram ambos teólogos, nascidos em Rotterdam. Publicaram suas próprias obras em 1669-71, em Colônia. Adriano morreu em 1669, em Colônia, e Pedro em 1675.

[24] Johann Ludwig Fabricius (1632-1696) foi membro de uma célebre dinastia de teólogos protestantes.

[25] *Confessio philosophi* [*A profissão de fé do filósofo*], comunicado a Arnauld (1612-1694), célebre teólogo e filósofo jansenista francês.

de minha lavra sobre esse assunto, por volta de 1673, no qual de fato eu já afirmava que, uma vez que Deus escolheu o mais perfeito de todos os mundos possíveis, foi levado por sua sabedoria a permitir o mal que está anexado neste mundo, mal que não impede, todavia, que, tudo contado e calculado, este seja o melhor mundo que poderia ter sido escolhido. Desde então li ainda todo tipo de bons autores sobre esse assunto, e tratei de avançar nos conhecimentos que me parecem próprios para afastar tudo o que pode obscurecer a ideia de uma soberana perfeição que é preciso reconhecer em Deus. Não deixei de examinar os autores mais rígidos e que levaram mais longe a necessidade das coisas, tal como Hobbes e Espinosa. O primeiro sustentou essa necessidade não apenas em *Elementos de física*[26] e alhures, mas também em um livro escrito precisamente contra o bispo Bramhall; e Espinosa quer (como um antigo peripatético de nome Estratão[27]) que tudo venha da primeira causa ou da natureza primitiva por uma necessidade cega e inteiramente geométrica, sem que esse primeiro princípio das coisas seja capaz de escolha, bondade e entendimento.

Encontrei um meio de mostrar o contrário de uma maneira esclarecedora e que, ao mesmo tempo, penetra no interior das coisas. Pois, tendo feito novas descobertas sobre a natureza da força ativa e sobre as leis do movimento, mostrei que elas não têm uma necessidade absolutamente geométrica como Espinosa parece ter acreditado; e que elas tampouco são puramente arbitrárias, embora essa seja a opinião de Bayle e de alguns filósofos modernos. Elas dependem da *conveniência*, como já observei anteriormente, ou do que chamo de *princípio do melhor*. Reconhecem-se nisso, como em qualquer outra coisa, os caracteres da primeira substância, cujas produções manifestam uma sabedoria soberana e realizam a mais perfeita das harmonias. Mostrei também que é essa harmonia que estabelece ainda a ligação tanto do futuro com o passado como do presente com o que está ausente. A primeira ligação une os tempos; a segunda, os lugares. A segunda ligação se mostra na união

---

[26] Trata-se de *De corpore*, primeira parte de *Elementos da filosofia* (Londres, 1655).

[27] Estratão de Lâmpsaco, filósofo grego do século III a.C., o segundo sucessor de Aristóteles à frente do Liceu, sucedendo Teofrasto. Sobre ele, ver Cícero, *Academica*, II, 38, 121; *Da natureza dos deuses*, I, 13, 35.

da alma com o corpo, e em geral no comércio das verdadeiras substâncias entre si e com os fenômenos materiais. A primeira tem lugar na pré-formação dos corpos orgânicos ou, antes, de todos os corpos, uma vez que há organismo em toda parte, embora nem toda massa componha um corpo orgânico – uma lagoa, por exemplo, pode estar cheia de peixes ou outros corpos orgânicos, embora ela mesma não seja um animal ou um corpo orgânico, mas somente uma massa que os contém. E como tratei de edificar, sobre esses fundamentos estabelecidos de maneira demonstrativa, um corpo inteiro dos principais conhecimentos que a razão inteiramente pura pode nos ensinar, um corpo, digo, cujas partes estivessem bem ligadas e que pudesse satisfazer às dificuldades mais consideráveis dos antigos e dos modernos, estabeleci também, em consequência, um certo sistema sobre a liberdade do homem e sobre o concurso de Deus. Esse sistema me parece distante de tudo o que pode chocar a razão e a fé, e eu desejava apresentá-lo aos olhos de Bayle, bem como aos daqueles que estão em disputa com ele. Ele acaba de nos deixar, e não é pequena a perda de um autor cuja doutrina e penetração não há igual. Mas como o assunto está exposto, e pessoas hábeis ainda trabalham nisso e o público está atento a isso, achei que era preciso aproveitar a ocasião para publicar um esboço de meus pensamentos.

Talvez seja bom notar ainda, antes de terminar este prefácio, que, ao negar a influência física da alma sobre o corpo ou do corpo sobre a alma, ou seja, uma influência em que um perturba as leis do outro, não nego a união da primeira com o segundo, que é um suporte; mas essa união é alguma coisa metafísica que não muda nada nos fenômenos. Foi o que já disse ao responder ao reverendíssimo padre De Tournemine[28], cujo espírito e saber não são ordinários, e que havia me feito objeções nas *Mémoires de Trévoux*. E, por essa razão, pode-

---

[28] René Joseph de Tournemine (1661-1739), jesuíta francês autor de vários artigos publicados nas *Mémoires de Trévoux*, uma importante revista da época. A resposta de Leibniz é *Remarque de l'auteur du Système de l'harmonie préetablie sur un endroit des Mémoires de Trévoux du mars 1704* [*Observação do autor do Sistema da harmonia preestabelecida sobre um ponto das Mémoires de Trévoux de março de 1704*], publicada nas *Mémoires de Trévoux* em março de 1708 (PS, VI, pp. 595-8).

-se dizer também que, em um sentido metafísico, a alma age sobre o corpo e o corpo sobre a alma. É verdade também que a alma é a *entelequia* ou o princípio ativo, ao passo que o corporal sozinho ou o simples material contém apenas o passivo, e que, consequentemente, o princípio da ação está nas almas, como expliquei mais de uma vez no *Journal de Leipzig*, porém mais particularmente ao responder ao falecido Sturm[29], filósofo e matemático de Altdorf, a quem expliquei inclusive que, se não houvesse nada além do passivo nos corpos, seus diferentes estados seriam *indiscerníveis*. Direi também, sobre o mesmo tema, que, tendo sabido que o hábil autor do livro *Connaissance de soi-même*[30] fez algumas objeções nesse livro contra meu sistema da harmonia preestabelecida, enviei uma resposta a Paris que mostra como ele me atribuiu opiniões das quais me afasto bastante – como fez também, pouco depois, um doutor anônimo da Sorbonne, sobre outro tema. E esses desentendimentos teriam aparecido logo aos olhos dos leitores se minhas próprias palavras, sobre as quais acreditaram estar fundamentados, tivessem sido relatadas.

Essa disposição dos homens em se equivocar ao apresentar as opiniões de outrem me levou a considerar oportuno observar que, quando disse em algum lugar que o homem contribui com o socorro da graça na conversão, entendo apenas que ele aproveita a graça quando cessa a resistência que é superada, mas sem nenhuma cooperação de sua parte; assim como não há cooperação na graça quando ela é rompida. Pois a conversão é obra pura da graça de Deus, para a qual o homem só concorre resistindo; mas sua resistência pode ser menor ou maior, de acordo com as pessoas e as ocasiões.

---

[29] Johann Christoph Sturm (1635-1703), filósofo alemão de tendência cartesiana e ocasionalista. O artigo a que Leibniz se refere é *De ipsa natura, sive de vi insita actionibusque creaturarum* [*Da própria natureza, ou da força ínsita e das ações das criaturas*], publicado na revista *Acta Eruditorum*, em setembro de 1698 (PS, IV, pp. 504-16), cujo pretexto era a controvérsia entre Sturm e Schellhammer de 1697-98.

[30] O autor de *De la connaissance de soi-même* [*Sobre o conhecimento de si mesmo*] é o beneditino francês Dom François Lamy (1636-1711), cujo livro foi publicado entre 1694 e 1698, em cinco volumes. A resposta de Leibniz é *Addition à l'explication du Système nouveau touchant l'union de l'âme et du corps, envoyée à Paris à l'occasion d'un livre intitulé* Connaissance de soi-même [*Acréscimo à explicação do Sistema novo, no tocante à união da alma com o corpo, enviado a Paris por ocasião de um livro intitulado* Conhecimento de si mesmo] (PS, IV, pp. 572-95).

PREFÁCIO

As circunstâncias também contribuem mais ou menos para a nossa atenção e para os movimentos que nascem na alma. E o concurso de todas essas coisas, junto com a medida da impressão e o estado da vontade, determina efetivamente a graça, sem, porém, torná-la necessária. Eu expliquei bastante alhures que, em relação às coisas salutares, o homem não regenerado deve ser considerado morto; e aprovo bastante a maneira pela qual os teólogos de Augsburgo se explicam sobre esses temas. Entretanto, essa corrupção do homem não regenerado não o impede de ter, aliás, verdadeiras virtudes morais e de às vezes realizar boas ações na vida civil, que vêm de um bom princípio, sem nenhuma má intenção e sem a contaminação de um pecado atual. Espero que me perdoem se ousei me afastar da opinião de Santo Agostinho, sem dúvida um grande homem, de um maravilhoso espírito, mas que algumas vezes parece ser levado a exagerar as coisas, sobretudo no calor da polêmica. Estimo muito algumas pessoas que se professam discípulos de Santo Agostinho, entre outras o reverendíssimo padre Quesnel[31], digno sucessor do grande Arnauld na continuação de controvérsias que os comprometeram com a mais célebre das companhias. Mas percebi que, ordinariamente, nos combates entre pessoas de um insigne mérito (que existem sem dúvida dos dois lados), a razão está numa e noutra parte, mas em diferentes pontos, e está mais nas defesas que nos ataques, embora a maldade natural do coração humano torne geralmente os ataques mais agradáveis ao leitor do que as defesas. Espero que o reverendíssimo padre Ptolomei, ornamento de sua companhia, ocupado em preencher os vazios deixados pelo célebre Belarmino[32], nos dê esclarecimentos dignos de sua penetração e de seu saber e, ouso mesmo acrescentar, de sua moderação sobre tudo

---

[31] Pasquier Quesnel (1634-1719), teólogo jansenista francês, autor de *Nouveau Testament en français avec réflexions morales* [*Novo Testamento em francês com reflexões morais*], publicado a partir de 1671. Suas opiniões foram condenadas em 1708 e 1713 pela bula *Unigenitus*, do papa Clemente VI.

[32] Cardeal Tolomei ou Ptolomei, Giovanni Battista Tolomei (1653-1726), teólogo jesuíta italiano, autor de *Supplementum alle controversie di Bellarmino* [*Suplemento às controvérsias de Belarmino*] (inédito). Cardeal Belarmino (1542-1621), teólogo que ficou célebre pelo papel desempenhado nos processos de Giordano Bruno e de Galileu, e autor de *Disputationes de controversiis fidei christianae* [*Discussões sobre as controvérsias da fé cristã*], publicado em 1613.

isso. E é preciso crer que, entre os teólogos da Confissão de Augsburgo, surgirá um novo Chemnitz[33] ou um novo Calisto[34]; como se pode julgar que um Usserius[35] ou um Daillé[36] reviverão entre os reformados, e que todos trabalharão cada vez mais para afastar os desentendimentos de que está pleno esse assunto. De resto, ficarei bastante contente se aqueles interessados em examinar o assunto lerem as objeções *colocadas em forma*[37], com as respostas que dei a elas em um pequeno escrito que incluí no fim da obra para fazer as vezes de sumário. Tratei de prevenir, ali, novas objeções: ao explicar, por exemplo, por que tomei a vontade antecedente e consequente por precedente e final, a exemplo de Tomás, Scotus[38] e outros; por que é possível que exista mais bem na glória de todos os salvos que mal na miséria de todos os danados, embora haja mais danados que salvos; por que, ao dizer que o mal foi permitido como uma condição *sine qua non* do bem, entendo essa afirmação não segundo o princípio do necessário, mas segundo os princípios do conveniente; por que a predeterminação que admito é sempre inclinante e jamais torne as coisas necessárias; por que Deus não negaria as luzes novas necessárias àqueles que tenham usado bem as que tinham; sem falar de outros esclarecimentos que dei a respeito de dificuldades que me foram apresentadas há pouco tempo. E segui ainda o conselho de alguns amigos que consideraram oportuno que eu acrescentas-

---

[33] Martin Chemnitz (1522-1586), teólogo luterano, discípulo de Melanchthon e autor de *Examen decretorum Concilii Tridentini* [*Exame dos decretos do Concílio de Trento*], de 1585.

[34] Georgius Callisen, Calixtus, ou Calisto (1586-1656), teólogo luterano de tendência irenista e conciliadora.

[35] James Ussher, ou Usserius (1580-1656), teólogo anglicano, arcebispo de Armagh, Irlanda; escreveu contra os católicos. Autor de inúmeras obras, inclusive uma em que defende a obediência passiva, por ordem de Carlos I.

[36] Jean Daillé (1594-1670), teólogo protestante francês.

[37] Leibniz usa a expressão "em forma" (*en forme*) ou "colocadas em forma" (*mise en forme*) para se referir a uma apresentação de argumentos ou objeções de maneira resumida em uma forma lógica, análoga aos silogismos aristotélicos.

[38] John Duns Scot (*c.* 1266-1308), célebre filósofo escocês da Ordem dos Franciscanos que sustenta a liberdade absoluta de Deus e se opõe ao tomismo, sobretudo no que diz respeito à graça e aos universais. Nasceu em Maxton, condado de Roxburgh, na Escócia. Viveu muitos anos em Paris, em cuja universidade lecionou, e morreu em Colônia. Também chamado de Doutor Sutil.

se dois apêndices: um acerca da *controvérsia entre Hobbes e o bispo Bramhall*[39], sobre o livre e o necessário; outro a respeito da sábia obra *Sobre a origem do mal*, publicada há pouco na Inglaterra.

Enfim, tratei de relacionar tudo à edificação; e se deixei algum espaço à curiosidade é porque acreditei ser preciso alegrar um assunto cuja seriedade pode fatigar. Foi nesse espírito que introduzi neste discurso a quimera agradável de uma certa teologia astronômica, sem motivo para temer que ela seduza alguém, e julgando que a narrar e a refutar é o mesmo. Ficção por ficção, em lugar de imaginar que os planetas foram sóis, poder-se-ia conceber que tenham sido massas fundidas ao Sol e lançadas para fora, o que destruiria o fundamento dessa teologia hipotética. O antigo erro dos dois princípios, que os antigos distinguiam pelos nomes de Oromasdes e Ariman[40], me levou a esclarecer uma conjectura sobre a história remota dos povos, já que aparentemente são os nomes de dois grandes príncipes contemporâneos: um, o monarca de uma parte da Ásia Maior, onde depois existiram outros com esse mesmo nome; o outro, o rei dos celto-citas, que invadiu os Estados do primeiro, e além disso conhecido entre as divindades dos germanos. Com efeito, aparentemente Zoroastro empregou os nomes desses príncipes como símbolos de potências invisíveis cujas proezas os tornavam semelhantes na opinião dos asiáticos, embora, aparentemente, pelo relato dos autores árabes – que deviam estar mais bem informados que os gregos sobre algumas particularidades da antiga história oriental –, Zerdust ou Zoroastro (que segundo esses autores é contemporâneo ao grande Dario) não considerasse esses dois princípios como primitivos e independentes, mas como dependentes de um princípio único supremo; e acreditasse, conforme à cosmogonia de Moisés, que Deus, sem par, criou tudo e separou a luz das trevas; e que a luz era conforme a seu desígnio original, mas as trevas vieram como consequência, como a sombra segue o corpo, e não são outra coisa que privação – o que isentaria esse antigo autor dos erros que os gregos atribuem a ele. Seu grande saber fez com que os orientais o comparassem a Mercúrio ou Hermes dos egíp-

---

[39] Ver nota 60 da primeira parte.
[40] Princípios do Bem e do Mal na teologia dualista de Zoroastro (Zaratustra).

cios e dos gregos; assim como os nórdicos compararam seu Wotan ou Odin com o mesmo Mercúrio. É por isso que a quarta-feira, ou o dia de Mercúrio, foi chamada *Wodansdag* pelos nórdicos, mas dia de *Zerdust* pelos asiáticos, uma vez que é chamada de *Zarschamba* ou *Dsearchambe* pelos turcos e persas, *Zerda* pelos húngaros vindos da Ásia Setentrional e *Sreda* pelos eslavos, desde os extremos da grande Rússia até os *wends* do país de Lüneburg, já que os eslavos aprenderam também dos orientais. Essas observações talvez não desagradem aos curiosos; e ficarei lisonjeado se o pequeno diálogo que conclui os *Ensaios*, em oposição a Bayle, trouxer algum contentamento àqueles que se satisfazem em ver verdades difíceis, mas importantes, expostas de uma maneira simples e familiar. Escrevemos em uma língua estrangeira, a despeito de cometermos vários erros, porque essa matéria foi tratada há pouco por outros e o francês é mais lido por aqueles a quem desejamos que seja útil este trabalho. Esperamos que os erros de linguagem, que decorrem não só da impressão e do copista, mas também da precipitação do autor, que tinha muitas ocupações, sejam perdoados. E, se algum erro escapou na exposição das opiniões, o autor será o primeiro a corrigi-los, depois de ter sido informado; tendo dado tantos sinais de seu amor à verdade, espera que essa declaração não seja tomada como um elogio.

DISCURSO SOBRE A CONFORMIDADE DA FÉ COM A RAZÃO

1. Começo pela questão preliminar da *conformidade da fé com a razão* e do uso da filosofia em teologia porque ela tem muita influência sobre a matéria principal de que vamos tratar e porque Bayle a introduz em toda parte. Suponho que duas verdades não poderiam se contradizer, que o objeto da fé é a verdade que Deus revelou de maneira extraordinária e que a razão é o encadeamento de verdades, mas particularmente (quando ela é comparada com a fé) daquelas que o espírito humano pode alcançar naturalmente, sem ser ajudado pelas luzes da fé. Essa definição da razão, isto é, da *reta e verdadeira razão*, surpreendeu algumas pessoas acostumadas a se proclamar contra a razão tomada em um sentido vago. Elas me responderam que jamais tinham entendido que fosse dada essa significação à razão, porque jamais tinham conversado com pessoas que se explicassem distintamente sobre essas matérias. Elas me confessaram, entretanto, que não se poderia censurar a razão tomada nesse sentido que atribuo a ela. É no mesmo sentido que se opõe às vezes a razão à experiência. A razão, que consiste no encadeamento de verdades, tem o direito de ligar também aquelas que a experiência lhe forneceu para extrair conclusões mistas; mas a razão pura e nua, distinta da experiência, trata apenas das verdades independentes dos sentidos. E se pode comparar a fé com a experiência, uma vez que a fé (quanto aos motivos que a vivificam) depende da experiência daqueles que viram os milagres sobre os quais a revelação está fundada e da tradição digna de crença que os fez chegar até nós,

seja pelas Escrituras, seja pelo relato daqueles que os conservaram, aproximadamente como nos fundamentamos na experiência daqueles que viram a China e na credibilidade de seu relato, quando atestamos nossa fé nas maravilhas que nos são narradas desse país distante, salvo quando se fala do movimento interior do Espírito Santo que se apodera das almas, as persuade e as leva ao bem, isto é, à fé e à caridade, sem haver sempre necessidade de motivos.

2. Ora, as verdades da razão são de dois tipos: umas são as chamadas *verdades eternas*, que são absolutamente necessárias, de sorte que o oposto implica contradição; essas são as verdades cuja necessidade é lógica, metafísica ou geométrica, que não podemos negar sem sermos levados a absurdidades. Há outras que podem ser chamadas *positivas*, porque são as leis que agradou a Deus dar à natureza, ou porque elas dependem dessas leis. Nós as apreendemos ou pela experiência, isto é, *a posteriori*, ou pela razão e *a priori*, isto é, pela consideração da conveniência que as levou a serem escolhidas. Essa conveniência tem também suas regras e razões, mas é a escolha livre de Deus, e não a necessidade geométrica, que prefere o conveniente e o leva à existência. Assim, pode-se dizer que a *necessidade física* está fundada na *necessidade moral*, isto é, na escolha do sábio digna de sua sabedoria; e que tanto uma como a outra devem ser distinguidas da *necessidade geométrica*. Essa necessidade física é o que faz a ordem da natureza e consiste nas regras do movimento e em algumas outras leis gerais que agradou a Deus dar às coisas ao lhes dar o ser. É, pois, verdade que não foi sem razão que Deus deu essas leis às coisas, porque ele não escolhe nada por capricho e ao acaso ou por uma pura indiferença; mas as razões gerais do bem e da ordem que o levaram a isso podem ser sobrepujadas em alguns casos por razões mais fortes de uma ordem superior.

3. Isso mostra que Deus pode dispensar as criaturas das leis que lhes prescreveu e produzir nelas o que sua natureza não suporta, fazendo um *milagre*; e, quando elas são elevadas a perfeições e a faculdades mais nobres do que aquelas a que podem chegar por sua natureza, os escolásticos chamam isso de *potência obediencial*, isto é, as faculdades que a coisa adquire ao obedecer à ordem daquele que pode dar o que ela não tem – todavia, os escolásticos oferecem

ordinariamente exemplos dessa potência que considero impossíveis, como quando pretendem que Deus possa dar à criatura a faculdade de criar. É possível que haja milagres, que Deus realiza pelo ministério dos anjos, nos quais as leis da natureza não são violadas, não mais do que quando os homens ajudam a natureza por arte, já que o artifício dos anjos difere do nosso apenas pelo grau de perfeição; entretanto, é também verdadeiro que as leis da natureza estão sujeitas a ser dispensadas pelo legislador, enquanto as verdades necessárias, como as da geometria, são inteiramente indispensáveis, e a fé não poderia ser contrária a elas. É por isso que não pode haver uma objeção irrefutável contra a Verdade. Pois, se é uma demonstração fundada em princípios ou fatos incontestáveis, formada por um encadeamento de verdades eternas, a conclusão é certa e indispensável, e o que se opõe a ela deve ser falso; de outra maneira, duas contraditórias poderiam ser verdadeiras ao mesmo tempo. Se a objeção não é demonstrativa, pode formar apenas um argumento verossimilhante que não tem força contra a fé, uma vez que se concorda que os mistérios da religião são contrários às aparências. Ora, Bayle declara, em sua resposta póstuma a Le Clerc[1], não afirmar que haja demonstrações contra as verdades da fé; consequentemente, todas essas dificuldades irrefutáveis, esses pretensos combates da razão contra a fé, se dissipam.

Hi motus animorum atque haec discrimita tanta
Pulveris exigui jactu compressa quiescunt.[2]

4. Os teólogos protestantes, tanto quanto os do partido de Roma, concordam com as máximas que acabei de colocar quando tratam com atenção a matéria. E tudo o que se diz contra a razão afeta apenas uma suposta razão, corrompida e cheia de abusos de falsas aparências. O mesmo vale para as noções de justiça e de bondade de

---

[1] *Entretiens de Máxime et de Thémiste* [*Diálogos entre Máximo e Temístio*], cujo subtítulo é *Réponse à ce que M. Le Clerc a écrit dans son X. Tome de la* Bibliothèque choisie *contre M. Bayle* [*Resposta ao que o sr. Le Clerc escreveu no tomo X de sua* Biblioteca escolhida *contra o sr. Bayle*] (Rotterdam, 1707).

[2] "Esses movimentos de ânimo, essas imensas batalhas, sufocadas por um pouco de poeira jogada, se apaziguam" (Virgílio, *Geórgicas*, IV, 87, sobre os combates entre abelhas).

Deus. Fala-se delas, algumas vezes, como se não tivéssemos nenhuma ideia nem definição. Mas nesse caso não haveria fundamento para se atribuir a Deus esses atributos ou para louvá-lo por eles. Sua bondade e sua justiça, assim como sua sabedoria, diferem das nossas apenas porque são infinitamente mais perfeitas. Assim, as noções simples, as verdades necessárias e as consequências demonstrativas da filosofia não poderiam ser contrárias à revelação. E quando algumas máximas filosóficas são rejeitadas em teologia é porque se considera que elas são de uma necessidade apenas física ou moral, que diz respeito apenas ao que acontece ordinariamente e se fundamenta, consequentemente, nas aparências, mas essa necessidade pode não se efetivar se Deus considerar isso bom.

5. Parece, pelo que acabo de dizer, que há frequentemente um pouco de confusão nas expressões daqueles que comprometem a filosofia e a teologia, ou a fé e a razão, uma com a outra; eles confundem *explicar, compreender, provar, sustentar*. E creio que Bayle, por mais penetrante que seja, nem sempre está isento dessa confusão. Os mistérios podem se *explicar* tanto quanto necessário para que se creia neles, mas não se poderia *compreendê-los* nem mostrar como eles acontecem. É assim que, mesmo em física, explicamos até certo ponto várias qualidades sensíveis, mas de uma maneira imperfeita, porque não as compreendemos. Tampouco é possível provar os mistérios pela razão, porque tudo o que pode ser provado *a priori* ou pela razão pura pode ser compreendido. Tudo o que nos resta, portanto, depois de ter dado fé aos mistérios sobre as provas da verdade da religião (chamadas *motivos de credibilidade*) é poder *sustentá-los* contra as objeções, sem o que não se teria fundamento para acreditar neles, já que tudo o que pode ser refutado de maneira sólida e demonstrativa não pode deixar de ser falso; e as provas da verdade da religião, que só podem oferecer uma *certeza moral*, oscilariam e poderiam inclusive ser sobrepujadas por objeções que ofereceriam uma *certeza absoluta* se convincentes e inteiramente demonstrativas. Isso poderia ser suficiente para resolver as dificuldades sobre o uso da razão e da filosofia em relação à religião se não lidássemos muitas vezes com pessoas prevenidas. Mas, como o assunto é importante e sofreu com muita confusão, será oportuno entrar em mais detalhes.

6. *A questão da conformidade da fé com a razão* sempre foi um grande problema. Na Igreja primitiva, os mais hábeis autores cristãos concordavam com o pensamento dos platônicos, com quem convinham mais, e que estavam então bastante em voga. Pouco a pouco, Aristóteles tomou o lugar de Platão, quando o gosto por sistemas começou a reinar e quando a própria teologia se tornou mais sistemática pelas decisões dos concílios gerais, que forneciam formulários precisos e positivos. Santo Agostinho, Boécio e Cassiodoro[3], no Ocidente, e São João de Damasco[4], no Oriente, foram os que mais contribuíram para reduzir a teologia à forma de ciência; sem falar em Beda[5], Alcuíno[6], Santo Anselmo[7] e alguns outros teólogos versados em filosofia; até que por fim surgem os escolásticos, e, uma vez que o ócio dos claustros abria caminho para as especulações, ajudados pela filosofia de Aristóteles traduzida do árabe, acabam por fazer um composto de teologia e filosofia no qual a maior parte das questões vinha da preocupação em conciliar a fé com a razão. Mas isso não aconteceu com tanto êxito quanto se esperava, porque a teologia tinha sido enormemente corrompida pela infelicidade dos tempos, pela ignorância e pela tenacidade; e porque a filosofia, além de seus próprios defeitos, que eram enormes, estava

---

[3] Cassiodoro (*c.* 468-562), romano, foi um teólogo da baixa patrística, escritor e conselheiro do rei ostrogodo Teodorico. Escreveu um tratado sobre a alma *(De anima)* e livros de história, gramática e teologia. Suas obras completas foram publicadas em 1679, em Ruan.

[4] São João Damasceno ou de Damasco (*c.* 676-760) foi um teólogo e ministro dos califas, na Síria. Entre seus escritos, influenciados pela filosofia de Aristóteles, inclui-se *Disceptatio christiani et saraceni* [*Discussão entre cristãos e sarracenos*] em que discute as objeções dos muçulmanos contra o cristianismo. Suas obras completas foram publicadas em 1712, em Paris.

[5] Beda (675-735), chamado de Venerável Beda, foi um monge inglês, conhecido sobretudo como cronista, que fez comentários sobre o Antigo e o Novo Testamento. Sua principal obra é *Historia ecclesiastica gentis Anglorum* [*História eclesiástica do povo inglês*]. Há inúmeras edições de suas obras completas, entre as quais uma editada em Paris, em 1544, com 93 volumes, e outra em Colônia, nos anos de 1612-88.

[6] Alcuíno de York (735-804), pensador célebre, monge saxão beneditino, colaborou com Carlos Magno. Foi fundador da Escola Palatina. Suas obras completas foram publicadas em Paris, em 1617.

[7] Santo Anselmo ou Anselmo de Aosta (*c.* 1033-1109) se notabilizou por ser autor do argumento ontológico ou prova *a priori* da existência de Deus, segundo a própria definição de Deus (Descartes retomará o argumento de Anselmo em sua "Quinta Meditação").

carregada das falhas da teologia, que por sua vez se ressentia da associação com uma filosofia muito obscura e imperfeita. Entretanto, é preciso considerar, como o incomparável Grotius[8], que às vezes há ouro escondido sob as imundícies do latim bárbaro dos monges, o que já me fez desejar mais de uma vez que um homem hábil, cuja função o obrigasse a aprender a linguagem da escola, tivesse querido extrair daí o que há de melhor, e que um outro Petau[9] ou Thomassin[10] tivesse feito, em relação à escolástica, o que esses dois homens sábios fizeram em relação aos Santos Padres. Seria uma obra bastante interessante e muito importante para a história eclesiástica, e que continuaria a obra dos dogmas até os tempos das belas-letras, quando as coisas mudaram de aspecto, e mesmo depois. Pois vários dogmas, como os da predeterminação física, da ciência média, do pecado filosófico[11], das precisões objetivas e muitos outros na teologia especulativa, e, inclusive, na teologia prática, os casos de consciência, só entraram em voga depois do Concílio de Trento.

7. Um pouco antes dessas mudanças, e antes do grande cisma do Ocidente, que ainda dura, havia na Itália uma seita de filósofos que combatia essa conformidade, que sustentamos, da fé com a razão. Nomeavam-se *averroístas*[12], porque se filiavam a um célebre autor árabe, chamado "o comentador por excelência", que parecia ser quem melhor penetrara o sentido de Aristóteles entre os de sua nação.

---

[8] Hugo Grócio (1538-1645), homem de Estado holandês, ilustre jurista, filósofo do direito, além de teólogo e historiador.

[9] Petavius, Dionísio Petávio ou Denis Petau (1583-1652), célebre jesuíta francês, escreveu *Theologica dogmata* [*Dogmas teológicos*], publicado em Paris, em 1644-50.

[10] Louis Thomassin (1619-1695), religioso e teólogo francês, foi membro do Oratório. Escreveu *Dogmes théologiques* [*Dogmas teológicos*], dando seguimento ao trabalho de Petávio.

[11] A predeterminação física é a potência que a criatura recebe de Deus para agir. A ciência média vai ser tratada por Leibniz na primeira parte da *Teodiceia*, § 39. O pecado filosófico, segundo uma distinção exposta pelo jesuíta Musnier em 1686, é uma ofensa à natureza racional e se diferencia do pecado teológico, que é uma ofensa a Deus; Arnauld denunciou esse pecado em 1689; Roma condenou esse pecado em 1690 e ele foi objeto de querela entre jesuítas e jansenistas.

[12] Seita filosófica fundada por Averróis (nascido em Córdoba no século XII e morto em 1198). Seu comentário sobre Aristóteles foi publicado em Veneza em 1495 e teve várias reimpressões. A doutrina da dupla verdade era sustentada por Siger de Brabante, na Idade Média, e teve representantes na Escola de Pádua, entre os séculos XIV e XVI.

Esse comentador, prosseguindo o que os intérpretes gregos já haviam ensinado, declarava que, segundo Aristóteles e mesmo segundo a razão (o que se considerava então quase a mesma coisa), a imortalidade da alma não podia subsistir. Eis seu raciocínio. A espécie humana, segundo Aristóteles, é eterna; então, se as almas particulares não perecem, é preciso chegar à metempsicose, rejeitada por esse filósofo; ou, se há sempre novas almas, é preciso admitir a infinidade dessas almas, conservadas desde toda a eternidade; mas a infinidade atual é impossível, segundo a doutrina do próprio Aristóteles; então, é preciso concluir que as almas, isto é, as formas dos corpos orgânicos, devem perecer com esses corpos, ou pelo menos o entendimento passivo, que pertence propriamente a cada um. Dessa forma, restaria apenas o entendimento ativo, comum a todos os homens, de que Aristóteles dizia vir de fora e de que deve trabalhar por toda parte onde os órgãos estejam dispostos, como o vento produz uma espécie de música quando passa pelos tubos bem ajustados de um órgão.

8. Não havia nada de mais fraco que essa pretensa demonstração: não se pode dizer que Aristóteles tenha refutado a metempsicose, nem que tenha provado a eternidade da espécie humana; e, além de tudo, é falso que o infinito atual seja impossível. Entretanto, essa demonstração passava por irrefutável entre os aristotélicos e os levava a acreditar que havia uma certa inteligência sublunar que tornava nosso entendimento ativo por participar dela. Mas outros menos ligados a Aristóteles chegavam a acreditar em uma alma universal, que seria o oceano de todas as almas particulares, e acreditavam que essa alma universal seria a única capaz de subsistir, enquanto as almas particulares nascem e perecem. Segundo essa opinião, as almas dos animais nascem ao se separar, como gotas, de seu oceano quando encontram um corpo que podem animar; e perecem ao se reunir ao oceano das almas quando o corpo é desfeito, como os riachos se perdem no mar. E muitos chegavam a acreditar que Deus é essa alma universal, embora outros tenham acreditado que ela está subordinada a ele e é criada. Essa má doutrina é bem antiga e bastante capaz de deslumbrar o vulgo. Ela está exprimida nestes belos versos de Virgílio (*En.*, VI, v. 724).

> *Principio coelum ac terram camposque liquentes,*
> *Lucentemque globum Lunae, Titaniaque astra,*
> *Spiritus intus alit, totanque infusa per artus*
> *Mens agitat molem et magno se corpore miscet.*
> *Inde hominum pecudumque genus vitæque volantum.*[13]

E ainda, alhures (*Georg.*, IV, v. 221):

> *Deum namque ire per omnes*
> *Terrasque tractusque maris coelumque profundum:*
> *Hinc pecudes, armenta, viros, genus omne ferarum,*
> *Quemque sibi tênues nascentem arcessere vitas.*
> *Scilicet huc reddi deinde ac resoluta referri.*[14]

9. A alma do mundo de Platão foi tomada nesse sentido por alguns; mas aparentemente eram sobretudo os estoicos que admitiam essa alma comum que absorve todas as outras. Os que têm essa opinião poderiam ser chamados de *monopsiquistas*, já que, segundo eles, só há verdadeiramente apenas uma alma que subsiste. Bernier[15] observa que é uma opinião quase universalmente recebida entre os sábios na Pérsia e nos Estados do grão-mogol; parece que ela foi acolhida inclusive entre os cabalistas e os místicos. Um certo alemão, nativo da Suábia, que se tornou juiz há alguns anos e dogmatizava com o nome de Moses Germanus[16], acolhendo os dogmas de Espinosa, acreditava que este renova a antiga cabala dos hebreus;

---

[13] "No princípio, um espírito penetra e sustenta o céu, a terra, os mares, o globo brilhante da Lua e os astros solares; difundida por todos os membros do mundo, a mente agita a massa e se mistura a esse grande corpo. É dele que nascem as raças dos homens, os pássaros."

[14] "Um deus se difunde através de toda a terra e de todo o mar e nas profundezas dos céus; é dele que todas as ovelhas, as vacas, os homens, todo o gênero de animais selvagens, tiram, ao nascer, sopros tênues de vida. A saber, agora as dá e depois, dissolvidos, torna a recolhê-las."

[15] François Bernier (1625-1688), filósofo e viajante célebre, fez viagens ao Oriente e publicou relatos em 1699. Era conhecido também como filósofo gassendista e escreveu *Abrégé de la philosophie de Gassendi* [*Compêndio da filosofia de Gassendi*] (Lion, 1678, oito volumes).

[16] O verdadeiro nome de Moses Germanus (nascido por volta de 1642-45, em Viena, e morto em 1701) é Johann Peter Spaeth.

e um homem sábio[17], que refutou esse prosélito judeu, é da mesma opinião. Sabe-se que Espinosa só reconhece uma única substância no mundo, da qual as almas individuais são apenas modificações passageiras. Valentin Weigel[18], pastor de Zschopau, em Chemnitz, um homem que tinha espírito, e tinha até bastante, embora tenham querido fazê-lo passar por entusiasta, talvez participasse em alguma coisa dessa opinião; assim como Angelus Silesius[19], autor de alguns pequenos versos de devoção, em alemão, muito bonitos, em forma de epigramas, que acabam de ser reimpressos. E, de maneira geral, a deificação dos místicos poderia receber esse sentido errôneo. Gerson[20] já escreveu contra Ruysbroeck, autor místico cuja intenção era boa, e as expressões, desculpáveis; porém, vale mais escrever de uma maneira que não precise ser desculpada, embora eu admita que muitas vezes as expressões exageradas e, por assim dizer, poéticas têm mais força para tocar e persuadir do que o que se diz com regularidade.

10. A aniquilação do que nos pertence como próprio, levada bem longe pelos quietistas[21], poderia ser também uma impiedade disfarçada entre alguns, como o que se narra do quietismo de Foë[22], autor de uma grande seita da China, que, depois de ter pregado sua religião durante quarenta anos, sentindo-se próximo da morte, declarou a seus discípulos que lhes havia escondido a verdade sob o véu das metáforas e que tudo se reduzia ao nada, que ele dizia ser o

---

[17] Trata-se do teólogo Johann-Georg Wachter (1663-1757), que escreveu *Die vergötterte Welt* ou *Der Spinozismus im Judentum* [*O mundo divinizado* ou *O espinosismo no judaísmo*] e *De recondita Hebraeorum philosophia* [*Sobre a filosofia secreta dos judeus*], que Leibniz comenta em *Unveröffentlichte Widerlegung von Spinoza* [*Refutação inédita a Espinosa*] (publicado em 1854 por F. de Careil).

[18] Valentin Weigel (1533-1588), autor místico cuja obra foi publicada em 1618.

[19] Johann Scheffler, ou Angelus Silesius (1624-1677), foi um poeta místico nascido na Polônia. Uma coletânea de seus poemas, *Heilige Seelen-Lust* [*Santo prazer da alma*], foi reimpressa em 1702, em Berlim.

[20] Jean Gerson (1363-1429), chanceler da Universidade de Paris e teólogo. Fez críticas contra o escritor místico flamengo Ruysbroeck (1294-1381), cujas obras foram traduzidas para o latim por Surius e publicadas em Colônia, em 1552, 1609 e 1692.

[21] O quietismo pregava a supressão do esforço moral em proveito da contemplação e do amor puro. Essa doutrina foi alvo de uma querela, no fim do século XVII, entre Madame Guyon e Fénelon.

[22] Foë ou Fo é o nome chinês de Buda.

princípio de todas as coisas. É ainda pior, aparentemente, que a opinião dos averroístas. Uma e outra doutrina são insustentáveis e, inclusive, extravagantes; entretanto, alguns modernos não veem dificuldade em adotar a da alma universal e única que engole as outras. Ela encontrou muitos aplausos apenas entre os pretensos espíritos penetrantes, e o senhor de Praissac[23], soldado e homem de espírito, que se envolvia na filosofia, outrora expôs essa doutrina publicamente em seus discursos. O sistema da *harmonia preestabelecida* é o mais capaz de curar esse mal, pois ele mostra que há, necessariamente, substâncias simples e sem extensão, espalhadas por toda a natureza; que essas substâncias devem subsistir sempre independentemente de qualquer outra além de Deus; e que elas não estão nunca separadas inteiramente de corpos organizados. Aqueles que creem que as almas capazes de sentimento, mas incapazes de razão, são mortais, ou que sustentam que apenas as almas racionais podem ter sentimento, dão ocasião aos monopsiquistas, pois será sempre difícil persuadir os homens de que as bestas não sentem nada; e, quando se concorda uma vez que o que é capaz de sentimento pode perecer, é difícil manter, pela razão, a imortalidade de nossas almas.

11. Fiz essa pequena digressão porque ela me pareceu oportuna em um tempo em que não se tem nada além de uma grande disposição de destruir, até os fundamentos, a religião natural; e volto aos averroístas, que estavam persuadidos de que seu dogma era demonstrado segundo a razão, o que os levava a afirmar que, de acordo com a filosofia, a alma do homem é mortal, enquanto recusavam a submeter-se à teologia cristã, que a declara imortal. Mas essa distinção era considerada suspeita e esse divórcio entre a fé e a razão foi fortemente rejeitado pelos prelados e doutores daquele tempo, e condenado no último Concílio de Latrão[24], sob Leão X, o qual exortava os sábios a trabalhar para afastar as dificuldades que pareciam comprometer ao mesmo tempo a teologia e a filosofia. A doutrina de sua incompatibilidade não deixou de ser mantida, incognitamente:

---

[23] Du Praissac, autor de *Discours militaires* [*Discursos militares*] e *Libres discours* [*Discursos livres*], de 1618.

[24] O V Concílio de Latrão (1512-1517) condenou o averroísmo paduano e a teoria da dupla verdade.

Pomponazzi[25] foi suspeito, embora se explicasse de outra maneira; e a própria seita dos averroístas foi conservada por tradição. Acredita-se que Cesare Cremonini[26], filósofo famoso de seu tempo, foi um dos esteios dessa doutrina. Andrea Cesalpino[27], médico (autor de mérito e o que mais se aproximou da circulação do sangue, depois de Miguel Servet[28]), foi acusado por Nicolaus Taurellus[29] (em um livro intitulado *Alpes caesae*) de ser um dos peripatéticos contrários à religião. Encontram-se vestígios dessa doutrina também em *Circulus pisanus Claudii Berigardi*[30], que é um autor, francês de origem, transferido para a Itália, que ensinava filosofia em Pisa. Mas, sobretudo, os escritos e cartas de Gabriel Naudé[31], assim como as *Naudeana*, mostram que o averroísmo ainda subsistia quando esse médico sábio estava na Itália. A filosofia corpuscular, introduzida há pouco, parece ter apagado essa seita peripatética ao extremo, ou, pelo menos, ter se misturado a ela; e é possível que haja atomistas com a mesma inclinação dos averroístas para dogmatizar se as circunstâncias permitirem. Mas esse abuso não poderia fazer mal ao que há de bom na filosofia corpuscular, que pode muito bem ser combinada com o que há de sólido em Platão e em Aristóteles, e estabelecer a concordância de ambos com a verdadeira teologia.

12. Os reformadores, e sobretudo Lutero, como já observei, falaram algumas vezes como se rejeitassem a filosofia e como se a

---

[25] Pietro Pomponazzi (1462-1525), filósofo italiano que sustentou que a razão é incapaz de provar a imortalidade da alma em seu *Tractatus de immortalitate animae* [*Tratado sobre a imortalidade da alma*] (1516).

[26] Cesare Cremonini (1550-1631), médico e filósofo italiano, comentador de Aristóteles, um dos últimos representantes da Escola de Pádua.

[27] Andrea Cesalpino (1519-1603), filósofo, médico, botânico e comentador de Aristóteles.

[28] Miguel Servet (1509-1553) foi um teólogo e médico espanhol, condenado à morte por ordem de Calvino.

[29] Nikolaus Öchslin, ou Taurel (1547-1606), foi um filósofo, teólogo e médico alemão. O título de seu livro *Alpes caesae* [*Os Alpes fendidos*] é um jogo de palavras com o nome de Cesalpino.

[30] Claude Guillermet de Beauregard, ou Bérigard (1578 ou 1591-1664), foi um filósofo francês e professor em Pisa e em Pádua. Seu livro *Circulus pisanus* [*Círculo pisano*] foi publicado em 1653, em Udine, e é um comentário da *Física*, de Aristóteles.

[31] Gabriel Naudé (1600-1653) estudou medicina na Universidade de Pádua até 1626, mas ficou célebre como bibliotecário de Richelieu e de Mazarin. Suas cartas foram publicadas em 1667; *Naudeana et Patiniana*, em 1701.

julgassem inimiga da fé. Mas, considerando isso propriamente, vê-se que Lutero entendia por filosofia apenas o que é conforme ao curso ordinário da natureza, ou talvez até o que era ensinado nas escolas – por exemplo, quando ele diz que é impossível, em filosofia, isto é, na ordem comum da natureza, que o Verbo se faça carne, e quando chega a sustentar que o que é verdadeiro em física poderia ser falso em moral. Aristóteles foi o objeto de sua cólera, e, desde o ano de 1516, ele tinha o desígnio de purgar a filosofia, quando talvez ainda não pensasse em reformar a Igreja. Mas, enfim, ele se acalmou e teve de suportar que na apologia da Confissão de Augsburgo se falasse favoravelmente de Aristóteles e de sua moral. Melanchthon[32], espírito sólido e moderado, fez pequenos sistemas de partes da filosofia, acomodados às verdades da revelação e úteis na vida civil, que merecem ainda presentemente ser lidos. Depois dele, Pierre de La Ramée[33] entrou na disputa: sua filosofia esteve bastante em voga, a seita dos ramistas foi poderosa na Alemanha e seguida por muitos protestantes, chegando a ser empregada em teologia, até que a filosofia corpuscular foi ressuscitada, levando a de Ramus ao esquecimento e enfraquecendo o crédito dos peripatéticos.

13. Entretanto, vários teólogos protestantes, afastando-se tanto quanto podiam da filosofia da escola, que reinava no partido oposto, chegavam inclusive ao desprezo pela própria filosofia, que lhes parecia suspeita; e a contradição explodiu, enfim, em Helmstedt, pela animosidade de Daniel Hofman[34], teólogo, hábil inclusive, que tinha adquirido sua reputação outrora, na Conferência de Quedlinburg (na qual ele e Tileman Heshusius[35] representaram o duque Julius de Brunswick), quando se recusou a receber a Fórmula da Concórdia[36].

---

[32] Philipp Schwarzerd, ou Melanchthon (1497-1560), companheiro de Lutero e teólogo, que redigiu a Confissão de Augsburgo. Escreveu *Philosophiae moralis ipítome* [*Resumo de filosofia moral*], publicado em 1538, em Lion.

[33] Petrus Ramus (1515-1572), filósofo, matemático, gramático e filólogo francês, era antiaristotélico e se converteu ao protestantismo. Viajou pela Alemanha conquistando enorme sucesso, até morrer no massacre da Noite de São Bartolomeu.

[34] Daniel Hofman (1538-1621), teólogo luterano, discípulo de Melanchthon (ver também Leibniz, *Novos ensaios*, IV, xvii, § 23).

[35] Tileman Hesshus, ou Heshusius (1527-1588), foi um teólogo luterano.

[36] A Fórmula da Concórdia é a carta de reunificação das diversas tendências luteranas, publicada em Dresden, em 1580.

Eu não sei como o dr. Hofman se enfureceu contra a filosofia, em lugar de se contentar em censurar os abusos que os filósofos cometem, mas ele tinha em mente Johann Caselius[37], homem célebre, estimado pelos príncipes e sábios de seu tempo; e o duque de Brunswick, Heinrich Julius (filho de Julius, fundador da universidade), dando-se ao trabalho de examinar ele próprio a matéria, condenou o teólogo. Houve algumas pequenas disputas semelhantes depois, mas sempre se considerou serem mal-entendidos. Paul Slevogt[38], professor célebre em Iena, na Turíngia, cujas dissertações que nos restam mostram ainda o quanto era versado na filosofia escolástica e na literatura hebraica, havia publicado em sua juventude, com o título de *Pervigilium*, um pequeno livro *De dissidio theologi et philosophi in utriusque principiis fundato* [*Vigília prolongada. Do desacordo entre teólogos e filósofos sobre o fundamento dos princípios*], sobre a questão de se Deus é causa por acidente do pecado. Mas é visível que seu objetivo era mostrar que os teólogos abusam às vezes de termos filosóficos.

14. Para chegar ao que aconteceu em meu tempo, lembro-me de que em 1666, quando Luís Meyer[39], médico de Amsterdam, publicou anonimamente o livro intitulado *Philosophia Scripturae interpres* [*Interpretação da filosofia das Escrituras*] (que muitos atribuíram sem propósito a Espinosa, amigo dele), os teólogos da Holanda se agitaram, e os seus escritos contra esse livro deram origem a grandes discussões entre eles, com vários julgando que os cartesianos, ao refutar o filósofo anônimo, tinham concedido demais à filosofia. Jean de Labadie[40] (antes de se afastar das igrejas reformadas com o pretexto de que alguns abusos tinham escapado na prática pública

---

[37] Jean Chessel, ou Caselius (1533-1613), humanista e erudito.

[38] Paul Slevogt (1596-1655), humanista e filósofo aristotélico. Leibniz se refere a *Disputationes academicae* [*Disputas acadêmicas*], publicadas em Iena, em 1656.

[39] Luís Meyer (1629-1681) era discípulo, correspondente e amigo de Espinosa. Editou as *Obras póstumas* de Espinosa. Seu livro tem o subtítulo *Dissertação paradoxal, na qual é demonstrado de maneira apodítica que a verdadeira filosofia é a norma infalível da interpretação dos Livros Sagrados*.

[40] Jean de Labadie (1610-1674), místico célebre no século XVII. Foi jesuíta, pastor e, depois, fundador de uma congregação. Teve problemas com os reformadores da Holanda por denunciar o racionalismo de Wolzogen.

e de considerá-los intoleráveis) atacou o livro de Wolzogen[41] e o considerou pernicioso; de outro lado, Vogelsang, Van der Weye e alguns outros anticocceianos[42] combateram o mesmo livro com bastante acidez; o acusado, porém, ganhou sua causa em um sínodo. Passou-se a falar, depois, na Holanda, em *teólogos racionais* e *não racionais*, distinção de partido a que Bayle faz frequentes menções, se declarando, enfim, contra os primeiros; mas não parece que já se ofereceram satisfatoriamente regras precisas com as quais uns e outros convenham ou não ao uso da razão na explicação das Sagradas Escrituras.

15. Uma disputa semelhante parece ter perturbado ainda há pouco as igrejas da Confissão de Augsburgo. Alguns mestres da Universidade de Leipzig, dando em sua casa aulas particulares a estudantes que os procuravam para aprender a chamada *filologia sagrada*, segundo o uso dessa universidade e de algumas outras, nas quais esse gênero de estudos não está reservado à teologia, esses mestres, como dizia, forçaram o estudo das Sagradas Escrituras e o exercício da piedade mais do que seus pares tinham o costume de fazer. E considera-se que eles exageraram em algumas coisas e levantaram suspeitas de alguma inovação na doutrina, o que fez com que fossem chamados de *pietistas*[43], como uma nova seita – nome que, desde então, causou tanto barulho na Alemanha e que foi aplicado, bem ou mal, àqueles de que se suspeitava ou dos quais se fingia suspeitar de fanatismo ou mesmo de hipocrisia oculta sob uma aparência de reforma. Ora, uma vez que alguns dos ouvintes desses mestres distinguiram-se bastante por modos considerados chocantes, entre outros, pelo desprezo à filosofia – dizia-se que tinham queimado os cadernos de aulas –, acreditou-se que seus

---

[41] Ludwig von Wolzogen (1632-1690) deu uma resposta ao livro de Luis Meyer em *De scripturarum interprete, adversus exercitatorem paradoxum* [*O intérprete das Escrituras, contra o autor da dissertação paradoxal*], publicado em Utrecht, em 1668. Contestou também Labadie, com *Othodoxa fides* [*Fé ortodoxa*], de 1668.

[42] Vogelsang (morto em 1679) e Van der Weyen (1676-1716) eram teólogos reformados. Os cocceianos eram discípulos de Johannes Cocceius, ou Koch (1603-1669), teólogo de tendência racionalista e contra o destino, que inventou uma teoria de alianças entre Deus e o homem. Manteve uma polêmica com Voetius, líder dos anticocceianos.

[43] O movimento pietista, que Leibniz viu nascer, teve efeitos no luteranismo alemão ao longo de todo o século XVIII.

mestres rejeitavam a filosofia; mas eles justificavam-se muito bem, e não se pôde convencê-los nem desse erro, nem das heresias imputadas a eles.

16. A questão do uso da filosofia em teologia foi bastante discutida entre os cristãos, e houve dificuldades em se convir com limites desse uso quando se entrou em detalhes. Os mistérios da Trindade, da Encarnação e da Santa Ceia foram os que mais deram ocasião a disputas. Os plotinianos novos[44], combatendo os dois primeiros mistérios, se serviam de certas máximas filosóficas, das quais Andreas Kessler[45], teólogo da Confissão de Augsburgo, apresentou o resumo em diversos tratados que publicou sobre as partes da filosofia sociniana. Mas, quanto à sua metafísica, poder-se-ia instruir-se mais pela leitura da obra, ainda não publicada, de Christophe Stegmann[46], sociniano, que eu li em minha juventude e me foi comentada há pouco.

17. Calovius e Scherzerus[47], autores bastante versados na filosofia da escola, e vários outros teólogos hábeis, responderam amplamente aos socinianos, e frequentemente com sucesso, não se contentando com as respostas gerais, um pouco impertinentes, que ordinariamente eram usadas contra eles e redundavam em dizer que suas máximas eram boas em filosofia e não em teologia; e que constituíam o erro da heterogeneidade, chamado μετάβασις εἰς ἄλλο γένος[48], se alguém as empregava quando se tratava do que ultrapassa a razão; e que a filosofia devia ser tratada como serva e não senhora em relação à teologia, de acordo com o livro de Robert Baronius[49], escocês,

---

[44] Os plotinianos novos são os socinianos, e eram chamados assim por renovarem uma heresia do século IV.

[45] Andreas Kessler (1595-1643), teólogo, escreveu os *Examens* da física, da metafísica e da lógica socinianas.

[46] Christophe Stegmann é autor de *Metaphysica repurgata* [*Metafísica purificada*], de 1635, que ficou inédita.

[47] Abraham Calov (1612-1685), nascido na Prússia, foi um teólogo protestante, luterano e antissociniano. É autor de *Socinismun proficatum* [*Socinianismo avançado*], entre outras obras. Johannes Adamus Scherzerus (1628-1683), teólogo protestante, nascido na Boêmia, é autor de *Collegium antisocinianum* [*Colégio antissociniano*].

[48] "Passagem ilegítima de um gênero a outro".

[49] Robert Baron (*c.* 1593-1639) foi professor de teologia em Aberdeen. Publicou *Philosophia theologiae ancillans* [*Filosofia serva da teologia*] em 1621.

intitulado *Philosophia theologiae ancillans* [*A filosofia é serva da teologia*]; enfim, que era uma Agar em relação a Sara[50], a quem era preciso expulsar de casa com seu Ismael quando ela fazia um motim. Há alguma coisa de boa nessas respostas; mas, como se poderia comprometer indevidamente as verdades naturais e as verdades reveladas e abusar delas, os sábios se dedicaram a distinguir o que há de necessário e de indispensável nas verdades naturais ou filosóficas do que não há.

18. Os dois partidos protestantes estão de acordo quando se trata de declarar guerra aos socinianos; e, como a filosofia de seus sectários não é das mais exatas, na maior parte das vezes se consegue arruiná-la. Mas os mesmos protestantes discordaram uns dos outros por causa do sacramento da eucaristia, quando uma parte dos chamados reformados (a saber, os que seguem mais Zwingli[51] que Calvino) aparentemente reduziu a participação do corpo de Jesus Cristo na Santa Ceia a uma simples representação figurativa, servindo-se da máxima dos filósofos segundo a qual um corpo só pode estar em um único lugar em cada momento, enquanto os *evangélicos* (assim chamados em um sentido particular para se distinguir dos reformados), estando mais ligados ao sentido literal, julgaram, com Lutero, que essa participação era real e que havia aí um mistério sobrenatural. Na verdade, eles rejeitam o dogma da transubstanciação, que consideram pouco fundamentado no texto, e tampouco aprovam o da consubstanciação ou empanação[52], o que só pode ser imputado a eles se não estivermos bem informados da sua opinião, uma vez que não admitem a inclusão do corpo de Jesus Cristo no pão e tampouco exigem alguma união de um com o outro; eles exigem ao menos uma concomitância, de sorte que essas duas substâncias sejam recebidas ao mesmo tempo. Eles acreditam que a significação ordinária das palavras de Jesus Cristo em uma ocasião tão

---

[50] Gn 16, 1.

[51] Huldrych Zwingli (1484-1531), reformador da Suíça.

[52] Transubstanciação é a conversão da substância do pão em corpo de Cristo, e, nesse caso, do pão resta apenas a aparência. Consubstanciação ou empanação é a conjugação da presença real e substancial do corpo de Cristo com a permanência substancial do pão. A teoria da ubiquidade proposta por Lutero (mas não aceita por todos os grupos luteranos) consiste na afirmação de que, uma vez que a natureza humana está unida em Cristo à natureza divina, ela se encontra em toda parte como a divindade.

importante quanto aquela, em que se tratava de exprimir suas últimas vontades, deve ser conservada; e, para sustentar que esse sentido está isento de qualquer absurdo que poderia nos afastar dele, afirmam que a máxima filosófica que limita a existência e a participação de corpos a um só lugar é apenas uma consequência do curso ordinário da natureza. Eles não destroem, com isso, a presença ordinária do corpo de nosso Salvador, tal como ela convém ao corpo mais glorificado, tampouco recorrem a não sei qual difusão de ubiquidade que o dissiparia e não permitiria encontrá-lo em lugar algum, e também não admitem a reduplicação multiplicada defendida por alguns escolásticos, como se um mesmo corpo estivesse ao mesmo tempo sentado aqui e em pé em outro lugar. Enfim, eles se explicam de tal maneira que parece a muitos que a opinião de Calvino, autorizada por várias confissões de fé das igrejas que receberam a doutrina desse autor, que estabeleceu a participação de uma substância, não está tão afastada da Confissão de Augsburgo quanto se poderia pensar, e talvez só difira desta por exigir, para essa participação, uma verdadeira fé, para além da recepção oral dos símbolos, e exclui, consequentemente, os indignos.

19. Vê-se, assim, que o dogma da participação real e substancial pode ser sustentado (sem que se recorra a opiniões estranhas de alguns escolásticos) por uma analogia bem explicada entre a *operação imediata* e a *presença*. E, como vários filósofos julgaram que, mesmo na ordem da natureza, um corpo pode operar imediatamente à distância e ao mesmo tempo sobre vários corpos afastados, eles acreditam que, com maior razão, nada pode impedir a onipotência divina de fazer com que um corpo esteja presente em vários corpos simultaneamente, já que não há uma grande distância da operação imediata para a presença, e talvez uma dependa da outra. É verdade que, já há algum tempo, os filósofos modernos rejeitaram a operação natural imediata de um corpo sobre outro corpo afastado – admito que sou dessa opinião. Entretanto, a operação à distância acaba de ser reabilitada na Inglaterra pelo excelente Newton, que sustenta que é da natureza dos corpos atraírem-se e gravitarem uns em torno de outros, na proporção de sua massa e dos raios de atração que recebem; sobre o que o célebre Locke declarou – ao res-

ponder ao bispo Stillingfleet[53] – que, depois de ter visto o livro de Newton, se retratava do que havia dito em seu *Ensaio sobre o entendimento*, seguindo as opiniões dos modernos, a saber, que um corpo só pode operar imediatamente sobre outro tocando-o em sua superfície e empurrando-o com seu movimento; e reconheceu que Deus pode ter posto tais propriedades na matéria que a façam operar à distância. É assim que os teólogos da Confissão de Augsburgo sustentam que depende de Deus não somente que um corpo opere imediatamente sobre vários outros afastados entre si, mas inclusive que exista perto deles e seja recebido de uma maneira que os intervalos de lugares e as dimensões do espaço não tenham importância. E, embora esse efeito ultrapasse as forças da natureza, não acreditam que se possa mostrar que ultrapasse a potência do autor da natureza, para quem é fácil ab-rogar as leis que deu ou se isentar delas como melhor lhe parecer, da mesma maneira como pôde fazer o ferro boiar sobre a água e suspender a operação do fogo sobre o corpo humano.

20. Descobri, ao conferir *Rationale theologicum*, de Nicolaus Vedelius, e a refutação de Johannes Musaeus[54], que esses dois autores – Vedelius morreu como professor em Franeker, depois de ter ensinado em Genebra, e Musaeus foi primeiro teólogo em Iena – concordam bastante sobre as principais regras do uso da razão, mas não na aplicação dessas regras. Pois estão de acordo que a revelação não poderia ser contrária às verdades cuja necessidade é chamada, pelos filósofos, *lógica* ou *metafísica*, isto é, cujo oposto implica contradição; e admitem ainda que a revelação poderia combater as máximas cuja necessidade é chamada *física*, fundada apenas sobre as leis que a vontade de Deus prescreveu à natureza. Assim, a questão "se a

---

[53] Edward Stillingfleet (1635-1699) foi bispo de Worcester e ficou célebre pela discussão com Locke a respeito da imaterialidade da alma. Sobre essa polêmica, ver o prefácio dos *Novos ensaios sobre o entendimento humano*, de Leibniz.

[54] Vedelius (1596-1676) publicou em 1628 *Rationale theologicum* [*Racionalidade teológica*] com o subtítulo *Da necessidade e do verdadeiro uso dos princípios da razão nas controvérsias teológicas*. J. Musaeus (1613-1681) respondeu com o livro *De usu principiorum rationis et philosophiae in controversiis theologicis* [*Do uso dos princípios da razão e da filosofia nas controvérsias teológicas*]. Há um resumo da controvérsia nos *Novos ensaios* (IV, xviii) de Leibniz.

presença de um mesmo corpo em vários lugares é possível na ordem sobrenatural" diz respeito apenas à aplicação da regra e, para decidir sobre essa questão demonstrativamente pela razão, seria preciso explicar em que consiste a essência do corpo. Os próprios reformados não convêm entre si sobre isso; os cartesianos a reduzem à extensão, mas seus adversários se opõem a isso, e creio, inclusive, ter notado que Gisbertus Voetius[55], célebre teólogo de Utrecht, duvidava da pretensa impossibilidade da pluralidade de lugares.

21. Além disso, embora os dois partidos protestantes estejam de acordo que é preciso distinguir essas duas necessidades que acabo de mencionar, isto é, a necessidade metafísica e a necessidade física, e que a primeira é indispensável, mesmo nos mistérios, não se decidiram suficientemente sobre as regras de interpretação que podem servir para determinar em que caso é permitido abandonar a letra quando não se está certo de que ela é contrária às verdades indispensáveis; pois concorda-se que há casos em que é preciso rejeitar uma interpretação literal que não é absolutamente impossível quando ela é pouco conveniente em outros casos. Por exemplo, todos os intérpretes convêm que, quando nosso Senhor disse que Herodes era uma raposa[56], entende-se isso metaforicamente; e é preciso chegar a isso, a não ser que se imagine, como alguns fanáticos, que, durante o tempo em que duraram as palavras de nosso Senhor, Herodes foi efetivamente transformado em uma raposa. Mas não se passa o mesmo com textos fundamentais sobre os mistérios, em relação aos quais os teólogos da Confissão de Augsburgo julgam que é preciso se apegar ao sentido literal; e como essa discussão diz respeito à arte de interpretar, e não propriamente à lógica, não entraremos nela aqui, ainda mais porque ela não tem nada de comum com as disputas que surgiram há pouco sobre a conformidade da fé com a razão.

22. Os teólogos de todos os partidos (com exceção apenas dos fanáticos), penso eu, concordam pelo menos que nenhum artigo de fé poderia implicar contradição nem transgredir demonstrações tão

---

[55] Voetius (1588-1676), teólogo, reitor da Universidade de Utrecht e adversário de Descartes. Suas principais obras são *Selectae disputationes theologicae* [*Disputas teológicas selecionadas*] (Utrecht e Amsterdam, 1648-69) e *Politica ecclesiastica* (Amsterdam, 1663-76).

[56] Lc 13, 32.

exatas como as da matemática, nas quais o contrário da conclusão pode ser reduzido *ad absurdum*, isto é, à contradição. E Santo Atanásio ridicularizou com razão os galimatias de alguns autores de seu tempo que sustentaram que Deus tinha padecido sem paixão: "*Passus est impassibiliter. Ludicram doctrinam, aedificantem simule et demolientem!*"[57] Segue-se daí que certos autores facilmente concordaram que a Santíssima Trindade é contrária a esse grande princípio que afirma que duas coisas que são o mesmo que uma terceira são também o mesmo uma em relação à outra; isto é, se A é o mesmo que B, e C é o mesmo que B, é preciso que A e C sejam também o mesmo entre si. Pois esse princípio é uma consequência imediata do princípio da contradição e é o fundamento de toda a lógica; e, se ele cessa, não há meio de raciocinar com certeza. Assim, quando se diz que o Pai é Deus, que o Filho é Deus e que o Espírito Santo é Deus, e que, entretanto, não há mais que um Deus, embora os três difiram entre si, é preciso julgar que a palavra "Deus" não tem a mesma significação no começo e no fim dessa expressão. Com efeito, ela significa tanto a substância divina como um ente da divindade. E geralmente pode-se dizer que é preciso atentar para jamais abandonar as verdades necessárias e eternas para sustentar os mistérios, por medo de que os inimigos da religião não adquiram com isso o direito de desacreditar a religião e os mistérios.

23. A distinção que se costuma fazer entre o que está *acima* da razão e o que é *contra a razão* concorda bastante com a distinção que acabamos de fazer entre as duas espécies de necessidade; pois o que é contra a razão é contra as verdades absolutamente certas e indispensáveis, e o que está acima da razão é contrário somente ao que se costuma experimentar ou compreender. É por isso que causa espanto haver pessoas de espírito que combatam essa distinção, e Bayle estar entre essas. Ela está seguramente bem fundamentada. Uma verdade está acima da razão quando nosso espírito, ou mesmo qualquer espírito criado, não poderia compreendê-la; e assim é, na minha perspectiva, a Santíssima Trindade, assim são os mistérios

---

[57] "Ele padeceu sem paixão. Ridícula doutrina que constrói e demole ao mesmo tempo!" Santo Atanásio (296-373), célebre padre da Igreja, adversário de Ário no Concílio de Niceia, morreu como patriarca de Alexandria.

reservados a Deus só – por exemplo, a criação –, assim é a escolha da ordem do universo, que depende da harmonia universal e do conhecimento distinto de uma infinidade de coisas ao mesmo tempo. Mas uma verdade não poderia jamais ser contra a razão; e, longe de ser incompreensível um dogma combatido e convencido pela razão, pode-se dizer que nada é mais fácil de compreender, nem mais manifesto que sua absurdidade. Pois, como já observei antes, por *razão* não nos referimos aqui às opiniões e aos discursos dos homens, nem mesmo ao hábito que eles adquiriram de julgar as coisas segundo o curso ordinário da natureza, mas ao encadeamento inviolável das verdades.

24. É preciso chegar agora à grande questão que Bayle trouxe à baila há pouco, a saber, se uma verdade de fé poderia estar sujeita a objeções insolúveis. Esse excelente autor parece sustentar fortemente a afirmativa dessa questão: ele cita graves teólogos de seu partido[58] e mesmo do de Roma, que parecem dizer o que ele pretende; e recorre a filósofos que acreditaram haver inclusive verdades filosóficas cujos defensores não poderiam responder às objeções que são feitas a eles. Ele crê que a doutrina da predestinação é dessa natureza na teologia, e a da composição do *continuum*, na filosofia. São, com efeito, os dois labirintos que sempre puseram à prova os teólogos e filósofos. Libertus Fromundus[59], teólogo de Louvain (grande amigo de Jansenius, do qual inclusive publicou o livro póstumo intitulado *Augustinus*), que trabalhou bastante sobre a graça e também escreveu um livro, intitulado *Labyrinthus de compositione continui*, experimentou as dificuldades de ambos os labirintos; e o famoso Ochino[60] representou muito bem o que ele chama de *labirintos da predestinação*.

---

[58] Bayle, que era filho de um pastor em Ariège, havia abjurado o protestantismo na juventude, mas depois voltou atrás.

[59] Froidmont, ou Fromundus (1587-1653), teólogo e físico, publicou *Augustinus*, de Jansênio (1585-1638), em 1640. *Labyrinthus sive de compositione continui* [*Labirinto ou Sobre a composição do contínuo*] foi publicado em 1631.

[60] Bernardino Ochino (1487-1564) foi um monge católico italiano que se converteu ao protestantismo em 1542. É autor de *Laberinti del libero over servo arbitrio, prescienza, predestinazione e liberta divina, e del modo per uscire* [*Labirintos do livre-arbítrio e do servo arbítrio, da presciência, da predestinação e da liberdade divina, e do meio para sair deles*].

25. Mas esses autores não negaram que seja possível encontrar um fio no labirinto; eles teriam reconhecido a dificuldade, mas não teriam sido levados do difícil ao impossível. Para mim, confesso que não poderia ser da opinião daqueles que sustentam que uma verdade possa sofrer objeções irrefutáveis; afinal, uma *objeção* não é um argumento que contradiz nossa tese? E um argumento irrefutável não é uma demonstração? E como se pode conhecer a certeza das demonstrações senão examinando o argumento em detalhe, a forma e a matéria, a fim de ver se a forma é boa, e depois se cada premissa é ou reconhecida ou provada por outro argumento de força semelhante até que não se precise mais que de premissas reconhecidas? Ora, se há tal objeção contra nossa tese, é preciso dizer que a falsidade dessa tese está demonstrada e que é impossível que nós possamos ter razões suficientes para prová-la; de outra maneira, duas contraditórias seriam verdadeiras ao mesmo tempo. É preciso sempre ceder às demonstrações, sejam elas propostas para afirmar, sejam postas em forma de objeção. E é injusto e inútil querer enfraquecer as provas dos adversários sob o pretexto de que são apenas objeções, uma vez que o adversário tem o mesmo direito e pode inverter as denominações, honrando seus argumentos com o nome de *provas* e rebaixando os nossos pelo nome desonroso de *objeções*.

26. É uma outra questão se estamos obrigados a examinar as objeções que podem nos ser feitas e conservar alguma dúvida sobre nossa opinião, ou o que é chamado *formidinem oppositi*[61], até que se tenha feito esse exame. Ousaria dizer que não, pois, de outra maneira, jamais chegaríamos à certeza, e nossa conclusão seria sempre provisória; e creio que os hábeis geômetras não se inquietarão com as objeções de Joseph Scaliger[62] contra Arquimedes ou com as de Hobbes[63] contra Euclides; mas isso porque são, seguramente, demonstrações que eles compreenderam bem. Entretanto, é bom ter algumas vezes a complacência de examinar determinadas objeções, pois,

---

[61] "O medo do oposto" (o medo de que o oposto do que se crê seja verdadeiro).
[62] Joseph Scaliger (1540-1609), eminente filólogo, criticou, em *Cyclometrica elementa duo* [*Dois elementos ciclométricos*] (Leiden, 1594), as demonstrações de Arquimedes.
[63] Thomas Hobbes (1588-1679) escreveu uma obra sobre os princípios e o raciocínio dos geômetras em 1666.

além de poderem servir para tirar a gente de seu erro, pode dar-se que nós mesmos tiremos proveito desse exame, já que os paralogismos especiosos envolvem frequentemente certa abertura útil e oferecem ocasião para a resolução de algumas dificuldades consideráveis. Eis por que sempre apreciei objeções engenhosas contra minhas próprias opiniões e nunca as examinei sem extrair frutos: testemunho disso são aquelas que Bayle fez outrora contra meu sistema da harmonia preestabelecida, sem falar aqui daquelas que Arnauld, o abade Foucher e o padre Lamy[64], beneditino, fizeram-me sobre o mesmo tema. Mas, para voltar à questão principal, concluo, pelas razões que acabo de relacionar, que, quando se propõe uma objeção contra alguma verdade, é sempre possível respondê-la como se deve.

27. Talvez Bayle não tome as *objeções insolúveis* no sentido que acabo de expor; e observo que ele varia, pelo menos em suas expressões, pois, em sua resposta póstuma a Le Clerc[65], não concorda que se possa opor as demonstrações às verdades da fé. Parece, portanto, que ele só toma as objeções como irrefutáveis em relação a nossas luzes presentes, e não desanima nem mesmo nessa resposta, p. 35, que alguém possa um dia encontrar um desenlace pouco conhecido até agora. Falaremos disso ainda mais adiante. Entretanto, sou de uma opinião que talvez cause surpresa: é que acredito que esse desenlace já foi encontrado, e nem é dos mais difíceis, e um gênio medíocre capaz de bastante atenção e se servindo exatamente das regras da lógica vulgar tem condições de responder à objeção mais embaraçosa contra a verdade, quando a objeção é tomada apenas da razão e quando se pretende que seja uma demonstração. E, por maior que seja o desprezo que o comum dos modernos tenha pela lógica de Aristóteles, é preciso reconhecer que ela ensina meios infalíveis para resistir ao erro nessas ocasiões. Pois só é preciso examinar o argumento segundo as regras, e haverá sempre meio de ver se ele erra quanto à forma ou se há premissas que não estejam ainda provadas por um bom argumento.

---

[64] Sobre a relação entre Leibniz e Arnauld, consultar a correspondência entre eles (Correspondance avec Arnauld, (Paris, Vrin, 1966). Simon Foucher (1644-1696) publicou as objeções contra Leibniz no *Journal des Savants*. Sobre o padre Lami, ver nota 30 do prefácio.

[65] Sobre Le Clerc, ver nota 16 do prefácio e nota 1 desta parte.

28. É inteiramente diferente quando se trata de *verossimilhanças*; pois a arte de julgar as razões verossimilhantes ainda não está bem estabelecida; de sorte que nossa lógica, a esse respeito, é ainda bastante imperfeita, e quase só temos até agora a arte de julgar as demonstrações. Mas essa arte basta aqui, pois, quando se trata de opor a razão a um artigo de nossa fé, não nos preocupamos com objeções que chegam apenas na verossimilhança, uma vez que todo mundo convém que os mistérios são contra as aparências e nada têm de verossimilhantes quando os observamos apenas do lado da razão; mas basta que não tenha nada de absurdo. Assim, é necessário que haja demonstrações para refutá-los.

29. E é assim, sem dúvida, que se deve entender quando as Sagradas Escrituras nos advertem que a sabedoria de Deus é uma loucura diante dos homens, e quando São Paulo observa que o Evangelho de Jesus Cristo é uma loucura para os gregos, assim como um escândalo para os judeus[66]; pois, no fundo, uma verdade não poderia contradizer outra; e a luz da razão não é menos um dom de Deus que a da revelação. É também uma coisa sem dificuldade, entre os teólogos que entendem sua profissão, que os *motivos de credibilidade* justificam, de uma vez por todas, a autoridade das Sagradas Escrituras perante o tribunal da razão, a fim de que consequentemente a razão ceda a ela, como a uma nova luz, e sacrifique todas as suas verossimilhanças. É aproximadamente como quando um novo comandante, enviado pelo príncipe, deve mostrar suas cartas de nomeação diante da assembleia que, em seguida, deve presidir. É a isso que tendem muitos bons livros que temos sobre a verdade da religião, tal como os de Augustinus Steuchus, de Du Plessis-Mornay ou de Grotius[67]: pois é preciso que ela tenha carac-

---

[66] 1 Cor 1, 23.
[67] Augustinus Steuchus (1496-1549), teólogo católico italiano, autor de *Pro religione Christiana adversus Lutheranos* [*Pela religião cristã contra os luteranos*], publicado em Bolonha, em 1530, e de *De perenni philosophia* [*Sobre a filosofia perene*], em que mostra que as ideias cristãs estavam presentes em filósofos pagãos. Du Plessis-Mornay (1549-1623), homem de Estado e personagem de guerra, amigo de Henrique IV, foi um calvinista fervoroso. Escreveu, entre outras obras, *De la vérité de la religion chrétienne* [*Da verdade da religião cristã*], em 1581. Grócio escreveu várias obras teológicas (quatro volumes, Amsterdam, 1679), como *De veritate religionis christianae* [*Sobre a verdade da religião cristã*].

teres que as falsas religiões não têm; de outro modo, Zoroastro, Brama, Somonacodom[68] e Maomé seriam tão críveis quanto Moisés e Jesus Cristo. Entretanto, a própria fé divina, quando é iluminada na alma, é algo mais que uma opinião e não depende de ocasiões ou motivos que a façam nascer; ela está além do entendimento e se apodera da vontade e do coração para nos fazer agir com ardor e com prazer, como a lei de Deus ordena, sem que seja preciso pensar mais nas razões, nem se demorar em dificuldades de raciocínio que o espírito pode considerar.

30. Assim, o que acabamos de dizer sobre a razão humana, que ora é exaltada, ora degradada, e frequentemente sem regras e sem medida, pode levar a ver nossa inexatidão e o quanto somos cúmplices de nossos erros. Não haveria nada mais fácil de finalizar do que essas disputas sobre os direitos da fé e da razão se os homens quisessem se servir das mais vulgares regras da lógica e raciocinar com atenção, por pouca que fosse. Em lugar disso, eles se atrapalham com expressões oblíquas e ambíguas que lhes oferecem um belo campo para declamar, para mostrar seu espírito e sua doutrina; de sorte que parece que eles não têm vontade de ver a verdade nua, talvez por temerem que ela seja mais desagradável que o erro, por não conhecerem a beleza do autor de todas as coisas, que é a fonte da verdade.

31. Essa negligência é uma falha geral da humanidade que não deve ser censurada em ninguém em particular. "*Abundamus dulcibus vitiis*"[69], como dizia Quintiliano sobre o estilo de Sêneca; comprazemo-nos em nos perder. A exatidão nos incomoda, e as regras nos parecem puerilidade. É por isso que a lógica vulgar (a qual basta, todavia, para o exame aproximado de raciocínios que tendem à certeza) é dirigida aos estudantes; e nem sequer nos damos conta de que ela deve regular o peso das verossimilhanças e que seria tão necessária nas deliberações importantes. Isso é tanto verdade que nossos erros, a maior parte deles, vêm do desprezo ou

---

[68] Acreditava-se, no século XVIII, que Brama era o fundador do bramanismo, e não o supremo Deus. Somonacodom seria, no Sião (atual Tailândia), um homem extraordinário que atingiu a suprema felicidade (de acordo com Bayle, que foi informado pelo viajante e diplomata Simon de la Loubère).

[69] "Transbordamos em dulcíssimos vícios" (Quintiliano, *Instituição oratória*, X, i, 129).

do defeito da arte de pensar, pois não há nada mais imperfeito que a nossa lógica quando se vai além dos argumentos necessários; e os mais excelentes filósofos de nosso tempo, tais como os autores da *Arte de pensar*, da *Busca da verdade* e do *Ensaio sobre o entendimento*[70], permaneceram muito afastados da observação dos verdadeiros meios, próprios a ajudar essa faculdade que devia nos fazer pesar as aparências do verdadeiro e do falso; sem falar da arte de inventar, na qual é ainda mais difícil alcançá-los, e da qual só se tem esboços muito imperfeitos nas matemáticas.

32. Uma das coisas que poderiam ter contribuído bastante para levar Bayle a acreditar que não seria possível satisfazer as dificuldades da razão contra a fé é que ele parece exigir que Deus seja justificado de uma maneira semelhante àquela usada ordinariamente para defender a causa de um homem acusado diante de seu juiz. Mas ele não se lembrou de que, nos tribunais dos homens, que não poderiam penetrar sempre a verdade, frequentemente se é obrigado a regular-se por índices, por *verossimilhanças* e, sobretudo, por *presunções* ou *prejuízos*; ao passo que se convém, como já fizemos notar, que os mistérios não são verossimilhantes. Por exemplo, Bayle não quer que se justifique a bondade de Deus na permissão do pecado porque a verossimilhança seria contra um homem que se encontrasse em um caso que nos pareça semelhante a essa permissão. Deus prevê que Eva será enganada pela serpente se a colocar nas circunstâncias em que ela se encontrou depois; e, entretanto, ele a colocou ali. Ora, se um pai ou um tutor fizesse algo de semelhante com sua criança ou seu pupilo, e um amigo o fizesse em relação a um jovem cuja conduta concernisse a ele, o juiz não se contentaria com as desculpas de um advogado que dissesse que apenas se permitiu o mal, sem que se fizesse o mal ou se o desejasse; ele tomaria essa mesma permissão como marca de má vontade e a consideraria um pecado de omissão, que transformaria aquele que foi convencido em cúmplice de pecado cometido pelo outro.

33. Mas é preciso considerar que, quando se previu o mal e não se o impediu, embora parecesse que se poderia tê-lo feito facilmen-

---

[70] Respectivamente Arnauld e Nicole, Malebranche, Locke.

te, e que se fizeram coisas inclusive que facilitaram esse mal, não se segue por isso que alguém seja *necessariamente* cúmplice; é apenas uma forte presunção que tem ordinariamente lugar de verdade nas coisas humanas, mas que seria destruída por uma discussão exata do fato se fôssemos capazes de fazer essa discussão em relação a Deus; pois é chamado *presunção*, entre os juristas, o que deve passar por verdade provisória, no caso em que o contrário não é provado; e diz mais que *conjectura*, embora o *Dicionário da Academia* não tenha dissecado a diferença. Ora, pode-se julgar indubitavelmente que se apreenderia com essa discussão, se pudéssemos chegar até aí, que razões muito justas e mais fortes que aquelas que lhes parecem contrárias obrigaram o mais sábio a permitir o mal e, inclusive, a fazer coisas que facilitaram o mal. Serão dadas algumas instâncias a seguir.

34. Não é tão simples, eu confesso, que um pai, um tutor, um amigo possam ter razões como essas no caso de que se trata. Entretanto, a coisa não é absolutamente impossível, e um hábil escritor de romances poderia talvez encontrar um caso extraordinário que justificasse inclusive um homem nas circunstâncias que acabei de observar; mas em relação a Deus não há necessidade de imaginar ou de verificar as razões particulares que podem tê-lo levado a permitir o mal; as razões gerais são suficientes. Sabe-se que ele está atento a todo o universo, cujas partes estão todas ligadas; e deve-se inferir daí que ele teve uma infinidade de considerações cujo resultado o levou a julgar que não era apropriado impedir determinados males.

35. Deve-se mesmo dizer que é preciso necessariamente ter havido essas grandes ou, antes, irrefutáveis razões que levaram a divina sabedoria à permissão do mal, que nos espanta pelo fato mesmo de que essa permissão tenha ocorrido; pois nada pode vir de Deus que não seja perfeitamente conforme à sua sabedoria, justiça e santidade. Assim, podemos julgar pelo acontecimento (ou *a posteriori*) que essa permissão era indispensável, embora não nos seja possível mostrar isso (*a priori*) pelo detalhe das razões que Deus pode ter tido para isso; como tampouco é necessário que o mostremos para justificá-lo. O próprio Bayle explica muito bem isso (*Resposta às questões de um provincial*, t. 3, cap. 165, p. 1.067): o pecado introduziu-se

no mundo, portanto Deus pôde permiti-lo sem derrogar suas perfeições – *ab actu ad potentiam valet consequentia*[71]. Em Deus essa consequência é boa: ele a fez, portanto ele fez bem. Não significa, pois, que não tenhamos nenhuma noção da justiça em geral que possa convir também à de Deus; e tampouco que a justiça de Deus tenha regras diferentes da justiça conhecida dos homens; mas é que o caso de que se trata é inteiramente diferente daqueles que ordinariamente se dão entre os homens. O direito universal é o mesmo para Deus e para os homens; mas o fato é inteiramente diferente no caso de que se trata.

36. Podemos inclusive supor ou fingir (como já observei) que há, entre os homens, alguma coisa de semelhante a esse caso que acontece com Deus. Um homem poderia dar tão grandes e fortes provas de sua virtude e santidade que todas as razões, mais visíveis, que poderiam ser usadas contra ele para acusá-lo de um pretenso crime – por exemplo, um furto ou um assassinato – mereceriam ser rejeitadas como calúnias de alguns falsos testemunhos ou como um jogo extraordinário do acaso, que às vezes leva a suspeitar dos mais inocentes, de sorte que em um caso no qual qualquer outro correria o risco de ser condenado, ou de ser submetido à tortura (segundo as leis do lugar), esse homem seria absolvido por unanimidade pelos juízes. Ora, nesse caso, que é raro, com efeito, mas não impossível, poder-se-ia dizer de alguma maneira (*sano sensu*[72]) que há um combate entre a razão e a fé, e que as regras do direito são diferentes em relação a esse personagem e ao restante dos homens; mas isso, para explicar corretamente, significaria apenas que as aparências de razão cedem aqui à fé que se deve à palavra e à probidade desse grande e santo homem, e que ele é privilegiado em relação aos outros homens, não como se houvesse outra jurisprudência para ele, ou como se não entendêssemos o que é a justiça em relação a ele, mas porque as regras da justiça universal não encontram aqui a aplicação que elas recebem alhures, ou antes porque elas o favorecem, em lugar de acusá-lo, uma vez que há qualidades tão admiráveis nesse personagem

---

[71] "Do ato à potência, a consequência é boa".
[72] "No bom sentido".

que, em virtude de uma boa lógica das verossimilhanças, deve-se dar mais fé à sua palavra que à de muitos outros.

37. Uma vez que é permitido fazer aqui ficções possíveis, não se pode imaginar que esse homem incomparável seja o adepto ou o possuidor

> *Da bendita pedra*[73]
> *A única que pode enriquecer todos os reis da terra*

e que faça todos os dias gastos prodigiosos para alimentar e tirar da miséria uma infinidade de pobres? Ora, se houvesse não sei quantos testemunhos e não sei quais aparências que tendessem a provar que esse grande benfeitor da espécie humana acabou de cometer algum furto, não é verdade que toda a Terra zombaria da acusação, por mais especiosa que ela pudesse ser? Ora, Deus está infinitamente acima da bondade e da potência desse homem, e em consequência não há razões, por mais visíveis que sejam, que possam ser sustentadas contra a fé, ou seja, contra a segurança ou contra a confiança em Deus, com a qual podemos e devemos dizer que Deus fez tudo como se deve. As objeções não são, pois, insolúveis: elas contêm apenas prejuízos e verossimilhanças, mas que são destruídos por razões incomparavelmente mais fortes. Também não é preciso dizer que o que nós chamamos *justiça* não é nada em relação a Deus, que ele é o senhor absoluto de todas as coisas, e que pode até condenar os inocentes sem violar sua justiça, ou, enfim, que a justiça é alguma coisa arbitrária em relação a ele, expressões temerárias e perigosas nas quais alguns se deixaram enredar em prejuízo dos atributos de Deus, uma vez que nesse caso não haveria por que louvar sua bondade e sua justiça, e tudo seria como se o mais malvado espírito, o príncipe dos maus gênios, o princípio mau dos maniqueus, fosse o único senhor do universo, como já observamos antes: pois que meio haveria para se discernir o verdadeiro Deus do falso deus de Zoroastro se todas as coisas dependessem do capricho de um poder arbitrário, sem que ele tivesse tido nem regra nem consideração pelo que quer que fosse?

---

[73] A pedra filosofal.

38. É, pois, mais do que visível que nada nos obriga a seguir uma tão estranha doutrina, uma vez que basta dizer que não conhecemos suficientemente o fato quando se trata de responder às verossimilhanças que parecem pôr em dúvida a justiça e a bondade de Deus, as quais desapareceriam se o fato fosse bem conhecido por nós. Tampouco temos necessidade de renunciar à razão para escutar a fé, ou de arrancar os olhos para ver claramente como dizia a rainha Cristina[74]; basta rejeitar as aparências ordinárias quando são contrárias aos mistérios, o que não é contrário à razão, uma vez que mesmo nas coisas naturais frequentemente deixamos de ser enganados pelas aparências por meio da experiência ou de razões superiores. Mas antecipamos tudo isso apenas para que se possa entender melhor em que consistem o defeito das objeções e o abuso da razão, no presente caso, no qual se supõe que ela combata a fé com mais força. Entraremos mais adiante em uma discussão mais exata sobre o que diz respeito à origem do mal e à permissão do pecado com suas consequências.

39. Por ora seria bom continuar a examinar a importante questão do uso da razão na teologia e refletir sobre o que Bayle disse sobre isso em diversas passagens de suas obras. Como se dedicou, em seu *Dicionário histórico e crítico*, a trazer à luz as objeções dos maniqueus e as dos pirrônicos, e como esse desígnio foi censurado por algumas pessoas zelosas da religião, ele acrescentou uma dissertação no fim da segunda edição desse dicionário que contribuía para mostrar por exemplos, por autoridades e por razões a inocência e a utilidade de seu procedimento. Estou persuadido (como disse antes) de que as objeções especiosas que podem se opor à verdade são muito úteis e servem para confirmá-la e esclarecê-la, dando ocasião às pessoas inteligentes de encontrar novas vias ou de dar mais valor às antigas. Bayle, porém, busca com isso uma utilidade inteiramente oposta: evidenciar a potência da fé, ao mostrar que as verdades que ela ensina não poderiam ser sustentadas contra os ataques da razão, mas que a fé não deixa de se manter no coração

---

[74] Rainha Cristina da Suécia (1626-1689). O caso é citado também nos *Novos ensaios*, IV, xvii.

dos fiéis. Nicole[75], parece, chama isso de *triunfo da autoridade de Deus sobre a razão humana*, segundo palavras que Bayle atribui a ele no terceiro volume de sua *Resposta às questões de um provincial* (cap. 177, p. 1.201). Mas, como a razão é um dom de Deus tanto quanto a fé, seu combate seria fazer Deus combater contra Deus; e, se as objeções contra algum artigo de fé são insolúveis, seria preciso dizer que esse pretenso artigo é falso e não revelado, uma quimera do espírito humano, e o triunfo dessa fé poderia ser comparado a fogos comemorativos acesos depois de uma derrota. Assim é a doutrina da danação das crianças não batizadas, que Nicole quer fazer passar por uma consequência do pecado original; assim seria a condenação eterna dos adultos que careceram das luzes necessárias para obter a salvação.

40. Entretanto, não é preciso que todos entrem em discussões teológicas; e as pessoas cujo estado seja pouco compatível com as pesquisas exatas devem se contentar com os ensinamentos da fé sem se dar ao trabalho de examinar as objeções; e, se por acaso alguma dificuldade muito forte as atingir, é-lhes permitido desviar dela o espírito e oferecer a Deus o sacrifício de sua curiosidade; pois quando se está seguro de uma verdade não se tem necessidade nem de escutar as objeções. E, como há muita gente cuja fé é muito pequena e bem pouco enraizada para sustentar essa sorte de provas perigosas, creio que não é preciso apresentar-lhes o que para elas seria um veneno; ou, se não se pode esconder-lhes o que já é público, é preciso acrescentar o antídoto, ou seja, é preciso tratar de acrescentar a solução à objeção, em lugar de afastá-la como impossível.

41. As passagens de excelentes teólogos que falam desse triunfo da fé podem e devem receber um sentido conveniente aos princípios que acabei de estabelecer. Encontram-se em alguns objetos da fé duas qualidades capazes de fazê-la triunfar contra a razão: uma é a *incompreensibilidade*, a outra é *o pouco de evidência*. Mas é preciso evitar acrescentar a terceira qualidade, de que fala Bayle, dizendo

---

[75] Pierre Nicole (1625-1695) foi um moralista e teólogo jansenista francês. O livro a que Bayle faz referência é *De l'unité de l'Église ou Réfutation du nouveau système de M. Jurieu* [*Sobre a unidade da Igreja ou Refutação do novo sistema do senhor Jurieu*] (1687), escrito contra o protestante Jurieu.

que aquilo em que se crê é *insustentável*, pois isso faria com que a razão triunfasse de uma maneira que destruiria a fé. A *incompreensibilidade* não nos impede de acreditar mesmo nas verdades naturais; por exemplo (como já observei), não compreendemos a natureza dos odores e dos sabores e, entretanto, somos persuadidos, por uma espécie de fé que devemos ao testemunho dos sentidos, de que essas qualidades sensíveis estão fundadas na natureza das coisas e não são ilusões.

42. Há também coisas *contrárias às aparências*, e que nós admitimos quando estão bem comprovadas. Há um pequeno romance em espanhol cujo título diz que não se deve sempre crer naquilo que se vê. O que haveria de mais visível do que a mentira do falso Martin Guerre[76], que se fez reconhecer pela mulher e pelos parentes do verdadeiro, e levou juízes e parentes a duvidar por muito tempo, mesmo depois da chegada deste? No entanto, a verdade foi por fim reconhecida. O mesmo se passa com a fé. Já observei que o que se pode objetar contra a bondade e a justiça de Deus são apenas aparências, que seriam fortes contra um homem, mas se tornam inúteis quando aplicadas a Deus e quando colocadas na balança com as demonstrações que nos asseguram da perfeição infinita de seus atributos. Assim, a fé triunfa sobre as falsas razões por razões sólidas e superiores, que nos levam a abraçá-la, mas não triunfaria se o sentimento contrário tivesse para alguém razões tão fortes, ou mesmo mais fortes que aquelas que fundamentam a fé, ou seja, se houvesse objeções irrefutáveis e demonstrativas contra a fé.

43. É bom inclusive observar aqui que o que Bayle chama *triunfo da fé* é em parte um triunfo da razão demonstrativa contra as razões aparentes e enganosas, que se opõem indevidamente às demonstrações. Pois é preciso considerar que as objeções dos maniqueus não são em nada menos contrárias à teologia natural que à teologia revelada. E, ainda que abandonássemos as Sagradas Escrituras, o pecado original, a graça de Deus em Jesus Cristo, as penas do inferno e outros artigos de nossa religião, não nos livraríamos por isso de suas

---

[76] Trata-se de um caso de roubo de identidade, julgado em Toulouse em 1560. Em 1561, Jean de Coras, um dos magistrados, publicou a história do caso Martin Guerre.

objeções, pois não poderíamos negar que há no mundo o mal físico (ou seja, os sofrimentos) e o mal moral (isto é, os crimes), e nem mesmo que o mal físico não é sempre distribuído aqui neste mundo segundo a proporção do mal moral, como parece exigir a justiça. Resta, pois, esta questão da teologia natural: como um princípio único, inteiramente bom, inteiramente sábio e onipotente pôde admitir o mal, e, sobretudo, como pôde permitir o pecado, e como pôde muitas vezes decidir tornar felizes os maus e infelizes os bons?

44. Ora, não precisamos da fé revelada para saber que há um princípio único de todas as coisas, perfeitamente bom e sábio. A razão nos ensina isso por demonstrações infalíveis; e, consequentemente, todas as objeções tomadas do curso das coisas, no qual notamos imperfeições, são fundadas apenas de falsas aparências. Pois, se fôssemos capazes de entender a harmonia universal, veríamos que o que somos tentados a censurar está ligado ao plano mais digno de ser escolhido; em uma palavra, *veríamos*, e não apenas *acreditaríamos*, que o que Deus fez é o melhor. Chamo aqui *ver* o que se conhece *a priori* pelas causas, e *crer* o que se julga apenas pelos efeitos, embora um seja tão certo quanto o outro. E podemos aplicar aqui o que nos diz São Paulo (2 Cor 5, 7): "Caminhamos pela *fé*, e não pela *visão*." Pois, com a sabedoria infinita de Deus nos sendo conhecida, julgaremos que os males que experimentamos devem ser permitidos, e julgaremos pelo efeito mesmo ou *a posteriori*, isto é, porque eles existem. É isso que Bayle reconhece; e ele deveria se contentar com isso, sem pretender que se deva fazer cessar as falsas aparências que são contrárias a isso. É como se quiséssemos que não houvesse mais sonhos nem ilusões de óptica.

45. E não se deve duvidar de que essa fé e essa confiança em Deus, que nos levam a considerar sua bondade infinita e nos preparam para seu amor, apesar das aparências de dureza que podem nos desanimar, sejam um exercício excelente das virtudes da teologia cristã, quando a divina graça em Jesus Cristo excita esses movimentos em nós. É o que Lutero bem observou contra Erasmo, ao dizer que é o ápice do amor amar aquele que parece tão pouco amável à carne e ao sangue, tão rigoroso contra os miseráveis, e tão disposto a condenar, e isso mesmo por males de que parece ser a causa ou o cúmplice daqueles que se deixam ofuscar por falsas razões, de sorte

que se pode dizer que o triunfo da verdadeira razão esclarecida pela graça divina é, ao mesmo tempo, o triunfo da fé e do amor.

46. Bayle parece ter tomado isso de maneira inteiramente diferente: declara-se contra a razão, quando poderia se contentar em censurar seu abuso. Ele cita as palavras de Cotta, em Cícero, que chega a afirmar que, se a razão fosse um presente dos deuses, a providência seria censurável por tê-la dado, uma vez que aquela se transforma em nosso mal. Bayle também acredita que a razão humana é um princípio de destruição, e não de edificação (*Dicionário*, p. 2.026, col. 2), que é uma corredora que não sabe onde parar e, como uma outra Penélope, destrói sua própria obra:

> *Destruit, aedificat, mutat quadrata rotundis*[77] (*Resposta às questões de um provincial*, t. 3, p. 725).

Mas ele se aplica sobretudo a acumular autoridades, umas sobre as outras, para mostrar que os teólogos de todos os partidos rejeitam o uso da razão tanto quanto ele, e só desenvolvem as luzes da razão que se elevam contra a religião para sacrificá-las à fé por uma simples denegação, respondendo apenas à conclusão do argumento que se lhes opõe. Ele começa pelo Novo Testamento. Jesus Cristo se contentava em dizer: "Segue-me" (Lc 5, 27; 9, 59). Os apóstolos diziam: "Crê e tu serás salvo" (At 16, 3). São Paulo reconhece que "sua doutrina é obscura" (1 Cor 13, 12); que "não se pode compreender nada" a menos que Deus comunique um discernimento espiritual, e sem isso ela passa por loucura (1 Cor 2, 14). Ele exorta os fiéis a "se manterem em guarda contra a filosofia" (Cl 2, 8) e a evitarem as contestações dessa ciência, que teria levado algumas pessoas à perda da fé.

47. Quanto aos padres da Igreja, Bayle nos remete à compilação das passagens deles contra o uso da filosofia e da razão, feita por De Launoy[78] (*De varia Aristotelis fortuna*, cap. 2); e particularmente às passagens de Santo Agostinho compiladas por Arnauld (contra

---

[77] "Destrói, constrói, transforma em redondos os quadrados" (Horácio, *Epístolas*, I, i, 100).

[78] Jean de Launoy (1603-1678) foi um historiador e teólogo francês. O livro citado (*Sobre a fortuna variada de Aristóteles*), um estudo sobre a interpretação de Aristóteles na Universidade de Paris durante a Idade Média, foi publicado em 1653.

Mallet⁷⁹), que afirmam que os julgamentos de Deus são impenetráveis; que não são menos justos pelo fato de nos serem desconhecidos; que são um profundo abismo que não se pode sondar sem se arriscar a cair no precipício; que não se pode, sem temeridade, querer explicar o que Deus quis manter oculto; que sua vontade só poderia ser justa; que muitos, tendo querido dar a razão dessa profundidade incompreensível, caíram em imaginações vãs e em opiniões plenas de erro e de extravio.

48. Os escolásticos falaram o mesmo: Bayle narra uma bela passagem do cardeal Caetano⁸⁰ (*Summ.*, parte 1, q. 22, art. 4) nesse sentido: "Nosso espírito repousa não na evidência de uma verdade conhecida, mas na profundeza inacessível da verdade oculta. E, como diz São Gregório, aquele que só crê, em relação à divindade, naquilo que pode medir com seu espírito, apequena a ideia de Deus. Entretanto, não conjecturo que seja preciso negar qualquer das coisas que sabemos, ou que vemos pertencer à imutabilidade, à atualidade, à certeza, à universalidade etc. de Deus; mas penso que há aqui algum segredo ou a respeito da relação que existe entre Deus e o acontecimento ou em relação ao que liga o próprio acontecimento sua previsão. Assim, considerando que o intelecto de nossa alma é o olho da coruja, encontro seu repouso apenas na ignorância. Pois vale mais, para a fé católica e para a fé filosófica, confessar nossa cegueira do que assegurar como coisas evidentes o que não tranqui-

---

[79] Charles Mallet (1608-1680) polemizou com Arnauld por causa da versão francesa do Novo Testamento (*Versão de Mons*), com a qual Arnauld colaborou (ver *Examen de quelques passages de la traduction française du Nouveau Testament imprimée à Mons* [*Exame de algumas passagens da tradução francesa do Novo Testamento impressa em Mons*], de Mallet, publicado em Rouen, em 1676). Arnauld respondeu às críticas em dois livros (ver *Nouvelle défense de la traduction du Nouveau Testament... contre le livre de M. Mallet* [*Nova defesa da tradução do Novo Testamento..., contra o livro de Mallet*] e *Continuation de la nouvelle défense...* [*Continuação da nova defesa...*], publicados em Colônia, em 1680). Todavia, não foi nesses livros que Arnauld reuniu as passagens de Santo Agostinho, mas em *Reflexions philosophiques et théologiques sur le nouveau système de la nature et de la grâce* [*Reflexões filosóficas e teológicas sobre o novo sistema da natureza e da graça*] (Colônia, 1685-86), sobre Malebranche. Leibniz parece ter interpretado mal as referências dadas por Bayle (*Resposta às questões de um provincial*, t. 3, p. 995, notas a e b).

[80] O cardeal Caetano – ou, em italiano, Gaetano (1469-1534) – era adversário de Lutero e escreveu um comentário (*Commentaria*) sobre a *Suma teológica*, de São Tomás. A citação é feita a partir do livro de Bayle *Resposta às questões de um provincial*, t. 3, pp. 1.020 ss.

liza nosso espírito, uma vez que é a evidência que o põe em tranquilidade. Não por isso acuso de presunção todos os doutores que, balbuciando, trataram de insinuar como podiam a imobilidade e a eficácia soberana e eterna do entendimento, da vontade e da potência de Deus, pela infalibilidade da eleição e da relação divina com todos os acontecimentos. Nada disso prejudica a minha suspeita de que há alguma profundidade que nos é oculta." Essa passagem de Caetano é tanto mais considerável quanto era capaz esse autor de se aprofundar na matéria.

49. O livro de Lutero contra Erasmo está repleto de observações vivazes contra aqueles que desejam submeter as verdades reveladas ao tribunal de nossa razão. Calvino frequentemente usa o mesmo tom contra a audácia curiosa daqueles que buscam perscrutar as decisões de Deus. Ele declara, em seu tratado sobre a predestinação, que Deus teve razões justas para condenar uma parte dos homens, mas que estas nos são desconhecidas. Por fim, Bayle cita vários modernos que disseram coisas semelhantes (*Resposta às questões de um provincial*, caps. 160 ss.).

50. Mas todas essas expressões e uma infinidade de outras semelhantes não provam a insolubilidade das objeções contrárias à fé, que Bayle tem em vista. É verdade que os desígnios de Deus são impenetráveis, mas não há objeção irrefutável que possa concluir que eles são injustos. O que parece injustiça do lado de Deus e loucura do lado da fé apenas parece. A célebre passagem de Tertuliano (*De carne Christi*), "*mortuus est Dei Filius, credibile est, quia ineptum est; et sepultus revixit, certum est, quia impossibile*"[81], são palavras que só podem ser entendidas como aparência de absurdo. Há outras semelhantes no livro de Lutero sobre o servo arbítrio, como quando ele diz, no cap. 174: "*Si placet tibi Deus indignos coronans, non debet displicere immeritos dammans.*"[82] O que, reduzido às expressões mais moderadas, quer dizer: se aprovais que Deus dá a glória eterna

---

[81] "O Filho de Deus está morto, em que se deve crer, porque é absurdo; e, sepultado, ressuscitou, o que é certo, porque é impossível". Tertuliano (*c.* 155-230), apologista cristão. As palavras citadas encontram-se no cap. 5 de *Sobre a carne de Cristo*.

[82] "Se te agrada um Deus que coroa os indignos, não te deves desagradar um Deus que dana os que não merecem."

àqueles que não são melhores que outros, não deveis desaprovar que abandone aqueles que não são piores que outros. E, para julgar que o que ele fala são apenas aparências de injustiça, basta contrabalançar estas palavras do próprio autor, tiradas do mesmo livro: "Em tudo o mais", diz ele, "reconhecemos em Deus uma majestade suprema, apenas a justiça ousamos contrariar, e não queremos crer provisoriamente (*tanstiper*) que ele seja justo, ainda que ele nos tenha prometido que chegará um tempo em que sua glória será revelada, e todos os homens verão claramente que ele foi e é justo."

51. Vê-se também que, quando os padres entraram na discussão, não rejeitaram simplesmente a razão. E, ao disputar com os pagãos, ordinariamente se preocuparam em mostrar o quanto o paganismo é contrário à razão e o quão grande é a vantagem da religião cristã também a respeito disso. Orígenes[83] mostrou a Celso o quanto o cristianismo é razoável e por que, todavia, a maior parte dos cristãos deve crer sem exame. Celso havia zombado da conduta dos cristãos, "que não querendo", dizia ele, "nem escutar vossas razões, nem vos dar as que creem, contentam-se em vos dizer: 'Não examineis, crede somente'; ou então, 'Vossa fé vos salvará'; e têm por máxima que a sabedoria do mundo é um mal".

52. Orígenes responde como homem hábil (livro I, cap. 2) e de uma maneira conforme aos princípios que estabelecemos anteriormente. É que a razão, longe de ser contrária ao cristianismo, serve de fundamento a essa religião e pode fazer com que seja recebida por aqueles que possam chegar a examiná-la. Mas, como poucas pessoas são capazes disso, o dom celeste de uma fé inteiramente nua que leva ao bem basta para o geral das pessoas. "Se fosse possível", diz ele, "que todos os homens, negligenciando os afazeres da vida, se dedicassem ao estudo e à meditação, não seria preciso buscar outra via para fazê-los aceitar a religião cristã. Pois, para não dizer nada que ofenda alguém" (ele insinua que a religião pagã é absurda, mas não quer afirmar isso expressamente aqui), "não se encontrará

---

[83] Orígenes (185-254), célebre teólogo alexandrino, defendeu o cristianismo (em seu livro *Contra Celsum et in fidei christianae defensionem* [*Contra Celso e em defesa da fé cristã*]. Celso foi um filósofo do século II que criticou o cristianismo em *Alethes logos* [*Discurso verdadeiro*].

menos exatidão do que alhures, seja na discussão de seus dogmas, seja no esclarecimento das enigmáticas expressões de seus profetas, seja na explicação das parábolas de seus evangelhos e de uma infinidade de outras coisas que aconteceram ou foram ordenadas simbolicamente. Mas, uma vez que nem as necessidades da vida nem as debilidades dos homens permitem que as pessoas se dediquem ao estudo (a não ser a um número muito pequeno delas), que meio poderia ser encontrado que fosse mais próprio a beneficiar todo o resto do mundo senão o que Jesus Cristo quis que se empregasse para a conversão dos povos? E gostaria muito que me dissessem, a respeito do grande número daqueles que creem e, por isso, deixaram o lamaçal do vício no qual tinham anteriormente se enterrado, o que vale mais: ter por essa sorte mudado seus costumes e corrigido sua vida, crendo sem exame que há penas para os pecados e recompensas para as boas ações, ou esperar se converter quando não se crê simplesmente, mas por se ter examinado com cuidado os fundamentos de seus dogmas? É certo que, ao seguir esse método, bem poucos chegariam até onde sua fé inteiramente simples e nua os conduz, e a maioria permaneceria em sua corrupção."

53. Bayle (em seu esclarecimento concernente às objeções dos maniqueus, que consta no final da segunda edição de seu *Dicionário*) toma essas palavras, pelas quais Orígenes nota que a religião manifesta-se à prova da discussão dos dogmas, como se isso não fosse entendido em relação à filosofia, mas somente em relação à exatidão com a qual se estabelecem a autoridade e o verdadeiro sentido das Sagradas Escrituras. Mas não há nada que marque essa restrição. Orígenes escrevia contra um filósofo para quem elas não se ajustariam. E parece que esse padre quis observar que, entre os cristãos, não se é menos exato que entre os estoicos e entre alguns outros filósofos que estabeleciam sua doutrina tanto pela razão como pelas autoridades, como fazia Crisipo, que encontrava sua filosofia ainda nos símbolos da antiguidade pagã[84].

54. Celso faz ainda outra objeção aos cristãos, no mesmo lugar. "Se eles se fecham", diz ele, "ordinariamente em seu *Não examineis,*

---

[84] Crisipo (281-205 a.C.), filósofo estoico, praticava a interpretação alegórica da mitologia tradicional.

somente credes, é preciso que me digam ao menos em quais coisas querem que eu creia." E nisso ele, sem dúvida, tem razão, e vai contra aqueles que diriam que Deus é bom e justo, e que sustentariam, entretanto, que nós não temos nenhuma noção da bondade ou da justiça quando atribuímos a ele essas perfeições. Mas não é preciso que se exija sempre o que chamo de *noções adequadas* e que não envolvem nada que não seja explicado, uma vez que nem mesmo as qualidades sensíveis, como o calor, a luz, a doçura, poderiam nos dar tais noções. Assim, convimos que os mistérios recebem uma explicação, mas essa explicação é imperfeita. Basta que tenhamos uma inteligência analógica de um mistério, tal como a Trindade e a encarnação, a fim de que, ao aceitá-los, não pronunciemos palavras inteiramente destituídas de sentido; mas não é necessário que a explicação vá tão longe quanto seria desejável, isto é, que ela chegue à compreensão e ao *como*.

55. Parece, pois, estranho que Bayle recuse o tribunal das *noções comuns* (no terceiro volume de sua *Resposta às questões de um provincial*, pp. 1.062 e 1.140), como se não se devesse consultar a ideia de bondade quando se responde aos maniqueus, ao passo que ele mesmo se explicou de maneira inteiramente diferente em seu *Dicionário*. E é preciso que aqueles que estão em disputa sobre a questão – se há um só princípio inteiramente bom, ou se há dois, um bom e outro mau – convenham no que quer dizer *bom* e *mau*. Entendemos alguma coisa por união quando nos falam da união de um corpo com outro corpo, ou de uma substância com seu acidente, ou de um sujeito com seu acidente, do lugar com o móbil, do ato com a potência; entendemos também alguma coisa quando falamos da união da alma com o corpo para fazer uma única pessoa. Porque, embora eu não sustente que a alma mude as leis do corpo nem que o corpo mude as leis da alma, e tenha introduzido a harmonia preestabelecida para evitar essa alteração, não deixo de admitir uma verdadeira união entre a alma e o corpo, que é um suporte para ela. Essa união leva ao metafísico, ao passo que uma união de influência levaria ao físico. Mas, quando falamos da união do Verbo de Deus com a natureza humana, devemos nos contentar com um conhecimento analógico, tal como a comparação da união da alma com o corpo é capaz de nos dar; e, de resto, devemos nos contentar em

dizer que a encarnação é a união mais estreita que pode existir entre o Criador e a criatura, sem que seja preciso ir mais longe.

56. O mesmo vale para os outros mistérios, para os quais os espíritos moderados encontrarão sempre uma explicação suficiente para crer e jamais tal quanto se precisa para compreender. Basta-nos um certo *o que é* (τί ἐςτι); mas o *como* (πώς) nos ultrapassa e não nos é necessário. Pode-se dizer das explicações dos mistérios que são pronunciadas aqui e acolá o que a rainha da Suécia dizia, em uma medalha, a respeito da Coroa que ela havia deixado: "*Non mi bisogna, e non mi basta.*"[85] Nós tampouco temos necessidade, como já observei, de provar os mistérios *a priori* ou de dar sua razão; *o fato de que* (τό ὅτι) a coisa seja assim, sem saber o *porquê* (τό διότι), que Deus reservou para si. Estes versos que Joseph Scaliger escreveu sobre isso são belos e célebres:

> *Ne curiosus quare causas omnium,*
> *Quaecumque libris vis Prophetarum indidit*
> *Afflata coelo, plena veraci Deo:*
> *Nec operta sacri supparo silentii*
> *Irrumpere aude, sed pudenter prateri.*
> *Nescire velle, quae Magister optimus*
> *Docere non vult, erudita inscitia est.*[86]

Bayle, que os narra (*Resposta às questões de um provincial*, t. 3, p. 1.055), julga bastante verossímil que Scaliger os tenha escrito por ocasião das disputas entre Arminius e Gomarus[87]. Creio que

---

[85] "Não me faz falta e não me basta." Trata-se de Cristina da Suécia, que abdicou em 1654.

[86] "Não busca com curiosidade as causas de todas as coisas, sejam elas quais forem, que o gênio dos profetas, inspirado [santificado, no texto de Bayle] pelo Céu, pleno de Deus veraz, introduziu nos Livros; não tem a audácia de querer penetrar pela força o que está recoberto pelo véu do silêncio sagrado, mas passa o teu modestamente [prudentemente, no texto de Bayle]. Querer ignorar o que o melhor dos Senhores não quer nos ensinar é uma douta ignorância."

[87] Arminius, ou Jacques Harmensen (1560-1609), foi um célebre teólogo holandês, fundador da seita dos arminianos, que se inclinava pelo pelagianismo, ou seja, pela reabilitação do livre-arbítrio contra os supralapsários. Os principais pontos dessa doutrina se encontram em *Remonstrantes*, apresentadas em 1610. Franz Gomar, ou Gomarus (1563-1641), adversário de Arminius e seu colega da Universidade de Leiden, acredi-

Bayle os recitou de memória, pois inseriu *sacrata* [santificado] em lugar de *afflata* [inspirado]. Mas, aparentemente, foi por erro do impressor que há *prudenter* [prudentemente] em lugar de *pudenter* (isto é, modestamente), que o verso exige.

57. Não há nada mais justo que o ponto de vista que esses versos contêm, e Bayle tem razão em dizer (p. 729) que "aqueles que pretendem que a conduta de Deus a respeito do pecado e das consequências do pecado não tem nada de que não lhes seja possível dar a razão se entregam a seu adversário". Mas ele não tem razão de unir aqui duas coisas bem diferentes, *dar a razão* de uma coisa e *sustentá-la contra as objeções*; como faz quando acrescenta antes de tudo: "eles são obrigados a seguir (seu adversário) em toda parte a que ele os queira levar e recuariam vergonhosamente e pediriam por sua vida se confessassem que nosso espírito é muito fraco para resolver plenamente todas as exigências de um filósofo".

58. Parece aqui que, segundo Bayle, *dar razão* é menos que *responder às exigências*, uma vez que ele ameaça quem empreendesse o primeiro com a obrigação pela qual se empenharia em chegar ao segundo. Mas é exatamente o contrário: o sustentante (*respondens*) não é obrigado a dar a razão de sua tese, mas está obrigado a satisfazer as exigências de um opositor. Um defensor de justiça não está obrigado (ordinariamente) a provar seu direito ou a utilizar como argumento o título de sua posse, mas está obrigado a responder às razões do requerente. E surpreendi-me cem vezes por um autor tão exato e sagaz como Bayle misturar tantas vezes coisas que são tão diferentes entre si, como estes três atos da razão: compreender, provar e responder às objeções; como se, quando se tratasse do uso da razão em teologia, um valesse tanto quanto o outro. É assim que, em *Conversações póstumas* (p. 73), diz: "não há princípio que Bayle tenha mais frequentemente inculcado quanto este, segundo o qual a incompreensibilidade de um dogma e a insolubilidade das objeções que o combatem não são uma razão legítima para rejeitá-lo". É aceitável para a *incompreensibilidade*, mas o mesmo não se dá

---

tava rigorosamente na predestinação e defendia o calvinismo. As controvérsias entre arminianos (ou remonstrantes) e gomaristas (contrarremonstrantes) agitaram a Holanda no século XVII.

para a *insolubilidade*. E é o mesmo que dizer que uma razão irrefutável contra uma tese não é uma razão legítima para rejeitá-la. Pois que outra razão legítima para rejeitar uma opinião poderia ser encontrada se um argumento contrário irrefutável não o é? E que meio, de acordo com isso, teríamos para demonstrar a falsidade e inclusive a absurdidade de alguma opinião?

59. É bom observar também que aquele que prova uma coisa *a priori* dá a razão dela pela causa eficiente. E qualquer um que possa dar tais razões de uma maneira exata e suficiente está também em condições de compreender a coisa. É por isso que os teólogos escolásticos já tinham censurado Raimundo Lúlio[88] por ter tentado demonstrar a Trindade pela filosofia. Essa pretensa demonstração se encontra em suas obras. E Barthélemi Keckerman[89], autor célebre entre os reformados, tendo feito uma tentativa inteiramente semelhante sobre o mesmo mistério, não foi menos censurado por alguns teólogos modernos. Censurar-se-ão, pois, aqueles que queiram dar razão desse mistério e torná-lo compreensível, mas serão louvados aqueles que trabalhem para sustentá-lo contra as objeções dos adversários.

60. Já disse que os teólogos ordinariamente distinguem o que está acima da razão do que é contra a razão. Colocam *acima da razão* o que não poderia ser compreendido e do que não se poderia dar razão. Mas *contra a razão* será toda opinião que é combatida por razões irrefutáveis, ou cujo contraditório pode ser provado de uma maneira exata e sólida. Eles concedem, pois, que os mistérios estejam acima da razão, mas não concordam que sejam contrários a ela. O autor inglês de um livro engenhoso, mas reprovado, cujo título é *Christianity not mysterious*[90], quis combater

---

[88] Raimundo Lúlio (1235-1351), célebre filósofo e lógico, inventou um método universal de descoberta e demonstração, ao qual deu o nome de Grande Arte, com a intenção de provar racionalmente as verdades da fé. A demonstração do mistério da Trindade se encontra em *Disputatio fidei et intellectus* [*Discussão entre a fé e o intelecto*].

[89] Bartholomäus Keckermann (1571 ou 1573-1608), erudito alemão, escreveu sobre filosofia, teologia e ciências. É autor de *Systema theologiae* [*Sistema de teologia*], de 1610. Suas obras completas foram publicadas em 1614, em Genebra.

[90] O autor de *Cristianismo sem mistério* (subtítulo: *Tratado que mostra que não há nas Escrituras nada que seja contrário à razão, nem que esteja acima dela, e que nenhum*

essa distinção, mas não me parece que ele tenha tido algum êxito. Também Bayle não está inteiramente satisfeito com essa distinção recebida. Eis o que fala dela (*Resposta às questões de um provincial*, t. 3, cap. 159). Primeiramente (p. 998), ele distingue, como Saurin[91], estas duas teses: uma, "todos os dogmas do cristianismo concordam com a razão"; a outra, "a razão humana conhece isso – que os dogmas concordam com a razão". Ele admite a primeira e nega a segunda. Sou da mesma opinião se, ao dizer-se que *um dogma concorda com a razão*, entende-se que é possível dar sua razão; pois Deus sem dúvida poderia fazê-lo, e nós não podemos. Mas creio que se devam afirmar ambas as teses se, por se *conhecer isto – que um dogma concorda com a razão –*, entende-se que podemos mostrar se necessário que não há contradição entre esse dogma e a razão, afastando as objeções daqueles que pretendem que esse dogma é uma absurdidade.

61. Bayle se explica aqui de uma maneira não satisfatória. Ele reconhece perfeitamente que nossos mistérios são conformes à razão suprema e universal que está no entendimento divino, ou à razão em geral; entretanto, nega que eles pareçam conformes a essa porção de razão de que o homem se serve para julgar as coisas. Mas, como essa porção de razão que possuímos é um dom de Deus e consiste na luz natural que nos restou em meio à corrupção, tal porção está em conformidade com o todo e não difere daquela que está em Deus senão como uma gota d'água difere do oceano, ou antes como o finito difere do infinito. Assim, os mistérios podem ultrapassá-la, mas não poderiam ser contrários a ela. Não se poderia ser contrário a uma parte sem ser contrário ao todo. O que contradiz uma proposição de Euclides é contrário aos *Elementos* de Euclides. O que, em nós, é contrário aos mistérios não é a razão, nem a luz natural, nem o encadeamento de verdades; é a corrupção, é o erro ou o prejuízo, são as trevas.

---

dogma cristão pode ser propriamente chamado de mistério) é John Toland (1670-1722). O livro, publicado em Londres em 1696, provocou violentas réplicas.

[91] Elie Saurin (1639-1703), teólogo francês que morava na Holanda. Bayle cita seu livro *Défense de la véritable doctrine de l'église reformée sur le principe de la foy* [*Defesa da verdadeira doutrina da Igreja reformada sobre o princípio da fé*] (Utrecht, 1697).

62. Bayle (p. 1.002) não se satisfaz com a opinião de Josua Stegmann e Turrettini[92], teólogos protestantes que ensinam que os mistérios são contrários apenas à razão corrompida. Ele pergunta zombando se por reta razão se entende, por acaso, a de um teólogo ortodoxo e, por razão corrompida, a de um herético; e se opõe a isso afirmando que a evidência do mistério da Trindade não era maior na alma de Lutero que na alma de Socino[93]. Mas, como Descartes bem observou, o bom senso é partilhado por todos; assim, é preciso acreditar que os ortodoxos e os heréticos são dotados dele. A reta razão é um encadeamento de verdades, a razão corrompida está mesclada com prejuízos e paixões, e para discernir uma da outra basta proceder por ordem, não admitir nenhuma tese sem prova, tampouco nenhuma prova que não esteja em boa forma segundo as regras mais vulgares da lógica. Não se tem necessidade de outro *critério* nem de outro *juiz de controvérsias* em matéria de razão. E é apenas por ausência dessa consideração que nos expomos aos céticos; e que, mesmo em teologia, François Véron[94] e alguns outros, que exageraram na disputa contra os protestantes até se abandonar à chicana, lançaram-se impetuosamente no ceticismo para provar a necessidade que existe de se receber um juiz externo infalível, no que não tiveram a aprovação das mais doutas pessoas, inclusive de seu próprio partido. Calisto e Daillé zombaram como se devia, e Belarmino raciocinou de maneira inteiramente diferente.

63. Agora vamos ao que Bayle diz (p. 999) sobre a distinção de que se trata: "Parece-me que um equívoco se insinuou na famosa distinção estabelecida entre as coisas que estão acima da razão e as coisas que são contra a razão. Os mistérios do Evangelho estão aci-

---

[92] Josua Stegmann (1588-1632), teólogo antissociniano; Bayle cita *Plotinianismus* (Frankfurt, 1626). Francisco Turrettini (1623-1687), teólogo calvinista de origem italiana; Bayle cita *Institutiones theologiae elenchticae* [*Curso de teologia refutativa*] (Genebra, 1679).

[93] Leibniz provavelmente se refere a Fausto Socino, sobrinho de Lélio Socino. Sobre ambos, ver nota 9 do prefácio.

[94] François Véron (1575-1640), controversista católico francês. Leibniz provavelmente tem em mente *Méthodes de traiter des controverses de religion par la seule Écriture Sainte* [*Métodos de tratar as controvérsias da religião unicamente pelas Sagradas Escrituras*] (Amiens, 1615).

ma da razão, diz-se comumente, mas não são contrários à razão. Creio que não se dá o mesmo sentido à palavra 'razão' na primeira e na segunda parte desse axioma e que se entende, na primeira, a razão do homem ou a razão *in concreto*, e, na segunda, a razão em geral ou a razão *in abstrato*. Pois, supondo-se que se entende sempre a razão em geral ou a razão suprema, a razão universal que está em Deus, é igualmente verdadeiro que os mistérios evangélicos não estão acima da razão nem são contra a razão. Mas, se se entende, em uma e outra parte do axioma, a razão humana, não vejo muito bem a solidez da distinção; pois os mais ortodoxos confessam que não conhecemos a conformidade de nossos mistérios às máximas da filosofia. Parece-nos, pois, que eles não são conformes à nossa razão. Ora, o que nos parece não ser conforme à nossa razão parece-nos contrário à nossa razão; assim como o que nos parece não ser conforme à verdade parece-nos contrário à verdade. Assim, por que não dizer igualmente que os mistérios são contra nossa débil razão e estão acima de nossa débil razão?" Respondo, como já fiz, que a razão é aqui o encadeamento das verdades que conhecemos pela luz natural, e, nesse sentido, o axioma recebido é verdadeiro sem nenhum equívoco. Os mistérios ultrapassam nossa razão porque contêm verdades que não são compreendidas nesse encadeamento, mas não são contrários à nossa razão nem contradizem nenhuma das verdades a que esse encadeamento pode nos levar. Não se trata, pois, aqui, da razão universal que está em Deus, mas da nossa. Sobre a questão se conhecemos a conformidade dos mistérios com nossa razão, respondo que, pelo menos, não conhecemos nunca que haja alguma deformidade nem alguma oposição entre os mistérios e a razão; e como podemos sempre suprimir a pretensa oposição, se isso é chamado conciliar ou acordar a fé com a razão, deve-se dizer que podemos conhecer essa conformidade e esse acordo. Mas, se a conformidade consiste numa explicação razoável do *como*, não poderíamos conhecer.

64. Bayle faz ainda uma engenhosa objeção que extrai do sentido da visão: "Quando uma torre quadrangular nos parece arredondada de longe, nossos olhos não apenas testemunham muito claramente que não percebem nada de quadrangular nessa torre, mas

também que descobrem nela uma figura arredondada, incompatível com a figura quadrada. Pode-se, então, dizer que a verdade, que é a figura quadrada, está não somente acima, mas ainda contra o testemunho de nossa débil visão." É preciso confessar que essa observação é verdadeira e, embora seja verdadeiro que a aparência de redondeza venha unicamente da privação da visibilidade dos ângulos, que o afastamento faz desaparecer, não deixa de ser verdadeiro que o redondo e o quadrado são coisas opostas. Respondo, pois, a essa instância que a representação dos sentidos, mesmo quando eles fazem tudo o que depende deles, é frequentemente contrária à verdade; mas o mesmo não acontece com a faculdade de raciocinar quando ela faz seu dever, uma vez que o raciocínio exato não é outra coisa que um encadeamento de verdades. E, quanto ao sentido da visão em particular, é bom considerar que há ainda outras falsas aparições que não vêm da debilidade de nossos olhos nem do que desaparece pelo afastamento, mas da natureza da própria visão, por mais perfeita que ela seja. É assim que o círculo visto de lado é transformado nessa espécie oval que é chamada elipse entre os geômetras e, algumas vezes, é transformado inclusive em parábola ou em hipérbole e até em linha reta, como testemunha o anel de Saturno.

65. Os *sentidos exteriores*, para falar propriamente, não nos enganam. É nosso *sentido interno* que frequentemente nos faz ir rápido demais; e isso acontece também com as bestas, como quando um cachorro late contra sua imagem no espelho; pois as bestas têm consecuções de percepções que imitam o raciocínio e se encontram também no sentido interno dos homens quando agem apenas como *empíricos*. Mas as bestas não fazem nada que nos obrigue a acreditar que elas tenham o que merece ser propriamente chamado um *raciocínio*, como já mostrei alhures. Ora, quando o entendimento emprega e segue a falsa determinação do sentido interno (como quando o célebre Galileu acreditou que Saturno tivesse dois anéis), ele se engana pelo juízo que fez do efeito das aparências, inferindo dessas aparências mais do que elas contêm. Pois as aparências dos sentidos não nos prometem absolutamente a verdade das coisas, não mais do que os sonhos. Somos nós que nos enganamos pelo uso que fazemos delas, isto é, por nossas consecuções. É que nós nos permitimos

abusar de argumentos prováveis e somos levados a crer que os fenômenos que encontramos frequentemente ligados estão sempre ligados. Dessa forma, como ordinariamente acontece de o que parece sem ângulos não o ser, acreditamos facilmente que é sempre assim. Um erro desse tipo é perdoável e algumas vezes inevitável quando é preciso agir imediatamente e escolher o mais visível; mas, quando temos a tranquilidade e o tempo de nos recolher, cometemos uma falta se tomamos como certo o que não o é. É, pois, verdade que as aparências são frequentemente contrárias à verdade, mas nosso raciocínio nunca o é quando é exato e conforme às regras de raciocínio. Se por razão se entende, em geral, a faculdade de raciocinar bem ou mal, considero que ela poderia nos enganar (e, com efeito, nos engana) e que as aparências de nosso entendimento são muitas vezes tão enganadoras quanto as dos sentidos; mas se trata, aqui, de encadeamento de verdades e de objeções na forma devida, e nesse sentido é impossível que a razão nos engane.

66. Vê-se também, por tudo o que acabo de dizer, que Bayle leva longe demais o *estar acima da razão*, como se envolvesse a insolubilidade das objeções; pois, segundo ele (*Resposta às questões de um provincial*, t. 3, cap. 130, p. 651), "uma vez que um dogma esteja acima da razão, a filosofia não poderia nem explicá-lo, nem compreendê-lo, nem responder às dificuldades que combatem contra ele". Consinto quanto ao *compreender*; mas já mostrei que os mistérios recebem uma *explicação* necessária de palavras a fim de que não sejam *sine mente soni*[95], palavras que não significam nada; e mostrei também que é necessário que se possa responder às objeções, e que de outra maneira seria preciso rejeitar a tese.

67. Ele invoca a autoridade de teólogos que parecem reconhecer a insolubilidade das objeções contra os mistérios. Lutero é um dos principais; mas eu já respondi, no § 12, o ponto em que ele parece dizer que a filosofia contradiz a teologia. Há outra passagem (cap. 246, *De servo arbitrio*) em que ele diz que a aparente injustiça de Deus é provada por argumentos tomados da adversidade da gente de bem e da prosperidade dos maus, ao que nenhuma razão, nem a luz

---

[95] "Som irracional".

natural, pode resistir ("*Argumenti talibus traducta, quibus nulla ratio aut lúmen naturae potest resistere*"[96]). Mas ele mostra logo em seguida que só entende isso daqueles que ignoram a outra vida, já que acrescenta que uma pequena palavra do Evangelho dissipa essa dificuldade nos ensinando que há outra vida, e aquele que não foi punido ou recompensado nesta vida o será na outra. A objeção não é, pois, irrefutável, e mesmo sem o recurso ao Evangelho essa resposta poderia ser encontrada. Invoca-se também (*Resposta às questões de um provincial*, t. 3, p. 652) uma passagem de Martin Chemnitz, criticada por Vedelius e defendida por Jean Musaeus[97], na qual esse célebre teólogo parece dizer claramente que há verdades na palavra de Deus que não apenas estão acima da razão, mas são também contra a razão; essa passagem, porém, deve ser entendida apenas para os princípios da razão conforme à ordem da natureza, como Musaeus também explica.

68. É verdade, no entanto, que Bayle encontra algumas autoridades que lhe são bastante favoráveis. A de Descartes é uma das principais. Esse grande homem diz positivamente (primeira parte de seus *Princípios*, art. 41) que nós absolutamente não temos dificuldade para nos livrar da dificuldade (que pode existir para conciliar a liberdade de nossa vontade com a ordem da providência eterna de Deus) "se observarmos que nosso pensamento é finito, e que a ciência e a onipotência de Deus, pela qual ele não apenas conhece desde toda a eternidade tudo o que é ou o que pode ser, mas também o que quer, são infinitas; isso faz com que tenhamos suficiente inteligência para conhecer clara e distintamente que essa ciência e essa potência existem em Deus, mas não tenhamos o bastante para compreender de tal maneira a extensão delas para que pudéssemos saber como elas deixam as ações dos homens inteiramente livres e indeterminadas. Todavia, a potência e a ciência de Deus não nos devem impedir de crer que temos uma vontade livre, pois nos enganaríamos em duvidar do que nos apercebemos interiormente e sabemos por experiência existir em nós, porque não compreendemos uma coisa que sabemos ser incompreensível por sua natureza".

---

[96] "Trazido tal argumento, nenhuma razão ou luz natural pode resistir a ele."
[97] Cf. nota 54.

69. Essa passagem de Descartes, seguida por seus partidários (que raramente pensam em duvidar do que ele afirma), sempre me pareceu estranha. Não se contentando em dizer que não vê meio de conciliar os dois dogmas, ele põe toda a espécie humana e, inclusive, todas as criaturas racionais no mesmo caso. Entretanto, poderia ele ignorar que é impossível que haja uma objeção irrefutável contra a verdade, uma vez que tal objeção só poderia ser um encadeamento necessário de outras verdades cujo resultado seria contrário à verdade que se sustenta e, consequentemente, haveria contradição entre as verdades, o que é a mais absoluta absurdidade? Além disso, embora nosso espírito seja finito e não possa compreender o infinito, ele não deixa de dar demonstrações do infinito, das quais ele compreende a força ou a fraqueza; por que, então, não compreenderia a força ou a fraqueza das objeções? E, uma vez que a potência e a sabedoria de Deus são infinitas e compreendem tudo, não há mais lugar para a dúvida a respeito de sua extensão. Além do mais, Descartes exige uma liberdade da qual não temos necessidade, querendo que as ações da vontade dos homens sejam inteiramente indeterminadas, o que não acontece nunca. Por fim, o próprio Bayle considera que essa experiência ou esse sentimento interior de nossa independência, sobre o qual Descartes funda a prova de nossa liberdade, não prova a liberdade, uma vez que, do fato de que nós não nos apercebamos das causas de que dependemos, não se segue que sejamos independentes. Mas sobre isso falaremos no lugar devido.

70. Parece que Descartes considera também, em uma passagem de seus *Princípios*, que é impossível responder às dificuldades sobre a divisão da matéria ao infinito, que, no entanto, ele reconhece como verdadeira. Arriaga[98] e outros escolásticos fazem aproximadamente a mesma consideração; mas, se eles se dessem ao trabalho de conferir às objeções a forma que elas devem ter, veriam que há erros na consequência e, às vezes, falsas suposições que criam dificuldades. Eis um exemplo – um homem hábil me fez uma vez esta objeção: dividindo uma linha reta BA em duas partes iguais pelo ponto C, o

---

[98] Rodrigo de Arriaga (1592-1667), jesuíta espanhol, autor de *Disputationes theologicae* [*Disputas teológicas*] (sobre a *Suma teológica*, de São Tomás) e de *Cursus philosophicus* [*Cursos filosóficos*].

segmento CA pelo ponto D, e o segmento DA pelo ponto E, e assim ao infinito, todas as metades BC, CD, DE etc. fazem em conjunto o todo BA; logo, é preciso que haja uma última metade, uma vez que a linha reta BA termina em A. Mas essa última metade é absurda, pois, já que ela é uma linha, poderá ainda ser dividida em duas. Assim, a divisão ao infinito não poderia ser admitida. Mas eu o fiz observar que não se tem o direito de inferir que seja preciso que haja uma última metade, embora haja um último ponto, A, pois este convém com todas as metades de seu lado. E meu amigo reconheceu isso por si mesmo quando se ocupou de provar essa ilação pelo argumento em forma: ao contrário, pelo fato mesmo de que a divisão vai ao infinito, não há nenhuma metade última. E, embora a linha reta BA seja finita, não se segue que a divisão que se faz nela tenha seu último termo. A dificuldade é a mesma nas séries de números que vão ao infinito. Concebe-se um último termo, um número infinito ou infinitamente pequeno; mas tudo isso são apenas ficções. Todo número é finito e assinalável, o mesmo vale para toda linha, e os infinitos ou infinitamente pequenos significam apenas grandezas que podem ser consideradas tão grandes ou tão pequenas quanto se queira para mostrar que um erro é menor do que o que foi assinalado, isto é, que não há nenhum erro; ou então se entende pelo infinitamente pequeno o estado de evanescer ou de iniciar de uma grandeza, concebidos à imitação de grandezas já formadas.

71. Convém considerar, entretanto, a razão que Bayle invoca para mostrar que não se poderia satisfazer as objeções que a razão opõe aos mistérios. Ela se encontra em seu "Esclarecimento sobre os maniqueus" (p. 3.140 da segunda edição de seu *Dicionário*). "Basta-me que se reconheça unanimemente que os mistérios do Evangelho estão acima da razão. Pois resulta necessariamente disso que é impossível resolver as dificuldades dos filósofos e, consequentemente, que uma disputa em que se serviria apenas das luzes naturais terminaria sempre em desvantagem para os teólogos e eles se veriam forçados a abrir mão e se refugiar sob o cânone da luz sobrenatural." Surpreende-me que Bayle fale em termos tão gerais, uma vez que ele mesmo reconheceu que a luz natural é a favor da unidade do princí-

pio e contra os maniqueus, e a bondade de Deus é provada de maneira irrefutável pela razão. Entretanto, eis como ele prossegue:

72. "É evidente que a razão jamais poderia alcançar o que está acima dela. Ora, se ela pudesse fornecer respostas às objeções que combatem os dogmas da Trindade e da união hipostática, ela alcançaria esses dois mistérios, os dominaria e os sujeitaria às mais extremas confrontações com seus primeiros princípios, ou com os aforismos que nascem das noções comuns, até que, enfim, ela tivesse concluído que eles concordam com a luz natural. Ela faria, então, algo que ultrapassa suas forças, iria além de seus limites, o que é formalmente contraditório. É preciso, pois, dizer que ela não poderia fornecer respostas a suas próprias objeções e que, assim, elas permanecem vitoriosas, enquanto não se recorre à autoridade de Deus e à necessidade de cativar seu entendimento sob a obediência da fé." Não acho que esse raciocínio tenha qualquer força. Nós podemos atingir o que está acima de nós, não o penetrando, mas sustentando-o; assim como podemos atingir o céu pela visão e não pelo toque. Não é necessário, para responder às objeções feitas contra os mistérios, que se os dominem e os submetam ao confronto com os princípios primeiros que nascem das noções comuns; pois, se aquele que responde às objeções precisasse ir tão longe, seria necessário que aquele que propõe a objeção o fizesse antes; porque cabe à objeção penetrar a matéria e a quem a responde basta dizer sim ou não; tanto mais que, em lugar de distinguir, a rigor basta-lhe negar a universalidade de alguma proposição da objeção ou criticar a forma dela; e tanto um como o outro podem ser feitos sem que se penetre mais fundo que a objeção. Quando alguém me propõe um argumento que pretende irrefutável, posso calar-me obrigando-o somente a provar na forma devida todas as enunciações que afirma e que me parecem ser um tanto duvidosas; por apenas duvidar, não tenho necessidade de penetrar no interior da coisa; ao contrário, quanto mais sou ignorante, tanto mais tenho o direito de duvidar. Bayle continua assim:

73. "Tratemos de tornar isso mais claro: se algumas doutrinas estão acima da razão, elas estão além de seu alcance, ela não poderia alcançá-las; se ela não pode alcançá-las, não pode compreendê-las."

(Ele poderia ter começado aqui pelo *compreender*, dizendo que a razão não pode compreender o que está acima dela.) "Se ela não pode compreendê-las, não pode ter delas nenhuma ideia" (*Non valet consequentia*[99]: pois, para *compreender* alguma coisa, não basta que se tenha algumas ideias dela; é preciso ter todas as ideias de tudo o que está incluído nela, e é preciso que todas as ideias sejam claras, distintas, adequadas. Há mil objetos na natureza dos quais entendemos alguma coisa, mas nem por isso os compreendemos. Nós temos algumas ideias dos raios de luz, fazemos demonstrações com essas ideias até determinado ponto, mas resta sempre alguma coisa que nos leva a confessar que não compreendemos ainda toda a natureza da luz) "e nenhum princípio que seja uma fonte de solução" (por que não se achariam princípios evidentes misturados a conhecimentos obscuros e confusos?); "e, consequentemente, as objeções que a razão tivesse feito permaneceriam sem resposta" (nada é menos verdadeiro que isso; a dificuldade está mais do lado do oponente. Cabe a ele buscar um princípio que seja evidente, que seja uma fonte de alguma objeção; e tanto mais trabalho teria para encontrar tal princípio quanto mais obscura fosse a matéria; e, quando ele o tivesse encontrado, teria ainda trabalho para mostrar uma oposição entre o princípio e o mistério; pois, se acontecesse de o mistério ser evidentemente contrário a um princípio evidente, não seria um *mistério obscuro*, mas um absurdo manifesto) "ou, o que é a mesma coisa, seria respondida por alguma distinção tão obscura quanto a própria tese atacada." É possível dispensar rigorosamente as distinções negando-se alguma premissa ou alguma consequência; e, quando se duvida do sentido de algum termo empregado pelo oponente, pode-se exigir dele sua definição; de sorte que aquele que sustenta a tese não precisa se colocar em uma situação inviável quando se trata de responder a um adversário que pretende nos opor um argumento irrefutável. Mas, quando esse mesmo que sustenta a tese, por complacência, ou para resumir, ou porque se sente suficientemente forte, quiser se encarregar de mostrar o equívoco oculto na objeção e suprimi-la estabelecendo alguma distinção, não há nenhuma necessidade de que essa distinção leve a alguma coisa

---

[99] "A inferência não é válida."

mais clara do que a primeira tese, uma vez que ele não está obrigado a esclarecer o próprio mistério.

74. "Ora, é bem certo", prossegue Bayle, "que uma objeção fundada em noções bem distintas permanece igualmente vitoriosa, tanto se vós não respondeis nada como se dais uma resposta que ninguém pode compreender. Pode a disputa ser igual entre um homem que vos objeta o que vós e ele concebem de maneira evidente e vós que não podeis vos defender senão por respostas segundo as quais nem vós nem ele compreendem qualquer coisa?" (Não basta que a objeção esteja fundada em noções bem distintas; é preciso também que elas sejam aplicadas contra a tese. E, quando respondo a alguém negando a sua premissa para obrigá-lo a prová-la, ou negando alguma consequência para obrigá-lo a apresentá-la na forma devida, não se pode dizer que nada respondo ou que não respondo nada de inteligível. Pois, como é a premissa duvidosa do adversário que eu nego, minha negação será tão inteligível quanto a afirmação. Por fim, quando tenho a complacência de me explicar por alguma distinção, basta que os termos que emprego tenham algum sentido, como no próprio mistério; assim, compreender-se-á alguma coisa de minha resposta, mas não é preciso que se compreenda tudo o que ela envolve, de outra maneira compreender-se-ia também o mistério.)

75. Bayle continua assim: "Toda disputa filosófica pressupõe que as partes disputantes convenham em certas definições" (o que seria desejável, mas ordinariamente é apenas na própria disputa que se chega a isso em caso de necessidade) "e admitam as regras dos silogismos e as marcas segundo as quais se reconhece um raciocínio indevido. Depois disso, tudo consiste em examinar se uma tese é conforme de maneira mediata ou imediata com os princípios com os quais se convém" (o que é feito com os silogismos daquele que fez a objeção), "se as premissas de uma prova (afirmada pelo opositor) são verdadeiras, se a consequência foi bem deduzida, se se serviu de um silogismo com quatro termos, se não se violou algum aforismo do capítulo *de oppositis* ou *de sophisticis elenchis*[100]" etc. (basta,

---

[100] "Sobre as oposições" ou "Sobre as refutações sofísticas" (subdivisões do *Organon*, de Aristóteles).

em poucas palavras, negar uma premissa ou uma consequência, ou, enfim, explicar ou pedir explicação de algum termo equívoco); "alcança-se a vitória ou mostrando que o tema da disputa não tem nenhuma ligação com os princípios com os quais se convém" (isto é, mostrando que a objeção não prova nada, e então o defensor da tese ganha a causa) "ou reduzindo o defensor ao absurdo" (quando todas as premissas e todas as consequências estão bem provadas); "ora, pode-se reduzi-lo ao absurdo seja mostrando-lhe que as consequências de sua tese são o sim e o não, seja coagindo-o a responder apenas coisas ininteligíveis." (É o último inconveniente que se pode sempre evitar, uma vez que não é necessário afirmar novas teses.) "O fim dessa espécie de disputas é esclarecer as obscuridades e chegar à evidência." (É o fim do opositor, pois ele quer tornar evidente que o mistério é falso; mas não seria o fim do defensor, pois, admitindo o mistério, ele convém que não se poderia torná-lo evidente.) "Daí que se julgue, no curso do processo, que a vitória é declarada mais ou menos para o defensor ou para o opositor, segundo haja mais ou menos clareza nas proposições de um que nas proposições do outro." (É falar como se aquele que sustenta a tese e o opositor devessem estar igualmente descobertos; mas o que sustenta é como um comandante que sitia, coberto por suas obras, e cabe ao atacante destruí-lo. O que sustenta a tese não tem necessidade de evidência e não a procura; cabe ao opositor encontrá-la contra ele, e abrir caminho entre as baterias dele, a fim de que o defensor fique desprotegido.)

76. "Enfim, julga-se que a vitória é declarada contra aquele cujas respostas são tais que não se compreende nada delas" (é uma marca bastante equívoca da vitória; seria preciso, então, perguntar aos ouvintes se compreenderam alguma coisa do que foi dito e, muitas vezes, suas opiniões se encontrariam divididas. A ordem das disputas formais consiste em proceder por argumentos na forma devida e responder a eles fazendo negações ou distinções), "e que confessa serem elas incompreensíveis." (É permitido a quem sustenta a verdade de um mistério confessar que ele é incompreensível; e, se essa confissão bastasse para declará-lo vencido, não se teria necessidade de objeção. Uma verdade pode ser incompreensível, mas ela jamais

será tão incompreensível para que se diga que não se compreende absolutamente nada dela. Ela seria, nesse caso, o que as antigas escolas chamavam *scindapsus* ou *blityri*[101] – Clem. Alex., *Strom.*, VIII, 2 –, isto é, palavras vazias de sentido.) "Ele é condenado, assim, pelas regras da adjudicação da vitória; e tão logo ele não possa ser perseguido na bruma pela qual está coberto, e que forma uma espécie de abismo entre ele e seus antagonistas, é considerado definitivamente vencido e compara-se a um exército que, tendo perdido a batalha, escapa à perseguição do vencedor graças à noite." (Para explicar alegoria com alegoria, eu diria que o defensor não é vencido enquanto permanece coberto por suas fortificações; e, se ele arrisca alguma saída para além do necessário, é-lhe permitido se retirar para seu forte sem que possa ser censurado.)

77. Quis me dar ao trabalho de fazer a anatomia dessa longa passagem, na qual Bayle colocou o que de mais forte e mais razoável poderia dizer sobre sua opinião, e espero ter mostrado claramente como esse homem excelente se enganou, o que acontece muito facilmente às pessoas mais espirituosas e perspicazes quando se deixa o campo aberto para seu espírito sem que se tenha toda a paciência necessária para escavar até os fundamentos de seu sistema. Os pormenores em que entramos aqui servirão de resposta a alguns outros raciocínios sobre este tema que se encontram dispersos nas obras de Bayle; como quando ele diz, em sua *Resposta às questões de um provincial*, t. 3, cap. 133, p. 685: "Para provar que se conciliaram razão e religião, é preciso mostrar não somente que há máximas filosóficas que são favoráveis à nossa fé, mas também que as máximas particulares que nos são objetadas como não conformes ao nosso catecismo são efetivamente conformes a ele, e de uma maneira que se conceba distintamente." Não vejo necessidade de tudo isso se não se pretende levar o raciocínio até o *como* do mistério. Quando alguém se contenta em sustentar a verdade sem misturar a vontade de torná-la compreensível, não há necessidade do recurso às máximas filosóficas,

---

[101] A primeira palavra designa um instrumento musical e a segunda lembra o som das cordas de uma harpa. As duas são tomadas como exemplos de palavras que apresentam apenas um som sem nada significar. Cf. Clemente de Alexandria, *Stromateis* [*Miscelânea*], VIII, 2.

gerais ou particulares, para a prova; e, quando alguém nos opõe algumas máximas filosóficas, não cabe a nós provar de uma maneira clara e distinta que essas máximas são conformes ao nosso dogma; cabe ao nosso adversário provar que elas são contrárias a ele.

78. Bayle prossegue, na mesma passagem: "Para esse efeito, necessitamos de uma resposta que seja tão evidente quanto a objeção." Já mostrei que isso acontece quando se negam as premissas; mas, de resto, não é necessário que aquele que sustenta a verdade do mistério afirme sempre proposições evidentes, uma vez que a tese principal, que diz respeito ao próprio mistério, não é evidente. Ele acrescenta: "Se for preciso replicar e treplicar, não devemos jamais descansar nem pretender que tenhamos chegado ao fim de nosso desígnio, enquanto nosso adversário nos replica com coisas tão evidentes quanto seriam nossas razões." Mas não cabe ao defensor alegar razões; basta-lhe responder às de seu adversário.

79. O autor conclui: "Se alguém pretendesse que, fazendo uma objeção evidente, ela devesse receber uma resposta que só pode ser dada como uma coisa possível, e que não compreendemos, ele seria injusto." Bayle repete isso em *Conversações póstumas*, contra Jaquelot[102], p. 69. Não sou dessa opinião. Se a objeção fosse de uma perfeita evidência, ela seria vitoriosa e a tese seria destruída. Mas, quando a objeção está fundada em aparências ou em casos que acontecem o mais frequentemente e aquele que a formulou quer extrair daí uma conclusão universal e certa, aquele que sustenta o mistério pode responder alegando uma simples possibilidade, pois tal alegação basta para mostrar que o que se queria inferir das premissas não

---

[102] Isaac Jaquelot (1647-1708), teólogo protestante, nascido em Vassy, na França, fixou residência em Berlim. Jaquelot e Bayle tiveram uma longa polêmica: (1) Jaquelot escreve *Conformidade da fé com a razão ou Defesa da religião contra as principais dificuldades propagadas no* Dicionário histórico e crítico *de Bayle* (Amsterdam, 1705); (2) Bayle responde em *Resposta às questões de um provincial*, t. 3, caps. 128-68 (Rotterdam, 1706); (3) Jaquelot escreve *Exame da teologia de Bayle, propagada em seu* Dicionário crítico*, em seus* Pensamentos sobre o cometa *e em sua* Resposta a um provincial*, no qual se defende a conformidade da fé com a razão contra a resposta dele* (Amsterdam, 1706); (4) Bayle, *Resposta ao exame da teologia de Bayle por Jaquelot* (segunda parte de *Diálogos entre Máximo e Temístio*, Rotterdam, 1707 – Bayle já havia, então, morrido); (5) Jaquelot, *Resposta às conversas compostas por Bayle contra a conformidade da fé com a razão e o exame de sua teologia* (Amsterdam, 1707).

é certo nem geral; e basta, para aquele que combate pelo mistério, sustentar que ele é possível, sem que tenha necessidade de sustentar que ele é verossímil. Pois, como já disse muitas vezes, convém-se que os mistérios são contrários às aparências. Aquele que sustenta um mistério não teria necessidade nem mesmo de recorrer a tal alegação; e, se o faz, pode-se dizer que há uma obra de supererrogação, que é um meio de confundir mais o adversário.

80. Há passagens de Bayle, em sua resposta póstuma a Jaquelot, que também me parecem dignas de serem examinadas. Bayle, falando sobre si mesmo (pp. 36-7), "estabelece constantemente, em seu *Dicionário*, todas as vezes que o tema comporta, que nossa razão é mais capaz de refutar e destruir do que de provar e edificar; que quase não há matéria filosófica ou teológica sobre as quais ela não crie grandes dificuldades, de maneira que, se alguém quisesse segui-la, com um espírito de disputa, tão longe quanto ela pode ir, encontrar-se-ia muitas vezes reduzido a um desagradável embaraço; e, enfim, que há doutrinas certamente verdadeiras que ela combate por meio de objeções irrefutáveis". Creio que o que se diz aqui para censurar a razão é sua vantagem. Quando ela destrói alguma tese, edifica a tese oposta. E, quando parece que destruiu ao mesmo tempo as duas teses contrárias, é então que nos promete alguma coisa de profundo, desde que a sigamos tão longe quanto ela pode ir, não com um espírito de disputa, mas com um desejo ardente de pesquisar e de discernir a verdade, que será sempre recompensada por êxitos consideráveis.

81. Bayle prossegue dizendo "que é preciso, então, zombar dessas objeções, reconhecendo os estreitos limites do espírito humano". E, para mim, creio que, bem longe disso, é preciso reconhecer aí as marcas da força do espírito humano, que o faz penetrar no interior das coisas. São vias novas e, por assim dizer, os raios da aurora do dia que nos prometem uma luz ainda maior; entendo isso nas matérias filosóficas ou da teologia natural, mas, quando essas objeções são feitas contra a fé revelada, já é o bastante quando se pode repeli-las, desde que isso seja feito com um espírito de submissão e de zelo no desígnio de se manter e exaltar a glória de Deus. E, quando se tem êxito nisso com relação à sua justiça, fica-se igualmente tocado por sua grandeza e encantado com sua bondade, que

aparecerão através das nuvens de uma razão aparente, enganada pelo que se vê, à medida que o espírito se elevará, pela verdadeira razão, ao que nos é invisível e não é menos certo.

82. "Assim", para continuar com Bayle, "a razão será obrigada a baixar armas e tornar-se cativa à obediência da fé, o que ela pode e deve fazer, em virtude de algumas de suas máximas mais incontestáveis; e assim, renunciando a algumas outras de suas máximas, ela não deixa de agir segundo o que ela é, isto é, como razão." Mas é preciso saber que "as máximas da razão, às quais se deve renunciar nesse caso, são apenas as que nos fazem julgar pelas aparências ou segundo o curso ordinário das coisas" – o que a razão nos ordena, mesmo em matérias filosóficas, quando há provas irrefutáveis do contrário. É assim que, estando seguros, pelas demonstrações da bondade e da justiça de Deus, desprezamos as aparências de dureza e de injustiça que vemos nesta pequena parte de seu reino que se expõe a nossos olhos. Até aqui somos esclarecidos pela *luz da natureza* e pela da *graça*, mas não ainda pela da *glória*. Aqui neste mundo vemos a injustiça aparente e acreditamos na verdade da justiça escondida de Deus – e até a conhecemos; mas a veremos, essa justiça, quando seu sol se fizer ver tal qual é.

83. É certo que Bayle só pode ter entendido isso dessas *máximas de aparência*, que devem ceder às verdades eternas, pois ele reconhece que a razão não é verdadeiramente contrária à fé. E, em *Conversações póstumas*, ele se queixa (p. 74, contra Jaquelot) de ser acusado de crer que nossos mistérios são verdadeiramente contra a razão e (p. 9, contra Le Clerc) do fato de se pretender que alguém que reconhece que uma doutrina está exposta a objeções insolúveis reconhece também, por uma consequência necessária, a falsidade dessa doutrina. Entretanto, ter-se-ia razão de pretender isso se a insolubilidade fosse mais que aparente.

84. Talvez, portanto, depois de disputar tanto tempo com Bayle sobre o tema do uso da razão, percebêssemos que, no fim das contas, suas opiniões não estavam tão afastadas das nossas quanto suas expressões, que foram o tema de nossas reflexões, podem ter levado a acreditar. É verdade que com frequência ele parece negar absolutamente que se possa alguma vez responder às objeções da razão

contra a fé e que ele pretende que, para poder fazer isso, seria preciso compreender como o mistério acontece ou existe. Entretanto, há passagens em que ele se acalma e se contenta em dizer que as soluções dessas objeções lhe são desconhecidas. Eis aqui uma passagem bastante precisa, extraída desse mesmo "Esclarecimento sobre os maniqueus", que se encontra no fim da segunda edição de seu *Dicionário*: "Para uma maior satisfação dos leitores mais escrupulosos, quero declarar aqui", diz ele, p. 3.148, "que, em toda parte onde se verá, em meu *Dicionário*, que estes ou aqueles argumentos são insolúveis, não desejo com isso que se persuadam de que eles efetivamente o são. Nada quero dizer senão que eles me parecem insolúveis. Disso não se deduz consequência; cada um poderá imaginar, se bem desejar, que julgo assim por causa de minha pouca penetração." Não é o que imagino; a grande penetração dele me é bastante conhecida, mas creio que, dedicando todo seu espírito a reforçar as objeções, não lhe restou muita atenção para o que serve para resolvê-las.

85. Bayle confessa em sua obra póstuma contra Le Clerc que as objeções contra a fé não têm força de demonstração. É, portanto, apenas *ad hominem*, ou antes *ad homines*, isto é, em relação ao estado em que se encontra a espécie humana, que ele julga essas objeções insolúveis e a matéria inexplicável. Há inclusive uma passagem em que ele dá a entender que não deixa de ter esperanças de que se possa encontrar a solução ou a explicação, e até mesmo em nossos dias. Eis aqui o que ele diz em sua resposta póstuma a Le Clerc (p. 35): "Bayle pôde esperar que seu trabalho enchesse de honra alguns desses grandes gênios que formam novos sistemas e que poderiam inventar um desenlace desconhecido até aqui." Aparentemente, por esse *desenlace* ele entende uma explicação do mistério, que chegaria até o *como*; mas isso não é necessário para responder às objeções.

86. Muitos tentaram tornar compreensível esse *como* e provar a possibilidade dos mistérios. Um certo autor, chamado Thomas Bonartes Nordtanus Anglus[103], em *Concordia scientiae cum fide*, pre-

---

[103] Cf. nota 9 do prefácio.

tendeu fazer isso. Essa obra me parece engenhosa e sábia, mas ácida e confusa, e contém, inclusive, opiniões insustentáveis. Soube por *Apologia Cyriacorum*, do padre Vincent Baron[104], dominicano, que aquele livro foi censurado em Roma, que o autor era jesuíta e que ficou numa situação desagradável por tê-lo publicado. O padre reverendo Des Bosses[105], que no momento ensina teologia no colégio dos Jesuítas de Hildesheim e uniu uma erudição pouco comum a uma grande penetração que ele mostra em filosofia e teologia, me deu a conhecer que o verdadeiro nome de Bonartes foi Thomas Barton e que, tendo saído da Companhia, retirou-se para a Irlanda, onde morreu de uma maneira que leva suas últimas opiniões a um julgamento favorável. Tenho piedade por essas pessoas eméritas que se dedicam a determinadas questões por seu trabalho ou por seu zelo. Aconteceu algo semelhante, em outro momento, com Pedro Abelardo, Gilbert de La Porrée, Jean Wycliffe e, em nossos dias, com o inglês Thomas Albius[106] e alguns outros que forçaram demais a explicação dos mistérios.

87. Entretanto, Santo Agostinho, assim como Bayle, não perde as esperanças de que se possa encontrar aqui neste mundo o desenlace desejável, mas esse santo homem acredita que ele está reservado a algum homem esclarecido por uma graça inteiramente particular: "*Est aliqua causa fortassis occultior, quae melioribus sanctioribusque*

---

[104] Vincent Baron (1604-1674), teólogo católico francês, antiprotestante. Escreveu também *Theologia moralis* (Paris, 1665 e 1667) e *Ethica christiana* (Paris, 1673).

[105] Des Bosses (1668-1738), teólogo e matemático que traduziu a *Teodiceia* para o latim e com quem Leibniz estabeleceu uma importante correspondência nos anos de 1706-16.

[106] Abelardo (1079-1142), filósofo e teólogo ilustre, um dos reformadores da filosofia e da lógica da Idade Média, foi acusado de opiniões heterodoxas sobre a Trindade e condenado pelos Concílios de Soissons, em 1121, e de Sens, em 1140. Ele narrou suas desventuras em *Historia calamitatum* [*História das calamidades*]. Gilbert de La Porrée (1070-1154) foi denunciado a Roma em 1146 por suas opiniões sobre a Trindade; suas doutrinas foram discutidas nos Concílios de Paris, em 1147, e de Reims, em 1148; ele teve de assinar uma profissão de fé rejeitando as opiniões censuradas. John Wycliffe (morto em 1384), reformador inglês, tradutor da Bíblia, condenado pelo Concílio de Blackfriars, em 1382. Thomas White, ou Albius (1593-1676), teólogo e controversista católico. Suas opiniões sobre temas teológicos e políticos – por exemplo, sobre o estado das almas depois da morte – foram motivo de inúmeras querelas.

reservatur, illius gratia potius quam meritis illorum"[107] (*Genesi ad litteram*, livro XI, cap. 4). Lutero reserva o conhecimento do mistério da eleição à academia celeste (*De servo arbitrio*, cap. 174): "*Illic* (Deus) *gratiam et misericordiam spargit in indignos, hic iram et severitatem spargit in immeritos; utrobique nimius et iniquus apud homines, sed justus et verax apud se ipsum. Nam quomodo hoc justum sit ut indignos coronet, incomprehensibile est modo, videbimus autem, cum illuc venerimus, ubi jam non credetur, sed revelata facie videbitur. Ita quomodo hoc justum sit, ut immeritos damnet, incomprehensibile est modo, creditur tamen, donec revelabitur filius hominis.*"[108] É de esperar que Bayle encontre-se agora envolto nessas luzes que nos faltam aqui neste mundo, uma vez que se pode supor que ele não careceu de boa vontade.

> *Candidus isueti miratur limen Olympi,*
> *Sub pedibusque videt nubes et sidera Daphnis.*
> (Virgílio)

> [...] *Illic postquam se lumine vero*
> *Implevit, stellasque vagas miratur et astra*
> *Fixa polis, vidit quanta sob nocte jaceret*
> *Nostra dies.*
> (Lucano)[109]

---

[107] "Talvez haja alguma causa mais oculta reservada aos melhores e mais santos, mais por suas graças que por seus méritos."

[108] "Ali (Deus) distribui sua graça e sua misericórdia entre os indignos, aqui dispensa sua ira e severidade sobre os que não merecem; em ambas as partes imoderado e iníquo para os homens, mas justo e veraz para si próprio. Com efeito, como pode ser justo que coroe os indignos é incompreensível agora, mas veremos, quando chegarmos lá, onde já não se crerá, mas se verá a face revelada. Assim também, como pode ser justo que dane os homens que não merecem é incompreensível agora, mas ainda assim se crê, até que seja revelado o filho do homem."

[109] "Iluminado,/ cândido, Dafne admira a entrada do Olimpo, sem se acostumar,/ sob seus pés vê as nuvens e os astros" (Virgílio). "Lá, depois de ser iluminado/ penetrado da luz verdadeira, admira as estrelas errantes/ e os astros fixados aos polos, vê sob quão intensa noite jaz/ nosso dia" (Lucano).

PRIMEIRA PARTE

1. Depois de ter estabelecido os direitos da fé e da razão de uma maneira que faz a razão servir à fé, longe de ser-lhe contrária, veremos como elas exercem esses direitos para manter e acordar conjuntamente o que a luz natural e a luz revelada nos ensinam sobre Deus e o homem em relação ao mal. Podem-se distinguir as *dificuldades* em duas classes. Uma nasce da liberdade do homem, que parece incompatível com a natureza divina; e, entretanto, a liberdade é considerada necessária para que o homem possa ser julgado culpável ou punível. A outra diz respeito à conduta de Deus, que parece fazê-lo tomar parte excessivamente na existência do mal, mesmo que o homem seja livre e tenha também sua parte nisso. E essa conduta parece contrária à bondade, à santidade e à justiça divinas, uma vez que Deus concorre para o mal, tanto o físico como o moral, e concorre para um e para outro de uma maneira moral tanto quanto de uma maneira física, e esses males se mostram, ao que parece, tanto na ordem da natureza como na ordem da graça, e na vida futura e eterna, tanto quanto ou mais que nesta vida passageira.

2. Para representar essas dificuldades em resumo, é preciso observar que a liberdade é combatida, em aparência, pela determinação ou pela certeza, qualquer que seja ela, e, entretanto, o dogma comum de nossos filósofos afirma que a verdade dos futuros contingentes está determinada. A presciência de Deus também torna todo futuro certo e determinado, mas sua providência e sua preordenação, sobre a qual a própria presciência parece fundada, fazem

ainda mais, pois Deus não é como o homem, que pode olhar os acontecimentos com indiferença e pode suspender seu juízo, uma vez que nada existe senão em consequência dos decretos de sua vontade e pela ação de sua potência. E, mesmo que se fizesse abstração do concurso de Deus, tudo está perfeitamente ligado na ordem das coisas, uma vez que nada pode acontecer sem que haja uma causa disposta do modo preciso para produzir o efeito, o que não tem menos lugar nas ações voluntárias que em todas as outras. De acordo com isso, parece que o homem é forçado ao bem ou ao mal que faz; e, consequentemente, não merece nem recompensa nem castigo, o que destrói a moralidade das ações e choca inteiramente a justiça divina e humana.

3. Mas, mesmo quando se concede ao homem essa liberdade com a qual ele se encaminha para seu dano, a conduta de Deus não deixaria de fornecer matéria de crítica, sustentada pela presunçosa ignorância dos homens, que gostariam de ser desculpados, no todo ou em parte, à custa de Deus. Objeta-se que toda a realidade e o que é chamado de substância do ato, no próprio pecado, são uma produção de Deus, uma vez que todas as criaturas e todas as suas ações dependem dele no que têm de real, donde se querer inferir que ele é não somente a causa física do pecado, mas também a sua causa moral, uma vez que age muito livremente, e não faz nada sem um perfeito conhecimento da coisa e das consequências que ela pode ter. E não basta dizer que Deus fez uma lei para concorrer com as vontades ou resoluções do homem, seja na opinião comum, seja no sistema das causas ocasionais; pois, além de se achar estranho que ele faça tal lei, da qual não ignoraria as consequências, a principal dificuldade é que parece que a própria má vontade não poderia existir sem um concurso, e inclusive sem alguma predeterminação de sua parte, que contribui para originar essa vontade no homem ou em qualquer outra criatura racional; pois uma ação, por ser má, não é menos dependente de Deus. Daí que se queira concluir que Deus faz tudo indiferentemente, o bem e o mal, quando não se quer dizer, como os maniqueus, que há dois princípios, um bom e outro mal. Além disso, segundo a opinião comum dos teólogos e filósofos, sendo a conservação uma criação contínua, dir-se-á que o ho-

mem é criado continuamente corrompido e pecador. Ademais, há cartesianos modernos que pretendem que Deus é o único autor, do qual as criaturas são apenas órgãos puramente passivos, e Bayle não pressiona um pouco em relação a isso.

4. Mas mesmo que Deus devesse concorrer para as ações apenas por um concurso geral, ou mesmo absolutamente não concorrer, pelo menos não para as más, basta, dir-se-á, para a imputação e para torná-lo causa moral, que nada aconteça sem sua permissão. E para nada dizer da queda dos anjos ele conhece tudo o que acontecerá se colocar o homem nestas ou naquelas circunstâncias depois de tê-lo criado; e ele não deixa de colocá-lo nessa situação. O homem é exposto a uma tentação à qual se sabe que sucumbirá e que, por isso, será causa de uma infinidade de males horríveis; que por essa queda toda a espécie humana será contaminada e posta em uma espécie de necessidade de pecar, o que é chamado de pecado original; que o mundo será posto, por isso, em uma estranha confusão; que, por esse meio, a morte e as doenças serão introduzidas, com mil outras infelicidades e misérias que afligem ordinariamente os bons e os maus; que a maldade reinará mesmo e a virtude será oprimida neste mundo; e que, assim, quase não parecerá que uma providência governa as coisas. Mas é muito pior quando se considera a vida futura, já que há apenas um pequeno número de homens que serão salvos e todos os outros perecerão eternamente; além disso, esses homens destinados à salvação serão retirados da massa corrompida por uma eleição sem razão, mesmo que se diga que Deus, ao escolhê-los, levou em consideração suas boas ações futuras, sua fé e suas obras, ou mesmo que se sustente que ele quis dar-lhes essas boas qualidades e essas ações porque os predestinou à salvação. Pois, embora se diga no sistema mais mitigado que Deus quis salvar todos os homens, e se concorde ainda, nos outros sistemas comumente admitidos, que ele fez seu filho tomar a natureza humana para expiar os pecados dos homens, de sorte que aqueles que acreditarem nele com uma fé viva e final serão salvos, é ainda verdade que essa fé viva é um dom de Deus; que estamos mortos para todas as boas obras; que é preciso que uma graça preventiva excite inclusive nossa vontade; e que Deus nos dê o querer e o fazer. Faça-se

isso por uma graça eficaz por si mesma, isto é, por um movimento divino interior que determina inteiramente nossa vontade para o bem que ela faz, ou faça-se apenas por uma graça suficiente, mas que não deixa de ter efeito e de se tornar eficaz pelas circunstâncias internas ou externas nas quais o homem se encontra e nas quais Deus o colocou, é preciso sempre dizer que Deus é a razão última da salvação, da graça e da eleição de Jesus Cristo. Seja a eleição a causa ou a consequência do desígnio de Deus de dar a fé, é verdade ainda que ele dá a fé ou a salvação a quem lhe aprouver, sem que haja nenhuma razão aparente para essa escolha, que recai apenas sobre um pequeno número de homens.

5. De sorte que é um julgamento terrível que Deus, dando seu único filho a toda a espécie humana e sendo o único autor ou senhor da salvação de todos os homens, salve, todavia, tão poucos e abandone todos os outros ao diabo, seu inimigo, que os atormenta eternamente e os faz maldizer o Criador, embora tenham sido todos criados para disseminar e manifestar sua bondade, sua justiça e suas outras perfeições. E esse acontecimento imprime tanto mais pavor porque todos esses homens são infelizes por toda a eternidade apenas porque Deus expôs seus antepassados a uma tentação à qual ele sabia que eles não resistiriam; porque esse pecado é inerente e imputado aos homens antes que sua vontade tenha parte; porque esse vício hereditário determina a vontade deles para cometer os pecados atuais, e uma infinidade de homens, crianças ou adultos, que jamais ouviram falar de Jesus Cristo, salvador da espécie humana, ou não ouviram suficientemente, morrem antes de receber os socorros necessários para sair dessa fossa do pecado e são condenados a ser para sempre rebeldes a Deus e jogados nas misérias as mais horríveis, com as mais malvadas das criaturas, embora, no fundo, esses homens não tenham sido mais malvados que outros, e muitos dentre eles sejam, talvez, menos culpáveis que uma parte desse pequeno número de eleitos que foram salvos por uma graça sem razão e gozam, por isso, de uma felicidade eterna que não mereceriam. Eis um resumo das dificuldades nas quais muitos tocaram; mas Bayle foi um dos que as levaram mais longe, como aparecerá no que se segue, quando examinaremos passagens de seus textos. Presente-

mente, creio ter relacionado o que há de mais essencial em suas dificuldades; mas julguei conveniente me abster de algumas expressões e exageros que poderiam ter escandalizado e não teriam tornado as objeções mais fortes.

6. Viremos agora a moeda e apresentemos também o que se pode responder a essas objeções, o que será necessário explicar-se por um discurso mais amplo, pois podem-se entabular muitas dificuldades em poucas palavras, mas para discutir é preciso estender-se. Nosso objetivo é afastar os homens das falsas ideias que lhes representam Deus como um príncipe absoluto que usa de um poder despótico, pouco apropriado e pouco digno de ser amado. Essas noções são tanto piores em relação a Deus quanto o essencial da piedade é não somente o temer, mas ainda o amar sobre todas as coisas o que não é possível sem que se conheçam as perfeições capazes de excitar o amor que ele merece e que faz a felicidade daqueles que o amam. E, encontrando-nos animados com um zelo que não pode deixar de agradar-lhe, temos por que esperar que ele nos esclareça e nos assista, ele mesmo, na execução de um desígnio empreendido para sua glória e para o bem dos homens. Uma causa tão boa gera confiança: se há aparências plausíveis contra nós, há demonstrações de nosso lado; e ousaria dizer a um adversário:

Aspice, quam mage sit nostrum penetrabile telum.[1]

7. *Deus é a primeira razão das coisas*, pois aquelas que são limitadas, como tudo o que vemos e experimentamos, são contingentes e não têm nada em si que torne sua existência necessária, sendo manifesto que o tempo, o espaço e a matéria, unidos e uniformes em si mesmos e indiferentes a tudo, poderiam receber movimentos e figuras inteiramente diferentes e em outra ordem. Cumpre, pois, buscar a *razão da existência do mundo*, que é o conjunto inteiro das coisas *contingentes*, e é preciso buscá-la na *substância que possui em si mesma a razão de sua existência*, a qual, por consequência, é *necessária* e eterna. É preciso também que essa causa seja *inteligente*,

---

[1] "Veja quão penetrante é nosso dardo" (Virgílio, *Eneida*, X, 481; o texto original diz "*aspice num mage*", "veja se é").

pois, sendo este mundo contingente e uma infinidade de outros mundos sendo igualmente possíveis e, por assim dizer, pretendentes à existência tanto quanto este, é preciso que a causa do mundo tenha considerado todos esses mundos possíveis ou tenha relação com todos eles para que se determine um à existência. E essa consideração ou relação de uma substância existente com simples possibilidades não pode ser outra coisa que o *entendimento* que tem as ideias dessas possibilidades; e determinar uma delas à existência não pode ser outra coisa que o ato da *vontade* que escolhe. E é a *potência* dessa substância que torna a vontade eficaz. A potência vai ao *ser*, a sabedoria ou o entendimento ao *verdadeiro*, e a vontade ao *bem*. E essa causa inteligente deve ser infinita de todas as maneiras e absolutamente perfeita em *potência*, em *sabedoria* e em *bondade*, pois ela abarca tudo o que é possível. E, como tudo está ligado, não há lugar para se admitir mais de uma causa. Seu entendimento é a fonte das *essências*, e sua vontade é a origem das *existências*. Eis em poucas palavras a prova de um Deus único com suas perfeições e, por meio dele, a prova da origem das coisas.

8. Ora, essa suprema sabedoria, unida a uma bondade que não é menos infinita que ela, não podia deixar de escolher o melhor. Pois, como um mal menor é uma espécie de bem, assim como um bem menor é uma espécie de mal, se cria um obstáculo para um bem maior; e haveria algo a ser corrigido nas ações de Deus se ele tivesse meio de fazer melhor. E, como nas matemáticas, quando não há *máximo* nem *mínimo*, quando não há, enfim, nada de distinto, tudo é igualmente feito; ou, se isso não é possível, não se faz absolutamente nada; assim também se pode dizer em matéria de perfeita sabedoria – a que não é menos regrada que as matemáticas – que se não houvesse o melhor (*optimum*) entre todos os mundos possíveis Deus não teria produzido nenhum. Chamo *mundo* toda a série e a coleção inteira de todas as coisas existentes, a fim de que não se diga que vários mundos poderiam existir em tempos e lugares diferentes. Pois seria preciso contá-los todos juntos como um mundo, ou, se quereis, como um universo. E, quando se preenchessem todos os tempos e todos os lugares, ainda seria verdadeiro que se teria podido preenchê-los de uma infinidade de maneiras e que há uma

infinidade de mundos possíveis dentre os quais é preciso que Deus tenha escolhido o melhor, uma vez que ele não faz nada sem agir segundo a suprema razão.

9. Algum adversário que não pudesse responder a esse argumento responderia, talvez, à conclusão por um argumento contrário dizendo que o mundo poderia existir sem pecado e sem sofrimentos; mas nego que, então, seria o *melhor*. Pois é preciso saber que tudo está ligado em cada um dos mundos possíveis: o universo, qualquer universo que possa ser, é uma peça inteira, como um oceano; o menor movimento nele estende seu efeito a qualquer distância que seja, embora esse efeito se torne menos sensível à proporção da distância. Assim, Deus regulou tudo anteriormente e de uma vez por todas, tendo previsto as orações, as boas e as más ações, e todo o resto, e cada coisa contribuiu *idealmente* antes de sua existência para a resolução que foi tomada a respeito da existência de todas as coisas, de sorte que nada pode ser mudado no universo (não mais que em um número) salvo sua essência ou, se quereis, salvo sua *individualidade numérica*. Dessa forma, se o menor mal que acontece no mundo não tivesse lugar, não seria mais este mundo, o qual, tudo contado e calculado, foi considerado o melhor pelo Criador que o escolheu.

10. É verdade que se podem imaginar mundos possíveis sem pecado e sem infelicidade, e se poderia fazer com eles romances, utopias, sevarambos[2], mas esses mesmos mundos seriam muito inferiores em bem ao nosso. Eu não poderia vos mostrar em detalhe; pois posso conhecer e posso vos representar infinitos e compará-los entre si? Mas vós deveis julgar, como eu, *ab effectu*[3], uma vez que Deus escolheu este mundo tal qual é. Sabemos, além disso, que frequentemente um mal causa um bem ao qual não se teria chegado sem esse mal. Frequentemente, inclusive, dois males causam um grande bem:

Et si fata volunt, bina venena juvant.[4]

---

[2] De *Histoire des sevarambes* [*História dos sevarambos*], romance utópico do protestante Denis Veiras ou Varaisse (nascido por volta de 1635 e morto em 1672). O livro foi publicado em Londres (1675) e depois em Paris (1677). Os sevarambos eram assim chamados por causa de um herói imaginário, Sevarias, cujo nome é um anagrama do nome do autor.

[3] "Pelo efeito".

[4] "E, se os destinos quiserem, dois venenos são úteis."

Como dois licores produzem algumas vezes um corpo seco, como atestam o espírito de vinho e o espírito de urina misturados por Van Helmont[5], ou como dois corpos frios e sem luz produzem um grande fogo, como atestam um licor ácido e um óleo aromático combinados por Hoffmann[6], um general de exército pode cometer, alguma vez, um erro feliz que leve à vitória da batalha; e na véspera da Páscoa se canta nas igrejas de rito romano:

> *O certe necessarium Adae peccatum,*
> *Quod Christi morte deletum est!*
> *O felix culpa, quae talem ac tamtum*
> *Meruit habere Redemptorem!*[7]

11. Os ilustres prelados da Igreja Galicana, que escreveram ao papa Inocêncio XII contra o livro do cardeal Sfondrati[8] sobre a predestinação, como seguem os princípios de Santo Agostinho, disseram coisas bastante apropriadas para esclarecer esse importante ponto. O cardeal parece preferir o estado das crianças mortas sem batismo ao próprio reino dos céus, pois o pecado é o maior dos males e elas morreram inocentes de qualquer pecado atual. Falaremos mais sobre isso adiante. Os senhores prelados observaram bem que essa opinião está mal fundamentada. O apóstolo, dizem (Rom. 3, 8), tem razão em desaprovar que se cometam males para que aconteçam bens, mas não se pode desaprovar que Deus, por sua supereminente potência, tire da permissão dos pecados bens maiores que aqueles que aconteceram antes dos pecados. Não é que se deva ter prazer nos pecados – não agrada a Deus! –, mas é que cremos no mesmo apóstolo que diz (Rom. 5, 20) que onde o pecado foi abundante a graça foi superabundante, e lembramos que tivemos o

---

[5] Jan Baptist van Helmont, nascido em Bruxelas em 1579 e morto em Vilvoorde, Flandres, em 1644, foi um célebre médico, químico e fisiologista flamengo. Suas obras foram editadas pelo filho e também químico, F.-M. van Helmont (1618-1699).

[6] Friedrich Hoffmann (1660-1742), famoso médico e químico alemão.

[7] "Oh, certamente necessário pecado de Adão, que desapareceu com a morte de Cristo! Oh, culpa feliz, que mereceu um tal e tão grande Redentor!"

[8] Celestino Sfondrati (1644-1696) teve publicado em Roma, em 1697, um livro intitulado *Nodus praedestinationis* [*O nó da predestinação*]. Bossuet e outros bispos solicitaram a condenação da obra ao papa Inocêncio XII.

próprio Jesus Cristo por causa do pecado. Assim, vê-se que a opinião desses prelados leva a sustentar que uma série de coisas em que o pecado entra pode ter sido, e efetivamente foi, melhor que outra série sem pecado.

12. Em todos os tempos, foram usadas comparações tomadas dos prazeres dos sentidos, misturados ao que aproxima a dor, para mostrar que há algo semelhante nos prazeres intelectuais. Um pouco de ácido, acre ou amargo muitas vezes agrada mais que o doce; as sombras realçam as cores; e mesmo uma dissonância colocada onde se deve dá relevo à harmonia. Desejamos ser assustados pelos equilibristas na corda bamba que estão a ponto de cair e desejamos que as tragédias nos levem a quase chorar. Gozamos bastante da saúde e rendemos suficientes graças a Deus sem jamais termos ficado doentes? E não é preciso, com muita frequência, que um pouco de mal torne o bem mais sensível, isto é, maior?

13. Mas, dir-se-á, os males são grandes e em grande número em comparação com os bens: enganam-se. É apenas uma falta de atenção que diminui nossos bens, e é preciso que essa atenção nos seja dada por alguma mistura de males. Se estivéssemos ordinariamente doentes e raramente gozássemos de boa saúde, sentiríamos maravilhosamente esse grande bem e sentiríamos menos nossos males; mas não vale mais, pelo menos, que a saúde seja ordinária, e a doença, rara? Completemos, pois, com nossa reflexão o que falta à nossa percepção, a fim de tornar o bem da saúde mais sensível. Se não tivéssemos o conhecimento da vida futura, creio que poucas pessoas não ficariam contentes, no momento da morte, em retomar a vida, com a condição de reviver o mesmo valor de bens e de males, contanto, sobretudo, que não fossem da mesma espécie; contentar-se-iam em variar, sem exigir uma condição melhor que aquela na qual estiveram.

14. Quando se considera também a fragilidade do corpo humano, é de admirar a sabedoria e a bondade do autor da natureza, que o tornou tão durável, e sua condição, tão tolerável. É o que me levou muitas vezes a dizer que não me espanto que os homens fiquem doentes algumas vezes, mas que eles fiquem tão pouco e não estejam sempre doentes. E pela mesma razão devemos estimar mais

o artifício divino do mecanismo dos animais, cujo autor fez máquinas tão delicadas e tão sujeitas à corrupção e, no entanto, tão capazes de se manter; pois é a natureza que nos cura mais que a medicina. Ora, essa fragilidade mesma é uma consequência da natureza das coisas, a menos que não se queira que essa espécie de criatura, que raciocina e está vestida de carne e de ossos, esteja no mundo. Mas isso seria aparentemente um defeito que alguns filósofos outrora teriam chamado *vacuum formarum*[9], um vazio na ordem das espécies.

15. Os que têm disposição para exaltar a natureza e a fortuna, e não para se queixar delas, mesmo que não sejam os mais afortunados, parecem-me preferíveis aos outros; pois, além de essas queixas serem mal fundadas, trata-se, com efeito, de protestar contra as ordens da providência. Não se deve, com facilidade, ser do número dos descontentes numa república em que se vive, e absolutamente não se deve ser desses na cidade de Deus, onde só injustamente pode-se ser descontente. Os livros sobre a miséria humana, como o do papa Inocêncio III[10], não parecem ser os mais úteis; multiplicam-se os males ao se lhes dar uma atenção que devia ser desviada para os bens, que os superam bastante. Aprovo ainda menos os livros como o do abade Esprit, *A falsidade das virtudes humanas*[11], do qual chegou até nós, recentemente, um resumo, já que um livro assim serve para voltar tudo para o lado mau e para tornar os homens tal como os representa.

16. É preciso confessar, entretanto, que há desordens nesta vida, as quais se mostram, particularmente, na prosperidade de tanta gente má e na infelicidade de muita gente de bem. Há um provérbio alemão que chega a conceder vantagem aos maus como se fossem ordinariamente os mais felizes:

---

[9] "Formas vazias".

[10] Inocêncio III (1160-1216), papa entre os anos de 1198 e 1216, escreveu *De contemptu mundi sive de miseria humanae conditionis* [*Do desprezo do mundo, ou da miséria da condição humana*]. Durante seu pontificado, convocou o IV Concílio de Latrão, assim como a Cruzada Albigense, a IV Cruzada ao Oriente e a V Cruzada (que aconteceu após sua morte).

[11] Jacques Esprit (1611-1678) publicou *La fausseté des vertus humaines* inspirado em La Rochefoucauld, em 1678, em Paris. Em 1702, foi publicado na mesma cidade um resumo com o título *L'art de connoistre les hommes* [*A arte de conhecer os homens*].

PRIMEIRA PARTE

*Je krümmer Holz, je bessre Krücke:
Je ärger Schalck, je grosses Glücke.*[12]

E seria desejável que estas palavras de Horácio fossem verdadeiras a nossos olhos:

*Raro antecedentem scelestum
Deseruit pede poena claudo.*[13]

Entretanto, acontece também muitas vezes, embora talvez não seja o mais frequente,

Que aos olhos do universo o céu se justifique,

e que se pode dizer com Claudiano:

*Abstulit hunc tandem Rufini poena tumultum,
Absolvitque deos.*[14]

17. Mas, quando isso não acontece aqui, o remédio está preparado na outra vida: a religião e também a razão o ensinam, e não devemos protestar contra um pequeno prazo que a suprema sabedoria considerou conveniente dar aos homens para que se arrependam. Entretanto, é aqui que se multiplicam as objeções de outro ponto de vista, quando se consideram a salvação e a danação, quando se considera estranho que, mesmo no grande porvir da eternidade, o mal supere o bem, sob a autoridade suprema daquele que é o soberano bem, uma vez que haverá muitos chamados e poucos eleitos ou salvos. É verdade que se vê, por alguns versos de Prudêncio[15] (*Hymn. Ante Sommum*),

---

[12] "Quanto mais torta a madeira, melhores as muletas; quanto mais malandro, maior a fortuna."

[13] "Raramente o castigo claudicante deixou de se unir ao crime que vai na frente dele" (Horácio, *Odes*, III, 2, 31-2).

[14] "O castigo de Rufino dissipa, enfim, este tumulto e absolve os deuses." Claudiano, poeta latino nascido aproximadamente em 365 na Alexandria, no Egito, e morto em 404, em Roma, refere-se aqui a Rufino (tutor de Arcádio, filho do imperador Teodósio), contra quem nutriu uma querela juntamente com seu protetor Estilicão, tutor de Honório, também filho de Teodósio.

[15] Prudêncio (nascido na Espanha, em 348), poeta latino cristão. Escreveu, entre outras obras, um conjunto de hinos e preces para todas as horas do dia, *Cathemerinon* [*Cotidiano*], que Leibniz cita aqui. Trata-se do *Hino antes do sono* (*Cathemerinon*, 6, 94): "O mesmo benigno vingador, entretanto, reprimiu sua ira, e um pequeno número de ímpios deixa perecer pela eternidade."

103

> *Idem tamen benignus*
> *Ultor retundit iram,*
> *Paucosque non piorum*
> *Patitur perire in aevum,*

que vários acreditaram em seu tempo que o número dos que serão tão maus para ser danados será bem pequeno; e parece a alguns que se criaria, então, um meio-termo entre o inferno e o Paraíso; que o mesmo Prudêncio fala como se estivesse contente com esse meio-termo; que São Gregório de Nissa[16] se inclina também para esse lado, e São Jerônimo tende para a opinião segundo a qual todos os cristãos seriam, enfim, recebidos em graça. Uma palavra de São Paulo, que ele mesmo considera misteriosa, afirma que todo Israel será salvo[17] e forneceu matéria para muitas reflexões. Muitas pessoas piedosas e, inclusive, sábias, mas temerárias, ressuscitaram a opinião de Orígenes[18], que pretende que o bem triunfará em seu tempo em tudo e em toda parte, e todas as criaturas racionais se tornarão, enfim, santas e bem-aventuradas, até os anjos maus. O livro do *Evangelho eterno*[19], publicado há pouco em alemão e defendido em uma obra sábia intitulada *Apokatástasis pánton*, causou um grande barulho em torno desse paradoxo. Le Clerc também defendeu engenhosamente a causa dos originistas, mas sem se declarar favorável a eles.

---

[16] Gregório de Nissa (340-400), célebre padre da Igreja e irmão de São Basílio (Basílio Magno), faz parte, com este e com Gregório Nazianzeno, dos assim denominados Padres Capadócios. É neto de Santa Macrina Maior, filho de Basílio, o Velho, e irmão de Santa Macrina, a Jovem. Foi bispo de Nissa a partir de 371 ou 372. São Jerônimo (331-420) traduziu a Bíblia para o latim.

[17] Rm 11, 25-6.

[18] Orígenes (185-254) – Orígenes de Alexandria, Orígenes de Cesareia ou, ainda, Orígenes, o Cristão – foi teólogo e filósofo neoplatônico patrístico, assim como um dos Padres Gregos.

[19] *Das ewige Evangelium der allgemeinen Wiederbringung aller Creaturem* [*O Evangelho eterno da restauração geral de todas as criaturas*], livro de inspiração pietista (o pietismo foi um movimento surgido no final do século XVII dentro do luteranismo, como oposição à negligência em relação à dimensão pessoal da religião na ortodoxia luterana). Esse livro foi publicado anonimamente, em 1699, e atribuído a Johann Wilhelm Petersen (1649-1727), que é autor de *Mystērion Apokatastaseōs Pantōn* [*Mistério da restauração universal*], obra publicada em três volumes, em Frankfurt, de 1700 a 1710. A expressão "restauração universal" aparece na Bíblia, em At 3, 21.

18. Há um homem de espírito[20] que, levando meu princípio da harmonia a suposições arbitrárias, o que eu absolutamente não aprovo, fez uma teologia quase astronômica. Ele acredita que a desordem deste nosso mundo começou quando o anjo que presidia o globo da Terra, que ainda era um sol (isto é, uma estrela fixa e luminosa em si mesma), cometeu um pecado com alguns anjos menores de seu departamento, talvez sublevando-se intempestivamente contra um anjo de um sol maior; ao mesmo tempo, pela *harmonia preestabelecida* entre os reinos da *natureza* e da *graça*, e em consequência de causas naturais que aconteceram no momento preciso, nosso globo foi coberto de manchas, tornou-se opaco e foi retirado de seu lugar; o que o fez tornar-se uma estrela errante ou planeta, isto é, satélite de outro sol, e justamente daquele cuja superioridade seu anjo não quis reconhecer. E é nisso que consiste a queda de Lúcifer. E, agora, o chefe dos anjos maus, que é chamado nas Sagradas Escrituras o príncipe e até o deus deste mundo, nutrindo, com os anjos de sua comitiva, inveja por este animal racional que passeia pela superfície deste globo, e que Deus gerou aí talvez para compensar sua queda, trabalha para torná-lo cúmplice de seus crimes e participante de suas infelicidades. Então veio Jesus Cristo para salvar os homens. É o filho eterno de Deus enquanto filho único; mas (segundo alguns antigos cristãos e o autor dessa hipótese), tendo se revestido primeiramente, desde o começo das coisas, da natureza a mais excelente entre as criaturas para aperfeiçoar a todas, colocou-se entre elas; e é a segunda filiação, pela qual ele é o primogênito entre todas as criaturas. Eis o que os cabalistas chamaram *Adão Kadmon*. Ele teria, talvez, plantado seu tabernáculo neste grande Sol que nos ilumina; mas veio enfim a este globo em que estamos, nele nasceu da Virgem e tomou a natureza humana para salvar os homens das mãos do seu, e deles, inimigo. E quando se aproximar o Dia do Juízo, e a face presente de nosso globo estiver a ponto de perecer, ele voltará de maneira visível para levar os bons e, talvez, transplantá-los para o Sol, e para punir os maus com os demônios

---

[20] Não se sabe de quem se trata. Para Gaston Grua (*Jurisprudence universelle et Théodicée selon Leibniz*, Paris, PUF, 1953, p. 394), essa passagem "dissimula sob um tom de brincadeira a atração por uma hipótese atribuída a um admirador".

que os seduziram, e, então, o globo da Terra começará a queimar e talvez se transformar em um cometa. Esse fogo durará não sei quantos *Aeones*[21]. A calda do cometa é representada pela fumaça que subirá incessante, segundo o Apocalipse; e esse incêndio será o inferno, ou a segunda morte de que falam as Sagradas Escrituras. Mas, por fim, o inferno entregará seus mortos, a própria morte será destruída, a razão e a paz voltarão a reinar nos espíritos que tiverem sido pervertidos; eles sentirão seu erro e adotarão o Criador e começarão até mesmo a amá-lo, e tanto mais quanto tiverem visto a enormidade do abismo de que saíram. Ao mesmo tempo (em virtude do *paralelismo harmônico* entre os reinos da natureza e da graça), esse longo e grande incêndio terá purgado o globo da Terra de suas manchas. Ele voltará a ser sol; seu anjo presidente retomará seu lugar com os anjos de sua comitiva; os homens condenados serão, como aqueles, do número dos anjos bons; esse chefe de nosso globo prestará homenagem ao Messias, chefe das criaturas; a glória desse anjo reconciliado será maior do que era antes de sua queda.

Inque Deos iterum fatorum lege receptus
Aureos aeternum noster regnabit Apollo.[22]

A visão me pareceu agradável e digna de um origenista; mas não temos necessidade de tais hipóteses ou ficções, nas quais tem mais parte a imaginação do que a revelação, e nas quais nem mesmo a razão encontra vantagem. Pois não me parece que haja um lugar principal no universo conhecido que mereça, de preferência a outros, ser a sede do primogênito entre as criaturas; e o Sol de nosso sistema, pelo menos, não o é.

19. Atendo-nos à doutrina estabelecida, segundo a qual o número de condenados eternamente será maior, de maneira incomparável, que o dos que se salvam, é preciso dizer que o mal não deixará de aparecer como quase nada em comparação com o bem, quando se considera a verdadeira grandeza da cidade de Deus. Coelius Se-

---

[21] "Séculos" ou "eras".

[22] "E de novo admitido entre os deuses pela lei dos destinos/ reinará nosso reluzente Apolo eternamente."

cundus Curio[23] fez um pequeno livro, *De amplitudine regni coelestis*, reimpresso há não muito tempo, que está longe de ter compreendido a extensão do reino dos céus. Os antigos tinham ideias mesquinhas das obras de Deus, e Santo Agostinho, por não conhecer as descobertas modernas, tinha bastante dificuldade quando se tratava de escusar a prevalência do mal. Parecia, aos antigos, que apenas nossa Terra era habitada, e até os antípodas lhes causavam espanto; o restante do universo era, segundo eles, uns globos luminosos e algumas esferas cristalinas. Hoje, quaisquer que sejam os limites que se deem ou não ao universo, é preciso reconhecer que há uma quantidade inumerável de globos, tão grandes ou maiores que o nosso, com tanto direito quanto o nosso de ter habitantes racionais, embora não se siga daí que sejam homens. O nosso é apenas um planeta, isto é, um dos seis satélites principais de nosso Sol; e, como todas as estrelas fixas são sóis também, vê-se como nossa Terra é pouca coisa em relação às coisas visíveis, uma vez que é apenas um apêndice de um entre os sóis. Pode acontecer de todos os sóis serem habitados apenas por criaturas felizes e nada nos obrigar a crer que haja neles muitos condenados, pois poucos exemplos e poucas mostras bastam para a utilidade que o bem retira do mal. Por outro lado, como não há nenhuma razão que leve a crer que haja estrelas em toda parte, não poderia acontecer de haver um grande espaço para além da região das estrelas? Seja ou não o céu empíreo[24], esse espaço imenso que rodeia toda esta região ainda poderia ser repleto de felicidade e de glória. Poderia ser concebido como o oceano no qual deságuam os rios de todas as criaturas bem-aventuradas quando alcançaram sua perfeição no sistema das estrelas. Em que consistirá a consideração de nosso globo e de seus habitantes? Não seria alguma coisa incomparavelmente menor que um ponto físico, uma vez que nossa Terra é como um ponto em

---

[23] Celio Secondo Curione (1503-1569), humanista e teólogo italiano, convertido ao protestantismo, de tendência liberal anticalvinista. O livro (*Sobre a extensão do reino celeste*) foi publicado em 1554 e reeditado em 1614 e 1617.

[24] Empíreo, do latim medieval *empyreus*, adaptação do grego antigo, "dentro ou sobre o fogo (*pyr*)". O céu empíreo é o lugar mais alto dos céus (reservado para anjos, deuses, santos e seres abençoados), que, em cosmologias antigas, deveria ser ocupado pelo elemento fogo. Na *Divina comédia*, de Dante, designa a morada de Deus e dos abençoados.

comparação com a distância de algumas estrelas fixas? Assim, com a proporção da parte do universo que conhecemos perdendo-se quase no nada em comparação com o que nos é desconhecido, e nós, no entanto, tendo motivo de admitir isso, e todo o mal que podem nos objetar sendo apenas nesse quase nada, é possível que todos os males sejam também apenas um quase nada em comparação com os bens que existem no universo.

20. Mas é preciso satisfazer ainda as dificuldades mais especulativas e metafísicas que foram mencionadas e dizem respeito à causa do mal. Pergunta-se, em primeiro lugar, de onde vem o mal. *Si Deus est, unde malum? Si non est, unde bonum?*[25] Os antigos atribuíam a causa do mal à matéria, que acreditavam incriada e independente de Deus. Mas nós, que derivamos todo ser de Deus, onde encontraremos a fonte do mal? A resposta é que ela deve ser buscada na natureza ideal da criatura, na medida em que essa natureza está encerrada nas verdades eternas que estão no entendimento de Deus independentemente de sua vontade. Pois é preciso considerar que há uma *imperfeição original* na criatura antes do pecado, porque a criatura é essencialmente limitada, donde segue-se que ela não poderia saber tudo e que ela pode se enganar e cometer outros erros. Platão disse em *Timeu* que o mundo tinha sua origem no entendimento unido à necessidade. Outros uniram Deus e natureza. Pode-se dar a isso um sentido aceitável. Deus será o entendimento; a necessidade, isto é, uma natureza essencial das coisas, será o objeto do entendimento enquanto consiste nas verdades eternas. Mas esse objeto é interno e se encontra no entendimento divino. E é lá que se encontra não apenas a forma primitiva do bem, mas ainda a origem do mal: é a *região das verdades eternas*, que é preciso pôr no lugar da matéria quando se trata de buscar a fonte das coisas. Essa região é a *causa ideal* do mal, por assim dizer, tanto quanto do bem; mas, para falar propriamente, o formal do mal não tem nada de *eficiente*, pois consiste na privação, como veremos, isto é, no que a causa eficiente não faz. É por isso que os escolásticos têm o costume de chamar *deficiente* a causa do mal.

---

[25] "Se Deus existe, de onde vem o mal? Se não existe, de onde vem o bem?"

21. Pode-se considerar o mal metafísica, física ou moralmente. O *mal metafísico* consiste na simples imperfeição; o *mal físico*, no sofrimento; e o *mal moral*, no pecado. Ora, embora o mal moral e o mal físico não sejam necessários, basta que eles sejam possíveis em virtude das verdades eternas. E, como essa região imensa das verdades contém todas as possibilidades, é preciso que haja uma infinidade de mundos possíveis, que o mal entre em vários deles e que mesmo o melhor de todos envolva algum mal; é isso que determinou Deus a permitir o mal.

22. Mas alguém me dirá: "Por que falais de *permitir*? Deus não faz o mal e não o quer?" Aqui será necessário explicar o que é *permissão* a fim de que se veja que não é sem razão que se emprega esse termo. Mas é preciso explicar antes a natureza da vontade, que tem seus graus; e, no sentido geral, pode-se dizer que a vontade consiste na inclinação de fazer alguma coisa na proporção do bem que envolve. Essa vontade é chamada *antecedente*, quando está isolada, e diz respeito a cada bem em particular enquanto bem. Nesse sentido, pode-se dizer que Deus tende a qualquer bem enquanto bem, *ad perfectionem simpliciter simplicem*[26], para falar de maneira escolástica, e isso por uma vontade antecedente. Ele tem uma séria inclinação de santificar e salvar todos os homens, de excluir o pecado e impedir a danação. Pode-se inclusive dizer que essa vontade é eficaz *por si* (*per se*), isto é, de sorte que o efeito decorreria se não houvesse nenhuma razão mais forte que o impedisse; pois essa vontade não chega ao último esforço (*ad summum conatum*), de outro modo não deixaria nunca de produzir plenamente seu efeito, sendo Deus o senhor de todas as coisas. O sucesso inteiro e infalível pertence apenas à *vontade consequente*, como é chamada. Ela é que é plena, e em relação a ela tem lugar esta regra: que não se deixe nunca de fazer o que se quer quando se pode. Ora, essa vontade consequente, final e decisiva, resulta do conflito de todas as vontades antecedentes, tanto daquelas que tendem para o bem como daquelas que rejeitam o mal; e é do concurso de todas essas vontades particulares que vem a vontade total, assim como, na mecânica, o movi-

---

[26] "À perfeição simples simplesmente".

mento composto resulta de todas as tendências que concorrem em um mesmo móbil e satisfaz igualmente a todas, na medida em que é possível fazer isso para todas ao mesmo tempo. E é como se o móbil se dividisse entre essas tendências, de acordo com o que mostrei de outra feita em um jornal de Paris (7 de setembro de 1693)[27], apresentando a lei geral das composições do movimento. E é ainda nesse sentido que se pode dizer que a vontade antecedente é eficaz de alguma maneira, e inclusive efetiva, com resultado.

23. Disso segue-se que Deus quer *antecedentemente* o bem e *consequentemente* o melhor. E, no que diz respeito ao mal, Deus não quer de modo algum o mal moral, e não quer de uma maneira absoluta o mal físico ou os sofrimentos; é por isso que não há predestinação absoluta à danação; e se pode dizer do mal físico que Deus o quer muitas vezes como uma pena devida à culpa, e muitas vezes também como um meio próprio a um fim, isto é, para impedir males maiores e obter maiores bens. A pena serve também para a emenda e para o exemplo, e o mal serve frequentemente para se fazer sentir melhor o bem, e algumas vezes contribui também a uma maior perfeição daquele que sofre, como o grão semeado é submetido a uma espécie de corrupção para germinar – trata-se de uma bela comparação de que o próprio Jesus Cristo se serviu[28].

24. No que diz respeito ao pecado ou mal moral, embora possa acontecer muitas vezes de ele servir de meio para se obter um bem ou para impedir outro mal, não é isso que o torna um objeto suficiente da vontade divina ou um objeto legítimo de uma vontade criada; é preciso que ele seja admitido ou permitido apenas enquanto visto como uma consequência certa de um dever indispensável, de sorte que aquele que não quisesse permitir o pecado de outro cometeria uma falta em relação a seu próprio dever – como se um oficial que devesse guardar um posto importante deixasse-o, sobretudo em tempos de perigo, para impedir uma querela na cidade entre dois soldados da guarnição que estivessem prestes a se matar.

---

[27] Trata-se do texto "Regra geral da composição dos movimentos" (*Matematische Schriften*, ed. C. I. Gerhardt, vol. VI, pp. 231-3).
[28] Jo 12, 24.

25. A regra que ordena "*non esse facienda mala, ut eveniant bona*"[29], e impede inclusive que se permita um mal moral para que se obtenha um bem físico, é aqui confirmada, longe de ser violada, e mostra-se sua fonte e seu sentido. Não se aprovará que uma rainha pretenda salvar o Estado nem cometendo nem permitindo um crime. O crime é certo e o mal do Estado é duvidoso, além de que essa maneira de autorizar os crimes, se fosse admitida, seria pior que uma rebelião de um país, que sem isso já acontece muitas vezes e talvez acontecesse mais por tal meio escolhido para impedi-la. Mas em relação a Deus nada é duvidoso, nada poderia se opor à *regra do melhor*, que não sofre nenhuma exceção ou dispensa. E é nesse sentido que Deus permite o pecado; porque faltaria com o que deve a si mesmo, com o que deve à sua sabedoria, bondade, perfeição, se não seguisse o grande resultado de todas as suas tendências para o bem e não escolhesse o que é absolutamente melhor, não obstante o mal de culpa que se encontra envolvido no melhor pela suprema necessidade das verdades eternas. Donde se deve concluir que Deus quer o bem em si *antecedentemente*, quer o melhor *consequentemente* como um fim, quer o indiferente e o mal físico algumas vezes como um meio, mas quer permitir o mal moral apenas a título de *sine qua non* ou de necessidade hipotética que o liga ao melhor. É por isso que a *vontade consequente* de Deus que tem o pecado por objeto é apenas permissiva.

26. Deve-se considerar ainda que o mal moral só é um grande mal porque é uma fonte de males físicos, que se encontram em uma criatura das mais poderosas e das mais capazes de fazer mal. Assim, uma vontade má é em seu departamento o que o princípio mau dos maniqueus seria no universo; e a razão, que é uma imagem da divindade, fornece às almas más grandes meios de causar bastante mal. Um só Calígula, ou Nero, fez mais mal que um tremor de terra. Um homem mau sente prazer em gerar sofrimento e em destruir, e ele encontra muitíssimas ocasiões para isso. Mas é impossível que em Deus, inclinando-se a produzir o máximo de bem que é possível, e tendo toda a ciência e toda a potência necessárias

---

[29] "Não se deve fazer um mal para que aconteça um bem" (Rm 3, 8).

para isso, haja falta, culpa, pecado; e quando ele permite o pecado é sabedoria, é virtude.

27. É indubitável, com efeito, que é preciso se abster de impedir o pecado alheio quando não podemos fazê-lo sem que nós mesmos pequemos. Mas alguém nos contra-argumentará, talvez, que é o próprio Deus que age e faz tudo o que há de real no pecado da criatura. Essa objeção nos leva a considerar o *concurso físico* de Deus com a criatura, depois de ter examinado o *concurso moral*, que nos perturbava mais. Alguns acreditaram, com o célebre Durand de Saint-Pourçain e o cardeal Aureolus[30], escolásticos famosos, que o concurso de Deus com a criatura (refiro-me ao concurso físico) é apenas geral e mediato; que Deus cria as substâncias e lhes dá a força de que necessitam; e, depois disso, ele as deixa agir e nada mais faz que as conservar, sem ajudá-las em suas ações. Essa opinião foi refutada pela maior parte dos teólogos escolásticos, e parece ter sido outrora desaprovada por Pelágio[31]. Entretanto, um capuchinho de nome Louis Pereir de Dole[32], por volta do ano de 1630, tinha escrito um livro expressamente para ressuscitá-la, pelo menos em

---

[30] Guillaume Durand de Saint-Pourçain (*c.* 1270-1332) foi um teólogo escolástico francês, da Ordem Dominicana, conhecido por rejeitar teses de São Tomás de Aquino por um nominalismo que é precursor do de Guilherme de Ockham; escreveu *Commentaire des Sentences* [*Comentário sobre o* Livro das sentenças (de Pedro Lombardo)]. Pierre Auriol, ou Petrus Aureolus (*c.* 1280-1322), filósofo escolástico e teólogo, foi professor da Universidade de Paris e depois arcebispo de Aix-en-Provence; escreveu também um comentário sobre o *Livro das sentenças*. Tinha uma posição próxima do nominalismo de Durand.

[31] Pelágio (*c.* 350-423), monge ascético, célebre herege, combatido por Santo Agostinho, insistia sobre as forças do livre-arbítrio humano e era contra o pecado original, negando também a necessidade da graça divina; escreveu dois livros sobre o pecado, o livre-arbítrio e a graça. Foi inocentado das acusações de heresia pelo Sínodo de Dióspolis, na Palestina, em 415, mas condenado como herege pelo bispo de Roma em 417 e 418, e pelo Concílio de Éfeso em 431.

[32] Bereur de Dole ou Louis de Dole (morto em 1636), filósofo e teólogo. O livro citado na sequência é *Traité du libre et du volontaire* [*Tratado do livre e do voluntário*] (1685), de François Bernier. Louis de Dole ensinou filosofia e teologia em Dole e havia publicado em 1634 uma resposta às objeções suscitadas em suas aulas (*Disputatio quadripartita*); ele retoma a doutrina de Durant de Pourçain sobre o concurso de Deus, segundo a qual Deus não pode ter papel no pecado das criaturas, por isso não concorre imediatamente nas causas segundas; nada obriga a admissão de que Deus coopera de maneira imediata na ordem natural. Ambos, Louis de Dole e Durand de Saint-Pourçain, são citados em uma carta de Leibniz ao Landgrave Ernest de Hesse-Rheinfels, de abril de 1686.

relação aos atos livres. Alguns modernos se inclinam para essa opinião, e Bernier a sustenta em um pequeno livro sobre o livre e o voluntário. Mas não se poderia dizer, em relação a Deus, o que é *conservar* sem voltar à opinião comum. É preciso considerar também que a ação de Deus ao conservar deve ter relação com o que é conservado, tal qual é, e de acordo com o estado em que se encontra; assim, essa ação não poderia ser geral e indeterminada. Essas generalidades são abstrações que não têm lugar na verdade das coisas singulares, e a conservação de um homem de pé é diferente da conservação de um homem sentado. Não seria assim se consistisse apenas no ato de impedir e de afastar qualquer causa estranha que pudesse destruir o que se quer conservar, como acontece muitas vezes quando os homens conservam alguma coisa. Mas, além de estarmos, nós, homens, obrigados algumas vezes a alimentar o que nós conservamos, é preciso saber que a conservação feita por Deus consiste na influência imediata perpétua que a dependência das criaturas exige. Essa dependência tem lugar não apenas em relação à substância, mas ainda à ação, e talvez não se pudesse explicar melhor senão dizendo, com a maioria dos teólogos e filósofos, que se trata de uma criação contínua.

28. Objetar-se-á que Deus criou agora, pois, o homem pecador, ele que o criara antes inocente. Mas é aqui que é preciso dizer que, quanto ao moral, sendo Deus absolutamente sábio, não pôde deixar de observar determinadas leis e de agir segundo regras, tanto físicas como morais, que sua sabedoria o fez escolher; e a mesma razão que o fez criar o homem inocente, mas prestes a cair, o fez recriar o homem quando ele cai, uma vez que sua ciência faz com que o futuro seja para ele como o presente, e ele não poderia retratar as resoluções tomadas.

29. E quanto ao concurso físico: cabe considerar esta verdade que causou tanto rumor nas escolas desde que Santo Agostinho a preconizou, que o mal é uma privação de ser, enquanto a ação de Deus dirige-se ao positivo. Essa resposta passa por uma desculpa e inclusive por alguma coisa quimérica no espírito de muitas pessoas, mas eis um exemplo bastante semelhante que poderá retirá-las do erro.

30. O célebre Kepler[33] e, depois dele, Descartes (em suas *Cartas*[34]) falaram da *inércia natural dos corpos*, e é uma coisa que pode ser considerada como uma perfeita imagem e inclusive como uma amostra da limitação original das criaturas, para mostrar que a privação constitui o formal das imperfeições e dos inconvenientes que se encontram tanto na substância como em suas ações. Suponhamos que a corrente de um mesmo rio arraste vários barcos que diferem entre si apenas pela carga, estando uns carregados com madeira, outros com pedras, e uns mais, outros menos. Isso posto, dar-se-á que os barcos mais carregados navegarão mais lentamente que os outros, uma vez que se suponha que o vento, os remos, ou qualquer outro meio semelhante não os ajude. Não é propriamente o peso a causa dessa lentidão, uma vez que os barcos descem o rio em lugar de subir, mas é a mesma causa que aumenta o peso nos corpos que têm mais densidade, isto é, que são menos esponjosos e mais carregados de matéria que lhes é própria – pois aquela que passa através dos poros, não recebendo o mesmo movimento, não deve entrar em linha de conta. Eis que a matéria é levada ordinariamente à lentidão ou à privação de velocidade, não por diminuí-la por si mesma quando já recebeu essa velocidade, pois isso seria agir, mas por moderar por sua receptividade o efeito da impressão quando a recebe. E, consequentemente, uma vez que há mais matéria movida pela mesma força da corrente quando o barco está mais carregado, é mister que ele vá mais lentamente. Também as experiências do choque dos corpos, unidas à razão, mostram que é preciso empregar duas vezes mais força para dar uma mesma velocidade a um corpo de mesma matéria, mas duas vezes maior, o que não seria necessário se a matéria fosse absolutamente indiferente ao repouso e ao movimento e se não tivesse essa inércia natural de que

---

[33] Johannes Kepler (1571-1630), célebre astrônomo alemão e figura importante na chamada Revolução Científica do século XVII. Ficou conhecido por formular as três leis fundamentais da mecânica celeste, as Leis de Kepler, em suas obras *Astronomia Nova*, *Harmonices Mundi* [*A harmonia do mundo*] e *Epitome Astronomiae Copernicanae* [*Epitome da astronomia de Copérnico*]. Essas obras também forneceram bases para a teoria da gravitação universal, de Isaac Newton.

[34] Ver a carta a F. de Beaune, de 30 de abril de 1639 (ed. Adam-Tannery, II, 543), e a carta ao marquês de Newcastle, de março ou abril de 1648 (ed. Adam-Tannery, V, 136).

acabamos de falar, que lhe dá uma espécie de resistência ao movimento. Comparemos agora a força que a corrente exerce sobre os barcos com a ação de Deus que produz e conserva o que há de positivo nas criaturas, lhes dá a perfeição, o ser e a força; comparemos, digo, a inércia da matéria com a imperfeição natural das criaturas, e a lentidão do barco carregado com a limitação que se encontra nas qualidades e na ação das criaturas, e veremos que não há nada mais exato que essa comparação. A corrente é a causa do movimento do barco, mas não de sua lentidão; Deus é a causa da perfeição na natureza e nas ações da criatura, mas a limitação da receptividade da criatura é a causa das faltas que há em sua ação. Assim, os platônicos, Santo Agostinho e os escolásticos tiveram razão em dizer que Deus é a causa do material do mal, que consiste no positivo, e não do formal, que consiste na privação, assim como se pode dizer que a corrente é a causa do material da lentidão, sem ser de seu formal, isto é, é a causa da velocidade do barco, sem ser a causa dos limites dessa velocidade. E Deus está tão distante de ser a causa do pecado quanto a corrente do rio está de ser a causa da lentidão do barco. Além disso, a força é em relação à matéria o que o espírito é em relação à carne; o espírito é pronto e a carne é fraca[35], e os espíritos agem

Quantum non noxia corpora tardant.[36]

31. Há, pois, uma relação inteiramente semelhante entre esta ou aquela ação de Deus e esta ou aquela paixão ou recepção da criatura, que só é aperfeiçoada no curso ordinário das coisas na medida de sua *receptividade*, como é chamada. E quando se diz que a criatura depende de Deus enquanto é e enquanto age, e inclusive que a conservação é uma criação contínua, é porque Deus dá sempre à criatura, e produz continuamente, o que há nela de positivo, de bom e perfeito, vindo todo dom perfeito do pai das luzes, enquanto as imperfeições e as faltas das operações vêm da limitação original que a criatura não pôde deixar de receber desde a origem primeira de seu ser por razões ideais que a limitam. Deus não podia lhe

---

[35] Mc 14, 38; Mt 26, 41.
[36] "Enquanto os corpos hostis não os retardam" (Virgílio, *Eneida*, VI, 731).

dar tudo sem fazer dela um Deus; foi preciso, portanto, que tenha havido diferentes graus na perfeição das coisas, assim como limitações de todo tipo.

32. Essas considerações servirão também para satisfazer alguns filósofos modernos que chegam a afirmar que Deus é o único que atua. É verdade que Deus é o único cuja ação é pura e sem mistura do que se chama *padecer*, mas isso não impede que a criatura tenha parte nas ações também, uma vez que a *ação* da criatura é uma modificação da substância que dela flui naturalmente e que encerra uma variação não somente nas perfeições que Deus comunicou à criatura, mas até nas limitações que ela tem por si mesma, por ser o que é. O que mostra também uma distinção real entre a substância e suas modificações ou acidentes, contra a opinião de alguns modernos, e particularmente do falecido duque de Buckingham[37], que falou disso em um pequeno discurso sobre a religião, reimpresso há pouco tempo. O mal é, pois, como as trevas; e não apenas a ignorância, mas também o erro e a malícia consistem formalmente em uma certa espécie de privação. Eis um exemplo de erro de que já nos servimos. Vejo uma torre que parece arredondada de longe, embora seja quadrangular. O pensamento de que a torre é o que parece flui naturalmente do fato de que a vejo; e, se me detenho nesse pensamento, é uma afirmação, um falso julgamento; mas se prolongo o exame, se, tendo feito alguma reflexão, apercebo-me de que as aparências me enganam, eis-me corrigido do erro. Permanecer em um certo lugar ou não ir mais longe, não notar alguma observação, são privações.

33. O mesmo se pode dizer a respeito da malícia ou da má vontade. A vontade tende ao bem em geral; ela deve se dirigir à perfeição que nos convém, e a suprema perfeição está em Deus. Todos os prazeres têm neles mesmos algum sentimento de perfeição; mas, quando se se limita aos prazeres dos sentidos ou a outros, em pre-

---

[37] George Villiers de Buckingham (1627-1688), filho do famoso duque de Buckingham (favorito de James I e Carlos I). Escreveu *A short discourse upon the reasonableness of men's having a religion, or worship of God* [*Breve discurso para demonstrar que é razoável que os homens tenham uma religião ou culto a Deus*], publicado em Londres, em 1686, e reeditado em 1707.

juízo de bens maiores, como a saúde, a virtude, a união com Deus, a felicidade, é nessa privação de uma tendência ulterior que a falta consiste. Em geral a perfeição é positiva, é uma realidade absoluta; a falta é privativa, vem da privação e tende a novas privações. Assim, é tão verdadeiro quanto antigo este ditado: "*Bonum ex causa integra, malum ex quolibet defectu.*"[38] Bem como aquele que afirma: "*Malum causam habet non efficientem, sed deficientem.*"[39] E espero que se conceba melhor o sentido desses axiomas depois do que acabo de dizer.

34. O concurso físico de Deus e das criaturas com a vontade também contribui para as dificuldades que existem sobre a liberdade. Sou da opinião de que nossa vontade está isenta não apenas de coação, mas ainda da necessidade. Aristóteles já observou que há duas coisas na liberdade, a saber, a espontaneidade e a escolha; e é nisso que consiste nosso império sobre nossas ações. Quando agimos livremente, não somos forçados, como aconteceria se fôssemos empurrados de um precipício e jogados do alto para baixo; não somos impedidos de ter o espírito livre quando deliberamos, como aconteceria se nos dessem uma bebida que anulasse nosso julgamento. Há contingência em mil ações da natureza, mas, quando o juízo não está naquele que age, não há liberdade. E, se tivéssemos um juízo que não fosse acompanhado de alguma inclinação para agir, nossa alma seria um entendimento sem vontade.

35. Não se deve imaginar, entretanto, que nossa liberdade consista em uma indeterminação ou em uma *indiferença de equilíbrio*, como se fosse preciso inclinar-se igualmente para o lado do sim e do não, e para o lado de diferentes partidos, quando houvesse vários a tomar. Esse equilíbrio em qualquer sentido é impossível, pois, se estivéssemos igualmente inclinados pelos partidos A, B e C, não poderíamos estar igualmente inclinados por A e por não A. Esse equilíbrio é também absolutamente contrário à experiência, e, quando se examinasse, descobrir-se-ia que há sempre alguma causa ou razão que nos inclinou para o partido que tomamos, embora fre-

---

[38] "O bem tem origem em uma causa plena; o mal, em uma falta."
[39] "O mal tem uma causa não eficiente, mas deficiente."

quentemente não nos apercebamos do que nos move, assim como não nos apercebemos quase nunca por que, saindo de uma porta, colocamos o pé direito na frente do esquerdo, ou o esquerdo na frente do direito.

36. Mas vamos às dificuldades. Os filósofos convêm hoje que a verdade dos futuros contingentes é determinada, isto é, que os futuros contingentes são futuros, ou melhor, que eles serão, acontecerão, pois é tão seguro que o futuro será quanto é seguro que o passado foi. Já era verdade há cem anos que eu escreveria hoje, como será verdadeiro após cem anos que eu escrevi. Desse modo, o contingente, por ser futuro, não é menos contingente; e a *determinação*, que seria chamada *certeza*, se fosse conhecida, não é incompatível com a contingência. Tomam-se frequentemente o *certo* e o *determinado* por uma mesma coisa, porque uma verdade determinada acha-se em estado de ser conhecida, de sorte que se pode dizer que a *determinação* é uma certeza objetiva.

37. Essa determinação vem da própria natureza da verdade e não poderia prejudicar a liberdade; mas há outras determinações tomadas de alhures, e primeiramente da presciência de Deus, que muitos acreditaram ser contrárias à liberdade. Pois, dizem, o que está previsto não pode deixar de existir, e eles dizem a verdade; mas daí não se segue que seja necessário, pois a *verdade necessária* é aquela cujo contrário é impossível ou implica contradição. Ora, essa verdade, que afirma que escreverei amanhã, não é dessa natureza; ela não é, pois, necessária. Mas, supondo-se que Deus a preveja, é necessário que ela aconteça – isto é, a consequência é necessária –, que ela exista, uma vez que foi prevista, pois Deus é infalível; eis o que é chamado de *necessidade hipotética*. Porém, não é dessa necessidade que se trata, mas de uma necessidade absoluta que é requerida para se poder dizer que uma ação é necessária, que não é contingente nem efeito de uma escolha livre. E, além disso, é muito fácil julgar que a presciência em si mesma não acrescenta nada à determinação da verdade dos futuros contingentes, e sim que essa determinação é conhecida, o que não aumenta a determinação ou a *futurição*, como é chamada, desses acontecimentos, com o que convimos primeiramente.

38. Essa resposta é sem dúvida bastante exata. Convimos que a presciência em si mesma não torna a verdade mais determinada; ela é prevista porque é determinada, porque é verdadeira; mas não é verdadeira porque é prevista; e, nisso, o conhecimento do futuro não tem nada que não esteja também no conhecimento do passado ou do presente. Mas eis o que um adversário poderia nos dizer: "Concordo convosco que a presciência em si mesma não torna a verdade mais determinada, mas é a causa da presciência que o faz." Portanto, é preciso que a presciência tenha seu fundamento na natureza das coisas, e esse fundamento, tornando a verdade *predeterminada*, a impedirá de ser contingente e livre.

39. Essa dificuldade deu origem a dois partidos: o dos *predeterministas* e o dos defensores da *ciência média*. Os dominicanos e os agostinianos são pela predeterminação; os franciscanos e os jesuítas modernos são mais pela ciência média. Esses dois partidos dividiram-se em meados do século XVI e um pouco depois. O próprio Molina[40], que é talvez um dos primeiros, ao lado de Fonseca[41], que sistematizou esse ponto (de cujos adeptos foram designados pelos outros de molinistas), disse, no livro que escreveu sobre a *Concórdia do livre-arbítrio com a graça*, por volta de 1570, que os doutores espanhóis (ele entende com isso principalmente os tomistas), que haviam escrito nos últimos vinte anos, não encontrando outro meio de explicar como Deus poderia ter uma ciência certa dos futuros contingentes, introduziram as predeterminações como necessárias às ações livres.

40. Molina acreditou encontrar outro meio. Ele considera que há três objetos da *ciência divina*: os possíveis, os acontecimentos

---

[40] Luís de Molina (1536-1600), famoso teólogo e jesuíta espanhol. Seu livro *Concordia liberi arbitrii cum gratiae donis, divina praescientia, providentia, praedestinatione et reprobatione* [*Concórdia do livre-arbítrio com os dons da graça, a presciência divina, a providência, a predestinação e a reprovação*] (publicado em Lisboa, em 1588) ficou muito famoso e constitui o fundamento da opinião dos molinistas contra os jansenistas (que concediam mais à graça que ao livre-arbítrio).

[41] Pedro da Fonseca (1528-1599), teólogo português, comentador de Aristóteles, autor de *Institutionum dialecticarum* [*Instituições dialéticas*] e um dos redatores dos cursos de filosofia da Universidade de Coimbra, *Commentari Conimbricenses*. É considerado coautor, com Molina, da ciência média, segundo a qual Deus vê de maneira certa os atos livres, desde que determinados pela graça.

atuais e os acontecimentos condicionais, que se dariam em consequência de uma determinada condição se ela fosse levada ao ato. A ciência das possibilidades é o que se chama *ciência da simples inteligência*; a dos eventos que acontecem atualmente é chamada *ciência da visão*. E, como há uma espécie de intermediário entre o simples possível e o acontecimento condicional, poder-se-ia dizer também, segundo Molina, que há uma *ciência média* entre a da visão e a da inteligência. Cita-se o famoso exemplo de Davi, que pergunta ao oráculo divino se os habitantes da cidade de Ceila, onde desejava ficar, o entregariam a Saul caso este sitiasse a cidade; Deus responde que sim e mais adiante Davi toma outra decisão[42]. Ora, alguns defensores dessa ciência consideram que Deus, prevendo o que os homens fariam livremente caso fossem colocados em tais ou tais circunstâncias, e sabendo que eles se serviriam mal de seu livre-arbítrio, decreta recusar-lhes graças e circunstâncias favoráveis; e pode decretar de maneira justa, também porque essas circunstâncias e essas ajudas não lhes teriam servido em nada. Mas Molina se contenta em encontrar de maneira geral uma razão dos decretos de Deus, fundada sobre o que a criatura livre faria em tais ou tais circunstâncias.

41. Não entro em todo detalhe dessa controvérsia; basta-me apresentar uma amostra. Alguns antigos, com os quais Agostinho e seus discípulos não ficaram contentes, parecem ter tido pensamentos muito próximos aos de Molina. Os tomistas e os que se denominam discípulos de Santo Agostinho, mas cujos adversários chamam de jansenistas[43], combatem essa doutrina filosófica e teologicamente. Alguns entendem que a ciência média deve ser compreendida pela ciência da simples inteligência. Mas a principal objeção se dirige ao fundamento dessa doutrina. Pois que fundamento pode ter Deus para ver o que os habitantes de Ceila farão? Um simples ato contin-

---

[42] 1 Sm 23, 12-3.

[43] Movimento dogmático, moral e político que teve lugar sobretudo na Bélgica e na França nos séculos XVII e XVIII. Toma o nome de Jansênio, ou Cornelius Jansen (1585-1683), bispo de Ypres e autor de *Augustinus*, publicado em 1640 e objeto de controvérsias por mais de cem anos. Nesse livro, Jansênio visa reproduzir opiniões de Santo Agostinho, mas aproxima a doutrina da graça do calvinismo, afirmando o homem como intrinsecamente corrompido pelo pecado original e inclinado ao mal. O jansenismo foi difundido na França por Arnauld, Nicole e Pascal, por exemplo.

gente e livre não tem em si nada que possa dar um princípio de certeza se não for considerado como predeterminado pelos decretos de Deus e pelas causas que dependem desses decretos. Logo, a dificuldade que se encontra nas ações livres atuais também será encontrada nas ações livres condicionais, isto é, Deus só as conhecerá pela condição das causas delas e de seus decretos, que são as primeiras causas das coisas. E não será possível separar as ações de suas causas para conhecer um acontecimento contingente de uma maneira que seja independente do conhecimento das causas. Portanto, será preciso reduzir tudo à predeterminação dos decretos de Deus, e assim essa ciência média, dir-se-á, não ajudará em nada. Os teólogos que professam estar ligados a Santo Agostinho entendem também que o procedimento dos molinistas faria encontrar a fonte da graça de Deus nas boas qualidades dos homens, o que julgam contrário à honra de Deus e à doutrina de São Paulo.

42. Seria demorado e fastidioso entrar, aqui, nas réplicas e tréplicas que são feitas de um lado e de outro. Bastará que eu explique como concebo que haja verdade dos dois lados. Para esse efeito, remeto-me ao meu princípio de uma infinidade de mundos possíveis, representados na região das verdades eternas, isto é, no objeto da inteligência divina, no qual é preciso que todos os futuros condicionais estejam compreendidos. O caso do sítio de Ceila é parte de um mundo possível, *que não difere do nosso senão em tudo aquilo que tem ligação com essa hipótese*, e a ideia desse mundo possível representa o que aconteceria nesse caso. Logo, temos um princípio da ciência certa dos contingentes futuros, quer aconteçam atualmente, quer devam acontecer em um determinado sentido. Pois, na *região* dos possíveis, estão representados tais quais são, isto é, contingentes livres. Não é, portanto, a presciência dos futuros contingentes, tampouco o fundamento da certeza dessa presciência, que deve nos embaraçar ou que pode causar dano à liberdade. E, mesmo que fosse verdadeiro e possível que os futuros contingentes que consistem nas ações livres das criaturas racionais fossem inteiramente independentes dos decretos de Deus e das causas externas, haveria meios de prevê-los, pois Deus os veria tais quais são na região dos possíveis, antes que decretasse admiti-los na existência.

43. Mas, se a presciência de Deus não tem nada de comum com a dependência ou independência de nossas ações livres, não se dá o

mesmo com a preordenação de Deus, de seus decretos e da série de causas que creio sempre contribuir para a determinação da vontade. E, se concordo com os molinistas no primeiro ponto, concordo com os predeterministas no segundo, mas observando sempre que a predeterminação não é necessitante. Em poucas palavras, sou da opinião de que a vontade está sempre mais inclinada para o partido que ela toma, mas não tem nunca a necessidade de tomá-lo. É certo que ela tomará esse partido, mas não é necessário que ela o tome. Dá-se como neste famoso ditado: "*Astra inclinant, non necessitant*"[44], embora o caso não seja inteiramente semelhante. Pois o acontecimento que os astros anunciam (para falar como o vulgo, como se houvesse algum fundamento na astrologia) nem sempre ocorre; ao passo que o partido para o qual a vontade está mais inclinada jamais deixa de ser escolhido. Ademais, os astros seriam apenas uma parte das inclinações que concorrem para o evento, mas, quando se fala da maior inclinação da vontade, fala-se do resultado de todas as inclinações, mais ou menos como falamos acima da vontade consequente de Deus que resulta de todas as vontades antecedentes.

44. Entretanto, a certeza objetiva ou a determinação não gera a necessidade da verdade determinada. Todos os filósofos reconhecem isso quando consideram que a verdade dos futuros contingentes é determinada, e nem por isso os futuros deixam de ser contingentes. É que a coisa não implicaria nenhuma contradição em si mesma se o efeito não se seguisse; é nisso que consiste a *contingência*. Para entender melhor esse ponto, é preciso considerar que há dois grandes princípios em nossos raciocínios: um é o *princípio da contradição*, que afirma que, de duas proposições contraditórias, uma é verdadeira, e a outra, falsa; o outro *princípio* é o da *razão determinante*, segundo o qual nunca acontece nada sem que haja uma causa ou pelo menos uma razão determinante, isto é, alguma coisa que possa servir para dar a razão *a priori* de por que isso é existente antes que não existente e por que isso é assim e não de maneira inteiramente diferente. Esse grande princípio tem lugar em todos os acontecimentos e não se dará jamais um exemplo que o

---

[44] "Os astros inclinam, não imprimem necessidade."

contradiga; e, embora com muita frequência essas razões determinantes não nos sejam suficientemente conhecidas, não deixamos de entrever que elas existem. Sem esse grande princípio, não poderíamos jamais provar a existência de Deus e perderíamos uma infinidade de raciocínios muito justos e úteis dos quais ela é o fundamento; e ele não sofre nenhuma exceção, de outra maneira sua força seria enfraquecida. Ademais, nada é tão fraco quanto esses sistemas nos quais tudo é incerto e pleno de exceções. Não é esse o defeito do que eu aprovo, no qual tudo segue regras gerais que, no máximo, limitam-se mutuamente.

45. Não se deve, pois, imaginar, como alguns escolásticos dados a quimeras, que os futuros contingentes livres sejam privilegiados por essa regra geral da natureza das coisas. Há sempre uma razão prevalecente que leva a vontade à sua escolha, e basta, para conservar sua liberdade, que essa razão incline, sem tornar necessário. É essa também a opinião de todos os antigos, de Platão, de Aristóteles, de Santo Agostinho. Jamais a vontade é levada a agir senão pela representação do bem, que prevalece sobre as representações contrárias. Isso é conveniente mesmo a respeito de Deus, dos anjos bons e das almas bem-aventuradas; e reconhece-se que elas não são menos livres por isso. Deus não deixa de escolher o melhor, mas não é constrangido a fazê-lo, e inclusive não há necessidade no objeto da escolha de Deus, pois outra série de coisas é igualmente possível. É por isso mesmo que a escolha é livre e independente da necessidade, porque é feita entre vários possíveis, e a vontade não é determinada senão pela vontade prevalecente do objeto. Não é, pois, um defeito em relação a Deus e aos santos; diferentemente, seria um grande defeito, ou antes uma absurdidade manifesta, se se passasse de outra maneira, mesmo entre os homens deste mundo, se fossem capazes de agir sem nenhuma razão inclinante. Disso jamais encontraremos qualquer exemplo, quando se toma um partido por capricho, para mostrar sua liberdade, o prazer ou a vantagem que se crê encontrar nessa afetação é uma das razões que levam a essa escolha.

46. Há, portanto, uma liberdade de contingência ou, de alguma maneira, de indiferença, desde que se entenda por *indiferença* que

nada nos constrange a um ou a outro partido; mas não há jamais *indiferença de equilíbrio*, isto é, na qual tudo seja perfeitamente igual de um lado e de outro, sem que haja mais inclinação para um dos lados. Uma infinidade de grandes e pequenos movimentos internos e externos concorrem conosco, dos quais a maior parte das vezes não nos apercebemos; e já observei que, quando saímos de um quarto, há certas razões que nos determinam a colocar um certo pé adiante do outro, sem que reflitamos sobre isso. Pois não há em toda parte um escravo, como na casa de Trimalcião, em Petrônio, que grite: "O pé direito adiante!"[45] Tudo o que acabamos de dizer concorda perfeitamente com as máximas dos filósofos que ensinam que uma causa não poderia agir sem ter uma disposição para a ação; e é essa disposição que contém uma predeterminação, quer o agente a tenha recebido de fora, quer a tenha em virtude de sua própria constituição anterior.

47. Assim, não se tem necessidade de recorrer, como alguns tomistas novos, a uma nova predeterminação imediata de Deus que faça a criatura livre sair de sua indiferença ou a um decreto de Deus para predetermiá-la que lhe dê meios de conhecer o que ela fará, pois basta que a criatura seja predeterminada por seu estado precedente, que a inclina a um partido mais que a outro. E todas essas ligações das ações da criatura e de todas as criaturas estavam representadas no entendimento divino e conhecidas por Deus pela ciência da simples inteligência, antes de ele ter decretado lhes dar a existência. Isso mostra que, para explicar a presciência de Deus, pode-se dispensar tanto a ciência média dos molinistas como a predeterminação tal como ensinaram um Bañes ou um Alvarez[46] (autores, em outros assuntos, bastante profundos).

48. Por causa dessa falsa ideia de uma indiferença de equilíbrio, os molinistas tiveram muitas dificuldades. Perguntava-se a eles não

---

[45] Petrônio, *Satíricon*, 30.
[46] Domingo Bañes (1528-1604), dominicano espanhol, teólogo tomista e antimolinista, escreveu obras teológicas e comentários sobre Aristóteles. Diego Alvarez (meados de século XVI-1635), dominicano espanhol que defendeu teses tomistas contra os molinistas nas congregações *De auxiliis*. Possivelmente, é o autor do termo "poder próximo", criticado por Pascal nas *Provinciais*.

somente como seria possível conhecer a que se determinaria uma causa absolutamente indeterminada, mas também como seria possível que resultasse enfim em uma determinação da qual não há nenhuma fonte; pois dizer como Molina que se trata de um privilégio da causa livre não é dizer nada, é atribuir-lhe um privilégio de ser quimérico. É um prazer ver como eles se atormentam para sair de um labirinto do qual não há absolutamente nenhuma saída. Alguns argumentam que, antes de a vontade se determinar formalmente, é preciso que ela se determine virtualmente para sair de seu estado de equilíbrio; o padre Louis de Dole, em seu livro *Concurso de Deus*, cita os molinistas que tratam de se salvar por esse meio, pois são constrangidos a confessar que a causa é disposta a agir, mas não ganham nada com isso, apenas afastam a dificuldade, pois se poderia perguntar a eles igualmente como a causa livre chega a se determinar virtualmente. Jamais sairão, pois, dessa questão, sem confessar que há uma predeterminação no estado precedente da criatura livre que a inclina a se determinar.

49. É isso que faz também com que *o caso do asno de Buridan entre dois prados*, igualmente inclinado por um e por outro, seja uma ficção e não poderia ter lugar no universo, na ordem da natureza, embora Bayle seja de outra opinião. É verdade, se o caso fosse possível, que o asno morreria de fome, mas no fundo a questão é sobre o impossível, a menos que Deus produzisse expressamente essa coisa. Pois o universo não poderia ser dividido por um plano gerado do meio do asno, cortado verticalmente segundo seu comprimento, de sorte que tudo fosse igual de um lado e de outro, como uma elipse e qualquer outra figura em um plano, do tipo daquelas que chamo *anfidestras*, podem ser divididas no meio por qualquer linha reta que passe por seu centro; porque nem as partes do universo nem as vísceras do animal são semelhantes, tampouco igualmente situadas dos dois lados desse plano vertical. Haveria sempre, portanto, muitas coisas no asno e fora do asno, embora elas não apareçam para nós, que o determinariam a ir para um lado em lugar de ir para o outro; e, embora o homem seja livre, o que o asno não é, não deixa de ser verdadeiro, pela mesma razão, que também no homem um caso de perfeito equilíbrio entre dois partidos seja

impossível; e um anjo, ou pelo menos Deus, poderia sempre dar a razão do partido que o homem tomou, determinando uma causa ou uma razão inclinante que o levou certamente a tomar esse partido, embora essa razão seja frequentemente composta e inconcebível por nós, porque o encadeamento de causas ligadas umas com as outras vai longe.

50. É por isso que a razão que Descartes alegou para provar a independência de nossas ações livres, por um suposto sentimento vivo interno, não tem força. Não podemos propriamente sentir nossa independência, e não nos apercebemos sempre das causas, frequentemente imperceptíveis, de que nossa resolução depende. É como se a agulha imantada tivesse prazer em voltar-se para o norte, porque acreditaria voltar-se independentemente de qualquer outra causa, não percebendo os movimentos insensíveis da matéria magnética. Entretanto, veremos mais adiante em que sentido é totalmente verdadeiro que a alma humana é seu próprio princípio natural em relação a suas ações, dependente de si mesma e independente de qualquer outra criatura.

51. Sobre a própria *volição*, é impróprio dizer que ela é um objeto da vontade livre. Queremos agir, para falar de maneira exata, não queremos querer; de outra maneira poderíamos dizer também que queremos ter a vontade de querer, e isso iria ao infinito. Também não seguimos sempre o último juízo do entendimento prático, mas, quando nos determinamos a querer, seguimos sempre, ao fazê-lo, o resultado de todas as inclinações que temos, tanto do lado das razões como do das paixões, o que é feito frequentemente sem um juízo expresso do entendimento.

52. Tudo está, portanto, certo e determinado anteriormente no homem, como, aliás, em toda parte, e a alma humana é uma espécie de *autômato espiritual*, embora as ações contingentes em geral e as ações livres em particular não sejam por isso necessárias de uma necessidade absoluta, que seria verdadeiramente incompatível com a contingência. Assim, nem a futurição em si mesma, por mais certa que seja, nem a previsão infalível de Deus, nem a predeterminação das causas ou dos decretos de Deus destroem essa contingência e essa liberdade. Concordamos com a futurição e a previsão, como já

expliquei; e, uma vez que o decreto de Deus consiste unicamente na resolução que ele toma, depois de ter comparado todos os mundos possíveis, de escolher aquele que é o melhor e admiti-lo à existência pela onipotente palavra *Fiat*[47], com tudo o que esse mundo contém, é visível que esse decreto não muda nada na constituição das coisas e as deixa tais quais eram no estado de pura possibilidade, isto é, não muda nada nem em sua essência ou natureza, nem mesmo em seus acidentes, já perfeitamente representados na ideia desse mundo possível. Assim, o que é contingente e livre não o deixa de sê-lo sob os decretos de Deus, nem sob sua previsão.

53. Mas, dir-se-á, o próprio Deus não poderia mudar nada no mundo? Seguramente ele não poderia no presente mudar nada, a não ser sua sabedoria, uma vez que previu a existência deste mundo e do que ele contém, e inclusive porque tomou a resolução de dar existência a ele; portanto, ele não poderia nem se enganar nem se arrepender, e não seria próprio a ele tomar uma resolução imperfeita com relação a uma parte e não ao todo. Assim, estando tudo regrado de antemão, é essa necessidade hipotética somente, com a qual todo mundo convém, que faz com que, depois da previsão de Deus ou de sua resolução, nada possa ser mudado; e, no entanto, os acontecimentos em si mesmos permanecem contingentes. Pois, pondo de lado essa suposição da futurição da coisa e da previsão ou da resolução de Deus – suposição esta que assenta o fato de que a coisa acontecerá e depois da qual é preciso dizer: "*Ununquodque, quando est, oportetet esse, aut unumquodque, siquidem erit, oportet futurum esse*"[48] –, o acontecimento não tem nada em si que o torne necessário e não permita conceber que qualquer outra coisa poderia acontecer em lugar dele. E, quanto à ligação de causas e efeitos, ela apenas inclina o agente livre, sem necessitá-lo, como explicamos há pouco. Assim, não constitui nem mesmo uma necessidade hipotética, a não ser que se una a ela alguma coisa externa, a saber, esta máxima de que a inclinação prevalecente tem sempre sucesso.

---

[47] "Faça-se".

[48] "O que é, quando é, deve ser; o que será, deve ser futuro."

54. Dir-se-á também que, se tudo está regrado, Deus não poderia, então, fazer milagres. Mas é preciso saber que os milagres que acontecem no mundo também estavam envolvidos e representados como possíveis neste mesmo mundo, considerado em estado de pura possibilidade; e Deus, que os fez depois, decidiu então fazê-los quando escolheu este mundo. Objetar-se-á ainda que os votos e as preces, os méritos e os deméritos, as boas e más ações não servem para nada, uma vez que nada pode ser mudado. Essa objeção preocupa mais o vulgo e, entretanto, é um puro sofisma. Essas preces, esses votos, essas boas ou más ações que acontecem hoje já estavam diante de Deus quando ele tomou a resolução de regular as coisas. As coisas que acontecem no mundo atual estavam representadas na ideia deste mesmo mundo ainda possível, com seus efeitos e suas consequências; elas estavam aí representadas, atraindo a graça de Deus, fossem naturais ou sobrenaturais, exigindo os castigos, reclamando as recompensas; da forma exata como acontece efetivamente neste mundo depois que Deus o escolheu. A prece e a boa ação eram, então, uma *causa* ou *condição ideal*, isto é, uma razão inclinante que poderia contribuir para a graça de Deus ou para a recompensa, como se faz no presente de uma maneira atual. E, como tudo está sabiamente ligado no mundo, é visível que Deus, prevendo o que aconteceria livremente, regrou também o restante das coisas de antemão, ou, o que é a mesma coisa, escolheu este mundo possível no qual tudo estava regrado dessa maneira.

55. Essas considerações derrubam, ao mesmo tempo, o que era chamado entre os antigos de *sofisma preguiçoso* (*Logos argos*/λόγος ἀργός), cuja conclusão era não fazer nada; pois, dizia-se, se o que quero deve acontecer, acontecerá mesmo que eu não faça nada; e, se não deve acontecer, jamais acontecerá, por maior que seja o trabalho que eu tenha para consegui-lo. Poder-se-ia denominar essa necessidade, imaginada nos acontecimentos separados de suas causas, *fatum mahometanum*, como já observei[49], porque se diz que um argumento semelhante faz com que os turcos não evitem os lugares onde a peste causou devastação. Mas a resposta é fácil: o efeito sendo certo,

---

[49] Cf. prefácio.

a causa que o produzirá também é; e, se o efeito acontece, será por uma causa proporcional. Assim, vossa preguiça fará, talvez, com que não obtenhais nada do que desejais, e caireis nos males que teríeis evitado agindo com cuidado. Vê-se, pois, que a *ligação entre causas e efeitos*, bem longe de causar uma fatalidade insuportável, fornece antes um meio para evitá-la. Há um provérbio alemão que diz que a morte quer sempre uma causa; e não há nada mais verdadeiro que isso. Vós morrereis naquele dia (suponhamos que assim seja e que Deus o preveja) sem dúvida, mas porque faríeis o que vos conduzirá a isso. O mesmo pode-se dizer dos castigos de Deus que dependem também de suas causas – e será oportuno relacionar a isso esta famosa passagem de Santo Ambrósio (*Lucae*, cap. I): "*Novit Dominus mutare setentiam, si tu noveris mutare delictum*"[50] –, que não devem ser entendidos da reprovação, mas da cominação, como a que Jonas fez da parte de Deus aos ninivitas. E este ditado vulgar, "*Si non es praedestinatus, fac ut praedestineris*"[51], não deve ser tomado ao pé da letra; seu verdadeiro sentido afirma que aquele que duvida que seja predestinado nada mais tem de fazer senão o que é preciso para sê-lo pela graça de Deus. O sofisma que conclui que não se deve ter trabalho para nada será, talvez, útil algumas vezes para levar algumas pessoas cegamente ao perigo – o que se disse particularmente dos soldados turcos. Mas parece que o *maslach*[52] teve mais parte nisso que o sofisma; além disso, esse espírito forte e determinado dos turcos foi desmentido várias vezes em nossos dias.

56. Um sábio médico da Holanda chamado Jan van Beverwyck[53] teve a curiosidade de escrever *De termino vitae* e de reunir várias

---

[50] "O Senhor sabe mudar sua sentença se tu souberes mudar teu delito." Santo Ambrósio (*c.* 340-397), um dos padres da Igreja Latina, foi bispo de Milão em 374. Escreveu textos exegéticos, entre eles um comentário do Evangelho segundo São Lucas, por volta de 385-87. O contexto da citação feita por Leibniz é a explicação da história segundo a qual Zacarias, pai de João Batista, foi, primeiro, transformado em mudo por causa de sua incredulidade e, depois, favorecido com o dom da profecia (Lc 1, 64 ss.).

[51] "Se não és predestinado, faz com que sejas predestinado" (Jn 1, 2; 3, 4).

[52] Espécie de ópio.

[53] Jan van Beverwijck (1594-1647), autor de *Epistolica quaestio de vitae termino, fatali, na mobili? Cum doctorum responsis* [*Questão epistolar sobre o fim da vida, fatídico ou móbil? Com respostas de sábios*], publicado em Dordrecht, 1634 (Leiden, 1636 e 1639).

respostas, cartas e discursos de alguns sábios homens de seu tempo sobre o tema. Essa compilação foi publicada e é espantoso ver o quão frequentemente as pessoas se dão ao trabalho e o quanto têm dificuldades com relação a um problema que, bem entendido, é o mais fácil do mundo. Não é de admirar, de acordo com isso, que haja um tão grande número de dúvidas que a espécie humana não pode dirimir. A verdade é que amamos extraviar-nos, e é uma espécie de passeio para o espírito que não quer se sujeitar à atenção, à ordem, às regras. Parece estarmos tão acostumados ao jogo e ao gracejo que jogamos até nas ocupações mais sérias e quando menos pensamos em jogos.

57. Temo que na última disputa entre os teólogos da Confissão de Augsburgo *de termino penitentiae peremptorio*[54] – que produziu tantos tratados na Alemanha – também tenha se introduzido um mal-entendido, mas de outra natureza. Os termos prescritos pelas leis são chamados *fatalia* entre os jurisconsultos. Pode-se dizer de qualquer maneira que o *termo peremptório*, prescrito ao homem para se arrepender e se corrigir, é certo a respeito de Deus, a respeito de quem tudo é certo. Deus sabe quando um pecador se tornará tão insensível que depois disso nada mais haverá a fazer por ele, não porque não seja possível que ele faça penitência ou porque seja preciso que a graça suficiente lhe seja recusada depois de determinado ponto, graça que não falha jamais, mas porque haveria um tempo depois do qual ele já não se aproximaria das vias da salvação. Mas nós não temos nunca marcas certas para conhecer esse ponto, e não temos nunca o direito de tomar um homem como absolutamente abandonado: seria exercer um julgamento temerário. Vale mais estar sempre no direito de ter esperanças, e é nessa ocasião e em mil outras que nossa ignorância é útil.

> *Prudens futuri temporis exitum*
> *Caliginosa nocte premit Deus.*[55]

---

[54] "Sobre o fim da penitência peremptória".

[55] "Prudente, Deus envolve o resultado do tempo futuro em uma noite caliginosa" (Horácio, *Odes*, III, 29, 29).

58. Todo o futuro está determinado, sem dúvida; mas como não sabemos como ele está determinado, nem o que está previsto ou resolvido, devemos fazer nosso dever segundo a razão que Deus nos deu e segundo as regras que ele nos prescreveu, e, depois disso, devemos ter o espírito tranquilo e deixar o próprio Deus cuidar do resultado. Pois ele não deixará nunca de fazer o que será o melhor, não apenas em geral, mas também em particular, para aqueles que têm uma verdadeira confiança nele, isto é, uma confiança que não difere em nada de uma verdadeira piedade, de uma fé viva e de uma ardente caridade, e não nos permite omitir nada do que pode depender de nós em relação ao nosso dever e a serviço de Deus. É verdade que não podemos prestar serviço a Deus, porque ele não carece de nada, mas se trata do servir em nossa linguagem, quando tratamos de executar sua *vontade presuntiva*, concorrendo para o bem que conhecemos e com o qual podemos contribuir; pois devemos sempre presumir que ele se dirige a isso, até que o acontecimento nos faça ver que ele teve razões mais fortes, embora talvez nos sejam desconhecidas, que o levaram a pospor esse bem que buscávamos a algum outro bem maior que ele tinha em vista, e não teria deixado ou não deixará de efetivar.

59. Acabo de mostrar como a ação da vontade depende de suas causas, que não há nada mais conveniente à natureza humana que essa dependência de nossas ações, e que de outro modo cair-se-ia numa fatalidade absurda e insuportável, isto é, no *fatum mahometanum*, que é o pior de todos, porque destrói a previdência e o bom conselho. Entretanto, vale mostrar como essa dependência das ações voluntárias não impede que haja no fundo das coisas uma *espontaneidade* maravilhosa em nós, a qual, em certo sentido, torna a alma, em suas resoluções, independente da *influência física* de todas as outras criaturas. Essa espontaneidade pouco conhecida até agora, que eleva tanto quanto possível nosso império sobre nossas ações, é uma consequência do *sistema da harmonia preestabelecida*, sobre o qual é necessário dar algumas informações aqui. Os filósofos da escola acreditavam em uma influência física recíproca entre o corpo e a alma, mas, depois que se considerou que o pensamento e a massa extensa não têm nenhuma ligação entre si, e que são cria-

turas que diferem *toto genere*, vários modernos reconheceram não haver nenhuma *comunicação física* entre a alma e o corpo, embora a *comunicação metafísica* subsista sempre, o que faz com que a alma e o corpo componham um mesmo *agente*, ou o que é chamado de *pessoa*. Essa ligação física, se existisse, faria com que a alma mudasse o grau de velocidade e a linha da direção de alguns movimentos que se dão no corpo e com que, vice-versa, o corpo mudasse a série de pensamentos que existem na alma. Mas não se poderia extrair esse efeito de nenhuma noção que se conceba no corpo ou na alma, embora nada nos seja mais conhecido que a alma, uma vez que ela nos é íntima, isto é, íntima a si mesma.

60. Descartes quis capitular e fazer com que dependesse da alma uma parte da ação do corpo. Acreditava conhecer uma regra da natureza que afirma, segundo ele, que a mesma quantidade de movimento se conserva no corpo. Não acreditou que fosse possível que uma exigência da alma violasse essa lei dos corpos, mas acreditou que a alma podia, no entanto, ter o poder de mudar a direção dos movimentos que se dão no corpo, assim como um cavaleiro que, embora não dê força ao cavalo que monta, não deixa de governá-lo dirigindo essa força para o lado que lhe parecer bom. No entanto, como isso se dá por meio do freio, das rédeas, das esporas e de outros auxílios materiais, concebe-se como isso acontece; mas não há instrumentos dos quais a alma possa se servir para esse efeito, nada, enfim, nem na alma nem no corpo, isto é, nem no pensamento nem na massa, que possa servir para explicar essa transformação de um pelo outro. Em resumo, que a alma mude a quantidade de força e que ela mude a linha de direção são duas coisas igualmente inexplicáveis.

61. Além disso, descobriram-se duas verdades importantes sobre esse tema depois de Descartes: a primeira é que a quantidade de força absoluta que se conserva é efetivamente diferente da quantidade de movimento, como demonstrei alhures[56]; a segunda é que

---

[56] Cf., por exemplo, *Brevis demonstratio erroris memorabilis Cartesii* [*Breve demonstração do memorável erro de Descartes*] (1686); *Discurso de metafísica* (1686), §§ 17-8; *Theoria motus concreti* [*Teoria do movimento concreto*] (1671); *Theoria motus abstracti* [*Teoria do movimento abstrato*] (1671); carta a Arnauld, 30 de abril de 1687.

se conserva inclusive a mesma direção em todos os corpos juntos que se supõe agir entre si, de qualquer maneira que se choquem. Se essa regra tivesse sido conhecida por Descartes, ele teria tornado a direção dos corpos tão independente da alma quanto sua força, e creio que isso o teria levado diretamente à hipótese da harmonia preestabelecida, para a qual essas mesmas regras me levaram. Pois, além de a influência física de uma dessas substâncias sobre a outra ser inexplicável sem uma completa desordem das leis de natureza, a alma não poderia agir fisicamente sobre o corpo. E não creio que se possam escutar aqui os filósofos, muito hábeis por sinal, que introduzem um Deus como uma máquina de teatro para realizar o desenlace da peça, sustentando que Deus se dedica expressamente a mover o corpo como a alma quer e a dar percepções à alma como o corpo exige, visto que esse *sistema*, chamado *das causas ocasionais*[57] (porque ensina que Deus age sobre o corpo na ocasião de a alma agir e vice versa), além de introduzir milagres perpétuos para estabelecer o comércio entre essas duas substâncias, não evita a desordem das leis naturais estabelecidas em cada uma dessas mesmas substâncias que a sua influência mútua causaria na opinião comum.

62. Assim, estando persuadido do princípio da *harmonia* em geral e, consequentemente, da *pré-formação* e da harmonia preestabelecida entre todas as coisas, entre a natureza e a graça, entre os decretos de Deus e nossas ações previstas, entre todas as partes da matéria e mesmo entre o passado e o futuro, tudo em conformidade com a soberana sabedoria de Deus, cujas obras são tão harmônicas quanto é possível conceber, eu não podia deixar de ser levado a esse sistema, que faz com que Deus crie a alma de início de tal maneira que ela deva produzir por si e representar para si com ordem o que se passa no corpo, e o corpo também de tal maneira que ele deve fazer por si mesmo o que a alma ordena. De sorte que as leis que ligam os pensamentos da alma na ordem das causas finais e segundo a evolução das percepções devem produzir imagens que se encontram e concordam com as impressões dos corpos sobre nos-

---

[57] Trata-se do sistema de Malebranche. Cf. crítica também em *Discurso de metafísica*, §§ 8 e 28-9 (em que a crítica ao sistema de Malebranche se estende para o terreno do conhecimento humano).

sos órgãos; e as leis dos movimentos nos corpos, que seguem uns aos outros na ordem das causas eficientes, também se encontram e concordam de tal maneira com os pensamentos da alma que o corpo é levado a agir no tempo em que ela quer.

63. Bem longe de prejudicar a liberdade, nada poderia ser mais favorável a ela do que isso. E Jaquelot mostrou muito bem em seu livro sobre a *Conformidade da fé com a razão* que é como se alguém que soubesse tudo o que eu ordenaria a um serviçal no dia seguinte, ao longo de todo o dia, fizesse um autômato que fosse perfeitamente semelhante a esse serviçal e executasse, no dia seguinte, pontualmente, tudo o que eu ordenasse, o que não me impediria de ordenar livremente tudo o que fosse de meu agrado, embora a ação do autômato que me serviria não tivesse nada de livre.

64. De resto, com tudo o que se passa na alma dependendo apenas dela, seguindo esse sistema, e seu estado seguinte vindo apenas dela e de seu estado presente, como se poderia dar a ela uma maior *independência*? É verdade que resta ainda alguma imperfeição na constituição da alma. Tudo o que acontece à alma depende dela, mas não depende sempre de sua vontade, seria demais. E não é nem mesmo conhecido por seu entendimento ou percebido distintamente. Pois há nela não apenas uma ordem de percepções distintas, que constitui seu império, mas ainda uma série de percepções confusas ou de paixões que constitui sua escravatura; e não é de admirar: a alma seria uma divindade se só possuísse percepções distintas. Ela tem, entretanto, algum poder também sobre as percepções confusas, embora de uma maneira indireta; pois, ainda que ela não possa mudar suas paixões de maneira imediata, pode trabalhar nelas de longe e com bastante êxito e dar-se paixões novas e até novos hábitos. Ela tem inclusive um poder semelhante sobre as percepções mais distintas, podendo dar-se indiretamente opiniões e vontades e impedir-se de ter estas ou aquelas, e suspender ou avançar seu julgamento. Pois podemos buscar meios antecipadamente para nos deter na ocasião em um passo arriscado de um julgamento temerário; podemos encontrar algum incidente para que nossa resolução difira, mesmo quando o caso pareça prestes a ser julgado; e, embora nossa opinião e nosso ato de vontade não sejam diretamente

objetos de nossa vontade (como já observei), não deixamos de tomar algumas medidas para querer e mesmo para crer, com o tempo, naquilo que não queremos ou no que não cremos presentemente, tão grande é a profundidade do espírito do homem.

65. Enfim, para concluir esse ponto sobre a *espontaneidade*, cumpre dizer que, tomando as coisas rigorosamente, a alma tem em si o princípio de todas as suas ações e mesmo de suas paixões; e que isso é verdadeiro para todas as substâncias simples espalhadas por toda a natureza, embora só haja liberdade naquelas que são inteligentes. Entretanto, no sentido popular e falando de acordo com as aparências, devemos dizer que a alma depende de alguma maneira do corpo e das impressões dos sentidos, assim como no uso ordinário falamos como Ptolomeu e Tycho[58], mas pensamos como Copérnico, quando se trata do nascer e do pôr do sol.

66. Pode-se, no entanto, atribuir um sentido verdadeiro e filosófico a essa *dependência mútua* que concebemos entre a alma e o corpo. É que uma dessas substâncias depende da outra idealmente, na medida em que a razão do que se dá em uma pode ser dada pelo que está na outra – o que já tinha lugar nos decretos de Deus, uma vez que Deus regulou antecipadamente a harmonia que haveria entre elas. Assim como aquele autômato, que exerceria a função de serviçal, dependeria de mim idealmente, em virtude da ciência daquele que, prevendo minhas ordens futuras, o tivesse tornado capaz de me servir pontualmente por todo o dia seguinte, o conhecimento de minhas vontades futuras teria movido esse grande artesão que teria, em seguida, formado o autômato: minha influência seria objetiva, e a dele, física. Pois, enquanto a alma tem perfeição e pensamentos distintos, Deus acomodou o corpo à alma e fez antecipadamente com que o corpo fosse levado a executar suas ordens; e, enquanto a alma é imperfeita e suas percepções são confusas, Deus acomodou a alma ao corpo, de sorte que ela se deixa inclinar por paixões que nascem de representações corporais: o que tem o mesmo efeito e a mesma aparência que no caso de um depender do outro imediata-

---

[58] Tycho Brahe (1546-1601), famoso astrônomo dinamarquês, partidário do geocentrismo de Ptolomeu e contrário ao sistema heliocêntrico de Copérnico. Foi também professor de Kepler.

mente e por meio de uma influência física. É precisamente por seus pensamentos confusos que a alma representa os corpos que a cercam. E a mesma coisa deve ser entendida de tudo o que se concebe sobre as ações das substâncias simples umas sobre as outras. É que cada uma, presume-se, age sobre a outra na medida de sua perfeição, embora isso se dê apenas idealmente e na razão das coisas, por Deus ter regulado antecipadamente uma substância em relação à outra, segundo a perfeição ou imperfeição que há em cada uma, ainda que a ação e a paixão sejam sempre mútuas nas criaturas, porque uma parte das razões que servem para explicar distintamente o que é feito, e serviram para fazê-lo existir, está em uma dessas substâncias, e a outra parte dessas razões está em outra, sendo as perfeições e imperfeições sempre misturadas e divididas. É isso que nos faz atribuir a *ação* a uma e a *paixão* à outra.

67. Mas, enfim, qualquer dependência que seja concebida nas ações voluntárias, e mesmo que houvesse uma necessidade absoluta e matemática (o que não é o caso), não se seguiria daí que não haveria tanta liberdade quanto necessário para tornar as recompensas e os castigos justos e razoáveis. É verdade que se fala vulgarmente como se a necessidade da ação acabasse com qualquer mérito ou demérito, acabasse com todo direito de louvar ou de censurar, de recompensar ou punir; mas é preciso considerar que essa consequência não é absolutamente justa. Afasto-me muito das opiniões de Bradwardine[59], Wycliffe, Hobbes e Espinosa, que pregam, parece-me, essa necessidade inteiramente matemática que creio ter suficientemente refutado, e talvez de forma mais clara do que se tem o costume de fazer. Entretanto, é preciso sempre dar testemunho da verdade e não imputar a um dogma o que não se segue dele. Além disso, esses argumentos provam em demasia, uma vez que provariam o mesmo contra a necessidade hipotética e justificariam o sofisma preguiçoso. Assim sendo, a necessidade absoluta da série de causas não acrescentaria nada neste ponto à certeza infalível de uma necessidade hipotética.

---

[59] Thomas Bradwardine (1290-1349), arcebispo de Canterbury e autor de *De causa Dei adversus Pelagium* [*A causa de Deus contra Pelágio*], obra na qual sustenta a ação infalível e a vontade onipotente de Deus. Bradwardine inspirou Wycliffe.

68. Em primeiro lugar, portanto, é preciso convir que é permitido matar um furioso quando não se pode defender-se de outra maneira. Confessar-se-á também que é permitido e mesmo frequentemente necessário destruir animais venenosos ou muito perigosos, embora eles não sejam assim por sua própria falta.

69. Em segundo lugar, infligem-se penas a um animal, embora destituído de razão e liberdade, quando se julga que isso pode servir para corrigi-lo; é assim que são punidos os cães e os cavalos, e com bastante êxito. As recompensas não servem menos para governar os animais, e, quando um animal tem fome, o alimento que se dá a ele o leva a fazer o que não se obteria jamais dele de outra maneira.

70. Em terceiro lugar, infligir-se-iam ainda aos animais penas capitais (quando não se trata mais da correção do animal que punimos) se elas pudessem servir de exemplo ou provocar o terror nos outros, a ponto de fazê-los parar de praticar o mal. Rorarius, em seu livro sobre a razão dos animais, diz que se crucificavam leões na África para afastar os outros leões das cidades e de lugares frequentados, e que havia observado, ao passar pelo Ducado de Jülich, que se enforcavam lobos para maior segurança dos apriscos. Há gente em aldeias que prega aves de rapina nas portas das casas, com a opinião de que outras aves semelhantes não virão tão facilmente. E esses procedimentos seriam sempre fundamentados se fossem eficazes.

71. Portanto, em quarto lugar, uma vez que é seguro e se sabe por experiência que o temor de castigos e a esperança das recompensas servem para fazer com que os homens se abstenham do mal e para obrigá-los a procurar fazer o bem, haveria razão e direito de se servir disso, mesmo que os homens agissem forçosamente por alguma espécie de necessidade que poderia existir. Objetar-se-á que, se o bem ou o mal são necessários, é inútil se servir de meios para obtê-los ou impedi-los, mas a resposta já foi dada anteriormente contra o sofisma preguiçoso. Se o bem ou o mal fossem necessários sem esses meios, eles seriam inúteis; mas não é assim. Esses bens e males só acontecem com a assistência desses meios. E, se esses acontecimentos fossem necessários, os meios seriam uma parte das causas que os tornariam necessários, uma vez que a experiência nos

ensina que frequentemente o medo ou a esperança impedem o mal ou antecipam o bem. Essa objeção não difere, portanto, em quase nada do sofisma preguiçoso, que se opõe à certeza tanto quanto à necessidade dos acontecimentos futuros, de sorte que se pode dizer que as objeções combatem igualmente a necessidade hipotética e a necessidade absoluta, e que elas dão provas tanto contra uma como contra a outra, isto é, não provam absolutamente nada.

72. Houve uma grande disputa entre o bispo Bramhall e Hobbes[60], que começou quando os dois estavam em Paris e continuou depois do retorno de ambos à Inglaterra; encontram-se todas as peças reunidas em um volume in-quarto publicado em Londres no ano de 1656. Estão todas em inglês e não foram traduzidas, que eu saiba, nem inseridas na reunião de obras latinas de Hobbes. Li outrora essas peças e as reencontrei depois e notei, primeiro, que Hobbes absolutamente não provou a necessidade absoluta de todas as coisas, mas que tinha mostrado suficientemente que a necessidade não destruiria todas as regras da justiça divina ou humana e não impediria o exercício dessa virtude.

---

[60] John Bramhall (1594-1663), bispo de Derry em 1634, fugiu para o continente em 1644 e encontrou Hobbes em Paris em 1646. A controvérsia teve as seguintes etapas: (1) Hobbes, *Of liberty and necessity; a treatise wherein all controversy concerning predestination, election, free will, grace, merits, reprobation, etc. is fully decided and cleared* [*Sobre a liberdade e a necessidade; tratado no qual todas as controvérsias concernentes à predestinação, à eleição, ao livre-arbítrio, à graça, aos méritos, às reprovações etc. são inteiramente destrinchadas e esclarecidas*], 1654 (trata-se de uma edição não oficial, da qual fala Leibniz; o texto está na edição dos *English Works* de Hobbes, Molesworth, vol. IV, pp. 229-78); (2) Bramhall, *A defense of true liberty from antecedent and extrinsecall necessity, being an answer to a late book of Mr. T. Hobbes intituled A Treatise of Liberty and Necessity* [*Defesa da verdadeira liberdade contra a necessidade antecedente e extrínseca; resposta a um livro recente de Hobbes intitulado* Tratado sobre liberdade e necessidade], Londres, 1655; (3) Hobbes, *The questions concerning liberty, necessity, and chance, clearly stated and debated between Dr. Bramhall and Th. Hobbes* [*Questões sobre a liberdade, a necessidade e o acaso, esclarecidas e debatidas entre Bramhall e Hobbes*], Londres, 1656; (4) Bramhall, *Castigations of Mr. Hobbes. His last animadversions in the case concerning liberty, and universal necessity, with an appendix concerning the catching of Leviathan* [*Refutação das últimas observações de Hobbes sobre o problema da liberdade e da necessidade universal, com um apêndice concernente à versão do* Leviatã], Londres, 1658; (5) Hobbes, *An answer to Archbishop Bramhall's book called The Catching of the Leviathan* [*Resposta ao livro do arcebispo Bramhall intitulado* A versão do Leviatã], in *Tracts of Mr. Hobbes*, Londres, 1682.

73. Há, no entanto, uma espécie de justiça e certo tipo de recompensas e punições que não parecem inteiramente aplicáveis àqueles que agissem por uma necessidade absoluta, se essa necessidade tivesse lugar. É essa espécie de justiça que não tem por fim nem a correção, nem o exemplo, nem mesmo a reparação do mal. Essa justiça está fundada apenas na conveniência, que exige uma determinada satisfação pela expiação de uma má ação. Os socinianos, Hobbes e alguns outros não admitem essa justiça punitiva, que é propriamente vindicativa e que Deus reservou para si em muitas ocasiões, mas não deixa de comunicar àqueles que têm o direito de governar os outros e que ele exerce por meio deles, desde que eles ajam pela razão e não pela paixão. Os socinianos a creem sem fundamento, mas ela está sempre fundada em uma relação de conveniência que contenta não somente o ofendido, mas também os sábios que a veem, assim como uma bela música ou ainda uma boa arquitetura contenta os espíritos bem formados. E faz parte da firmeza do sábio legislador, tendo ameaçado e, por assim dizer, prometido um castigo, não deixar a ação inteiramente sem punição, mesmo que a pena não servisse mais para corrigir ninguém. Mas, se ele não tivesse prometido nada, seria suficiente que houvesse uma conveniência que o teria levado a fazer essa promessa, uma vez que, em todo caso, o sábio só promete o que é conveniente. E se pode inclusive dizer que há nesse caso uma certa reparação para o espírito, que a desordem ofenderia se o castigo não contribuísse para restabelecer a ordem. Pode-se ainda consultar o que Grotius escreveu contra os socinianos sobre a satisfação de Jesus Cristo e o que Crellius[61] respondeu a ele.

74. É assim que as penas dos condenados continuam mesmo que já não sirvam para desviar o mal; e que, igualmente, as recompensas dos bem-aventurados continuam mesmo que não sirvam mais para confirmar o bem. Pode-se dizer, entretanto, que os condenados

---

[61] A obra de Grócio a que se refere Leibniz aqui é *Defensio fidei catholicae de satisfactione Christi adversus Faustum Socinum* [*Defesa da fé católica sobre a satisfação de Cristo contra F. Socino*], Leiden, 1617. Johannes Crellius (1590-1633) foi um teólogo sociniano alemão que vivia na Polônia. Sua *Reponsio* a Grócio foi publicada em 1623, na Cracóvia.

atraem sempre novas dores por meio de novos pecados, e que os bem-aventurados atraem sempre novas alegrias por novos progressos no bem, uma e outra coisa estando fundadas sobre o *princípio de conveniência*, que faz com que as coisas sejam regradas de modo que a má ação atraia um castigo. Pois há motivo para julgar, segundo o paralelismo dos dois reinos, o das causas finais e o das causas eficientes, que Deus estabeleceu no universo uma conexão entre a pena ou a recompensa e a má ou boa ação, de sorte que a primeira seja sempre atraída pela segunda, e que a virtude e o vício adquirem sua recompensa e seu castigo em consequência da série natural das coisas, que contém ainda outra espécie de harmonia preestabelecida além daquela que aparece no comércio da alma e do corpo. Pois, enfim, tudo o que Deus faz é harmônico, como já observei. Talvez, portanto, essa conveniência cessasse em relação àqueles que agissem sem a verdadeira liberdade, isentos de necessidade absoluta, e nesse caso só existiria a justiça corretiva, e não a justiça vindicativa. É essa a opinião do célebre Coringius em uma dissertação que publicou sobre o que é justo[62]. E, com efeito, as razões de que Pomponazzi já se serviu, em seu livro sobre o destino, para provar a utilidade dos castigos e das recompensas, mesmo que tudo acontecesse em nossas ações por uma fatal necessidade, referem-se apenas à emenda e não à satisfação, κόλασιν, ού τιμωρίαν [*jalasin ou timorían*]. Igualmente, é apenas como meio que se destroem os animais cúmplices de determinados crimes e se arrasam as casas dos rebeldes, isto é, para produzir terror. Esse é um ato de justiça corretiva, no qual a justiça vindicativa não tem parte.

75. Mas não nos distrairemos agora discutindo uma questão que é mais de curiosidade do que necessária, uma vez que mostramos suficientemente que não existe essa espécie de necessidade nas ações voluntárias. Entretanto, foi bom mostrar que a *liberdade imperfeita* apenas, a liberdade isenta somente da coerção, bastaria para

---

[62] Trata-se de *Disputatio philosophica de jure* [*Discussão filosófica sobre a justiça*] (Helmstadt, 1637), de Hermann Conring, ou Coringius (1606-1681), erudito alemão que se correspondia com Leibniz. Na dissertação, Conring faz alusão ao livro *De fato, libero arbitrio, praedestinatione, providentia Dei* [*Sobre o destino, o livre-arbítrio, a predestinação e a providência de Deus*] (Bâle, 1525), de Pomponazzi.

fundar esse tipo de castigos e recompensas que tendem a evitar o mal e a emenda. Vê-se também, com isso, que algumas pessoas de espírito que se persuadiram de que tudo é necessário erraram em dizer que ninguém deve ser louvado nem censurado, recompensado ou punido. Aparentemente, elas dizem isso apenas para exercitar sua erudição; seu pretexto é de que, tudo sendo necessário, nada estaria em nosso poder. Mas esse pretexto está mal fundamentado; as ações necessárias estariam ainda em nosso poder, pelo menos enquanto pudéssemos realizá-las ou omiti-las, quando a esperança ou o medo do elogio ou da censura, do prazer ou da dor, levassem nossa vontade a isso, tanto se a levassem necessariamente quanto se, levando-a a isso, ainda deixassem a ela igualmente a espontaneidade, a contingência e a liberdade inteiras. De sorte que os elogios e as censuras, as recompensas e os castigos guardariam sempre grande parte de sua utilidade, mesmo que houvesse uma verdadeira necessidade em nossas ações. Podemos elogiar e censurar também as boas e más qualidades naturais, nas quais a vontade não tem parte, em um cavalo, em um diamante, em um homem; e quem disse que Catão de Utica[63] agia virtuosamente por sua bondade natural e que lhe era impossível usar sua natureza de outra maneira acreditou que com isso o elogiava.

76. As dificuldades que tratamos de resolver até aqui são quase todas comuns à teologia natural e à revelada. Agora será necessário tratar o que diz respeito a um ponto revelado, que é a eleição ou a reprovação dos homens com a economia ou o emprego da graça divina em relação a esses atos da misericórdia ou da justiça de Deus. Mas, como respondemos às objeções precedentes, abrimos um caminho para satisfazer aquelas que restam, o que confirma a observação que já fizemos (*Discurso preliminar*, § 43), segundo a qual há antes um combate entre as verdadeiras razões da teologia natural e as falsas razões das aparências humanas que entre a fé revelada e a razão. Pois, a respeito desse assunto, não há quase nenhuma dificuldade contra a revelação que seja nova e não tenha sua origem naquelas que se pode objetar às verdades conhecidas pela razão.

---

[63] Ver *Divina comédia*, "Purgatório", canto I.

77. Ora, como os teólogos de quase todos os partidos dividem-se sobre esse assunto da predestinação e da graça e, frequentemente, dão respostas diferentes às mesmas objeções segundo seus princípios que divergem, não se poderia deixar de dizer algo a respeito das diferenças que há entre eles. Pode-se dizer, em geral, que uns consideram Deus de uma maneira mais metafísica e outros de uma maneira mais moral; e já observamos outrora[64] que os contrarremonstrantes tomavam o primeiro partido, e os remonstrantes[65], o segundo. Mas, para fazê-lo bem, é preciso igualmente sustentar, de um lado, a independência de Deus e a dependência das criaturas, e, de outro, a justiça e a bondade de Deus, que o fazem depender de si mesmo, de sua vontade, de seu entendimento, de sua sabedoria.

78. Alguns hábeis e bem-intencionados autores, querendo representar a força das razões dos dois partidos principais para persuadi-los a ter mútua tolerância, julgam que a controvérsia inteira se reduz a este ponto capital: saber qual foi o principal objetivo de Deus ao fazer seus decretos em relação ao homem; se ele os fez unicamente para estabelecer sua glória, manifestando seus atributos e formando, para chegar a esse fim, o grande projeto da criação e da providência, ou se ele teve mais atenção aos movimentos voluntários das substâncias inteligentes que tinha resolvido criar, considerando o que elas desejariam e fariam nas diferentes circunstâncias e situações em que podia colocá-las, a fim de tomar uma resolução conveniente. Parece-me que as duas respostas que são dadas assim a essa grande questão, como opostas entre si, são facilmente conciliáveis, e, consequentemente, os partidos estariam no fundo de acordo, sem que haja necessidade de tolerância se tudo se reduzir a esse ponto. Na verdade, Deus, tendo o desígnio de criar o mundo, propôs-se unicamente manifestar e comunicar suas perfeições da maneira mais eficaz e digna de sua grandeza, de sua sabedoria e de sua bondade. Mas isso mesmo o levou a considerar todas as ações das criaturas

---

[64] Cf. "Discurso sobre a conformidade da fé com a razão", § 56.

[65] Os remonstrantes são partidários do teólogo holandês Arminius, que pregava a salvação pela graça (em oposição à salvação pelas obras), mas, na medida em que essa salvação se dava por meio da presciência de Deus, Armínio se opunha a Calvino, que atribuía a salvação pela graça à soberania divina, sem consideração da vontade humana.

ainda em estado de pura possibilidade para formar o projeto mais conveniente. Ele é como um grande arquiteto, que se propõe como fim a satisfação ou a glória de ter construído um belo palácio, e considera tudo o que deve entrar nesse edifício: a forma e os materiais, o lugar, a situação, os meios, os operários, os gastos, antes de tomar inteiramente a resolução. Pois um sábio, ao formar seus projetos, não poderia separar o fim dos meios; ele não se propõe o fim sem saber se há meios para chegar a esse fim.

79. Não sei se ainda existe quem, talvez, imagine que, sendo Deus o senhor absoluto de todas as coisas, pode-se inferir daí que tudo o que existe fora dele lhe é indiferente, que ele só olhou para si mesmo sem se preocupar com os outros e, assim, tornou uns felizes e outros infelizes, sem nenhum motivo, sem escolha, sem razão; mas ensinar isso a respeito de Deus seria negar-lhe a sabedoria e a bondade. E basta que observemos que ele olha para si mesmo e não negligencia nada do que deve a si mesmo para que julguemos que ele olha as criaturas e as emprega da maneira mais conforme à ordem. Pois, quanto mais um grande e bom príncipe tiver atenção com sua glória, mais pensará em tornar seus súditos felizes, mesmo que seja o mais absoluto dos monarcas, e seus súditos, escravos de nascimento, homens que são propriedade[66] (como falam os jurisconsultos), gente completamente submetida ao poder arbitrário. O próprio Calvino e alguns outros grandes defensores do decreto absoluto declararam, com razão, que Deus teve grandes e justas razões para sua eleição e a concessão de suas graças, embora essas razões nos sejam desconhecidas em detalhe; e é preciso julgar caritativamente que os mais rígidos predestinadores têm razão e piedade em demasia para se afastar dessa opinião.

80. Não haveria, pois, controvérsia, assim espero, para manter com gente tão pouco razoável; mas haverá sempre e muito ainda entre aqueles chamados universalistas e particularistas[67] em relação ao que ensinam da graça e da vontade de Deus. Inclino-me, entre-

---

[66] No original, "homens próprios", isto é, que lhe pertencem, como seu bem próprio, como sua propriedade.

[67] Que sustentam ou negam que há em Deus a vontade de salvar todos os homens.

tanto, a crer que pelo menos a disputa tão acalorada entre eles sobre a vontade de Deus de salvar todos os homens e sobre o que depende disso (quando se separa a vontade *de auxiliis* ou de assistência[68] da graça) consiste mais nas expressões que nas coisas; pois basta considerar que Deus e qualquer outro sábio benfeitor estão inclinados a qualquer bem realizável e que essa inclinação é proporcional à excelência desse bem; e isso (tomando-se o objeto precisamente e em si) por uma *vontade antecedente*, como é chamada, mas que nem sempre tem seu efeito inteiro, uma vez que esse sábio deve ter ainda muitas outras inclinações. Assim, é o resultado de todas as inclinações em conjunto que faz a vontade plena e decretória, como explicamos antes. Portanto, pode-se muito bem dizer como os antigos que Deus quer salvar todos os homens segundo a vontade antecedente, e não segundo a vontade consequente, que não deixa nunca de ter seu efeito. E, se aqueles que negam essa vontade universal não querem permitir que a inclinação antecedente seja chamada uma vontade, eles criam dificuldades apenas por uma questão de palavras.

81. Mas há uma questão mais real a respeito da predestinação à vida eterna e de qualquer outra destinação decidida por Deus: saber se essa destinação é absoluta ou respectiva. Há a destinação ao bem e ao mal; e, como o mal é moral ou físico, os teólogos de todos os partidos convêm que não há destinação ao mal moral, isto é, que ninguém está destinado a pecar. Quanto ao maior dos males físicos, que é a condenação, pode-se distinguir entre destinação e predestinação, pois a predestinação parece envolver em si uma destinação absoluta e anterior à consideração das boas ou más ações daqueles a quem se refere. Assim, pode-se dizer que os reprovados estão *destinados* a ser condenados, uma vez que são conhecidos impenitentes. Mas não se pode dizer igualmente que os reprovados estão *predestinados* à condenação, pois não há reprovação absoluta, estando seu fundamento na impenitência final prevista.

---

[68] Entre 1598 e 1602 ocorreram assembleias, em Roma, sobre *auxiliis* (ajudas, auxílios), nas quais se discutiram as teses de Molina em *Concórdia do livre-arbítrio com os dons da graça, a presciência divina, a providência, a predestinação e a reprovação* (Lisboa, 1588).

82. Há autores, é verdade, que pretendem que Deus, querendo manifestar sua misericórdia e sua justiça segundo razões dignas dele, mas as quais desconhecemos, escolheu os eleitos e consequentemente rejeitou os reprovados antes de qualquer consideração do pecado, mesmo o de Adão; que, depois dessa resolução, considerou bom permitir o pecado para poder exercer essas duas virtudes, e decretou graças em Jesus Cristo para uns, para salvá-los, e recusou-as a outros, para poder punir; e é por isso que esses autores são chamados *supralapsários*, porque o decreto de punir precede, segundo eles, o conhecimento da existência futura do pecado. Mas a opinião mais comum hoje em dia, e que é favorecida pelo Sínodo de Dordrecht[69], é a dos *infralapsários*, bastante conforme à opinião de Santo Agostinho, segundo a qual a misericórdia de Deus, tendo ele resolvido permitir o pecado de Adão e a corrupção da espécie humana, por razões justas mas ocultas, o fez escolher alguns no interior da massa corrompida para salvar gratuitamente por mérito de Jesus Cristo, e sua justiça o fez resolver punir os outros pela condenação que eles mereciam. É por isso que, entre os escolásticos, apenas os salvos eram chamados *praedestinati*, e os condenados eram chamados *praesciti*[70]. É preciso reconhecer que alguns infralapsários e outros falam, às vezes, da predestinação à condenação, a exemplo de Fulgêncio[71] e do próprio Santo Agostinho; mas isso, para eles, significa o mesmo que destinação, e de nada serve disputar a respeito de palavras, embora em outro momento isso tenha servido para maltratar Godescalco[72], que causou rumor no século IX e adotava o nome de Fulgêncio para indicar que imitava esse autor.

83. Quanto à destinação dos eleitos à vida eterna, os protestantes, assim como aqueles da Igreja Romana, disputam fortemente entre si se a eleição é absoluta ou se está fundada na previsão da fé viva final. Aqueles chamados evangélicos, isto é, os da Confissão de

---

[69] Realizado entre 1618 e 1619, decidiu-se em favor das teses gomaristas.

[70] *Praedestinati*: predestinados; *praesciti*: pré-conhecidos, pré-sabidos.

[71] Fulgêncio (468-533), bispo de Ruspe (localidade da atual Tunísia), teólogo fiel às teses agostinianas sobre a graça e a predestinação, contra o pelagianismo.

[72] Gottschalk (morto em 868 ou 869), monge saxão, partidário da predestinação absoluta e perseguido incessantemente, sobretudo pelo bispo de Reims, Hincmar.

Augsburgo, tomam o último partido: creem que não se deve chegar às causas ocultas da eleição enquanto pudermos encontrar uma causa manifesta registrada nas Sagradas Escrituras, que é a fé em Jesus Cristo; e lhes parece que a previsão da causa é também a causa da previsão do efeito. Aqueles chamados reformados são de outra opinião: eles consideram que a salvação vem da fé em Jesus Cristo, mas observam que muitas vezes a causa, anterior ao efeito na execução, é posterior na intenção; como quando a causa é o meio e o efeito é o fim. Assim, a questão é se a fé ou se a salvação é anterior na intenção de Deus, isto é, se ele tem em vista antes salvar o homem que o tornar fiel.

84. Vê-se, com isso, que a questão entre os supralapsários e os infralapsários, de uma parte, e entre estes e os evangélicos, de outra, consiste em conceber a ordem que existe nos decretos de Deus. Talvez se pudesse acabar de uma vez com a disputa dizendo que, rigorosamente, todos os decretos de Deus são simultâneos, não somente em relação ao tempo, com o que todo mundo concorda, mas também *in signo rationis*[73], ou na ordem da natureza. Com efeito, a Fórmula da Concórdia, segundo certas passagens de Santo Agostinho, compreende no mesmo decreto da eleição da salvação os meios que conduzem a ela. Para mostrar essa simultaneidade das destinações ou dos decretos de que se trata, é preciso voltar ao expediente do qual me servi mais de uma vez que afirma que Deus, antes de decretar qualquer coisa, considerou, entre outras séries possíveis de coisas, aquela que depois ele aprovou, em cuja ideia está representado como os primeiros pais pecam e corrompem sua posteridade, como Jesus Cristo redime a espécie humana, como alguns, ajudados por estas ou aquelas graças, alcançam a fé final e a salvação, e como outros, com ou sem tais ou tais graças, não as alcançam, permanecem sob o pecado e são condenados; que Deus não dá sua aprovação a esta série senão depois de penetrar em todos os seus detalhes; e, assim, não pronuncia nada de definitivo sobre aqueles que serão salvos ou condenados, sem ter tudo pesado e inclusive comparado com outras séries possíveis. Assim, o que Deus pronuncia diz respeito a

---

[73] "Logicamente", segundo a Fórmula da Concórdia.

toda a série ao mesmo tempo, da qual ele apenas decreta a existência. Para salvar outros homens ou de outra maneira, teria sido preciso escolher uma série geral inteiramente outra, pois tudo está ligado em cada série. E, nessa maneira de conceber as coisas, que é a mais digna do mais sábio, cujas ações estão ligadas o máximo possível, haveria apenas um único decreto total, que é o de criar o mundo; e tal decreto compreende igualmente todos os decretos particulares, sem que haja uma ordem entre eles, embora se possa dizer também que cada ato particular de vontade antecedente, que entra no resultado total, tem seu valor e sua ordem, na medida do bem para o qual esse ato inclina. Mas esses atos de vontade antecedente não são chamados ainda decretos, uma vez que não são infalíveis, dependendo do êxito do resultado total. E, nessa maneira de considerar as coisas, todas as dificuldades que se podem formular sobre isso reduzem-se àquelas que já foram formuladas e já afastadas quando se examinou a origem do mal.

85. Resta apenas uma importante discussão que tem suas dificuldades particulares, a da distribuição dos meios e circunstâncias que contribuem para a salvação e a condenação, o que inclui entre outras coisas o assunto dos auxílios da graça (*de auxiliis gratiae*), sobre o qual Roma, desde a congregação *De auxiliis* sob Clemente VIII, na qual o assunto foi motivo de disputas entre dominicanos e jesuítas, não permite que se publiquem livros com facilidade. Todo mundo deve convir que Deus é perfeitamente bom e justo, que sua bondade faz com que ele contribua o mínimo possível para o que pode tornar os homens culpáveis e o máximo possível para o que serve para salvá-los (possível, digo, desde que resguardada a ordem geral das coisas); que sua justiça o impede de condenar os inocentes e de deixar as boas ações sem recompensas; e que ele guarda, inclusive, uma justa proporção entre as punições e as recompensas. Entretanto, essa ideia que se deve ter da bondade e da justiça de Deus não aparece o bastante no que conhecemos de suas ações em relação à salvação e à condenação dos homens; e é isso que cria as *dificuldades* que dizem respeito ao pecado e a seus remédios.

86. A primeira dificuldade é: como a alma pôde ser infectada pelo pecado original, que é raiz dos pecados atuais, sem que tenha

havido injustiça da parte de Deus por tê-la exposto a isso? Essa dificuldade deu origem a três opiniões sobre a origem da própria alma. A primeira opinião é a da *preexistência das almas humanas* em outro mundo ou em outra vida onde teriam pecado e sido condenadas, por isso, à prisão do corpo humano; opinião dos platônicos, que é atribuída a Orígenes e que encontra ainda hoje seguidores. Henri Morus[74], doutor inglês, sustentou algo desse dogma em um livro. Alguns dos que sustentam essa preexistência chegaram a afirmar a metempsicose. Van Helmont[75], o filho, era dessa opinião; e o hábil autor de algumas meditações metafísicas publicadas em 1678, com o nome de Guillaume Wander[76], parece se inclinar por essa opinião. A segunda opinião é a da *tradução*, como se a alma das crianças fosse engendrada (*per traducem*[77]) da alma ou das almas daqueles a partir dos quais o corpo é engendrado. Santo Agostinho foi levado a isso para preservar o pecado original. Essa doutrina é ensinada também pela maior parte dos teólogos da Confissão de Augsburgo; não está, entretanto, inteiramente estabelecida entre eles, uma vez que as universidades de Iena, de Helmstadt e outras são contrárias a ela há muito tempo. A terceira opinião, e a mais aceita hoje, é a da *criação*; é ensinada na maior parte das escolas cristãs, mas tem mais dificuldades em relação ao pecado original.

87. Nessa controvérsia dos teólogos sobre a origem da alma humana entrou a disputa filosófica sobre a *origem das formas*. Aristóteles e a escola, conforme a ele, chamaram *forma* o que é um princípio

---

[74] Henry More (1614-1687), filósofo e teólogo, membro da Escola Platônica de Cambridge. O livro a que Leibniz se refere é *Immortalitas animae, quatenus ex cognitione naturae rationisque lumine est demonstrabilis* [*A imortalidade da alma, tanto quanto pode ser demonstrada pelo conhecimento da natureza e pela luz da razão*], publicado em 1659.

[75] François-Mercure van Helmont, filósofo e químico, editou as obras de seu pai, médico e químico famoso.

[76] Guillaume Wander (1650-1706), pseudônimo do abade de Lanion, filósofo malebranchista. Publicou *Méditations sur la métaphysique* [*Meditações sobre a metafísica*] em 1678, em Paris; depois, esse mesmo texto foi publicado aos cuidados de Bayle em Amsterdam, em 1684, com o título *Recueil de quelques pièces curieuses concernant la philosophie de Monsieur Descartes* [*Antologia de alguns fragmentos curiosos concernentes à filosofia de Descartes*].

[77] "Por transmissão".

da ação e se encontra naquele que age. Esse princípio interno é ou substancial, sendo chamado *alma* quando está em um corpo orgânico, ou acidental, e se tem o costume de chamá-lo *qualidade*. O mesmo filósofo deu à alma o nome genérico de enteléquia ou de ato. A palavra "enteléquia" aparentemente tem sua origem na palavra grega que significa "perfeito", e é por isso que o célebre Hermolaüs Barbarus[78] a exprimia em latim, literalmente, como *perfectihabia*, pois o ato é a realização da potência, e ele não tinha necessidade de consultar o diabo, como fez, pelo que se diz, para apreender apenas isso. O filósofo estagirita considera que há duas espécies de ato, o ato permanente e o ato sucessivo. O *ato* permanente, ou durável, não é outra coisa que a *forma* substancial ou acidental: a forma substancial (como a alma, por exemplo) é inteiramente permanente, pelo menos segundo penso, e a acidental o é apenas por um tempo. Mas o ato inteiramente passageiro, cuja natureza é transitória, consiste na própria *ação*. Mostrei alhures[79] que a noção de enteléquia não é inteiramente desprezível e que, sendo permanente, traz consigo não somente uma simples *faculdade* ativa, mas também o que pode ser chamado de *força*, *esforço*, *conatus*, do qual a ação mesma deve seguir se nada a impede. A faculdade é apenas um *atributo*, ou ainda um *modo* algumas vezes; mas a força, quando não é um ingrediente da própria substância, isto é, a *força* que não é *primitiva*, mas *derivativa*, é uma *qualidade* que é distinta e separável da substância. Mostrei também como se pode conceber a alma como uma força primitiva que é modificada e variada pelas forças derivativas ou qualidades, e exercida nas ações.

88. Ora, os filósofos atormentaram-se muito com o tema da origem das formas substanciais. Pois dizer que o composto de forma e matéria é produzido e que a forma é apenas *coproduzida* é o mesmo que não dizer nada. A opinião comum foi de que as formas eram

---

[78] Ermolao Barbaro (1454-1493) foi um humanista italiano. Diz-se que, sem compreender o termo "enteléquia", usado por Aristóteles, o filósofo invocou o diabo para descobrir o sentido e obteve a resposta citada por Leibniz. É autor de *Compendium ethicorum librorum* [*Compêndio de ética*], Veneza, 1544; *Compendium scientiae naturalis ex Aristotele* [*Compêndio de ciências naturais em Aristóteles*], Veneza, 1545; *Themistii paraphrasis in Aristotelis posteriora analytica latine versa* [*A paráfrase de Temístio na linguagem analítica posterior de Aristóteles*], Paris, 1511.

[79] Ver o texto "A reforma da filosofia primeira e a noção de substância", por exemplo.

tiradas da potência da matéria, o que é chamado de *edução*; efetivamente, ainda é o mesmo que não dizer nada, mas isso seria esclarecido, de alguma maneira, pela comparação das figuras; pois a de uma estátua só é produzida subtraindo-se o mármore supérfluo. Essa comparação poderia ter lugar se a forma consistisse em uma simples limitação, como a figura. Alguns acreditaram que as formas fossem enviadas do céu, e mesmo expressamente criadas quando os corpos são produzidos. Júlio Scaliger[80] insinuou que poderia acontecer de as formas serem antes tiradas da potência ativa da causa eficiente (isto é, ou da potência de Deus, em caso de criação, ou da potência das outras formas, em caso de geração) que da potência passiva da matéria; e seria voltar à tradução quando uma geração se dá. Daniel Sennert[81], médico e físico célebre em Wittenberg, cultivou essa opinião, sobretudo em relação aos corpos animados que são multiplicados pelas sementes. Um certo Júlio César della Galla, italiano que vivia na Holanda, e um médico de Groningen, de nome Johann Freitag, escreveram contra ele de uma maneira bastante violenta; e Johann Sperling, professor em Wittenberg, fez a apologia de seu mestre e travou uma disputa com Johann Zeisold[82], professor em Iena que defendia a criação da alma humana.

---

[80] Júlio César Scaliger (1484-1558) – em italiano, Giulio Cesare Scaligero, ou della Scala; em latim, Julius Caesar Scaliger –, médico, filólogo e humanista cujo nome verdadeiro era Giulio Bordone. Era pai do humanista francês de origem italiana Joseph Justus Scaliger (ver nota 62 do "Discurso sobre a conformidade da fé com a razão").

[81] Daniel Sennert (1572-1637), famoso médico alemão que procurava juntar a doutrina dos antigos com a dos alquimistas, como Paracelso. Foi professor de medicina na Universidade de Wittenberg.

[82] Johann Freitag (1581-1641), médico alemão que defendia Aristóteles e Galeno contra os inovadores. Escreveu *Detectio et solida refutatio novae sectae Sennerto-Paracelsicae* [*Uma refutação aberta e sólida da nova seita Sennert-Paracelso*] (Amsterdam, 1637). Johann Sperling (1603-1658), médico e zoologista alemão, defendia Sennert contra Freitag. Escreveu um tratado sobre a origem das formas (*De origine formarum*, 1634) e a defesa desse tratado contra Freitag *Defensio tractatus de origine formarum*, 1638. Johann Zeisold (1599-1667), físico e médico. Escreveu muitas obras sobre o tema, incluindo: *De animae rationalis productione et propagatione* [*Sobre a produção e a propagação da alma racional*], Iena, 1659, 2ª ed.; e *Diatribe histórico-elenctica de setentiae creationem animae rationalis statuentis antiquitate et veritate, necnon de novitate et absurditate* [*Diatribe histórico-refutativa sobre a antiguidade e a verdade da doutrina da criação da alma racional, como sobre a novidade e a absurdidade da doutrina da propagação da alma racional por transmissão*], Iena, 1662. As polêmicas com Sperling estão em *Examen physicae sperlingianae* [*Exame da física de Sperling*], Iena, 1653; e *Processus disputandi sperlingianus monstratus* [*A maneira de discutir de Sperling apresentada*], Iena, 1650.

89. Mas a tradução e a edução são igualmente inexplicáveis quando se trata de encontrar a origem da alma. Não se dá o mesmo com as formas acidentais, uma vez que são apenas modificações da substância e sua origem pode ser explicada pela edução, isto é, pela variação das limitações, exatamente como a origem das figuras. Mas é uma coisa inteiramente diferente quando se trata da origem de uma substância, cujo começo e cuja destruição são igualmente difíceis de explicar. Sennert e Sperling não chegaram a admitir a subsistência e a indestrutibilidade das almas das bestas ou de outras formas primitivas, embora eles as reconheçam como indivisíveis e imateriais. Mas é porque eles confundem a indestrutibilidade com a imortalidade, pela qual se entende, no homem, que não somente a alma, mas também a personalidade subsistem; isto é, dizendo-se que o homem é imortal, faz-se subsistir o que faz com que seja a mesma pessoa, a qual guarda suas qualidades morais, conservando a consciência ou o sentimento reflexivo interno do que ela é, o que a torna capaz de castigo ou recompensa. Mas essa conservação da personalidade não se dá na alma das bestas: eis por que prefiro dizer que elas são imperecíveis em lugar de chamá-las de imortais. Entretanto, esse mal-entendido parece ter sido a causa de uma grande inconsequência na doutrina dos tomistas e de outros bons filósofos que reconheceram a imaterialidade ou a indivisibilidade de todas as almas, sem querer admitir a indestrutibilidade, para grande prejuízo da imortalidade da alma humana. João Escoto[83], ou seja, o Escocês (o que significava outrora o Hibérnico ou o Erígena), autor célebre do tempo de Luís, o Piedoso, e seus filhos, defendia a conservação de todas as almas; e não vejo por que haveria menos inconveniente em fazer durarem os átomos de Epicuro ou de Gassendi[84] do que fazer subsistirem todas as substâncias verdadeiramente simples e indivisí-

---

[83] Escoto Erígena, filósofo do século IX (morto por volta de 880), influenciado pelas doutrinas antigas da alma do mundo ou da animação universal. Sua principal obra é *De divisione naturae* [*Sobre a divisão da natureza*], Oxford, 1681.

[84] Pierre Gassendi (1592-1665), célebre filósofo que promoveu um renascimento do epicurismo no século XVII com obras sobre Epicuro (341-270 a.C.). Escreveu *De vita, moribus et plactis Epicuri* [*Sobre a vida, os costumes e a doutrina de Epicuro*], Lion, 1667; e *Syntagma philosophiae Epicuri* [*Quadro da filosofia de Epicuro*], Haia, 1655.

veis, que são os únicos e verdadeiros átomos da natureza. E Pitágoras tinha razão em dizer em geral, com Ovídio:

Morte carent animae.[85]

90. Ora, como gosto das máximas que se sustentam e para as quais há o mínimo de exceções possível, eis o que me pareceu o mais razoável em todos os sentidos sobre essa importante questão. Considero que as almas e as substâncias simples em geral só poderiam começar por criação e terminar por aniquilamento. E, como a formação dos corpos orgânicos animados só parece explicável na ordem da natureza quando se supõe uma *pré-formação* já orgânica, inferi daí que o que chamamos geração de um animal é apenas uma transformação e um aumento; assim, uma vez que o mesmo corpo já estava organizado, creio que ele já estava animado e tinha a mesma alma; creio o mesmo, vice-versa, da conservação da alma: uma vez que ela foi criada, o animal também é conservado, e a morte aparente é apenas um envolvimento, não havendo aparência na ordem da natureza de almas inteiramente separadas de qualquer corpo, ou de algo que não começando naturalmente cesse pelas forças da natureza.

91. Depois do estabelecimento de uma tão bela ordem e regras tão gerais acerca dos animais, não parece razoável que o homem esteja inteiramente excluído delas e que, nele, tudo se faça por milagre a respeito de sua alma. Também já observei mais de uma vez que é próprio da sabedoria de Deus que tudo seja harmônico em suas obras e que a natureza seja paralela à graça. Assim, acreditaria que as almas, que serão um dia almas humanas, como as de outras espécies, estavam nas sementes e nos ancestrais até Adão, e existem, consequentemente, desde o começo das coisas, sempre na maneira de corpos organizados; e parece que Swammerdam[86], o reveren-

---

[85] "As almas carecem de morte" (Ovídio, *Metamorfoses*, XV, 158).
[86] Swammerdam foi um dos pioneiros no uso do microscópio; descobriu os glóbulos vermelhos e descreveu as estruturas do cérebro, do pulmão e da medula nos homens. Ver nota 19 do prefácio. Archibald Pitcairne (1652-1713), médico escocês, professor em Leiden em 1692; procurou usar a mecânica e a geometria no domínio da medicina. Escreveu *Opuscula medica*. Nicolaas Hartsoeker (1656-1725), matemático e físico holandês, foi nomeado membro da Academia de Ciências em 1699. Escreveu numerosas obras nos campos da matemática e da física.

do padre Malebranche, Bayle, Pitcairne, Hartsoeker e várias outras pessoas muito hábeis têm a mesma opinião. E essa doutrina foi suficientemente confirmada pelas observações microscópicas de Leeuwenhoek[87] e de outros bons estudiosos. Mas me parece ainda conveniente, por várias razões, que elas existiam apenas como almas sensitivas ou almas animais, dotadas de percepção e de sentimento, mas destituídas de razão; e que elas permaneceram nesse estado até o tempo da geração do homem a que deveriam pertencer; e que, então, elas receberam a razão, seja por um meio natural de elevar uma alma sensitiva ao grau de alma racional (o que tenho dificuldade de conceber), seja Deus tendo dado a razão a essa alma por uma operação particular, ou, se quiserdes, por uma espécie de transcriação – o que é tanto mais fácil de admitir quanto a revelação ensina sobre outras operações imediatas de Deus sobre nossas almas. Essa explicação parece afastar todas as dificuldades que se apresentam aqui em filosofia e em teologia, uma vez que a dificuldade da origem das formas cessa inteiramente e que é muito mais conveniente à justiça divina dar à alma já corrompida – corrompida fisicamente ou em sentido animal pelo pecado de Adão – uma nova perfeição, que é a razão, do que colocar uma alma racional, por criação ou por outra maneira, em um corpo no qual ela deve ser corrompida moralmente.

92. Ora, estando a alma sob a dominação do pecado e pronta para cometê-lo atualmente tão logo o homem se encontre no estado de exercer a razão, trata-se de uma nova questão se essa disposição de um homem não regenerado pelo batismo basta para daná-lo mesmo que ele não chegue ao pecado atual, como pode acontecer e acontece muitas vezes, seja quando ele morre antes da idade da razão, seja quando se torna estúpido antes de fazer uso da razão. Sustenta-se que São Gregório Nazianzeno[88] nega isso (*Orat. de baptismo*), mas

---

[87] Anton van Leeuwenhoek (1632-1723), naturalista holandês que utilizou o microscópio para estudar a fecundação e descobriu os espermatozoides. Citado também na *Monadologia*.

[88] São Gregório Nazianzeno, ou de Nazianzo (*c.* 329-390), um dos mais célebres padres da Igreja Grega, foi bispo de Constantinopla. Escreveu vários sermões, cartas, poesias e discursos contra o imperador Juliano. A obra citada é o "Discurso XL", sobre o batismo.

Santo Agostinho é pela afirmativa e considera que o pecado original sozinho já basta para fazer com que se mereçam as chamas do inferno, embora essa opinião seja bastante dura, para dizer o mínimo. Quando falo aqui da danação e do inferno, entendo como as dores, e não uma simples privação da felicidade suprema; entendo *poenam sensus, non damni*[89]. Gregório de Rimini[90], general dos augustianos, com alguns poucos seguiu Santo Agostinho contra a opinião recebida das escolas de seu tempo, e por isso foi chamado "O carrasco das crianças", *Tortor infantum*. Os escolásticos, em lugar de enviá-las para as chamas do inferno, designaram-lhes expressamente um limbo, no qual não sofrem e são punidas apenas pela privação da visão beatífica. As revelações de Santa Brígida[91] (como são chamadas), muito consideradas em Roma, também são a favor desse dogma. Salmerão e Molina, depois de Ambrósio Catharino[92] e outros, atribuem-lhes uma certa beatitude natural; e o cardeal Sfondrati, homem de sabedoria e de piedade, que aprova aqueles últimos, recentemente chegou a preferir de alguma maneira o estado dessas crianças, que é o estado de uma feliz inocência, àquele de um pecador salvo, como se vê em *Nodus praedestinationis dissolutus* – mas me parece que é um pouco demais. É verdade que uma alma esclarecida como se deve não desejaria pecar, mesmo que pudesse por esse meio obter todos os prazeres imagináveis; mas o caso de escolher entre o pecado e a verdadeira beatitude é quimérico, e vale mais obter a beatitude (mesmo depois da penitência) que ser privado dela para sempre.

---

[89] "Pena sensível, e não simples dano".

[90] Gregório de Rimini (*c.* 1300-1358), teólogo e filósofo italiano, nascido em Rimini, seguidor de Agostinho; estudou teologia em Paris e ficou conhecido como *Tortor infantum* por seus exemplos não convencionais a respeito da salvação. Fez parte da Ordem dos Eremitas de Santo Agostinho, ou Ordem de Santo Agostinho, da qual foi general.

[91] Santa Brígida (*c.* 1303-1373), princesa sueca, escritora, teóloga, fundadora de ordem religiosa, padroeira da Suécia. Suas *Revelações*, recolhidas e escritas em latim por Pedro de Skeninge, seu confessor, foram atacadas por Gerson em 1415 e aprovadas no Concílio da Basileia por influência do cardeal Torquemada; foram publicadas em Roma em 1475 e 1488, e em Paris em 1536.

[92] Afonso Salmerão (1515-85), teólogo e jesuíta espanhol de Toledo, companheiro de Inácio de Loyola. Assistiu ao Concílio de Trento. Suas obras foram publicadas em dezesseis volumes. Ambrósio Catharino, ou Lancelot Politi (1483 ou 1487-1553), dominicano italiano, jurisconsulto e teólogo, autor de um tratado sobre a graça em que insiste sobre a responsabilidade moral do homem.

93. Muitos prelados e teólogos da França, que tranquilamente se afastam de Molina e seguem Santo Agostinho, parecem tender para a opinião desse grande doutor, que condena às chamas eternas as crianças mortas em idade inocente antes de terem recebido o batismo. É o que parece pela carta citada antes em que cinco insignes prelados da França escreveram ao papa Inocêncio XII contra o livro póstumo de Sfondrat, mas na qual não ousaram condenar a doutrina da pena puramente privativa das crianças mortas sem batismo, vendo-a aprovada pelo venerável Tomás de Aquino e por outros grandes homens. Não falo daqueles que são, de um lado, chamados de jansenistas e, de outro, discípulos de Santo Agostinho, pois se declaram inteira e fortemente a favor da opinião desse padre. Mas é preciso reconhecer que essa opinião não tem fundamento suficiente nem na razão nem nas Escrituras, e é de uma dureza das mais chocantes. Nicole a escusa muito mal em seu livro *Sobre a unidade da Igreja*, no qual se opõe a Jurieu, ainda que Bayle tome seu partido (*Resposta às questões de um provincial*, t. 3, cap. 178). Nicole se serve deste pretexto: há ainda outros dogmas na religião cristã que parecem duros. Mas, além de não ser uma consequência à qual se deva permitir multiplicar essas durezas sem provas, é preciso considerar que os outros dogmas que Nicole alega, que são o pecado original e a eternidade das penas, são duros e injustos apenas em aparência, enquanto a danação de crianças mortas sem pecado atual e sem regeneração seria verdadeiramente dura, injusta e, com efeito, a condenação de inocentes. E isso me leva a crer que o partido que sustenta essa opinião não prevalecerá inteiramente nem na Igreja Romana. Os teólogos evangélicos têm o costume de falar com mais moderação sobre esse tema e de abandonar essas almas ao julgamento e à clemência de seu Criador. E nós não sabemos todas as vias extraordinárias de que Deus pode se servir para esclarecer as almas.

94. Pode-se dizer que esses que condenam por causa do pecado original apenas, e que condenam as crianças mortas sem batismo ou fora da Aliança[93], recaem, sem se dar conta, em um certo uso da

---

[93] A Teologia da Aliança considera o batismo uma aliança com Deus. São exemplos de aliança no Antigo Testamento: a aliança da criação, a aliança da graça, a aliança com Noé (de preservação), com Abraão (de promessa), com Moisés (a Torá de YHWH), com o

disposição do homem e da presciência de Deus que desaprovam nos outros: eles não querem que Deus recuse suas graças àqueles que ele prevê que resistirão a elas, tampouco que essa previsão e essa disposição sejam a causa da danação dessas pessoas, e, entretanto, pretendem que a disposição que constitui o pecado original e pela qual Deus prevê que a criança pecará tão logo esteja na idade da razão seja suficiente para condená-la antecipadamente. Aqueles que sustentam um e rejeitam o outro não guardam bastante uniformidade e ligação entre seus dogmas.

95. Não há absolutamente menos dificuldade para aqueles que chegam à idade do discernimento e se lançam no pecado seguindo a inclinação da natureza corrompida se não recebem o socorro da graça necessária para deter-se na beira do precipício ou para sair do abismo em que caíram. Parece, pois, duro condená-los eternamente por terem feito o que não tinham o poder de impedir-se de fazer. Aqueles que condenam até as crianças incapazes de discernimento preocupam-se ainda menos com os adultos, e dir-se-á que eles se tornaram duros à força de pensar no sofrimento das gentes. Mas não se dá o mesmo com os outros, e eu tenderia bastante para o lado daqueles que concedem a todos os homens uma graça suficiente para tirá-los do mal, desde que tenham disposição suficiente para aproveitar esse socorro e para não rejeitá-lo voluntariamente. Objeta-se que houve e há ainda uma infinidade de homens entre os povos civilizados e entre os bárbaros que jamais tiveram esse conhecimento de Deus e de Jesus Cristo, de que se precisa para ser salvo pelas vias ordinárias. Mas, sem escusá-los pela pretensão de um pecado puramente filosófico e sem nos deter em uma simples pena da privação, coisas sobre as quais este não é o lugar para discutir, pode-se duvidar do fato, pois o que sabemos nós sobre se eles recebem socorros ordinários ou extraordinários que nos são desconhecidos? Esta máxima, "*Quod facienti quod in se est, non denegatur gratia*

---

rei Davi (do Reino) e as promessas da Nova Aliança; no Novo Testamento, são exemplos de aliança: a aliança com Cristo (a Torá do Messias), a Nova Aliança na Carta aos Hebreus, a Nova Aliança em 2 Cor 3 e Gl 4, e o Apocalipse de João. Os aliancistas consideram que há uma só aliança com Deus, revelada de maneira progressiva. Os dispensacionalistas consideram que há várias alianças distintas.

necessaria"⁹⁴, parece-me de uma verdade eterna. Tomás de Aquino, o arcebispo Bradwardine e outros insinuaram que se passava aí alguma coisa de que não sabemos (Tom., q. 14, *De veritate*, art. 2, *ad I et alibi*. Bradwardine, *De causa Dei non procul ab initio*). E vários teólogos da própria Igreja Romana, bastante autorizados, ensinaram que um ato sincero de amor a Deus sobre todas as coisas basta para a salvação, quando a graça de Jesus Cristo excita esse ato. O padre Francisco Xavier⁹⁵ respondeu aos japoneses que, se os seus ancestrais tivessem usado bem suas luzes naturais, Deus ter-lhes-ia dado as graças necessárias para serem salvos; e o bispo de Genebra, François de Sales⁹⁶, aprova bastante essa resposta (livro 4, *De l'amour de Dieu*, cap. 5).

96. Foi isso que respondi outrora ao excelente Pellisson⁹⁷ para mostrar-lhe que a Igreja Romana, indo mais longe que os protestantes, absolutamente não condena os que estão fora de sua comunhão, e mesmo fora do cristianismo, medindo-os apenas pela fé explícita. E ele não refutou propriamente isso na resposta obsequiosa que me deu e inseriu na quarta parte de suas *Reflexões*, à qual me deu a honra de juntar meu escrito. Ofereci-lhe, então, para consideração o que um célebre teólogo português, de nome Diego Payva Andradius⁹⁸, enviado ao Concílio de Trento, escreveu contra Chemnitz durante esse mesmo concílio. E agora, deixando de lado muitos ou-

---

⁹⁴ "Aquele que faz o que depende de si não tem recusada a graça necessária."

⁹⁵ São Francisco Xavier (1506-1552), missionário jesuíta, um dos primeiros discípulos de Inácio de Loyola. A Igreja Católica Romana considera que ele converteu mais pessoas ao cristianismo do que qualquer outro missionário desde São Paulo, merecendo o epíteto de "Apóstolo do Oriente", por ter exercido a sua atividade missionária especialmente na Índia e no Japão.

⁹⁶ São Francisco de Sales (1567-1622), bispo de Genebra em 1602. Em 1616 foi publicado em Lion seu *Tratado do amor de Deus*.

⁹⁷ Paul Pellisson (1624-1693), letrado e historiador francês, protestante convertido ao catolicismo em 1670. Manteve contato com Leibniz por causa dos projetos de união das igrejas.

⁹⁸ Diego Payva de Andrade (1528-1575), conhecido também como Diego de Paiva de Andrade, Diego Andrada de Payva ou Diogo de Paiva de Andrada, é autor de *Orthodoxarum explicationum* [*Explicações ortodoxas*] (1564), contra o teólogo protestante Martin Chemnitz que respondeu com *Examen decretorum Concilii Tridentini*, em reação ao qual Andrade produziu *Defensio Tridentinae Fidei Catholicae* [*Defesa da fé católica trentina*] (Lisboa, 1578 e 1595).

tros autores, me contentaria em nomear o padre Friedrich Spee[99], jesuíta, um dos mais excelentes homens de sua sociedade, que também foi dessa opinião comum sobre a eficácia do amor a Deus, como parece no prefácio do belo livro que fez em alemão sobre as virtudes cristãs. Ele fala dessa observação como de um segredo de piedade muito importante e se estende muito distintamente sobre a força que tem o amor divino de apagar o pecado mesmo sem a intervenção dos sacramentos da Igreja Católica, ainda que não se os desprezem, o que não seria compatível com esse amor. E um grande personagem, cuja posição era uma das mais elevadas que se podem alcançar na Igreja Romana, foi o primeiro que me deu a conhecer esse livro. O padre Spee era de uma família nobre da Vestfália (diga-se de passagem) e morreu em odor de santidade, segundo o testemunho daquele que publicou esse livro em Colônia com a aprovação de seus superiores.

97. A memória desse homem excelente deve ser ainda preciosa para as pessoas de sabedoria e de bom senso, porque ele é autor de um livro intitulado *Cautio criminalis circa processus contra sagas*[100], que produziu bastante rumor e foi traduzido em muitas línguas. Eu soube pelo eleitor de Mainz, Johann Philipp von Schönborn[101], tio do atual, que segue gloriosamente os passos de seu predecessor, que esse padre Spee, encontrando-se na Francônia quando havia um furor para queimar supostos feiticeiros e tendo acompanhado vários à fogueira e reconhecido todos como inocentes por suas confissões e pelas pesquisas que fez, ficou tão comovido que, apesar do perigo que então existia, resolveu compor essa obra (sem, todavia, colocar seu nome), que causou muitos rumores e converteu sobre esse ponto esse eleitor – ainda simples cônego então, depois bispo de Würzburg, e enfim também arcebispo de Mainz –, que fez cessar

---

[99] Friedrich Spé, ou Spee (1591-1635), teólogo e filósofo alemão. O livro citado é *Goldnes Tugendbuch* [*O livro de ouro das virtudes*], um poema composto em 1631 e publicado em 1649, em Colônia. Leibniz traduziu para o francês o prefácio desse livro.

[100] *Caução criminal ou Livro sobre os processos contra os feiticeiros*, publicado em 1631 com autor identificado como um teólogo romano anônimo.

[101] Johann Philipp von Schönborn (1605-1673), príncipe e arcebispo de Mainz (Mogúncia), tio de Lothar-Franz von Schönborn (1655-1729), eleitor de Mainz, príncipe-bispo de Bamberg.

as fogueiras tão logo chegou à regência, no que foi seguido pelos duques de Brunswick e, por fim, pela maior parte dos outros príncipes e estados da Alemanha.

98. Essa digressão me pareceu oportuna porque esse autor merece ser mais conhecido. Voltando ao assunto, acrescentarei que, supondo-se hoje que um conhecimento de Jesus Cristo segundo a carne é necessário à salvação, o que, com efeito, é o mais seguro a ensinar, poder-se-á dizer que Deus o dará a todos aqueles que fazem o que depende humanamente deles, mesmo que seja preciso dá-lo por milagre. Também não podemos saber o que se passa nas almas no momento da morte; e se vários teólogos sábios e sérios sustentam que as crianças recebem uma espécie de fé no batismo, embora não se lembrem dele depois ao serem questionadas, por que se pretenderia que nada de semelhante, ou mesmo de mais evidente, possa se dar com os moribundos que não podemos interrogar depois da morte? De sorte que há uma infinidade de caminhos abertos para Deus, os quais lhe fornecem meios de satisfazer sua bondade; e tudo o que se pode objetar é que não sabemos de qual via ele se serve, o que não é nada menos que uma objeção válida.

99. Passemos àqueles que não carecem do poder de se corrigir, mas de boa vontade: são, sem dúvida, inescusáveis, mas resta ainda uma grande dificuldade em relação a Deus, uma vez que depende dele dar-lhes essa boa vontade. Ele é o senhor das vontades; o coração dos reis e dos outros homens está em suas mãos. As Sagradas Escrituras chegam a afirmar que ele endurece às vezes os maus para mostrar sua potência ao puni-los. Esse endurecimento não deve ser entendido como se Deus imprimisse neles uma espécie de antigraça, isto é, uma repugnância ao bem ou mesmo uma inclinação para o mal, assim como a graça que ele concede é uma inclinação para o bem; mas é que Deus, tendo considerado a série de coisas que estabeleceu, julgou oportuno, por razões superiores, permitir que o faraó, por exemplo, se encontrasse em *circunstâncias* que aumentassem sua maldade; e a divina sabedoria quis tirar um bem desse mal.

100. Assim, o todo remete frequentemente às circunstâncias, que são uma parte do encadeamento das coisas. Há uma infinidade

de exemplos de pequenas circunstâncias que servem para converter ou perverter. Nada é mais conhecido que o *Tolle, lege* (toma e lê)[102], que Santo Agostinho ouviu alguém gritar em uma casa vizinha quando deliberava sobre o partido que deveria tomar entre os cristãos divididos em seitas, e perguntou-se:

Quod vitae sectabor iter?[103]

Isso o levou a abrir ao acaso o livro das Sagradas Escrituras que tinha diante de si e ler o que caiu sob seus olhos; e essas foram as palavras que acabaram por determiná-lo a deixar o maniqueísmo. O bom Stetonis[104], dinamarquês, bispo titular de Titianopolis e vigário apostólico (como se diz) em Hannover e nos arredores, quando ali havia um duque regente de sua religião, dizia-nos que se passou com ele algo semelhante. Ele era um grande anatomista, muito versado no conhecimento da natureza, mas infelizmente abandonou a pesquisa e, de um grande físico, se transformou em um teólogo medíocre. Não queria mais nem ouvir falar das maravilhas da natureza e foi preciso uma ordem expressa do papa *in virtute sanctae obedientiae*[105] para extrair dele as observações que Thévenot[106] lhe pedia. Ele nos contava, pois, que o que mais contribuiu para determiná-lo a entrar no partido da Igreja Romana tinha sido a voz de uma dama em Florença, que havia gritado para ele da janela: "Não ide para o lado que vós quereis ir, meu senhor, ide para o outro lado." Essa voz o surpreendeu, nos disse, porque ele estava então meditando sobre a religião. Essa dama sabia que ele procurava um homem na casa onde ela estava e, vendo-o tomar um caminho por outro, quis lhe mostrar o quarto de seu amigo.

---

[102] Santo Agostinho, *Confissões*, VIII, 12.
[103] "Em que via devo seguir minha vida?" (Ausônio, *Idílios*, XIII, 1).
[104] Niels Steensen, ou Nicolaus Steno (1638-1686), luterano dinamarquês convertido ao catolicismo, autor de obras científicas e religiosas. Ele narra as circunstâncias de sua conversão em *Epistola de propria conversione* (Florença, 1677).
[105] "Em virtude da santa obediência".
[106] Melchisédech Thévenot (1620-1692), viajante e erudito francês, manteve contato com vários sábios contemporâneos seus, e as reuniões científicas que promovia prenunciaram a formação da Academia de Ciências.

101. O padre Jean Davidius[107], jesuíta, escreveu um livro intitulado *Veridicus christianus*, que é como uma espécie de bibliomancia, no qual se tomam as passagens ao acaso, a exemplo do *Tolle, lege* de Santo Agostinho, e como um jogo de devoção. Mas os acasos nos quais nos encontramos, apesar de nós, contribuem muito para dar ou tirar a salvação dos homens. Imaginemos duas crianças gêmeas, polonesas, uma pega pelos tártaros, vendida aos turcos, levada à apostasia, jogada na impiedade, morrendo em desespero; a outra, salva por qualquer acaso, levada depois para boas mãos para ser instruída como é devido, penetrada pelas mais sólidas verdades da religião, exercitada nas virtudes que ela recomenda, morrendo com todos os sentimentos de um bom cristão: lamentar-se-á a infelicidade da primeira que, por uma pequena circunstância, talvez tenha sido impedida de se salvar como seu irmão, e admirar-se-á que essa pequena circunstância tenha decidido sua sorte em relação à eternidade.

102. Alguém dirá, talvez, que Deus previu pela ciência média que o primeiro também teria sido mal e condenado se tivesse permanecido na Polônia. Há talvez encontros nos quais uma coisa como essa pode acontecer. Mas será dito por isso que se trata de uma regra geral e que nenhum daqueles que foram condenados entre os pagãos teria sido salvo se tivesse estado entre os cristãos? Não seria contradizer nosso Senhor, que disse que Tiro e Sidônia teriam aproveitado melhor que Cafarnaum suas predicações se tivessem tido a felicidade de ouvi-las?[108]

103. Mas, mesmo que se concedesse esse uso da ciência média nesse caso contra todas as aparências, ela supõe sempre que Deus considera o que o homem faria em tais ou tais circunstâncias, e continua sendo verdade que Deus teria podido colocá-lo em outras circunstâncias, mais salutares, e lhe dar socorros internos ou externos capazes de vencer o maior fundo de malícia que se poderia encontrar em uma alma. Vão me dizer que Deus não está obrigado a isso, mas tal não basta; é preciso acrescentar que grandes razões o

---

[107] Jan David, ou Johannes Davidius (1546-1613), jesuíta belga, autor de *Adivinho cristão*, publicado na Antuérpia, em 1601.

[108] Mt 11, 21-4; Lc 10, 13-5.

impedem de dar a sentir toda sua bondade a todos. Assim, é preciso que exista escolha, mas não penso que se deve buscar a razão disso absolutamente no bem ou no mal natural dos homens; pois, se se supõe, como alguns, que Deus, ao escolher o plano que produz mais bem, mas envolve o pecado e a condenação, foi levado por sua sabedoria a escolher os naturalmente melhores para torná-los objeto de sua graça, parece que a graça de Deus não seria totalmente gratuita, e que o homem se distinguiria por uma espécie de mérito inato, o que parece afastar-se dos princípios de São Paulo e mesmo dos da soberana razão.

104. É verdade que há razões para a escolha de Deus, e é preciso que a consideração do objeto, isto é, do que é natural no homem, entre nessas razões, mas não parece que essa escolha possa estar submetida a uma regra que sejamos capazes de conceber e que possa agradar ao orgulho dos homens. Alguns teólogos acreditam que Deus oferece mais graças, ou as oferece de uma maneira mais favorável, àqueles que prevê que devem resistir menos, e abandona os outros à sua obstinação; é possível acreditar que ele é muitas vezes assim, e esse expediente, entre aqueles que fazem o homem se distinguir pelo que há de favorável no que lhe é natural, afasta-se bastante do pelagianismo. Entretanto, não ousaria fazer disso uma regra universal. E, para que não tenhamos por que nos glorificar, é preciso que ignoremos as razões da escolha de Deus; além disso, elas são muito variadas para que estejam ao alcance de nosso conhecimento, e pode acontecer de Deus mostrar, algumas vezes, a potência de sua graça vencendo a mais obstinada resistência, a fim de que ninguém tenha por que se desesperar, como ninguém deve ter por que se lisonjear. Aparentemente, São Paulo pensava assim, propondo a esse respeito um exemplo: "Deus", diz ele, "teve misericórdia comigo para dar um exemplo de grande paciência."

105. Talvez, no fundo, todos os homens sejam igualmente maus e, consequentemente, não se encontrem em estado de se distinguir entre si por suas boas ou menos más qualidades naturais; mas eles não são maus de maneira semelhante, pois há uma diferença individual originária entre as almas, como mostra a harmonia preestabelecida. Uns são mais ou menos levados a tal bem ou a tal mal, ou ao

contrário, e tudo segundo suas disposições naturais; mas com o plano geral do universo que Deus escolheu por razões superiores fazendo os homens encontrarem-se em diferentes circunstâncias, aqueles que encontram circunstâncias mais favoráveis ao que têm de natural tornar-se-ão mais facilmente os menos maus, os mais virtuosos, os mais felizes, mas sempre pela assistência das impressões da graça interna que Deus une àquelas disposições. Pode inclusive acontecer de, algumas vezes, ainda durante a vida humana, disposições naturais mais excelentes não terem êxito, por falta de cultura ou de ocasiões. É possível dizer que os homens são escolhidos e dispostos não tanto segundo sua excelência, mas segundo a conveniência que têm com o plano de Deus, como pode acontecer de uma pedra menos boa ser empregada em um edifício ou em uma coleção porque é ela que preenche um determinado vazio.

106. Mas, enfim, todas essas tentativas de razões, nas quais não há necessidade de se fixar inteiramente em determinadas hipóteses, servem apenas para levar a conceber que há milhões de meios de justificar a conduta de Deus e que todos os inconvenientes que nós vemos, todas as objeções que nós suportamos, todas as dificuldades que podem ser levantadas não impedem que se deva crer razoavelmente, quando não seja além disso demonstrativamente, como já mostramos e como se verá ainda mais no que se segue, que não há nada mais elevado que a sabedoria de Deus, nada mais justo que seus juízos, nada mais puro que sua santidade e nada mais imenso que sua bondade.

SEGUNDA PARTE

107. Até aqui nos dedicamos a fornecer uma exposição ampla e distinta de todo o assunto e, embora não tenhamos ainda falado das objeções de Bayle em particular, tratamos de preveni-las e de oferecer os meios de responder a elas. Mas, como nos atribuímos a responsabilidade de satisfazê-las em detalhe – não somente porque talvez ainda haja passagens que mereceriam ser esclarecidas, mas também porque as solicitações dele em geral são plenas de espírito e de erudição e servem para iluminar melhor esta controvérsia –, será bom reunir as principais que se encontram dispersas em suas obras e acrescentar a elas soluções. Notamos, primeiro, que Deus concorre para o mal moral e o mal físico e para um e para o outro de uma maneira moral e de uma maneira física; e que o homem concorre para o mal também moral e fisicamente de uma maneira livre e ativa, que o torna censurável e punível. Mostramos também que cada ponto tem sua dificuldade; a maior delas é sustentar que Deus concorre moralmente para o mal moral, isto é, concorre para o pecado sem ser autor do pecado e inclusive sem ser cúmplice dele.

108. Ele faz isso permitindo de forma justa o pecado e dirigindo-o sabiamente para o bem, como mostramos de uma maneira que parece bastante inteligível. Mas, como é nisso que Bayle declara-se forte, principalmente para vencer aqueles que sustentam não haver nada na fé que não possa concordar com a razão, é também particularmente aqui que é preciso mostrar que nossos dogmas estão munidos de uma proteção e, inclusive, de razões capazes de

resistir ao fogo de sua mais forte artilharia – para nos servir da alegoria empregada por ele. Ele as dirigiu a nós no cap. 144 de sua *Resposta às questões de um provincial* (t. 3, p. 812), em que resume a doutrina teológica em sete proposições e opõe dezenove máximas filosóficas, como grandes canhões capazes de atingir nossa muralha. Comecemos pelas proposições teológicas.

109. I. "Deus", diz ele, "o ser eterno e necessário, infinitamente bom, santo, sábio e potente, possui desde toda a eternidade uma glória e uma beatitude que não podem jamais crescer nem diminuir." Essa proposição de Bayle não é menos filosófica que teológica. Dizer que Deus possui uma glória quando está só, isso depende da significação do termo. Pode-se dizer, como alguns, que a glória é a satisfação que se encontra no conhecimento das próprias perfeições; e, nesse sentido, Deus a possui sempre, mas, quando a glória significa que outros chegam ao conhecimento [dessas perfeições], pode-se dizer que Deus só a adquire quando se dá a conhecer pelas criaturas inteligentes, embora seja verdadeiro que Deus não obtém por isso um bem novo, e que são antes as criaturas racionais que encontram um bem nisso quando consideram como se deve a glória de Deus.

110. II. "Ele se determinou livremente à produção das criaturas e escolheu, entre uma infinidade de seres possíveis, aqueles que lhe agradaram para dar-lhes existência e compor o universo com eles, e deixou todos os outros no nada." Essa proposição também é bastante conforme à parte da filosofia que se chama teologia natural, assim como a precedente. É preciso pesar um pouco o que é dito aqui, que ele escolheu os seres possíveis *que lhe agradaram*. Pois é preciso considerar que quando digo "isso me agrada" é como se eu dissesse "eu o considero bom". Assim, é a bondade ideal do objeto que agrada e faz com que ele o escolha entre muitos outros que não agradam ou agradam menos, isto é, encerram menos dessa bondade que me toca. Ora, apenas os verdadeiros bens são capazes de agradar a Deus e, consequentemente, o que agrada mais a Deus e se faz escolher é o melhor.

111. III. "Estando a natureza humana entre as coisas que quis produzir, ele criou um homem e uma mulher, e lhes concedeu, entre outros favores, o livre-arbítrio, de sorte que eles tiveram o poder

de obedecer-lhe; mas ele os ameaçou de morte se desobedecessem à ordem que ele lhes deu de se abster de certo fruto. Essa proposição foi revelada em parte e deve ser admitida sem dificuldade, desde que o livre-arbítrio seja entendido como se deve, segundo a explicação que demos dele.

112. IV. "No entanto, eles o comeram e, então, foram condenados, eles e toda a sua posteridade, às misérias desta vida, à morte temporal e à danação eterna, e foram submetidos a uma tal inclinação ao pecado que eles se abandonaram quase sem fim e sem interrupção ao pecado." Há motivo para julgar que a ação proibida levou por si mesma a essas más consequências em virtude de uma sequência natural, e que foi por isso mesmo, e não por um decreto puramente arbitrário, que Deus a tinha proibido – mais ou menos como se proíbe o uso de facas pelas crianças. O célebre Fludd ou De Fluctibus[1], inglês, escreveu outrora um livro, *De vita, morte et resurrectione*, sob o nome de R. Otreb, no qual sustentou que o fruto da árvore proibida era um veneno – mas nós não podemos entrar nesse nível de detalhe. Basta que Deus tenha proibido uma coisa prejudicial; não é preciso imaginar que ele teve nisso apenas o papel de um legislador que dá uma lei puramente positiva, ou de um juiz que impõe e inflige uma pena por uma ordem de sua vontade, sem que haja conexão entre o mal de culpa e o mal de pena. E não é necessário figurar-se que Deus, irritado de maneira justa, colocou expressamente uma corrupção na alma e no corpo do homem, por uma ação extraordinária, para puni-lo – assim como os atenienses davam cicuta a seus criminosos. Bayle interpreta assim; ele fala como se a corrupção original tivesse sido posta na alma do primeiro homem por uma ordem e uma operação de Deus. É o que o leva a objetar (*Resposta às questões de um provincial*, t. 3, cap. 178, p. 1.218) que "a razão não aprovaria um monarca que, para castigar um rebelde, condenasse tanto ele quanto seus descendentes a inclinarem-se a se rebelar". Mas esse castigo acontece naturalmente

---

[1] Robert Fludd (1574-1637), médico e teósofo inglês. O livro citado tem por título *Tractatus theologo-philosophicus, in libros tres distributus, quorum I. de vita, II. de morte, III. de resurrectione* [*Tratado teólogo-filosófico distribuído em três livros, dos quais I. sobre a vida, II. sobre a morte, III. sobre a ressurreição*], Oppenheim, 1617.

para os maus, sem qualquer ordem de um legislador, e eles tomam gosto pelo mal. Se os bêbados gerassem crianças inclinadas ao mesmo vício por uma consequência natural do que se passa no corpo, isso seria uma punição de seus progenitores, mas não seria uma pena da lei. Há algo próximo disso nas consequências do pecado do primeiro homem. Pois a contemplação da sabedoria divina nos leva a crer que o reino da natureza serve ao da graça, e que Deus como arquiteto fez tudo conveniente para Deus como monarca. Não conhecemos suficientemente nem a natureza do fruto proibido nem a da ação, tampouco seus efeitos, para julgar essa questão em detalhe; entretanto, é preciso fazer justiça a Deus e acreditar que aquela ação encerrava alguma coisa a mais do que aquilo que os pintores nos representam.

113. V. "Agradou a ele, por sua infinita misericórdia, livrar um número bem pequeno de homens dessa condenação; e, tendo-os deixado expostos durante esta vida à corrupção do pecado e à miséria, ele lhes deu auxílios que os põem em estado de obter a beatitude do Paraíso que jamais acaba." Vários antigos duvidaram de que o número de danados fosse tão grande quanto se imagina, como já observei antes; e parece que eles acreditaram que houvesse algum meio-termo entre a danação eterna e a perfeita beatitude. Mas não temos necessidade dessas opiniões, e basta nos ater às opiniões recebidas na Igreja; em relação a isso, é bom observar que tal proposição de Bayle é concebida segundo os princípios da graça suficiente, dada a todos os homens, e que, desde que tenham uma boa vontade, é-lhes suficiente. E, embora Bayle seja do partido oposto, quis (como disse na margem) evitar os termos que não conviriam ao sistema dos decretos posteriores à previsão dos acontecimentos contingentes.

114. VI. "Ele previu eternamente tudo o que aconteceria; ele regrou todas as coisas e colocou cada uma em seu lugar, e as dirige e governa continuamente segundo seu prazer, de tal maneira que nada se faz sem sua permissão ou contra sua vontade; e ele pode impedir como melhor lhe parecer, tanto e todas as vezes que lhe parecer bom, tudo o que não lhe agrada, consequentemente o pecado, que é a coisa do mundo que mais o ofende e que ele mais odeia;

e pode produzir em cada alma humana todos os pensamentos que ele aprova." Essa tese é ainda puramente filosófica, isto é, cognoscível pelas luzes e pela razão natural. Convém aqui, assim como pesamos na tese II o *que agrada*, ponderar sobre o *que parece bom*, isto é, o que Deus considera bom fazer. Ele pode evitar ou afastar, como *melhor lhe parecer*, tudo o *que não lhe agrada*; entretanto, é preciso considerar que alguns objetos que ele afastaria, como alguns males e, sobretudo, o pecado, que sua vontade antecedente repeliria, não puderam ser rejeitados por sua vontade consequente ou decretória senão quanto era permitido pela regra do melhor, que o mais sábio deveria escolher depois de ter posto tudo em linha de conta. Quando se diz que o pecado é o que mais o ofende e o que ele mais odeia, trata-se de maneiras humanas de falar. Pois Deus, falando rigorosamente, não poderia ser *ofendido*, isto é, lesado, incomodado, inquietado ou encolerizado; e ele não *odeia* nada do que existe, supondo-se que odiar alguma coisa seja vê-la com abominação e de uma maneira que nos causa desgosto, que nos penaliza muito, que faz mal ao nosso coração; pois Deus não poderia sofrer nem tristeza, nem dor, nem incômodo; ele está sempre perfeitamente contente e sem constrangimento. Entretanto, essas expressões em seu verdadeiro sentido são bem fundadas. A bondade soberana de Deus faz com que sua vontade antecedente repila qualquer mal, o mal moral mais do que qualquer outro: ela a admite também apenas por razões superiores invencíveis, e com grandes corretivos que reparam os maus efeitos com vantagem. É verdadeiro também que Deus poderia produzir em cada alma humana todos os pensamentos que ele aprova, mas seria agir por milagre, mais do que seu plano, mesmo o mais bem concebido que seja possível, comporta.

115. VII. "Ele oferece graças à gente que ele sabe que não deve aceitar e deve tornar-se, por essa recusa, criminosa, que não seria se ele não lhes tivesse oferecido; ele declara que deseja ardentemente que a gente as aceite e não lhe dá as graças que sabe que essa gente aceitaria." É verdade que essa gente se torna mais criminosa por sua recusa do que se não se lhe tivesse oferecido nada e que Deus sabe bem disso; mas vale mais permitir seu crime que agir de uma maneira que tornaria o próprio Deus censurável e faria com que os criminosos tivessem algum direito de se queixar, dizendo que não lhes

era possível fazer melhor, embora tenham ou tivessem querido. Deus quer que eles recebam as graças de que são capazes e as aceitem; e quer dar-lhes particularmente aquelas que ele prevê que eles aceitariam, mas sempre por uma vontade antecedente, destacada ou particular, cuja execução não poderia ter sempre lugar no plano geral das coisas. Essa tese está ainda entre aquelas que a filosofia não estabelece menos que a revelação, assim como três outras das sete que acabamos de mostrar aqui; sendo apenas a terceira, a quarta e a quinta as que têm necessidade da revelação.

116. Eis aqui agora as dezenove máximas filosóficas que Bayle opõe às sete proposições teológicas.

I. "Como o ser infinitamente perfeito encontra em si mesmo uma glória e uma beatitude que não podem jamais nem diminuir nem crescer, só sua bondade o determinou a criar este universo; a ambição de ser louvado e algum motivo de interesse de conservar ou de aumentar sua beatitude e sua glória não tiveram parte nisso."

Essa máxima é muito boa: os louvores a Deus não lhe servem para nada, mas servem aos homens que o louvam, e ele quis o bem deles. Entretanto, quando se diz que só a bondade determinou Deus a criar este universo, é bom acrescentar que sua BONDADE o levou *antecedentemente* a criar e a produzir todo o bem possível; mas que sua SABEDORIA fez a triagem e foi a causa pela qual ele escolheu o melhor *consequentemente*; e, enfim, sua POTÊNCIA deu-lhe o meio de executar *atualmente* o grande desígnio que formou.

117. II. "A bondade do ser infinitamente perfeito é infinita, e não o seria caso se pudesse conceber uma bondade maior que a sua. Esse caráter de infinitude convém a todas as suas outras perfeições, ao amor pela virtude, ao ódio pelo vício etc.; elas devem ser as maiores que se possa conceber (*vide* Jurieu[2] nas três primeiras seções de *Julgamento sobre os métodos*, em que ele raciocina continuamente sobre esse princípio, assim como sobre uma primeira noção; *vide* também,

---

[2] Pierre Jurieu (1637-1713), teólogo protestante, defensor do direito de resistência dos huguenotes (contra Luís XIV), é autor de *Jugement sur les méthodes rigides et relachées d'expliquer la providence et la grâce, pour trouver un moyen de réconciliation entre les protestans qui suivent la Confession d'Augsbourg et les réformés* [*Julgamento sobre os métodos rígidos e livres de explicar a providência e a graça, para encontrar um meio de reconciliação entre protestantes que seguem a Confissão de Augsburgo e os reformados*], Rotterdam, 1688.

em Wittichius[3], *De providentia Dei*, n. 12, estas palavras de Santo Agostinho, livro I, *De doctrina christ.*, cap. 7: '*cum cogitatur Deus, ita cogitatur, ut aliquid, quo nihil melius sit atque sublimius; et paulo post: Nec quisquam inveniri potest, qui hoc Deum credat esse, quo melius aliquid est*'[4])."

Essa máxima está perfeitamente de acordo com o que penso, e extraio esta consequência: que Deus faz o melhor que seja possível; de outro modo, seria limitar o exercício de sua bondade, o que significaria limitar sua própria bondade se ela não o levasse a isso [ao melhor], se ele carecesse de boa vontade; ou, então, seria limitar sua sabedoria e sua potência se ele carecesse do conhecimento necessário para discernir o melhor e encontrar os meios de obtê-lo, ou se carecesse das forças necessárias para empregar esses meios. Entretanto, há ambiguidade em dizer que o amor pela virtude e o ódio pelo vício são infinitos em Deus: se isso fosse verdadeiro, absolutamente e sem restrição no próprio exercício, não haveria vício no mundo. Mas, embora cada perfeição de Deus seja infinita em si mesma, ela exerce-se apenas em proporção ao objeto e como a natureza das coisas suporta; assim, o amor pelo melhor no todo triunfa sobre todas as outras inclinações ou ódios particulares: ele é o único cujo próprio exercício é absolutamente infinito, nada podendo impedi-lo de se declarar pelo melhor, e, estando algum vício ligado com o melhor plano possível, Deus o permite.

118. III. "Uma bondade infinita tendo dirigido o Criador na produção do mundo, todos os caracteres de ciência, de habilidade, de potência e de grandeza que se manifestam em sua obra estão destinados à felicidade das criaturas inteligentes. Ele só quis dar a conhecer suas perfeições a fim de que essa espécie de criatura encontrasse sua felicidade no conhecimento, na admiração e no amor ao soberano ser."

Essa máxima não me parece muito exata. Concordo que a felicidade das criaturas inteligentes é a parte principal dos desígnios de

---

[3] Christoph Wittich (1625-1687), teólogo reformado, professor em Leiden, cartesiano, escreveu *Anti-Spinoza*, Amsterdam, 1690.

[4] "Pensando em Deus, pensa-se em uma coisa tal que nada é melhor nem mais elevado que ele. E um pouco depois: não se pode encontrar ninguém que pensa que Deus seja tal que se possa encontrar alguma coisa melhor do que ele."

Deus, porque elas assemelham-se mais a eles; entretanto, não vejo como se possa provar que esse seja seu único fim. É verdade que o reino da natureza deve servir ao reino da graça, mas, como tudo está ligado no grande desígnio de Deus, é preciso crer que o reino da graça está também, de alguma maneira, acomodado ao da natureza, de sorte que este aqui tenha mais ordem e beleza para tornar o composto dos dois o mais perfeito que seja possível. E não há por que julgar que Deus, por algum mal moral a menos, invertesse toda a ordem da natureza. Cada perfeição ou imperfeição na criatura tem seu preço, mas não há nenhuma que tenha um valor infinito. Assim, o bem e o mal moral ou físico das criaturas racionais não ultrapassam infinitamente o bem e o mal que são somente metafísicos, isto é, aqueles que consistem na perfeição de outras criaturas – o que seria preciso afirmar se a presente máxima fosse rigorosamente verdadeira. Quando Deus dá razão ao profeta Jonas[5] pelo perdão que ele concedera aos habitantes de Nínive, ele tocou inclusive o interesse das bestas que teriam sido envolvidas na destruição dessa grande cidade. Nenhuma substância é absolutamente desprezível nem absolutamente preciosa diante de Deus. E o abuso ou a extensão excessiva da presente máxima parece ser em parte a fonte das dificuldades que Bayle propõe. É certo que Deus faz mais caso de um homem que de um leão; entretanto, não sei se se pode assegurar que Deus prefira um único homem a toda a espécie dos leões de todos os pontos de vista; mas, se fosse assim, não se seguiria que o interesse de um certo número de homens prevalecesse em consideração a uma desordem geral espalhada para um número infinito. Essa opinião seria um vestígio da antiga máxima, muito desacreditada, de que tudo é feito unicamente para o homem.

119. IV. "Os benefícios que ele comunica às criaturas que são capazes de felicidade tendem apenas à felicidade delas. Ele não permite, pois, que sirvam para torná-las infelizes; e, se o mau uso que fizessem deles fosse capaz de perdê-las, ele lhes daria meios seguros de fazerem deles sempre um bom uso; pois, sem isso, não seriam verdadeiros benefícios e sua bondade seria menor que aquela que nós podemos conceber em outro benfeitor (quero dizer, em uma

---

[5] Jn 4, 11.

causa que juntasse a seus dons a direção segura para que se bem servisse deles)."

Eis já o abuso e o mau efeito da máxima precedente. Não é verdade rigorosamente (embora pareça plausível) que os benefícios que Deus comunica às criaturas que são capazes de felicidade tendem apenas à felicidade delas. Tudo está ligado na natureza; se um hábil artesão, um engenheiro, um arquiteto, um sábio político frequentemente fazem uma única coisa servir a vários fins quando matam dois coelhos com uma cajadada só, se isso é comodamente possível, pode-se dizer que Deus, cuja sabedoria e potência são perfeitas, faz o mesmo sempre. Isto é, arranja o terreno, o tempo, o lugar, a matéria, que são, por assim dizer, suas despesas. Assim, Deus visa mais de uma coisa em seus projetos. A felicidade de todas as criaturas racionais é um dos fins que ele visa, mas não é todo o seu fim, nem mesmo o fim último. É por isso que a infelicidade de algumas dessas criaturas pode acontecer por concomitância e como uma consequência de outros bens maiores – foi o que já expliquei anteriormente e com o que Bayle concordou de certa maneira. Os bens, enquanto bens, considerados em si mesmos, são o objeto da vontade antecedente de Deus. Deus produzirá tanta razão e tanto conhecimento em seu universo quanto seu plano puder admitir. Pode-se considerar um meio-termo entre uma vontade antecedente inteiramente pura e primitiva e uma vontade consequente e final. A *vontade antecedente primitiva* tem por objeto cada bem e cada mal em si, destacado de qualquer combinação, e tende a afirmar o bem e a impedir o mal; a *vontade média* dirige-se às combinações, como quando se une um bem a um mal, e, então, a vontade terá alguma tendência a essa combinação quando o bem nela ultrapassa o mal; mas a *vontade final* e decisiva resulta da consideração de todos os bens e de todos os males que entram em nossa deliberação, resulta de uma combinação total. Isso mostra que uma vontade média, embora possa passar por consequente de alguma maneira em relação a uma vontade antecedente pura e primitiva, deve ser considerada como antecedente em relação à vontade final e decretória. Deus dá a razão à espécie humana; acontecem infelicidades a ela por concomitância. Sua vontade antecedente pura tende a dar a razão como um grande bem e a impedir os males de que se trata; mas, quando se trata dos males que acompanham esse presente da razão que Deus nos deu, o composto feito da combinação da razão e de seus males será objeto de uma vontade média de Deus, que tenderá a produzir ou impedir esse composto, segundo a prevalência nele de bem ou de mal. Mas, mesmo que acontecesse de a razão fazer mais mal que bem aos homens (com o que, todavia, não concordo), caso em que a vontade média de Deus a recusaria com suas circunstâncias, poderia acontecer, no entanto, de ser mais conveniente à perfeição do universo dar a razão aos homens, não obstante todas as más consequências que pudessem acontecer com respeito a ela; e, consequentemente, a vontade final ou o decreto de Deus, resultando de todas as considerações que ele pode ter, seria dar a razão. E, bem distante de ele poder ser censurável, ele o seria se não fizesse isso. Assim, o mal, ou a mistura de bens e males na qual o mal prevalece, acontece apenas por concomitância, porque está ligado com maiores bens que estão fora dessa mistura. Essa mistura, pois, ou esse composto, não deve ser considerada uma graça ou um presente que Deus nos dá, mas o bem que se encontra misturado aí não deixa de sê-lo. Esse é o presente da razão que Deus dá àqueles que a usam mal. É sempre um bem em si; mas a combinação desse bem com os males que vêm de seu abuso não é um bem em relação àqueles que se tornam infelizes; entretanto, ele ocorre por concomitância, porque serve a um bem maior em relação ao universo; e foi, sem dúvida, isso que levou Deus a dar a razão àqueles que fizeram dela um instrumento de sua infelicidade, ou, para falar de maneira mais exata, segundo nosso sistema, Deus, tendo encontrado entre os seres possíveis algumas criaturas racionais que abusam de sua razão, deu existência àquelas que estão compreendidas no melhor plano possível do universo. Assim, nada nos impede de admitir que Deus faz bens que se transformam em males por culpa dos homens, o que lhes ocorre frequentemente como uma justa punição do abuso que fizeram com suas graças. Aloisius Novarinus[6] escreveu um livro chamado *De occultis*

---

[6] Aloysio Novarino (1594-1650) foi um teólogo italiano. *Sobre os benefícios ocultos de Deus* é o subtítulo de *Deliciae divini amoris* [*Delícias do amor divino*], Lyon, 1641.

Dei beneficiis, nós poderíamos escrever *De occultis Dei poenis*[7]. Este dito de Claudiano faria sentido a respeito de alguns:

Tolluntur in altum,
Ut lapsu graviore ruant.[8]

Mas dizer que Deus não devia dar um bem do qual, ele sabe, uma má vontade abusará, quando o plano geral das coisas exige que ele dê, ou então dizer que ele devia fornecer meios seguros para impedir esse abuso, meios contrários a essa mesma ordem geral, é querer – como já observei – que Deus se torne censurável para impedir que o homem o seja. Objetar, como se faz aqui, que a bondade de Deus seria menor que a de outro benfeitor que desse um presente mais útil é considerar que a bondade de um benfeitor se mede por um único benefício. Acontece facilmente de o presente de um particular ser maior que o de um príncipe, mas todos os presentes desse particular serão bem inferiores a todos os presentes do príncipe. Assim, só se poderiam estimar bem os benefícios que Deus dá quando se considera toda a sua extensão relativamente ao universo inteiro. De resto, pode-se dizer que presentes que são dados prevendo-se que trarão prejuízo são presentes de um inimigo, ἐχθρῶν δῶρα ἄδωρα.

Hostibus eveniant talia dona meis.[9]

Mas isso explica-se quando há malícia ou culpa naquele que os dá, como havia naquele Eutrapelo de que fala Horácio[10], que fazia bem às pessoas para lhes dar o meio de se perderem. Seu desígnio era mau, mas o de Deus não poderia ser melhor do que é. Seria preciso corromper seu sistema? Seria preciso que houvesse menos beleza, menos perfeição e menos razão no universo porque há pessoas que abusam da razão? Os ditados populares fazem sentido aqui: "*Abusus non tollit usum*" e "*Scandalum datum, scandalum acceptum*"[11].

---

[7] "Sobre os castigos ocultos de Deus".
[8] "São levados para o alto, para que sua queda seja mais rude" (*Contra Rufino*, I, 22-3).
[9] "Que meus inimigos recebam tais dons" (Sófocles, *Ájax*, 665).
[10] Horácio, *Epístolas*, I, 18, 31 ss.
[11] "O abuso não suprime o uso", "Escândalo feito, escândalo recebido".

120. V. "Um ser malvado é bem capaz de encher de dons magníficos seus inimigos quando ele sabe que estes farão um uso que os botarão a perder. Não pode, portanto, convir ao ser infinitamente bom dar às criaturas um livre-arbítrio a respeito do qual saberia que elas certamente fariam um uso que as tornaria infelizes. Logo, se ele lhes dá livre-arbítrio, junta a isso a arte de se servir dele sempre convenientemente e não permite que elas negligenciem a prática dessa arte em nenhum caso; e, se não houvesse meio seguro de fixar o bom uso desse livre-arbítrio, ele antes lhes negaria essa faculdade, que sofreria por ela ser a causa da infelicidade dessas criaturas. Isso é tanto mais manifesto por ser o livre-arbítrio uma graça que ele lhes deu por sua própria escolha e sem que elas a pedissem, de sorte que ele seria mais responsável pela infelicidade que ela traria do que se não a tivesse concedido à insistência das preces delas."

O que foi dito no final da observação sobre a máxima precedente deve ser repetido aqui e é suficiente para responder à máxima presente. Além disso, pressupõe-se sempre aquela falsa máxima que se afirmou em terceiro lugar, segundo a qual a felicidade das criaturas racionais é a única finalidade de Deus. Se fosse assim, não aconteceria talvez nem pecado, nem infelicidade, nem sequer concomitância: Deus teria escolhido uma série de possíveis da qual todos esses males estariam excluídos; mas faltaria naquilo que é devido ao universo, isto é, no que ele deve a si mesmo. Se só houvesse espíritos, eles existiriam sem ligação necessária, sem ordem de tempos e lugares. Essa ordem exige a matéria, o movimento e suas leis; regrando-as o melhor possível com os espíritos, chegaremos a nosso mundo. Quando se olham as coisas apenas por alto, concebem-se mil coisas como factíveis, que não poderiam acontecer de maneira devida. Querer que Deus não dê livre-arbítrio às criaturas racionais é querer que não haja tais criaturas; e querer que ele as impeça de abusar do livre-arbítrio é querer que haja apenas essas criaturas inteiramente sozinhas, com o que seria feito apenas para elas. Se Deus só tivesse essas criaturas em vista, ele sem dúvida as impediria de se perderem. Entretanto, pode-se dizer em um sentido que Deus deu a essas criaturas a arte de sempre se servir bem de seu livre-arbítrio, pois a luz natural da razão é essa arte; seria preciso apenas ter sempre a vontade de agir bem, mas falta frequentemente às criaturas o meio de se dar a vontade que se devia ter; e, inclusive, falta-lhes frequentemente a vontade de se servir dos meios que dão de forma indireta uma boa vontade – do que já falei mais de uma vez. É preciso admitir essa falha e é preciso, inclusive, reconhecer que Deus teria talvez podido isentar as criaturas, uma vez que nada impede, parece, que houvesse apenas [criaturas] cuja natureza fosse ter sempre uma boa vontade. Mas respondo que não é necessário e que não seria factível que todas as criaturas racionais tivessem uma perfeição tão grande que as aproximaria da divindade. Talvez isso só fosse possível por uma graça divina especial; mas, nesse caso, seria conveniente que Deus a concedesse a todos, isto é, que ele agisse sempre miraculosamente a respeito de todas as criaturas racionais? Nada seria menos razoável que esses milagres perpétuos. Há graus nas criaturas, a ordem geral exige; e parece muito conveniente à ordem do governo divino que o grande privilégio da consolidação do bem seja dado mais facilmente àqueles que tiveram uma boa vontade quando se achavam em um estado mais imperfeito, no estado de combate e de peregrinação, *in Ecclesia militante, in statu viatorum*[12]. Mesmo os anjos bons não foram criados com a impecabilidade. Entretanto, eu não ousaria assegurar que não haja criaturas bem-aventuradas natas, ou que sejam impecáveis e santas por sua natureza. Talvez haja pessoas que atribuam esse privilégio à Virgem santa, uma vez que também a Igreja Romana a coloca hoje acima dos anjos, mas para nós é suficiente que o universo seja grande e variado: querer limitá-lo é ter pouco conhecimento dele. Mas (continua Bayle) Deus deu o livre-arbítrio às criaturas capazes de pecar sem que elas pedissem essa graça. E aquele que desse tal presente seria mais responsável pela infelicidade que levaria para quem se servisse desse presente do que se só o tivesse concedido pela insistência das preces. Mas a insistência das preces não faz nada em Deus; ele sabe melhor do que nós o que nos é preciso, e só concede o que convém ao todo. Parece que Bayle faz o livre-arbítrio consistir aqui na faculdade de pecar; entretanto, reconhece alhures que

---

[12] "Na Igreja Militante, no estado de peregrino".

Deus e os santos são livres sem ter essa faculdade. O que quer que seja, já mostrei suficientemente que Deus, fazendo o que sua sabedoria e sua bondade juntas ordenam, não é responsável pelo mal que permite. Os próprios homens, quando cumprem seu dever, não são responsáveis pelos acontecimentos, tendo-os previsto ou não.

121. VI. "É também um meio de tirar a vida de um homem dar-lhe um cordão de seda do qual, sabe-se, ele certamente se servirá para enforcar-se livremente, tanto quanto apunhalá-lo por meio de um terceiro. Não se vê menos a sua morte quando se usa a primeira maneira do que quando se emprega a segunda; parece inclusive que se deseja a morte com um desígnio mais maligno, uma vez que se tende a deixar para ele toda a pena e toda a culpa de sua perdição."

Aqueles que tratam de deveres (*de officiis*), como Cícero, Santo Ambrósio, Grotius, Opalenius, Sharrock, Rachelius, Pufendorf[13], assim como os casuístas, ensinam que há casos em que não se é obrigado a restituir algo àquele a quem a coisa pertence; por exemplo, não se restituirá um punhal quando se sabe que aquele que o confiou a um depositário quer apunhalar alguém. Finjamos que eu tenha em minhas mãos o tição fatal de que a mãe de Meleagro se servirá para matá-lo, o dardo encantado que Céfalo empregará, sem saber, para matar sua esposa, Prócris, os cabelos de Teseu que irão dilacerar Hipótito, seu filho. Pede-se a devolução dessas coisas e eu tenho o direito de recusar, sabendo o uso que se fará delas. Mas o que aconteceria se um juiz competente me ordenasse a restituição porque eu não poderia provar o que sei das más consequências que essa restituição trará, talvez porque Apolo me concedeu o dom da profecia, como a Cassandra, com a condição de que ninguém acre-

---

[13] Santo Ambrósio escreveu *De officiis ministrorum*, uma versão cristã do *De Officiis* [*Dos deveres*], de Cícero. Lucas Opalenius (1612-1662), escritor polonês, autor de *De officiis* (Königsberg/Amsterdam, 1703). Robert Sharrock (1630-1684), jurista e teólogo inglês, autor de *Hypothesis de officio secundum jus naturae, contra Hobbesium* [*Hipótese dos deveres segundo o direito natural, contra Hobbes*]. Samuel Rachelius (1628-1691), moralista e jurista alemão, professor de moral em Helmstadt e de direito natural em Kiel, publicou uma edição de *Dos deveres*, de Cícero, com comentários (Helmstadt, 1661). Samuel Pufendorf (1632-1694), historiador, jurista, teórico do direito natural e autor de *De officio hominis et civis juxta legem naturalem* [*Do dever do homem e do cidadão segundo a lei natural*] (Lund, 1673).

ditasse em mim? Eu seria, pois, obrigado a restituir, não podendo defender-me sem minha perdição; assim, eu não posso me impedir de contribuir com um mal. Outra comparação: Júpiter promete a Sêmele o Sol como o de Faetonte, Cupido promete a Psique conceder a graça que será pedida. Eles juram pelo Estige,

> *Di cujus jurare timent et fallere numen.*[14]

Há de se querer parar, mas será tarde demais, tendo-se escutado parte do pedido,

> *Voluit Deus ora loquentis*
> *Opprimere; exierat Jam Vox properata sub auras.*[15]

Há de se querer recuar diante do pedido feito, mediante advertências inúteis, mas vós sois pressionados; diz-se:

> *Fazei vós promessas para não satisfazê-las?*

A lei do Estige é inviolável; ela se faz cumprir. Caso se tenha errado ao fazer a promessa, errar-se-á ainda mais ao não a cumprir: é preciso satisfazer a promessa, por mais perniciosa que ela seja a quem a cobra; ela vos será perniciosa se vós não a executardes. Parece que a moral dessas histórias insinua que uma suprema necessidade pode obrigar a consentir com o mal. Deus, na verdade, não conhece outro juiz que possa constrangê-lo a conceder o que pode transformar-se num mal; ele não é como Júpiter, que teme o Estige. Mas sua própria sabedoria é o maior juiz que pode ser encontrado; seus julgamentos são sem apelação, são os despachos do destino. As verdades eternas, objeto de sua sabedoria, são mais invioláveis que o Estige. Essas leis não constrangem esse juiz: elas são mais fortes porque persuadem. A sabedoria apenas mostra a Deus o melhor exercício possível de sua bondade; depois disso, o mal que acontece é uma sequência indispensável do melhor. Eu

---

[14] "Os deuses temem, em suas promessas, invocar e trair o poder divino" (Virgílio, *Eneida*, VI, 324).

[15] "Deus, querendo prender a palavra em sua boca; mas a voz já se propalou pelos ares" (Ovídio, *Metamorfoses*, III, 295-6).

acrescentaria uma coisa mais forte: permitir o mal como Deus permite é a maior bondade.

Si mala sustulerat, non erat ille bonus.[16]

Seria preciso ter o espírito invertido para dizer, depois disso, que é pior deixar a alguém toda a pena, todo o erro de sua perdição. Quando Deus o deixa a alguém, é porque [o erro] pertence a ele antes de sua existência; estava então na ideia dele ainda puramente possível, antes do decreto de Deus que o fez passar à existência: pode-se deixar ou dar a outro? É dizer tudo.

122. VII. "Um verdadeiro benfeitor dá prontamente; para dar não espera que aqueles que ama tenham sofrido grandes misérias pela privação do que ele podia lhes comunicar antes de maneira fácil e sem qualquer incomodidade. Se a limitação das forças dele não permite que ele faça o bem sem sentir dor ou alguma outra incomodidade, ele deixa de fazer (*vide Dicionário histórico e crítico*, p. 2.261 da segunda edição); mas isso só acontece contra sua vontade, e ele não emprega nunca essa maneira de se fazer útil quando pode sê-lo sem misturar nenhum tipo de mal em seus favores. Se o proveito que pudesse ser tirado dos males que fizesse sofrer pudesse nascer também facilmente de um bem inteiramente puro, como daqueles males, ele tomaria a via reta do bem inteiramente puro e não a via oblíqua que levaria do mal ao bem. Se ele enche de riquezas e honras, não é para que aqueles que gozaram delas e vieram a perdê-las aflijam-se de maneira tanto mais sensível quanto mais estavam acostumados ao prazer, e para que assim eles se tornem mais infelizes do que as pessoas que sempre estiveram privadas dessas vantagens. Um ser maligno encheria de bens a esse preço a gente por quem ele tivesse mais ódio. Relacionai a isso a passagem de Aristóteles (*Retórica*, 2.23.20):

> οἷον εἰ δοίη ἄν τις τινὶ ἵν' ἀφελόμενος λυπήσῃ. ὅθεν καὶ τοῦτ' εἴρηται,
> πολλοῖς ὁ δαίμων οὐ κατ' εὔνοιαν φέρων
> μεγάλα δίδωσιν εὐτυχήματ', ἀλλ' ἵνα
> τὰς συμφορὰς λάβωσιν ἐπιφανεστέρας.

---

[16] "Não seria bom se suprimisse os males."

SEGUNDA PARTE

Id est: Veluti si quis aliquid det, ut (postea) hoc (ipsi) erepto (ipsum) officiat dolore.
Unde etiam illud est dictum;
Bona magna multis non amicus da Deus,
Insigniore ut rursus his privet malo.[17]

Todas essas objeções correm quase sobre o mesmo sofisma; elas mudam e desfiguram o fato, descrevem as coisas apenas pela metade. Deus cuida dos homens, ama a espécie humana e quer o seu bem, nada é mais verdadeiro. Entretanto, ele deixa os homens caírem e frequentemente os deixa perecer, ele lhes dá bens que se transformam em sua perdição; e, quando ele torna alguém feliz, é depois de muito sofrimento. Onde está sua bondade, ou melhor, onde está sua potência? Vãs objeções que suprimem o principal, que dissimulam que é de Deus que se fala. Parece que é uma mãe, um tutor, um governante, cuja preocupação quase única diz respeito à educação, à conservação, à felicidade da pessoa de que se trata, e que negligenciam seu dever. Deus cuida do universo, não negligencia nada, escolhe o absolutamente melhor. Se alguém é mal e infeliz com isso, pertence a ele sê-lo. Deus, diz-se, podia dar a felicidade a todos; ele poderia dá-la pronta e facilmente, e sem nenhuma incomodidade, porque ele pode tudo. Mas ele deve? Uma vez que ele não o faz, isso é uma marca de que ele devia fazer inteiramente diferente. Inferir ou que é contra a vontade e por uma falta de força que ele deixa de tornar os homens felizes e de dar o bem antes e sem misturá-lo com o mal, ou que lhe falta boa vontade para dar puramente e tudo de bom, é comparar nosso Deus verdadeiro com Heródoto, cheio de inveja, ou com o demônio do poeta, de que Aristóteles narra os iambos que acabamos de traduzir para o latim, que dá os bens a fim de afligir mais ao tirá-los. É brincar com Deus por meio de antropomorfismos perpétuos; é representá-lo como um homem que se dedica inteiramente ao assunto de que se

---

[17] "Por exemplo, se se desse alguma coisa a alguém para que a perda o afligisse, quem o fez diz isto: a muitos a divindade concede grande prosperidade, não por benevolência, mas para que a perda lhe inflija as mais manifestas infelicidades" (Aristóteles, *Retórica*, II, 23, 1.399b, 22-6 – citação de uma tragédia desconhecida).

trata, que deve o exercício principal de sua bondade somente aos objetos que nos são conhecidos e carece de capacidade e boa vontade. Deus não carece disso; ele poderia fazer o bem que desejamos, inclusive quer fazê-lo, tomando-o separadamente; mas ele não deve fazê-lo preferencialmente a outros bens maiores que se opõem a esse. De resto, não temos por que nos queixar por só alcançarmos ordinariamente a salvação por meio de sofrimentos e carregando a cruz de Jesus Cristo; esses males servem para tornar os eleitos imitadores de seu mestre e para aumentar sua felicidade.

123. VIII. "A maior e mais sólida das glórias que aquele que é mestre dos outros pode adquirir é manter entre eles a virtude, a ordem, a paz, o contentamento de espírito. A glória que ele extrairia da infelicidade deles só poderia ser uma falsa glória."

Se conhecêssemos a cidade de Deus tal como ela é, veríamos que é o mais perfeito estado que pode ser inventado; que a virtude e a felicidade lá reinam, tanto quanto é possível, segundo as leis do melhor; que o pecado e a infelicidade (os quais razões de ordem suprema não permitiam excluir inteiramente da natureza das coisas) não são quase nada em comparação com o bem, e servem inclusive a grandes bens. Ora, uma vez que esses males deviam existir, era preciso haver alguns que ficassem sujeitos a eles, e nós somos esses alguns. Se fossem outros, não teriam a mesma aparência de mal? Ou, antes, esses outros não seriam o que é chamado de "nós"? Se Deus extraiu alguma glória do mal por tê-lo feito servir a um bem maior, ele devia extraí-la. Não é, pois, uma falsa glória, como seria a de um príncipe que perturbasse seu estado para ter a honra de endireitá-lo.

124. IX. "O maior amor que aquele mestre poderia testemunhar pela virtude é fazer, se pode, que ela seja sempre praticada sem nenhuma mistura de vício. Se lhe é fácil proporcionar a seus súditos essa vantagem e, no entanto, ele permite que o vício suba à cabeça sob a condição de puni-lo depois de tê-lo tolerado por muito tempo, sua afeição pela virtude não é a maior que se possa conceber; ela não é, pois, infinita."

Não estou ainda na metade das dezenove máximas e já estou cansado de responder sempre a mesma coisa. Bayle multiplica sem necessidade suas pretensas máximas, que se opõem a nossos dogmas.

SEGUNDA PARTE

Quando se separam coisas ligadas em conjunto, as partes de seu todo, a espécie humana do universo, os atributos de Deus uns dos outros, a potência da sabedoria, permite-se dizer que Deus pode fazer com que a virtude exista no mundo sem nenhuma mistura com o vício, e mesmo que ele pode fazer isso facilmente. Mas, uma vez que ele permitiu o vício, é preciso que a ordem do universo, considerada preferível a qualquer outro plano, tenha exigido isso. É preciso julgar que não foi permitido fazer diferente, uma vez que não é possível fazer melhor. É uma necessidade hipotética, uma necessidade moral, a qual, bem longe de ser contrária à liberdade, é o efeito de sua escolha. *Quae rationi contraria sunt, ea nec fieri a sapiente posse credendum est*[18]. Objeta-se aqui que a afeição de Deus pela virtude não é, pois, a maior que se pode conceber, que não é infinita. Isso já foi respondido sobre a segunda máxima, ao se dizer que a afeição de Deus por toda coisa criada que exista é proporcional ao valor da coisa. A virtude é a mais nobre qualidade das coisas criadas, mas não é a única boa qualidade das criaturas; há uma infinidade de outras que atraem a inclinação de Deus: de todas as inclinações resulta o maior bem possível; e acontece que, se só houvesse virtude, se só houvesse criaturas racionais, haveria menos bem. Midas se considerou menos rico quando não teve senão ouro. Além disso, a sabedoria deve variar. Multiplicar unicamente a mesma coisa, por mais nobre que ela possa ser, seria uma superfluidade, uma pobreza: ter mil Virgílios bem relidos em sua biblioteca, cantar sempre as árias da ópera *Cadmus et Hermione*[19], quebrar todas as porcelanas para ter apenas xícaras de ouro, ter apenas botões de diamante, comer apenas perdiz, beber somente vinho da Hungria e de Shiraz: chamar-se-ia isso razão? A natureza teve necessidade de animais, de plantas, de corpos inanimados; há nas criaturas não racionais maravilhas que servem ao exercício da razão. O que faria uma criatura inteligente se não houvesse coisas não inteligentes? Em que ela pensaria se não houvesse nem movimento, nem matéria, nem

---

[18] "O que é contrário à razão, deve-se acreditar que um sábio não poderia fazê-lo."

[19] *Cadmus et Hermione* é uma das óperas do compositor francês (nascido italiano) Jean-Baptiste Lully (1632-1687), que passou a maior parte da sua vida trabalhando na corte do rei Luís XIV, da França.

sentidos? Se ela só tivesse pensamentos distintos, seria um deus, sua sabedoria seria sem limites; é uma das consequências de minhas meditações. Tão logo haja uma mistura de pensamentos confusos, eis os sentidos, eis a matéria. Pois esses pensamentos confusos vêm da relação de todas as coisas entre si segundo a duração e a extensão. É isso que faz com que na minha filosofia não haja criatura racional sem um corpo orgânico e que não haja espírito criado que seja inteiramente separado da matéria. Mas esses corpos orgânicos não diferem menos em perfeição que os espíritos a que pertencem. Portanto, uma vez que é preciso à sabedoria de Deus um mundo de corpos, um mundo de substâncias capazes de percepção e incapazes de razão, enfim, uma vez que era preciso escolher, entre todas as coisas, o que resultava no melhor efeito em conjunto, e o vício entrou aí por essa porta, Deus não teria sido perfeitamente bom, perfeitamente sábio, se o tivesse excluído.

125. X. "O maior ódio que se pode testemunhar pelo vício não é deixá-lo reinar forte por muito tempo e depois castigá-lo, mas arrasá-lo antes de seu nascimento, isto é, impedir que ele se mostre em qualquer lugar. Um rei, por exemplo, que pusesse suas finanças em tão boa ordem que jamais incorresse em uma malversação faria nascer mais ódio pela injustiça de partidários do que se, depois de ter percebido que eles enriqueciam com o sangue do povo, ele os fizesse perder."

É sempre a mesma ladainha, é um puro antropomorfismo. Um rei, ordinariamente, não deve ter nada mais no coração que isentar esses súditos da opressão. Um de seus maiores interesses é pôr em boa ordem suas finanças. Entretanto, há tempos em que ele é obrigado a tolerar o vício e as desordens. Tem-se uma guerra nas costas, todos acham-se esgotados, não há generais a escolher, é preciso administrar aqueles que se tem e que exercem uma grande autoridade entre os soldados: um Braccio, um Sforza, um Wallenstein. Falta dinheiro para as necessidades mais prementes, é preciso recorrer a grandes financistas, que têm um crédito estabelecido, e ser, ao mesmo tempo, conivente com as suas malversações. É verdade que essa infeliz necessidade vem o mais das vezes de erros precedentes. Não se dá o mesmo com Deus, que não tem necessidade de ninguém e não comete nenhum erro; ele faz sempre o melhor. Não se pode inclusive desejar que as coisas vão melhor quando as entendemos, e seria um vício do autor das coisas se ele quisesse excluir os vícios que se encontram nelas. Esse Estado de um perfeito governo no qual se quer e se faz o bem tanto quanto possível, no qual o próprio mal serve a um bem maior, é comparável ao Estado de um príncipe cujos negócios estão em ruína e que se salva como pode? Ou ao de um príncipe que favorece a opressão para puni-la e a quem apraz ver os pequenos pedindo esmolas e os grandes em cadafalsos?

126. XI. "Um senhor dedicado aos interesses da virtude e ao bem de seus súditos dedica-se inteiramente a fazer de maneira que eles jamais desobedeçam a suas leis e, se for preciso que ele os castigue por sua desobediência, o faz de maneira que a pena os cure da inclinação ao mal e restabeleça em suas almas uma firme e constante disposição ao bem, tanto que é preciso que ele vele para que a pena dos erros não os incline mais e mais para o mal."

Para tornar os homens melhores, Deus faz tudo o que deve ser feito, e mesmo tudo o que pode de seu lado, desde que de acordo com o que se deve. O fim mais ordinário da punição é a emenda; mas esse não é o único fim nem o que é proposto sempre. Eu disse uma palavra a esse respeito anteriormente. O pecado original, que torna os homens inclinados ao mal, não é uma simples pena do primeiro pecado, mas uma consequência natural. Eu disse também uma palavra ao fazer uma observação sobre a quarta proposição teológica. É como a bebedeira, que é uma pena do excesso de bebida e, ao mesmo tempo, uma consequência natural que leva facilmente a novos pecados.

127. XII. "Permitir o mal que poderia ser impedido é não se preocupar se é ou não é cometido, ou mesmo desejar que seja cometido esse pecado."

De maneira nenhuma. Quantas vezes os homens permitem pecados que eles poderiam impedir se voltassem todos os seus esforços nesse sentido? Mas outras preocupações mais importantes os impedem. Raramente será tomada a resolução de corrigir as desordens da economia enquanto se tem uma guerra sobre os ombros – e o que fez um parlamento da Inglaterra um pouco antes da paz de

Ryswick[20] será mais elogiado que imitado. E se pode concluir que o Estado não se preocupa com aquela desordem ou mesmo que a deseja? Deus tem uma razão bem mais forte e mais digna para tolerar os males. Não somente ele extrai deles maiores bens, mas ainda os encontra ligados com o maior de todos os bens, de sorte que seria um defeito não permiti-los.

128. XIII. "É um grande defeito, entre os que governam, não se preocupar se há ou não há desordens em seus Estados. O defeito é ainda maior se eles querem e desejam desordens. Se por vias ocultas e indiretas, mas infalíveis, eles excitam uma sedição em seus Estados para levá-los a dois dedos de sua ruína a fim de proporcionar a si a glória de mostrar que tiveram a coragem e prudência necessárias para salvar um grande reino prestes a perecer, eles seriam muito condenáveis. Mas, se eles excitassem essa sedição porque não haveria nenhum outro meio além desse para impedir a ruína total de seus súditos e para firmar, sobre novos fundamentos e por muitos séculos, a felicidade dos povos, seria necessário prantear a infeliz necessidade [...] à qual eles foram reduzidos e elogiá-los pelo uso que fizeram dela."

Essa máxima, como muitas outras de que tratamos aqui, não é aplicável ao governo de Deus. Além de ser apenas uma pequeníssima parte de seu reino aquela na qual se acusam desordens, é falso que ele não se preocupa com os males, que ele os deseja, que os faz nascer para ter a glória de domá-los. Deus quer a ordem e o bem, mas acontece às vezes de aquilo que é desordem em uma parte ser ordem no todo. Nós já oferecemos como alegação este axioma do direito: "*Incivile est nisi tota lege inspecta judicare.*"[21] A permissão dos males vem de uma espécie de necessidade moral: Deus está obrigado a isso por sabedoria e por bondade; essa necessidade é feliz,

---

[20] O Tratado de Ryswick foi assinado em 20 de setembro de 1697 e pôs fim à Guerra dos Nove Anos, na qual a França combateu a Grande Aliança. O tratado tem esse nome por ter sido assinado na cidade holandesa de Ryswick (atual Rijswijk). Os protagonistas da guerra e do tratado de paz foram Guilherme III, da Inglaterra, e Luís XIV, da França. Pelo acordo, Luís XIV reconheceu Guilherme III como soberano inglês.

[21] "É contrário ao direito julgar sem que a lei inteira seja levada em consideração."

ao passo que aquela do príncipe de que fala a máxima é infeliz. Seu Estado é um dos mais corrompidos; e o governo de Deus é o melhor Estado que seja possível.

129. XIV. "A permissão de um determinado mal só é escusável quando não se poderia remediá-lo sem introduzir um mal ainda maior, mas não poderia ser escusável naqueles que têm em mãos um remédio muito eficaz contra esse mal e contra todos os outros males que poderiam nascer da supressão deste."

A máxima é verdadeira, mas ela não poderia ser alegada contra o governo de Deus. A suprema razão o obriga a permitir o mal. Se Deus não escolhesse o que fosse o melhor absolutamente em tudo, seria um mal maior do que todos os males particulares que ele poderia impedir por esse meio. Essa má escolha destruiria sua sabedoria ou sua bondade.

130. XV. "O ser infinitamente potente e criador da matéria e dos espíritos faz tudo o que quer dessa matéria e desses espíritos. Não há situação ou figura que não possa comunicar aos espíritos. Se, portanto, ele permitisse um mal físico ou um mal moral, não seria porque, sem isso, algum outro mal físico ou moral ainda maior seria inteiramente inevitável. Nenhuma das razões de mistura do bem e do mal, fundadas na limitação das forças dos benfeitores, poderia convir com ele."

É verdade que Deus faz da matéria e dos espíritos tudo o que quer, mas ele é como um bom escultor que só quer fazer de seu bloco de mármore o que julga melhor e o que julga bom. Deus faz da matéria a mais bela de todas as máquinas possíveis; faz dos espíritos o mais belo de todos os governos concebíveis; e, além de tudo isso, estabelece para sua união a mais perfeita de todas as harmonias, segundo o sistema que propus. Ora, uma vez que o mal físico e o mal moral encontram-se nessa obra perfeita, deve-se julgar (contra o que Bayle assegura aqui) que, sem isso, um mal ainda maior teria sido inteiramente inevitável. Esse mal tão grande seria que Deus teria errado se tivesse escolhido de modo diferente. É verdade que Deus é infinitamente potente, mas sua potência é indefinida; a bondade e a sabedoria juntas o determinam a produzir o melhor. Bayle faz alhures uma objeção que lhe é particular, tirada das opiniões dos cartesianos modernos, que dizem que Deus poderia dar às almas os pensamentos que quisesse sem torná-las dependentes de nenhuma relação com os corpos; por esse meio, evitar-se-ia dar às almas um grande número de males que vêm apenas da perturbação dos corpos. Falaremos mais disso adiante; agora basta considerar que Deus não poderia estabelecer um sistema mal ligado e cheio de dissonâncias. A natureza das almas é, em parte, representar os corpos.

131. XVI. "É-se a causa de um acontecimento tanto quando se o prepara por vias morais como quando se o prepara por vias físicas. Um ministro de Estado que, sem sair de seu gabinete e servindo-se somente das paixões dos líderes de um grupo, destruísse todos os seus complôs não seria menos o autor da ruína desse grupo do que se o destruísse por golpes de mão."

Nada tenho a dizer contra essa máxima. Imputa-se sempre o mal às causas morais, mas não às causas físicas. Observo somente em relação a isso que, se eu só pudesse impedir o pecado de outrem cometendo eu mesmo um pecado, teria razão para permiti-lo e não seria cúmplice dele, nem causa moral. Em Deus, todo defeito faria as vezes de pecado; seria inclusive mais que pecado, porque destruiria a divindade. E seria um grande defeito para ele não escolher o melhor. Eu já disse isso várias vezes. Ele impediria o pecado, portanto, por alguma coisa pior do que todos os pecados.

132. XVII. "É a mesma coisa: empregar uma causa necessária e empregar uma causa livre, escolhendo os momentos em que ela é conhecida como determinada. Se eu suponho que a pólvora de canhão tem o poder de acender ou de não acender quando o fogo a toca e sei que ela certamente teria a predisposição de se acender às oito horas da manhã, eu seria tanto a causa de seus efeitos aplicando-lhe o fogo àquela hora como o seria na suposição verdadeira de que ela é uma causa necessária. Pois, de meu ponto de vista, ela não seria mais uma causa livre; eu a tomaria no momento em que soubesse que ela seria necessitada por sua própria escolha. É impossível que um ser seja livre ou indiferente a respeito do que ele já esteja determinado e no tempo em que ele é determinado a isso. Tudo o que existe, existe necessariamente enquanto existe" (Τὸ μὲν οὖν εἶναι τὸ ὂν ὅταν ᾖ, καὶ τὸ μὴ ὂν μὴ εἶναι ὅταν μὴ ᾖ, ἀνάγκη. "*Necesse est id quod*

est, quando est, esse; et id quod non est, quando non est, non esse."[22] Aristóteles, *De interpret.*, cap. 9). "Os nominalistas adotaram essa máxima de Aristóteles. Scotus[23] e muitos outros escolásticos parecem rejeitá-la, mas no fundo suas distinções voltam à mesma coisa. *Vide* os jesuítas de Coimbra[24] sobre essa passagem de Aristóteles, pp. 380 ss."

Essa máxima pode passar também; gostaria apenas de mudar alguma coisa nas frases. Eu não tomaria *livre* e *indiferente* por uma mesma coisa nem estabeleceria uma oposição entre *livre* e *determinado*. Não se é nunca indiferente por uma indiferença de equilíbrio; é-se sempre mais inclinado e, consequentemente, mais determinado, por um lado que por outro, mas não se está nunca necessitado às escolhas que se fazem. Entendo aqui uma *necessidade* absoluta e *metafísica*, pois é preciso confessar que Deus e o sábio são levados ao melhor por uma necessidade *moral*. É preciso admitir também que se está necessitado à escolha por uma necessidade hipotética. Quando se faz a escolha atualmente, e mesmo antes, está-se necessitado pela verdade da futurição, uma vez que se fará essa escolha. Essas necessidades hipotéticas não são nocivas. Já falei bastante sobre o assunto anteriormente.

133. XVIII. "Quando todo um grande povo se tornou culpado de rebelião, não é clemência suficiente perdoar sua centésima milionésima parte e levar à morte todo o resto, sem excetuar as crianças lactantes."

Parece supor-se aqui que há cem mil vezes mais danados que salvos, e que as crianças mortas sem batismo estão entre os primeiros. Uma coisa e outra são contraditas, sobretudo a danação dessas crianças. Eu falei disso antes. Bayle insiste nessa objeção alhures (*Resposta às questões de um provincial*, t. 2, cap. 178, p. 1.223): "Nós vemos manifestamente que um soberano que quer exercer a justiça e a clemência deve se contentar, quando uma cidade se subleva, com a

---

[22] "O que é, é necessariamente enquanto é; e o que não é, necessariamente não é enquanto não é" (Aristóteles, *Da interpretação*, IX, 19a, 25-6).

[23] Ver nota 38 do prefácio.

[24] Referência a Pedro da Fonseca e provavelmente também a Luís de Molina. Sobre eles, ver notas 40 e 41 da primeira parte.

punição de um pequeno número de insurgidos e perdoar todos os outros; pois, se o número dos que são castigados é como de mil para um, comparativamente com o número daqueles aos quais ele concedeu a graça, ele não pode passar por clemente; passa por cruel. Ele passaria com certeza por um tirano abominável se escolhesse castigos de longa duração e derramasse sangue somente porque estivesse persuadido de que se amaria mais a morte que uma vida miserável, e se, enfim, o desejo de se vingar tivesse mais lugar com seu rigor do que o desejo de fazer com que a pena que infligisse a quase todos os rebeldes servisse ao bem público. Os malfeitores que são executados presumivelmente expiam de modo tão pleno seus crimes pela perda da vida que o público não exige nada mais e fica indignado quando os executores são inábeis. Seriam apedrejados se se soubesse expressamente que dão muitos golpes de machado; e os juízes que assistem à execução não estariam fora de perigo caso se acreditasse que a eles apraz esse jogo malvado dos executores e que eles exortaram os carrascos em segredo a se servir disso" (note-se que não se deve entender isso de maneira rigorosamente universal. Há casos em que o povo aprova que sejam executados em fogo baixo determinados criminosos, como quando Francisco I fez morrer assim algumas pessoas acusadas de heresia, depois dos famosos éditos do ano 1534. Não se teve nenhuma piedade por Ravaillac[25], que foi torturado de muitas maneiras horríveis. *Vide Mercure français,* t. 1, fol. M., pp. 455 ss. *Vide* também Pierre Matthieu[26], em sua *História da morte de Henrique IV*, e não esquecei o que ele diz – p. 99 – no tocante ao que os juízes discutiram a respeito do suplício desse parricida). "Enfim, é de uma notoriedade quase sem igual que os soberanos que se ocupassem de São Paulo, quero dizer, que condenassem ao último suplício todos aqueles que ele condena à morte eterna, passariam por inimigos da espécie humana e por destruidores das sociedades. É incontestável que as leis deles, bem longe de serem apropriadas segundo o objetivo dos legisladores de

---

[25] François Ravaillac (1578-1610), católico fanático que assassinou Henrique IV, da França, em 1610. Como punição, foi esquartejado.

[26] Pierre Matthieu (1563-1621), historiador francês, autor de *Histoire de la mort deplorable de Henry IIII* [*História da morte deplorável de Henrique IV*] (Paris, 1611).

manter a sociedade, seriam a completa ruína (apliquei aqui as palavras de Plínio, o Jovem, livro 8, epíst. 22: '*Mandemus memoriae quod vir mitissimus, et ob hoc quoque maximus, Thrasea crebro dicere solebat: Qui vitia odit, homines odit.*'[27])." Ele acrescenta o que se dizia das leis de Drácon, legislador dos atenienses: que elas não tinham sido escritas com tinta, mas com sangue, porque puniriam todos os pecados com a pena capital, e a danação é um suplício infinitamente maior do que a morte. Mas é preciso considerar que a danação é uma consequência do pecado, e respondi outrora a um amigo, que me fez a objeção de que há uma desproporção entre uma pena eterna e um crime limitado, que não há injustiça quando a continuação da pena é apenas uma consequência da continuação do pecado – falarei mais sobre isso adiante. Em relação ao número de condenados, mesmo que entre os homens fosse incomparavelmente mais alto do que o número de salvos, isso não impediria que, no universo, as criaturas felizes ultrapassassem infinitamente em número aquelas que são infelizes. Quanto aos exemplos de um príncipe que pune apenas os chefes dos rebeldes ou de um general que dizima um regimento, esses exemplos não têm consequência aqui. O interesse próprio obriga o príncipe e o general a perdoarem os culpados, mesmo que eles permaneçam maus; Deus só perdoa aqueles que se tornam melhores: ele pode discerni-los, e essa severidade está mais em conformidade à justiça perfeita. Se, porém, alguém pergunta por que Deus não concede a todos a graça da conversão, cai em outra questão que não tem relação com a máxima precedente. Nós já respondemos a isso de alguma maneira, não por encontrar as razões de Deus, mas por mostrar que elas não poderiam falhar e que não há entre elas contrários que possam ser válidos. De resto, nós sabemos que se destroem às vezes cidades inteiras e que se faz com que os habitantes passem no fio de um florete para provocar medo nos outros. Isso pode servir para abreviar uma grande guerra ou rebelião, e é como poupar sangue derramando-o; não há aqui dizimação. Nós não podemos assegurar,

---

[27] "Não nos esqueçamos jamais do que dizia frequentemente Trásea Peto, esse homem tão indulgente, e por isso mesmo tão grande: quem odeia os vícios odeia os homens."

na verdade, que os maus de nosso globo são punidos com tanta severidade para intimidar os habitantes de outros globos e torná-los melhores, mas muitas outras razões de harmonia universal que nos são desconhecidas – porque não conhecemos suficientemente a extensão da cidade de Deus, nem a forma da república geral dos espíritos, nem inteiramente a arquitetura dos corpos – podem ter o mesmo efeito.

134. XIX. "Os médicos que, entre inúmeros remédios capazes de curar um doente e entre os quais há muitos que ele seguramente tomaria com prazer, escolhessem precisamente aquele que eles soubessem que ele se recusaria a tomar, poderiam exortá-lo e rezar para que ele não o recusasse; ter-se-ia, ao menos, um justo motivo de acreditar que eles não teriam nenhuma vontade de curá-lo; pois, se eles desejassem fazê-lo, teriam escolhido para ele um desses remédios bons que sabiam que ele quereria beber. E se, além disso, eles soubessem que a recusa do remédio que ofereceriam pioraria sua doença até a tornar mortal não se poderia impedir de dizer que, com todas as suas exortações, eles não deixaram de desejar a morte do doente."

Deus quer salvar todos os homens; isso quer dizer que ele os salvaria se os próprios homens não o impedissem e não se recusassem a receber suas graças; e ele não é obrigado nem levado pela razão a sobrepor-se sempre à má vontade deles. No entanto, ele faz isso algumas vezes quando razões superiores permitem e quando sua vontade consequente e decretória, que resulta de todas as suas razões, leva-o à eleição de um certo número de homens. Ele oferece sua ajuda a todos para que se convertam e perseverem, e essa ajuda é suficiente para aqueles que têm boa vontade, mas não é sempre suficiente para dar a boa vontade. Os homens obtêm essa boa vontade seja por ajudas particulares, seja por circunstâncias que garantem o sucesso da ajuda geral. Ele não pode se impedir de oferecer ainda esses remédios que sabe que serão recusados e farão, assim, com que sejam mais culpáveis; mas querer-se-á que Deus seja injusto a fim de que o homem seja menos criminoso? Ademais, as graças que não servem para um podem servir para outro, e servem inclusive para a integridade do plano de Deus, o mais bem concebido que é possível. Deus não dará a chuva porque há lugares baixos que serão incomodados? O Sol não brilhará como faz para todos porque há lugares que ficarão muito secos? Enfim, todas as comparações de que falam essas máximas que Bayle acaba de apresentar, de um médico, um benfeitor, um ministro de Estado, um príncipe, são muito claudicantes, porque são conhecidos os deveres deles e o que pode e deve ser o objeto das suas preocupações; eles têm quase apenas uma só preocupação e falham nisso frequentemente por negligência ou por malícia. O objeto de Deus tem qualquer coisa de infinito, suas preocupações abraçam o universo; o que nós conhecemos não é quase nada, e nós queremos medir a sua sabedoria e bondade por nosso conhecimento: que temeridade, ou, antes, que absurdo! As objeções têm suposições falsas; é ridículo julgar de direito quando não se conhece o fato. Dizer, como São Paulo: "*O altitudo divitiarum et sapientiae*"[28] não é renunciar à razão; é antes empregar as razões que nós conhecemos, pois elas nos ensinam essa imensidade de Deus de que fala o apóstolo; mas é confessar nossa ignorância sobre os fatos e reconhecer, entretanto, antes de ver, que Deus faz totalmente o melhor possível, segundo a sabedoria infinita que regula suas ações. É verdade que nós já temos provas e esboços disso diante de nossos olhos, quando vemos alguma coisa inteira, um todo completo em si e isolado, por assim dizer, entre as obras de Deus. Um todo assim, formado, por assim dizer, pela mão de Deus, é uma planta, um animal, um homem. Não poderíamos admirar suficientemente a beleza e o artifício de sua estrutura. Mas, quando nós vemos algum osso quebrado, um pedaço de carne de animais, um talo de uma planta, parece que há apenas desordem, a não ser que um excelente anatomista seja o observador; e mesmo ele não reconheceria nada nisso se não tivesse antes visto pedaços semelhantes ligados a seu todo. O mesmo acontece com o governo de Deus: o que podemos ver até aqui não é um grande pedaço para reconhecer nele a beleza e a ordem do todo. Assim, a própria natureza das coisas faz com que essa ordem da cidade divina, que ainda não vemos aqui de baixo, seja um objeto de nossa fé, de

---

[28] "Ó profundidade de riqueza e sabedoria!" (Rm 11, 33).

nossa esperança, de nossa confiança em Deus. Se há quem julgue de maneira diferente, pior para eles; são descontentes no Estado do maior e melhor de todos os monarcas, e erram em não aproveitar essas amostras que ele lhes deu de sua sabedoria e de sua bondade infinita para dar-se a conhecer não apenas como admirável, mas ainda como amável acima de todas as coisas.

135. Espero que não se considere que algo do que está compreendido nessas dezenove máximas de Bayle, que acabamos de comentar, tenha ficado sem uma resposta necessária. Aparentemente, ele, tendo meditado antes muitas vezes sobre o assunto, teria posto ali o que acreditava ser o mais forte no tocante à causa do mal moral. E, no entanto, ainda se encontram, aqui e acolá, muitos trechos de suas obras que seria bom não deixar passar em silêncio. Ele exagera muito frequentemente a dificuldade que crê haver em preservar Deus da imputação do pecado. Ele observa (*Resposta às questões de um provincial*, cap. 161, p. 1.024) que Molina, se conciliou o livre-arbítrio com a presciência, não conciliou a bondade e a santidade de Deus com o pecado. Ele elogia a sinceridade daqueles que confessam francamente, como considera que Piscator[29] fez, que tudo recai enfim na vontade de Deus e presumem que Deus não deixaria de ser justo mesmo que fosse autor do pecado e que condenasse inocentes. E, por outro lado, em outras passagens, ele parece aplaudir mais as opiniões daqueles que salvam a bondade divina aos custos de sua grandeza, como faz Plutarco em seu livro contra os estoicos[30]. "Era mais razoável", afirma ele, "dizer, com os epicuristas, que partes inumeráveis ou átomos que volteiam ao acaso por um espaço infinito, prevalecendo por sua força à fraqueza de Júpiter, fizeram, apesar dele e contra sua natureza e vontade, muitas coisas más e absurdas do que permanecer afirmando que não há nem confusão nem crueldade da qual ele não seja o autor." O que pode ser dito por um e por outro desses partidos, pelos estoicos ou pelos epicuristas, parece ter levado Bayle à ἐπέχειν dos

---

[29] Johannes Piscator (1546-1625), teólogo reformista alemão, tradutor e comentador da Bíblia.

[30] *De communibus notitiis adversus stoicos* [*Sobre as noções comuns, contra os estoicos*], cap. 34.

pirrônicos – à suspensão de seu juízo sobre a razão (a fé é colocada à parte) –, à qual ele professa se submeter sinceramente.

136. Entretanto, seguindo sua reflexão, ele é levado até quase querer ressuscitar e reforçar o raciocínio dos seguidores de Manes[31], herege persa do século III do cristianismo, ou de um certo Paulo[32], líder dos maniqueus na Armênia, no século VII, que lhes deu o nome de *paulicianos*. Todos esses hereges renovaram o que um antigo filósofo da Ásia Maior, conhecido pelo nome de Zoroastro, tinha ensinado, como se diz, a respeito dos dois princípios inteligentes de todas as coisas, um bom e um mal; dogma esse que talvez tenha vindo dos indianos, existindo ainda na Índia muita gente aferrada a esse erro, próprio a revelar a ignorância e a superstição humana, uma vez que muitos povos bárbaros, inclusive nas Américas, chegaram a isso sem ter necessidade de filósofo. Os eslavos, segundo Helmond[33], tinham o *Zernebog*, isto é, deus negro. Os gregos e os romanos, por mais sábios que parecessem, tinham um Vejovis, ou anti-Júpiter, chamado também Plutão, e muitas outras divindades malfeitoras. A deusa Nêmesis regozijava-se por deprimir aqueles que estavam muito felizes, e Heródoto insinua, em algumas passagens, acreditar que toda divindade é invejosa, o que todavia não concorda com a doutrina dos dois princípios.

137. Plutarco, em seu tratado *Sobre Ísis e Osíris*, não conhece autor mais antigo que ensinou sobre isso do que Zoroastro, o Mágico, como ele o chama. Trogus ou Justino[34] faz dele um rei dos bactrianos a quem Ninus e Semíramis venceram, Plutarco lhe atribui o conhecimento da astronomia e a invenção da magia, mas essa magia era, aparentemente, a religião dos adoradores do fogo, e parece que ele considerava a luz ou o calor como o bom princípio, mas ele

---

[31] Manes, ou Mani (216-274 ou 277), profeta de origem iraniana, fundador do maniqueísmo.

[32] Paulo de Samósata (*c.* 200-275), bispo de Antioquia, negava a divindade de Cristo. O paulicianismo existiu durante o século VII.

[33] Helmond von Bosau (*c.* 1120-1177), cronista saxão; fala do Deus negro ou deus do mal Zcerneboch (cf. cap. 1, de sua crônica).

[34] Pompeu Trogo, historiador romano da época de Augusto, autor de uma história universal, *Historiae philippicae* [*Histórias filípicas*]. Justino, historiador romano da época de Antonino, fez um resumo desse livro, e é o que restou dele.

acrescenta o mal, isto é, a opacidade, as trevas, o frio. Plínio[35] narra o testemunho de um certo Hermipe[36], intérprete dos livros de Zoroastro, que o transformara em discípulo em arte mágica de um chamado Azonace – considerando que esse nome não seja corruptela de Oromase, de que falaremos ainda e que Platão, em *Alcibíades*, faz pai de Zoroastro. Os orientais modernos chamam *Zerdust* aquele a quem os gregos chamavam Zoroastro; fez-se com que ele respondesse por Mercúrio, uma vez que a quarta-feira [*mercredi*] tem o nome dele entre alguns povos. É difícil desenrolar sua história e o tempo em que viveu. Suídas[37] considera ter sido quinhentos anos antes da tomada de Troia; os antigos, Plínio e Plutarco, dizem que dez vezes mais do que isso. Mas Xanthos, o Lidiano[38], no prefácio de Diógenes Laércio[39], considera ter sido não mais que seiscentos anos antes da expedição de Xerxes. Platão declara na mesma passagem, como observa Bayle, que a magia de Zoroastro não era outra coisa que o estudo da religião. Hyde[40], em seu livro sobre a religião dos antigos persas, trata de justificá-la e de purificá-la não somente do crime de impiedade, mas ainda do de idolatria. O culto do fogo estava presente entre os persas e os caldeus; crê-se que Abraão o deixou ao sair de Ur, na Caldeia. Mitra era o Sol e também o deus dos persas, e, pela narrativa de Ovídio, os cabelos eram sacrificados a ele:

> *Placat equo Persis radiis Hyperiona cinctum,*
> *Ne detur celeri victima tarda Deo.*[41]

---

[35] Plínio, o Velho, *História natural*, XXX, 2.

[36] Hermipo, biógrafo alexandrino do século III a.C.

[37] Suídas, lexicógrafo grego do final do século X a.C.

[38] Xanthos de Lydia, historiador jônico do século V a.C. (cf. Diógenes Laércio, *Vidas e doutrinas dos filósofos ilustres*, prefácio, 2).

[39] Diógenes Laércio (*c.* 200-250) foi um importante historiador e biógrafo dos filósofos gregos antigos, autor de *Vidas e doutrinas dos filósofos ilustres*, obra composta por dez volumes.

[40] Thomas Hyde (1636-1703), orientalista inglês, autor de *Historia religionis veterum Persarum* [*História da religião dos antigos persas*] (Oxford, 1700).

[41] "O persa imola um cavalo para Hipérion coroado de raios, assim esse deus vivo não deve oferecer uma vítima lenta" (Ovídio, *Fastos*, I, 385-6).

Mas Hyde acredita que eles se serviam do Sol e do fogo em seu culto somente como símbolos da divindade. Talvez seja preciso distinguir, como alhures, entre os sábios e o povo. Há entre as admiráveis ruínas de Persépolis ou de Tschelminaar, que quer dizer "quarenta colônias", representações das cerimônias deles em esculturas. Um embaixador da Holanda as havia mandado desenhar, pagando caro a um pintor que tinha empregado um tempo considerável nisso; mas, não sei por que acidente, os desenhos caíram nas mãos de Chardin[42], conhecido por suas viagens, segundo o relato dele mesmo; seria uma pena que eles fossem perdidos. Essas ruínas são um dos mais antigos e mais belos monumentos da Terra, e admiro, a esse respeito, o pouco de curiosidade que se tem sobre elas, em um século tão curioso como o nosso.

138. Os antigos gregos e os orientais modernos concordam em dizer que Zoroastro chamava o deus bom *Ormuz*, ou *Ahura-Mazda*, e o deus mal *Aritmã*. Quando considerei que grandes príncipes da Ásia Maior tiveram o nome *Hormisdas*, e que Ermínio ou Hermínio foi o nome de um deus ou antigo herói dos germanos, veio-me ao pensamento que esse Aritmã ou Ermínio poderia ter sido um grande conquistador muito antigo e vindo do Ocidente, como Gengis Khan e Tamerlão, vindos do Oriente, foram depois. Aritmã teria, então, vindo do oeste boreal, isto é, da Alemanha e dos sármatas, pelos alanos e masságetas, para fazer a irrupção nos estados de um Hormisdas, grande rei da Ásia Maior, como outros citas fizeram depois do tempo de Cyaxares, rei dos medos, segundo relato de Heródoto. O monarca que governa povos civilizados e trabalha para defendê-los contra os bárbaros teria passado à posteridade, entre os mesmos povos, pelo deus bom; mas o chefe dessas pragas teria se tornado o símbolo do príncipe mal, não há nada mais natural. Parece por essa mitologia que esses dois príncipes combateram por muito tempo, mas nenhum deles foi vencedor. Assim os dois subsistiram, como os dois princípios dividiram o mundo, segundo a hipótese atribuída a Zoroastro.

---

[42] Jean Chardin (1643-1713) foi um viajante célebre cujas narrativas foram publicadas em 1711.

139. Resta provar que um antigo deus ou herói dos germanos foi chamado Hermínio, Aritmã ou Ermínio. Tácito[43] relata que os três povos que compunham a Alemanha, os ingevões, os istevões e os hermiões, foram chamados assim de três filhos de Mannus. Sendo isso verdadeiro ou não, sempre quis indicar que houve um herói chamado Hermínio, por causa de quem, dissemos, os hermiões foram assim chamados. *Herminons, hermenner, hermunduri* são a mesma coisa e querem dizer "soldados". Ainda na Idade das Trevas, *Arimanni*[44] era *viri militares*, e há *feudum Arimandiae* no direito lombardo.

140. Mostrei alhures que, aparentemente, o nome de uma parte da Alemanha foi dado ao todo e que, a partir desses *hermiões* ou *hermunduri*, todos os povos teutônicos foram chamados *hermanni* ou *germani* – pois a diferença dessas duas palavras está apenas na força da aspiração, assim como difere o começo em *germani* dos latinos e em *hermanos* dos espanhóis, ou como em *gammarus* dos latinos e em *hummer* (isto é, lagostim-marinho) do baixo-alemão. E é muito comum que uma parte de uma nação dê o nome ao todo, como todos os germanos foram chamados *alemands* pelos franceses; e entretanto esse nome só pertence, segundo o estilo antigo, aos suábios e aos suíços. E, embora Tácito não tenha conhecido bem a origem do nome dos germanos, ele disse alguma coisa de favorável à minha opinião quando observou que era um nome que causava terror, tomado ou dado *ob metum*[45], e que se referia a um guerreiro: *Heer*, ou *Hari*, que é "exército", origina *Hariban* ou *clamor de haro*, isto é, uma ordem geral de se encontrar na armada, que foi corrompido em *arrière-ban*[46]. Assim, Hariman ou Aritmã, German, Guerreman é um soldado. Pois, assim como *Heer*, ou *Hari*, é "exército", *Wehr* significa "armas", e *wehren*, "combater, guer-

---

[43] *Germânia*, cap. 2.

[44] Os *arimanni* eram homens armados, uma milícia de homens livres, protegidos pelo monarca.

[45] "Por medo".

[46] *Arrière-ban* (latim *retrobannum*) era uma proclamação geral pela qual o rei (ou duque) convocava para a guerra todos os vassalos de seus vassalos.

rear"; tendo a palavra *guerre* [guerra] vindo sem dúvida da mesma fonte. Já falei do *feudum Arimandiae*, e não apenas hermiões ou germanos não querem dizer outra coisa, mas ainda o antigo Herman, suposto filho de Mannus, teve esse nome aparentemente como se quisessem nomeá-lo guerreiro por excelência.

141. Ora, não é somente a passagem de Tácito que nos indica esse deus ou herói; não podemos duvidar de que não houve um desses nomes entre esses povos porque Carlos Magno encontrou e destruiu, próximo a Weser, a colônia chamada Irmin-Sul, destinada à honra desse Deus. E isso junto à passagem de Tácito nos faz julgar que não foi ao célebre Arminius[47], inimigo dos romanos, mas um herói maior e mais antigo, que esse culto se dirigia. Arminius tinha esse mesmo nome, como o têm ainda hoje aqueles que se chamam Herman. Arminius não foi tão grande, nem tão feliz, nem tão conhecido na Alemanha para obter a honra de um culto público, inclusive de povos afastados, como os saxões, que chegaram muito tempo depois dele ao país dos cherusques. E nosso Arminius, tomado como o deus mau pelos asiáticos, é mais uma confirmação de minha opinião. Pois nesses assuntos as conjecturas se confirmam umas às outras sem nenhum círculo lógico quando seus fundamentos tendem a um mesmo fim.

142. Não é inacreditável que Hermes (isto é, Mercúrio) dos gregos seja o mesmo Hermínio ou Aritmã. Ele pode ter sido inventor ou promotor das artes e de uma vida um pouco mais civilizada entre os de sua nação e no país em que era senhor, enquanto passava como o autor da desordem entre seus inimigos. Quem sabe se ele não chegou até o Egito como os citas, que, perseguindo Sésostris, foram até perto dali? *Theut*, *Menés* e *Hermes* foram conhecidos e venerados no Egito. Eles poderiam ser *Tuiscon*; seu filho, *Mannus*, e *Herman*, filho de Mannus segundo a genealogia de Tácito. *Menés* é considerado o mais antigo rei do Egito. *Theut* era o nome de Mercúrio entre eles – ou Tuiscon, do qual Tácito faz descender os germanos e do qual os teutônicos, *Tuitsche* (isto é, germanos), têm ainda hoje o nome; o

---

[47] Armínio, chamado de Vercingétorix germano, vencedor das legiões de Varus, vencido por Germânico em aproximadamente 15 a.C.

mesmo acontece com Teutates, que Lucano[48] diz ser adorado pelos gauleses e que César tomou *pro Dite Patre* por Plutão, por causa da semelhança de seu nome latino com o de *Teut* ou *Thiet*, Titã, Théodon, que significava antigamente "homens", "povo" e ainda "homem excelente" (como a palavra "barão"), enfim, um príncipe. Há argumentos de autoridade para todas essas significações, mas não precisamos nos deter nisso. Otto Sperling[49], conhecido por muitos escritos sábios, e que ainda tem vários a serem publicados, refletiu expressamente sobre esse Teutates, deus dos celtas, em uma dissertação; e algumas observações que eu lhe comuniquei foram apresentadas na *Nova Literaria Maris Balthici et Septentrionis* [*Notícias Literárias do Mar Báltico e do Norte*], assim como a sua resposta. Ele interpreta um pouco diferente de mim esta passagem de Lucano:

> *Teutates pollnesque feris altaribus Hesus,*
> *Et Taramis Scythicae non mitior ara Dianae.*[50]

Hesus aparentemente era o deus da guerra, sendo chamado *Ares* pelos gregos e *Erich* entre os antigos germanos, do qual resta *Erich-tag*, terça-feira. As letras R e S, que são de um mesmo órgão, mudam facilmente uma na outra, por exemplo, *Moor* e *Moos*, *Geren* e *Gescht*, *Er war* e *Er was*, *Fer*, *Hieero*, *Eiron*, *Eisen*. Item *Papisius*, *Valesius*, *Fusius*, em lugar de *Papirius*, *Valerius*, *Furius*, entre os antigos romanos. No que diz respeito a *Taramis*, ou talvez *Taranis*, sabe-se que *Taran* era Tonnerre, ou o deus do *Tonnerre* entre os antigos celtas, chamado *Tor* pelos germanos setentrionais, do qual os ingleses conservaram *Thursday*, quinta-feira, *jeudi* [em francês], *diem Jovis*. E a passagem de Lucano quer dizer que o altar de *Taran*, deus dos celtas, não era menos cruel que o de Diana, *Taranis aram non mitiorem ara Dianae Scythicae fuisse.*

---

[48] *Farsália*, I, 444.
[49] Otto Sperling (1634-1715), numismático, historiador de antiguidades escandinavas, autor de *De origine veterum Gallorum a Dite, h. e. Germanis et Septentrionalibus* [*Sobre a origem dos antigos gauleses a partir de Dis, isto é, dos germanos e nórdicos*], 1699.
[50] "Teutates, e o potente Esus para os selvagens altares, e o cita Taranis, cujo altar não é menos cruel que o de Diana" (Lucano, *Farsália*, I, 444-5).

143. Também não é impossível que tenha havido um tempo no qual príncipes ocidentais ou celtas tenham se tornado senhores da Grécia, do Egito e de uma boa parte da Ásia, e que seu culto tenha permanecido naqueles países. Quando se considerar com que rapidez os hunos, os sarracenos e os tártaros dominaram uma grande parte de nosso continente, será menos espantoso; e esse grande número de palavras da língua alemã e da língua grega que convêm tão bem entre si confirma isso. Calímaco[51], em um hino pela honra de Apolo, parece insinuar que os celtas que atacaram o templo délfico, sob o comando de seu chefe Brennus, eram da posteridade dos antigos Titãs e Gigantes, que travaram uma guerra contra Júpiter e os outros deuses, isto é, contra os príncipes da Ásia e da Grécia. Pode ser que o próprio Júpiter seja descendente dos Titãs ou Théodons, isto é, dos príncipes celto-citas anteriores; e o que o falecido abade de La Charmoye[52] reuniu em suas *Origens celtas* está de acordo com isso, embora haja também nessa obra desse sábio autor opiniões que não me parecem verossímeis, particularmente quando ele exclui os germanos do povo celta, não se recordando das autoridades dos antigos e sem muito conhecimento da relação da antiga língua gaulesa com a língua germânica. Ora, os supostos Gigantes, que queriam escalar o céu, eram novamente celtas que iam na pista de seus ancestrais; e Júpiter, mesmo sendo seu parente, por assim dizer, era obrigado a opor-se a eles, como os visigodos estabelecidos na Gália opunham-se, com os romanos, a outros povos da Alemanha e da Cítia, que vinham depois deles na condução de Átila, então senhor das nações cita, sármata e germânica, desde as fronteiras da Pérsia até o Reno. Mas o prazer que se sente quando se acredita encontrar nas mitologias dos deuses algum traço da história antiga de tempos fabulosos me levou talvez longe demais, e não sei se eu teria apresentado melhor que

---

[51] Calímaco (*c.* 305-240 a.C.), poeta célebre, crítico literário alexandrino; em seu *Hino IV* faz alusão à invasão da Grécia pelos gauleses e à sua queda em Delfos (277-6 a.C.).

[52] Paul Pezron (1639-1706), filólogo e cronologista, autor de *Antiquité de la nation et de la langue des celtes, autrement appellez gaulois* [*Antiguidade da nação e da língua dos celtas, antes chamados gauleses*] (Paris, 1703).

Goropius Becanus[53], Schrieckius[54], Rudbeck[55] e o abade de La Charmoye.

144. Retornemos a Zoroastro, que nos levou até Ormuz e Aritmã, autores do bem e do mal, e suponhamos que ele os tenha considerado dois princípios eternos, opostos um ao outro, embora seja possível duvidar disso. Acredita-se que Marcion[56], discípulo de Cerdon[57], foi dessa opinião antes de Manes. Bayle reconheceu que esses homens raciocinaram de uma maneira lamentável; mas ele acredita que eles não conheceram suficientemente a vantagem deles, nem souberam pôr em movimento sua principal máquina, que era a dificuldade sobre a origem do mal. Ele imagina que um homem hábil do lado deles teria desconcertado bastante os ortodoxos, e parece que ele mesmo, por falta de outro, quis se encarregar de uma questão tão pouco necessária no juízo de muita gente. "Todas as hipóteses", diz ele em seu *Dicionário*, verbete "Marcion", p. 2.039, "que os cristãos estabeleceram suportam mal os golpes que são lançados contra elas: elas triunfam todas quando agem ofensivamente, mas perdem toda sua vantagem quando é preciso que sustentem o ataque." Ele admite que os *dualistas* (como ele os chama, de acordo com Hyde), isto é, os defensores dos dois princípios, teriam se posto rapidamente em fuga por razões *a priori*, tiradas da natureza de Deus, mas imagina que eles, por sua vez, triunfam quando chegam às razões *a posteriori*, tomadas da existência do mal.

145. Ele oferece muitos detalhes em seu *Dicionário*, artigo "Maniqueus", p. 2025, no qual é preciso entrar um pouco para esclarecer melhor todo esse assunto. "As ideias mais seguras e mais claras

---

[53] Goropius Becanus (1518-1572), médico flamengo, autor de *Hermathema* (1580), sobre a antiguidade das línguas germânicas. Nos *Novos ensaios* (III, ii, 1), Leibniz inventa o verbo "*goropiser*" ("goropisar"), referindo-se a Goropius Becanus.

[54] Adriaan van Schrieck (1560-1621), historiador e filólogo flamengo, autor de *Van t'beghin der eerster volcken van Europen, in-sonderheyt vanden oorspronck ende saecken der Neder-landren* [*Sobre o começo dos primeiros povos da Europa e em particular sobre a origem da Holanda*] (Ypres, 1614), em que defende que o flamengo é a fonte das outras línguas.

[55] Olaüs Rudbeck (1630-1702), médico sueco, autor de *Atlântida* (Upsal, 1675), no qual afirma que a Suécia era a Atlântida de Platão e o berço da civilização.

[56] Herege do século II que opunha o Deus do Antigo Testamento ao Deus do Novo Testamento como princípios de bem e mal.

[57] Também herege do século II que opunha o Deus dos judeus ao Deus dos cristãos.

da ordem nos ensinam", diz ele, "que um ser que existe por si mesmo, que é necessário, que é eterno, deve ser único, infinito, onipotente e dotado de todo tipo de perfeições." Esse raciocínio mereceria ser mais bem desenvolvido. "É preciso ver agora", prossegue ele, "se os fenômenos da natureza podem ser comodamente explicados pela hipótese de um só princípio." Nós explicamos suficientemente, mostrando que há casos em que uma desordem na parte é necessária para produzir a maior ordem no todo; mas parece que Bayle exige um pouco demais. Ele gostaria que lhe se mostrasse em detalhe como o mal está ligado ao melhor projeto possível do universo, o que seria uma explicação perfeita do fenômeno; mas nós não pretendemos dá-la, tampouco estamos obrigados a isso, pois não somos obrigados a fazer o que nos é impossível no estado em que estamos; é suficiente que observemos que nada impede que um determinado mal particular esteja ligado ao que é o melhor geral. Essa explicação imperfeita e que deixa algo a ser descoberto na outra vida é suficiente para a solução das objeções, mas não para a compreensão da coisa.

146. "Os céus e todo o resto do universo", acrescenta Bayle, "revelando a glória, a potência, a unidade de Deus" – seria preciso extrair a consequência de que isso se dá (como já observei antes) porque se vê nesses objetos alguma coisa inteira e isolada, por assim dizer, e todas as vezes que vemos uma tal obra de Deus a consideramos tão acabada que é preciso admirar o seu artifício e a sua beleza; mas, quando não se vê uma obra inteira, quando se enxergam apenas pedaços e fragmentos, não é de admirar se a boa ordem não aparece. O sistema de nossos planetas compõe uma obra isolada e perfeita quando tomada à parte; cada planta, cada animal, cada homem fornece uma obra assim, até certo ponto de perfeição; reconhece-se aí o maravilhoso artifício do autor, mas a espécie humana, tanto quanto nos é conhecida, é apenas um fragmento, uma pequena porção da cidade de Deus ou da república dos espíritos. Ela tem extensão grande demais para nós, e conhecemos muito pouco para poder observar a ordem maravilhosa. "O homem sozinho", diz Bayle, "essa obra-prima, entre as coisas visíveis, de seu Criador, o homem sozinho fornece enormes objeções à unidade de Deus."

Claudiano fez a mesma observação aliviando seu coração nestes versos conhecidos:

Saepe mihi dubiam traxit sententia mentem etc.[58]

Mas, encontrando-se a harmonia em todo o resto, é bastante provável que fosse encontrada também no governo dos homens, e de maneira geral no governo dos espíritos, se a totalidade nos fosse conhecida. Seria preciso julgar as obras de Deus tão sabiamente quanto Sócrates[59] julgou o que Heráclito dizia: o que eu entendi me agrada, creio que o resto não me agradaria menos se eu entendesse.

147. Eis aqui ainda uma razão particular da desordem aparente no que diz respeito ao homem. É que Deus lhe presenteou com uma imagem da divindade, dando-lhe inteligência. Ele o deixa fazer, de alguma maneira, em seu pequeno departamento, *ut Spartam quam nactus est ornet*[60]. Ele entra aí apenas de maneira oculta, porque fornece força, vida, razão, sem se dar a ver. É aí que o livre-arbítrio joga seu jogo; e Deus joga, por assim dizer, com esses pequenos deuses que ele considerou bom produzir, como nós jogamos com as crianças que se entretêm com ocupações que nós favorecemos ou impedimos em segredo como bem quisermos. O homem está aí, pois, como um pequeno deus em seu próprio mundo ou microcosmo, que ele governa à sua maneira; ele faz maravilhas às vezes, e sua arte não raro imita a natureza:

> *Jupiter, in parvo cum cerneret aethera vitro,*
> *Risit, et ad Superos talia dicta dedit:*
> *Huccine mortalis progressa potentia, divi?*
> *Jam meus in fragili luditur orbe labor.*
> *Jura poli rerumque fidem legesque deorum*
> *Cuncta Syracusius transtulit arte senex.*

---

[58] "Minha mente sempre hesitante sente-se dividida [entre a crença na providência e a ideia de um mundo deixado ao acaso]" (Claudiano, *Contra Rufino*, I, 1).

[59] Cf. Diógenes Laércio, *Vidas e doutrinas dos filósofos ilustres*, II, 5, 22.

[60] "Para embelezar Esparta, que obteve um ornamento". Alusão a verso de uma tragédia perdida de Eurípides (*Telephus*, 438 a.C.).

SEGUNDA PARTE

Quid falso insontem tonitru Salmonea miror?
Aemula naturae est parva reperta manus.[61]

Mas o homem comete também grandes faltas, porque se abandona às paixões e porque Deus o abandona a seus sentidos; ele o pune também, tanto como um pai ou um preceptor, submetendo ou castigando as crianças, quanto como um juiz justo que pune aqueles que o abandonam; e o mal acontece muitas vezes quando essas inteligências ou seus pequenos mundos se chocam. O homem se encontra mal na medida em que se engana; mas Deus, por uma arte maravilhosa, transforma todos os defeitos desses pequenos mundos no maior ornamento de seu grande mundo. É como nessas invenções de perspectiva nas quais determinados desenhos belos parecem apenas confusão até que os relacionemos com seu verdadeiro ponto de vista ou que os observemos por meio de determinado vidro ou espelho[62]. É situando-os e nos utilizando deles como se deve que os transformamos no ornamento de um gabinete. Assim, as deformidades aparentes de nossos pequenos mundos reúnem-se como belezas no grande e não têm nada que se oponha à unidade de um princípio universal infinitamente perfeito; ao contrário, eles aumentam a admiração pela sabedoria dele, que faz o mal servir para o maior bem.

148. Bayle prossegue: "que o homem é mau e infeliz; que haja em toda parte hospitais; que a história não passe de uma reunião de crimes e infortúnios da espécie humana". Creio que há, nisso, exagero: há incomparavelmente mais bem do que mal na vida dos homens, assim como mais casas que prisões. A respeito da virtude e do vício, reina um certo equilíbrio. Maquiavel já observou que há pou-

---

[61] "Um dia em que Júpiter olhava o céu fechado no estreito limite de um globo de vidro, ele sorriu e dirigiu estas palavras aos Imortais: Eis pois a que ponto estendeu-se a potência dos mortais, ó deuses! Minha laboriosa obra tornou-se um jogo em um globo frágil; a legislação do céu, a fé jurada da natureza, as leis dos deuses, eis que, por sua arte, um velho de Siracusa as copiou todas [...]. Por que me espantar que o inocente Salmoneu tenha imitado o trovão? Eis agora uma mão fraca que se transformou no êmulo da natureza" (Claudiano, *Carmina minora*, 51, 1-6 e 13-4, sobre a esfera de Arquimedes, o modelo mecânico construído para representar os movimentos celestes).

[62] Anamorfoses: quadros que só se tornam compreensíveis quando olhados de um ângulo particular ou com um espelho com forma determinada.

cos homens muito maus e muito bons, e que isso leva à falta de grandes projetos. Acho que é um defeito dos historiadores se aferrarem mais ao mal que ao bem. O objetivo principal da história, assim como o da poesia, deve ser ensinar a prudência e a virtude por meio de exemplos e, também, mostrar o vício de uma maneira que cause aversão e leve a evitá-lo ou sirva para isso.

149. Bayle admite "que se encontre em toda parte o bem moral e o bem físico, alguns exemplos de virtude, alguns exemplos de felicidade, e que seja isso que traga dificuldade, porque, se só houvesse maus e infelizes, diz ele não seria preciso recorrer à hipótese dos dois princípios". Acho inacreditável que esse excelente homem tenha testemunhado tanta inclinação por essa opinião dos dois princípios, e fico surpreso por ele não ter considerado que este romance da vida humana, que é a história universal da espécie humana, foi inteiramente inventado no entendimento divino com uma infinidade de outros, e que a vontade de Deus só tenha arbitrado a existência deste porque essa série de acontecimentos devia convir melhor com o resto das coisas para ter como resultado o melhor. E esses aparentes defeitos do mundo inteiro, essas manchas de um sol do qual o nosso é apenas um raio, sublinham sua beleza, bem longe de a diminuírem, e contribuem proporcionando um bem maior. Há verdadeiramente dois princípios, mas estão os dois em Deus, a saber, seu entendimento e sua vontade. O entendimento fornece o princípio do mal, sem se obscurecer, sem ser mau; ele representa as naturezas como elas são nas verdades eternas; ele contém em si a razão pela qual o mal é permitido, mas a vontade dirige-se apenas ao bem. Acrescentemos um terceiro princípio: a potência; ela inclusive precede o entendimento e a vontade, mas age como um mostra e a outra exige.

150. Alguns, como Campanella[63], chamaram de as três *primordialidades* essas três perfeições de Deus. Muitos até mesmo acreditaram que havia aí uma secreta relação com a Santíssima Trindade; que a potência se relaciona ao Pai, isto é, à fonte da divindade; a sabedoria, ao Verbo eterno, que é chamado λόγος [*Logos*] pelo mais

---

[63] Tommaso Campanella (1568-1639), filósofo italiano renascentista e antiaristotélico.

sublime dos evangelistas; e que a vontade ou o amor relacionam-se ao Espírito Santo. Quase todas as expressões ou comparações tomadas da natureza da substância inteligente tendem a isso.

151. Parece-me que, se Bayle tivesse considerado o que acabamos de dizer sobre os princípios das coisas, teria respondido a suas próprias questões, ou pelo menos não teria continuado a fazê-las, como ele faz, por meio desta passagem: "Se o homem é a obra de um só princípio soberanamente bom, soberanamente santo, soberanamente potente, pode ser exposto às doenças, ao frio, ao calor, à fome, à sede, à dor, à tristeza? Pode ele ter tantas inclinações más? Pode cometer tantos crimes? A soberana santidade pode produzir uma criatura infeliz? A soberana potência, junto com uma bondade infinita, não pode cumular de bens a sua obra e não afastaria tudo o que poderia ofender ou causar pesar nessa obra?" Prudêncio representou a mesma dificuldade em *Hamartigenia*:

> *Si non vult Deus esse malum, cur non vetat? Inquid.*
> *Non refert auctor fuerit, factorve malorum,*
> *Anne opera in vitium sceleris pulcherrima verti,*
> *Cum posit prohibere, sinat; quod si velit omnes*
> *Innocuos agree Omnipotens, nec sancta voluntas*
> *Degeneret, facto nec se manus inquinet uoolo.*
> *Condidit ergo malum Dominus, quod spectat ab alto,*
> *Et patitur, fierique probat, tanquam ipse crearit.*
> *Ipse creavit enim, quod si discludere posit,*
> *Non abolet, longoque sinit grassarier usu.*[64]

Mas já respondemos o suficiente sobre isso. O homem é ele próprio a fonte de seus males: tal como ele é, ele estava nas ideias. Deus,

---

[64] "Se Deus não quer a existência do mal, pergunta, por que não o impede?
Não importa se ele é autor ou se permite os males,
Suas obras mais belas são desviadas para o vício
Quando ele podia se opor; se quisesse, todos
Os inocentes viveriam porque ele é Onipotente, e a santa vontade
Não se degeneraria, nem as mãos se sujariam em um feito mal.
É, pois, o Senhor, que olha do alto, que cria o mal,
Que o tolera e permite que seja feito, tanto quanto se o houvesse criado.
Com efeito, ele próprio o criou, podendo excluí-lo do mundo,
Ele não o abole nem impede que seus efeitos se espalhem."

movido pelas razões indispensáveis da sabedoria, arbitrou que ele passasse à existência tal qual ele é. Bayle talvez tivesse se apercebido dessa origem do mal que estabeleci se tivesse unido aqui a sabedoria de Deus à sua potência, bondade e santidade. Eu acrescentaria, de passagem, que sua santidade não é outra coisa que o supremo grau da bondade, como o crime, que se lhe opõe, é o que há de pior no mal.

152. Bayle estabelece o combate entre Melisso[65], filósofo grego, defensor da unidade do princípio, talvez até da unidade da substância, e Zoroastro, como o primeiro autor da dualidade. Zoroastro admite que a hipótese de Melisso é mais conforme à ordem e às razões *a priori*, mas nega que seja conforme à experiência e às razões *a posteriori*: "Eu sou superior a vós na explicação dos fenômenos, que é a principal característica de um bom sistema." Mas, na minha opinião, não há uma bela explicação de um fenômeno quando se assinala para ele expressamente um princípio: para o mal, um *principium maleficum* [princípio maléfico]; para o frio, um *primum frigidum* [frio primeiro] – não há nada mais fácil e mais superficial. É mais ou menos como se alguém dissesse que os peripatéticos superam os novos matemáticos na explicação dos fenômenos dos astros, dando-lhes inteligências que expressamente os conduzem, uma vez que, segundo isso, é bem fácil conceber por que os planetas seguem seu caminho com tanta retidão, ao passo que é preciso muita geometria e meditação para entender como, do peso dos planetas que os leva em direção ao Sol, junto com o turbilhão que os domina ou a sua própria impetuosidade, pode vir o movimento elíptico de Kepler, que satisfaz tão bem às aparências. Um homem incapaz de apreciar as especulações profundas aprovará logo os peripatéticos e tratará nossos matemáticos como sonhadores. Algum velho galenista fará o mesmo em relação às faculdades da escola, admitirá uma faculdade quilificativa, uma química e uma sanguínea, e indicará expressamente a faculdade a cada operação; ele acreditará ter feito maravilhas e zombará do que chamará quimeras dos modernos, que pretendem explicar mecanicamente o que se passa no corpo de um animal.

---

[65] Melisso (470-430 a.C.), discípulo de Parmênides.

153. A explicação da causa do mal por um princípio particular, *per principium maleficum*, é da mesma natureza. O mal não tem necessidade de um princípio, assim como o frio e as trevas; não há *primum frigidum* nem princípio das trevas. O mal vem apenas da privação; o positivo entra nele por concomitância, como o ativo entra por concomitância no frio. Nós vemos que a água congelando é capaz de romper o cano de um mosquete no qual esteja; e, entretanto, o frio é uma certa privação de força, vem da diminuição de movimento que separa as partículas dos fluidos. Quando esse movimento que as separa enfraquece-se na água por causa do frio, as partículas de ar comprimido escondidas na água se reúnem e, ao ficar maiores, tornam-se mais capazes de agir para fora do lugar em que estão. Pois a resistência que as superfícies das partículas do ar encontram na água, e que se opõe ao esforço que essas partes fazem para se dilatar, é bem menor e, consequentemente, o efeito do ar é maior em grandes bolhas de ar que nas pequenas, mesmo que essas pequenas juntas tivessem tanta massa quanto as grandes, porque a resistência delas, suas superfícies crescem como quadrados, e os esforços, isto é, os conteúdos, ou a solidez das esferas de ar comprimido, crescem como os cubos em diâmetro. Assim, é por acidente que a privação envolve ação e força. Já mostrei antes como a privação é suficiente para causar o erro e a malícia, e como Deus é levado a permiti-los sem que haja maldade nele. O mal vem da privação, o positivo e a ação nascem por acidente, como a força nasce do frio.

154. O que Bayle diz aos paulicianos (p. 2.323) não é concludente, a saber, que o livre-arbítrio deve vir de dois princípios a fim de que possa voltar-se para o bem e para o mal; pois, sendo simples em si mesmo, deveria vir de um princípio neutro, se esse raciocínio tivesse lugar. Mas o livre-arbítrio dirige-se ao bem, e se encontra o mal é por acidente, é porque esse mal está escondido sob o bem e como que disfarçado. Estas palavras que Ovídio dá a Medeia,

> *Video meliora proboque,*
> *Deteriora sequor*[66],

---

[66] "Vejo o melhor e aprovo, mas sigo o pior" (Ovídio, *Metamorfoses*, VII, 20).

significam que o bem honesto é superado pelo bem agradável, que causa mais impressão nas almas quando elas estão agitadas pelas paixões.

155. De resto, o próprio Bayle fornece uma boa resposta a Melisso; mas, a seguir, a combate. Eis as palavras (p. 2.025): "Se Melisso consulta as noções de ordem, ele responderá que o homem não era mau quando Deus o fez; dirá que o homem recebeu de Deus um estado feliz, mas que, não tendo seguido as luzes da consciência, as quais, segundo a intenção de seu autor, deviam conduzi-lo pelo caminho da virtude, ele se tornou mau e mereceu que Deus, soberanamente bom, lhe fizesse sentir os efeitos de sua cólera. Não é, pois, Deus a causa do mal moral; mas ele o é do mal físico, isto é, da punição do mal moral, punição que, longe de ser incompatível com o princípio soberanamente bom, emana necessariamente de um de seus atributos, quero dizer, de sua justiça, que não lhe é menos essencial que sua bondade. Essa resposta, a mais razoável que Melisso podia dar, é profundamente bela e sólida, mas pode ser combatida por alguma coisa mais especiosa e mais fascinante. É que Zoroastro objeta que *o princípio infinitamente bom devia criar o homem não somente sem o mal atual, mas ainda sem inclinação ao mal; que Deus, tendo previsto o pecado com todas as suas consequências, devia impedi-lo; que ele devia determinar o homem ao bem moral e não lhe deixar nenhuma força para ir para o crime.*" Isso é bem fácil de dizer, mas não é factível segundo os princípios da ordem, não poderia ser executado sem milagres perpétuos. A ignorância, o erro, a malícia acontecem naturalmente em animais feitos como nós: seria preciso que essa espécie faltasse no universo? Não duvido que ela seja muito importante aqui, apesar de todas as suas fraquezas, para que Deus pudesse consentir em aboli-la.

156. Bayle, no artigo intitulado "Paulicianos", que ele incluiu em seu *Dicionário*, prossegue o que havia escrito no artigo "Maniqueus". Segundo ele (nota H, p. 2.330), os ortodoxos parecem admitir dois princípios primeiros quando fazem do diabo o autor do pecado. Bekker[67], tornando-se ministro de Amsterdam, autor do

---

[67] Balthasar Bekker (1634-1698), teólogo holandês. *De betoverde weereld* [*O mundo encantado*] foi publicado em 1690.

livro que tem por título *Mundo encantado*, fez valer esse pensamento para tornar compreensível que não se devem dar uma potência e uma autoridade ao diabo, o que o colocaria em paralelo com Deus – no que ele tem razão, mas leva longe demais as consequências. E o autor do livro intitulado Ἀποκατάστασις Πάντων[68] crê que, se o diabo não fosse jamais vencido e castigado, se tivesse sempre sua vítima, se o título de invencível lhe pertencesse, isso prejudicaria a glória de Deus. Mas é uma vantagem miserável prender aqueles que foram seduzidos para ser sempre punido com eles. E, quanto à causa do mal, é verdade que o diabo é autor do pecado; mas a origem do pecado vem de mais longe, sua fonte está na imperfeição original das criaturas, é isso que as torna suscetíveis de pecar; e há circunstâncias na série das coisas que fazem com que essa potência seja posta em ato.

157. Os diabos eram anjos como os outros antes de sua queda, e crê-se que seu chefe era um dos principais anjos; mas as Escrituras não explicam isso o bastante. A passagem do Apocalipse que fala do combate com o dragão como de uma visão deixa muitas dúvidas e não desenvolve suficientemente algo sobre o que os outros autores sagrados quase não falam. Não é aqui o lugar de entrar nessa discussão e é preciso sempre admitir que a opinião comum convém melhor ao texto sagrado. Bayle examina algumas respostas de São Basílio[69], de Lactâncio[70] e de outros sobre a origem do mal; mas, como eles discorrem sobre o mal físico, eu difiro ao falar disso e continuarei a examinar as dificuldades sobre a causa do mal moral que se encontram em várias passagens das obras de nosso hábil autor.

158. Ele combate a permissão desse mal e gostaria que se admitisse que Deus quer o mal. Cita estas palavras de Calvino (sobre o Gênese, cap. 3): "As orelhas de alguns ofendem-se quando se diz

---

[68] [*Mistério da*] *Restauração universal* (Frankfurt, 1700-10), de Petersen. Ver nota 19 da primeira parte.

[69] São Basílio (nascido em 329) foi bispo da Capadócia e autor de discursos.

[70] Lactâncio (*c.* 260-325), apologista cristão, autor de *Divinae institutiones* [*Instituições divinas*], contra o paganismo, e *De ira Dei* [*Sobre a cólera de Deus*], no qual escreve contra objeções de Epicuro à providência.

que Deus quis [o mal]. Mas eu vos pergunto: que outra coisa é a permissão daquele que tem o direito de impedir, ou, antes, que tem a coisa nas mãos, senão um querer?" Bayle explica essas palavras de Calvino e as que as precedem como se ele admitisse que Deus quis a queda de Adão, não enquanto ela é um crime, mas sob alguma outra noção que não nos é conhecida. Ele cita os casuístas um pouco descuidados, que dizem que um filho pode desejar a morte de seu pai, não tanto na medida em que ela é um mal a seu respeito, mas enquanto é um bem para seus herdeiros (*Resposta às questões de um provincial*, cap. 147, p. 850). Considero que Calvino diz somente que Deus quis que o homem caísse por uma causa determinada que nos é desconhecida. No fundo, quando se trata de uma vontade decisiva, isto é, de um decreto, essas distinções são inúteis: quer-se uma ação com todas as suas qualidades se é verdade que se a quer. Mas, quando é um crime, Deus só pode querer permiti-lo: o crime não é fim nem meio, é somente uma condição *sine qua non*; assim, ele não é o objeto de uma vontade direta, como já mostrei. Deus não pode impedi-lo sem agir contra o que se deve, sem fazer uma coisa que seria pior que o crime do homem, sem violar a regra do melhor – o que seria destruir a divindade, como já observei. Deus está, pois, obrigado por uma necessidade moral que se encontra em si mesmo a permitir o mal moral das criaturas. É assim que precisamente a vontade de um sábio é apenas permissiva. Eu já disse: ele está obrigado a permitir o crime de outrem quando não poderia impedir sem falhar, ele mesmo, naquilo que se deve.

159. "Mas entre todas as combinações infinitas", diz Bayle, p. 853, "agradou a Deus escolher uma em que Adão devia pecar, e ele a tornou futura por seu decreto, preferencialmente a todas as outras." Muito bem, é falar minha língua, desde que se entenda isso das combinações que compõem todo o universo. "Vós nunca tornarás compreensível", acrescenta ele, "que Deus não tenha querido que Adão e Eva pecassem, uma vez que ele rejeitou todas as combinações em que eles não teriam pecado." A coisa é muito fácil de ser compreendida em geral por meio de tudo o que acabamos de dizer. Essa combinação, que faz o universo inteiro, é a melhor; Deus não pode, pois, dispensar-se de escolhê-la sem fazer uma falta; e,

em vez de fazer uma falta, o que é absolutamente inconcebível, ele permite a falta ou o pecado do homem, que está envolvido nessa combinação.

160. Jaquelot, como muitos outros homens hábeis, não se afastou de minha opinião, como quando ele diz, na p. 186 de seu tratado *Conformidade da fé com a razão*: "Aqueles que se embaraçam com essas dificuldades parecem ter a visão muito limitada e querer reduzir todos os desígnios de Deus a seus próprios interesses. Quando Deus formou o universo, ele não tinha outra visão que ele mesmo e sua própria glória, de sorte que, se tivéssemos conhecimento de todas as criaturas, de suas diversas combinações e de suas diferentes relações, compreenderíamos sem dificuldade que o universo responde perfeitamente à sabedoria infinita do Todo-Poderoso." Ele diz alhures (p. 232): "Supondo-se, por absurdo, que Deus não tivesse podido impedir o mal uso do livre-arbítrio sem anulá-lo, convir-se-ia que sua sabedoria e sua glória, essa potente razão, tendo-o determinado a formar criaturas livres, deveriam elevá-lo sobre as consequências desagradáveis que essa liberdade poderia ter." Tratei de desenvolver isso ainda mais pela razão do melhor e pela necessidade moral que há em Deus de fazer essa escolha, apesar do pecado de algumas criaturas que estão ligadas [a essa escolha]. Creio ter cortado a raiz da dificuldade: entretanto, é bastante tranquilo para mim, a fim de trazer mais luz sobre o assunto, aplicar meu princípio de soluções às dificuldades particulares de Bayle.

161. Eis aqui uma delas, proposta nestes termos (cap. 148, p. 856): "Seria bondade de um príncipe: 1º) Dar a cem mensageiros tanto dinheiro quanto fosse necessário para uma viagem a duzentos lugares; 2º) Prometer uma recompensa a todos aqueles que acabassem a viagem sem ter usado nada do dinheiro e ameaçar de prisão todos aqueles para quem o dinheiro não tivesse sido suficiente; 3º) Escolher cem pessoas dentre as quais soubesse que certamente haveria apenas duas que mereceriam a recompensa, as 98 outras devendo encontrar no caminho uma prostituta, ou um jogador, ou qualquer outra coisa que lhes seria custosa, e que ele mesmo teria tido preocupação de pôr em determinados lugares da rota; 4º) Aprisionar atualmente 98 desses mensageiros uma vez que eles tenham retornado.

Não seria essa a última evidência de que ele não teria nenhuma bondade em relação a eles e de que, diferentemente, ele lhes destinaria não a recompensa proposta, mas a prisão? Eles a mereceriam, admita-se; mas aquele que teria querido que eles a merecessem e os teria colocado em um caminho impossível para que merecessem seria digno de ser chamado de bom, sob o pretexto de que teria recompensado os dois outros?" Sem dúvida, não seria essa a razão que o faria merecer o título de bom; mas outras circunstâncias podem concorrer para isso, circunstâncias capazes de torná-lo digno de louvor, por ele ter se servido daquele artifício para conhecer aquelas pessoas e para fazer uma triagem, como Gideão se serviu de alguns meios extraordinários para escolher os mais valentes e menos delicados de seus soldados. E, mesmo que o príncipe conhecesse já as disposições de todos esses mensageiros, ele não poderia pô-los à prova para fazê-los conhecer as disposições uns dos outros? E, embora essas razões não sejam aplicáveis a Deus, elas não deixam de tornar compreensível que uma ação como a de um príncipe pode parecer absurda quando separada das circunstâncias que podem determinar a causa da ação. Com ainda mais razão, deve julgar-se que Deus fez o bem e que nós o veríamos se conhecêssemos tudo o que ele fez.

162. Descartes, em uma carta à princesa Elisabeth (vol. 1, carta 10)[71], serviu-se de outra comparação para conciliar a liberdade humana com a onipotência de Deus. Ele supõe "um monarca que interditou os duelos e que, sabendo certamente que dois gentis-homens lutarão se se encontrarem, toma medidas infalíveis para fazer isso acontecer. Eles efetivamente se encontram e lutam; a sua desobediência à lei é um efeito de seu livre-arbítrio; eles são puníveis. O que um rei pode fazer nesse caso em relação a algumas ações livres de seus súditos, Deus, que tem uma presciência e uma potência infinitas, faz infalivelmente em relação a todas as ações dos homens. Antes de nos ter enviado a este mundo, ele soube exatamente quais seriam todas as inclinações de nossa vontade, ele mesmo as colocou em nós, foi ele também que dispôs todas as outras coisas

---

[71] Carta de 10 de janeiro de 1646. Ed. Adam-Tannery, IV, carta 419, pp. 351 ss.

que estão fora de nós para fazer com que tais e tais objetos se apresentassem a nossos sentidos em tal e tal tempo, na ocasião em que ele sabia que nosso livre-arbítrio nos determinaria a tal ou tal coisa, e ele assim desejou; mas não quis por isso coagir nosso livre-arbítrio. E, assim como se podem distinguir nesse rei dois diferentes graus de vontade, um pelo qual ele quis que esses gentis-homens lutassem, uma vez que fez com que se encontrassem, e outro pelo qual ele não quis isso, uma vez que interditou os duelos, os teólogos distinguem em Deus uma vontade absoluta e independente, pela qual ele quer que todas as coisas aconteçam como acontecem, e outra que é relativa e se relaciona ao mérito ou demérito dos homens, pela qual ele quer que eles obedeçam a suas leis" (Descartes, carta 10 do vol. 1, pp. 51-2. Conferir também o que Arnauld, t. 2, pp. 288 ss. de suas reflexões sobre o sistema de Malebranche[72], relata de Tomás de Aquino sobre a vontade antecedente e consequente de Deus).

163. Eis o que Bayle responde a isso (*Resposta às questões de um provincial*, cap. 154, p. 943): "Esse grande filósofo se engana bastante, parece-me. Não haveria nesse monarca nenhum grau de vontade, nem pequeno, nem grande, de que esses dois gentis-homens obedecessem à lei e não lutassem entre si. Ele queria plena e unicamente que eles lutassem. Isso não os desculparia; eles seguiriam apenas sua paixão; ignorariam que se conformam à vontade de seu soberano; mas essa seria verdadeiramente a causa moral de seu combate, e ele não a desejaria mais plenamente, mesmo que lhes inspirasse o desejo ou lhes desse a ordem. Representai-vos dois príncipes, cada um dos quais deseja que seu filho mais velho seja envenenado. Um emprega a coação, o outro se contenta em causar clandestinamente um desgosto que ele sabe ser suficiente para levar seu filho a se envenenar. Duvidareis que a vontade do último seja menos completa que a vontade do outro? Descartes supõe, pois, um fato falso, e não resolve a dificuldade."

164. É preciso admitir que Descartes fala um pouco cruamente da vontade de Deus a respeito do mal, dizendo não somente que

---

[72] *Reflexões filosóficas e teológicas sobre o novo sistema da natureza e da graça* (Colônia, 1685-86).

Deus soube que nosso livre-arbítrio nos determinaria a esta ou aquela coisa, mas também que ele assim o quis, embora não tenha querido por isso coagi-lo. Ele não fala menos duramente na oitava carta do mesmo volume, dizendo que não entra um mínimo pensamento no espírito de um homem que Deus não queira e não tenha querido desde toda a eternidade que entrasse. Calvino jamais disse nada mais duro; e tudo isso não poderia ser escusado senão se subentendendo uma vontade permissiva. A solução de Descartes remete à distinção entre a vontade do signo e a vontade do bom prazer (*inter voluntatem signi et beneplaciti*), que os modernos tomaram dos escolásticos em relação aos termos, mas à qual eles deram um sentido que não era ordinário entre os antigos. É verdade que Deus pode ordenar alguma coisa sem querer que seja feita, como quando ordena que Abraão sacrifique seu filho: ele queria a obediência e não queria a ação. Quando, porém, Deus ordena a ação virtuosa e interdita o pecado, ele quer verdadeiramente o que ordena; mas apenas por uma vontade antecedente, como já expliquei mais de uma vez.

165. A comparação de Descartes não é, pois, satisfatória, mas pode vir a ser. Seria preciso mudar um pouco o fato, inventando alguma razão que obrigasse o príncipe a fazer com que os dois inimigos se encontrassem ou a permitir isso. É preciso, por exemplo, que eles estivessem juntos no exército, ou em outras funções indispensáveis, o que o próprio príncipe não pode impedir sem expor seu Estado, e que a ausência de um ou de outro fosse capaz de fazer sair do exército muitas pessoas de seu partido, causasse rumores entre os soldados ou alguma grande desordem. Nesse caso, então, pode-se dizer que o príncipe não quer o duelo: ele sabe, mas o permite, pois prefere permitir o pecado de outrem a cometer ele mesmo um pecado. Assim, essa comparação corrigida pode servir, desde que se observe a diferença que há entre Deus e o príncipe. O príncipe é obrigado a essa permissão por sua impotência; um monarca mais potente não teria tido necessidade de todas essas considerações, mas Deus, que pode tudo o que é possível, só permite o pecado porque é absolutamente impossível a quem quer que seja fazer melhor. Talvez a ação do príncipe não seja sem pesar e arrependimento. Esse arrependimento vem de sua imperfeição, da qual

ele tem o sentimento; é nisso que consiste o desprazer. Deus é incapaz de tê-lo e também não encontra motivo; ele sente infinitamente sua própria perfeição, e pode-se mesmo dizer que a imperfeição nas criaturas separadas transforma-se em perfeição em relação ao todo e é um aumento de glória para o Criador. O que se pode querer mais que isso quando se tem uma sabedoria imensa e quando se é tão potente quanto sábio, quando se pode tudo e quando se tem o melhor?

166. Depois de ter compreendido essas coisas, parece-me que se está suficientemente aguerrido contra as objeções mais fortes e mais vivas. Nós não as dissimulamos, mas há algumas em que nós apenas tocaremos, porque são muito odiosas. Os críticos e Bayle (*Resposta às questões de um provincial*, t. 3, cap. 152, fim, p. 919) apelam a Santo Agostinho, dizendo: "*Crudelem esse misericordiam velle aliquem miserum esse ut ejus miserearis*"[73]; cita-se, no mesmo sentido, Sêneca, *De beneficiis*, 1.6, caps. 36-7. Admito que teriam alguma razão em se opor a isso aqueles que creem que Deus não teve outra causa para permitir o pecado além do desígnio de ter de exercer a justiça punitiva contra a maioria dos homens e sua misericórdia por um pequeno número de eleitos. Mas é preciso julgar que Deus teve razões para sua permissão do pecado, as mais dignas dele e as mais profundas em relação a nós. Ousou-se comparar ainda a conduta de Deus à de Calígula, que mandou escrever seus éditos em caracteres tão pequenos e afixá-los em um lugar tão elevado que não era possível lê-los; à de uma mãe que negligencia a honra de sua filha para alcançar seus fins interessados; à da rainha Catarina de Médici, que, diz-se, foi cúmplice de galanterias a suas damas de honra para conhecer as intrigas dos grandes; e mesmo à de Tibério, que fez com que, por meio da função do carrasco, a lei que impedia submeter uma menina ao suplício ordinário não tivesse validade em relação à filha de Sejano. Esta última comparação foi posta à frente por Pierre Bertius[74], então arminiano, mas que no fim era de comunhão roma-

---

[73] "É cruel desejar que alguém seja miserável para que se tenha pena dele."

[74] Pierre Bertius (1565-1629) foi um teólogo, historiador e geógrafo flamengo. Converteu-se ao catolicismo quando se refugiou na França, onde foi nomeado historiador de Luís XIII.

na. E estabeleceu-se um paralelo chocante entre Deus e Tibério, narrado inteiramente por André Caroli[75], em *Memorabilia ecclesiastica*, do século passado, como Bayle observa. Bertius o empregou contra os gomaristas. Creio que esse tipo de argumento não tem lugar contra aqueles que consideram que a justiça é uma coisa arbitrária em relação a Deus; ou que ele tem um poder despótico que pode chegar até a danar os inocentes; ou, enfim, que o bem não é o motivo de suas ações.

167. Nesse mesmo tempo uma engenhosa sátira foi composta contra os gomaristas, intitulada *Fur praedestinatus, De gepredestineerde Dief*[76], na qual se introduz um ladrão condenado a se perder que atribui a Deus tudo o que faz de mal e que, apesar de suas más ações, acredita-se predestinado à salvação, imaginando que essa crença basta; ladrão que ataca com argumentos *ad hominem* um ministro contrarremonstrante chamado para preparar a morte dele; mas, enfim, esse ladrão é convertido por um antigo pastor dedicado à causa arminiana que o carcereiro, tendo piedade do criminoso e sentindo a fraqueza do ministro, tinha levado até ele às escondidas. Respondeu-se a esse libelo, mas as respostas às sátiras nunca agradam tanto quanto as próprias sátiras. Bayle (*Resposta às questões de um provincial*, t. 3, cap. 154, p. 938) disse que esse livro foi impresso na Inglaterra, nos tempos de Cromwell – ele parece não ter sido informado de que isso era apenas uma tradução do original flamengo bem mais antigo. Ele acrescenta que o dr. George Kendall[77] apresentou a refutação à sátira em Oxford, no ano de 1657, sob o título de *Fur pro tribunali* [*Ladrão perante o tribunal*], e que o diálogo foi inserido aí. Esse diálogo pressupõe, contra a verdade, que os contrarremonstrantes fazem de Deus a causa do mal e ensinam uma espécie de predestinação do tipo maometano, na qual é indiferente fazer o bem ou o mal e é suficiente, para ser predestinado, imaginar que se é. Eles não percebem que vão longe demais; entretanto, é

---

[75] Andreas Carolus (1632-1704), historiador e teólogo luterano. *Fatos eclesiásticos memoráveis do século XVII* foi publicado em Tübingen (1697 e 1702).
[76] *O ladrão predestinado*, publicado primeiro em flamengo (Antuérpia, 1619) e depois em latim (Londres, 1651). Atribui-se a autoria a Henricus Slatius (1580-1623), arminiano.
[77] George Kendall (1610-1663), teólogo presbiteriano, adversário do arminianismo.

verdade que há entre eles alguns supralapsários e outros que têm dificuldade em se explicar bem sobre a justiça de Deus e os princípios da piedade e da moral do homem, porque eles concebem um despotismo em Deus e exigem que o homem se persuada sem razão da certeza absoluta de sua eleição, o que está sujeito a consequências perigosas. Mas todos aqueles que reconhecem que Deus produz o melhor plano que escolheu entre todas as ideias possíveis de universo; que ele encontra aí o homem levado pela imperfeição original das criaturas a abusar de seu livre-arbítrio e a se lançar na miséria; que Deus impede o pecado e a miséria tanto quanto a perfeição do universo, que é uma emanação sua, permite; todos aqueles, como eu dizia, mostram mais distintamente que a intenção de Deus é a mais reta e santa do mundo, que só a criatura é culpável, que a limitação ou imperfeição original é a fonte de sua malícia, que sua má vontade é a única causa de miséria, que não se pode estar destinado à salvação sem que se esteja também à santidade das crianças de Deus, e que toda a esperança que se pode ter de ser eleito só pode estar fundada na boa vontade que se sente pela graça de Deus.

168. Opõem-se ainda considerações metafísicas à nossa explicação da causa moral do mal moral, mas elas nos confundirão menos, uma vez que nós afastamos as objeções extraídas de razões morais que nos impressionavam mais. Essas considerações metafísicas dizem respeito à natureza do *possível* e do *necessário*: elas vão contra o fundamento que nós pusemos, isto é, que Deus escolheu o melhor de todos os universos possíveis. Houve filósofos que sustentaram que não há nada de possível além do que acontece efetivamente. São os mesmos que acreditaram, ou puderam acreditar, que tudo é absolutamente necessário. Alguns foram dessa opinião porque admitiam uma necessidade bruta e cega na causa da existência das coisas; e são esses que nós temos mais motivos para combater. Mas há outros que só se enganam porque abusam dos termos. Estes confundem a necessidade moral com a necessidade metafísica: eles imaginam que o fato de Deus não poder deixar de fazer o melhor anula a liberdade dele e dá às coisas essa necessidade que os filósofos e os teólogos tratam de evitar. Há apenas uma disputa de palavras com esses auto-

res, uma vez que concordam efetivamente que Deus escolheu e fez o melhor. Mas há outros que vão mais longe: eles creem que Deus teria podido fazer melhor. Essa é uma opinião que deve ser rejeitada, pois, embora não negue inteiramente a sabedoria e a bondade de Deus, como fazem os autores da necessidade cega, impõe a elas certos limites – o que pode atingir a suprema perfeição dele.

169. A questão da possibilidade das coisas que não acontecem já foi examinada pelos antigos. Parece que Epicuro, para conservar a liberdade e evitar uma necessidade absoluta, sustentou após Aristóteles que os futuros contingentes não eram suscetíveis de uma verdade determinada. Pois, se fosse verdade ontem que eu escreveria hoje, não poderia deixar de acontecer isso, já seria necessário; e, pela mesma razão, seria [necessário] desde toda a eternidade. Assim, tudo o que acontece é necessário, e é impossível que aconteça de outra maneira. Mas, não sendo assim, seguir-se-ia, segundo ele, que os futuros contingentes não têm verdade determinada. Para sustentar essa opinião, Epicuro chegou a negar o primeiro e maior princípio das verdades de razão: ele negava que toda enunciação seja ou verdadeira ou falsa. Eis como se chegaria ao objetivo: vós negais que fosse verdadeiro ontem que eu escreveria hoje; era, portanto, falso. O bom homem, não podendo admitir essa conclusão, foi obrigado a dizer que não era nem verdadeiro nem falso. Depois disso ele não tem necessidade de ser refutado e Crisipo podia evitar a dificuldade de confirmar o grande princípio das contraditórias, segundo reporta Cícero em seu livro *De fato*: "*Contendit omnes nervos Chrysippus ut persuadeat omne* ἀξίωμα *aut verum esse, aut falsum. Ut enim Epicurus veretur ne, si hoc concesserit, concedendtum sit, fato fieri quaecumque fiant; si enim alterum ex aeternitate verum sit, esse id etiam certum; si certum, etiam necessarium; ita et necessitatem et fatum confirmari putat; sic Chrysippus metuit, ne non, si non obtinuerit omne quod enuncietur aut verum esse aut falsum, omnia fato fieri possint ex causis aeternis rerum futurarum.*"[78] Bayle observa

---

[78] "Crisipo tenciona todos os seus músculos para persuadi-lo de que todo axioma seja ou verdadeiro ou falso. Com efeito, assim como Epicuro teme que, se concedesse nisso, seria como conceder em que tudo o que acontece é por destino – com efeito, se [um de dois enunciados] desde a eternidade é verdadeiro, isso é também certo; se é certo, é

(*Dicionário*, verbete "Epicuro", nota T, p. 1.141) que "nem um nem o outro desses dois grandes filósofos (Epicuro e Crisipo) compreenderam que a verdade desta máxima – *Toda proposição é verdadeira ou falsa* – é independente do que se chama *fatum*; ela não pode, portanto, servir de prova da existência do *fatum* como queria Crisipo e como Epicuro temia. Crisipo não podia estabelecer, sem prejuízo para si mesmo, que há proposições que não são nem verdadeiras nem falsas; mas ele não ganhava nada em estabelecer o contrário, pois, havendo ou não havendo causas livres, é igualmente verdadeiro que esta proposição – *O grão-mogol irá amanhã à caça* – é verdadeira ou falsa. Foi com razão que este discurso de Tirésias foi considerado ridículo: '*Tudo o que eu direi acontecerá, ou não, pois o grande Apolo confere-me a faculdade de profetizar.*' Se, por absurdo, não houvesse Deus, seria, no entanto, certo que tudo o que o grande insensato do mundo predissesse aconteceria ou não aconteceria. Foi a isso que nem Crisipo nem Epicuro prestaram atenção". Cícero (livro I, *De nat. deorum*) julgou muito bem, a respeito das escapatórias dos epicuristas (como Bayle observa perto do fim da mesma página), que seria muito menos odioso confessar que não se pode responder a seu adversário recorrendo a semelhantes respostas. Entretanto, veremos que o próprio Bayle confundiu o certo com o necessário quando pretendeu que a escolha do melhor tornasse as coisas necessárias.

170. Vamos agora à possibilidade das coisas que não acontecem e damos a palavra ao próprio Bayle, embora essas palavras sejam um pouco prolixas. Eis como ele fala disso em seu *Dicionário* (artigo "Crisipo", nota S, p. 929): "A muito famosa disputa sobre as coisas possíveis e as coisas impossíveis deveu seu nascimento à doutrina dos estoicos no tocante ao destino. Tratava-se de saber se entre as coisas que jamais aconteceram e jamais acontecerão há coisas possíveis ou se tudo o que não é, tudo o que jamais foi, tudo o que não será jamais, era impossível. Um famoso dialético da seita de Mégara,

---

também necessário; assim, julga confirmados a necessidade e o destino –, também Crisipo teme que, se não obtiver que toda enunciação seja ou verdadeira ou falsa, não possa [afirmar] que tudo acontece por destino a partir de causas eternas das coisas futuras" (Cícero, *Sobre o destino*, X, 21).

de nome Diodoro[79], adotou a resposta negativa para a primeira dessas duas questões e a afirmativa para a segunda; mas Crisipo o atacou fortemente. Eis duas passagens de Cícero (livro 9, epíst. 4, *Ad familiar*): "περί δυνατων *me scito* κατὰ Διόδωρον κρίννειν. *Quapropter si venturus es, scito necesse esse te venire. Nunc vide, ultra te* κρίσις *magis delectet:* χρυσιππεία *ne, na haec; quam noster Diodotus* [um estoico que havia morado muito tempo com Cícero] *non concoquebat*"[80]. Isso foi extraído de uma carta que Cícero escreveu a Varrão. Ele expõe mais amplamente toda a questão em seu pequeno livro *De fato*. Vou citar alguns trechos: "*vigila, Chrysippe, ne tuam causam, in qua tibi cum Diodoro valente dialectico magna luctatio est, deseras* [...] *omne ergo quod falsum dicitur in futuro, id fierio non potest. At hoc, Chrysippe, minime vis, maximeque tibi de hoc ipso cum Diodoro certamen est. Ille enim id solum fieri posse dicit, quod aut sit verum, aut futurum sit verum; et quicquid futurum sit, id dicit fieri necesse esse; et quicquid non sit futurum, id negat fieri posse. Tu etiam quae non sint futura, posse fieri dictis, ut frangi hanc gemmem, etiamsi id nunquam futurum sit: neque necesse fuisse Cypselum regnare. Corinthi, quanquam id millesimo ante anno Apollinis oráculo editum esset* [...] *placet Diodoro, id solum fieri posse, quod aut verum sit, aut verum futurum sit: qui locus attingit hanc quaestionem, nihil fieri, quod non necesse fuerit: et quicquid fieri possit, id aut esse Jam, aut futurum esse: nec magis commutari ex veris in falsa ea posse quae futura sunt, quam ea quae facta sunt: sed in factis immutabilitatem apparere; in futuris quibusdam, quia non apparent, ne inesse quidem videri: ut in eo qui mortigfero morbo urgeantur, verum sit, hic morietur hoc morbo: at hoc idem si vere dicatur in eo, in quo tanta vis morbi non appareat, nihilominus futurum sit. Ita fit ut commutatio ex vero in falsum ne in futuro quidem ulla fieri possit*"[81].

---

[79] Diodoro Cronus (viveu até aproximadamente 296 a.C.), dialético que inventou o "argumento dominador", necessitarista (cf. Epicteto, *Discursos/Diatribes*, II, 19).

[80] "Sobre os possíveis, saiba que sou da opinião de Diodoro. É por isso que, se tu deves vir, saiba que é necessário que tu venhas. Agora vê qual destas doutrinas deleita-te mais, a de Crisipo ou aquela que nosso Diódoto não digeria".

[81] "Sê vigilante, Crisipo, para não trair tua causa, na qual Diodoro, valente dialético, tem uma grande luta contigo [...] tudo, pois, que é dito falso no futuro não pode acontecer. Porém isso, Crisipo, tu não queres, e decerto é maximamente por isso que tu e

Cícero nos leva a compreender suficientemente que Crisipo encontrava-se muitas vezes embaraçado nessa disputa, e não é de admirar, pois o partido que ele havia tomado não estava ligado ao seu dogma do destino; se ele tivesse sabido ou se tivesse ousado raciocinar de maneira consequente, teria adotado de bom coração toda a hipótese de Diodoro. Pôde-se ver aqui que a liberdade que ele dava à alma e sua comparação com o cilindro não impediam que, no fundo, todos os atos da vontade humana fossem apenas consequências inevitáveis do destino, donde resulta que tudo o que não acontece é impossível, e que não há nada de possível além do que acontece atualmente. Plutarco (*De stoicor. repugn.*, pp. 1.053-4) vence a batalha contra ele, tanto nisso como em sua disputa com Diodoro, e sustenta que sua opinião sobre a possibilidade é inteiramente oposta à doutrina do *fatum*. Observai que os mais ilustres estoicos tinham escrito sobre esse assunto sem seguir o mesmo caminho. Arriano (in Epict., livro 2, cap. 19, p. 166[82]) nomeou quatro, que são Crisipo, Cleanto, Arquedemo e Antípatro. Ele demonstra um grande desprezo por essa disputa, e não era preciso que Ménage[83] o citasse como um escritor que tinha falado (*citatur honorifice apud Arrianum*, Ménage, in Laert., I, 7, p. 341) honrosamente da obra de Crisipo περί δυνατων, pois seguramente estas palavras, γέγραφε δὲ καὶ Χρύσιππος θαυμαστῶς etc., de *his rebus mira scripsit Chrysippus* [Cri-

---

Diodoro lutam. Com efeito, ele diz que só pode acontecer o que é verdadeiro ou o que no futuro será verdadeiro, e o que quer que seja futuro ele diz que necessariamente acontecerá, e o que quer que não seja futuro ele nega que possa acontecer. Tu dizes que podem acontecer também o que não é futuro, como esta pedra preciosa pode quebrar-se, mesmo que jamais aconteça isso; e não foi necessário que Cipselo reinasse em Corinto, embora o oráculo de Apolo tivesse predito isso mil anos antes [...] agrada a Diodoro que só seja possível o que é verdadeiro ou o que será verdadeiro no futuro, o que não atinge esta questão: nada acontece que não tenha sido necessário que acontecesse; e tudo o que é possível é agora possível ou será no futuro. E não se pode mudar do verdadeiro para o falso o que é futuro, assim como o que já aconteceu; mas no feito a imutabilidade é evidente; no que é futuro, porque não é evidente, não parece ser real; como é verdade dizer de alguém que sofre de uma doença mortal: ele morrerá dessa doença. Mas, se é verdadeiro dizer isso daquele em quem a doença não parece tão forte, ela não deixará de acontecer. Assim, a mudança do verdadeiro em falso é impossível mesmo no caso futuro" (*Sobre o destino*, VI, 12; VII, 13; IX, 17).

[82] Cf. Epicteto, *Discursos*. Texto redigido por Arriano, discípulo de Epicteto.

[83] Gilles Ménage (1613-1692), erudito francês que forneceu observações para uma edição de Diógenes Laércio publicada em Amsterdam, em 1692.

sipo escreveu maravilhosamente sobre essas coisas] etc., não são nessa passagem um elogio. Isso fica aparente pelo que precede e pelo que se segue. Dionísio de Halicarnasso (*De collocat. verbor.*, cap. 17, p. 11) menciona dois tratados de Crisipo nos quais, sob um título que prometia outras coisas, muito dos territórios dos lógicos foi explorado. A obra era intitulada περί της συντάξεως των τού λόγου μερών, *De partium orationis collocatione* [*Da ordenação das palavras*], e só tratava das proposições verdadeiras e falsas, possíveis e impossíveis, contingentes, ambíguas etc., matéria que nossos escolásticos repetiram à exaustão e reduziram à essência. Notai que Crisipo reconheceu que as coisas passadas eram necessariamente verdadeiras, o que Cleanto não tinha querido admitir (Arriano, *ubi supra*, p. 165). Ου πᾶν δε παρεληλυθος αληθές αναγκαιον ἐστι, καθάπερ 'οι περί Κλεάνθην φέρεσθαι δοκοῦσι: "*Non omne praeteritum ex necessitate verum est, ut illi qui Cleanthem sequuntur sentiunt.*"[84] Vimos antes que se supôs que Abelardo ensinava uma doutrina que parece a de Diodoro. Creio que os estoicos se empenharam em dar mais extensão às coisas possíveis que às coisas futuras a fim de atenuar as consequências odiosas e temíveis que se tiravam de seu dogma da fatalidade. Parece mesmo que Cícero, escrevendo a Varrão o que acabamos de copiar (livro 9, epíst. 4, *Ad familiar*), não compreendia suficientemente a consequência da opinião de Diodoro, uma vez que a considerava preferível. Ele apresenta muito bem as opiniões dos autores em seu livro *De fato*; mas é uma pena que nem sempre ele tenha acrescentado as razões de que esses autores se serviam. Plutarco, em seu tratado *Sobre as contradições dos estoicos*, e Bayle admiram-se do fato de Crisipo não ser da opinião de Diodoro, uma vez que ele favorece a fatalidade. Mas Crisipo e seu mestre Cleanto eram nisso mais razoáveis do que se pensa. Ver-se-á a seguir. É uma questão: se o passado é mais necessário que o futuro. Cleanto foi dessa opinião. Objeta-se que é necessário *ex hypothesi* que o futuro aconteça, como é necessário *ex hypothesi* que o passado tenha acontecido. Mas há esta diferença: não é possível agir sobre o estado

---

[84] "Nem todo passado é necessariamente verdadeiro, como pensam aqueles que seguem Cleanto."

passado, é uma contradição; porém, é possível causar algum efeito sobre o porvir; entretanto, a necessidade hipotética de um e de outro é a mesma; um não pode ser mudado, o outro não o será, e, isso posto, ele também não poderá ser mudado.

171. O famoso Pedro Abelardo foi de uma opinião próxima à de Diodoro quando disse que Deus só pode fazer o que ele faz. Era a terceira das catorze proposições tiradas de suas obras que foram censuradas no Concílio de Sens. Ela tinha sido tirada de seu terceiro livro da *Introdução à teologia*, no qual ele trata particularmente da potência de Deus. A razão que ele dá para isso é que Deus só pode fazer o que ele quer; ora, ele não pode querer fazer uma coisa diferente do que a que faz porque é necessário que ele queira tudo o que é conveniente, donde segue-se que tudo o que ele não faz não é conveniente, que ele não pode querer fazê-lo e, consequentemente, não pode fazê-lo. Abelardo admite que essa opinião é particular a ele, que quase ninguém a compartilha, que ela se mostra contrária à doutrina dos santos e à razão e parece derrogar a grandeza de Deus. Parece que esse autor tinha um pouco de inclinação a falar e a pensar diferente dos outros; no fundo, era apenas uma logomaquia: ele mudava o uso dos termos. A potência e a vontade são faculdades diferentes e cujos objetos são diferentes também; é confundi-las dizer que Deus só pode fazer o que ele quer. É exatamente o contrário: entre vários possíveis ele só quer o que julga o melhor. Pois consideram-se todos os possíveis como os objetos de sua potência, mas as coisas atuais e existentes são consideradas os objetos de sua vontade decretória. O próprio Abelardo reconheceu isso. Ele faz contra si mesmo esta objeção: um condenado pode ser salvo, mas ele não poderia se Deus não o salvasse. Deus pode, portanto, salvá-lo e consequentemente pode fazer uma coisa que não faz. Ele responde a isso afirmando que se pode dizer muito bem que esse homem pode ser salvo em relação à possibilidade da natureza humana, que é capaz de salvação; mas não se pode dizer que Deus pode salvá-lo, em relação ao próprio Deus, porque é impossível que Deus faça o que não deve. Mas, uma vez que ele admite que se pode muito bem dizer em um sentido, falando de maneira absoluta e colocando à parte a suposição de condenação, que um tal que é condenado pode ser

salvo e que muito frequentemente o que Deus não faz pode ser feito, ele podia, então, falar como os outros que não entendem de maneira diferente quando dizem que Deus pode salvar esse homem e pode fazer o que não faz.

172. Parece que a suposta necessidade de Wycliffe, condenada pelo Concílio de Constança[85], não vem senão desse mesmo mal-entendido. Creio que pessoas hábeis fazem dano à verdade e a si mesmas quando decidem empregar sem motivo expressões novas e chocantes. Em nossos dias, o famoso Hobbes sustentou esta mesma opinião: que o que não acontece é impossível. Ele a prova afirmando que não acontece nunca de todas as condições requeridas para uma coisa que não existirá (*omnia rei non futurae requisita*) encontrarem-se juntas: ora, a coisa não poderia existir sem isso. Mas quem não vê que isso só prova uma impossibilidade hipotética? É verdade que uma coisa não poderia existir quando falta uma condição requerida. Mas, como nós pretendemos poder dizer que a coisa pode existir, embora não exista, pretendemos igualmente poder dizer que as condições requeridas podem existir, embora não existam. Assim, o argumento de Hobbes deixa a coisa no mesmo lugar. A opinião sobre Hobbes de que ele pregava uma necessidade absoluta de todas as coisas o desacreditou bastante e lhe causou danos, mesmo que tenha sido esse seu único erro.

173. Espinosa foi ainda mais longe: ele parece ter ensinado expressamente uma necessidade cega, tendo recusado o entendimento e a vontade ao autor das coisas e imaginando que o bem e a perfeição só têm relação conosco e não com Deus. É verdade que a opinião de Espinosa a esse respeito tem alguma coisa de obscuro. Pois ele dá o pensamento a Deus depois de ter negado o entendimento, *cogitationem, non intellectum concedit Deo*. Há inclusive passagens em que ele é comedido ao discorrer sobre o ponto da necessidade. Contudo, tanto quanto podemos compreender, ele não reconhece a bondade em Deus, propriamente falando, e ensina que todas as coisas existem pela necessidade da natureza divina, sem que Deus faça

---

[85] O concílio, de 1417, condenou as ideias de Wycliffe e a pessoa de seu discípulo Jan Huss.

nenhuma escolha. Não nos distrairemos aqui refutando uma opinião tão má e tão inexplicável; e a nossa é estabelecida sobre a natureza dos possíveis, isto é, das coisas que não implicam contradição. Não creio que um espinosista diga que todos os romances que se podem imaginar existam realmente no presente, tenham existido ou ainda existirão em qualquer lugar do universo; entretanto, não se poderia negar que romances, como os de Mademoiselle de Scudéry[86], ou como *Octavia*, sejam possíveis. Oponhamos, pois, a ele estas palavras de Bayle, que são bastante de meu gosto, p. 390: "É hoje", diz ele, "um grande embaraço para os espinosistas ver que, segundo sua hipótese, foi impossível desde a eternidade que Espinosa, por exemplo, não morresse em Haia, como é impossível que dois e dois sejam seis. Eles sentem perfeitamente que é uma consequência de sua doutrina e uma consequência que desagrada, que assusta, que exalta os espíritos pela absurdidade que ela encerra, diametralmente oposta ao senso comum. Eles não ficam exatamente confortáveis que se saiba que eles invertem uma máxima tão universal e tão evidente quanto esta: tudo o que implica contradição é impossível e tudo o que não implica contradição é possível."

174. Pode-se dizer de Bayle: "*Ubi bene, Nemo melius*", embora não se possa dizer dele o que se dizia de Orígenes: "*Ubi male, Nemo peius.*"[87] Eu acrescentaria apenas que isso que acabamos de assinalar como uma máxima é a própria definição do *possível* e do *impossível*. Entretanto, Bayle acrescenta uma palavra no fim que estraga um pouco o que ele disse com tanta razão: "Ora, que contradição haveria no fato de Espinosa morrer em Leiden? A natureza teria sido menos perfeita, menos sábia, menos potente?" Ele confunde aqui o que é impossível, porque implica contradição, com o que não poderia acontecer, porque não é apropriado para ser escolhido. É verdade que não haveria contradição na suposição de que Espinosa tivesse morrido em Leiden e não em Haia, não haveria

---

[86] Madeleine de Scudéry (1607-1701), escritora francesa, autora de diversos romances. Era conhecida pelo pseudônimo de George e conduziu um importante salão literário de meados do século XVI na França. Foi a primeira mulher a obter o prêmio da Academia Francesa.
[87] "Onde ele é bom, ninguém é melhor." "Onde ele é mau, ninguém é pior."

nada mais possível: isso seria, pois, indiferente em relação à potência de Deus. Mas não é preciso imaginar que algum acontecimento, por menor que seja, possa ser concebido como indiferente em relação à sua sabedoria e à sua bondade. Jesus Cristo disse divinamente bem que está tudo contado, até os fios de cabelo de nossa cabeça. Assim, a sabedoria de Deus não permitiria que esse acontecimento de que fala Bayle ocorresse de maneira diferente da que ocorreu; não porque esse acontecimento por si mesmo merecesse mais ser escolhido, mas por causa da ligação com a série inteira do universo que mereceu ser preferida. Dizer que o que não aconteceu não interessava à sabedoria de Deus e inferir daí que não era, portanto, necessário é fazer uma falsa suposição e inferir mal uma conclusão verdadeira. É confundir o que é necessário por uma necessidade moral, isto é, pelo princípio da sabedoria e da bondade, com o que é necessário por uma necessidade metafísica e bruta, que só tem lugar quando o contrário implica contradição. Também Espinosa buscava uma necessidade metafísica nos acontecimentos; ele não acreditava que Deus fosse determinado por sua bondade e por sua perfeição (que esse autor tratou como quimeras em relação ao universo), mas pela necessidade de sua natureza, como o semicírculo está obrigado a compreender apenas ângulos retos sem ter disso conhecimento nem vontade. Pois Euclides mostrou que todos os ângulos compreendidos por duas linhas retas tiradas das extremidades do diâmetro rumo a um ponto do círculo são necessariamente retos, e que o contrário implica contradição.

175. Há pessoas que estão na outra extremidade e, sob o pretexto de libertar a natureza divina do jugo da necessidade, quiseram torná-la inteiramente indiferente, por uma indiferença de equilíbrio, não considerando que, tanto quanto a necessidade metafísica é absurda em relação às ações de Deus *ad extra*[88], a necessidade moral é digna dele. É uma necessidade feliz que obriga o sábio a fazer o bem, ao passo que a indiferença em relação ao bem e ao mal seria a marca de uma falta de bondade ou de sabedoria. Ademais, a indiferença em si mesma, indiferença que mantivesse a vontade em um perfeito equilíbrio, seria uma quimera, como já foi mostrado: ela chocaria o grande princípio de razão determinante.

---

[88] Ações sobre o que é exterior ao próprio Deus.

176. Aqueles que acreditam que Deus estabeleceu o bem e o mal por um decreto arbitrário caem nessa estranha opinião de uma indiferença pura e em outras absurdidades ainda mais estranhas. Eles negam a ele o título de bom; pois que motivo se poderia ter para louvá-lo pelo que ele fez se também teria agido bem fazendo uma coisa inteiramente diferente? Muitas vezes admirei-me de que vários teólogos supralapsários, como Samuel Rutherford[89] – professor de teologia na Escócia que escreveu quando as controvérsias com os remonstrantes estavam mais em voga –, pudessem chegar a um pensamento tão estranho. Rutherford, em *Exercícios apologéticos para a graça divina*, afirma positivamente que nada é injusto ou moralmente mal em relação a Deus e antes de sua interdição; assim, sem essa interdição, seria indiferente assassinar ou salvar um homem, amar a Deus ou odiá-lo, louvá-lo ou blasfemar contra ele. Não há nada mais desarrazoado; e ao se ensinar que Deus estabeleceu o bem e o mal por uma lei positiva, ou ao se sustentar que há algo de bom e de justo antecedentemente a seu decreto, mas que ele não está determinado a se conformar a isso e nada o impede de agir injustamente e, talvez, danar inocentes, diz-se aproximadamente a mesma coisa e desonra-se Deus quase da mesma maneira; pois, se a justiça foi estabelecida arbitrariamente e sem nenhum motivo, se Deus chegou a ela por uma espécie de acaso, como quando se tira a sorte, sua bondade e sua sabedoria não apareceriam e não há também nada que o ligue a elas. E, se é por um decreto puramente arbitrário, sem nenhuma razão, que ele estabeleceu ou fez o que nós chamamos justiça e bondade, ele pode desfazê-las ou mudar sua natureza, de maneira que não há nenhum motivo para garantir que ele as observará sempre, como se pode dizer que ele fará quando se supõe que elas estão fundadas em razões. Seria quase o mesmo se a justiça dele fosse diferente da nossa, isto é, se estivesse escrito no código dele, por exemplo, que é justo tornar os inocentes eternamente infelizes. Segundo esses princípios, nada obrigaria Deus a manter sua palavra, ou não nos asseguraria do efeito dela. Pois por que a lei da justiça, que

---

[89] Samuel Rutherford (1600-1661), teólogo antiarminiano escocês, autor de *Exercitationes apologeticae pro divina gratia* (1636).

afirma que as promessas razoáveis devem ser mantidas, seria mais inviolável a seu respeito que todas as outras?

177. Estes três dogmas, embora um pouco diferentes entre si, destroem a confiança em Deus: (1) que a natureza da justiça é arbitrária, (2) que ela é fixa e, enfim, (3) que a justiça que nós conhecemos não é a que ele observa; é a confiança em Deus que nos dá tranquilidade e o amor de Deus que faz nossa felicidade (Arriano, *ubi supra*). Nada impede que tal Deus use, como tirano e como inimigo, de gente de bem e lhe apraza o que nós chamamos de mal. Por que não seriam, pois, tanto o mal o princípio dos maniqueus como o bem o princípio único dos ortodoxos? Ao menos ele seria neutro e como que suspenso entre os dois, ou mesmo ora um, ora outro, o que valeria o mesmo que se alguém dissesse que Ormuz e Aritmã reinam alternadamente, conforme um ou outro esteja mais forte ou mais ágil. Mais ou menos como uma mulher mongol que, tendo ouvido dizer que aparentemente outrora, sob o governo de Gengis Khan e seus sucessores, sua nação teve o império da maior parte do Setentrião e do Oriente, dissesse agora aos moscovitas, quando Isbrand[90] foi à China em nome do tsar do país desses tártaros, que o Deus dos mongóis foi expulso do céu, mas um dia ele retomaria seu poder. O verdadeiro Deus é sempre o mesmo; a própria religião natural exige que ele seja essencialmente bom e sábio, assim como potente; não é mais contrário à razão e à piedade dizer que Deus age sem conhecimento que querer que ele tenha um conhecimento que não encontra as regras eternas da bondade e da justiça entre seus objetos, ou, enfim, que ele tenha uma vontade sem relação com essas regras.

178. Alguns teólogos que escreveram sobre o direito de Deus sobre as criaturas parecem atribuir a ele um direito sem limites, um poder arbitrário e despótico. Eles acreditaram que seria pôr a divindade no mais alto ponto de grandeza e elevação que ela pudesse ser imaginada; que seria anular de tal maneira a criatura diante do Criador que o Criador não estaria ligado por nenhuma espécie de leis à

---

[90] Ysbrants Ides (1660-?), mercador e diplomata dinamarquês a serviço de Pedro, o Grande.

criatura. Há passagens de Twisse[91], de Rutherford e de alguns outros supralapsários que insinuam que Deus não poderia pecar, faça ele o que fizer, porque não está submetido a nenhuma lei. O próprio Bayle julga essa doutrina monstruosa e contrária à santidade de Deus (*Dicionário*, artigo "Paulicianos", p. 2.332, *initio*), mas eu imagino que a intenção de alguns desses autores é menos má do que parece e, aparentemente, sob o nome de direito eles entenderam ανυπευθυνιαν: um estado em que não se é responsável em relação a ninguém pelo que se faz. Mas eles não teriam negado que Deus deve a si mesmo o que a bondade e a justiça exigem. Pode-se ver anteriormente a apologia de Calvino feita por Amyraud[92]: é verdade que Calvino parece ortodoxo a respeito desse capítulo e não está entre os supralapsários exagerados.

179. Assim, quando Bayle diz em alguma passagem que São Paulo só aceita a predeterminação pelo direito absoluto de Deus e pela incompreensibilidade de suas vias, deve-se subentender aí que, se elas fossem compreendidas, seriam consideradas conformes à sua justiça, não podendo Deus usar de maneira diferente seu poder. O próprio São Paulo afirma que é uma *profundidade*, mas de sabedoria (*altitudo sapientiae*); e a *justiça* está compreendida na bondade do sábio. Considero que Bayle fala muito bem alhures da aplicação de nossas noções da bondade às ações de Deus (*Resposta às questões de um provincial*, cap. 81, p. 139). "Não é preciso pretender aqui", diz ele, "que a bondade do ser infinito esteja submetida às mesmas regras que a bondade da criatura, pois, se há em Deus um atributo que se possa nomear bondade, é preciso que os caracteres da bondade em geral convenham com ele. Ora, quando reduzimos a bondade à abstração mais geral, nós encontramos a vontade de fazer o bem. Dividi e subdividi em tantas espécies quanto vos agrade essa bondade geral, em bondade infinita, bondade finita, bondade real,

---

[91] William Twisse (*c*. 1578-1646), teólogo puritano inglês, antiarminiano, autor de *Vindiciae gratiae, potestatis ac providentiae Dei* [*Vindicações da graça, da potência e da providência de Deus*] (Amsterdam, 1632) e *Dissertatio de scientia media* [*Dissertações sobre a ciência média*] (Arnhem, 1639).

[92] Moïse Amyraut (1596-1664), teólogo francês, autor de *Defense de la doctrine de Calvin sur le suiet de l'election et de la reprobation* [*Defesa da doutrina de Calvino sobre o decreto absoluto da reprovação*] (Saumur, 1641).

bondade do pai, bondade do marido, bondade do senhor; vós encontrareis em cada uma, como um atributo inseparável, a vontade de fazer o bem."

180. Considero também que Bayle combate muito bem a opinião daqueles que supõem que a bondade e a justiça dependem unicamente da escolha arbitrária de Deus e imaginam que, se Deus tivesse sido determinado a agir pela bondade das próprias coisas, ele seria um agente inteiramente necessitado em suas ações, o que não pode ser compatível com a liberdade. É confundir a necessidade metafísica com a necessidade moral. Eis o que Bayle opõe a esse erro (*Resposta às questões de um provincial*, cap. 89, p. 203): "A consequência dessa doutrina será que, antes que Deus se determinasse a criar o mundo, ele não veria nada melhor na virtude que no vício, e suas ideias não lhe mostrariam que a virtude seria mais digna de amor que o vício. Isso impede qualquer distinção entre o direito natural e o direito positivo; não haveria nada mais de imutável ou de indispensável na moral; teria sido possível também a Deus ordenar que se fosse vicioso, tanto quanto se pode ordenar que se seja virtuoso; e não se poderá estar seguro de que as leis morais não serão um dia ab-rogadas, como foram as leis cerimoniais dos judeus. Isso, em resumo, nos leva diretamente à crença de que Deus é o autor livre não somente da bondade, da virtude, mas também da verdade e da essência das coisas. Eis o que uma parte dos cartesianos supõem, e eu admito que a opinião deles (*vide Continuação dos pensamentos sobre o cometa*, p. 554) poderia ser de algum uso em determinadas ocasiões; mas é combatida por tantas razões e sujeita a consequências tão deploráveis (*vide* o cap. 152 de *Continuação*) que não há extremos que não valha mais suportar que se lançar a ele. Essa opinião abre a porta ao pirronismo mais exagerado, pois permite supor que esta proposição, três mais três são seis, só é verdadeira durante o tempo que agradar a Deus; que ela pode ser falsa em alguma parte do universo e talvez o será entre os homens no ano que vem, já que tudo o que depende do livre-arbítrio de Deus pode ser limitado a certos lugares e a determinados tempos, como as cerimônias judaicas. Essa consequência será estendida a todas as leis do Decálogo se as ações que elas ordenam são por sua natureza tão privadas de toda bondade quanto as ações que elas proíbem."

181. E dizer que Deus, ao resolver criar o homem tal qual ele é, não pôde exigir a piedade, a sobriedade, a justiça e a castidade porque é impossível que as desordens capazes de perturbar e turvar sua obra possam agradar-lhe é, com efeito, voltar à opinião comum. As virtudes não são virtudes senão porque servem à perfeição ou impedem a imperfeição daqueles que são virtuosos, ou mesmo daqueles que têm relação com elas; e elas têm isso por sua natureza e pela natureza das criaturas racionais, antes de Deus decretar criá-las. Julgar de outra maneira seria como se alguém dissesse que as regras das proporções e da harmonia são arbitrárias em relação aos músicos porque elas só têm lugar na música quando se resolveu cantar ou tocar algum instrumento. Mas é justamente o que se considera essencial a uma boa música, pois elas convêm à música já no estado ideal, mesmo que ninguém resolva cantar, uma vez que se sabe que elas devem convir necessariamente tão logo se cante; e da mesma maneira as virtudes convêm ao estado ideal da criatura racional antes que Deus decida criá-la, e é por isso mesmo que sustentamos que as virtudes são boas por sua natureza.

182. Bayle incluiu um capítulo em *Continuação dos pensamentos diversos* (cap. 152) no qual mostra que "os doutores cristãos ensinam que há coisas que são justas antecedentemente aos decretos de Deus". Os teólogos da Confissão de Augsburgo censuraram alguns reformados que pareciam ser de outra opinião e consideraram esse erro como se fosse uma consequência do decreto absoluto, cuja doutrina parece isentar a vontade de Deus de todo tipo de razões, *ubi stat pro ratione voluntas*[93]; mas, como já observei mais de uma vez, o próprio Calvino reconheceu que os decretos de Deus são conformes à justiça e à sabedoria, embora as razões que poderiam mostrar essa conformidade em detalhe nos sejam desconhecidas. Assim, segundo ele, as regras da bondade e da justiça são anteriores aos decretos de Deus. Bayle, no mesmo capítulo, cita uma passagem do célebre Turrettini que distingue as leis divinas naturais e as leis divinas positivas. As leis morais são da primeira espécie; as leis

---

[93] "Onde a vontade vale pela razão".

cerimoniais, da segunda. Samuel Desmarets[94], outrora célebre teólogo em Groningen, e Strimesius[95], que ainda está em Frankfurt an der Oder, ensinaram a mesma coisa; e eu creio que é a opinião mais bem recebida entre os reformados. Tomás de Aquino e todos os tomistas foram da mesma opinião, como os escolásticos e os teólogos da Igreja Romana. Os casuístas também são dessa opinião. Conto Grotius entre os mais eminentes deles, e ele foi seguido pelos seus comentadores. Pufendorf[96] parece ter sido de outra opinião, que ele quis sustentar contra as censuras de alguns teólogos, mas ele não deve ser contado, nem entrou antes suficientemente nesse assunto. Ele protesta terrivelmente contra o decreto absoluto em *Fecialis divinus* e, entretanto, aprova o que há de pior nas opiniões dos defensores desse decreto e sem o que esse decreto (como outros reformados explicam) se torna insuportável. Aristóteles foi bastante ortodoxo nesse capítulo da justiça, e a escola o seguiu; ele distingue, assim como Cícero e os jurisconsultos, entre o direito perpétuo, que obriga todos em toda parte, e o direito positivo, que só vale por certo tempo e para certos povos. Li outrora com prazer o *Eutífron*, de Platão, que faz Sócrates sustentar a verdade, e Bayle marcou o mesmo trecho.

183. Ele próprio sustenta essa verdade com bastante força em alguma passagem, e seria bom transcrevê-la inteira, embora seja um pouco longa (*Continuação dos pensamentos diversos*, t. 2, cap. 152, pp. 771 ss.). "Segundo a doutrina de uma infinidade de autores sérios", diz ele, "há na natureza e na essência de determinadas coisas um bem ou um mal moral que precedem o decreto divino. Eles provam essa doutrina principalmente pelas consequências espantosas do dogma contrário; pois, do fato de que não fazer mal a nin-

---

[94] Samuel Desmarets (1599-1673), teólogo protestante francês que se estabeleceu na Holanda depois da revogação do Édito de Nantes, é autor de *Collegium theologicum sive breve systema universae theologiae* [*Colégio teológico ou Breve sistema do conjunto da teologia*], de 1645.
[95] Samuel Strimesius (1648-1730) foi um teólogo reformado alemão que tentava uma aproximação entre luteranos e reformados.
[96] Pufendorf se esforçou para promover a união das Igrejas Protestantes em *Jus feciale divinum sive de consensu et dissensu protestantium* [*Direito fecial divino ou Sobre o acordo e desacordo dos protestantes*], Lübeck, 1695.

guém seria uma boa ação não em si mesma, mas por uma disposição arbitrária da vontade de Deus, seguir-se-ia que ele teria podido dar ao homem uma lei diretamente oposta, em todos os seus pontos, às regras do Decálogo. Isso causa horror. Mas eis aqui uma prova mais direta e tirada da metafísica. É uma coisa certa que a existência de Deus não é efeito de sua vontade. Ele não existe porque quer existir, mas pela necessidade de sua natureza infinita. Sua potência e sua ciência existem pela mesma necessidade. Ele não é onipotente, não conhece todas as coisas porque quer assim, mas porque são atributos necessariamente identificados com ele. O império de sua vontade só diz respeito ao exercício de sua potência; ele só produz fora dele atualmente o que quer, e deixa todo o resto em sua pura possibilidade. Daí segue-se que esse império só se estende sobre a existência das criaturas, não se estendendo também sobre suas essências. Deus pôde criar a matéria, um homem, um círculo, ou deixá-los no nada, mas não pôde produzi-los sem lhes dar suas propriedades essenciais. Foi necessário que tivesse feito o homem um animal racional e desse ao círculo a forma redonda, uma vez que, segundo as ideias eternas e independentes dos decretos livres de sua vontade, a essência do homem consistia nos atributos animal e racional, e a essência do círculo consistia em uma circunferência igualmente distante do centro em todas as suas partes. Eis o que leva os filósofos cristãos a admitir que as essências das coisas são eternas e que há proposições de uma terna verdade; e, consequentemente, que as essências das coisas e a verdade dos primeiros princípios são imutáveis. Isso não deve ser entendido somente dos primeiros princípios teóricos, mas também dos primeiros princípios práticos e de todas as proposições que contêm a verdadeira definição das criaturas. Essas essências, essas verdades emanam pela mesma necessidade da natureza e da ciência de Deus; como, pois, é pela natureza das coisas que Deus existe, é onipotente e conhece tudo perfeitamente, é também pela natureza das coisas que a matéria, que o triângulo, que o homem, que certas ações do homem etc. têm tais ou tais atributos essencialmente. Deus viu necessariamente e desde a eternidade as relações essenciais dos números e a identidade do atributo e do sujeito das proposições que contêm a essência de cada coisa. Ele viu da mesma maneira que o termo justo está envolvido nestes: estimar o que é estimável, ter gratidão por seu benfeitor, cumprir as convenções de um contrato, e assim muitas outras proposições e morais. Há, portanto, razão em dizer-se que os preceitos da lei natural supõem a honestidade e a justiça do que é ordenado, e que seria dever do homem praticar o que eles contêm, mesmo que Deus tivesse tido a condescendência de não ordenar nada antes. Tende atenção, vos suplico, ao fato de que, alçando-se por nossas abstrações a esse instante ideal no qual Deus ainda não decretou nada, encontramos nas ideias dele os princípios de moral sob os termos que implicam uma obrigação. Nós concebemos aí as máximas como certas e derivadas da ordem eterna e imutável: é digno da criatura racional conformar-se à razão. Uma criatura racional que se conforma à razão é louvável, e é censurável quando não se conforma a ela. Vós ousaríeis dizer que essas verdades não impõem um dever ao homem em relação a todos os atos conformes à reta razão, tais como estes: é preciso estimar o que é estimável, devolver o bem com o bem; não fazer mal a ninguém, honrar seu pai, dar a cada um o que é devido etc.? Ora, uma vez que, pela própria natureza das coisas e anteriormente às leis divinas, as verdades de moral impõem ao homem determinados deveres, é manifesto que Tomás de Aquino e Grotius puderam dizer que, se não houvesse Deus, não deixaríamos de estar obrigados a nos conformar ao direito natural. Outros disseram que, mesmo que tudo o que é inteligente perecesse, as proposições verdadeiras permaneceriam verdadeiras. Caetano sustentou que, se ele ficasse sozinho no universo, todas as outras coisas, sem nenhuma exceção, tendo sido aniquiladas, a ciência que ele tinha da natureza de uma rosa não deixaria de subsistir."

184. O saudoso Jacob Thomasius[97], célebre professor em Leipzig, não observou mal, em seus esclarecimentos sobre as regras filosóficas de Daniel Stahl[98] (professor de Iena), que não é apropriado ir inteiramente além de Deus e que não é preciso dizer, como al-

---

[97] Jacob Thomasius (1622-1684) foi professor de Leibniz em Leipzig, nos primeiros anos de universidade do filósofo.

[98] Daniel Stahl (1589-1654) é autor de *Regulae philosophicae explicatae* [*Regras filosóficas explicadas*] (Iena, 1662; Oxford, 1663).

guns scotistas, que as verdades eternas subsistiriam, ainda que não houvesse entendimento, nem mesmo o de Deus. Pois, de meu ponto de vista, é o entendimento divino que dá realidade às verdades eternas, embora sua vontade não tenha nenhuma participação nisso. Toda realidade deve estar fundada em alguma coisa existente. É verdade que um ateu pode ser geômetra, mas, se não houvesse Deus, não haveria objeto de geometria; e, sem Deus, não somente não haveria nada de existente como não haveria nem mesmo nada de possível. Isso não impede, no entanto, que aqueles que não veem a ligação de todas as coisas entre si e com Deus possam entender certas ciências sem conhecer sua fonte primeira, que está em Deus. Aristóteles, embora também não tenha conhecido isso, não deixou de dizer alguma coisa muita próxima disso e muita boa quando reconheceu que os princípios das ciências particulares dependem de uma ciência superior que dá a razão delas; e essa ciência superior deve ter o ser, e por consequência Deus, fonte do ser, por objeto. Dreier[99], de Königsberg, observou bem que a verdadeira metafísica que Aristóteles buscava, que ele chamava τὴν ζητουμένην, seu *desideratum*, era a teologia.

185. Entretanto, o mesmo Bayle, que disse coisas tão belas para mostrar que as regras da bondade e da justiça, e as verdades eternas em geral, subsistem por sua natureza e não por uma escolha arbitrária de Deus, falou de uma maneira bem pouco sólida em outra passagem (*Continuação dos pensamentos diversos*, t. 2, cap. 114, perto do final). Depois de ter ali narrado a opinião de Descartes e de uma parte de seus seguidores, que sustentam que Deus é causa livre das verdades e das essências, ele acrescenta (p. 554): "Fiz tudo o que pude para compreender bem esse dogma e para encontrar a solução das dificuldades que o cercam. Confesso-vos ingenuamente que não cheguei ainda inteiramente a esse objetivo. Isso não me desencoraja; imagino que, como fizeram outros filósofos em outros casos, o tempo desenvolverá esse belo paradoxo. Gostaria que o padre Malebranche tivesse considerado bom sustentá-lo, mas ele tomou

---

[99] Christian Dreier (1610-1688), filósofo e teólogo, é autor de *Sapientia sive philosophia prima ex Aristotele* [*A sabedoria ou A filosofia primeira segundo Aristóteles*], 1644.

outras medidas." É possível que o prazer de duvidar tenha tanto poder sobre um homem hábil a ponto de fazê-lo desejar e esperar ser possível acreditar que duas contraditórias jamais se encontram juntas porque Deus as impediu, e que ele poderia ter dado uma ordem na qual elas estariam sempre juntas? Que belo paradoxo! O reverendo padre Malebranche agiu muito sabiamente por tomar outras medidas.

186. Eu poderia até imaginar que Descartes tenha tido razão para ser dessa opinião, embora contasse com seguidores que tiveram a facilidade de acreditar nele e segui-lo ingenuamente para onde ele apenas parecia ir. Era aparentemente um de seus desvios, um de seus estratagemas filosóficos: ele deixava para si mesmo alguma escapatória, como quando encontrou um desvio para negar o movimento da Terra, embora fosse exageradamente copernicano. Suponho que ele tenha tido em vista aqui uma outra maneira extraordinária de falar de sua invenção, que era dizer que as afirmações e as negações, e geralmente os juízos internos, são operações da vontade. E, por esse artifício, as verdades eternas que tinham sido até esse autor um objeto do entendimento divino tornaram-se, de repente, um objeto de sua vontade. Ora, os atos de vontade são livres; portanto, Deus é a causa livre das verdades. Eis o desfecho da peça: "*Spectatum admissi*."[100] Uma pequena modificação da significação dos termos causou todo esse tumulto. Mas, se as afirmações das verdades necessárias fossem ações da vontade do mais perfeito espírito, essas ações não seriam mais livres, pois não há nada a escolher. Parece que Descartes não se explicava suficientemente sobre a natureza da liberdade e tinha dela uma noção muito extraordinária, uma vez que ele lhe dava uma extensão muito grande, até o ponto de querer que as afirmações das verdades necessárias fossem livres para Deus. É conservar da liberdade apenas o nome.

187. Bayle, que entende, como outros, uma liberdade de indiferença que Deus teria tido para estabelecer, por exemplo, as verdades sobre os números e ordenado que três vezes três sejam nove, enquanto podia ter ordenado expressamente que fossem dez, con-

---

[100] "Admitido ao ver" (Horácio, *Arte poética*, 5).

cebe nessa estranha opinião, se pudesse ser defendida, uma vantagem em relação aos estratonianos. Estratão foi um dos chefes da escola de Aristóteles e sucessor de Teofrasto; ele sustentou, em relação a Cícero, que este mundo foi formado tal qual é pela natureza ou por uma causa necessária destituída de conhecimento. Admito que isso poderia ser se Deus tivesse pré-formado a matéria como é preciso para realizar um tal efeito apenas pelas leis do movimento. Mas sem Deus não haveria inclusive nenhuma razão da existência, e menos ainda desta ou daquela existência das coisas; assim, o sistema de Estratão não é crível.

188. Bayle, entretanto, se confunde: ele não quer admitir as naturezas plásticas[101] destituídas de conhecimento que Cudworth[102] e outros haviam introduzido por medo que os estratonianos modernos, isto é, os espinosistas, se aproveitassem disso. É isso que faz com que ele se envolva em disputas com Le Clerc. E precavido contra esse erro, segundo o qual uma causa inteligente não poderia produzir nada em que aparecesse esse artifício, ele não concede a *pré-formação*, que produz naturalmente os órgãos dos animais, e o sistema de uma harmonia que Deus tenha preestabelecido nos corpos para fazê-los responder por suas próprias leis aos pensamentos e às vontades das almas. Mas seria preciso considerar que essa causa não inteligente, que produz coisas tão belas nos grãos e nas sementes das plantas e dos animais, e produz as ações dos corpos como a vontade as ordena, foi formada pelas mãos de Deus, infinitamente mais hábil que um relojoeiro, que faz todavia máquinas e autômatos capazes de produzir muitos belos efeitos, como se eles tivessem inteligência.

189. Ora, para considerar o que Bayle apreende dos estratonianos, no caso de se admitirem verdades independentes da vontade de Deus, ele parece temer que eles tirem vantagem, contra nós, da perfeita regularidade das verdades eternas; porque, com essa regularidade vindo somente da natureza e da necessidade das coisas sem

---

[101] Cf. Leibniz, *Considerações sobre os princípios da vida e as naturezas plásticas*, 1705 (PS, VI, pp. 539-49).
[102] Ralph Cudworth (1617-1688) foi um dos principais filósofos da Escola Platônica de Cambridge.

ser dirigida por nenhum conhecimento, Bayle teme que se pudesse inferir, com Estratão, que o mundo tenha podido tornar-se regular também por uma necessidade cega; mas é fácil responder a isso. Na região das verdades eternas encontram-se todos os possíveis e, consequentemente, tanto o regular como o irregular; é preciso que haja uma razão que tenha feito preferir a ordem e o regular, e essa razão só pode ser encontrada no entendimento. Ademais, essas mesmas verdades não existem sem que haja um entendimento que tome consciência delas, pois elas não subsistiriam se não houvesse um entendimento divino no qual elas se encontrem realizadas, por assim dizer. É por isso que Estratão não chega a seu objetivo, que é excluir o conhecimento do que entra na origem das coisas.

190. A dificuldade que Bayle figurou do lado de Estratão parece um pouco sutil demais e muito rebuscada. Denomina-se isso *timere, ubi non est timor*[103]. Ele criou mais uma que tampouco tem fundamento: Deus estaria sujeito a uma espécie de *fatum*. Eis aqui as palavras dele (p. 555): "Se há proposições de uma verdade eterna que são tais por sua natureza e não pela instituição de Deus, se elas não são verdadeiras por um decreto livre da vontade dele, mas se, ao contrário, ele as conheceu necessariamente verdadeiras, porque essa era a natureza delas, eis uma espécie de *fatum* ao qual ele está sujeito, eis uma necessidade natural absolutamente insuperável. Resulta ainda daí que o entendimento divino, na infinidade de suas ideias, encontrou sempre e desde o início sua conformidade perfeita com seus objetos sem que nenhum conhecimento o dirigisse, pois haveria contradição se alguma causa exemplar tivesse servido de plano para os atos do entendimento de Deus. Não se encontrariam nunca assim as ideias eternas, nem alguma primeira inteligência. Seria preciso, pois, dizer que uma natureza que existe necessariamente encontra sempre seu caminho sem que se lhe mostre. E como vencer depois disso a obstinação de um estratoniano?"

191. Mas ainda é fácil de responder: esse pretenso *fatum*, que obriga até a divindade, não é outra coisa que a própria natureza de Deus, seu próprio entendimento, que fornece as regras para sua sabe-

---

[103] "Ter medo onde não existe lugar para medo".

doria e sua bondade; é uma necessidade feliz sem a qual ele não seria nem bom nem sábio. Querer-se-ia que Deus não fosse obrigado a ser perfeito e feliz? Nossa condição, que nos torna capazes de falhar, é digna de inveja? Não seríamos felizes de mudá-la contra a impecabilidade se isso dependesse de nós? É preciso estar bastante desgostoso para desejar a liberdade de se perder e para queixar-se da divindade pelo que ela não tem. É assim que Bayle raciocina alhures contra aqueles que exaltam até as nuvens de uma liberdade indigna, que eles imaginam na vontade quando a querem independente da razão.

192. De resto, Bayle espanta-se que "o entendimento divino, na infinidade de suas ideias, encontra sempre e desde o primeiro momento sua conformidade perfeita com seus objetos sem que nenhum conhecimento o dirija". Essa objeção é de inteira nulidade; qualquer ideia distinta é, por isso mesmo, conforme a seu objeto, e só há ideias distintas em Deus; ademais, antes de tudo o objeto não existe em qualquer lugar e quando existir será formado por essa ideia. Além disso, Bayle sabe muito bem que o entendimento divino não tem necessidade de tempo para ver a ligação das coisas. Todos os raciocínios estão eminentemente em Deus e eles guardam uma ordem entre si no entendimento dele tanto quanto no nosso; mas nele é apenas uma ordem e uma *prioridade de natureza*, ao passo que em nós há uma *prioridade de tempo*. Não é preciso, pois, espantar-se que aquele que penetra todas as coisas de uma única vez deve sempre encontrá-las desde a primeira vez; e não se deve dizer que ele consegue fazer isso sem nenhum conhecimento a dirigi-lo. Na realidade, é porque seu conhecimento é perfeito que suas ações voluntárias também o são.

193. Até aqui nós mostramos que a vontade de Deus não é independente das regras de sua sabedoria, embora seja espantoso que tenhamos sido obrigados a raciocinar e combater por uma verdade tão evidente e tão reconhecida. Mas quase não é menos espantoso que haja pessoas que acreditem que Deus observa essas regras só pela metade e não escolhe o melhor, embora sua sabedoria faça com que ele o conheça; em resumo, é espantoso que haja autores que considerem que Deus poderia fazer melhor. É esse aproximada-

mente o erro do famoso Afonso[104], rei da Castela, escolhido rei dos romanos por alguns eleitores e promotor das Tábuas astronômicas que levam seu nome. Supõe-se que esse príncipe disse que, se Deus tivesse pedido seu conselho quando fez o mundo, ele o teria dado de bom grado. Aparentemente, o sistema do mundo de Ptolomeu, que reinava nesse tempo, o desagradava. Ele acreditava, pois, que se teria podido fazer algo mais bem concertado, e tinha razão. Mas se ele tivesse conhecido o sistema de Copérnico com as descobertas de Kepler, aumentadas agora pelo conhecimento do peso dos planetas, teria reconhecido que a invenção do verdadeiro sistema é maravilhosa. Vê-se, pois, que não se tratava de uma questão de medida, que Afonso supunha somente que se teria podido fazer melhor, e seu julgamento foi censurado por todo mundo.

194. Entretanto, filósofos e teólogos ousam sustentar dogmaticamente um juízo semelhante; e espantei-me cem vezes que pessoas hábeis e piedosas tenham sido capazes de dar limites à bondade e à perfeição de Deus. Pois afirmar que ele sabe o que é melhor, que ele pode fazê-lo e não o faz é admitir que bastaria apenas a sua vontade para tornar o mundo melhor do que ele é; mas é isso que se chama falta de bondade. É agir contra este axioma, já citado em outro lugar: *"Minus bonum habet rationem mali."*[105] Se alguns usam como alegação a experiência para provar que Deus teria podido fazer melhor, erigem-se em censores ridículos de suas obras, e será dito a eles o que se responde a todos aqueles que criticam o procedimento de Deus e que dessa mesma suposição, isto é, dos supostos defeitos do mundo, querem inferir que há um deus mal, ou, no mínimo, um deus neutro entre o bem e o mal. E, se julgamos como o rei Afonso, será respondido: vós não conheceis o mundo senão há três dias e não enxergais mais longe que vosso nariz, e vós aí encontrais o que censurar. Esperai para conhecer mais e considerai sobretudo as partes que apresentam um todo completo (como são os corpos orgânicos), e vós encontrareis aí um artifício e

---

[104] Afonso X (1221-1284), rei de Castela que mandou fazer as Tábuas Afonsinas. Foi proclamado rei do Sacro Império Romano-Germânico em 1257 pelo arcebispo de Trèves (em nome de eleitores), mas Rodolfo de Habsburgo é que foi coroado.
[105] "Um bem menor conta como um mal."

uma beleza que vão além da imaginação. Extraiamos consequências para a sabedoria e para a bondade do autor das coisas, inclusive naquelas que ainda não conhecemos. Nós encontramos no universo coisas que não nos agradam, mas sabemos que ele não foi feito só para nós. Ele é, portanto, feito para nós se formos sábios: ele se acomodará a nós se nos acomodarmos a ele; nós seremos felizes se quisermos sê-lo.

195. Alguém dirá que é impossível produzir o melhor porque não existe criatura perfeita e que sempre é possível produzir uma que seja mais perfeita. Respondo: o que se pode dizer de uma criatura ou de uma substância particular, que pode sempre ser ultrapassada [em perfeição] por outra, não pode ser aplicado ao universo, o qual, devendo estender-se por toda a eternidade futura, é um infinito. Além disso, há uma infinidade de criaturas na menor parcela da matéria, por causa da divisão atual do *continuum* ao infinito. E o infinito, isto é, o conjunto de um número infinito de substâncias, para falar propriamente, não é um todo, não mais do que o próprio número infinito, do qual não se saberia dizer se é par ou ímpar. É exatamente isso que serve para refutar aqueles que fazem do mundo um deus, ou que concebem Deus como a alma do mundo; o mundo, ou o universo, não poderia ser considerado como um animal ou como uma substância.

196. Não se trata de uma criatura, mas do universo, e o adversário será obrigado a sustentar que um universo possível pode ser melhor que outro, ao infinito, mas seria nisso que se enganaria, e isso ele não poderia provar. Se essa opinião fosse verdadeira, seguir-se-ia que Deus não teria produzido nenhum, pois ele é incapaz de agir sem razão, e isso seria até agir contra a razão. É como se imaginássemos que Deus decidiu fazer uma esfera material sem que houvesse nenhuma razão para fazê-la com esta ou aquela grandeza. Esse decreto seria inútil e traria consigo o que impede seu efeito. Seria outra coisa se Deus decidisse tirar de um ponto dado uma linha reta até outra linha reta dada sem que houvesse uma determinação do ângulo nem no decreto nem nas suas circunstâncias; pois, nesse caso, a determinação dependeria da natureza da coisa, a linha seria perpendicular e o ângulo seria reto, pois só existe o que deve

ser determinado e o que se distingue. É assim que se deve conceber a criação do melhor de todos os universos possíveis, tanto mais que Deus não decide apenas criar um universo, mas decide ainda criar o melhor de todos, pois não decide sem conhecer e não faz decretos separados, que seriam apenas vontades antecedentes que explicamos suficientemente e distinguimos dos verdadeiros decretos.

197. Diroys[106], que conheci em Roma, teólogo do cardeal De Estrées[107], escreveu um livro intitulado *Provas e prejuízos para a religião cristã*, publicado em Paris, no ano de 1683. Bayle (*Resposta às questões de um provincial*, t. 3, cap. 165, p. 1.058) narra a objeção que foi feita a ele: "Há ainda uma dificuldade, à qual não é menos importante satisfazer que às precedentes, uma vez que ela penaliza mais aqueles que julgam os bens e os males por considerações fundadas nas máximas mais puras e mais elevadas. É que Deus, sendo a sabedoria e a bondade soberanas, deveria fazer todas as coisas como as pessoas sábias e virtuosas desejariam que elas fossem feitas, segundo as regras de sabedoria e bondade que Deus nelas imprimiu, e como elas mesmas estariam obrigadas a fazer se as coisas dependessem delas. Desse modo, vendo que as questões do mundo não vão assim tão bem como poderiam ir segundo sua opinião e se elas interferissem, essas pessoas concluem que Deus, que é infinitamente melhor e mais sábio que elas, ou, antes, que é a sabedoria e a bondade mesmas, não tem parte nessas questões."

198. Diroys diz belas coisas ali, que não repito aqui, uma vez que já satisfizemos a objeção em mais de uma passagem e esse foi o principal objetivo de nosso discurso. Mas ele afirma uma coisa com a qual eu não poderia permanecer de acordo. Ele supõe que a objeção prova muito. É preciso citar as palavras dele mesmo, como Bayle, p. 1.059. "Se não é conveniente à sabedoria e à bondade soberana não fazer o que é melhor e mais perfeito, segue-se que todos os seres são eterna, imutável e essencialmente tão perfeitos e tão bons quanto poderiam ser, uma vez que nada pode mudar senão

---

[106] François Diroys (1620-1690) foi um teólogo católico francês.

[107] O cardeal César d'Estrées (1628-1714) foi nomeado por Luís XIV para negociações em Roma.

passando de um estado bom para um melhor ou de um melhor para um pior. Ora, isso não pode acontecer se não convém com Deus não fazer o que é melhor e mais perfeito quando ele pode; seria preciso, pois, que todos os seres fossem eterna e essencialmente dotados de um conhecimento e de uma virtude tão perfeitos quanto Deus poderia lhes dar. Ora, tudo o que é eterna e essencialmente tão perfeito quanto Deus possa fazer procede essencialmente dele; em poucas palavras, é eterna e essencialmente bom como ele, e, por consequência, é Deus como ele. Eis aonde conduz essa máxima, que repugna a justiça e a bondade soberana, as quais não fazem as coisas tão boas e tão perfeitas quanto podiam ser. Pois é essencial à sabedoria e à bondade afastar tudo o que as repugna absolutamente. É preciso, portanto, estabelecer como uma primeira verdade, no tocante à conduta de Deus a respeito das criaturas, que não há nada que repugna a essa bondade e a essa sabedoria fazer coisas menos perfeitas do que poderiam ser, nem permitir que os bens que elas produziram ou cessem inteiramente de ser, ou mudem e se alterem, uma vez que não repugna a Deus que haja outros seres além dele, isto é, seres que poderiam não ser o que são e não fazer o que fazem ou fazer o que não fazem."

199. Bayle trata essa resposta como lamentável, mas considero que o que ele lhe opõe é embaraçoso. Ele quer que aqueles que são a favor dos dois princípios se fundamentem principalmente na suposição da soberana liberdade de Deus, pois, se ele fosse necessitado a produzir tudo o que pode, produziria também os pecados e as dores; assim, os dualistas não poderiam tirar nada da existência do mal contra a unidade do princípio se este fosse levado tanto ao bem como ao mal. Mas é aí que Bayle leva longe demais a noção de liberdade, pois, embora Deus seja soberanamente livre, não se segue que ele esteja em uma indiferença de equilíbrio; e, embora ele seja inclinado a agir, não se segue que seja necessitado por essa inclinação a produzir tudo o que pode. Ele só produzirá o que quer, porque sua inclinação o leva ao bem. Nós convimos com a soberana liberdade de Deus, mas não a confundimos com a indiferença de equilíbrio, como se ele pudesse agir sem razão. Diroys concebe que os dualistas, querendo que o bom princípio único não produza ne-

nhum mal, exigem demais; pois, pela mesma razão, eles deveriam também exigir, segundo ele, que ele produzisse o maior bem, sendo o menor bem uma espécie de mal. Considero que os dualistas erraram a respeito do primeiro ponto e que têm razão a respeito do segundo, contra o que Diroys os censura sem motivo; ou, antes, que se pode conciliar o mal ou o menor bem em algumas partes com o melhor no todo. Se os dualistas exigissem que Deus fizesse o melhor, não exigiriam nada de mais. Eles se enganam antes ao supor que o melhor no todo esteja isento de mal nas partes; e que, assim, o que Deus faz não é o melhor.

200. Mas Diroys supõe que, se Deus produz sempre o melhor, ele produzirá outros deuses; de outra maneira, cada substância que ele produzisse não seria a melhor nem a mais perfeita. Mas ele se engana, por não considerar a ordem e a ligação das coisas. Se cada substância tomada à parte fosse perfeita, elas seriam semelhantes, o que não é conveniente nem possível. Se fossem deuses, não teria sido possível produzi-las. O melhor sistema de coisas não conteria, pois, deuses; seria sempre um sistema de corpos, isto é, de coisas ordenadas segundo os lugares e os tempos, de almas que representam e apercebem-se de seus corpos e de acordo com as quais os corpos são governados em boa parte. Como o desenho de uma construção pode ser o melhor de todos em relação ao fim, ao gasto e às circunstâncias, e como a ordenação de alguns corpos figurados que são dados a vós pode ser a melhor que se podia encontrar, é fácil conceber também que uma estrutura do universo pode ser a melhor de todas sem que ele se torne um deus. A ligação e a ordem das coisas fazem com que o corpo de todo animal e de toda planta seja composto de outros animais e de outras plantas, ou de outros seres viventes e orgânicos, e que, por consequência, haja subordinação, e um corpo, uma substância, sirva a outro, assim sua perfeição não poderia ser igual.

201. Parece a Bayle, p. 1.063, que Diroys confundiu duas proposições diferentes: uma, segundo a qual Deus deve fazer todas as coisas como as pessoas sábias e virtuosas gostariam que elas fossem feitas, de acordo com as regras de sabedoria e de bondade que Deus imprimiu a elas, e como elas seriam obrigadas a fazer se as coisas dependessem delas; outra, segundo a qual não é conveniente à sa-

bedoria e à bondade soberana não fazer o que é melhor e mais perfeito. Diroys, segundo o juízo de Bayle, objeta a si mesmo a primeira proposição e responde à segunda. Mas ele tem razão nisso, segundo me parece, pois essas duas proposições estão ligadas, a segunda sendo uma consequência da primeira: fazer menos bem do que se poderia é cometer uma falta contra a sabedoria ou contra a bondade. Ser o melhor e ser desejado pelo mais virtuoso e mais sábio é a mesma coisa. E é possível dizer que, se nós pudéssemos entender a estrutura e a economia do universo, veríamos que ele é feito e governado como os mais sábios e mais virtuosos poderiam desejar, Deus não podendo deixar de fazer assim. Entretanto, essa necessidade é apenas moral, e admito que, se Deus fosse instado por uma necessidade metafísica a produzir o que ele faz, produziria todos os possíveis ou nada; e, nesse sentido, a consequência de Bayle seria muito justa. Mas, como todos os possíveis não são compatíveis entre si em uma mesma série do universo, é por isso mesmo que todos eles não poderiam ser produzidos e que se deve dizer que Deus não é necessitado, metafisicamente falando, à criação do mundo. Pode-se dizer que, tão logo Deus tenha decidido criar alguma coisa, houve um combate entre todos os possíveis, todos pretendendo à existência; e que aqueles que juntos produzem o máximo de realidade, o máximo de perfeição, o máximo de *inteligibilidade* vencem. É verdade que todo esse combate só pode ser ideal, isto é, só pode ser um conflito de razões no entendimento mais perfeito, que não pode deixar de agir da maneira mais perfeita e, por consequência, de escolher o melhor. Entretanto, Deus é obrigado, por uma necessidade moral, a fazer as coisas de maneira que não pudesse realizar nada melhor, de outro modo não somente outros teriam motivo para criticar o que ele faz, mas, o que é mais, ele próprio não ficaria contente com sua obra, reprovaria a imperfeição – o que é contra a soberana felicidade da natureza divina. Esse sentimento contínuo de sua própria falta ou imperfeição seria para ele uma fonte inevitável de sofrimentos, como Bayle disse em outra ocasião, p. 953.

202. O argumento de Diroys faz uma falsa suposição, já que ele diz que nada pode mudar a não ser que passe de um estado menos

bom a um melhor ou de um melhor para um pior; e, assim, se Deus faz o melhor, esse produto não poderia ser mudado, seria uma substância eterna, um deus. Mas não vejo por que uma coisa não possa mudar de espécie em relação ao bem e ao mal sem mudar o grau; passando do prazer da música ao da pintura, ou do prazer dos olhos ao dos ouvidos, o grau dos prazeres pode ser o mesmo sem que o último tenha em si outra vantagem além da novidade. Se ele fizesse a quadratura do círculo ou, para dizer o mesmo, a "circulatura" do quadrado, isto é, se o círculo fosse transformado em quadrado da mesma grandeza, ou o quadrado em círculo, seria difícil dizer, falando absolutamente, sem ter em vista nenhum uso particular, se se teria ganhado ou perdido. Assim, o melhor pode transformar-se em outro que não cede em nada, não o ultrapassa em nada, mas haverá sempre entre eles uma ordem, e a melhor ordem que seja possível. Tomando toda a série de coisas, o melhor não tem igual, mas uma parte da série pode ser igualada a outra parte da mesma série. Além disso, poder-se-ia dizer que toda a série de coisas ao infinito pode ser a melhor possível, embora o que exista em todo o universo em cada parte do tempo não seja o melhor. Poderia acontecer de o universo ir sempre de melhor a melhor, se essa fosse a natureza das coisas, de maneira que não fosse permitido esperar o melhor de uma só vez. Mas são problemas que temos dificuldade de julgar.

203. Bayle afirma, p. 1.064, que a questão sobre Deus ter podido fazer as coisas mais acabadas do que as fez também é muito difícil, e que as razões do pró e do contra são muito fortes. Mas é, de meu ponto de vista, tão difícil quanto se se pusesse em questão se as ações de Deus estão em conformidade com a mais perfeita sabedoria e a maior bondade. É bastante estranho que, mudando-se um pouco os termos, torne-se duvidoso o que, compreendido, é a coisa mais clara do mundo. As razões contrárias não têm nenhuma força, estando fundadas apenas sobre as aparências das faltas; e a objeção de Bayle, que tende a provar que a lei do melhor imporia a Deus uma verdadeira necessidade metafísica, é apenas uma ilusão que vem do abuso dos termos. Bayle tinha sido de outra opinião outrora, quando aplaudia a do reverendo padre Malebranche, muito

próxima da minha sobre esse tema. Mas, uma vez que Arnauld escreveu contra esse padre, Bayle mudou de opinião, e imagino que sua tendência a duvidar, que aumentou com a idade, tenha contribuído para isso. Arnauld foi um grande homem, sem dúvida, e sua autoridade tem um forte peso; ele fez várias boas observações em seus escritos contra Malebranche, mas não teve razão ao combater o que esse padre disse, que se aproxima do que dissemos sobre a regra do melhor.

204. O excelente autor de *A busca da verdade*, tendo passado da filosofia à teologia, publicou enfim o belíssimo *Tratado da natureza e da graça*, no qual mostrou, à sua maneira, como Bayle explicou em *Pensamentos diversos sobre o cometa*, cap. 234, que os acontecimentos que nascem da execução das leis gerais não são objeto de uma vontade particular de Deus. É verdade que, quando se quer uma coisa, quer-se também de alguma maneira tudo o que está necessariamente ligado a ela, e, consequentemente, Deus não poderia querer as leis gerais sem querer também, de alguma maneira, todos os efeitos particulares que devem nascer delas necessariamente; mas continua verdadeiro que não se desejam esses acontecimentos particulares por causa deles mesmos, e é isso que se entende quando se diz que não se os quer por uma vontade particular e direta. Não há dúvida de que, quando Deus se determinou a agir de forma externa, fez a escolha por uma maneira de agir que fosse digna do ser soberanamente perfeito, isto é, que fosse infinitamente simples e uniforme, e, entretanto, de uma fecundidade infinita. Pode-se inclusive imaginar que essa maneira de agir por vontades gerais lhe pareceu preferível – embora devessem resultar daí alguns acontecimentos supérfluos (e mesmo maléficos, tomados à parte – é o que acrescento) – a outra mais composta e regular, de acordo com tal padre. Nada é mais apropriado que essa suposição, segundo a opinião de Bayle quando escreveu *Pensamentos diversos sobre o cometa*, para resolver mil dificuldades que se põem contra a providência divina: "Perguntar a Deus por que ele faz coisas que servem para tornar os homens piores seria perguntar por que executou seu plano, que só pode ser infinitamente belo pelas vias mais simples e uniformes, e por que ele não pôde impedir o mau uso do livre-arbítrio do homem

por uma complicação de decretos que se entrecortam incessantemente." Ele acrescenta que "os milagres, sendo vontades particulares, devem ter uma finalidade digna de Deus".
205. Sobre esses fundamentos ele faz boas reflexões, no cap. 231, a respeito da injustiça daqueles que se queixam da prosperidade dos maus: "Não tenho escrúpulos em dizer que todos os que acham estranha a prosperidade dos maus meditaram muito pouco sobre a natureza de Deus e reduziram as obrigações de uma causa que governa todas as coisas à medida de uma providência inteiramente subalterna: a de um espírito pequeno. O quê? Seria preciso que Deus, depois de ter feito causas livres e causas necessárias, por uma mistura infinitamente apropriada para tornar manifestas as maravilhas de sua sabedoria infinita, tivesse estabelecido leis conformes à natureza das causas livres, mas tão pouco fixas que o menor pesar que acontecesse a um homem os perturbaria a todos inteiramente, arruinando a liberdade humana? Um mero governante de cidade faria com que se rissem dele se mudasse seus regulamentos e suas ordens tantas vezes quantas agradasse a alguém murmurar algo contra ele; e Deus, cujas leis dizem respeito a um bem tão universal que talvez tudo o que nos seja visível tenha parte nele como um pequeno acessório, seria obrigado a derrogar suas leis, porque elas não agradariam hoje a um e amanhã a outro; porque em um momento um supersticioso, julgando falsamente que um monstro pressagia algo de funesto, passará de seu erro a um sacrifício criminoso; porque em outro momento uma boa alma que, entretanto, não se preocupa muito com a virtude por acreditar que se é suficientemente punido quando não se age virtuosamente se escandalizará por um homem tornar-se rico e gozar de uma saúde vigorosa! Pode-se fazer ideia mais falsa de uma providência geral? E, uma vez que todo mundo concorda que esta lei da natureza – "o forte vence o fraco" – foi feita de maneira muito sábia e seria ridículo pretender que, quando uma pedra cai sobre um vaso frágil adorado por seu dono, Deus deve derrogá-la para poupar de pesares aquele dono, não seria preciso admitir que é ridículo também pretender que Deus deva derrogar a mesma lei para impedir que um homem mau enriqueça do espólio de um homem bom? Quanto mais o homem mau se co-

loca acima das inspirações da consciência e da honra, mais ele supera em força o homem bom, de maneira que, se ele atormenta o homem de bem, segundo o curso da natureza, ele necessariamente o arruinará; e, se os dois dedicam-se às finanças, é preciso que, segundo o mesmo curso da natureza, o mau enriqueça mais que o homem bom, assim como um fogo violento devora mais madeira que um fogo de palha. Aqueles que quisessem que um homem mau se tornasse doente são algumas vezes tão injustos quanto aqueles que gostariam que uma pedra que cai sobre um copo de vidro não o quebrasse; porque, da maneira como ele tem seus órgãos compostos, nem os alimentos que ele absorve nem o ar que ele respira são capazes, segundo as leis naturais, de prejudicar sua saúde. Ademais, aqueles que se queixam de sua saúde queixam-se de Deus não violar as leis que ele estabeleceu; e são ainda mais injustos porque, por combinações e encadeamentos de que só Deus é capaz, acontece muito frequentemente de o curso da natureza levar à punição do pecado."

206. É uma pena muito grande que Bayle tenha deixado tão rápido o caminho, no qual ele havia entrado de maneira tão feliz, de raciocinar em favor da providência, pois ele teria produzido grandes frutos e, ao dizer coisas belas, teria dito boas ao mesmo tempo. Estou de acordo com o reverendo padre Malebranche, para quem Deus fez as coisas da maneira mais digna de si. Mas vou um pouco mais longe que ele a respeito das vontades gerais e particulares. Como Deus não poderia fazer nada sem razão mesmo que agisse miraculosamente, segue-se que ele não tem nenhuma vontade sobre os acontecimentos individuais que não seja uma consequência de uma verdade ou de uma vontade geral. Assim, eu diria que Deus não tem nunca vontades particulares tais como o padre as entende, isto é, particulares e primitivas.

207. Acredito mesmo que os milagres não têm, nisso, nada que os distinga de outros acontecimentos, pois razões de uma ordem superior à da natureza levam Deus a realizá-los. Assim, eu não diria, como esse padre, que Deus derroga as leis gerais todas as vezes que a ordem demanda; ele só derroga uma lei por outra mais aplicável, e o que a ordem demanda não poderia deixar de estar conforme à regra da or-

dem que está entre as leis gerais. A característica do milagre, tomado no seu sentido mais rigoroso, é que não se poderia explicá-lo pela natureza das coisas criadas. É por isso que, se Deus fizesse uma lei geral que dissesse que os corpos atraíssem uns aos outros, ela só poderia obter sua execução por milagres perpétuos. E, igualmente, se Deus quisesse que os órgãos dos corpos humanos se conformassem com as vontades da alma segundo o sistema das causas ocasionais, essa lei também só seria executada por milagres perpétuos.

208. Assim, deve-se julgar que, entre as regras gerais que não são absolutamente necessárias, Deus escolheu aquelas que são as mais naturais, das quais é mais simples dar a razão e também que melhor servem para dar a razão das outras coisas. Isso é o que há de mais belo e aprazível; e, mesmo que por outro lado o sistema da harmonia preestabelecida não fosse necessário, Deus, ao afastar os milagres supérfluos, o teria escolhido, porque ele é o mais harmônico. As vias de Deus são as mais simples e as mais uniformes: é porque ele escolhe as regras que se limitam menos mutuamente. Elas são também as mais fecundas em relação à simplicidade das vias. É como se se dissesse que uma casa é a melhor que se pôde fazer com o mesmo gasto. Podem-se mesmo reduzir estas duas condições, a simplicidade e a fecundidade, a uma só vantagem, que é a de produzir o máximo de perfeição que é possível; e, por esse meio, o sistema do reverendo padre Malebranche nisso reduz-se ao meu. Pois, se o efeito fosse suposto o maior, mas as vias menos simples, creio que se poderia dizer que, tudo pesado e tudo contado, o próprio efeito seria menor, estimando-se não somente o efeito final, mas também o efeito médio. Pois o mais sábio age de sorte que, no máximo possível, os meios sejam fins também de alguma maneira, isto é, desejáveis não apenas pelo que fazem, mas ainda pelo que são. As vias muito compostas ocupam muito terreno, muito espaço, muito lugar, muito tempo, os quais poderiam ser mais bem empregados.

209. Ora, reduzindo-se tudo à maior perfeição, chega-se à nossa lei do melhor. Pois a perfeição compreende não apenas o bem *moral* e o bem *físico* das criaturas inteligentes, mas ainda o bem que é apenas *metafísico* e diz respeito também às criaturas destituídas de razão. Segue-se que o mal que existe entre as criaturas racionais

acontece apenas por concomitância, não por vontades antecedentes, mas por uma vontade consequente, como estar envolvido no melhor plano possível; e o bem metafísico, que tudo compreende, é a causa de que é preciso dar lugar às vezes ao mal físico e ao mal moral, como já expliquei mais de uma vez. Acontece que os antigos estoicos não estão muito afastados desse sistema. O próprio Bayle observou em seu *Dicionário*, no artigo "Crisipo", nota T – é importante dar a palavra a ele para opô-lo às vezes a si mesmo e para reconduzi-lo aos bons sentimentos de que ele havia dado mostras outrora –: "Crisipo, na p. 930 de sua obra *Da providência*, examinou, entre outras questões, esta: a natureza das coisas ou a providência que fez o mundo e a espécie humana fez também as doenças às quais os homens estão sujeitos? Ele responde que o principal desígnio da natureza não foi torná-los doentes – isso não conviria com a causa de todos os bens –, mas, preparando e produzindo várias grandes coisas, muito bem-ordenadas e muito úteis, ela descobriu que resultavam alguns inconvenientes, e assim estes não estavam em conformidade com seu desígnio e seu fim: eles foram encontrados como consequência da obra, passaram a existir apenas como consequências. Ele diz que, para a formação do corpo humano, a ideia mais sutil e a própria utilidade da obra exigiam que a cabeça fosse composta de um tecido de ossos finos e delineados; mas assim ela teria o incômodo de não poder resistir aos corpos. A natureza preparava a saúde e, ao mesmo tempo, foi preciso, por uma espécie de concomitância, que a fonte das doenças fosse aberta. O mesmo acontece com relação à virtude: a ação direta da natureza que a faz nascer produz por repercussão o incômodo dos vícios. Não traduzi literalmente. Por isso, transcrevo aqui o latim do próprio Aulo Gélio[108], em favor daqueles que entendem essa língua: Aul. Gel., livro 6[109], cap. 1: '*Idem Chrysippus in eod. Lib. Quarto,* περὶ προνοίας, *tractat consideratque, dignumque esse id quaeri putat,* εἰ αἱ τῶν ἀνθρώπων νόσοι κατὰ φύσιν γίγνονται. *Id est naturane ipsa rerum, vel providen-*

---

[108] Aulo Gélio (123-165), jurista, escritor e gramático latino, provavelmente nascido em Roma, cuja única obra conhecida é *N Noctes atticae* [*Noites áticas*].

[109] Leibniz cita equivocadamente o livro 6: trata-se do livro 7.

tia quae compagem hanc mundi et genus hominum fecit, morbos quoque et debilitates et aegritudines corporum, quas patiuntur homines, fecerit. Existimat autem non fuisse hoc principale naturae consilium, ut faceret homines morbis obnoxios. Nunquam enim hoc convenisse naturae auctori parentique rerum omnium bonarum. Sed cum multa, inquit, atque magna gigneret pareretque aptissima et utilissima, alia quoque simul agnata sunt incommoda iis ipsis, quae faciebat, cohaerentia: eaque non per naturam sed per sequelas quasdam necessarias facta dicit, quod ipse appellat κατὰ παρακολούθησιν. *Sicut, inquit, cum corpora hominum natura fingeret, ratio subtilior et utilitas ipsa operis postulavit ut tenuissimis minutisque ossiculis caput compingeret. Sed hanc utilitatem rei majoris alia quaedam incommoditas extrinsecus consecuta est, ut fieret caput tenuiter munitum et ictibus offensionibusque parvis fragile. Proinde morbi quoque at aegritudines partae sunt, dum salus paritur. Sic Hercle, inquit, dum virtus hominibus per consilium naturae gignitur, vitia ibidem per affinitatem nata sunt.*"[110] Não penso que um pagão pudesse dizer nada de mais razoável na ignorância em que ele estava a respeito da queda do primeiro homem, queda que nós só pudemos saber por revelação e que é a verdadeira causa de nossas misérias; se nós tivéssemos vários trechos semelhantes das obras de Crisipo, ou, antes, se tivéssemos suas obras, teríamos uma ideia melhor da beleza de seu gênio."

---

[110] "Crisipo, no Livro Quarto, de περὶ προνοίας [*Sobre a providência*], trata e considera digno de investigação εἰ αἱ τῶν ἀνθρώπων νόσοι κατὰ φύσιν γίγνονται [se as doenças dos homens são geradas por natureza]. Essa é a própria natureza das coisas, ou a providência que criou essa estrutura do mundo e da espécie humana, e causou as doenças, fraquezas e deficiências corporais de que padecem os homens. Estima-se, porém, que este não era o objetivo principal da natureza: tornar as pessoas suscetíveis a doenças. Com efeito, isso não convém com o autor da natureza, pai de todas as coisas boas. Mas, quando ela gera muitas coisas, diz ele, e gera grandes coisas, e gera as mais adequadas e úteis, existem ao mesmo tempo também outras desvantagens associadas às coisas que ela fez: e ele diz que feitas não pela natureza, mas por certas consequências, que ele mesmo chama κατὰ παρακολούθησιν [por consequência]. Assim como, diz ele, quando a natureza inventava o corpo dos homens, uma razão mais sutil e a própria utilidade do trabalho exigiam que ela prendesse a cabeça nos ossos mais delicados e pequenos. Mas essa vantagem resultou em certas incomodidades importantes, algumas das quais eram desconfortáveis do lado de fora, de modo que a cabeça ficava fina e desprotegida de choques. Assim, doenças e incômodos são trazidos, enquanto a salvação é entregue. Assim, por Hércules, diz ele, enquanto a virtude é gerada entre os homens pelo trabalho da natureza, os vícios nascem por afinidade."

210. Vejamos agora o outro lado da moeda em um Bayle mudado. Depois de ter narrado, em sua *Resposta às questões de um provincial* (t. 3, cap. 155, p. 962), estas palavras de Jaquelot, que convêm bastante com minha opinião: "Mudar a ordem do universo é uma coisa de infinitamente mais importância do que a prosperidade de um homem de bem", ele acrescenta: "Esse pensamento tem algo de sedutor: o padre Malebranche o colocou entre os mais belos do mundo e persuadiu alguns de seus leitores de que um sistema simples e muito fecundo é mais conveniente com a sabedoria de Deus que um sistema mais composto e proporcionalmente menos fecundo, mas mais capaz de prevenir irregularidades." Bayle foi um daqueles que acreditaram que o padre Malebranche dava assim um maravilhoso desfecho (é o próprio Bayle quem diz isso), "mas é quase impossível se contentar com isso depois de se terem lido os livros de Arnauld contra esse sistema e se considerado a ideia vasta e imensa do ser soberanamente perfeito. Essa ideia nos ensina que não há nada mais fácil a Deus que seguir um plano simples, fecundo, regular e cômodo ao mesmo tempo para todas as criaturas".

211. Estando na França, comuniquei a Arnauld um diálogo que eu havia escrito em latim sobre a causa do mal e sobre a justiça de Deus; isso foi não apenas antes de sua disputa com o reverendo padre Malebranche, mas inclusive antes que o livro *A busca da verdade* tivesse sido publicado[111]. Esse princípio que sustento aqui, a saber, que o pecado foi permitido porque estava envolvido no melhor plano do universo, já tinha sido empregado naquele diálogo; e Arnauld não pareceu espantar-se. Mas os pequenos esclarecimentos que ele teve depois com o padre lhe deram motivo para examinar essa matéria com mais atenção e julgá-la de maneira mais severa. Entretanto, não estou inteiramente satisfeito com a forma como a coisa é exprimida aqui por Bayle; e não sou da opinião de que um plano mais composto e menos fecundo possa ser mais capaz de prevenir as irregularidades. As regras são vontades gerais: quanto mais se observam as regras, tanto mais há regra; a simplicidade e a fecundidade são o fim das regras. Objetar-se-á que um sistema muito uni-

---

[111] O livro *De la recherche de la vérité*, de Malebranche, foi publicado em 1674-75.

do não terá irregularidades. Respondo que seria uma irregularidade ser tão unido, chocaria as regras de harmonia. "*Et cithaedus ridetur chorda qui semper oberrat eadem.*"[112] Creio, portanto, que Deus pode seguir um plano simples, fecundo e regular; mas não creio que aquele que é o melhor e o mais regular seja sempre cômodo ao mesmo tempo para todas as criaturas, e julgo isso *a posteriori*, pois o que o Deus escolheu não é assim. Mostrei-o todavia *a priori* nos exemplos tomados das matemáticas, e darei esses exemplos logo. Um origenista que queira que todos que são racionais tornem-se finalmente felizes seria ainda mais fácil de ser satisfeito. Ele dirá, à imitação do que diz São Paulo dos sofrimentos desta vida, que aqueles que são finitos não podem entrar em comparação com uma bondade eterna.

212. O que engana neste tema é que, como já notei, somos levados a crer que o que é melhor no todo é melhor possível também em cada parte. Raciocina-se assim em geometria, quando se trata de *maximis* e *minimis*. Se o caminho de A a B é o mais curto possível, e se o caminho passa por C, é preciso que o caminho de A a C, parte do primeiro, seja também o mais curto possível. Mas a inferência da *quantidade* à *qualidade* nem sempre funciona bem, não mais do que aquelas que se extraem dos iguais aos semelhantes. Pois os iguais são aqueles cuja quantidade é a mesma, e os semelhantes são aqueles que não diferem segundo as qualidades. O falecido Sturm, matemático célebre em Altdorf, estando na Holanda em sua juventude, mandou imprimir um livro intitulado *Euclides catholicus*, no qual trata de fornecer as regras exatas e gerais em matérias não matemáticas, sendo encorajado nisso pelo falecido Erhard Weigel[113], que tinha sido seu preceptor. Nesse livro ele transfere para os semelhantes o que Euclides havia dito dos iguais e forma este axioma: "*Si similibus addas similia, tota sunt similia.*"[114] Mas tantas limitações foram necessárias para justificar essa nova regra que teria sido me-

---

[112] "Ri-se do citarista que toca sempre em falso a mesma corda" (Horácio, *Arte poética*, 335-6).

[113] Erhard Weigel (1625-1699) trabalhou na Universidade de Iena, onde foi professor de Leibniz em 1663.

[114] "Se acrescentamos semelhantes aos semelhantes, o todo é semelhante."

lhor, de meu ponto de vista, enunciá-la desde o início com restrição, dizendo: "*Si similibus similia addas similiter, tota sunt similia.*"[115] Os geômetras também têm o costume de demandar *non tantum similia, sed et similiter posita*[116].

213. Essa diferença entre a quantidade e a qualidade aparece também em nosso caso. A parte do caminho mais curto entre duas extremidades é também o caminho mais curto entre as extremidades dessa parte; mas a parte do melhor todo não é necessariamente o melhor que poderia ter sido feito dessa parte, uma vez que a parte de uma coisa bela pode ser extraída do todo ou tomada no todo de uma maneira irregular. Se a bondade e a beleza consistissem sempre em alguma coisa de absoluto e de uniforme, como a extensão, a matéria, o ouro, a água e outros corpos supostamente homogêneos ou semelhantes, seria preciso dizer que a parte do bom e do belo seria bela e boa como o todo, uma vez que ela seria sempre semelhante ao todo; mas não é assim que funciona nas coisas relativas. Um exemplo tomado da geometria será adequado para explicar meu pensamento.

214. Há uma espécie de geometria que Jungius[117], de Hamburgo, um dos mais excelentes homens de seu tempo, chamava de *empírica*. Ela se serve de experiências demonstrativas e comprova muitas proposições de Euclides, mas particularmente aquelas que dizem respeito à igualdade de duas figuras, cortando uma em pedaços e juntando-os novamente para fazer outra figura. Dessa maneira, partindo-se, como se deve, os quadrados dos dois catetos do triângulo retângulo e acomodando-se essas partes como se deve, forma-se o quadrado da hipotenusa; assim se demonstra empiricamente a 47ª proposição do primeiro livro de Euclides. Ora, supondo-se que qualquer uma dessas peças tomadas dos quadrados menores se perca, faltará alguma coisa ao grande quadrado que se devia formar; e esse composto defeituoso, em lugar de agradar, será de uma feiura chocante. E, se as peças que restaram e compõem o composto defei-

---

[115] "Se acrescentamos de maneira semelhante os semelhantes aos semelhantes, os todos são semelhantes."

[116] "Não somente os semelhantes, mas ainda semelhantemente postos".

[117] Joachim Jung, ou Jungius (1587-1657), foi um matemático, médico e lógico alemão.

tuoso fossem peças destacadas sem relação com o grande quadrado que deveriam contribuir para formar, seriam arranjadas de outra maneira para formar um composto passável. Mas, uma vez que as peças perdidas sejam encontradas e o vazio do composto defeituoso seja preenchido, ter-se-á uma coisa bela e regular, que é o grande quadrado inteiro, e esse composto completo será bem mais belo que o composto passável, que fora feito apenas com as peças que não se haviam extraviado. O composto inteiro corresponde ao universo inteiro, enquanto o composto defeituoso, que é uma parte do completo, corresponde a alguma parte do universo na qual encontramos defeitos que o autor das coisas permitiu, porque, de outra maneira, se ele tivesse querido reformar essa parte defeituosa e fazer dela um composto passável, o todo não teria sido tão belo, pois as partes de um composto defeituoso, mais bem-arranjadas para fazer um composto passável, não teriam podido ser empregadas como se deve para formar o composto total e perfeito. Tomás de Aquino entreviu essas coisas quando disse: "*Ad prudentem gubernatorem pertinet, negligere aliquem defectum bonitatis in parte, ut faciat augmentum bonitatis in toto*"[118] (Tom., *Contra gent.*, livro 3, cap. 71). Thomas Gataker[119], em suas notas sobre o livro de Marco Aurélio (livro 5, cap. 8), cita também passagens de autores que dizem que o mal das partes é muitas vezes o bem do todo.

215. Voltemos ao que disse Bayle. Ele imagina um príncipe (p. 963) que manda construir uma cidade e, por um gosto duvidoso, prefere que ela tenha ares de magnificência e características originais, além de um singular estilo arquitetônico, em lugar de proporcionar aos seus habitantes vários tipos de comodidades. Mas, se esse príncipe tem uma verdadeira grandeza de alma, preferirá a arquitetura cômoda à arquitetura magnífica. É assim que Bayle julga. Creio, todavia, que há casos em que se preferirá com razão a beleza da estrutura de um palácio à comodidade de alguns criados. Mas admito que a estrutura será ruim, por mais bela que possa ser, se

---

[118] "Pertence a um governante prudente negligenciar algum defeito de bondade na parte para aumentar a bondade do todo."

[119] Thomas Gataker (1574-1654), teólogo e filósofo inglês, autor de uma edição de *Meditações*, de Marco Aurélio (1652).

causar doenças nos habitantes, uma vez que seja possível fazer uma estrutura que seja melhor, considerando a beleza, a comodidade e a saúde em conjunto. Pois pode acontecer de não ser possível ter todas essas vantagens ao mesmo tempo, e, se o castelo precisar de uma estrutura insuportável no caso de se querer construí-lo no lado setentrional da montanha, porque é o mais são, será melhor fazê-lo voltado para o meio-dia.

216. Bayle objeta ainda que é verdade que nossos legisladores não podem jamais inventar regras que sejam cômodas a todos os particulares: "*Nulla lex satis commoda omnibus est; id modo quaeritur, si majori parti et in summam prodest*" (Catão *ap.* Lívio, 1, 34, *circa init.*)[120]. Mas é que a limitação de suas luzes os força a decidirem-se por leis que, levando-se tudo em conta, são mais úteis que danosas. Nada disso pode convir com Deus, que é tão infinito em potência e inteligência quanto em bondade e verdadeira grandeza. Respondo que Deus escolheria o melhor possível; não se pode objetar contra ele nenhuma limitação de suas perfeições; e, no universo, não apenas o bem ultrapassa o mal, mas também o mal serve para aumentar o bem.

217. Ele nota também que os estoicos extraíram uma impiedade desse princípio, dizendo que era preciso suportar pacientemente os males, uma vez que eles eram necessários não somente para a salvação e integridade do universo, mas também para a felicidade, perfeição e conservação de Deus, que o governa. Foi isso que o imperador Marco Aurélio exprimiu no oitavo capítulo do quinto livro de *Meditações*. "*Duplici ratione diligas oportet, quicquid evenerit tibi; altera quod tibi natum et tibi coordinatum et ad te quommodo affetum est; altera quoduniversi gubernatori prosperitatis et consummationis atque adeo permansionis ipsius procurandae* (τῆς εὐοδίας καὶ τῆς συντελείας καὶ νὴ Δία τῆς συμμονῆς αὐτῆς) *ex parte causa est.*"[121] Esse

---

[120] "Não há lei que seja adequada a todos; a única questão é se contribuirá para a maioria e para o conjunto" (discurso de Catão in Tito Lívio, *Historiarum libri superstites* [*Os livros sobreviventes da história*], XXXIV, cap. 3).

[121] "Por duas razões deves amar tudo o que te acontece; primeira, isso foi feito para ti, ordenado para ti, tem relação contigo; segunda, por aquele que governa o universo, é uma contribuição parcial à sua prosperidade, à sua perfeição, à sua permanência."

preceito não é dos mais razoáveis desse grande imperador. Um *diligas oportet*¹²² (στέργειν χρή) não vale nada; uma coisa não se torna amável por ser necessária, por estar relacionada com alguém e a ele ser destinada; e o que seria um mal para mim não deixaria de sê-lo por ser o bem de meu senhor se esse bem não se refletir sobre mim. O que há de bom no universo é que, entre outras coisas, o bem geral se torna efetivamente o bem particular daqueles que amam o autor de todo o bem. Mas o erro principal desse imperador e dos estoicos estava em imaginar que o bem do universo deveria dar prazer ao próprio Deus, porque o concebiam como a alma do mundo. Esse erro não tem nenhuma relação com nosso dogma; Deus, para nós, é *intelligentia extramundana*, como Marciano Capella o chama, ou, antes, *supramundana*. Ademais, Deus age para fazer o bem, não para recebê-lo. *Melius est dare quam accipere*¹²³: sua beatitude é sempre perfeita e não poderia receber nenhum acréscimo, nem de fora nem de dentro.

218. Vamos à principal objeção que Bayle nos faz de acordo com Arnauld. Ela é complicada, pois eles supõem que Deus teria sido instado, que teria agido necessariamente, que foi obrigado a criar o melhor; ou, no mínimo, que foi impotente ao não encontrar uma forma melhor de excluir os pecados e os outros males. Com efeito, trata-se de negar que este universo seja o melhor e que Deus esteja obrigado a escolher o melhor. Nós já satisfizemos essa objeção em mais de um lugar: provamos que Deus não pôde deixar de produzir o melhor; e, isso posto, segue-se que os males que experimentamos não poderiam ser razoavelmente excluídos do universo, uma vez que eles aí estão. Vejamos, todavia, o que esses dois excelentes homens nos objetam, ou, antes, vejamos o que Bayle nos objeta, pois ele professa ter aproveitado os raciocínios de Arnauld.

219. "Será possível", diz ele no cap. 151 de *Resposta às questões de um provincial*, t. 3, p. 890, "que uma natureza cuja bondade, santidade, ciência e potência são infinitas, que ama a virtude soberanamente e odeia o vício soberanamente, como a ideia clara e dis-

---

¹²² "Deves amar".

¹²³ "É melhor dar do que receber."

tinta dele nos deu a conhecer, e como quase toda página das Escrituras nos afirma, não tenha podido encontrar na virtude algum meio conveniente e proporcional aos seus fins? Será possível que somente o vício tenha oferecido esse meio? Crer-se-ia ao contrário que nenhuma coisa conviria melhor a essa natureza que estabelecer a virtude em sua obra, com exclusão de qualquer vício." Bayle exagera as coisas aqui. Concorda-se que algum vício está ligado ao melhor plano do universo, mas não se está de acordo com a afirmação de que Deus não pôde encontrar na virtude algum meio proporcional a seus fins. Essa objeção seria válida se não houvesse virtude, se o vício se espalhasse por toda parte. Ele dirá que basta que o vício reine e que a virtude seja pouca em comparação com o vício. Mas não posso concordar com isso, e creio de fato, considerando propriamente as coisas, que há de modo incomparável mais de bem moral que de mal moral entre as criaturas racionais, das quais conhecemos apenas um pequeno número.

220. Esse mal não é tão grande nos homens quanto se supõe: há apenas algumas pessoas de uma malícia natural ou pessoas que se tornaram um pouco misantropas em consequência de desgraças, como o Timão[124] de Luciano, que encontram maldade em tudo e envenenam as melhores ações pelas interpretações que fazem delas: falo daquelas pessoas que fazem de tudo para extrair as piores consequências, pessoas cuja prática está infectada, pois há aquelas que fazem isso apenas para mostrar sua própria agudeza. Criticou-se isso em Tácito e é também o que Descartes (em uma de suas cartas[125]) encontra para objetar ao livro de Hobbes *De cive*[126], do qual só foram impressos alguns exemplares para ser distribuídos entre os amigos, mas que recebeu observações do autor na segunda edição que temos. Pois, embora Descartes reconheça que se trata de um livro de um homem hábil, ele observa princípios e máximas muito perigosos quando se supõe que todos os homens são maus ou quan-

---

[124] Timão de Atenas ou Timão, o Misantropo, nos diálogos de Luciano de Samósata (125-192), autor satírico grego.

[125] Carta de 1643 (?). Ed. Adam-Tannery, IV, carta 333, p. 67.

[126] "Do cidadão", terceira seção de *Elementos da filosofia*, publicado em Paris em 1642 e reeditado em Amsterdam em 1647.

do se dá motivo para serem. O falecido Jacob Thomasius afirma, em seu belo *Tábuas da filosofia prática*, que o πρῶτον ψεῦδος –, o princípio dos erros – desse livro de Hobbes estava em tomar *statum legalem pro naturali*, isto é, o estado corrompido lhe servia de medida e de regra, ao passo que Aristóteles teve em vista o estado mais conveniente da natureza humana. Pois, segundo Aristóteles, chama-se natural o que é mais conveniente à perfeição da natureza da coisa; mas Hobbes chama de *estado natural* aquele em que há o mínimo de arte, desconsiderando que a natureza humana em sua perfeição comporta a arte. Mas a questão das palavras, isto é, o que pode ser dito natural, não teria grande importância se Aristóteles e Hobbes não relacionassem a isso a noção de direito natural, cada um segundo sua significação. Afirmei antes que encontrei no livro *A falsidade das virtudes humanas* a mesma falha que Descartes encontrou naquele de Hobbes, *De cive*.

221. Mas suponhamos que o vício ultrapasse a virtude na espécie humana, assim como supõe-se que o número de reprovados ultrapasse o de eleitos; não se segue de maneira nenhuma que o vício e a miséria ultrapassem a virtude e a felicidade no universo; é preciso, aliás, julgar exatamente o contrário, uma vez que a cidade de Deus deve ser o mais perfeito de todos os Estados possíveis, haja vista que foi formada e é sempre governada pelo maior e melhor de todos os monarcas. Essa resposta confirma o que eu disse anteriormente quando explicava a conformidade da fé com a razão, a saber, que uma das maiores fontes do paralogismo das objeções é que se confunde o aparente com o verdadeiro; o aparente, digo, não absolutamente como resultaria de uma discussão exata de fatos, mas tal como foi extraído da pequena extensão de nossas experiências; pois seria desarrazoado querer opor aparências tão imperfeitas e tão pouco fundadas a demonstrações da razão às revelações da fé.

222. De resto, já observamos que o amor pela virtude e o ódio pelo vício, que tendem indefinidamente a buscar a existência da virtude e a impedir a do vício, são apenas vontades antecedentes, assim como a vontade de buscar a felicidade de todos os homens e de impedir sua miséria. E essas vontades antecedentes são apenas uma parte de todas as vontades antecedentes de Deus tomadas no

conjunto, cujo resultado é a vontade consequente ou o decreto de criar o melhor: e é por decreto que o amor pela virtude e pela felicidade das criaturas racionais, que é indefinido em si e vai tão longe quanto possível, recebe pequenas limitações, por causa da consideração que é preciso ter pelo bem geral. É assim que é preciso entender que Deus ama soberanamente a virtude e odeia soberanamente o vício, e que, todavia, algum vício é permitido.

223. Bayle e Arnauld aparentemente supõem que esse método de explicar as coisas e de estabelecer um melhor entre todos os planos do universo, tão melhor que não pôde ser ultrapassado por nenhum outro, limita a potência de Deus. "Pensai vós", afirma Arnauld ao padre Malebranche (em *Reflexões filosóficas e teológicas sobre o novo sistema da natureza e da graça*, t. 2, p. 385), "que, afirmando tais coisas, vós subverteis o primeiro artigo do símbolo pelo qual fazemos profissão de fé em Deus, o Pai Todo-Poderoso?" Ele já havia dito anteriormente (p. 362): "Pode-se pretender, sem querer cegar a si mesmo, que uma conduta que não pode acontecer sem essa consequência desagradável, que é o fato de a maior parte dos homens se perder, contém mais o caráter de Deus que uma conduta que teria sido a causa, se ele a tivesse tomado, de todos os homens serem salvos?" E, como Jaquelot não se afasta dos princípios que acabamos de apresentar, Bayle faz objeções semelhantes a ele (*Resposta às questões de um provincial*, t. 3, cap. 151, p. 900). "Se se adotam tais esclarecimentos, as pessoas se veem obrigadas a renunciar às noções mais evidentes sobre a natureza do ser soberanamente perfeito. Essas noções nos ensinam que todas as coisas que não implicam contradição são possíveis e que, consequentemente, é possível salvar as pessoas que ele não salva: pois que contradição resultaria do fato de o número de eleitos ser maior do que é? Elas ensinam que, uma vez que ele é soberanamente feliz, não tem vontades que não possa executar. Devemos então compreender que ele quer salvar todos os homens mas não pode? Buscávamos alguma luz que nos tirasse desses embaraços em que nos encontramos comparando a ideia de Deus com o estado da espécie humana e eis que chegamos a esclarecimentos que nos jogam nas trevas mais densas."

224. Todas essas oposições desaparecem pela exposição que acabamos de fazer. Permaneço de acordo com o princípio de Bayle – é

também o meu – de que tudo o que não implica contradição é possível. Mas é preciso dizer que, para nós, que sustentamos que Deus faz o melhor que é possível fazer, ou que não poderia fazer melhor do que faz, e julgamos que ter outra opinião de sua obra total seria ferir sua bondade ou sabedoria, implica contradição fazer qualquer coisa que ultrapasse em bondade o próprio melhor. Seria como se alguém pretendesse que Deus poderia levar de um ponto a outro uma linha mais curta que a linha reta e acusasse aqueles que negam isso de subverter o artigo de fé segundo o qual nós cremos em Deus, o Pai Todo-Poderoso.

225. A infinidade de possíveis, por maior que possa ser, não é maior do que a sabedoria de Deus, que conhece todos os possíveis. Pode-se inclusive dizer que, se tal sabedoria não ultrapassa esses possíveis extensivamente, uma vez que os objetos do entendimento não poderiam ir além do possível, que em um sentido é só o inteligível, ela os ultrapassa intensivamente, por causa das combinações infinitamente infinitas que ela faz deles e de tantas reflexões que ela faz sobre isso. A sabedoria de Deus, não contente de envolver todos os possíveis, penetra-os, compara-os, pesa-os uns em relação aos outros para estimar seu grau de perfeição ou de imperfeição, o forte e o fraco, o bem e o mal; ela vai até mesmo além das combinações finitas, perfaz uma infinidade de infinitas, isto é, uma infinidade de séries possíveis do universo, das quais cada uma contém uma infinidade de criaturas; e por esse meio a sabedoria divina distribui todos os possíveis que já observou à parte em sistemas universais que ela compara, ainda, entre si: o resultado de todas essas comparações e reflexões é a escolha do melhor dentre todos os sistemas possíveis que a sabedoria faz para satisfazer plenamente sua bondade, que é justamente o plano do universo atual. E todas essas operações do entendimento divino, embora tenham entre si uma ordem e uma prioridade de natureza, ocorrem sempre em conjunto, sem que haja entre elas nenhuma prioridade de tempo.

226. Considerando atentamente as coisas, espero que se tenha outra ideia da grandeza das perfeições divinas e, sobretudo, da sabedoria divina e da bondade de Deus que não puderam ter aqueles que o imaginam agir ao acaso, sem motivo e sem razão. E não vejo como eles poderiam evitar uma opinião tão estranha, a menos que reco-

nhecessem que há razões para a escolha de Deus e que elas nascem de sua bondade, donde se segue necessariamente que o que foi escolhido tem mais bondade do que o que não foi escolhido e, consequentemente, é o melhor de todos os possíveis. O melhor não poderia ser ultrapassado em bondade, e não se limita a potência de Deus afirmando-se que ele não poderia fazer o impossível. É possível, perguntava-se Bayle, que não haja um plano melhor do que aquele que Deus executou? Responde-se que é possível e mesmo necessário que não haja; de outro modo, Deus o teria preferido.

227. Nós estabelecemos suficientemente, me parece, que, entre todos os planos possíveis do universo, há um melhor que todos os outros e que Deus não deixou de escolhê-lo. Mas Bayle pretende inferir daí que Deus não é livre. Eis como ele fala sobre isso (*ubi supra*, cap. 151, p. 899): "Acreditava-se disputar com um homem que supunha, como nós, que a bondade e a potência de Deus são infinitas, assim como sua sabedoria; e vê-se que, falando propriamente, esse homem supõe que a bondade e a potência de Deus estão encerradas em limites muito estreitos." Quanto a isso, já foi respondido: não se atribuem limites à potência de Deus, uma vez que se reconhece que ela se estende *ad maximum, ad omnia*[127] a tudo o que não implica nenhuma contradição; e não se os atribuem à sua bondade, uma vez que ela se dirige ao melhor, *ad optimum*. Mas Bayle prossegue: "Não há, portanto, nenhuma liberdade em Deus; ele é necessitado por sua sabedoria a criar e, além disso, a criar precisamente uma tal obra e, enfim, a criar precisamente por tais vias. São três servidões que formam um *fatum* mais que estoico e tornam impossível tudo o que não está em sua esfera. Parece que, segundo esse sistema, Deus teria podido dizer, antes mesmo de formar esses decretos: 'Não posso salvar este homem, nem danar aquele, '*quippe vetor fatis*'[128], minha sabedoria não permite.'"

228. Respondo que é a bondade que leva Deus a criar a fim de se comunicar; e essa mesma bondade, junto com a sabedoria, leva-o a criar o melhor; isso compreende a série inteira, o efeito e as vias. A bondade o leva a criar sem o necessitar, pois ela não torna impos-

---

[127] "Ao máximo, a todas as coisas".

[128] "Porque os destinos me proíbem" (Virgílio, *Eneida*, I, 39).

sível o que não leva a escolher. Chamar isso de *fatum* é tomar um sentido que não é contrário à liberdade: *fatum* vem de *fari*, "falar, pronunciar"; significa "um julgamento, um decreto de Deus, até onde chega sua sabedoria". Dizer que não se pode fazer uma coisa somente porque não se quer fazer é abusar dos termos. O sábio só quer o que é bom: é uma servidão quando a vontade age segundo a sabedoria? E se pode ser menos escravo quando se age pela própria escolha, segundo a mais perfeita razão? Aristóteles dizia que esse está numa servidão natural (*natura servus*) que carece de condução, que tem necessidade de ser governado. A escravidão vem de fora; ela leva ao que desagrada e sobretudo ao que desagrada à razão: a força de outrem e nossas próprias paixões nos tornam escravos. Deus não é jamais movido por qualquer coisa que esteja fora dele, tampouco está sujeito a paixões internas, e não é nunca levado ao que pode causar desprazer. Parece, portanto, que Bayle atribui nomes odiosos às melhores coisas do mundo e subverte as noções, chamando de escravidão o estado da maior e mais perfeita liberdade.

229. Ele havia dito ainda (cap. 151, p. 891): "se a virtude ou qualquer outro bem que seja tivesse sido tão conveniente quanto o vício com os fins do Criador, o vício não teria tido a preferência; é preciso então que haja apenas um meio do qual o Criador tenha podido se servir; ele foi, portanto, empregado por pura necessidade. Como, pois, ele ama sua glória não por uma liberdade de indiferença, mas necessariamente, é preciso que ele ame necessariamente todos os meios sem os quais não teria podido manifestar sua glória. Ora, se o vício enquanto vício foi o único meio de chegar a esse fim, segue-se que Deus ama necessariamente o vício enquanto vício, ao que não se pode pensar sem horror e ele nos revelou o exato contrário". Ele observa ao mesmo tempo que certos doutores supralapsários, como Rutherford, negaram que Deus queira o pecado enquanto pecado, ao passo que confessam que quer permissivamente o pecado enquanto punível e perdoável, mas lhe objetam que uma ação só é punível e perdoável enquanto é viciosa.

230. Bayle faz falsas suposições nas palavras que acabamos de ler e extrai delas falsas consequências. Não é verdade que Deus ame sua glória necessariamente, se se entende por isso que ele é levado necessariamente a buscá-la pelas criaturas. Pois, se fosse assim, ele pro-

curaria essa glória sempre e em toda parte. O decreto de criar é livre: Deus é levado a todo bem; o bem e, inclusive, o melhor o inclinam a agir, mas não o necessitam, pois sua escolha não torna impossível o que é distinto do melhor; não acontece de implicar contradição aquilo que Deus omite. Há, portanto, em Deus uma liberdade isenta não somente de coação, mas ainda de necessidade. Considero aqui a necessidade metafísica, pois é por uma necessidade moral que o mais sábio é obrigado a escolher o melhor. O mesmo se dá com os meios que Deus escolhe para alcançar sua glória. Em relação ao vício, já mostramos que ele não é objeto do decreto de Deus como meio, mas como condição *sine qua non*; e que é por isso que ele é somente permitido. Tem-se ainda menos direito de dizer que o vício é o único meio; ele seria mais um dos meios, e um dos de menor importância entre uma infinidade de outros.

231. "Outra consequência assustadora", prossegue Bayle, "apresenta-se novamente: a fatalidade de todas as coisas; não teria sido livre, para Deus, organizar os acontecimentos de outra maneira, uma vez que o meio que ele escolheu de manifestar sua glória era o único conveniente à sua sabedoria." Essa pretensa fatalidade ou necessidade é apenas moral, como acabamos de mostrar; ela não interessa à liberdade; diferentemente, ela supõe o melhor uso da liberdade; ela não torna os objetos não escolhidos por Deus impossíveis. "O que se tornará, então", acrescenta ele, "o livre-arbítrio do homem? Não houve necessidade de e não foi uma fatalidade que Adão pecasse? Pois, se não tivesse pecado, ele subverteria o plano único que Deus fez necessariamente." É mais uma vez abusar dos termos. Adão pecando livremente foi visto por Deus entre as ideias possíveis, e Deus decidiu admiti-lo na existência tal qual viu; esse decreto não muda a natureza dos objetos, não torna necessário o que era contingente em si, nem impossível o que era possível.

232. Bayle prossegue (p. 862): "O sutil Scotus afirma com bastante juízo que, se Deus não tivesse liberdade de indiferença, nenhuma criatura poderia ter essa espécie de liberdade." Estou de acordo, uma vez que não se entende por isso uma indiferença de equilíbrio na qual não há nenhuma razão que incline de um lado mais que de outro. Bayle reconhece (cap. 168, p. 111) que isso que é chamado

de *indiferença* não exclui inclinações e prazeres prevenientes. Basta, pois, que não haja necessidade metafísica nas ações chamadas livres, isto é, basta que se escolha entre vários partidos possíveis.

233. Ele prossegue ainda (cap. 157, p. 893): "Se Deus não é determinado a criar o mundo por um movimento livre de sua vontade, mas por interesses de sua glória, que ele ama necessariamente e é a única coisa que ama, pois não é diferente de sua substância, e se o amor que ele tem por si mesmo o levou a manifestar sua glória pelo meio mais conveniente e se a queda do homem foi esse meio, é evidente que essa queda foi necessária e a obediência de Eva e de Adão às ordens de Deus era impossível." Sempre o mesmo abuso. O amor que Deus tem a si mesmo é essencial, mas o amor da glória ou da vontade de buscá-la, não; o amor que ele tem por si mesmo não o insta a ações externas a ele; elas são livres; e, uma vez que há vários planos possíveis, em que os primeiros pais não pecariam, seu pecado não foi, portanto, necessário. Enfim, dizemos com efeito – o que Bayle reconhece aqui – que Deus foi determinado a criar o mundo por um movimento livre de sua bondade; e nós acrescentamos que esse movimento o levou ao melhor.

234. A mesma resposta tem lugar contra o que Bayle afirma (cap. 165, p. 1.071): "O meio mais apropriado para alcançar um fim é necessariamente único (é muito bem explicado, ao menos no caso da escolha de Deus). Portanto, se Deus foi levado invencivelmente a se servir desse meio, ele se serviu dele necessariamente." Ele foi levado de maneira certa, foi determinado a isso ou, antes, determinou-se a isso; mas o que é certo não é sempre necessário nem absolutamente invencível; a coisa poderia acontecer de outra maneira, mas isso não aconteceu por uma causa. Deus escolheu entre diferentes partidos todos os possíveis; assim, metafisicamente falando, ele poderia escolher ou fazer o que não seria o melhor, mas não poderia fazer isso moralmente falando. Sirvamo-nos de uma comparação de geometria. O melhor caminho de um ponto a outro (abstraindo-se os impedimentos e outras considerações acidentais do meio) é único; é aquele que vai pela linha mais curta, que é a linha reta. Entretanto, há uma infinidade de caminhos de um ponto a outro. Não há, pois, necessidade que me obrigue a ir em linha reta;

mas, tão logo eu tenha escolhido o melhor, sou determinado a ir em linha reta, ainda que seja apenas por uma necessidade moral do sábio. É por isso que as consequências seguintes caem por terra: "Logo, ele só pôde fazer o que fez. Logo, o que não aconteceu ou não acontecerá é absolutamente impossível." Essas consequências caem por terra, como disse, porque há muitas coisas que não aconteceram, jamais acontecerão e, entretanto, são concebíveis distintamente e não implicam nenhuma contradição; como se pode dizer que elas são absolutamente impossíveis? O próprio Bayle refutou isso num trecho em que se opõe aos espinosistas e que nós citamos antes, e ele reconheceu várias vezes que só é impossível o que implica contradição; agora ele muda o estilo dos termos: "Portanto, a perseverança de Adão na inocência foi sempre impossível; logo, sua queda era absolutamente inevitável e antecedente inclusive ao decreto de Deus, pois implicaria contradição que Deus pudesse querer uma coisa oposta à sua sabedoria; é, no fundo, a mesma coisa que dizer: isso é impossível para Deus; e dizer que Deus poderia ter feito se quisesse, mas ele não pôde querer." É abusar dos termos em um sentido dizer aqui: pode-se querer, quer-se querer; a potência se relaciona aqui a ações que se querem. Entretanto, não implica contradição que Deus queira, direta ou permissivamente, uma coisa que não implica contradição, e, nesse sentido, é permitido dizer que Deus a quer.

235. Em resumo, quando se fala da possibilidade de uma coisa, trata-se de causas que devem fazer ou impedir que ela exista atualmente; de outro modo, mudar-se-ia a natureza dos termos e tornar-se-ia inútil a distinção entre o possível e o atual, como fazia Abelardo e como Wycliffe parece ter feito depois dele, o que os levou a cair sem necessidade em expressões incômodas e chocantes. É por isso que, quando se pergunta se uma coisa é possível ou necessária e quando se entra na consideração do que Deus quer ou escolhe, muda-se de questão. Pois Deus escolhe entre os possíveis, e é por isso que ele escolhe livremente e não é necessitado; não haveria escolha nem liberdade se só houvesse um partido possível.

236. É preciso ainda responder aos silogismos de Bayle a fim de não negligenciar nada que aquele homem hábil opôs a isso. Eles se

encontram no cap. 151 de sua *Resposta às questões de um provincial*, t. 3, pp. 900-1.

Primeiro silogismo

"Deus não pode querer nada que seja oposto ao amor necessário que ele tem pela sabedoria.

Ora, a salvação de todos os homens é oposta ao amor necessário que Deus tem por sua sabedoria.

Logo, Deus não pode querer a salvação de todos os homens."

237. A [premissa] maior é evidente por si mesma. Pois não se pode nada cujo oposto é necessário. Mas não se pode deixar passar a menor porque, ainda que Deus ame necessariamente sua sabedoria, as ações às quais sua sabedoria não leva não deixam de ser livres e os objetos aos quais ela não leva não deixam de ser possíveis. Ademais, sua sabedoria o levou a querer a salvação de todos os homens, mas não por uma vontade consequente e decretória. E essa vontade consequente, sendo o resultado de vontades livres antecedentes, não pode deixar de ser livre também.

Segundo silogismo

"A obra mais digna da sabedoria de Deus compreende entre outras coisas o pecado de todos os homens e a danação eterna da maior parte deles.

Ora, Deus quer necessariamente a obra mais digna de sua sabedoria.

Ele quer necessariamente a obra que compreende entre outras coisas o pecado de todos os homens e a danação eterna da maior parte deles."

Admite-se a maior, mas nega-se a menor. Os decretos de Deus são sempre livres, ainda que Deus seja sempre levado a eles por razões que consistem na visão do bem; pois ser necessitado moralmente pela sabedoria, ser obrigado pela consideração do bem, é ser livre, é não ser necessitado metafisicamente. E a necessidade metafísica somente, como observamos tantas vezes, é oposta à liberdade.

238. Não examino os silogismos que Bayle objeta no capítulo seguinte (cap. 152) contra o sistema dos supralapsários e particularmente contra o discurso que Teodoro de Beza[129] fez no Colóquio de Montbéliard, em 1586. Os silogismos têm quase o mesmo defeito destes que examinamos; e confesso que o sistema de Beza não os satisfaz. Ademais, esse colóquio só serviu para aumentar o azedume das seitas. "Deus criou o mundo para sua glória; sua glória não é conhecida, segundo Beza, se sua misericórdia e sua justiça não são declaradas; por essa causa ele declarou que alguns homens estão determinados à pura graça da vida eterna e outros, por julgamento justo, à danação eterna. A misericórdia pressupõe a miséria; a justiça pressupõe a culpa (ele poderia acrescentar que a miséria supõe a culpa). Entretanto, Deus, sendo bom, a saber, a bondade mesma, criou o homem bom e justo, mas mutável e podendo pecar por sua livre vontade. O homem não caiu por acaso ou temerariamente, nem por causas ordenadas por qualquer outro deus, como querem os maniqueus, mas pela providência de Deus; todavia, de tal modo que Deus não esteve envolvido na falta, uma vez que o homem não foi coagido a pecar."

239. Esse sistema não é dos melhores já imaginados: não é muito apropriado a mostrar a sabedoria, a bondade e a justiça de Deus; felizmente, está quase abandonado hoje. Se não houvesse outras razões mais profundas, capazes de levar Deus à permissão da culpa, fonte da miséria, não haveria nem culpa nem miséria no mundo, pois as que são alegadas aqui não são suficientes. Ele declararia melhor sua misericórdia impedindo a miséria e declararia melhor sua justiça impedindo a culpa, favorecendo a virtude e a recompensando. Não se vê tampouco como aquele que não somente faz um homem cair, mas ainda organiza as circunstâncias de sorte que contribuam para fazê-lo cair, não seja culpável se não há outras razões que o obriguem a isso. Mas, quando se considera que Deus, perfeitamente bom e sábio, deve ter produzido toda a virtude, bondade e felicidade de que o melhor plano do universo é capaz, e que fre-

---

[129] Teodoro de Beza (1519-1605) foi um teólogo protestante francês, discípulo de João Calvino.

quentemente um mal em algumas partes pode servir a um bem maior no todo, julga-se facilmente que Deus pode ter dado espaço à infelicidade e permitido inclusive a culpa, como fez, sem poder ser censurado. É o único remédio que preenche o que falta a todos os sistemas, de qualquer modo que se organizem os decretos. Santo Agostinho favorecia esses pensamentos, e pode-se dizer de Eva o que o poeta diz da mão de Mucius Scaevola[130]:

Si non errasset, fecerat illa minus.[131]

240. Considero que um célebre prelado inglês que escreveu um livro engenhoso sobre a origem do mal[132], do qual algumas passagens foram combatidas por Bayle no segundo tomo de sua *Resposta às questões de um provincial*, embora se afaste de algumas das opiniões que sustento aqui e pareça recorrer algumas vezes a um poder despótico, como se a vontade de Deus não seguisse as regras da sabedoria a respeito do bem e do mal, mas ordenasse arbitrariamente que coisa passe por boa ou má, e como se até a vontade da criatura, enquanto livre, não escolhesse porque o objeto lhe parece bom, mas por uma determinação puramente arbitrária independente de sua representação do objeto, esse bispo, como eu dizia, não deixa de escrever em outras passagens coisas que parecem mais favoráveis à minha doutrina do que àquilo que parece contrário na sua. Ele diz

---

[130] Caio Múcio Cévola (em latim, Gaius Mucius Scaevola) é um herói lendário romano. Diversos autores antigos, como Lívio, Plutarco e Dionísio de Halicarnasso, narraram sua façanha. No segundo ano da República romana (508 a.C.), Roma ficou sob a ameaça etrusca: o rei de Clúsio, Lars Porsena, cercou a cidade, que passou a sofrer com a fome. Caio Múcio se ofereceu então para invadir o acampamento e assassinar o rei. Porém, sem reconhecer Porsena, assassinou uma pessoa diferente e foi preso. Interrogado pelo rei, identificou-se como cidadão romano disposto a assassiná-lo e, castigando a si mesmo pelo seu erro, colocou sua mão direita no fogo de um braseiro aceso para um sacrifício e disse: "Veja, veja que coisa irrelevante é o corpo para os que não aspiram mais do que à glória!" Porsena então ordenou que ele fosse libertado e, em reconhecimento, Múcio confessou que outros trezentos jovens romanos estavam, como ele, dispostos a se sacrificar para assassinar o rei. Este, diante de tal revelação, baixou armas. Depois dessa vitória e com sua mão direita completamente inválida, Caio Múcio recebeu o cognome "Cévola" (em latim, *Scaevola*, "canhoto"), que seria conservado pelos seus descendentes.

[131] "Se não se enganasse, não teria feito grandes coisas" (Marcial, *Epigramas*, I, 22, 8).

[132] *De origine mali* [*Sobre a origem do mal*] (1702), de William King (1650-1729), arcebispo de Dublin.

que o que uma causa infinitamente sábia e livre escolheu é o melhor que ela pôde escolher. Não é reconhecer que a bondade é o objeto e a razão de sua escolha? Nesse sentido, dir-se-á muito propriamente aqui:

Sic placuit superis, quarere plura nefas.[133]

---

[133] "Assim decidiram os deuses, seria sacrilégio demandar mais."

TERCEIRA PARTE

241. Eis que nos desembaraçamos enfim da causa moral do mal moral. O mal físico, isto é, as dores, os sofrimentos, as misérias, nos embaraçarão menos na medida em que são consequências do mal moral. "*Poena est malum passionis, quod infligitur ob malum actionis*"[1], segundo Grotius. Padece-se porque se agiu; sofre-se do mal porque se faz o mal:

> *Nostrorum causa malorum*
> *Nos sumus.*[2]

É verdade que frequentemente se sofre por causa das más ações de outrem. Mas, quando não se tem parte no crime, deve-se ter como certo que esses sofrimentos nos preparam para uma felicidade maior. A questão do mal físico, isto é, da origem dos sofrimentos, apresenta dificuldades comuns com aquela da origem do mal metafísico, do qual os monstros e as outras irregularidades aparentes do universo fornecem exemplos. Mas deve-se julgar que mesmo os sofrimentos e os monstros fazem parte da ordem; e é bom considerar não apenas que seria melhor admitir esses defeitos e monstros do que violar as leis gerais, como raciocina por vezes o reverendo padre Malebranche, mas também que esses monstros mesmos estão de acordo com as regras e conformes a vontades gerais, ainda que

---

[1] "A pena é o mal da paixão que é infligido por causa do mal da ação" (Hugo Grócio, *O direito da guerra e da paz*, II, 20, 1).

[2] "Nós mesmos somos a causa dos nossos próprios males."

não sejamos capazes de distinguir essa conformidade. É como nas matemáticas, que contêm às vezes aparências de irregularidades que terminam, enfim, numa grande ordem quando se acaba de aprofundá-las. Eis por que já adverti que, pelos meus princípios, todos os eventos individuais, sem exceção, são consequências de vontades gerais.

242. Não se deve admirar que eu me esforce em esclarecer essas coisas por meio de comparações tomadas das matemáticas puras, nas quais tudo procede por ordem e há meios de distinguir por uma meditação exata que nos faz gozar, por assim dizer, da visão das ideias de Deus. É possível propor uma sequência ou série de números que seja de todo irregular em aparência, na qual os números crescem e diminuem variavelmente sem que aí apareça nenhuma ordem. E, no entanto, aquele que souber a chave do número e entender a origem e a construção dessa sequência de números poderá fornecer uma regra que, sendo bem entendida, fará ver que a *série* é totalmente regular e até mesmo tem belas propriedades. Pode-se torná-la ainda mais sensível nas linhas: uma linha pode ter voltas e reviravoltas, altos e baixos, pontos de reversão e pontos de inflexão, interrupções e outras variedades, de tal maneira que não se veem nem pé nem cabeça, sobretudo ao se considerar apenas uma parte da linha; e, no entanto, pode ocorrer que seja possível fornecer a sua equação e construção, na qual o geômetra encontraria a razão e a conveniência de todas essas pretensas irregularidades. E eis como se devem ainda julgar as irregularidades dos monstros e outros pretensos defeitos no universo.

243. É nesse sentido que se pode empregar este belo mote de São Bernardo (epíst. 276, *ad Eugen.* III): "*Ordinatissimum est, minus interdum ordinate fieri aliquid.*"[3] Faz parte da grande ordem haver alguma pequena desordem; e pode-se até mesmo dizer que essa pequena desordem é, com relação ao todo, apenas aparente, e que, em relação à felicidade daqueles que se põem na via da ordem, não é nem sequer aparente.

---

[3] "Está muito dentro da ordem que às vezes ocorra algo de maneira pouco ordenada" (*Patrologia latina*, t. 182, col. 482). São Bernardo (1090-1153) foi um abade francês e fundador da Abadia de Claraval, reformador da Ordem de Cister.

TERCEIRA PARTE

244. Ao falar de monstros, entendo sob essa denominação ainda vários outros defeitos aparentes. Conhecemos praticamente apenas a superfície de nosso globo, não pensamos muito no seu interior, para além de algumas centenas de toesas[4]. Aquilo que encontramos na crosta do globo parece ser o efeito de algumas grandes modificações. Parece que este globo esteve um dia em chamas, e que as rochas que formam a base da crosta da Terra são escórias restantes de uma grande fusão: encontram-se nas suas entranhas produções de metais e minerais que parecem fortemente aquelas que provêm de nossos fornos. E o mar por inteiro pode ser uma espécie de *oleum per deliquium*[5], como o óleo do tártaro se forma num lugar úmido. Pois, quando a superfície da Terra se resfriou depois do grande incêndio, a umidade que o fogo tinha impelido no ar caiu na Terra, lavou sua superfície, dissolveu e impregnou o sal fixo remanescente nas cinzas e preencheu, enfim, essa grande cavidade da superfície do nosso globo para encher o oceano de uma água salgada.

245. Mas, após o fogo, deve-se julgar que a terra e a água não fizeram menos estragos. Talvez a crosta formada pelo resfriamento, que tinha sob ela grandes cavidades, caiu, de modo que habitamos apenas sobre ruínas, como Thomas Burnett, capelão do falecido rei da Grã-Bretanha, entre outros, indicou muito bem. E vários dilúvios e inundações deixaram sedimentos dos quais se encontram traços e restos que mostram que o mar estava em lugares hoje muito distantes dele. Mas essas perturbações cessaram enfim e o globo tomou a forma que vemos. Moisés insinua essas grandes mudanças em poucas palavras: a separação entre a luz e as trevas indica a fusão causada pelo fogo, e a separação entre o úmido e o seco demarca o efeito das inundações. Mas quem não vê que essas desordens serviram para levar as coisas ao ponto em que se encontram presentemente, que nós lhe devemos nossas riquezas e comodidades e que é a partir delas que este globo se tornou propício a ser cultivado por nossos cuidados? Essas desordens se deram na ordem. As desordens, verdadeiras ou aparentes, que vemos de longe são as manchas do

---

[4] Antiga medida francesa que equivale a 1,949 metro.
[5] "Óleo obtido por decantação".

Sol e dos cometas, mas nós não sabemos os usos que elas trazem consigo nem o que aí se encontra de conforme à regra. Houve um tempo em que os planetas passavam por estrelas errantes, agora seu movimento se encontra regular: talvez se dê a mesma coisa com os cometas, a posteridade o saberá.

246. Não se conta a desigualdade de condições entre as desordens, e Jaquelot tem razão de perguntar àqueles que queriam que tudo fosse igualmente perfeito por que as rochas não são coroadas de folhas e flores e por que as formigas não são pavões. Se devesse haver igualdade por toda parte, o pobre apresentaria queixa contra o rico, e o criado, contra o mestre. Não é preciso que os tubos de um jogo de órgãos sejam iguais. Bayle dirá que há diferença entre uma privação do bem e uma desordem, entre uma desordem nas coisas inanimadas, que é puramente metafísica, e uma desordem nas criaturas racionais, que consiste no crime e nos sofrimentos. Ele tem razão em distingui-las, e nós temos razão em associá-las. Deus não negligencia as coisas inanimadas; elas são insensíveis, mas Deus lhes é sensível. Ele não negligencia os animais; eles não possuem inteligência, mas Deus a possui em relação a eles. Ele se censuraria pelo menor defeito verdadeiro que se encontrasse no universo, mesmo que não fosse percebido por ninguém.

247. Parece que Bayle não aprova que as desordens que podem se encontrar nas coisas inanimadas entrem em comparação com aquelas que perturbam a paz e a felicidade das criaturas racionais, tampouco que se fundamente em parte a permissão do vício na preocupação de evitar o desregramento das leis do movimento. Poder-se-ia concluir, segundo ele (em sua resposta póstuma a Jaquelot, p. 183), que "Deus criou o mundo apenas para mostrar seu conhecimento infinito da arquitetura e da mecânica, sem que os seus atributos de bom e de amigo da virtude tenham tido qualquer parte na construção desta grande obra. Esse Deus não se importaria a não ser com a ciência; ele preferiria deixar toda a espécie humana perecer a ter de tolerar que alguns átomos se movam mais rápida ou lentamente do que as leis gerais exigem". Bayle não teria feito essa objeção se estivesse informado do sistema da harmonia geral que concebo, o qual afirma que o reino das causas eficientes e o reino

das causas finais são paralelos entre si; que Deus não possui menos a qualidade do melhor monarca do que aquela de melhor arquiteto; que a matéria é disposta de sorte que as leis do movimento sirvam ao melhor governo dos espíritos; e que se descobrirá, consequentemente, que ele obteve o máximo de bem possível, desde que se levem em conta os bens metafísicos, físicos e morais em conjunto.

248. Mas, dirá Bayle, por que Deus, que pode evitar uma infinidade de males por meio de um pequeno milagre, não o emprega? Ele dá tantos socorros extraordinários aos homens caídos, mas um pequeno socorro dessa natureza dado a Eva impediria a sua queda e tornaria a tentação da serpente ineficaz. Já nos contrapusemos o bastante a esses tipos de objeções por meio da resposta geral de que Deus não deveria escolher outro universo, uma vez que ele escolheu o melhor e empregou apenas os milagres que eram necessários para isso. Tinha-se lhe respondido que os milagres alteram a ordem natural do universo; ele replica que se trata de uma ilusão e que o milagre das núpcias de Canaã, por exemplo, não fez outra alteração no ar do quarto senão que, no lugar de receber nos seus poros alguns corpúsculos de água, ele recebera corpúsculos de vinho. Mas deve-se considerar que, uma vez escolhido o melhor plano das coisas, nada nele pode ser alterado.

249. Quanto aos milagres (sobre os quais já falamos algo anteriormente), talvez não sejam todos de um único tipo: aparentemente, há muitos deles que Deus produz pelo ministério de algumas substâncias invisíveis, tais quais os anjos, como o reverendo padre Malebranche também considera; e esses anjos ou essas substâncias agem segundo as leis ordinárias de sua natureza, estando unidas a corpos mais sutis e vigorosos do que aqueles que podemos tocar. E tais milagres apenas o são comparativamente e em relação a nós, assim como as nossas obras passariam por miraculosas para os animais se eles fossem capazes de fazer observações a esse respeito. A transformação da água em vinho poderia ser um milagre dessa espécie. Mas a criação, a encarnação e algumas outras ações de Deus superam toda a força das criaturas e são verdadeiramente milagres ou mesmo mistérios. Entretanto, se a transformação da água em vinho em Canaã fosse um milagre de primeira ordem, Deus te-

ria por meio disso mudado todo o curso do universo em virtude da conexão dos corpos, ou, então, teria sido obrigado a impedir ainda de maneira milagrosa essa conexão e de fazer os corpos não implicados no milagre agirem, como se não tivesse ocorrido nenhum milagre. E, depois de o milagre ter ocorrido, teria sido preciso repor todas as coisas nos corpos implicados no estado que estariam sem o milagre – após o qual tudo teria retornado ao seu primeiro curso. Assim, esse milagre demandaria mais do que parece.

250. No que diz respeito ao mal físico das criaturas, isto é, aos seus sofrimentos, Bayle combate fortemente aqueles que se esforçam em justificar a conduta de Deus a esse respeito por meio de razões particulares. Deixo aqui de lado os sofrimentos dos animais e vejo que Bayle insiste principalmente sobre aqueles dos homens, talvez porque ele acreditasse que as bestas não têm sentimentos. E é por causa da injustiça existente nos sofrimentos das bestas que vários cartesianos quiseram provar que elas não passam de máquinas – *quoniam sub Deo justo nemo innocens miser est*: é impossível que um inocente seja miserável sob um mestre tal qual Deus. O princípio é bom, mas não creio que se possa inferir disso que as bestas não têm sentimento, pois creio que, falando propriamente, a percepção não é suficiente para causar a miséria se ela não é acompanhada de reflexão. O mesmo se dá com respeito à felicidade: sem a reflexão, não há.

O fortunatos nimium, sua qui bona norint![6]

Não se poderia razoavelmente duvidar que não haja dor nos animais, mas se poderia supor que o seu prazer e a sua dor não são tão vivos como no homem, pois, na medida em que não fazem reflexões, eles não são suscetíveis nem à tristeza que acompanha a dor nem à alegria que acompanha o prazer. Os homens se encontram algumas vezes num estado que os aproxima das bestas, agindo quase que apenas pelo instinto e pelas impressões das experiências sensuais, e, nesse estado, seu prazer e dor são bastante insignificantes.

---

[6] "Oh, demasiado felizes são aqueles que conhecem seus próprios bens!" (Virgílio, *Geórgicas*, II, 458-9).

251. Mas deixemos de lado as bestas e voltemos às criaturas racionais. É relativamente a elas que Bayle discute a seguinte questão: há mais mal físico do que bem físico no mundo? (*Resposta às questões de um provincial*, t. 2, cap. 75). Para decidi-la bem, deve-se explicar em que esses bens e males consistem. Concordamos que o mal físico não é outra coisa que o desprazer, e compreendo aí a dor, a tristeza e qualquer outro tipo de incômodo. Mas o bem físico consiste unicamente no prazer? Bayle parece ser dessa opinião, enquanto penso que ele consiste ainda num estado médio, tal como o da saúde. Está-se suficientemente bem quando não se tem um mal; consiste num grau da sabedoria não ter nada da loucura:

Sapientia prima est,
Stultitia caruisse.[7]

Assim como se é muito digno de louvor quando não se pode ser censurado com justiça:

Si non culpabor, sat mihi laudis erit.[8]

E, dessa maneira, todos os sentimentos que não nos causam desprazer, todos os exercícios das nossas forças que não nos incomodam e cujo impedimento nos incomodaria são bens físicos, mesmo quando eles não nos causam nenhum prazer, pois a sua privação é um mal físico. Assim, não nos apercebemos do bem da saúde e de outros bens semelhantes até sermos privados deles. E, dessa forma, ousaria afirmar que mesmo nesta vida os bens superam os males, que as nossas comodidades superam os nossos incômodos e que Descartes tem razão de escrever (t. 1, carta 9) que *a razão natural nos ensina que temos mais bens do que males nesta vida*[9].

---

[7] "A primeira condição da sabedoria é estar isento de insensatez" (Horácio, *Epístolas*, I, 1, 41-2).

[8] "Basta-me como elogio se não sou censurado."

[9] Descartes, carta IX a Elisabeth, de 3 de novembro de 1645: "Et pour ce que la même raison naturelle nous apprend aussi que nous avons toujours plus de biens que de maux en cette vie [...]" (Descartes, *Correspondance*, 2, in *Oeuvres complètes* VIII, Paris, Gallimard, 2013, p. 243).

252. Deve-se acrescentar que a fruição demasiadamente frequente e a grandeza dos prazeres seriam males muito grandes. Há alguns deles que Hipócrates[10] comparou com a epilepsia, e Scioppius[11] apenas parece atribuir inveja aos pássaros para gracejar agradavelmente numa obra sábia, que é mais do que gracejadora. As carnes de gosto pronunciado fazem mal à saúde e diminuem a delicadeza de um sentimento refinado. E, geralmente, os prazeres corporais são uma espécie de despesa nos espíritos, ainda que eles sejam mais bem reparados em uns do que em outros.

253. Entretanto, para provar que o mal supera o bem, cita-se La Mothe Le Vayer (carta 134)[12], que não teria querido retornar ao mundo se tivesse de desempenhar o mesmo papel que a providência já lhe havia imposto. Mas já disse que creio que se aceitaria a proposta daquele que poderia reatar o fio das Parcas se ele nos prometesse um novo papel, ainda que não devesse ser melhor que o primeiro. Assim, com base no que La Mothe Le Vayer disse, não se segue que ele não teria querido o papel que já havia desempenhado, caso tivesse sido novo, como Bayle parece assumir.

254. Os prazeres do espírito são os mais puros e os mais úteis para fazer a alegria durar. Cardano[13], já velho, estava tão contente com o seu estado que jurou que não o trocaria pelo de um jovem dos mais ricos, mas ignorante. O próprio La Mothe Le Vayer o relata sem o criticar. Parece que o saber tem charmes que não poderiam ser concebidos por aqueles que não o provaram. Não entendo por isso um simples saber dos fatos, sem aquele das razões, mas aquele

---

[10] Hipócrates (460-370 a.C.) foi o médico mais importante da Antiguidade, sendo considerado o pai da medicina.

[11] Kaspar Schoppe, ou Scioppius (1576-1649), foi um filólogo alemão que ficou famoso por seus escritos virulentos contra os protestantes.

[12] François de La Mothe Le Vayer (1588-1672) foi um filósofo francês, conhecido também pelo pseudônimo de Orosius Tubero. Tornou-se membro da Academia Francesa em 1639 e foi tutor de Luís XIV. A carta citada se encontra em *Oeuvres*, t. 7, parte 2, pp. 77-8 (Dresden, Michel Groell, 1759) e se intitula "Consolação". Pierre Bayle a cita em seu *Dicionário*, no verbete "Vayer".

[13] Jerônimo Cardano (1501-1576) foi um médico, matemático e astrônomo italiano. A referência do que é dito a seu respeito se encontra na carta "Consolação", de Le Vayer, mencionada na nota anterior.

como o de Cardano, que foi efetivamente um grande homem com todos os seus defeitos e teria sido incomparável sem eles.

> *Felix, qui potuit rerum cognoscere causas!*
> *Ille metus omnes et inexorabile fatum*
> *Subjecit pedibus.*[14]

Não é pouca coisa estar contente com Deus e o universo, não temer o que nos é destinado nem nos queixar daquilo que ocorre conosco. O conhecimento dos princípios verdadeiros nos dá essa vantagem, totalmente diferente daquela que os estoicos e os epicuristas extraíam de sua filosofia. Há tanta diferença entre a verdadeira moral e a deles como há entre a alegria e a paciência: pois a tranquilidade deles não se fundava em outra coisa do que na necessidade, e a nossa deve sê-lo na perfeição e beleza das coisas, na nossa própria felicidade.

255. Mas que diremos das dores corporais? Não podem ser intensas o bastante para interromper essa tranquilidade do sábio? Aristóteles concorda com isso. Os estoicos eram de outra opinião, e mesmo os epicuristas. Descartes renovou a opinião desses filósofos: ele diz na carta que acabamos de citar que, "mesmo em meio aos acidentes mais tristes e às dores mais torturantes, pode-se estar sempre contente, desde que se saiba usar a razão". Bayle diz (*Resposta às questões de um provincial*, t. 3, cap. 157, p. 991) que "isso é o mesmo que não dizer nada, que é nos privar de um remédio cuja preparação quase ninguém sabe". Considero que a coisa não é impossível e que os homens poderiam alcançar esse estado por meio de meditação e exercício. Pois, sem falar de verdadeiros mártires e daqueles que foram assistidos extraordinariamente do alto, houve falsos mártires que os imitaram; e aquele escravo espanhol[15] que assassinou o governador cartaginês para vingar o seu mestre, e demonstrou muita alegria nos maiores tormentos, pode envergonhar os filósofos. Por que não se vai tão longe quanto ele? Pode-se falar tanto de uma vantagem quanto de uma desvantagem:

---

[14] "Feliz é aquele que pode conhecer as causas das coisas! Ele vê todos os temores e o inexorável destino subjugados aos seus pés" (Virgílio, *Geórgicas*, II, 490-2).

[15] Cf. Tito Lívio, *Ab urbe condita* [*Desde a fundação da cidade*], livro XXI, cap. 2.

Cuivis potest accidere, quod cuiquam potest.[16]

256. Mas, ainda hoje, nações inteiras, como as dos huronianos, dos iroqueses, dos galibis e de outros povos da América, nos dão uma grande lição a esse respeito: não se poderia ler sem admiração com quanta intrepidez e quase insensibilidade eles afrontam os seus inimigos, que os assam lenta e cruelmente e os comem em fatias. Se tais pessoas pudessem conservar as vantagens do corpo e do coração e uni-las aos nossos conhecimentos, elas nos pareceriam, de todas as maneiras, que

Extat ut in mediis turris aprica casis.[17]

Eles seriam em comparação conosco o que um gigante é em relação a um nanico, uma montanha em relação a uma colina:

Quantus Eryx, et quantus Athos, gaudetque nivali
Vertice se attolens pater Apenninus ad auras.[18]

257. Tudo o que um maravilhoso vigor do corpo e do espírito faz nesses selvagens obstinados por uma honra das mais singulares poderia ser adquirido por nós pela educação, por mortificações bem temperadas, por uma alegria dominante fundada na razão, por um grande exercício para conservar uma certa presença de espírito em meio às distrações e às impressões mais capazes de perturbar. Relata-se algo semelhante dos antigos Assassinos[19], súditos e alunos do Velho, ou melhor, do Senhor (Senior) da Montanha. Uma tal escola (mas para um objetivo melhor) seria boa para os missionários que queriam retornar ao Japão. Os gimnosofistas[20] dos antigos in-

---

[16] "O que pode ocorrer a um pode ocorrer a qualquer um" (Publílio Siro, *Publilii Syri Sententiae*, sentença 119).

[17] "Sobressai-se como uma torre ao sol em meio a cabanas."

[18] "Tão grande como o Eryx e tão grande como o Athos, o pai Apenino eleva-se aos céus com seu cume nevado" (citação inexata de Virgílio, *Eneida*, XII, 701-03).

[19] Seita islâmica que vigorou entre os séculos XI e XIII, cujo nome evoca o haxixe do qual os adeptos se utilizavam para alcançar o êxtase. O chefe da seita, o xeique El Djebel, era conhecido também como Senhor ou Velho da Montanha.

[20] "Gimnosofista" era a denominação que os gregos atribuíam a certos filósofos da Índia que se distinguiam pela prática do ascetismo.

dianos tinham talvez algo semelhante; aquele Calanus[21] – que apresentou a Alexandre, o Magno, o espetáculo de se fazer queimar vivo – tinha sido sem dúvida encorajado por bons exemplos de seus mestres e se exercitado com grandes sofrimentos a ponto de não temer a dor. As mulheres desses mesmos indianos, que pedem ainda hoje para ser queimadas com os corpos de seus maridos, parecem ter ainda algo da coragem desses antigos filósofos de seu país. Não espero que em breve seja fundada uma ordem religiosa cujo objetivo fosse o de educar o homem a um ponto tão alto de perfeição: tais pessoas estariam demasiadamente acima das outras e seus poderes seriam demasiadamente amedrontadores. Como é raro que se seja exposto aos extremos, nos quais se precisaria de uma tão grande força de espírito, não se pensa muito em fazer uma provisão para isso à custa de nossas comodidades ordinárias, ainda que nesse caso se ganhasse incomparavelmente mais do que se perderia.

258. Entretanto, isso mesmo é uma prova de que o bem supera já agora o mal, uma vez que não se tem necessidade desse grande remédio. Eurípides também o disse:

> πλείω τά χρηστά τῶν κακῶν εἶναι βροτοῖς.
> *Mala nostra longe judico vinci a bonis.*[22]

Homero e vários outros poetas eram de outra opinião, que é a mesma do vulgo. Isso provém do fato de que o mal excita mais a nossa atenção do que o bem: mas essa razão mesma confirma que o mal é mais raro. Não se deve, pois, dar fé às expressões tristes de Plínio, que fazem a natureza passar por uma mãe ruim e sustentam que o homem é, de todas as criaturas, a mais vã e miserável. Esses dois epítetos não estão de acordo: não se é muito miserável quando se está cheio de si. É verdade que os homens desprezam demasiadamente a natureza humana, ao que tudo indica porque eles não veem outras criaturas capazes de excitar a sua emulação, mas eles se estimam exageradamente e, em particular, contentam-se facilmente demais. Estou,

---

[21] Faquir cuja história é relatada por Plutarco em *Vitae comparatae illustrium vivorum* [*Vidas comparadas de pessoas ilustres*], p. 338.
[22] "Os males são, para os mortais, amplamente superados pelos bens."

portanto, de acordo com Méric Casaubon[23], que, nas suas notas sobre Xenófanes, de Diógenes Laércio, louva fortemente os belos sentimentos de Eurípides, a ponto de lhe atribuir ter dito coisas *quae spirant* θεόπνευστον *pectus*[24]. Sêneca (*De beneficiis*, livro 4, cap. 5) é eloquente ao falar dos bens com os quais a natureza nos cobriu. Bayle, em seu *Dicionário*, verbete "Xenófanes", opõe a ele várias autoridades e, entre outras, a do poeta Diphilus[25] nas *Coleções de Estobeu*[26], cujo grego poderia ser assim expresso em latim:

> *Fortuna cyathis bibere non datis jubens,*
> *Infundit uno terna pro bono mala.*[27]

259. Bayle crê que, caso se tratasse apenas do mal de culpa ou do mal moral dos homens, o processo terminaria logo com a vantagem de Plínio e que Eurípides perderia a sua causa. Quanto a isso não me oponho: nossos vícios superam sem dúvida nossas virtudes e são o efeito do pecado original. É, entretanto, verdadeiro que ainda nisso o vulgo exagera as coisas e que mesmo alguns teólogos rebaixam tanto o homem a ponto de lesar a providência do autor do homem. Eis por que não concordo com aqueles que acreditaram honrar muito a nossa religião ao dizer que as virtudes dos pagãos não passavam de *splendida peccata*, de notáveis vícios. Esse é um repente de Santo Agostinho, que não tem fundamento nas Sagradas Escrituras e choca a razão. Mas se trata aqui apenas do bem e do mal físicos, e deve-se comparar particularmente as prosperidades e adversidades desta vida. Bayle queria quase excluir a consideração da saúde; ele a compara aos corpos rarefeitos, que quase não se fazem sentir, como o ar, por exemplo. Mas ele compara a dor aos corpos que possuem bastante densidade e ocupam bem menos volume. Mas

---

[23] Florence Estienne Méric Casaubon (1599-1671) foi autor de uma edição comentada de Diógenes Laércio. Cf. Pierre Bayle, *Dicionário*, verbete "Xenófanes".

[24] "Que manifestam um espírito inspirado por Deus".

[25] Diphilus de Sinop (nascido por volta de 350 a.C.) foi um comediógrafo grego imitado por vários autores latinos.

[26] João Estobeu (nascido na Macedônia por volta do final do século V) foi o compilador de uma série de fragmentos de autores gregos.

[27] "A fortuna, ao ordenar-nos a beber em suas taças, infunde nelas três males para cada bem."

mesmo a dor faz conhecer a importância da saúde quando somos dela privados. Já observei que prazeres corporais em excesso seriam um verdadeiro mal, e a coisa não deve ser de outra forma. Importa muito que o espírito seja livre. Lactâncio (*Divin. instit.*, livro 3, cap. 18) havia dito que os homens são tão delicados que se queixam do menor mal, como se ele absorvesse todos os bens que eles haviam fruído. Bayle diz que basta que os homens tenham essa opinião para julgar que estão mal, pois é a opinião que faz a medida do bem e do mal. Mas respondo que o sentimento presente é tudo menos a medida verdadeira dos bens e dos males passados e futuros. Concordo com ele que se está mal enquanto se fazem essas reflexões tristes, mas isso não impede que se tenha estado bem anteriormente, e que, tudo somado e subtraído, o bem supere o mal.

260. Não me admiro que os pagãos, pouco contentes com seus deuses, tenham se queixado de Prometeu e de Epimeteu[28] por terem forjado um animal tão fraco como o homem e tenham aplaudido a fábula do velho Sileno, pai adotivo de Baco, que foi preso pelo rei Midas e, como preço pela sua libertação, lhe ensinou esta bela sentença: que o primeiro e maior dos bens era não nascer, e o segundo, sair prontamente desta vida (Cíc., *Tuscul.*, livro 1). Platão acreditava que as almas estiveram num estado mais feliz, e vários dos antigos – Cícero, entre outros, em *Consolação* (segundo o relato de Lactâncio)[29] – acreditavam que eles haviam sido confinados nos corpos por causa de seus pecados, como numa prisão. Por meio disso davam a razão de nossos males e confirmavam seus prejuízos contra a vida humana: não há prisão que seja bela. Mas, além disso, mesmo que, segundo esses mesmos pagãos, os males desta vida fossem contrabalanceados e superados pelos bens das vidas passadas e futuras, ouso dizer que, examinando as coisas sem prevenção, encontraremos que, um levando ao outro, a vida humana é ordinariamente aceitável e, acrescentando aí os motivos da religião, estare-

---

[28] Hesíodo, *Teogonia*, pp. 510 ss. (trad. Jaa Torrano, São Paulo, Iluminuras, 2003, pp. 135 ss.).

[29] *Consolação*, obra da qual só se conservaram alguns fragmentos, foi escrita por Cícero em 45 a.C. após a morte da sua filha, Túlia. A parte à qual Leibniz se refere é citada por Lactâncio em *Divinae institutiones*, III, 18-9, 13.

mos contentes com a ordem que Deus nela introduziu. E, para melhor julgar os nossos bens e males, será bom ler a obra de Cardano, *De utilitate ex adversis capienda* [*Sobre os usos da adversidade*], e aquela de Novarino, *De occultis Dei beneficiis*.

261. Bayle se ocupa muito das infelicidades dos grandes, que são considerados os mais felizes: o uso contínuo do belo lado de sua condição os torna insensíveis ao bem, mas muito sensíveis ao mal. Alguém dirá: tanto pior para eles; se não sabem fruir as vantagens da natureza e da fortuna, é falta de uma ou de outra? Há, entretanto, grandes sábios que sabem tirar proveito dos favores que Deus lhes fez, que se consolam facilmente de suas infelicidades e tiram vantagem até mesmo de seus próprios defeitos. Bayle não se dá conta disso e prefere escutar Plínio, que crê que Augusto, um dos príncipes mais favorecidos pela fortuna, experimentou ao menos tanto mal quanto bem. Concedo que ele encontrou grandes motivos de tristeza na sua família e que o remorso de ter oprimido a república talvez o tenha atormentado, mas creio que ele era sábio demais para se afligir com a primeira e que Mecenas aparentemente o fez conceber que Roma tinha necessidade de um mestre. Se Augusto não tivesse sido convertido sobre esse ponto, Virgílio nunca teria dito de um condenado:

> *Vendidit hic auro patriam Dominumque potentem*
> *Imposuit, fixit leges pretio atque refixit.*[30]

Augusto teria acreditado que ele e César haviam sido designados por esses versos, que falam de um mestre dado a um estado livre. Mas parece que ele fazia pouca aplicação disso a seu reino, a ponto de considerá-lo compatível com a liberdade e um remédio necessário dos males públicos, que os príncipes de hoje aplicam a si mesmos, o que se diz dos reis censurados nas *Aventuras de Telêmaco*, do senhor de Cambray[31]. Cada um crê estar no seu direito. Tácito, autor desinteressado, faz apologia de Augusto em duas palavras no começo

---

[30] "Este vendeu a pátria por ouro e impôs-lhe um senhor poderoso; fez e revogou leis por dinheiro" (Virgílio, *Eneida*, VI, 621-22).

[31] François de Salignac de la Mothe-Fénelon (1650-1715), arcebispo de Cambrai.

de *Anais*. Mas Augusto pôde melhor do que qualquer outro julgar a sua felicidade: ele parece ter morrido contente, razão que prova que estava contente com a sua vida; pois, ao morrer, ele recita um verso grego a seus amigos, que significa a mesma coisa que esse *plaudite*, que costumava ser dito à saída de uma peça de teatro bem encenada. Suetônio o cita:

δότε κρότον, καὶ πάντες ὑμεῖς μετὰ χαρᾶς κτυπήσατε.[32]

262. Mas, mesmo que calhe mais mal do que bem à espécie humana, basta, com relação a Deus, que haja incomparavelmente mais bem do que mal no universo. O rabino Maimônides[33] (cujo mérito não foi suficientemente reconhecido ao se dizer que ele foi o primeiro rabino que deixou de falar bobagens) também julgou muito bem essa questão da prevalência do bem sobre o mal no mundo. Eis o que ele diz em *Doctor perplexorum* (cap. 12, p. 3): "Surgem frequentemente na alma das pessoas mal instruídas pensamentos que as fazem crer que há mais mal do que bem no mundo; e se encontra frequentemente nas poesias e nas canções dos pagãos que é como um milagre quando ocorre algo de bom, enquanto os males são ordinários e contínuos." Esse erro não se apoderou apenas do vulgo: mesmo aqueles que querem se passar por sábios incorreram nele. E um autor célebre chamado Al-Razi[34], em *Sepher Elohuth*, ou *Teosofia*, afirmou, entre outros vários absurdos, que há mais males do que bens, e que se concluiria – ao se compararem as recreações e os prazeres, dos quais o homem frui em tempos de tranquilidade, com as dores, os tormentos, as desordens, os defeitos, as preocupações, as tristezas e as aflições pelas quais se é oprimido – que a nossa vida é um grande mal e uma verdadeira pena que nos é infligida para nos punir. Maimônides acrescenta que a causa de seu erro extravagante é que eles imaginam que a natureza foi feita apenas para eles e ainda consideram como nada o que é distinto de suas pessoas. Donde eles inferem que, quando ocorre algo contra o seu grado, tudo vai mal no universo.

---

[32] "Batei as mãos vós todos e aplaudi alegremente" (Suetônio, *Vida de Augusto*, 99).

[33] Maimônides, ou Moisés Ibn Maymun (1138-1204), foi um médico e filósofo judeu.

[34] Al-Razi (morto em torno de 923) foi um médico e filósofo árabe.

263. Bayle diz que essa observação de Maimônides não atinge o objetivo, porque a questão é se entre os homens o mal supera o bem. Mas, considerando as palavras do rabino, acho que a questão que ele forma é geral, e ele quis refutar aqueles que a decidem segundo uma razão particular, extraída dos males da espécie humana, como se tudo fosse feito para o homem; e parece que o autor que ele refuta também falou do bem e do mal em geral. Maimônides tem razão de dizer que, caso se considerasse a pequenez do homem em relação ao universo, compreender-se-ia com evidência que a superioridade do mal, quando se encontra entre os homens, não deve ter lugar por isso nos anjos, nem nos corpos celestes, nem nos elementos e nos mistos inanimados, nem nas várias espécies de animais. Já mostrei em outro lugar que, supondo-se que o número de condenados supere o dos salvos (suposição que não é, entretanto, absolutamente certa), poder-se-ia entrar num consenso de que há mais mal do que bem com relação à espécie humana do que nos é conhecido. Mas fiz considerar que isso não impede que não haja incomparavelmente mais bem do que mal moral e físico nas criaturas racionais em geral, e que a cidade de Deus, que compreende todas as suas criaturas, não seja o estado mais perfeito: assim como, ao se considerarem o bem e o mal metafísicos – que se encontram em todas as substâncias, sejam dotadas ou destituídas de inteligência e, tomadas nessa latitude, compreenderiam o bem físico e o bem moral –, deve-se dizer que o universo, tal qual ele é atualmente, deve ser o melhor de todos os sistemas.

264. De resto, Bayle não quer que se leve em consideração a nossa culpa quando se fala dos nossos sofrimentos. Ele tem razão quando se trata simplesmente de estimar esses sofrimentos; mas isso não vale quando se pergunta se se deve atribuí-los a Deus, o que é principalmente a matéria das dificuldades de Bayle quando ele opõe a razão ou a experiência à religião. Sei que ele tem o costume de dizer que não serve de nada recorrer ao nosso livre-arbítrio, já que as suas objeções tendem ainda a provar que o abuso do livre-arbítrio não deve menos ser posto na conta de Deus, que ele o permitiu e com ele concorreu, e proclama como uma máxima que, por causa de uma dificuldade de mais ou de menos, não se deve abandonar um

sistema. É isso que ele alega particularmente em favor do método dos rígidos e do dogma dos supralapsários. Pois ele imagina que é possível ater-se à sua opinião, embora ele deixe todas as dificuldades em sua inteireza, pois os outros sistemas, ainda que façam cessar algumas, não podem resolver todas. Considero que o verdadeiro sistema, o qual expliquei, satisfaz a tudo: entretanto, mesmo quando isso não se dê, reconheço que não saberia apreciar essa máxima de Bayle e preferiria um sistema que suprimisse uma grande parte das dificuldades àquele que não satisfaz a nada. E a consideração da maldade dos homens, que atrai para eles quase todas as suas infelicidades, faz ver ao menos que eles não têm direito nenhum de se queixar. Não há justiça que deva se executar em função da origem da malícia de um celerado quando unicamente está em questão puni-lo. Quando se trata de impedi-lo, é outra coisa. Sabe-se bem que a natureza, a educação, a conversação e frequentemente até mesmo o acaso têm aí grande parte; ele é menos punível por causa disso?

265. Reconheço que falta ainda outra dificuldade: pois, se Deus não é obrigado a dar aos maus a razão de sua maldade, parece que ele deve a justificação de seu procedimento quanto à permissão do vício e do crime a si mesmo e àqueles que o honram e o amam. Mas Deus já satisfez essa condição na medida em que isso é necessário aqui embaixo. E, ao nos dar a luz da razão, ele nos forneceu aquilo com que satisfazer todas as dificuldades. Espero tê-lo mostrado neste discurso e ter esclarecido a coisa na parte precedente deste *Ensaio*, quase tanto quanto se pode fazer a partir de razões gerais. Após isso, a permissão do pecado estando justificada, os outros males que são suas consequências não causam mais nenhuma dificuldade; e nós estamos no direito de nos limitar aqui ao mal de culpa, para dar a razão do mal de pena, como as Sagradas Escrituras e quase todos os padres da Igreja e os pregadores fazem. E, a fim de que não se diga que isso é bom senão *per la predica*[35], basta considerar que, após as soluções que demos, nada deve parecer mais justo nem exato do que esse método. Pois Deus, tendo já encontrado dentre as coisas possíveis, anteriormente aos seus decretos atuais, o

---

[35] "Para a pregação".

homem abusando de sua liberdade e procurando sua infelicidade, não pode deixar de admiti-lo à existência, porque o melhor plano geral o exigia, de maneira que não se terá mais necessidade de dizer, como Jurieu, que é preciso dogmatizar como Santo Agostinho e pregar como Pelágio.

266. Esse método de derivar o mal de pena do mal de culpa, que não poderia ser censurado, serve sobretudo para dar a razão do maior mal físico, que é a danação. Ernst Soner[36], outrora professor de filosofia em Altorf (universidade fundada no país da República de Nuremberg), que passava por um excelente aristotélico, mas foi reconhecido enfim como um sociniano oculto, fez um pequeno discurso intitulado *Demonstração contra a eternidade das penas*. Ele era fundado nesse princípio assaz rebatido de que não há proporção entre uma pena infinita e uma culpa finita. Comunicaram-me esse escrito, que parece ter sido impresso na Holanda, e respondi que havia uma consideração a se fazer que escapara ao falecido Soner: que bastava dizer que a duração da culpa causava a duração da pena; que os condenados, na medida em que permanecem maus, não poderiam ser tirados de sua miséria; e que, assim, não havia necessidade de se justificar a continuação de seus sofrimentos, de supor que o pecado passou a ter um valor infinito, pelo objeto infinito ofendido que é Deus – tese que não examinei suficientemente para me pronunciar a seu respeito. Sei que a opinião comum dos escolásticos, de acordo com o Mestre das Sentenças[37], é de que na outra vida não há nem mérito nem demérito; mas não creio que ela possa ser considerada um artigo de fé quando se a toma rigorosamente. Fecht[38], teólogo célebre em Rostock, refutou-o muito bem no seu livro *Sobre o estado dos condenados*. "Ela é muito falsa", diz ele (§ 59), "Deus não poderia mudar a sua natureza, a justiça lhe é essencial; a morte fechou a porta da graça, e não aquela da justiça."

---

[36] Ernst Soner (1572-1612) foi um médico e filósofo alemão. A obra à qual Leibniz se refere é *Demonstratio theologica et philosophica quod aeterna impiorum supplicia non arguant Dei justitiam sed injustitiam* [*Demonstração teológica e filosófica de que os castigos eternos aos ímpios não provam a justiça de Deus, mas a injustiça*], impressa em 1654 em Amsterdam.

[37] Trata-se de Pedro Lombardo (1100-1160), filósofo escolástico italiano.

[38] Johannes Fecht (1636-1716) foi um teólogo reformado alemão.

267. Observei que vários teólogos hábeis deram a razão da duração das penas dos condenados, como acabo de fazer. Johann Gerhard[39], teólogo célebre da Confissão de Augsburgo, alega (in *Locis Theol. loco de Inferno*, § 60), entre outros argumentos, que os condenados sempre tiveram uma vontade má e não possuem a graça que poderia torná-la boa. Zacharias Ursinus[40], teólogo de Heidelberg, que segue Calvino, tendo formulado a questão, no seu tratado *Da fé*, sobre por que o pecado merece uma pena eterna, depois de ter alegado a razão vulgar que o ofendido é infinito, alega também esta segunda razão: "*Quod non cessante peccato non potest cessare poena.*"[41] E o padre Drexel[42], jesuíta, diz no seu livro intitulado *Nicetas* ou *A incontinência triunfada* (livro 2, cap. 11, § 9): "*Nec mirum damnatos semper torqueri, continue blasphemant, et sic quasi semper peccant, semper ergo plectuntur.*"[43] Ele torna a trazer a mesma razão e lhe dá aprovação na sua obra *Da eternidade* (livro 2, cap. 15) ao dizer: "*Sunt qui dicant, nec displicet responsum: scelerati in locis infernis semper peccant, ideo semper puniuntur.*"[44] E a partir disso ele dá a conhecer que essa opinião é bastante ordinária entre os doutores da Igreja Romana. É verdade que ele alega ainda uma razão mais sutil, tomada do papa Gregório, o Grande (livro 4, *Dial.*, cap. 44), de que os condenados são punidos eternamente porque Deus previu, por uma espécie de ciência média, que eles teriam sempre pecado se tivessem sempre vivido na Terra. Mas é uma hipótese sobre a qual há muito o que dizer. Fecht cita ainda vários teólogos protestantes célebres da opinião de Gerhard, embora cite também outros que são de opinião diferente.

268. O próprio Bayle me forneceu em diversos lugares passagens de dois hábeis teólogos de seu partido que correspondem bastante

---

[39] Johann Gerhard (1582-1637) foi um teólogo luterano alemão.

[40] Zacharias Ursinus (1534-1583) foi um teólogo protestante alemão.

[41] "Porque, o pecado não cessando, a pena não pode cessar."

[42] Jeremias Drexel (1581-1638) foi um jesuíta alemão.

[43] "Não é admirável que os condenados sejam atormentados sempre; blasfemam continuamente e dessa forma pecam quase sempre e são; por conseguinte, sempre castigados."

[44] "Há quem diga e esta resposta não me desagrada: os celerados pecam sempre nos infernos; por conseguinte, são castigados sempre."

ao que acabo de dizer. Jurieu[45], no seu livro *Sobre a unidade da Igreja*, oposto àquele que Nicole[46] havia feito sobre o mesmo tema, julga (p. 379) que "a razão nos diz que uma criatura que não pode cessar de ser criminosa não pode também cessar de ser miserável". Jaquelot, no seu livro *Conformidade da fé com a razão* (p. 220), crê que os "condenados devem permanecer eternamente privados da glória dos bem-aventurados, e que essa privação bem poderia ser a origem e a causa de todas as suas penas, pelas reflexões que essas criaturas infelizes farão sobre os seus crimes, que as privaram de uma felicidade eterna. Sabe-se que a inveja causa pena e arrependimentos mordazes àqueles que se veem privados de um bem, de uma honra considerável que se lhes ofereceu e eles rejeitaram, sobretudo quando eles veem outros revestidos dela". Esse trajeto é um pouco diferente daquele de Jurieu, mas ambos convêm na opinião de que os próprios condenados são a causa da continuação de seus tormentos. O originista Le Clerc não se afasta disso inteiramente quando diz na *Bibliothèque choisie* (t. 7, p. 341): "Deus, que previu que o homem cairia, não o condena por isso, mas somente porque, podendo se reerguer, não se reergue, isto é, ele conserva livremente seus hábitos ruins até o fim da vida." Se ele estendesse esse raciocínio para além da vida, atribuiria a continuação das penas dos maus à continuação de sua culpa.

269. Bayle diz (*Resposta às questões de um provincial*, cap. 175, p. 1.188) que "esse dogma do originista é herético, na medida em que ensina que a condenação não está simplesmente fundada no pecado, mas na impenitência voluntária". Mas essa impenitência voluntária não é uma continuação do pecado? Não queria, entretanto, dizer simplesmente que é porque o homem, podendo se reerguer, não se reergue, mas acrescentaria que é porque o homem não se utiliza do socorro da graça para se reerguer. Mas, após esta vida, ainda que se suponha que esse socorro cesse, há sempre no homem que peca, no momento mesmo em que é condenado, uma liberdade que o torna culpado e uma potência, embora distante, de

---

[45] Pierre Jurieu, *Traité de l'unité de l'Église et des points fondamentaux contre Monsieur Nicole* [*Tratado sobre a unidade da Igreja e pontos fundamentais contra o senhor Nicole*], Rotterdam, Abraham Acher, 1668, p. 379.

[46] Pierre Nicole, *De l'unité de l'Église ou Réfutation du nouveau système de M. Jurieu*.

se reerguer, ainda que ela não venha jamais ao ato. E nada impede que não se possa dizer que esse grau de liberdade, isento da necessidade, mas não da certeza, subsiste nos condenados, bem como nos bem-aventurados. Além do mais, os condenados não necessitam de um socorro do qual se necessita nesta vida, pois eles sabem muito no que se deve crer aqui.

270. O ilustre prelado da Igreja Anglicana – que publicou há pouco um livro sobre a origem do mal[47], sobre o qual Bayle fez observações no segundo tomo de sua *Resposta às questões de um provincial* – fala muito engenhosamente das penas dos condenados. Representa-se a opinião desse prelado (de acordo com o autor da *Nouvelles de la République des Lettres*, junho de 1703) como se dos condenados ele fizesse "loucos completos que sentirão vivamente suas misérias, mas que se aplaudirão, no entanto, pela sua conduta, e prefeririam ser, e ser tal como são, a não ser de todo. Eles amariam seu estado, por mais infeliz que seja, como as gentes em cólera, os amantes, os ambiciosos e os invejosos se aprazem das próprias coisas que apenas aumentam a sua miséria. Acrescenta-se que os ímpios teriam de tal modo acostumado seus espíritos aos falsos juízos que eles não fariam mais doravante outros e, passando perpetuamente de um erro ao outro, não poderiam se impedir de desejar perpetuamente as coisas das quais eles não poderão fruir, e cuja privação os lança em desesperos inconcebíveis, sem que a experiência possa jamais torná-los mais sábios para o futuro, porque eles, pela sua própria falta, teriam corrompido inteiramente seus entendimentos e os teriam tornado incapazes de julgar de maneira sã qualquer coisa".

271. Os antigos já concebiam que o diabo, em meio aos seus tormentos, permanece voluntariamente afastado de Deus e não desejaria ser salvo por uma submissão. Eles supuseram que um anacoreta, ao ter uma visão, obteve a palavra de Deus de que receberia em graça o príncipe dos anjos maus se ele quisesse reconhecer a sua falta, mas que o diabo rejeitou esse mediador de uma maneira estranha. Ao menos os teólogos convinham ordinariamente que os diabos e os condenados odeiam Deus e o blasfemam; e tal estado

---

[47] Leibniz se refere a William King, autor de *De origine mali*.

não pode deixar de ser sucedido pela continuação da miséria. Sobre isso pode-se ler o sábio tratado de Fecht sobre o estado dos condenados[48].

272. Houve tempos em que se acreditou que não era impossível a um condenado ser libertado. O conto que se fez a respeito do papa Gregório, o Grande, é conhecido, como se, por suas preces, ele tivesse tirado do inferno a alma do imperador Trajano, cuja bondade era tão célebre que se desejava aos novos imperadores que superassem Augusto em felicidade e Trajano em bondade. Foi o que atraiu para este último a piedade do santo papa: Deus concedeu às suas preces (diz-se), mas proibiu-o de fazer concessões semelhantes no futuro. Segundo essa fábula, as preces de São Gregório tinham a força dos remédios de Esculápio, que fez Hipólito vir dos infernos; e, se ele tivesse continuado a fazer tais preces, Deus teria se enfurecido como Júpiter em Virgílio:

> *At pater omnipotens aliquem indignatus ab umbris*
> *Mortalem infernis ad lumina surgere vitae,*
> *Ipse repertorem medicinae talis et artis*
> *Fulmine Phoebigenam Stygias detrusit ad undas.*[49]

Godescalco, monge do século IX, que irritou os teólogos de seu tempo, e até mesmo aqueles do nosso tempo, pretendia que os reprovados deviam rogar a Deus para tornar suas penas mais suportáveis; mas não se tem jamais o direito de se crer reprovado enquanto se vive. A passagem da *missa dos mortos* é mais razoável: ele pede a diminuição das penas dos condenados, e, de acordo com a hipótese que acabamos de expor, dever-se-ia desejar-lhes *meliorem mentem*[50]. Orígenes, servindo-se da passagem do salmo 77, verso 10, diz: "Deus não se esquecerá de ter piedade nem suprimirá todas as suas misericórdias na sua cólera." Santo Agostinho responde (*Enchirid.*, cap. 112) que pode ser que as penas dos condenados durem eterna-

---

[48] Leibniz se refere a *De statu damnatorum* [*Sobre o estado dos condenados*], de 1708.

[49] "Mas o pai onipotente, indignado de que algum mortal surgisse das sombras infernais à luz da vida, fulminou nas ondas do Estige o inventor de uma medicina e de uma arte semelhantes, o filho de Apolo" (Virgílio, *Eneida*, VII, 770-3).

[50] "Melhor espírito".

mente e sejam, no entanto, mitigadas. Se o texto fosse nesse sentido, a diminuição iria ao infinito quanto à duração e, contudo, ela teria um *non plus ultra*[51] quanto à grandeza da diminuição, assim como há figuras assíntotas na geometria, nas quais um comprimento infinito perfaz um espaço apenas finito. Se a parábola do mau rico[52] representasse o estado de um verdadeiro condenado, as hipóteses que os fazem tão loucos e maus não teriam lugar. Mas a caridade que ela lhe atribui para com seus irmãos não parece convir a esse grau de maldade que se atribui aos condenados. São Gregório, o Grande (IX, *Mor.*, 39), crê que ele temia que a sua danação aumentasse a dele; mas esse temor não é suficientemente conforme à natureza de um completo mau. Boaventura[53], a respeito do Mestre das Sentenças, diz que o mau rico teria desejado ver todo o mundo se danar, mas, como isso não devia ocorrer, ele desejaria antes a salvação de seus irmãos do que a dos outros. Não há muita solidez nessa resposta. Na realidade, a missão de Lázaro, que ele desejava, teria servido para salvar muitas pessoas; e aquele que se apraz tanto com a danação de outrem que deseja a danação de todo mundo desejará talvez a danação de uns mais do que de outros; mas, absolutamente falando, ele não se inclinará a salvar ninguém. De qualquer forma, deve-se admitir que todo esse detalhe é problemático, Deus tendo-nos revelado o necessário para temer a maior das infelicidades, e não para entendê-la.

273. Ora, uma vez que é permitido doravante recorrer ao abuso do livre-arbítrio e à vontade má para dar a razão dos outros males, a partir do momento em que a permissão divina desse abuso é justificada de uma maneira suficientemente evidente, o sistema ordinário dos teólogos encontra-se justificado ao mesmo tempo. E é no presente que podemos procurar seguramente a origem do mal na liberdade das criaturas. A primeira maldade é de nosso conhecimento: aquela do diabo e de seus anjos. O diabo peca desde o começo e o filho de Deus aparece a fim de desfazer as obras do diabo (1 Jo 3, 8).

---

[51] "Um limite máximo".

[52] Trata-se da parábola do rico Epulão, narrada na Bíblia em Lc 16, 19-31.

[53] Giovanni Fidanza, conhecido como São Boaventura (1221-1274), foi um filósofo, teólogo e místico italiano. Leibniz se refere a *Sententarium* [*Opiniões*], livro IV, L, I, § 1.

O diabo é o pai da maldade, assassino desde o começo, e não perseverou na verdade (Jo 8, 4). E, por isso, Deus não poupou os anjos que pecaram, mas, tendo-os precipitado no abismo com as correntes da obscuridade, livrou-os para que fossem reservados para o julgamento (2 Pd 2, 4). Ele reservou sob a obscuridade dos ligamentos eternos (isto é, duráveis), até o julgamento do grande dia, os anjos que não conservaram a sua origem (ou a sua dignidade), mas deixaram a sua própria morada (Jd 1, 6)[54]. Donde é fácil notar que uma dessas duas cartas deve ter sido vista pelo autor da outra.

274. Parece que o autor do Apocalipse quis esclarecer o que os outros escritores canônicos tinham deixado na obscuridade: ele narra uma batalha que se dera no céu. Miguel e seus anjos combatiam o dragão e o dragão combatia-o e a seus anjos. Mas eles não foram os mais fortes e o seu lugar não se encontrou mais no céu. E o grande dragão, a serpente antiga, chamada diabo e Satã, que seduz todo mundo, foi lançada à Terra, e seus anjos foram lançados junto com ele (Ap 12, 7-9). Pois, embora se coloque essa narrativa depois da fuga da mulher no deserto e se tenha pretendido indicar por meio disso alguma revolução favorável à Igreja, parece que o desígnio do autor foi o de marcar ao mesmo tempo a antiga queda do primeiro inimigo e uma queda nova de um inimigo novo.

275. A mentira ou maldade advém do que é próprio ao diabo, εκ τωνιν[55], de sua vontade, porque fora escrito no livro das verdades eternas – que contém ainda as coisas possíveis antes de todo decreto de Deus – que essa criatura se converteria livremente no mal se ela fosse criada. Dá-se o mesmo com Adão e Eva: eles pecaram livremente, ainda que o diabo os tenha seduzido. Deus deixa os maus no seu erro (Rm 1, 28), abandonando-os a si mesmos e recusando-lhes uma graça que não lhes deve e até mesmo lhes deve recusar.

276. Diz-se nas Escrituras que Deus endurece (Ex 4, 21; 7, 3; Is 63, 17), que ele envia um espírito de mentira (1 Rs 22, 23), uma eficácia de erro para fazer crer na mentira (2 Ts 2, 11), que ele ilu-

---

[54] Tomás Guillén Vera, responsável pela edição e tradução da *Teodiceia* para o espanhol pela editora Comares, assinala que a referência correta para essa passagem é Jd 1, 6 e não Jd 5, 6, como consta na edição de Gerhardt.
[55] "Por sua própria natureza".

diu o profeta (Ez 14, 9), que ele mandou Semei amaldiçoar (2 Sm 16, 10), que os filhos de Eli não quiseram escutar a voz de seu pai porque Deus quis fazê-los morrer (1 Sm 2, 25), que Deus retirou os bens de Jó, ainda que isso tenha sido feito pela malícia dos malfeitores (Jó 1, 21), que ele suscitou o Faraó para mostrar nele a sua potência (Ex 9, 16; Rm 9, 17), que ele é como um oleiro que faz um vaso para desonrar (Rm 9, 21), que ele esconde a verdade dos sábios e dos entendidos (Mt 11, 25), que ele fala por semelhanças a fim de que aqueles que estão fora olhando não se apercebam e, escutando, não compreendam, pois, de outro modo, poderiam se converter e seus pecados poderiam ser perdoados (Mc 4, 12; Lc 8, 10), que Jesus foi entregue pelo conselho definido e pela providência de Deus (At 2, 23), que Pôncio Pilatos e Herodes, junto com os gentis e o povo de Israel, fizeram o que a mão e o conselho de Deus haviam determinado anteriormente (At 4, 27-8), que provinha da eternidade que os inimigos endurecessem o seu coração para sair em batalha contra Israel, a fim de que ele os destruísse sem que lhes tivesse concedido qualquer graça (Js 11, 20), que a eternidade verteu no meio do Egito um espírito de vertigem e o fez errar em todas as suas obras, como um homem embriagado (Is 19, 14), que Roboão não escutou a palavra do povo porque isso havia sido assim conduzido pelo Eterno (1 Rs 12, 15), que Deus modificou o coração dos egípcios, de maneira que eles tivessem seu povo em ódio (Sl 105, 25). Mas todas essas expressões e outras semelhantes insinuam apenas que as coisas que Deus fez servem de ocasião para a ignorância, o erro, a malícia e as ações más, e para elas contribuem, Deus prevendo-as bem e tendo o desígnio de se servir delas para os seus fins, uma vez que razões superiores da perfeita sabedoria o determinaram a permitir esses males, e até mesmo a cooperar com eles. "*Sed non sineret bonus fieri male, nisi omnipotens etiam de malo posset facere bene*"[56], para fazer alusão a Santo Agostinho. Mas isso é o que explicamos mais extensamente na parte precedente.

277. Deus fez o homem à sua imagem (Gn 1, 20); ele o fez reto (Ecl 7, 29). Mas também o fez livre. O homem utilizou mal a sua

---

[56] "Mas o bom não permitiria o mal se o onipotente não pudesse fazer do mal um bem."

liberdade e caiu, mas resta sempre uma certa liberdade após a queda. Moisés diz da parte de Deus: "Tomo hoje os céus e a Terra como testemunhas contra vós de que coloquei diante de vós a vida e a morte, a bênção e a maldição; escolhei, pois, a vida" (Dt 30, 19). Assim disse o Eterno: "Coloco diante de vós o caminho da vida e o caminho da morte" (Jr 21, 8). Ele abandonou o homem ao poder de seu conselho, dando-lhe as suas ordens e os seus comandos: "Se tu desejas, tu manterás os mandamentos (ou eles te manterão)." "Ele colocou diante de ti o fogo e a água, para que tu estendas a mão na direção do que quiseres" (Ecle 15, 14-6). O homem decaído e não regenerado está sob o domínio do pecado e de Satã porque ele se apraz com isso; ele é escravo voluntário pela sua má concupiscência. É assim que o livre-arbítrio e o servo arbítrio são a mesma coisa.

278. "Que ninguém diga ter sido tentado por Deus, mas cada um é tentado quando é atraído e fisgado pela sua própria concupiscência" (Tg 1, 14). E Satanás contribui para isso: ele cega os entendimentos dos incrédulos (2 Cor 4, 4). Mas o homem se entregou ao demônio pela sua cobiça: o prazer que encontra no mal é a armadilha na qual ele se deixa prender. Platão já o disse e Cícero repete: "*Plato voluptatem dicebat escam malorum.*"[57] A graça opõe a isso um prazer maior, como Santo Agostinho observou. Todo prazer é um sentimento de alguma perfeição: ama-se um objeto na medida em que se sentem as suas perfeições. Nada supera as perfeições divinas, donde segue-se que a caridade e o amor de Deus dão o maior prazer que se pode conceber, na medida em que se é penetrado por esses sentimentos, que não são ordinários nos homens, porque eles estão ocupados e repletos de objetos que se relacionam às suas paixões.

279. Ora, do mesmo modo que a nossa corrupção não é absolutamente invencível e que não pecamos necessariamente mesmo quando estamos sob a escravidão do pecado, deve-se dizer que não somos ajudados invencivelmente. E, ainda que a graça divina seja de alguma eficácia, pode-se dizer que se lhe pode resistir. Mas, quan-

---

[57] "Platão dizia que a volúpia é a isca do mal" (Cícero, *Da velhice*, XIII, 44; cf. Platão, *Timeu*, 69d).

do ela se encontrar vitoriosa, é, com efeito, antecipadamente certo e infalível que se cederá à sua atração, seja porque ela tem por si mesma a sua força, seja porque ela encontra um meio de triunfar pela congruência das circunstâncias. Assim, é preciso sempre distinguir entre o infalível e o necessário.

280. O sistema daqueles que se autodenominam discípulos de Santo Agostinho não se afasta disso inteiramente, desde que se eliminem certas coisas odiosas, seja nas expressões, seja nos próprios dogmas. Quanto às expressões, acho que é principalmente o uso dos termos, como necessário ou contingente, possível ou impossível, que dá ocasião aos debates e gera azáfama. Eis por que, como Löscher, o Jovem, muito bem observou numa sábia dissertação sobre os paroxismos do decreto absoluto, Lutero quis, no seu livro *De servo arbitrio*, encontrar uma palavra mais conveniente do que aquela da necessidade para aquilo que ele queria exprimir. Falando em termos gerais, parece mais razoável e conveniente dizer que a obediência aos preceitos de Deus é sempre possível, mesmo aos não regenerados; que a graça de Deus é sempre resistível, mesmo nos mais santos, e que a liberdade é isenta não apenas do constrangimento, mas também da necessidade, ainda que ela não exista jamais sem a certeza infalível ou a determinação inclinante.

281. Entretanto, há, por outro lado, um sentido em que seria permitido dizer que, em certas ocasiões, o poder de bem-fazer falta frequentemente, mesmo nos justos; que os pecados são geralmente necessários, mesmo nos regenerados; que é impossível algumas vezes não pecar; que a graça é irresistível; que a liberdade não é isenta da necessidade. Mas essas expressões são menos exatas e menos convenientes nas circunstâncias em que nos encontramos hoje. E, absolutamente falando, elas são mais sujeitas ao abuso e, além disso, detêm algo do uso popular, no qual os termos são empregados com bastante latitude. Há, contudo, circunstâncias que as tornam aceitáveis e mesmo úteis, e ocorre que autores santos e ortodoxos, incluindo as Sagradas Escrituras, serviram-se de frases de um e de outro lado, sem que haja uma oposição verdadeira, não mais que entre São Paulo e São Jacó, e sem que haja erro de uma parte ou de outra por causa da ambiguidade dos termos. E se se acostumou de tal

forma a essas diversas maneiras de falar que com frequência se tem dificuldade de dizer precisamente qual sentido é o mais ordinário e natural e mesmo o mais visado pelo autor (*qui sensus magis naturalis, obvius, intentus*[58]), de modo que o mesmo autor tem diferentes visões em diferentes lugares e as mesmas maneiras de falar, sendo mais ou menos aceitas ou aceitáveis antes ou depois da decisão de algum grande homem ou de alguma autoridade que se respeita e se segue, o que faz com que se bem possam autorizar ou banir na ocasião e em certos tempos determinadas expressões; mas isso não muda em nada o sentido ou a fé, caso se acrescentem explicações suficientes dos termos.

282. É preciso apenas, pois, entender bem as distinções, como aquela sobre a qual frequentemente insistimos, entre o necessário e o certo e entre a necessidade metafísica e a necessidade moral. E dá-se o mesmo com a possibilidade e a impossibilidade, uma vez que o evento cujo oposto é possível é contingente, assim como aquele cujo oposto é impossível é necessário. Assim, com razão, estabelece-se a distinção entre um poder próximo e um poder afastado; e, conforme a esses diferentes sentidos, diz-se às vezes que uma coisa pode ocorrer e outras vezes que não. Pode-se dizer num certo sentido que é necessário que os bem-aventurados não pequem; que os diabos e os condenados pequem; que o próprio Deus escolha o melhor; que o homem siga o partido que, ao final, o impressiona mais. Mas essa necessidade não é oposta à contingência; não é aquela que se denomina lógica, geométrica ou metafísica, cujo oposto implica contradição. Nicole, em algum lugar, serviu-se de uma comparação que não é má. Considera-se impossível que um magistrado sensato e grave, que não perdeu o juízo, faça publicamente uma grande extravagância, como seria, por exemplo, correr pelas ruas todo nu para fazer os outros rirem. Dá-se o mesmo, de alguma forma, com os bem-aventurados: eles são ainda menos capazes de pecar, e a necessidade que os interdita de fazê-lo é da mesma espécie. Enfim, acho ainda que a vontade é um termo tão equívoco quanto são o poder e a necessidade. Pois já observei que aqueles que se servem do axioma de que

---

[58] "Qual sentido mais natural, óbvio, manifesto".

não se deixa de fazer aquilo que se quer quando se pode, inferindo daí que Deus não quer a salvação de todos, entendem com isso uma vontade decretória. E é apenas nesse sentido que se pode sustentar a proposição de que o sábio não quer nunca aquilo que ele sabe ser do tipo de coisas que não ocorrerão. Em lugar disso, pode-se dizer, tomando-se a vontade num sentido mais geral e conforme ao uso, que a vontade do sábio se inclina antecedentemente a todo bem, embora ele estabeleça, enfim, fazer aquilo que é mais conveniente. Assim, seria um grande erro recusar a Deus essa inclinação séria e forte de salvar todos os homens que as Sagradas Escrituras lhe atribuem, e até mesmo lhe atribuir uma aversão primitiva que o afastaria de antemão da salvação de vários, *odium antecedaneum*[59]. Antes, deve-se sustentar que o sábio tende a todo bem, estando o bem na proporção de seus conhecimentos e forças, mas que ele não produz a não ser o melhor factível. Aqueles que admitem isso e não deixam de recusar a Deus a vontade antecedente de salvar todos os homens erram apenas pelo abuso do termo, desde que eles reconheçam, além disso, que Deus dá a todos assistências suficientes para que possam ser salvos caso tenham a vontade de delas se servirem.

283. Nos próprios dogmas dos discípulos de Santo Agostinho, eu não poderia apreciar a danação das crianças não regeneradas, nem aquela em geral que provém apenas do pecado original. Não poderia além disso crer que Deus condena aqueles que carecem das luzes necessárias. Pode-se crer, como vários teólogos, que os homens recebem mais auxílios do que sabemos, mesmo quando isso se dá apenas no artigo da morte. Também não parece necessário que todos aqueles que são salvos o sejam sempre por meio de uma graça eficaz por si mesma, independentemente das circunstâncias. Também não acho que seja necessário dizer que todas as virtudes dos pagãos sejam falsas, nem que todas as suas ações configurem pecado, embora seja verdadeiro que aquilo que não advém da fé ou da retidão da alma perante Deus esteja infectado do pecado, ao menos virtualmente. Enfim, considero que Deus não poderia agir como que pelo acaso, ou por um decreto absolutamente absoluto, ou por

---

[59] "Ódio antecedente".

uma vontade independente de motivos razoáveis. E estou persuadido de que ele é sempre movido na dispensa das suas graças por razões nas quais entra a natureza dos objetos; de outro modo, ele não agiria segundo a sabedoria. Mas concordo, entretanto, que essas razões não se ligam necessariamente às boas ou às más qualidades naturais dos homens – como se Deus concedesse as suas graças apenas de acordo com essas boas qualidades –, embora eu acredite, como já expliquei, que elas entram em consideração como todas as outras circunstâncias, nada podendo ser negligenciado nas visões da suprema sabedoria.

284. Quanto a esses pontos e alguns outros, em relação aos quais Santo Agostinho parecia obscuro ou até mesmo repugnante, parece que se pode ajustá-los com o seu sistema: ele sustenta que da substância de Deus pode sair apenas um Deus, e que, assim, a criatura é tirada do nada (*De lib. arb.*, livro 1, cap. 2). É isso que a torna imperfeita, defeituosa e corruptível (*De Genes. ad lit.*, cap. 15; *Contra epistolam Manichaei*, cap. 36). O mal não advém da natureza, mas da vontade má (Agostinho em todo o livro *A natureza do bem*). Deus não pode ordenar nada que seja impossível: "*Firmissime creditur Deum justum et bonum impossibilia non potuisse praecipere*"[60] (*Lib. de nat. et grat.*, caps. 43 e 69). "*Nemo peccat in eo, quod caveri non potest*"[61] (livro 3 de *De lib. arb.*, caps. 16-7; livro 1, *Retract.*, caps. 11, 13 e 15). Sob um Deus justo, ninguém pode ser infeliz se não merece, "*neque sub Deo justo miser esse quisquam, nisi mereatur, potest*" (livro 1, cap. 39). O livre-arbítrio não poderia executar as ordens de Deus sem o auxílio da graça (*Ep. ad Hilar. Caesaraugustan*). Sabemos que a graça não se dá de acordo com os méritos (*Ep.*, caps. 106-7 e 120). O homem, no estado de integridade, tinha o auxílio necessário para poder fazer o bem se quisesse; mas o querer dependia do livre-arbítrio: "*Habebat adjutorium, per quod posset, et sine quo non vellet, sed non adjutorium quo vellet*"[62] (*De corrupt.*, caps. 10-2). Deus deixou aos anjos e aos homens fazer o que po-

---

[60] "Acredita-se firmemente que um Deus justo e bom não poderia ordenar o impossível."
[61] "Ninguém peca naquilo que não pode evitar."
[62] "Havia o auxílio necessário para poder e sem o qual ele não teria podido querer; mas ele não tinha o auxílio necessário para querer."

diam segundo seu livre-arbítrio, e depois o que podiam segundo sua graça e justiça (*De corrupt.*, caps. 10-2). O pecado desviou o homem de Deus para voltá-lo às criaturas (livro 1, q. 2 de *Ad Simpl.*). Comprazer-se em pecar é a liberdade de um escravo (*Enchir.*, cap. 103). "*Liberum arbitrium usque adeo in peccatore non periit, ut per illud peccent maxime omnes, qui cum delectatione peccant*"[63] (*Ad Bonifac.*, livro 1, caps. 2 e 3).

285. Deus disse a Moisés: terei misericórdia daquele do qual terei misericórdia, e terei piedade daquele do qual terei piedade (Ex 33, 19). Não depende, pois, daquele que quer ou que corre, mas de Deus, que tem misericórdia (Rm 9, 15-6) – o que não impede que todos aqueles que têm boa vontade e nela perseveram sejam salvos. Mas Deus lhes dá o querer e o fazer. Ele tem misericórdia daquele que ele quer e endurece quem quer (Rm 9, 29). E, no entanto, o mesmo apóstolo diz que Deus quer que todos os homens sejam salvos e atinjam a consciência da verdade, o que eu não desejaria interpretar de acordo com algumas passagens de Santo Agostinho, como se significassem que não há salvos a não ser aqueles cuja salvação é querida por Deus, ou como se ele quisesse salvar "*non singulos generum, sed genera singulorum*"[64]. Mas prefiro dizer que não há ninguém cuja salvação ele não queira, na medida em que as razões superiores o permitam, que fazem com que Deus salve apenas aqueles que receberam a fé que ele lhes ofereceu e a ela se convertem pela graça que ele lhes concedeu, de acordo com o que convém à totalidade do plano de suas obras, que não poderia ser mais bem concebido.

286. Quanto à predestinação à salvação, ela compreende também, segundo Santo Agostinho, a ordenação dos meios que levarão à salvação. "*Praedestinatio sanctorum nihil aliud est, quam praescientia et praeparatio beneficiorum Dei, quibus certissime liberantur, quicunque liberantur*"[65] (*De persev.*, cap. 14). Ele não a concebe, pois, quanto a

---

[63] "O livre-arbítrio não pereceu no pecador, na medida em que é principalmente por meio dele que pecam todos aqueles que têm prazer em pecar."

[64] "Não os indivíduos pertencentes aos gêneros, mas os gêneros aos quais os indivíduos pertencem".

[65] "A predestinação dos santos não é outra coisa que a presciência e a preparação dos benefícios de Deus, por meio dos quais são mui certamente libertados todos aqueles que são libertados."

isso, como um decreto absoluto. Ele pretende que haja uma graça que não seja rejeitada por nenhum coração endurecido, porque ela é dada para livrar os corações do endurecimento (*De praedest.*, cap. 8; *De grat.*, caps. 13-4). Não julgo, no entanto, que Santo Agostinho expresse suficientemente que essa graça que submete o coração é sempre eficaz por si mesma. E não sei se não se poderia sustentar sem chocá-lo que um mesmo grau de graça interna é vitorioso numa pessoa que é auxiliada pelas circunstâncias e na outra não.

287. A vontade é proporcional ao sentimento que temos do bem e segue a sua prevalência. "*Si utrumque tantundem diligimus, nihil horum dabimus. Item: Quod amplius nos delectat, secundum id operemur necesse est*"[66] (*Ad Gal.*, cap. 5). Já expliquei como, com tudo isso, possuímos verdadeiramente um grande poder sobre a nossa vontade. Santo Agostinho considera isso de um modo um pouco diferente e de uma maneira que não se distancia muito, como quando ele diz que: não há nada que esteja tanto em nosso poder quanto a ação de nossa vontade. Para isso ele dá uma razão que é um pouco parecida: essa ação está pronta no momento em que queremos. "*Nihil tam in nostra potestate est, quam ipsa voluntas, ea enim mox ut volumus praesto est*"[67] (*De lib. arb.*, livro 3, cap. 3; *De Civ. Dei*, livro 5, cap. 10). Mas isso significa apenas que queremos quando queremos, e não que queremos aquilo que desejaríamos querer. Há mais motivo para dizer com ele: "*Aut voluntas non est, aut libera dicenda est*"[68] (*De lib. arb.*, livro 3, cap. 3). E aquilo que conduz a vontade ao bem infalivelmente não a impede de ser livre. "*Per-*

---

[66] "Se amamos tanto um quanto o outro, não nos atemos verdadeiramente a nenhum dos dois. É necessário que ajamos segundo o que nos agrada mais."

[67] "Nada está tanto em nosso poder quanto a vontade; assim que queremos, ela está à nossa disposição."

[68] A citação está incorreta, bem como sua referência. Não se trata de uma passagem de *De libero arbitrio*, mas de *Enchiridion ad laurentium liber unus*, XXVIII, 105. Eis a transcrição do trecho citado: "*Neque enim culpanda est voluntas, aut voluntas non est, aut libera dicenda non est* [...]." [Não se deve culpar a vontade por não existir ou por não ser livre [...].] Agostinho está se referindo a uma situação hipotética em que os humanos se desenvolvessem moralmente de tal modo que não quisessem o mal. A omissão por parte de Leibniz da partícula "*non*" da segunda oração faz com que a passagem possa ser interpretada como significando o seguinte: "ou bem a vontade não existe ou então ela deve ser considerada livre".

quam absurdum est, ut ideo dicamus non pertinere ad voluntatem (libertatem) nostram, quod beati esse volumus, quia id omnino nolle non possumus, nescio qua bona constrictione naturae. Nec dicere audemus ideo Deum non voluntatem (libertatem), sed necessitatem habere justitiae, quia non potest velle peccare. Certe Deus ipse numquid quia peccare non potest, ideo liberum arbitrium habere negandus est?"[69] (*De nat. et grat.*, caps. 46, 47, 48 e 49). Ele também diz muito bem que Deus dá o primeiro movimento bom, mas que depois o homem age também: "*Aguntur ut agant, non ut ipsi nihil agant*"[70] (*De correp. et grat.*, cap. 2).

288. Estabelecemos que o livre-arbítrio é a causa próxima do mal de culpa e, em seguida, do mal de pena, ainda que seja verdadeiro que a imperfeição original das criaturas, que se encontra representada nas ideias eternas, seja a causa primeira e mais afastada. Entretanto, Bayle sempre se opõe a esse uso do livre-arbítrio: ele não quer que se faça dele a causa do mal. Devem-se escutar as suas objeções, mas, primeiramente, será bom esclarecer ainda um pouco mais a natureza da liberdade. Mostramos que a liberdade, tal qual se exige nas escolas teológicas, consiste na inteligência, que envolve um conhecimento distinto do objeto da deliberação; na espontaneidade, com a qual nos determinamos; e na contingência, isto é, na exclusão da necessidade lógica ou metafísica. A inteligência é como a alma da liberdade; o resto é como o corpo e a base. A substância livre se determina por si mesma, e isso de acordo com o motivo do bem percebido pelo entendimento, que a inclina sem necessitar – e todas as condições da liberdade estão compreendidas nessas poucas palavras. É bom, entretanto, mostrar que a imperfeição que se encontra nos nossos conhecimentos e na nossa espontaneidade e a determinação infalível que está envolvida na nossa contingência não destroem nem a liberdade nem a contingência.

---

[69] "Constitui um perfeito absurdo dizer que não pertence à nossa vontade (liberdade) querer a felicidade sob o pretexto de que é absolutamente impossível para nós não a querer por causa de uma suposta feliz coação natural. Não ousamos dizer que Deus não tem vontade (liberdade), mas que tem a necessidade de ser justo sob o pretexto de que ele não pode querer pecar. Porque ele não pode pecar deve-se, por isso, negar o seu livre-arbítrio?"

[70] "Eles são compelidos para que ajam, não para que não ajam."

289. Nosso conhecimento é de dois tipos: distinto ou confuso. O conhecimento distinto, ou inteligência, se dá no uso verdadeiro da razão, mas os sentidos nos fornecem pensamentos confusos. E podemos dizer que estamos isentos de escravidão enquanto agimos com um conhecimento distinto, mas somos servos das paixões enquanto as nossas percepções são confusas. É nesse sentido que não temos toda a liberdade de espírito que seria desejável e podemos dizer, com Santo Agostinho, que, uma vez sujeitos ao pecado, temos a liberdade de um escravo. Entretanto, um escravo, por mais escravo que seja, não deixa de ter a liberdade de escolher conforme ao estado em que se encontra, embora se encontre na maioria das vezes na dura necessidade de escolher entre dois males, porque uma força superior não o deixa chegar aos bens aos quais aspira. E o que as ataduras e a coação fazem num escravo se faz em nós por meio das paixões, cuja violência é doce, mas não menos perniciosa. Queremos, na verdade, apenas aquilo que nos agrada, mas, por infelicidade, o que nos agrada no presente é, frequentemente, um verdadeiro mal, que nos desagradaria se tivéssemos os olhos do entendimento abertos. Entretanto, este mal estado em que nós e o escravo estamos não impede que façamos uma escolha livre (assim como ele) daquilo que nos agrada mais, no estado ao qual estamos reduzidos, de acordo com as nossas forças e conhecimentos presentes.

290. No que diz respeito à espontaneidade, ela nos pertence na medida em que temos em nós o princípio das nossas ações, como Aristóteles muito bem compreendeu. É verdade que as impressões das coisas exteriores nos desviam frequentemente de nosso caminho e que se acostumou a acreditar que, ao menos nesse ponto, uma parte dos princípios das nossas ações estava fora de nós. Admito que, para se acomodar à linguagem popular, se é obrigado a falar assim, o que se pode fazer num certo sentido, sem ferir a verdade. Mas, quando se trata de explicar exatamente, sustento que a nossa espontaneidade não sofre exceção, e que as coisas exteriores não têm influência física sobre nós, para falar com o rigor metafísico.

291. Para melhor entender esse ponto, é preciso saber que uma espontaneidade exata nos é comum com todas as substâncias simples, e que, na substância inteligente ou livre, ela se torna um impé-

rio sobre as suas ações – o que não pode ser mais bem explicado do que pelo sistema da harmonia preestabelecida, que propus já há vários anos. Mostrei que cada substância simples naturalmente possui a percepção e que a sua individualidade consiste na lei perpétua que faz a sequência das percepções que as afetam e nascem naturalmente umas a partir das outras para representar o corpo que lhes é atribuído e, por meio dele, o universo inteiro, segundo o ponto de vista próprio a essa substância simples, sem que ela tenha a necessidade de receber qualquer influência física do corpo, assim como o corpo, por seu turno, acomoda-se às vontades da alma pelas suas próprias leis e, consequentemente, obedece-lhe apenas na medida em que essas leis o conduzem. Donde segue-se que a alma possui nela mesma uma perfeita espontaneidade, de modo que ela apenas depende de Deus e de si mesma nas suas ações.

292. Como esse sistema não era conhecido anteriormente, buscaram-se outros meios de sair desse labirinto, e mesmo os cartesianos ficaram desconcertados a respeito do livre-arbítrio. Eles não se contentavam mais com as faculdades da escola e consideravam que todas as ações da alma pareciam determinadas por aquilo que vem de fora, segundo as impressões dos sentidos, e que, enfim, tudo é dirigido no universo pela providência de Deus. Naturalmente, disso nasceu essa objeção de que não há, portanto, liberdade. A isso Descartes respondeu que estamos assegurados dessa providência pela razão, mas assegurados também de nossa liberdade pela experiência interior que dela possuímos, e que se deve crer numa e na outra, embora nós não vejamos o meio de conciliá-las.

293. Isso seria cortar o nó górdio e responder à conclusão de um argumento não o resolvendo, mas opondo-lhe um argumento contrário – o que não está em conformidade com as leis dos combates filosóficos. Entretanto, a maioria dos cartesianos se acomodou a isso, embora a experiência interna que eles alegam não prove o que eles pretendem, como Bayle bem mostrou. Régis[71] (*Philos.*, t. 1., *Metaph.*,

---

[71] Pierre-Sylvain Régis (1632-1707) foi um filósofo francês que desempenhou um papel muito importante na difusão do pensamento de Descartes, que ele sistematizou na obra *Système de philosophie* (1690). Em 1699, tornou-se membro da Academia Francesa de Ciências.

livro 2, parte 2, cap. 22) parafraseia assim a doutrina de Descartes: a maioria dos filósofos (diz ele) caiu no erro, na medida em que uns, não podendo compreender a relação que há entre as ações livres e a providência de Deus, negaram que ele fosse a causa eficiente primeira das ações do livre-arbítrio, o que é um sacrilégio, e outros, não podendo conceber a relação que há entre a eficácia de Deus e as ações livres, negaram que o homem fosse dotado de liberdade, o que é uma impiedade. O meio-termo que se encontra entre essas duas extremidades é dizer (*id. ibid.*, p. 485) que, quando não podemos compreender todas as relações que há entre a liberdade e a providência de Deus, não deixamos de estar obrigados a reconhecer que somos livres e dependentes dele, porque essas duas verdades são igualmente conhecidas, uma pela experiência e a outra pela razão, e que a prudência não quer que se abandonem as verdades das quais se está seguro, porque não se podem conceber todas as relações que elas têm com outras verdades que se conhecem.

294. Bayle observa muito bem à margem que essas expressões de Régis não indicam que conhecemos as relações entre as ações do homem e a providência de Deus, que nos parecem incompatíveis com a nossa liberdade. Ele acrescenta que são as expressões moderadas que enfraquecem o estado da questão. Os autores supõem (diz ele) que a dificuldade advém unicamente da nossa falta de luzes, embora, ao invés disso, eles devessem dizer que ela advém principalmente das luzes que temos e que não podemos conciliar (na opinião de Bayle) com os nossos mistérios. Foi justamente o que eu disse no começo desta obra: se os mistérios fossem inconciliáveis com a razão e houvesse objeções insolúveis, bem longe de achar o mistério incompreensível, compreenderíamos a sua falsidade. É verdade que aqui não se trata de nenhum mistério, mas apenas da religião natural.

295. Eis como, entretanto, Bayle combate essas experiências internas sobre as quais os cartesianos fundamentam a liberdade partindo de reflexões com as quais eu não poderia concordar: "Aqueles que não examinam a fundo", diz ele em seu *Dicionário*, artigo "Helen", nota TΔ, "aquilo que se passa neles mesmos se persuadem facilmente de que são livres e de que, se a sua vontade se conduz ao mal, é culpa deles, é devido a uma escolha das quais eles são mestres.

Aqueles que julgam de outra maneira são pessoas que estudaram com cuidado as causas e as circunstâncias de suas ações e refletiram bem sobre o progresso do movimento de sua alma. Essas pessoas ordinariamente duvidam de seu livre-arbítrio e chegam até mesmo a se persuadir de que sua razão e seu espírito são escravos que não podem resistir à força que os arrasta para onde eles não queriam ir. Era principalmente esse tipo de pessoa que atribuía aos deuses a causa de suas más ações."

296. Essas palavras me fazem lembrar daquelas do chanceler Bacon[72], que diz que a filosofia degustada mediocremente nos afasta de Deus, mas a ele conduz aqueles que nela se aprofundam. Dá-se o mesmo com aqueles que refletem sobre as suas ações: parece-lhes de início que tudo o que fazemos não passa do impulso de outrem e que tudo o que concebemos advém de fora por meio dos sentidos e se delineia no vazio de nosso espírito *tanquam in tabula rasa*. Mas uma meditação mais profunda nos ensina que tudo (mesmo as percepções e as paixões) nos advém de nosso próprio fundo, com uma espontaneidade plena.

297. Entretanto, Bayle cita poetas que pretendem desculpar os homens atribuindo culpa aos deuses. Medeia fala assim em Ovídio:

> *Frustra, Medea, repugnas,*
> *Nescio quis Deus obstat, ait.*[73]

E um pouco depois Ovídio a faz acrescentar:

> *Sed trahit invitam nova vis, aliudque Cupido,*
> *Mens aliud suadet; video meliora proboque,*
> *Deteriora sequor.*[74]

---

[72] Um dos principais fundadores da concepção moderna de ciência, Francis Bacon (1561-1626) foi um filósofo, cientista, historiador, ensaísta e político inglês. A concepção de que a investigação da natureza e das causas segundas nos conduz a Deus quando aprofundada é exposta em *Advancement of Learning* [*O avanço do conhecimento*] (*The Works of Francis Bacon*, III, p. 268). Leibniz já citara o adágio em seu texto de juventude *Confessio naturae contra atheistas* [*Confissão da natureza contra os ateus*], de 1668.

[73] "Em vão resistes, Medeia,/ Não sei que Deus se opõe a isso, diz" (Ovídio, *Metamorfoses*, VII, 11-2).

[74] "Mas uma nova força me arrasta, a paixão aconselha para um lado,/ a razão para outro; vejo o melhor e o aprovo,/ mas sigo o pior" (*ibid.*, VII, 19-21).

Mas se poderia opor-lhe Virgílio, em cuja obra Niso diz com muito mais razão:

> *Di ne hunc ardorem mentibus addunt,*
> *Euryale, an sua cuique Deus fit dira cupido?*[75]

298. Wittichius parece ter acreditado que, de fato, nossa independência é apenas aparente. Pois, em *Diss. de providentia Dei actuali* (n. 61), ele faz o livre-arbítrio consistir em sermos levados de tal maneira aos objetos que se apresentam à nossa alma para serem afirmados ou negados, amados ou odiados, que não sentimos nenhuma forma exterior que nos determina. Ele acrescenta que, quando o próprio Deus produz as nossas volições, agimos mais livremente, e que, quanto mais a ação de Deus sobre nós é eficaz e potente, mais somos os mestres de nossas ações: "*Quia enim Deus operatur ipsum velle, quo efficacius operatur, eo magis volumus; quod autem, cum volumus, facimus, id maxime habemus in nostra potestate.*"[76] É verdade que, quando Deus produz uma vontade em nós, ele produz uma ação livre, mas me parece que não se trata aqui da causa universal ou dessa produção da vontade que lhe convém, na medida em que ela é uma criação em relação à qual aquilo que é positivo é, de fato, criado continuamente pelo concurso de Deus, como qualquer outra realidade absoluta das coisas. Trata-se aqui das razões do querer e dos meios dos quais Deus se serve quando nos dá uma boa vontade ou nos permite ter uma vontade má. Somos sempre nós que a produzimos, boa ou má, pois é a nossa ação, mas há sempre razões que nos fazem agir, sem prejudicar a nossa espontaneidade ou a nossa liberdade. A graça não faz nada além de dar as impressões que contribuem a fazer querer por meio de motivos convenientes, tal qual seria uma atenção, um *dic cur hic*, um prazer preveniente. E vê-se claramente que isso não danifica a liberdade, não mais do que poderia fazer um amigo que aconselha e fornece motivos. Assim, Wittichius não respondeu bem à questão, não mais que Bayle, e o recurso a Deus não serve de nada.

---

[75] "São os deuses que suscitam esse ardor em nossas almas,/ Euríalo, ou cada um converte em deus sua terrível paixão?" (Virgílio, *Eneida*, IX, 184-5).

[76] "Como Deus produz o querer mesmo, tanto mais queremos quanto mais eficazmente atua; mas o que fazemos quando queremos é o que temos sobretudo em nosso poder."

299. Mas indiquemos outra passagem bem mais razoável do mesmo Bayle, na qual ele combate melhor o pretenso sentimento vivo da liberdade, que deve prová-la nos cartesianos. Suas palavras são, com efeito, cheias de espírito e dignas de consideração, e se encontram em *Resposta às questões de um provincial*, t. 3, cap. 140, pp. 761 ss. Ei-las: "Pelo sentimento claro e nítido que temos de nossa existência, não discernimos se existimos por nós mesmos ou se obtemos de outro o que somos. Não discernimos isso pela via das reflexões, isto é, meditando sobre a impotência em que estamos de nos conservar tanto quanto gostaríamos e de nos livrar da dependência dos seres que nos cercam etc. É mesmo certo que os pagãos [deve-se dizer o mesmo dos socinianos, já que eles negam a criação] não chegaram jamais ao conhecimento desse dogma verdadeiro de que nós fomos feitos e tirados do nada a cada momento de nossa duração. Eles acreditaram falsamente, pois, que todas as substâncias no universo existem por si mesmas e não podem ser aniquiladas jamais e que, assim, não dependem de nenhuma outra coisa a não ser quanto às suas modificações, sujeitas a serem destruídas pela ação de uma causa externa. Esse erro não advém do fato de que não sentimos a ação criadora que nos conserva e de que sentimos apenas que existimos? De que nos sentimos, digo eu, de uma maneira que nos manteria eternamente na ignorância da causa de nosso ser se outras luzes não nos socorressem? Digamos também que o sentimento claro e nítido que temos a respeito dos atos de nossa vontade não nos pode fazer discernir se os produzimos nós mesmos ou se os recebemos da mesma causa que nos dá a existência. Deve-se recorrer à reflexão ou à meditação a fim de fazer esse discernimento. Ora, suponho, na verdade, que por meio de meditações puramente filosóficas não se pode jamais chegar a uma certeza bem fundamentada de que somos a causa eficiente de nossas volições, pois toda pessoa que examine bem as coisas conhecerá evidentemente que, se não passássemos de um sujeito passivo em relação à vontade, teríamos os mesmos sentimentos da experiência que temos quando acreditamos ser livres. Suponde, por prazer, que Deus tenha regulado de tal maneira as leis da união da alma com o corpo que todas as modalidades da alma, sem excetuar nenhuma, estejam ligadas necessariamente entre si com a interposição das modalidades do

cérebro – vós compreendeis que apenas nos sucederia aquilo que experimentamos: haveria na nossa alma a mesma sequência de pensamentos, desde a percepção dos objetos dos sentidos, que é a sua primeira etapa, até as volições mais fixas, que são a sua última etapa. Haveria nessa sequência o sentimento das ideias, o das afirmações, o das irresoluções, o das veleidades e o das volições. Pois, seja o ato de querer impresso em nós por uma causa exterior, seja produzido por nós mesmos, será igualmente verdadeiro que queremos e que sentimos o que queremos; e, como essa causa exterior pode acrescentar tanto prazer quanto ela quiser na volição que imprime em nós, poderíamos sentir algumas vezes que os atos da nossa vontade nos agradam infinitamente e nos conduzem de acordo com a propensão das nossas inclinações mais fortes. Não sentiríamos nenhuma coação – sabeis a máxima: "*Voluntas non potest cogi.*"[77] Não compreendeis claramente que um cata-vento em que se imprimisse sempre ao mesmo tempo [de maneira, entretanto, que a prioridade de natureza, ou, caso se queira, uma prioridade mesmo de um instante real, concordasse com o desejo de se movimentar] o movimento em direção a um certo ponto do horizonte, bem como o desejo de se virar desse lado, seria persuadido de que ele se moveria por si mesmo para executar os desejos que forma? Suponho que ele não saberia que havia vento, nem que uma causa exterior mudava ao mesmo tempo a sua situação e os seus desejos. E nós, que estamos naturalmente neste estado: não sabemos se uma causa invisível nos faz passar sucessivamente de um pensamento a outro. É, portanto, natural que os homens se persuadam de que eles se determinam por si mesmos. Mas resta examinar se eles se enganam nisso como numa infinidade de outras coisas que afirmam graças a uma espécie de instinto e sem terem empregado as meditações filosóficas. De resto, há, pois, duas hipóteses sobre o que ocorre com o homem: uma é de que ele não passa de um sujeito passivo; a outra é de que possui virtudes ativas. Não se pode razoavelmente preferir a segunda em detrimento da primeira enquanto se puderem alegar apenas provas extraídas do sentimento, pois sentiríamos com uma força igual que queremos isso ou aquilo, fossem todas as nossas volições impressas

---

[77] "A vontade não pode ser coagida."

na nossa alma por uma causa externa e invisível, fossem elas produzidas por nós mesmos."

300. Há aqui raciocínios muito belos que têm força contra os sistemas ordinários, mas eles cessam ante o sistema da harmonia preestabelecida, que nos leva mais longe do que poderíamos ir antes. Bayle argumenta, por exemplo, que, a partir de meditações puramente filosóficas, não se pode jamais alcançar uma certeza bem fundamentada de que nós somos a causa eficiente de nossas volições. Mas é um ponto em relação ao qual eu não concordo com ele: o estabelecimento desse sistema mostra indubitavelmente que, no curso da natureza, cada substância é a causa única de todas as suas ações e é isenta de toda influência física de qualquer outra substância, exceto o concurso ordinário de Deus. E é esse sistema que faz ver que a nossa espontaneidade é verdadeira, e não apenas aparente, como Wittichius acreditou. Bayle sustenta, também pelas mesmas razões (cap. 170, p. 1.132), que, se houvesse um *fatum astrologicum*, ele não destruiria a liberdade; e eu concordaria com ele se ela consistisse tão somente numa espontaneidade aparente.

301. A espontaneidade de nossas ações, pois, não pode mais ser posta em dúvida, como Aristóteles a definiu bem, ao dizer que uma ação é espontânea quando o seu princípio está naquele que age: "*Spontaneum est, cujus principium est in agente.*"[78] E é assim que as nossas ações e vontades dependem totalmente de nós. É verdade que não somos os mestres da nossa vontade diretamente, embora sejamos a sua causa, pois não escolhemos as vontades como escolhemos as nossas ações pelas nossas vontades. No entanto, podemos ter um certo poder ainda sobre a nossa vontade porque podemos contribuir indiretamente para querer em outra ocasião o que desejaríamos querer no presente, como já mostrei – o que não é, entretanto, veleidade, para falar propriamente. E é ainda nisso que possuímos um império particular, e mesmo sensível, sobre as nossas ações e vontades, mas que resulta da espontaneidade acrescida à inteligência.

302. Até aqui explicamos as duas condições da liberdade das quais Aristóteles falou, isto é, a espontaneidade e a inteligência, que

---

[78] "É espontâneo aquilo cujo princípio está no agente" (Aristóteles, *Ética a Nicômaco*, III, 1, 1.110-7).

se encontram unidas em nós na deliberação, ao passo que nas bestas falta a segunda condição. Mas os escolásticos exigem ainda uma terceira condição, que eles denominam indiferença. E, na verdade, deve-se admiti-la se indiferença significa a mesma coisa que contingência, pois já disse antes que a liberdade deve excluir uma necessidade absoluta e metafísica ou lógica. Mas, como já expliquei mais de uma vez, essa indiferença, essa contingência, essa não necessidade, se ouso falar assim, que é um atributo característico da liberdade, não impede que não se tenham inclinações mais fortes pelo partido que se escolhe; e ela não exige de modo algum que se seja absoluta e igualmente indiferente pelos dois partidos opostos.

303. Admito, pois, a indiferença apenas em um sentido, significando o mesmo que contingência ou não necessidade. Mas, como já expliquei mais de uma vez, não admito uma indiferença de equilíbrio nem creio que se escolha jamais quando se é absolutamente indiferente. Uma tal escolha seria uma espécie de puro acaso, sem razão determinante, tanto aparente como oculta. Mas um tal acaso, uma tal casualidade absoluta e real, é uma quimera que não se encontra jamais na natureza. Todos os sábios concordam que o acaso não passa de uma coisa aparente, como a fortuna: é a ignorância das causas que o faz. Mas se houvesse uma tal indiferença vaga, ou se se escolhesse sem que houvesse nada que nos levasse a escolher, o acaso seria algo de real, semelhante ao que se encontraria nesse pequeno desvio dos átomos, ocorrendo sem motivo ou razão, na opinião de Epicuro, que o havia introduzido para evitar a necessidade e do qual Cícero tanto zombou com razão[79].

304. Essa declinação tinha uma causa final, no espírito de Epicuro sendo o seu escopo o de nos isentar do destino, mas ela não pode ter uma causa eficiente na natureza das coisas; é uma das quimeras mais impossíveis. Bayle mesmo a refuta muito bem, como diremos mais tarde; e, no entanto, é espantoso que ele próprio pareça admitir em outra parte algo de semelhante a essa pretensa declinação. Pois eis o que diz ao falar do asno de Buridan (*Dicionário*, verbete "Buridan", cit. 13): "Aqueles que sustentam o livre-arbítrio propria-

---

[79] Cícero, *Sobre o destino*, X, 22-3, e XX, 46-8.

mente dito admitem no homem uma potência de se determinar para o lado direito ou para o esquerdo, mesmo que os motivos da parte dos dois objetos opostos sejam perfeitamente iguais. Pois pretendem que a nossa alma possa dizer, sem ter nenhuma outra razão além daquela de fazer uso da sua liberdade: prefiro isto àquilo, ainda que eu veja nada de mais digno na minha escolha disto ou daquilo."

305. Todos aqueles que admitem um livre-arbítrio propriamente dito não concordam com Bayle que essa determinação advenha de uma causa indeterminada. Santo Agostinho e os tomistas julgam que tudo é determinado. E vê-se que os seus adversários recorrem também às circunstâncias que contribuem para a nossa escolha. A experiência não favorece de modo nenhum a quimera de uma indiferença de equilíbrio, e pode-se empregar aqui o raciocínio que o próprio Bayle emprega contra a maneira como os cartesianos provam a liberdade por meio do sentimento vivo da nossa independência. Pois, ainda que eu não veja sempre a razão de uma inclinação que me faz escolher entre dois partidos que parecem iguais, haverá sempre alguma impressão, ainda que imperceptível, que nos determina. Querer simplesmente fazer uso de sua liberdade não encerra nada que especifique a escolha de um ou de outro partido ou que nos determine a essa escolha.

306. Bayle prossegue: "há ao menos duas vias pelas quais o homem pode se desprender das armadilhas do equilíbrio. Uma é aquela que já aleguei: para se afagar com a agradável imaginação de que ele é o mestre de si mesmo e não depende dos objetos". Essa via se encontra obstruída: por mais que se queira fazer-se mestre de si mesmo, isso não fornece nada de determinante e não favorece um partido mais do que outro. Bayle continua: "ele faria este ato: quero preferir isto àquilo porque me agrada usá-lo assim". Mas estas palavras, "porque me agrada", "porque tal é meu prazer", já encerram uma inclinação para um objeto que agrada.

307. Não se tem, portanto, o direito de continuar assim: "e, então, o que o determinaria não seria tomado do objeto; o motivo não seria tirado das ideias que os homens têm de suas próprias perfeições ou de suas faculdades naturais. A outra via é aquela da sorte ou do acaso: a palha menor decidiria". Essa via tem saída, mas não

conduz ao fim: é mudar a questão, pois não é o homem então que decide ou, de outro modo, se se pretende que é sempre o homem que decide pela sorte, o próprio homem não está mais em equilíbrio, porque a sorte não o está e o homem está ligado a ela. Há sempre razões na natureza que são a causa do que ocorre por acaso ou por sorte. Admira-me um pouco que um espírito tão penetrante quanto o de Bayle possa realmente se enganar aqui. Expliquei alhures a verdadeira resposta que satisfaz o sofisma de Buridan: é que o caso do equilíbrio perfeito é impossível, dado que o universo não pode jamais ser partido ao meio de maneira que todas as impressões sejam equivalentes de uma parte e de outra.

308. Vejamos o que o próprio Bayle diz em outro lugar contra a indiferença quimérica ou absolutamente indefinida. Cícero dissera (no seu livro *De fato*)[80] que Carnéades[81] havia encontrado algo de mais sutil do que a declinação dos átomos ao atribuir a causa de uma pretensa indiferença absolutamente indefinida aos movimentos voluntários das almas porque esses movimentos não precisam de uma causa externa, proveniente da nossa natureza. Mas Bayle (*Dicionário*, verbete "Epicuro", p. 1.143) retruca muito bem que tudo o que vem da natureza de uma coisa é determinado: assim a determinação permanece sempre e a escapatória de Carnéades não serve de nada.

309. Ele mostra alhures (*Resposta às questões de um provincial*, livro 2, cap. 90, p. 229) "que uma liberdade bastante afastada desse suposto equilíbrio é incomparavelmente mais vantajosa". "Entendo", diz ele, "uma liberdade que siga sempre os juízos do espírito e não possa resistir a objetos claramente conhecidos como bons. Não conheço pessoas que não concordem que a verdade claramente conhecida necessita" – antes determina, a menos que se fale apenas de uma necessidade moral – "do consentimento da alma; a experiência nos ensina. Ensina-se constantemente nas escolas que, como o verdadeiro é o objeto do entendimento, o bem é o objeto da vontade, e que, como o entendimento só pode afirmar aquilo

---

[80] Cícero, *Sobre o destino*, XI, 25.
[81] Carnéades (214 a.C.-128 a.C.) foi um filósofo grego e um dos maiores representantes da Nova Academia, criando as bases do ceticismo.

que se mostra a ele sob a aparência da verdade, a vontade só pode amar aquilo que lhe parece bom. Jamais se acredita no falso enquanto falso e jamais se ama o mal enquanto mal. Há no entendimento uma determinação natural para o verdadeiro em geral e para cada verdade particular claramente conhecida. Há na vontade uma determinação natural para o bem em geral, donde concluem vários filósofos que, a partir do momento em que os bens particulares nos são claramente conhecidos, somos necessitados a amá-los. O entendimento só suspende os seus atos quando os objetos se mostram obscuramente, de maneira que se pode duvidar se são falsos ou verdadeiros. E, a partir disso, muitos concluem que a vontade só permanece em equilíbrio quando a alma está incerta sobre se o objeto que se lhe apresenta é um bem em relação a si, mas que também, uma vez que ela se dispõe à afirmativa, liga-se necessariamente a esse objeto, até que outros juízos do espírito a determinem de outra maneira. Aqueles que explicam assim a liberdade acreditam encontrar aí uma matéria ampla o suficiente de mérito e demérito porque supõem que esses juízos do espírito procedem de uma aplicação livre da alma a examinar os objetos, a compará-los em conjunto e a fazer o discernimento deles. Não devo esquecer que há homens muito sábios (como Belarmino, no livro 3 de *De gratia et libero arbitrio*, caps. 8 e 9; e Cameron[82], em *Responsione ad Epistolam viri docti, id est Episcopii*) que sustentam por meio de razões muito fortes que a vontade segue sempre necessariamente o último ato prático do entendimento."

310. É preciso fazer algumas observações sobre esse discurso. Um conhecimento bem claro do melhor determina a vontade, mas não a necessita propriamente falando. Deve-se sempre distinguir entre o necessário e o certo ou infalível, como já observamos mais de uma vez, e distinguir a necessidade metafísica da necessidade moral. Creio também que apenas a vontade de Deus segue sempre o juízo do entendimento: todas as criaturas inteligentes estão sujeitas a algumas paixões ou, ao menos, a percepções que não consis-

---

[82] John Cameron (1579-1625) foi um professor de teologia em Saumur. Leibniz se refere à réplica de Cameron à *Epistola viri docti ad amicum* [*Carta de um homem culto a um amigo*], de Simon Episcopius (1583-1643).

tem inteiramente no que denomino ideias adequadas. E, embora essas paixões tendam sempre ao verdadeiro bem nos bem-aventurados em virtude das leis da natureza e do sistema das coisas preestabelecidas em relação a eles, isso no entanto não é contínuo, de modo que eles tenham delas um conhecimento perfeito. Dá-se neles o que se dá em nós, que não entendemos sempre a razão dos nossos instintos. Os anjos e os bem-aventurados, assim como nós, são criaturas nas quais há sempre alguma percepção confusa mesclada com conhecimentos distintos. Suárez[83] disse algo parecido a seu respeito. Ele acredita (*Traité de l'oraison*, livro 1, cap. 11) que Deus regulou os homens anteriormente, de modo que as suas preces, quando feitas com uma vontade plena, nunca falham: é uma amostra de uma harmonia preestabelecida. Quanto a nós, além do juízo e do entendimento, dos quais temos um conhecimento expresso, mesclam-se a eles percepções confusas dos sentidos, que fazem nascer paixões e até mesmo inclinações insensíveis, das quais não nos apercebemos sempre. Esses movimentos atravessam frequentemente o juízo do entendimento prático.

311. Quanto ao paralelo entre a relação do entendimento com o verdadeiro e da vontade com o bem, deve-se saber que uma percepção clara e distinta de uma verdade contém em si atualmente a afirmação dessa verdade: assim, por meio disso, o entendimento é necessitado. Mas alguma percepção que se tenha do bem, o esforço de agir conforme o juízo, que faz, no meu entender, a essência da vontade, distingue-se disso; assim, como é preciso tempo para levar esse esforço a seu termo, ele pode ser suspenso e ainda modificado por uma nova percepção ou inclinação que o atravessa, que dele desvia o espírito e até mesmo o faz algumas vezes ter um juízo contrário. É o que faz a nossa alma ter tantos meios de resistir à verdade que conhece e o que faz haver um trajeto tão grande do espírito para o coração, sobretudo quando o entendimento procede em boa parte apenas por pensamentos surdos, pouco capazes de afetar, como expliquei alhures. Assim, a ligação entre o juízo e a vontade não é tão necessária como se poderia pensar.

---

[83] Francisco Suárez (1548-1617) foi um filósofo e teólogo espanhol jesuíta. Participou da polêmica *De auxiliis* sobre a graça e o livre-arbítrio.

312. Bayle prossegue muito bem (p. 221): "não possuir a liberdade de indiferença quanto ao bem geral não pode ser um defeito na alma do homem; isso seria antes uma desordem, uma imperfeição extravagante, se se pudesse dizer verdadeiramente. Pouco me importa ser feliz ou infeliz: não tenho mais determinação para amar o bem do que para odiá-lo; posso fazer igualmente um e outro. Ora, se é uma qualidade louvável e vantajosa ser determinado quanto ao bem geral, não pode ser um defeito encontrar-se necessitado quanto a cada bem particular reconhecido manifestamente como o nosso bem. Parece até mesmo que isso seria uma consequência necessária, que, se a alma não possui liberdade de indiferença quanto ao bem geral, ela não a possui quanto aos bens particulares, enquanto julga contraditoriamente o que são bens para ela. O que pensaríamos de uma alma que, tendo formado esse juízo, se gabaria com razão de ter a força de não amar esses bens e até mesmo de odiá-los, e diria: conheço claramente que se trata de bens para mim, tenho todas as luzes necessárias sobre esse ponto, mas não quero amá-los, quero odiá-los; meu partido já foi tomado, executo-o? Não é que alguma razão [isto é, alguma outra razão além daquela que é fundamentada no meu bel-prazer] me incita a isso, mas me apraz utilizar isso assim. O que pensaríamos, digo eu, de uma tal alma? Não a acharíamos mais imperfeita e mais infeliz do que se não possuísse essa liberdade de indiferença?".

313. A doutrina que submete a vontade aos últimos atos do entendimento não apenas dá uma ideia mais vantajosa do estado da alma, mas mostra também que é mais fácil conduzir o homem à felicidade por esse caminho do que por aquele da indiferença, pois bastará esclarecer o seu espírito acerca de seus verdadeiros interesses que, imediatamente, sua vontade se conformará aos juízos que a razão terá pronunciado. Mas, se ele tem uma liberdade independente da razão e da qualidade dos objetos claramente conhecidos, será o mais indisciplinável de todos os animais, e jamais se poderá estar seguro de fazer-lhe tomar o bom partido. Todos os conselhos, todos os raciocínios do mundo poderão ser inúteis: você o esclarece, você convence o seu espírito, e, não obstante, sua vontade se mostrará orgulhosa e permanecerá imóvel como um rochedo. Virgílio, *Eneida*, livro 6, v. 470:

> *Non magis incepto vultum sermone movetur,*
> *Quam si dura silex, aut stet Marpesia cautes.*[84]

"Um impulso, um capricho vão o farão enrijecer-se contra todos os tipos de razão; não lhe aprazerá amar seu bem claramente conhecido, e sim odiá-lo. O senhor acha que uma tal faculdade seja o mais rico presente que Deus tenha podido dar ao homem, o instrumento único de nossa felicidade? Não é antes um obstáculo à nossa felicidade? De que se glorificar poder dizer: 'desprezei todos os juízos da minha razão e segui uma rota totalmente diferente pelo único motivo do meu bel-prazer'? Por quais arrependimentos não seríamos afligidos nesse caso se a determinação que se tomou fosse nociva? [...] Tal liberdade seria, portanto, mais nociva do que útil aos homens, porque o entendimento não representaria suficientemente bem toda a bondade dos objetos para dotar a vontade de força de rejeição. Seria, pois, infinitamente melhor para o homem se ele fosse sempre necessariamente determinado pelo juízo do entendimento do que permitir à vontade que suspendesse a sua ação: pois por meio desse modo ele alcançaria mais fácil e certamente o seu escopo."

314. A respeito desse discurso, observo ainda que é muito verdadeiro que uma liberdade de indiferença indefinida, sem nenhuma razão determinante, seria também nociva e até mesmo chocante, assim como impraticável e quimérica. O homem que quisesse utilizá-la assim, ou fazer ao menos como se ele agisse sem motivo, certamente passaria por um extravagante. Mas é muito verdadeiro também que a coisa é impossível quando se toma rigorosamente a suposição. E, assim que se queira dar dela um exemplo, ela é descartada e se cai não no caso de um homem que se determina sem motivo, mas se determina antes pela inclinação ou pela paixão do que pelo juízo. Pois assim que se diz: "desprezo os juízos da minha razão pelo único motivo do meu bel-prazer, apraz-me utilizar-me disso assim", é como se se dissesse: "prefiro a minha inclinação ao meu interesse, o meu prazer à minha utilidade".

---

[84] "Não se comove mais o seu rosto por essas palavras/ do que o seria a rocha mais dura ou um bloco de mármore de Marpessos."

315. É como se algum homem caprichoso, imaginando que é vergonhoso para ele seguir o parecer de seus amigos ou servidores, preferisse a satisfação de contradizê-los à utilidade que poderia retirar de seu conselho. Poderia, no entanto, ocorrer que, numa questão de pouca consequência, até mesmo um homem sábio agisse irregularmente e contra o seu interesse para contrariar outro que quer coagi-lo ou governá-lo, ou para confundir aqueles que observam os seus passos. É até bom algumas vezes imitar Brutus, escondendo o seu espírito, e ainda imitar o insensato, como Davi fez ante o rei dos filisteus.

316. Bayle acrescenta muitas outras coisas belas para mostrar que seria uma grande imperfeição agir contra o juízo do entendimento. Ele observa (p. 225) que, até mesmo segundo os molinistas, o entendimento cumpre bem o seu DEVER, marca o que é O MELHOR. Ele introduz Deus (cap. 91, p. 227) falando a nossos primeiros pais no jardim do Éden: "'Dei-vos meu conhecimento, a faculdade de julgar as coisas e um pleno poder de dispor de vossas vontades. Dar-vos-eis instruções e ordens, mas o livre-arbítrio que vos comuniquei é de uma tal natureza que vós possuís uma força igual (conforme às ocasiões) de me obedecer e desobedecer. Vós sereis tentados: se fazeis um bom uso de vossa liberdade, sereis felizes; se fazeis um mal uso, sereis infelizes. Cabe a vós ver se quereis me pedir como que uma nova graça, ou que eu permita que vós abuseis de vossa liberdade quando tomeis a resolução, ou que eu vos impeça. Pensai nisso bem, dou-vos 24 horas [...].' Não compreendeis claramente que a razão deles, que ainda não fora obscurecida pelo pecado, fez com que concluíssem que deveriam pedir a Deus, como o ápice dos favores dos quais ele os havia honrado, o de não permitir que se perdessem pelo mau uso de suas forças? E não se deve admitir que, se Adão, por um falso sentimento de honra de se conduzir a si mesmo, tivesse recusado uma direção divina que tivesse posto a sua felicidade a salvo, teria sido a origem dos Faetontes e dos Ícaros? Ele teria sido quase tão ímpio quanto o Ájax de Sófocles, que queria vencer sem a assistência dos deuses e dizia que os mais covardes fariam os seus inimigos fugirem com tal assistência."

317. Bayle mostra também (cap. 80) que não nos felicitamos menos ou até mesmo nos aplaudimos mais por termos sido assistidos lá de cima do que quando devemos a nossa felicidade à nossa escolha. E, caso nos pareça bom ter preferido um instinto tumultuoso que suscitou de uma só vez a razões cuidadosamente examinadas, sentimos por isso uma alegria extraordinária, pois imaginamos que Deus ou nosso anjo da guarda ou um não sei quê, que se representa sob o nome vago de fortuna, nos levou a isso. Com efeito, Sula e César se glorificavam mais por sua fortuna do que por sua conduta. Os pagãos, e particularmente os poetas (Homero, sobretudo), determinavam os seus heróis pela impulsão divina. Os heróis da *Eneida* não marcham senão sob a direção de um Deus. Era um elogio muito fino dizer aos imperadores que eles venciam por suas tropas e pelos deuses que emprestavam a seus generais: "*Te copias, te consilium et tuos praebente Divos*"[85], diz Horácio. Os generais combatiam sob os auspícios dos imperadores, como que se colocando sob a sua fortuna, pois os auspícios não pertenciam aos subalternos. Aplaudimo-nos por sermos favorecidos pelo céu; estimamo-nos mais por sermos felizes do que por sermos hábeis. Não há pessoas que se creem mais felizes do que os místicos, que imaginam que estão em repouso e que Deus age sobre eles.

318. Por outro lado, como Bayle acrescenta, no cap. 83, "um filósofo estoico, que liga tudo a uma necessidade fatal, é tão sensível quanto outro homem ao prazer de ter escolhido bem. E todo homem de juízo achará que, bem longe de se comprazer por ter deliberado por um longo tempo e escolhido enfim o partido mais honesto, é uma satisfação inacreditável se persuadir de que, caso se atenha tão firmemente ao amor da virtude, sem resistir o mínimo, se rejeitará uma tentação. Um homem a quem se propõe fazer uma ação oposta ao seu dever, à sua honra e à sua consciência e que responde no ato ser incapaz de tal crime e, de fato, não ser capaz disso é bem mais contente com a sua pessoa do que se solicitasse tempo para pensar a esse respeito e se sentisse irresoluto durante algumas

---

[85] "Forneceste as tropas, o plano e os teus próprios deuses" (Horácio, *Odes*, livro IV, XIV).

horas quanto ao partido a tomar. Ficamos muito irritados em várias ocasiões por não podermos nos determinar entre dois partidos e nos sentiríamos muito aliviados se o conselho de um bom amigo ou algum auxílio de cima nos levasse a fazer uma boa escolha". Tudo isso nos faz ver a vantagem que um juízo determinado tem sobre essa indiferença vaga que nos deixa na incerteza. Mas, enfim, provamos o bastante que apenas a ignorância ou a paixão podem nos manter em suspenso, e que é por isso que Deus não o está jamais. Quanto mais nos aproximamos dele, mais a liberdade é perfeita e mais se determina pelo bem e pela razão. E preferir-se-á sempre a natureza de Catão, a respeito de quem Vellejus[86] dizia ser impossível fazer uma ação desonesta, à natureza de um homem que seja capaz de vacilar.

319. Estávamos bem satisfeitos em representar e apoiar esses raciocínios de Bayle contra a indiferença vaga tanto para esclarecer a matéria quanto para opô-la a ele próprio e mostrar que ele não devia, portanto, se queixar da pretensa necessidade imposta a Deus de escolher o melhor que é possível. Pois ou Deus agirá por uma indiferença vaga e ao acaso, ou bem agirá por capricho ou alguma outra paixão, ou enfim deve agir segundo uma inclinação prevalecente da razão que o conduza ao melhor. Mas as paixões, que são provenientes da percepção confusa de um bem aparente, não poderiam existir em Deus, e a indiferença vaga é algo de quimérico. Não resta senão a razão mais forte, que possa regrar a escolha de Deus. É uma imperfeição de nossa liberdade que faz com que possamos escolher o mal no lugar do bem, um mal maior no lugar do mal menor, o menor bem no lugar do bem maior. Isso é proveniente das aparências do bem e do mal, que nos enganam; ao passo que Deus é sempre conduzido ao verdadeiro e ao maior bem, isto é, ao verdadeiro bem absolutamente, que ele não poderia deixar de conhecer.

320. Essa falsa ideia da liberdade, formada por aqueles que, não contentes de isentá-la não, digo eu, da coação, mas da necessidade mesma, gostariam ainda de isentá-la da certeza e da determinação,

---

[86] Marco Veleio Patérculo (*c.* 19 a.C.-31) foi um historiador e senador do Império Romano, famoso por sua *Storia romana*.

isto é, da razão e da perfeição, não deixou de agradar a certos escolásticos, pessoas que se embaraçam frequentemente nas suas sutilezas e tomam o joio dos termos pelo grão das coisas. Eles concebem alguma noção quimérica, a partir da qual imaginam extrair utilidades e a qual se esforçam em manter por meio de chicanas. A indiferença completa é dessa natureza: atribuí-la à vontade é dar-lhe um privilégio semelhante àquele que certos cartesianos e certos místicos encontram na natureza divina de poder fazer o impossível, de poder produzir absurdos, de poder fazer com que duas proposições contraditórias sejam verdadeiras ao mesmo tempo. Querer que uma determinação venha de uma completa indiferença absolutamente indeterminada é querer que ela venha naturalmente do nada. Supõe-se que Deus não dê essa determinação: ela não se origina, portanto, da alma, nem do corpo, nem das circunstâncias, porque se supõe que tudo seja indeterminado; e eis, no entanto, ela, que aparece e existe, sem preparações, sem que nada a disponha, sem que um anjo, sem que o próprio Deus possa ver ou mostrar como ela existe. Não é apenas sair do nada, mas sair do nada por si mesma. Essa doutrina introduz algo de tão ridículo como a declinação dos átomos de Epicuro, da qual já falamos, que pretendia que um desses pequenos corpos indo em linha reta se desviasse de repente de seu caminho sem nenhum motivo, somente porque a vontade o comanda. E notai que não houve recurso senão para salvar essa pretensa liberdade de completa indiferença, cuja quimera parece ser bem antiga. Pode-se dizer com razão: "*Chimaera chimaeram parit.*"[87]

321. Eis como Marchetti[88] a exprimiu na sua bela tradução de Lucrécio em versos italianos – tradução que não se quis ainda deixar ver o dia –, livro 2:

> *Mà ch'i principii poi non corran punto*
> *Della lor dritta via, chi veder puote?*
> *Sì finalmente ogni lor moto sempre*
> *Insieme s'aggruppa, e dall' antico*

---

[87] "Quimera engendra quimera."

[88] Alessandro Marchetti (1631 ou 1633-1714), poeta, matemático, físico e tradutor de Lucrécio. A referida tradução só foi publicada postumamente, em 1717.

> *Sempre con ordin certo il nuovo nasce;*
> *Ne tracciando i primi semi, fanno*
> *Di moto un tal principio, il qual poi rompa*
> *I decreti del fato, acciò non segua*
> *L'una causa dell' altra in infinito;*
> *Onde han questa, dich' io, del fato sciolta*
> *Libera voluntà, per cui ciascuno*
> *Va dove più l'agrada? I moti ancora*
> *Si declinan sovente, e non in tempo*
> *Certo, ne certa region, mà solo*
> *Quando e dove commanda il nostro arbitrio;*
> *Poiche senz' alcun dubbio à queste cose*
> *Dà sol principio il voler proprio, e quindi*
> *Van poi scorrendo per le membra i moti.*[89]

É engraçado que um homem como Epicuro, depois de ter descartado os deuses e todas as substâncias incorporais, pôde imaginar que a vontade – que ele próprio compõe de átomos – é capaz de ter um império sobre os átomos e desviá-los de seu caminho, sem que seja possível dizer como.

322. Carnéades, sem ir até os átomos, quis encontrar inicialmente na alma do homem a razão da pretensa indiferença vaga, tomando pela razão da coisa aquela mesma na qual Epicuro procurava a razão[90]. Carnéades não ganhou nada com isso, a não ser enganar mais facilmente as pessoas pouco atentas, transferindo o absurdo de um assunto, no qual é um pouco mais manifesto, a outro, no qual é mais fácil embaralhar as coisas, isto é, do corpo sobre a alma, por-

---

[89] "Finalmente, se todo movimento é solidário de outro e sempre um novo sai de um antigo, segundo uma ordem determinada, se os elementos não fazem, pela sua declinação, qualquer princípio de movimento que quebre as leis do destino, de modo a que as causas não se sigam perpetuamente às causas, donde vem essa liberdade que têm os seres vivos, donde vem esse poder solto dos fados, por intermédio do qual vamos aonde a vontade nos leva e mudamos o nosso movimento, não em tempo determinado e em determinada região, mas quando o espírito o deseja? É sem dúvida na vontade que reside o princípio de todos esses atos; daqui o movimento se dirige a todos os membros" (Lucrécio, *Da natureza*, livro II, v. 251-62, in *Os pensadores*, trad. Agostinho da Silva, São Paulo, Abril Cultural, 1973, p. 58).

[90] Cf. Cícero, *Sobre o destino*, XI, 23-4, e XIV, 31-2.

que a maior parte dos filósofos tinha noções pouco distintas da natureza da alma. Epicuro, que a compunha de átomos, tinha razão, ao menos, de procurar a origem de sua determinação naquilo que acreditava ser a origem mesma da alma. Eis por que Cícero e Bayle não tinham razão de censurá-lo e de poupar e até mesmo louvar Carnéades, que não é menos desarrazoado – não compreendo como Bayle, que era tão clarividente, deixou-se levar por um absurdo disfarçado, a ponto de denominá-lo o maior esforço que o espírito humano pode fazer a respeito desse assunto. Como se a alma, que é a sede da razão, fosse mais capaz do que o corpo de agir sem ser determinada por alguma razão ou causa, interna ou externa, ou como se o grande princípio, segundo o qual nada se faz sem causa, dissesse respeito apenas ao corpo.

323. É verdade que a forma, ou a alma, tem esta vantagem sobre a matéria: ser a fonte da ação, possuindo em si o princípio do movimento ou da mudança, em uma palavra, τὸ αὐτοκίνητον[91], como Platão o denomina, ao passo que a matéria é apenas passiva e tem necessidade de ser impelida para agir, *agitur ut agat*[92]. Mas, se a alma é ativa por si mesma (como é, de fato), é por isso mesmo que ela não é por si absolutamente indiferente à ação, como a matéria, e deve encontrar em si aquilo que a leva a se determinar. E, segundo o sistema da harmonia preestabelecida, a alma encontra em si e na sua natureza ideal anterior à existência as razões de suas determinações, acomodadas a tudo o que a cercará. A partir disso, ela estava determinada de toda eternidade no seu estado de pura possibilidade a agir livremente, como ela fará no tempo, quando vier à existência.

324. O próprio Bayle observa muito bem que a liberdade de indiferença (tal qual se deve admitir) não exclui as inclinações e não exige o equilíbrio. Ele mostra de modo suficientemente amplo (*Resposta às questões de um provincial*, cap. 139, pp. 748 ss.) que se pode comparar a alma a uma balança na qual as razões e as inclinações tomam o lugar dos pesos. E, segundo ele, pode-se explicar o que se passa nas nossas resoluções pela hipótese de que a vontade do homem é como uma balança que se mantém em repouso quando

---

[91] "Que se move por si mesmo", "automovimento" (Platão, *Fedro*, 245c).
[92] "Atua-se para que aja".

os pesos de seus dois pratos são iguais e pende sempre para um lado ou para o outro quando um dos pratos está mais carregado. Uma nova razão faz um peso maior, uma nova ideia irradia-se mais vivamente que a velha, o medo de uma pena grande predomina sobre qualquer prazer; quando duas paixões disputam o terreno, é sempre a mais forte que permanece a mestra, a menos que a outra seja auxiliada pela razão ou por qualquer outra paixão combinada. Quando se jogam fora as mercadorias para se salvar, a ação que as escolas chamam de mista é voluntária e livre; e, entretanto, o amor pela vida predomina indubitavelmente sobre o amor aos bens. A tristeza é proveniente da lembrança dos bens que se perdem, e tanto se tem mais dificuldade de determinar-se quando as razões opostas se aproximam da igualdade quanto se vê que a balança determina-se mais prontamente quando há uma grande diferença entre os pesos.

325. Entretanto, como muito frequentemente há vários partidos a tomar, poder-se-ia, em vez da balança, comparar a alma com uma força que faz esforço para vários lados ao mesmo tempo, mas que age apenas onde encontra a maior facilidade ou a menor resistência. Por exemplo, o ar, sendo demasiadamente comprimido num recipiente de vidro, irá quebrá-lo para sair. Ele faz esforço sobre cada parte, mas se lança, enfim, sobre a parte mais fraca. É assim que as inclinações da alma vão em direção a todos os bens que se apresentam: são vontades antecedentes. Mas a vontade consequente, que é o seu resultado, determina-se para aquilo que a toca mais.

326. Entretanto, essa predominância das inclinações não impede que o homem seja mestre de si mesmo, desde que saiba usar o seu poder. Seu império é aquele da razão: ele deve apenas se preparar convenientemente para se opor às paixões a fim de conseguir deter as impetuosidades mais furiosas. Suponhamos que Augusto, pronto para ordenar a morte de Fabius Maximus, sirva-se, como de costume, do conselho que um filósofo lhe havia dado de recitar o alfabeto grego antes de fazer algo no movimento de sua cólera: essa reflexão seria capaz de salvar a vida de Fabius e a glória de Augusto. Mas, sem nenhuma reflexão feliz, que decorre algumas vezes de uma bondade divina inteiramente particular, ou sem nenhuma habilidade adquirida antes, como aquela de Augusto, propícia a suscitar reflexões convenientes no tempo e no lugar, a paixão prevalecerá sobre a razão.

O cocheiro é o mestre dos cavalos se ele os governa como deve e como pode; mas há ocasiões nas quais se descuida e, então, deve-se por um tempo abandonar as rédeas: "*Fertur equis auriga, nec audit currus habenas.*"[93]

327. É preciso admitir que há sempre poder suficiente em nós sobre a nossa vontade, mas não se pensa sempre em utilizá-lo. Isso mostra, como observamos mais de uma vez, que o poder da alma sobre as suas inclinações é uma potência que só pode ser exercida de uma maneira indireta, mais ou menos como Belarmino queria que os papas tivessem direito sobre o direito temporal dos reis. Na verdade, as ações externas que não ultrapassam as nossas forças dependem absolutamente da nossa vontade; mas as nossas volições não dependem da vontade senão por certos desvios hábeis que nos dão meios de suspender as nossas resoluções ou modificá-las. Somos os mestres em nós, não como Deus o é no mundo, sendo preciso apenas falar, mas como um príncipe sábio nos seus Estados, ou como um bom pai de família em seu domicílio. Bayle o considera de outra maneira algumas vezes, como se fosse um poder absoluto, independente das razões e dos meios, que deveríamos ter em nós para nos vangloriar de um livre-arbítrio. Mas até mesmo Deus não o possui e não deve possuí-lo nesse sentido em relação à sua vontade; ele não pode modificar a sua natureza nem agir senão com ordem. E como o homem poderia se transformar de repente? Já disse: o império de Deus, o império do sábio, é aquele da razão. Não há senão Deus, entretanto, que tem sempre as vontades mais desejáveis. Consequentemente, ele não tem necessidade do poder de modificá-las.

328. Se a alma é mestra de si mesma (Bayle, p. 753), ela deve apenas querer e, em breve, essa tristeza e sofrimento que acompanham a vitória sobre as paixões desaparecerão. Para esse efeito, bastaria, na sua opinião, assumir indiferença aos objetos das paixões (p. 758). Por que, então, segundo Bayle, os homens não assumem essa indiferença se são mestres de si mesmos? Mas essa objeção é justamente como se eu perguntasse por que um pai de família não

---

[93] "O cocheiro é levado por seus cavalos, e o carro não obedece mais às rédeas" (Virgílio, *Geórgicas*, I, 513).

se dá a si mesmo ouro quando dele necessita. Ele pode adquiri-lo, mas por habilidade e não como no tempo das fadas ou do rei Midas, por um simples comando da vontade ou por um toque. Não bastaria ser mestre de si mesmo, seria preciso ser o mestre de todas as coisas para se dar tudo o que se quer, pois não se encontra tudo em si. Trabalhando assim sobre si mesmo, devem-se fazer como quando se trabalha sobre outra coisa; deve-se conhecer a constituição e as qualidades de seu objeto para acomodar suas operações. Não é, portanto, num momento e por um simples ato da vontade que se corrige e se adquire uma vontade melhor.

329. É bom, entretanto, observar que as tristezas e os sofrimentos que acompanham a vitória sobre as paixões se tornam prazer em alguns pelo grande contentamento que encontram no sentimento vivo da força de seu espírito e da graça divina. Os ascéticos e os verdadeiros místicos podem falar disso por experiência; e mesmo um verdadeiro filósofo pode dizer algo a esse respeito. Pode-se chegar a esse estado feliz, que é um dos principais meios dos quais a alma pode se servir para consolidar o seu império.

330. Se os scotistas e os molinistas parecem favorecer a indiferença vaga (parecem, digo eu, pois duvido que eles o façam verdadeiramente, depois de tê-los bem conhecido), os tomistas e os agostinianos são a favor da predeterminação. Pois se deve necessariamente ser a favor de um ou de outro. Tomás de Aquino é um autor que tem o costume de ser sólido; e o sutil Scotus, procurando contradizê-lo, obscurece frequentemente as coisas ao invés de esclarecê-las. Os tomistas seguem via de regra o seu mestre, não admitindo que a alma se determine sem que haja alguma predeterminação que contribua para isso. Mas a predeterminação dos novos tomistas não é, talvez, justamente aquela da qual se precisa. Durand de Saint-Pourçain, que não raro se afastava desses grupos e se posicionava contra o concurso especial de Deus, não deixou de ser a favor de uma certa predeterminação, e acreditou que Deus via no estado da alma e no que a circunda a razão de suas determinações.

331. Os antigos estoicos eram, com relação a isso, mais ou menos da opinião dos tomistas: eles eram ao mesmo tempo a favor da determinação e contra a necessidade, ainda que se dissesse a seu respei-

to que eles tornavam tudo necessário. Cícero diz no seu livro *De fato*[94] que Demócrito, Heráclito, Empédocles e Aristóteles acreditaram que o destino levava a uma necessidade; que outros se opuseram a isso (ele entende com isso talvez Epicuro e os acadêmicos); e que Crisipo procura um meio-termo. Creio que Cícero se engana a respeito de Aristóteles, que reconheceu muito bem a contingência e a liberdade, e foi até mesmo longe demais ao dizer (por inadvertência, como creio) que as proposições sobre os futuros contingentes não tinham uma verdade determinada, no que foi abandonado com razão pela maior parte dos escolásticos. O próprio Cleantes[95], mestre de Crisipo, embora fosse a favor da verdade determinada dos eventos futuros, negava a necessidade. Se os escolásticos, tão persuadidos dessa determinação dos futuros contingentes (como eram, por exemplo, os padres de Coimbra[96], autores de um curso célebre de filosofia), tivessem visto a ligação das coisas, tal como o sistema da harmonia geral a faz conhecer, teriam julgado que não se poderia admitir a certeza prévia ou a determinação da futurição sem que se admitisse uma predeterminação da coisa nas suas causas e razões.

332. Cícero se esforçou para nos explicar o meio-termo de Crisipo, mas Justus Lipsius[97] observou, em *Filosofia estoica*, que a passagem de Cícero estava truncada e que Aulo Gélio nos conservou todo o raciocínio do filósofo estoico (*Noites áticas*, livro 6, cap. 2). Ei-lo resumidamente: o destino é a conexão inevitável e eterna de todos os eventos. Opõe-se a isso que se siga que os atos da vontade seriam necessários e que os criminosos, sendo forçados ao mal, não devam ser punidos. Crisipo responde que o mal advém da primeira constituição das almas; que faz uma parte da sequência fatal; que aquelas que são bem-feitas naturalmente resistem melhor às impressões das causas externas, mas aquelas cujos defeitos naturais não foram cor-

---

[94] Cf. Cícero, *Sobre o destino*, XVII, 39.

[95] Cleantes de Assos (331-232 a.C.) foi um filósofo estoico, discípulo de Zenão de Cítio e mestre de Crisipo.

[96] Leibniz se refere aos autores dos *Commentarii Collegii Conimbricensis Societatis Iesu* [*Comentários do Colégio Conimbricense da Companhia de Jesus*], que foram publicados em oito volumes entre 1592 e 1606 e consistiam num comentário da obra de Aristóteles.

[97] Justus Lipsius (1547-1606) foi um filósofo, filólogo e humanista flamengo. Publicou diversas obras relativas ao estoicismo.

rigidos pela disciplina se deixam perverter. Depois ele distingue (seguindo Cícero) entre as causas principais e as causas acessórias, e se serve da comparação de um cilindro, cujas volubilidade e velocidade ou facilidade no movimento advêm principalmente de sua figura, ao passo que ele seria retardado se fosse de superfície irregular. Entretanto, ele possui a necessidade de ser pressionado, como a alma possui a necessidade de ser solicitada pelos objetos dos sentidos, e recebe essa impressão segundo a constituição na qual se encontra.

333. Cícero julga que Crisipo se atrapalha de tal maneira que, querendo ou não, confirma a necessidade do destino. Bayle é mais ou menos da mesma opinião (*Dicionário*, artigo "Crisipo", nota H). Ele diz que esse filósofo não se tira do atoleiro, já que o cilindro é uno ou irregular segundo o obreiro que o fez: e que assim Deus, a providência e o destino serão as causas do mal de uma maneira que o tornará necessário. Justus Lipsius responde que, segundo os estoicos, o mal advém da matéria. É (na minha opinião) como se ele tivesse dito que a pedra sobre a qual o obreiro trabalhou fosse algumas vezes demasiadamente grosseira e desigual para fornecer um bom cilindro. Bayle cita contra Crisipo os fragmentos de Enomau[98] e de Diogenianus[99], que Eusébio[100] conservou para nós em *Preparação evangélica* (livro 6, caps. 7 e 8), e apoia-se sobretudo na refutação de Plutarco no seu livro contra os estoicos, referido como artigo "Paulicianos", nota G. Mas essa refutação não é grande coisa. Plutarco sustenta que seria melhor suprimir a potência de Deus do que fazê-lo permitir os males; ele não quer admitir que o mal possa servir a um bem maior. No entanto, já mostramos que Deus não deixa de ser todo-poderoso, ainda que não possa fazer melhor do que produzir o melhor, o qual contém a permissão do mal. E mostramos mais de uma vez que aquilo que é um inconveniente numa parte tomada isoladamente pode servir à perfeição do todo.

334. Crisipo já observou alguma coisa a esse respeito não somente no seu quarto livro, *Da providência* (livro 6, cap. 1) – em que

---

[98] Enomau de Gadara foi um filósofo cínico do século II.
[99] Diogeniano foi um gramático e filósofo grego do século II. Membro da escola epicurista, manteve uma polêmica com o estoico Crisipo.
[100] Eusébio de Cesareia (275-339) foi bispo de Cesareia e é considerado o pai da história da Igreja.

afirma que o mal serve para fazer conhecer o bem (razão que não é suficiente aqui) –, mas também e ainda melhor quando se serve da comparação com uma peça de teatro no seu segundo livro, *Da natureza* (como o próprio Plutarco o relata), dizendo que há algumas vezes partes numa comédia que não valem nada por si mesmas, mas não deixam de dar graça ao todo do poema. Ele chama essas partes de epigrama ou inscrições. Não conhecemos muito a natureza da comédia antiga para entender bem essa passagem de Crisipo, mas, uma vez que Plutarco permanece de acordo com o fato, há motivos para crer que essa comparação não era má. Plutarco responde em primeiro lugar que o mundo não é como uma peça de recreação, mas essa é uma resposta ruim: a comparação consiste somente em que uma parte má pode tornar o todo melhor. Ele afirma em seguida que essa parte má não passa de uma pequena parte da comédia, ao passo que a vida humana abunda de males. Essa resposta não vale tampouco: ele deveria considerar que aquilo que conhecemos é também uma parte muito pequena do universo.

335. Mas voltemos ao cilindro de Crisipo. Ele tem razão em dizer que o vício advém da constituição originária de alguns espíritos. Objeta-se-lhe que Deus os formou e ele não poderia replicar a não ser pela imperfeição da matéria, que não permitiria Deus fazer melhor. Essa réplica não vale nada, pois a matéria é em si mesma indiferente para todas as formas e Deus a fez. O mal advém antes das próprias formas, mas abstratas, isto é, as ideias que Deus não produziu por um ato de sua vontade, não mais que os números e as figuras, e não mais (em resumo) que todas as essências possíveis, que se devem considerar eternas e necessárias, pois se encontram na região ideal dos possíveis, isto é, no entendimento divino. Deus dota as criaturas de perfeição tanto quanto o universo pode receber. Impele-se o cilindro, mas aquele que tem irregularidades em sua figura limita a prontidão de seu movimento. Essa comparação de Crisipo não é muito diferente da nossa, que foi tomada de um barco carregado que a corrente do rio impele a navegar, mas tanto mais lentamente quanto maior a carga. Essas comparações tendem ao mesmo objetivo; e isso faz ver que, se estivéssemos informados o bastante acerca das opiniões dos antigos filósofos, acharíamos neles mais razão do que se crê.

336. O próprio Bayle elogia a passagem de Crisipo (artigo "Crisipo", nota T) – que Aulo Gélio também relata – em que esse filósofo sustenta que o mal adveio por concomitância. Isso se esclarece também pelo nosso sistema, pois mostramos que o mal que Deus permitiu não era um objeto da sua vontade, como fim ou meio, mas apenas como condição, dado que ele devia estar contido no melhor. Entretanto, é preciso admitir que o cilindro de Crisipo não satisfaz a objeção da necessidade. Seria preciso acrescentar, em primeiro lugar, que é pela escolha livre de Deus que alguns dos possíveis existem; e, em segundo lugar, que as criaturas racionais agem livremente também, de acordo com a sua natureza original, que já se encontrava nas ideias eternas; e, enfim, que o motivo do bem inclina a vontade sem necessitá-la.

337. A vantagem da liberdade que está na criatura é, sem dúvida, eminente em Deus; mas se deve entender isso na medida em que é verdadeiramente uma vantagem e não pressupõe uma imperfeição. Pois poder se enganar e se extraviar é uma desvantagem, e ter um império sobre as paixões é uma vantagem, na verdade, mas que pressupõe uma imperfeição, a saber, a paixão mesma, da qual Deus é incapaz. Scotus teve razão em dizer que, se Deus não fosse livre e isento da necessidade, nenhuma criatura o seria. Mas Deus é incapaz de ser indeterminado no que quer que seja: ele não poderia ignorar, questionar ou suspender o seu juízo; sua vontade é sempre decidida e ela não poderia sê-lo a não ser pelo melhor. Deus não poderia jamais ter uma vontade particular primitiva, isto é, independente das leis ou das vontades gerais; ela seria desarrazoada. Ele não poderia se determinar em relação a Adão, Pedro, Judas ou qualquer indivíduo sem que houvesse uma razão dessa determinação; e essa razão leva necessariamente a alguma enunciação geral. O sábio age sempre por princípios, age sempre por regras e jamais por exceções; apenas quando as regras concorrem entre si e têm tendências contrárias, a mais forte leva. De outro modo, ou elas se impediriam mutuamente ou disso resultaria um terceiro partido; e, em todos esses casos, uma regra serve de exceção à outra, sem que haja jamais exceções originais naquele que age sempre regularmente.

338. Se há pessoas que acreditam que a Eleição e a Reprovação se fazem, da parte de Deus, por um poder absoluto despótico, não

apenas sem nenhuma razão que seja aparente, mas verdadeiramente sem nenhuma razão, mesmo oculta, elas sustentam uma opinião que destrói igualmente a natureza das coisas e as perfeições divinas. Um tal decreto absolutamente absoluto (por assim dizer) seria sem dúvida insuportável. Mas Lutero e Calvino estavam bem longe disso: o primeiro espera que a vida futura nos fará compreender as razões justas da escolha de Deus; o segundo diz expressamente que essas razões são justas e santas, ainda que nos sejam desconhecidas. Já citamos para isso o tratado de Calvino sobre a predestinação, cujas palavras se apresentam aqui: "antes da queda de Adão, Deus havia deliberado o que deveria fazer, e isso por causas que nos são ocultas... Resta, pois, que ele tinha causas justas para reprovar uma parte dos homens, que são a nós *desconhecidas*".

339. Essa verdade – de que tudo o que Deus faz é razoável e não poderia ser feito melhor – impressiona de início todo homem de bom senso e extorque, por assim dizer, sua aprovação. E, no entanto, é uma fatalidade para os filósofos mais sutis de contrariar sem nisso pensar, e, no progresso e calor das disputas, os primeiros princípios do bom senso são encobertos sob termos que fazem com que não se os reconheçam. Vimos anteriormente como o excelente Bayle, com toda a sua penetração, não deixou de combater esse princípio que acabamos de indicar e que é uma consequência certa da perfeição suprema de Deus: ele acreditou defender com isso a causa de Deus e de isentá-lo de uma necessidade imaginária, ao deixar-lhe a liberdade de escolher, entre vários bens, o menor. Já falamos de Diroys e de outros que também caíram nessa estranha opinião, que é seguida mais do que se deveria. Aqueles que a sustentam não observam que é querer conservar ou antes dar a Deus uma falsa liberdade, que é a liberdade de agir irracionalmente. É tornar as suas obras sujeitas à correção e nos colocar na impossibilidade de dizer – ou mesmo de esperar que se possa dizer – algo de razoável sobre a permissão do mal.

340. Essa fraqueza causou muitos danos aos raciocínios de Bayle e lhe retirou o meio de se sair bem dessa dificuldade. Isso aparece ainda em relação às leis do reino da natureza: ele as crê arbitrárias e indiferentes, e objeta que Deus teria podido alcançar melhor o seu objetivo no reino da graça se não fosse preso a essas leis, se se dis-

pensasse mais frequentemente de segui-las, ou mesmo se tivesse feito outras. Ele crê nisso sobretudo em relação à lei da união da alma e do corpo. Pois está persuadido, junto com os cartesianos modernos, que as ideias das qualidades sensíveis que Deus dá, segundo eles, à alma na ocasião dos movimentos do corpo não possuem nada que os represente ou que se lhes assemelhe, de maneira que era puramente arbitrário que Deus nos desse as ideias de calor, de frio, de luz e outras que experimentamos, ou que nos desse outras totalmente diferentes para essa mesma ocasião. Espantava-me mui frequentemente que pessoas tão hábeis tivessem sido capazes de experimentar opiniões tão pouco filosóficas e tão contrárias às máximas fundamentais da razão. Pois nada indica melhor a imperfeição de uma filosofia do que a necessidade em que o filósofo se encontra de admitir que se passa algo, segundo seu sistema, do qual não há nenhuma razão; e isso vale bem para a declinação dos átomos de Epicuro. Seja Deus ou a natureza que opere, a operação terá sempre as suas razões. Nas operações da natureza, essas razões dependerão ou das verdades necessárias ou das leis que Deus achou ser as mais razoáveis; e, nas operações de Deus, elas dependerão da escolha da suprema razão que o faz agir.

341. Régis, célebre cartesiano, tinha sustentado em *Metafísica* (parte 2, livro 2, cap. 29)[101] que as faculdades que Deus deu ao homem são as mais excelentes das quais foi capaz de acordo com a ordem geral da natureza. "A considerar apenas", diz ele, "a potência de Deus e a natureza do homem nelas mesmas, é muito fácil conceber que Deus pode tornar o homem mais perfeito: mas se se quer considerar o homem não nele mesmo, e separadamente do resto das criaturas, mas como um membro do universo e uma parte que está submetida às leis gerais dos movimentos, torna-se obrigatório reconhecer que o homem é tão perfeito quanto pode ser." Ele acrescenta "que não concebemos que Deus tenha podido empregar algum outro meio mais próprio do que a dor para conservar o nosso corpo". Régis tem razão em geral de dizer que Deus não poderia fazer melhor do que fez, em relação ao todo. E, embora haja apa-

---

[101] Pierre Sylvain Régis, *Système de philosophie...*, t. 1, pp. 260-1.

rentemente em alguns lugares do universo animais razoáveis mais perfeitos do que o homem, pode-se dizer que Deus teve razão de criar toda sorte de espécies, umas mais perfeitas do que outras. Não é talvez impossível que haja em alguma parte uma espécie de animal muito semelhante ao homem e que seja mais perfeita do que nós. Pode até ser que a espécie humana alcance com o tempo uma perfeição maior do que aquela que podemos imaginar presentemente. Assim, as leis do movimento não impedem que o homem seja mais perfeito, mas o lugar que Deus assinalou ao homem no espaço e no tempo limita as perfeições que ele pode receber.

342. Duvido também, como Bayle, de que a dor seja necessária para advertir os homens do perigo. Mas esse autor leva tal consideração muito longe (*Resposta às questões de um provincial*, t. 2, cap. 77, p. 104): ele parece acreditar que um sentimento de prazer poderia ter o mesmo efeito e que, para impedir uma criança de se aproximar demais do fogo, Deus poderia dar-lhe ideias de prazer na medida em que se afastasse. Esse expediente não parece muito praticável a todos os males se não é milagre: está mais conforme à ordem que aquilo que causaria um mal, se estiver próximo demais, cause algum pressentimento do mal, quando ele está um pouco menos. Entretanto, admito que esse pressentimento poderia ser algo menor do que a dor, e ordinariamente ele o é. De maneira que pareceria, com efeito, que a dor não é necessária para fazer evitar o perigo presente; ela tem o costume de servir antes de castigo por se ter ligado efetivamente ao mal e de admonição para não se cair nele mais uma vez. Há também muitos males dolorosos que não dependem de nós evitar. E, como uma solução da continuidade de nosso corpo é uma sequência de muitos acidentes que nos podem ocorrer, seria natural que essa imperfeição do corpo fosse representada por algum sentimento de imperfeição na alma. Entretanto, não gostaria de responder que não há animais no universo cuja estrutura fosse artificiosa o bastante para fazer acompanhar essa solução de um sentimento indiferente, como quando se decepa um membro gangrenado, ou mesmo de um sentimento de prazer, como se apenas se arranhasse, porque a imperfeição que acompanha a solução do corpo poderia dar lugar ao sentimento de uma perfeição maior que estava suspensa ou

detida pela continuidade que se faz cessar; e, a esse respeito, o corpo seria como uma prisão.

343. Nada impede também que não haja animais no universo semelhantes àquele que Cyrano de Bergerac[102] encontrou no Sol, sendo o corpo desse animal uma espécie de fluido composto de uma infinidade de pequenos animais capazes de se acomodar aos desejos do grande animal, que, por meio disso, se transformaria num momento, como bem lhe pareceria, e a solução da continuidade o lesaria tão pouco quanto uma remada pode lesar o mar. Mas, enfim, esses animais não são homens nem estão no nosso globo, no século em que estamos. E o plano de Deus não permitiu que faltasse aqui embaixo um animal racional revestido de carne e osso, cuja estrutura inclui que ele seja suscetível à dor.

344. Mas Bayle a isso opõe-se ainda por outro princípio: aquele que já mencionei. Parece que ele acredita que as ideias que a alma concebe em relação aos sentimentos do corpo sejam arbitrárias. Assim, Deus poderia fazer com que a solução de continuidade nos desse prazer. Ele até mesmo quer que as leis do movimento sejam inteiramente arbitrárias. "Gostaria de saber", diz ele (t. 3, cap. 166, p. 1.080), "se Deus estabeleceu por um ato de sua liberdade de indiferença as leis gerais da comunicação de movimentos e as leis particulares da união da alma humana com um corpo organizado. Nesse caso, ele poderia estabelecer leis completamente diferentes e adotar um sistema em que as sequências não encerrassem nem o mal moral nem o mal físico. Mas, caso se responda que Deus foi necessitado pela soberana sabedoria a estabelecer as leis que estabeleceu, eis o *fatum* dos estoicos, pura e simplesmente. A sabedoria teria marcado um caminho para Deus do qual lhe teria sido tão impossível de se afastar quanto o é destruir-se a si mesmo." Essa objeção foi suficientemente destruída: não passa de uma necessidade moral, e é sempre uma necessidade feliz a de ser obrigado a agir segundo as regras da perfeita sabedoria.

---

[102] Savien de Cyrano, mais conhecido como Cyrano de Bergerac (1619-1655), foi um dos principais representantes do libertinismo e autor de *Histoire comique des états et empires su soleil* [*História cômica dos Estados e Impérios do Sol*] (1662), à qual Leibniz se refere.

345. Ademais, parece-me que a razão que faz muitos acreditarem que as leis do movimento são arbitrárias advém de que poucas pessoas as examinaram bem. Sabe-se presentemente que Descartes se enganou muito ao estabelecê-las. Fiz ver de uma maneira demonstrativa[103] que a conservação da mesma quantidade de movimento não poderia ocorrer, mas descubro que se conserva a mesma quantidade de força tanto absoluta quanto diretiva, respectiva, total e parcial. Meus princípios que sustentam essa matéria até onde ela pode chegar não foram ainda inteiramente publicados, mas os comuniquei a amigos muito capazes de julgá-los, amigos que os apreciaram bastante e converteram algumas outras pessoas de um saber e mérito reconhecidos. Descobri ao mesmo tempo que as leis do movimento que se encontram efetivamente na natureza e são verificadas pelas experiências não são, na verdade, absolutamente demonstráveis como seria uma proposição geométrica, mas não é preciso que elas o sejam. Elas não nascem inteiramente do princípio da necessidade, mas do princípio da perfeição e da ordem: são um efeito da escolha e da sabedoria de Deus. Posso demonstrar essas leis de várias maneiras, mas é preciso sempre supor alguma outra coisa que não é de uma necessidade absolutamente geométrica. De forma que essas belas leis são uma prova maravilhosa de um ser inteligente e livre contra o sistema da necessidade absoluta e bruta de Estratão ou de Espinosa.

346. Descobri que se pode dar a razão dessas leis supondo-se que o efeito é sempre igual em força à sua causa, ou, o que é a mesma coisa, que a mesma força se conserva sempre, mas esse axioma de uma filosofia superior não poderia ser demonstrado geometricamente. Podem-se ainda empregar outros princípios de natureza semelhante: por exemplo, o princípio de que a ação é sempre igual à reação, o qual supõe nas coisas uma repugnância à mudança extrema, e não poderia ser tirado nem da extensão nem da impenetrabilidade; e o princípio de que um movimento simples tem as mesmas

---

[103] Trata-se de *Brevis demonstratio erroris memorabilis Cartesii et aliorum circa legem naturalem, segundo quam volunt a Deo eandem semper quantitatem motus conservari, qua et in re mechanica abutuntur* (GM VI, 117-23), publicado na revista *Acta Eruditorum* (1686).

propriedades que poderia ter um movimento composto que produziria os mesmos fenômenos de translação. Essas suposições são muito plausíveis e têm felizmente êxito em explicar as leis do movimento: não há nada mais conveniente, ainda mais porque elas se encontram juntas. Mas não se encontra nelas nenhuma necessidade absoluta que nos force a admiti-las, como somos forçados a admitir as regras da lógica, da aritmética e da geometria.

347. Parece, considerando-se a indiferença da matéria ao movimento e ao repouso, que o maior corpo em repouso poderia ser levado sem nenhuma resistência pelo menor corpo que estivesse em movimento, caso em que haveria uma ação sem reação e um efeito maior do que a sua causa. Não há também nenhuma necessidade de dizer do movimento de um globo que corre livremente sobre um plano horizontal unido, com um certo grau de velocidade denominado A, que esse movimento deve ter as propriedades daquele que possuiria se corresse menos rápido num barco em movimento na mesma direção, com a velocidade necessária para fazer com que o globo observado do rio avançasse com o mesmo grau A. Pois, embora resulte disso a mesma aparência de velocidade e de direção do barco, não é que seja a mesma coisa. Entretanto, ocorre que os efeitos dos concursos dos globos no barco, cujo movimento, cada um à parte, acrescido ao do barco, mostra o que sucede fora do barco, também revelam os efeitos que tais globos concorrentes produziriam fora do barco – o que é belo, mas não se vê que seja absolutamente necessário. Um movimento nos dois lados do triângulo retângulo compõe um movimento na hipotenusa, mas não se segue que um globo movido na hipotenusa deva fazer o efeito de dois globos de sua grandeza movidos nos dois lados: entretanto, isso ocorre verdadeiramente. Não há nada de tão conveniente quanto esse evento, e Deus escolheu as leis que o produzem: mas não se vê aí nenhuma necessidade geométrica. Entretanto, é esse defeito mesmo da necessidade que revela a beleza das leis que Deus escolheu, em que vários belos axiomas se encontram reunidos sem que se possa dizer qual deles é o mais primitivo.

348. Mostrei ainda que aqui se observa essa bela lei da continuidade, a qual eu tenha sido talvez o primeiro a estabelecer, que é

uma espécie de pedra de toque a partir da qual não poderiam ser aprovadas as regras de Descartes, do padre Fabry[104], do padre Pardies[105], do padre Malebranche e de outros: como mostrei em parte outras vezes na *Nouvelles de la République des Lettres*[106], de Bayle. Em virtude dessa lei, é preciso que se possa considerar o repouso como um movimento evanescente depois de ter sido continuamente diminuído; e, da mesma forma, a igualdade como uma desigualdade que se esvanece também, como ocorreria pela diminuição contínua do maior desses corpos desiguais, enquanto o menor guarda a sua grandeza. E é preciso que, em decorrência dessa consideração, a regra geral dos corpos desiguais ou dos corpos em movimento seja aplicável aos corpos iguais ou aos corpos dos quais um está em repouso, como a um caso particular da regra – o que tem êxito nas verdadeiras leis dos movimentos mas fracassa em certas leis inventadas por Descartes e por outras pessoas hábeis que apenas por isso já se encontram mal orquestradas, de maneira que se pode predizer que a experiência não lhes será favorável.

349. Essas considerações mostram bem que as leis da natureza que regram os movimentos não são nem totalmente necessárias nem inteiramente arbitrárias. O meio-termo que deve ser tomado é de que elas são uma escolha da mais perfeita sabedoria. E esse grande exemplo das leis do movimento mostra do modo mais claro do mundo quanta diferença há nesses três casos, a saber, em primeiro lugar, uma necessidade absoluta, metafísica, geométrica, que se pode denominar cega e que depende apenas de causas eficientes; em segundo lugar, uma necessidade moral, que advém da escolha livre da sabedoria em relação às causas finais; e, enfim, em terceiro lugar, algo de absolutamente arbitrário, dependente de uma indiferença de equilíbrio que se imagina, mas não poderia existir, em que não há nenhuma razão suficiente nem na causa eficiente nem na final. E,

---

[104] Honoré Fabry (1607-1688) foi um matemático, físico e teólogo jesuíta francês.

[105] Ignace-Gaston Pardies (1636-1673) foi um filósofo, matemático e físico jesuíta francês, pioneiro na descoberta da teoria ondulatória da luz.

[106] Leibniz se refere a *Extrait d'une lettre de M. L. sur un principe général, utile à l'explication des lois de la nature* [*Trecho de uma carta do sr. L. sobre um princípio geral, útil para a explicação das leis da natureza*] (GP III, 51-5), publicado na *Nouvelles de la République des Lettres*, em 1687.

consequentemente, é preciso julgar o quanto se engana ao se confundir o que é *absolutamente necessário* com o que é *determinado pela razão do melhor* ou a *liberdade que se determina pela razão* com uma *indiferença vaga*.

350. É o que satisfaz também justamente a dificuldade de Bayle, que teme que, se Deus é determinado sempre, a natureza poderia se abster dele e causar o mesmo efeito que se lhe atribui pela necessidade da ordem das coisas. Isso seria verdadeiro se, por exemplo, as leis do movimento e todo o resto tivessem a sua origem numa necessidade geométrica das causas eficientes; entretanto, na última análise, fomos obrigados a recorrer a alguma coisa que depende das causas finais ou da conveniência. É também o que arruína o fundamento mais especioso dos naturalistas. O dr. Johann Joachim Becher[107], médico alemão, conhecido pelos livros de química, tinha feito uma prece que pensou ser-lhe conveniente. Ela começava: "*O sancta mater natura, aeterne rerum ordo*"[108]; e terminava dizendo que essa natureza deveria perdoar os seus defeitos, uma vez que ela própria era a sua causa. Mas a natureza das coisas tomada sem inteligência e sem escolha não tem nada de determinante o suficiente. Becher não considerava suficientemente que o autor das coisas (*natura naturans*) é bom e sábio, e que podemos ser maus sem que ele seja cúmplice das nossas maldades. Quando um malvado existe, é preciso que Deus tenha encontrado na região dos possíveis a ideia de um tal homem entrando na sequência das coisas, cuja escolha era exigida pela maior perfeição do universo e no qual os defeitos e pecados não são apenas castigados, mas também reparados com vantagem, contribuindo para um bem maior.

351. Bayle, no entanto, estendeu um pouco demais a escolha livre de Deus e, falando do peripatético Estratão (*Resposta às questões de um provincial*, t. 3, cap. 180, p. 1.239), que sustentava que tudo tinha sido produzido pela necessidade de uma natureza destituída de inteligência, afirma que esse filósofo, sendo interrogado acerca

---

[107] Johann Joachim Becher (1635-1682) foi um médico alquimista alemão. É considerado um dos precursores da química.

[108] "Ó santa natureza, eterna ordem das coisas."

de por que uma árvore não tem a força de formar ossos e veias, poderia ter perguntado por seu turno: "'Por que a matéria tem precisamente três dimensões, por que duas não lhe teriam bastado, por que ela não tem quatro dimensões?' Caso se tivesse respondido que não pode haver nem mais nem menos do que três dimensões, ele teria perguntado a causa dessa impossibilidade." Essas palavras fazem julgar que Bayle suspeitou que o número das dimensões da matéria depende da escolha de Deus como dependeu dele fazer ou não com que as árvores produzissem animais. De fato, não sabemos se há globos planetários ou terras localizadas em algum lugar mais afastado no universo no qual a fábula dos gansos da Escócia (pássaros que se dizia nascer das árvores) ocorre verdadeiramente e se não há mesmo países em relação aos quais se poderia dizer:

> [...] *Populos umbrosa creavit*
> *Fraxinus, et foeta viridis puer excidit alno.*[109]

Mas não se dá o mesmo com as dimensões da matéria: o número ternário é aí determinado não pela razão do melhor, mas por uma necessidade geométrica: eis por que os geômetras puderam demonstrar que não pode haver além de três linhas retas perpendiculares entre si que se interceptam num mesmo ponto. Não se poderia escolher nada de mais próprio para mostrar a diferença que há entre a necessidade moral – que faz a escolha do sábio – e a necessidade bruta de Estratão e dos espinosistas – que recusam entendimento e vontade a Deus – do que fazer considerar a diferença que há entre a razão das leis do movimento e a razão do número ternário das dimensões: a primeira consistindo na escolha do melhor, e a segunda, numa necessidade geométrica e cega.

352. Depois de termos falado das leis dos corpos, isto é, das regras do movimento, abordemos as leis da união da alma com o corpo, nas quais Bayle pensa encontrar alguma indiferença vaga, algo de absolutamente arbitrário. Eis como ele fala a respeito na sua *Resposta às questões de um provincial* (t. 2, cap. 84, p. 163): "é uma

---

[109] "O umbroso fraxino criou os povos, e do fecundo alno caiu o verde menino" (Estácio, *Tebaida*, IV, 280-1).

questão embaraçosa se os corpos possuem alguma virtude natural de fazer mal ou bem à alma do homem. Se se responde que sim, adentra-se num furioso labirinto, pois, dado que a alma do homem é uma substância imaterial, seria preciso dizer que o movimento local de certos corpos é uma causa eficiente dos pensamentos de um espírito, o que é contrário às noções mais evidentes que a filosofia nos dá. Se se responde que não, ser-se-á obrigado a admitir que a influência dos nossos órgãos sobre os nossos pensamentos não depende nem das qualidades interiores da matéria nem das leis do movimento, mas de uma instituição arbitrária do Criador. Seria, pois, preciso que se admitisse que dependeu absolutamente da liberdade de Deus ligar tais ou tais pensamentos da nossa alma a tais ou tais modificações de nosso corpo, depois de ter fixado todas as leis da ação dos corpos uns sobre outros. Donde resulta que não há no universo nenhuma porção da matéria cuja vizinhança nos possa prejudicar se Deus não o quiser; e, consequentemente, que a Terra é tão capaz quanto outro lugar de ser o hábitat do homem feliz... Enfim, é evidente que, para impedir as más escolhas da liberdade, não é preciso transportar o homem para fora da Terra. Deus poderia fazer sobre a Terra, com relação a todos os atos da vontade, o que ele faz quanto às boas obras dos predestinados, quando ele fixa o evento seja por graças eficazes, seja por graças suficientes, que, sem prejudicar em nada a liberdade, são sempre seguidas do consentimento da alma. Ser-lhe-ia também fácil produzir sobre a Terra como no céu a determinação de nossas almas para a boa escolha".

353. Estou de acordo com Bayle de que Deus poderia estabelecer uma tal ordem nos corpos e nas almas sobre este globo da Terra, seja por vias naturais, seja por graças extraordinárias, de modo que fosse um Paraíso perpétuo e um antegosto do estado celeste dos bem-aventurados; e até mesmo nada impede que não haja terras mais felizes do que a nossa: mas Deus teve boas razões para querer que a nossa seja tal como é. Entretanto, para provar que um melhor estado teria sido possível aqui, Bayle não tinha necessidade de recorrer ao sistema das causas ocasionais, todo cheio de milagres e de suposições, para os quais os seus próprios autores reconhecem que não há nenhuma razão – esses são dois defeitos do sistema, que o

afastam mais que tudo do espírito da verdadeira filosofia. Há motivos para se espantar, antes de qualquer coisa, que Bayle não se tenha lembrado do sistema da harmonia preestabelecida, que ele tinha examinado outra vez e vinha tão a propósito aqui. Mas, como nesse sistema tudo é ligado e harmônico, tudo vai por razões e nada é deixado em branco ou para a temerária discrição da pura e plena indiferença, parece que não se acomodava à opinião de Bayle, um pouco favorável a essas indiferenças, que ele, no entanto, combatia tão bem em outras ocasiões. Pois ele passava facilmente do branco ao preto, não por uma má intenção ou contra a sua consciência, mas porque ele não tinha ainda nada de decidido no seu espírito sobre a questão da qual se tratava. Ele se acomodava ao que lhe convinha para se opor ao adversário que ele tinha em mente, não sendo outro o seu objetivo senão o de embaraçar os filósofos e mostrar a fraqueza da nossa razão. Acredito que nem Arcesilau[110] nem Carnéades sustentaram os prós e os contras com mais eloquência e espírito. Mas, enfim, não se deve duvidar por duvidar; é preciso que as dúvidas nos sirvam de trampolim para chegar à verdade. É o que eu dizia frequentemente ao falecido abade Foucher, do qual algumas passagens mostram que ele tinha o desígnio de fazer, em favor dos acadêmicos, o que Lipsius e Scioppius tinham feito pelos estoicos; Gassendi, por Epicuro; e o que Dacier[111] começou a tão bem fazer por Platão. Não é preciso que se possa reprochar aos verdadeiros filósofos o que o famoso Casaubon[112] respondia àqueles que lhe mostravam a sala da Sorbonne e lhe diziam que lá se havia debatido por alguns séculos: "O que se concluiu a esse respeito?", disse-lhes ele.

354. Bayle prossegue (p. 166): "é verdade que, a partir do momento que as leis do movimento foram estabelecidas tais quais vemos no mundo, é rigorosamente necessário que um martelo que bate numa noz a quebre e que uma pedra que caia sobre o pé de um

---

[110] Arcesilau (315-240 a.C.) sucedeu Crates como diretor da Academia, fundando a Academia Média, marcada pelo ceticismo.

[111] André Dacier (1651-1722) foi filólogo, tradutor e secretário da Academia Francesa. Traduziu várias obras de Platão e de outros autores gregos e latinos.

[112] Isaac Casaubon (1559-1614) foi um dos principais helenistas de sua época.

homem cause-lhe alguma contusão ou alguma desordem das partes. Mas eis tudo o que pode se seguir da ação dessa pedra sobre o corpo humano. Se você quer que, além disso, ela excite um sentimento de dor, deve-se supor o estabelecimento de outro código além daquele que regra a ação e a reação dos corpos uns sobre os outros; deve-se, digo eu, recorrer ao sistema particular das leis da união da alma com certos corpos. Ora, como esse sistema não é necessariamente ligado com o outro, a indiferença de Deus não cessa com relação a um depois da escolha que ele fez do outro. Ele combinou, portanto, esses dois sistemas com uma plena liberdade, como duas coisas que não se seguem uma da outra naturalmente. É, pois, por um estabelecimento arbitrário que ele ordenou que os ferimentos no corpo excitassem a dor na alma, que é unida a esse corpo. Não dependeu senão dele, pois, a eleição de outro sistema da união da alma com o corpo: ele pôde, portanto, escolher um em que os ferimentos excitassem apenas a ideia do remédio e um desejo vivo mas agradável de aplicá-lo. Ele pôde estabelecer que todos os corpos que estivessem prontos para quebrar a cabeça de um homem ou perfurar o seu coração excitassem uma viva ideia de perigo e que essa ideia fosse a causa de que o corpo se transportasse prontamente para fora do alcance do golpe. Tudo isso se faria sem milagre, dado que haveria leis gerais a esse respeito. O sistema que conhecemos por experiência nos ensina que a determinação do movimento de certos corpos muda em virtude de nossos desejos. Teria sido, portanto, possível que se fizesse uma combinação entre nossos desejos e o movimento de certos corpos, pela qual os sucos nutritivos se modificassem de tal maneira que a boa disposição de nossos órgãos não fosse jamais alterada".

355. Vê-se que Bayle crê que tudo o que se faz por meio de leis gerais se faz sem milagre. Mas já mostrei suficientemente que, se a lei não é fundada em razões e não serve para explicar o evento pela natureza das coisas, ela não pode ser executada a não ser por milagre. Por exemplo, se Deus tivesse ordenado que os corpos se movessem em linhas circulares, teriam sido necessários milagres perpétuos ou o ministério dos anjos para executar essa ordem, pois ela é contrária à natureza do movimento, de acordo com a qual o corpo

deixa naturalmente a linha circular para continuar na linha tangente se nada o retém. Não basta, pois, que Deus ordene simplesmente que um ferimento excite um sentimento agradável; é preciso encontrar meios naturais para isso. O verdadeiro meio pelo qual Deus faz com que a alma sinta o que se passa no corpo advém da natureza da alma, que é representativa dos corpos e permite que por antecipação as representações que nascem nela, umas a partir de outras por uma sequência natural de pensamentos, respondam à modificação dos corpos.

356. A representação tem uma relação natural com aquilo que deve ser representado. Se Deus fizesse representar a figura redonda de um corpo pela ideia de um quadrado, seria uma representação pouco conveniente, pois haveria ângulos ou eminências na representação, ao passo que tudo seria igual e unido no original. A representação suprime frequentemente alguma coisa nos objetos quando ela é imperfeita, mas não poderia acrescentar nada: isso não a tornaria mais perfeita, mas falsa. Além disso, a supressão nunca é inteira nas nossas percepções, e há na representação, na medida em que é confusa, mais do que nela vemos. Assim, há motivos para julgar que as ideias de calor, frio, cores etc. não fazem senão representar os pequenos movimentos exercidos nos órgãos quando se sentem essas qualidades, embora a multitude e a pequenez desses movimentos impeçam a sua representação distinta – mais ou menos como ocorre quando não discernimos o azul e o amarelo que entram na representação e composição do verde, ao passo que o microscópio mostra que o que parece verde é composto de partes amarelas e azuis.

357. É verdade que a mesma coisa pode ser representada de maneiras diferentes, mas deve sempre haver uma relação exata entre a representação e a coisa, e, consequentemente, entre as diferentes representações de uma mesma coisa. As projeções de perspectiva, que equivalem no círculo às seções cônicas, mostram que um mesmo círculo pode ser representado por uma elipse, por uma parábola e por uma hipérbole, ou até por outro círculo, e por uma linha reta e por um ponto. Nada parece tão diferente nem tão dessemelhante do que essas figuras e, no entanto, há uma relação exata de cada ponto a cada ponto. Também se deve admitir que cada alma se re-

presenta o universo de acordo com o seu ponto de vista e por uma relação que lhe é própria, mas uma perfeita harmonia sempre subsiste aí. E Deus, querendo fazer representar a solução de continuidade do corpo por um sentimento agradável da alma, não teria deixado de fazer com que essa solução mesma tenha servido para alguma perfeição no corpo, dando-lhe algum desprendimento novo, como quando se é liberado de algum fardo ou desatado de alguma atadura. Mas esses tipos organizados de corpo, embora possíveis, não se encontram em nosso globo, que, sem dúvida, não conta com uma infinidade de invenções que Deus pode ter praticado alhures. Entretanto, basta que, em relação ao lugar que a nossa Terra ocupa no universo, não se possa fazer nada de melhor para ela do que Deus fez. Ele usa da melhor forma possível as leis da natureza que estabeleceu, e – como Régis o reconheceu também no mesmo lugar[113] – "as leis que Deus estabeleceu na natureza são as mais excelentes que é possível conceber".

358. Acrescentemos a isso a observação do *Journal des Savants* de 16 de março de 1705 que Bayle inseriu no cap. 162 de *Resposta às questões de um provincial* (t. 3, p. 1.030). Trata-se do extrato de um livro moderno muito engenhoso sobre a origem do mal[114], do qual falamos anteriormente. Diz-se "que a solução geral que esse livro dá para o mal físico é que se deve olhar o universo como uma obra composta de diversas peças que perfazem um todo. Que, de acordo com as leis estabelecidas na natureza, algumas partes não poderiam ser melhores sem que outras não fossem piores, e que disso resultasse o sistema inteiro ser menos perfeito. Esse princípio (diz-se) é bom: mas, se não se lhe acrescenta nada, não parece suficiente. Por que Deus estabeleceu leis a partir das quais nascem tantas inconveniências? – dirão os filósofos um pouco exigentes. Não pode ele estabelecer outras que fossem sujeitas a alguns defeitos? E, para tornar mais claro, donde vem que ele se prescreveu leis? Que ele não age sem leis gerais, de acordo com toda a sua potência e bondade? O autor não levou a dificuldade até lá: não é que distin-

---

[113] Cf. Pierre Sylvain Régis, *Système de philosophie*..., t. 1, II, p. 2, caps. 22 e 29.
[114] Trata-se de uma resenha anônima do livro de William King *De origine mali*.

guindo as suas ideias não se encontre talvez o que a resolva, mas não há nada de desenvolvido no seu pensamento".

359. Imagino que o hábil autor dessa passagem, quando acreditou que se poderia resolver a dificuldade, teve no espírito algo de aproximado aos meus princípios; e, se ele tivesse querido se explicar nessa passagem, teria respondido, aparentemente como Régis, que as leis que Deus estabeleceu eram as mais excelentes que se poderiam estabelecer. E ele teria reconhecido, ao mesmo tempo, que Deus não poderia deixar de estabelecer leis e de seguir as regras, porque são as leis e as regras que fazem a ordem e a beleza; que agir sem regras seria agir sem razão; e que é porque Deus fez agir toda a sua bondade que o exercício da sua onipotência se deu de acordo com as leis da sabedoria, para que se obtivesse o máximo de bem que era possível alcançar; enfim, que a existência de certos inconvenientes particulares que nos atingem é uma marca certa de que o melhor plano não permitia que se os evitassem e que eles servem para a realização do bem total, raciocínio com o qual o próprio Bayle permanece de acordo em mais de um lugar.

360. Agora que mostramos suficientemente que tudo se faz por razões determinadas, não poderia haver mais nenhuma dificuldade sobre esse fundamento da presciência de Deus, pois, embora essas determinações não necessitem, elas não deixam de ser certas e de fazer prever o que ocorrerá. É verdade que Deus vê de uma só vez toda a sequência deste universo quando ele o escolhe e que, assim, ele não precisa da ligação dos efeitos com as causas para prever esses efeitos. Mas, na medida em que a sua sabedoria o faz escolher uma sequência perfeitamente ligada, ele não pode deixar de ver uma parte da sequência na outra. É uma das regras do meu sistema da harmonia geral que *o presente está prenhe do futuro* e que aquele que vê tudo, vê no que é o que será. E, o que é mais, estabeleci de uma maneira demonstrativa que Deus vê em cada parte do universo o universo inteiro por causa da perfeita conexão entre as coisas. Ele é infinitamente mais penetrante do que Pitágoras, que julgou o tamanho de Hércules pela medida do vestígio de seu pé. Não se deve, portanto, duvidar que os efeitos se seguem de suas causas de uma maneira determinada, não obstante a contingência e até mesmo a liberdade, que não deixam de subsistir com a certeza ou determinação.

361. Durand de Saint-Pourçain, entre outros, foi muito feliz ao dizer que os futuros contingentes se veem de uma maneira determinada nas suas causas e que Deus sabe tudo, observando tudo o que poderá incitar ou repelir a vontade, vendo aí o partido que ela tomará. Eu poderia relacionar muitos outros autores que disseram a mesma coisa, e a razão não permite que se possa julgar de outro modo. Jaquelot insinua também (*Conf.*, pp. 318 ss.), como Bayle observa (*Resposta às questões de um provincial*, t. 3, cap. 142, p. 796), que as disposições do coração humano e aquelas das circunstâncias fazem Deus conhecer infalivelmente a escolha que o homem fará. Bayle acrescenta que alguns molinistas também dizem isso, e remete-se àqueles que são referidos em *Suavis concordia*, de Pierre de St. Joseph[115], *feuillant*[116], pp. 579-80.

362. Aqueles que confundiram essa determinação com a necessidade forjaram monstros para combatê-los. Para evitar uma coisa razoável que eles tinham mascarado com uma figura horrenda, caíram em grandes absurdos. Por medo de serem obrigados a admitir uma necessidade imaginária, ou ao menos distinta daquela de que se trata, admitiram algo que ocorre sem que haja nenhuma causa ou razão, o que é equivalente à declinação ridícula dos átomos que Epicuro fazia ocorrer sem nenhum motivo. Cícero, no seu livro sobre a divinação[117], viu muito bem que, se a causa podia produzir um efeito para o qual ela fosse inteiramente indiferente, haveria um verdadeiro acaso, uma fortuna real, um caso fortuito efetivo, isto é, que o seria não apenas com relação a nós e à nossa ignorância, de acordo com a qual pode-se dizer

Sed Te
Nos facimus, Fortuna, Deam, coeloque locamus[118],

---

[115] Pierre de Saint-Joseph (1594-1662) foi um teólogo molinista francês. Leibniz se refere à obra *Suavis concordia humanae libertatis cum immobili certitudine praædestinationis et efficacia auxiliorum gratiae* [*A doce harmonia da liberdade humana com a certeza inabalável da predestinação e o auxílio eficaz da graça*], publicada em 1639, em Paris.

[116] Os *feuillants* são os membros de uma ordem monástica beneditina fundada por Jean de la Barrière.

[117] Cícero, *De divinatione*, II, v ss.

[118] "Mas nós, ó Fortuna, te convertemos em deusa e te colocamos no céu" (Juvenal, *Sátiras*, X, último verso).

mas até mesmo com relação a Deus e à natureza das coisas, e, consequentemente, seria impossível prever os eventos, julgando-se o futuro a partir do passado. Ele diz ainda muito bem na mesma passagem: "*Qui potest provideri, quicquam futurum esse, quod neque causam habet ullam, neque notam cur futurum sit?*"[119] E um pouco depois: "*Nihil est tam contrarium rationi et constantiae, quam fortuna; ut mihi ne in Deum quidem cadere videatur, ut sciat quid casu et fortuito futurum sit. Si enim scit, certe illud eveniet: sin certe eveniet, nulla fortuna est.*"[120] Se o futuro é certo, não há fortuna. Mas ele acrescenta muito mal: "*Est autem fortuna; rerum igitur fortuitarum nulla praesensio est.*"[121] Há uma fortuna; portanto, os eventos futuros não poderiam ser previstos. Ele deveria antes concluir que, estando os eventos predeterminados e previstos, não há fortuna. Mas ele falava então contra os estoicos, sob a pessoa de um acadêmico.

363. Os estoicos extraíam já dos decretos de Deus a previsão dos eventos. Pois, como Cícero diz no mesmo livro: "*Sequitur porro nihil Deos ignorare, quod omnia ab iis sint constituta.*"[122] E, seguindo o meu sistema, Deus, tendo visto o mundo possível que ele resolveu criar, previu tudo nele: de maneira que se pode dizer que a ciência divina da visão não difere da ciência da simples inteligência a não ser na medida em que ela acrescenta à primeira o conhecimento do decreto efetivo de escolher essa sequência de coisas que a simples inteligência já fazia conhecer, mas apenas como possível; e esse decreto faz agora o universo atual.

364. Assim, os socinianos não poderiam ser desculpados de recusar a Deus a ciência certa das coisas futuras e, sobretudo, das resoluções futuras de uma criatura livre. Pois até mesmo quando eles

---

[119] "Quem pode prever que deverá ocorrer alguma coisa qualquer que não tem nem causa nem algum sinal de que deverá ocorrer?" (Cícero, *De divinatione*, II, vi, 17).

[120] "Nada há de tão contrário à razão e à ordem como a fortuna; parece-me que não convém a Deus o conhecimento daquilo que ocorrerá por causalidade ou fortuitamente. Porque, se o sabe, certamente ocorrerá; e, se certamente há de ocorrer, não há fortuna alguma."

[121] "Mas existe a fortuna; consequentemente, não há pressentimento das coisas fortuitas" (*ibid.*, II, vii, 18).

[122] "Segue-se, pois, que os deuses não ignoram nada, porque tudo foi ordenado por eles" (*ibid.*, II, li, 105).

teriam imaginado que há uma liberdade de plena indiferença, de maneira que a vontade possa escolher sem motivo e, assim, esse efeito não poderia ser visto na sua causa (o que é um grande absurdo), eles deveriam sempre considerar que Deus teria podido prever esse evento na ideia do mundo possível que ele resolveu criar. Mas a ideia que eles têm de Deus é indigna do autor das coisas e corresponde pouco à habilidade e ao espírito que os escritores desse partido fazem frequentemente aparecer em algumas discussões particulares. O autor da *Tableau du socinianisme*[123] não se engana totalmente em dizer que o Deus dos socinianos seria ignorante e impotente como o Deus de Epicuro, desconcertado a cada dia pelos eventos, vivendo de dia em dia, se ele sabe apenas por conjectura o que os homens quererão.

365. Toda a dificuldade ocorre apenas devido a uma falsa ideia da contingência e da liberdade, de que se crê ter necessidade de uma indiferença plena ou de equilíbrio: coisa imaginária da qual não há nem ideia nem exemplo, e não poderia jamais haver. Aparentemente, Descartes foi imbuído dessa ideia na sua juventude no Colégio de La Flèche; foi o que o fez dizer (primeira parte de seus *Princípios*, art. 41): "Nosso pensamento é finito, e a ciência e a onipotência de Deus, por meio das quais ele não apenas conheceu por toda a eternidade tudo o que é ou que pode ser, mas também o quis, são infinitas, o que faz com que tenhamos inteligência suficiente para conhecer clara e distintamente que essa potência e essa ciência estão em Deus, mas não tenhamos inteligência suficiente para compreender a sua extensão a ponto de poder saber como elas deixam as ações dos homens inteiramente livres e indeterminadas." A sequência dessa passagem já foi indicada antes. "Inteiramente livres" vai bem, mas estraga-se tudo ao se acrescentar "inteiramente indeterminadas". Não se necessita de ciência infinita para ver que a presciência e a providência de Deus deixam às nossas ações a liberdade, já que ele as previu nas suas ideias tais quais são, isto é, livres. E,

---

[123] Pierre Jurieu, *Le tableau du socinianisme, où l'on voit l'impurité et la fausseté des dogmes des sociniens et où l'on découvre les mystères de la cabale de ceux qui veulent tolérer l'hérésie socinienne* [*O quadro do socinianismo, onde vemos a impureza e falsidade dos dogmas dos socinianos e descobrimos os mistérios da cabala dos que querem tolerar a heresia sociniana*] (Haia, 1690).

embora Lorenzo Valla[124], no seu *Diálogo* contra Boécio (do qual realizaremos em breve um compêndio), que concilia muito bem a liberdade com a presciência, não ouse esperar conciliá-la com a providência, não há mais dificuldade nisso porque o decreto de fazer existir essa ação não muda mais a sua natureza do que o simples conhecimento que se tem dela. Mas não há ciência, por mais infinita que seja, que possa conciliar a ciência e a providência de Deus com as ações de uma causa indeterminada, isto é, com um ser quimérico e impossível. Aquelas da vontade se encontram determinadas de duas maneiras: pela presciência ou providência de Deus, e também pelas disposições da causa particular próxima, que consistem nas inclinações da alma. Descartes concordava com os tomistas nesse ponto, mas ele escrevia com as suas precauções habituais para não provocar desavenças com alguns outros teólogos.

366. Bayle relata (*Resposta às questões de um provincial*, t. 3, cap. 142, p. 804) que o padre Gibieuf[125], do Oratório, publicou um tratado em latim sobre a liberdade de Deus e das criaturas no ano de 1630, tendo se protestado contra ele e se lhe apresentado uma compilação de setenta contradições extraídas do primeiro livro de sua obra; e que vinte anos depois o padre Annat[126], confessor do rei da França, censurou no seu livro *De incoacta libertate* [*Sobre a liberdade não coagida*] (ed. Rom., 1654, in-quarto) o silêncio que ainda mantinha. Quem não acreditaria (acrescenta Bayle), depois do fracasso das congregações *De auxiliis*, que os tomistas ensinam coisas tocantes à natureza do livre-arbítrio inteiramente opostas à opinião dos jesuítas? E, no entanto, quando são consideradas as passagens que o padre Annat extraiu das obras dos tomistas (num livrinho intitulado *Jansenius a Thomistis, gratiae per se ipsam efficacis defensoribus, condemnatus* [*Jansen condenado pelos tomistas por sua defesa da graça eficaz por si mesma*], impresso em Paris no ano de 1654, in-

---

[124] Lorenzo Valla defendeu que não há livre-arbítrio diante da predeterminação divina. A obra à qual Leibniz se refere é *De libero arbitrio dialogus*, publicada em 1475. Ver nota 20 do prefácio.

[125] Guillaume Gibieuf (1591-1670), filósofo francês e amigo de Descartes. Leibniz se refere a *De libertate Dei et creaturae*, publicada em Paris em 1630.

[126] François Annat (1590-1670) foi um teólogo jesuíta francês e um grande opositor do jansenismo.

-quarto), não se poderiam ver no fundo senão disputas de palavras entre duas seitas. A graça eficaz por si mesma de alguns deixa ao livre-arbítrio tanta força para resistir quanto as graças congruentes dos outros. Bayle crê que se pode dizer disso quase o mesmo a respeito do próprio Jansenius[127]. Era (diz ele) um homem hábil, de um espírito sistemático e muito laborioso. Ele trabalhou por 22 anos em seu livro *Augustinus*. Um de seus projetos foi o de refutar os jesuítas sobre o dogma do livre-arbítrio; entretanto, não se pôde ainda concluir se ele rejeita ou adota a liberdade de indiferença. Extrai-se de sua obra uma infinidade de passagens favoráveis e contrárias a essa opinião, como o próprio padre Annat mostrou na sua obra que se acaba de citar, *De incoacta libertate*. É muito fácil espalhar as trevas sobre esse artigo, como Bayle diz ao finalizar esse discurso. Quanto ao padre Gibieuf, deve-se admitir que ele modifica com frequência a significação dos termos e, consequentemente, não satisfaz a questão em tudo, embora muitas vezes diga coisas boas.

367. Com efeito, frequentemente a confusão advém apenas da equivocação dos termos e do pouco cuidado tomado ao se formarem noções distintas. Isso faz nascerem essas contestações eternas e, o mais das vezes, mal-entendidos sobre a necessidade e a contingência, sobre o possível e o impossível. Mas, desde que se conceba que a necessidade e a possibilidade, tomadas metaforicamente e a rigor, dependem apenas da questão se o objeto em si mesmo, ou o que lhe é oposto, implica contradição ou não, e que se considere que a contingência se concilia muito bem com as inclinações ou razões que contribuem para fazer com que a vontade se determine; desde que ainda se saiba bem distinguir entre a necessidade e a determinação ou certeza, entre a necessidade metafísica – que não deixa nenhum lugar para qualquer escolha, apresentando apenas um único objeto possível – e a necessidade moral, que obriga o mais sábio a escolher o melhor; desde que nos desprendamos da quimera da plena indiferença, que não se encontra senão nos livros dos filósofos e sobre o papel (pois eles não poderiam nem conceber a

---

[127] Cornelius Jansen, teólogo flamengo, fundou o jansenismo, doutrina condenada pelo papa Urbano VIII em 1642. Ver nota 43 da primeira parte.

noção em suas cabeças nem mostrar a sua realidade por algum exemplo nas coisas), sairemos facilmente de um labirinto do qual o espírito humano foi o Dédalo infeliz e que causou uma infinidade de desordens tanto nos antigos como nos modernos, a ponto de levar os homens ao erro ridículo do sofisma preguiçoso[128], que não difere do destino à maneira turca. Não me espantaria se, no fundo, os tomistas e os jesuítas, e até mesmo os molinistas e os jansenistas, concordassem entre si sobre esse tema mais do que se acredita. Um tomista e até mesmo um jansenista sábio se contentarão com a determinação certa, sem ir até a necessidade; e, se alguém vai até ela, talvez o erro esteja apenas na palavra. Um molinista sábio se contentará com uma indiferença oposta à necessidade mas que não excluirá as inclinações predominantes.

368. Essas dificuldades, no entanto, impressionaram Bayle, mais levado a valorizá-las do que a resolvê-las, ainda que talvez pudesse vencê-las mais do que qualquer outra pessoa se tivesse querido desviar o seu espírito daquele lado. Eis o que ele diz a esse respeito no seu *Dicionário*, artigo "Jansenius", nota G, p. 1.626: "Alguém disse que as matérias da graça são um oceano que não tem nem limite nem fundo. Talvez ele tivesse falado mais justamente se as houvesse comparado com o farol de Messina, onde se corre sempre o perigo de cair num escolho ao se esforçar para evitar outro.

Dextrum Scylla latus, laevum implacata Charybdis Obsidet.[129]

Tudo, enfim, reduz-se a isto: Adão pecou livremente? Se respondeis que sim, vos será dito, pois, que a sua queda não foi prevista. Se respondeis que não, vos será dito, pois, que ele não é culpado. Escrevereis cem volumes contra uma ou outra dessas consequências e, não obstante, admitireis ou que a previsão infalível de um evento contingente é um mistério impossível de conceber ou que a maneira como uma criatura que, agindo sem liberdade, peca é totalmente incompreensível."

---

[128] Cf. *Teodiceia*, I, § 55.
[129] "Cila ocupa o lugar direito, e o implacável Caribde, o esquerdo" (Virgílio, *Eneida*, III, 402-21).

369. Ou me engano muito ou essas duas pretensas incompreensibilidades cessam inteiramente as nossas soluções. Queira Deus que fosse tão fácil responder à questão, como é preciso curar a febre e evitar os perigos de duas doenças crônicas que podem nascer, uma ao não se curar a febre, outra ao se curá-la mal. Quando se acredita que um evento livre não poderia ser previsto, confunde-se a liberdade com a indeterminação ou com a indiferença plena e de equilíbrio; e, quando se quer que a falta de liberdade impeça o homem de ser culpável, entende-se uma liberdade isenta não da determinação ou da certeza, mas da necessidade e da coação – o que mostra que o dilema não é bem tomado e que há uma passagem larga entre esses dois perigos. Responder-se-á, portanto, que Adão pecou livremente e que Deus o viu pecando no estado de Adão possível, que se tornou atual, seguindo o decreto da permissão divina. É verdade que Adão se determinou a pecar como consequência de certas inclinações predominantes, mas essa determinação não destrói a contingência nem a liberdade; e a determinação certa que há no homem para pecar não o impede de poder não pecar (absolutamente falando) e, uma vez que ele peca, de ser culpado e de merecer a punição, ainda mais porque essa punição pode servir a ele ou a outros para contribuir a determiná-los a não pecar novamente – para não falar da justiça vindicativa, que vai além da reparação e da correção, e na qual não há nada também que seja ferido pela determinação certa das resoluções contingentes da vontade. Pode-se dizer, ao contrário, que as penas e as recompensas seriam em parte inúteis e não atenderiam a um de seus objetivos, que é a correção, se elas não pudessem contribuir para determinar a vontade de fazer melhor outra vez.

370. Bayle prossegue: "sobre a matéria da liberdade só há dois partidos a serem tomados: um é dizer que todas as causas distintas da alma que concorrem com ela deixam-lhe a força de agir ou de não agir; o outro é dizer que elas a determinam de tal maneira a agir que ela não poderia se resguardar. O primeiro partido é aquele dos molinistas, o outro é o dos tomistas, dos jansenistas e dos protestantes da Confissão de Genebra. Entretanto, os tomistas sustentaram com insistência que eles não eram jansenistas; e estes sustentaram

com o mesmo ardor que, sobre a matéria da liberdade, eles não eram calvinistas. De outro lado, os molinistas asseveraram que Santo Agostinho não ensinou o jansenismo. Assim, uns não queriam admitir que concordavam com pessoas que passavam por heréticas, e outros, não querendo admitir que fossem contrários a um doutor santo, cujas opiniões sempre passaram por ortodoxas, realizaram centenas de contorcionismos etc.".

371. Os dois partidos que Bayle distingue aqui não excluem um terceiro partido, que dirá que a determinação da alma não advém unicamente do concurso de todas as causas distintas da alma, mas ainda do estado da própria alma e de suas inclinações que se unem com as impressões dos sentidos e os aumentam ou enfraquecem. Ora, todas as causas internas e externas tomadas junto fazem com que a alma se determine certamente, mas não que se determine necessariamente: não implicaria contradição se ela se determinasse de outra forma, podendo a vontade ser inclinada mas não necessitada. Não entro na discussão da diferença que há entre os jansenistas e os reformados sobre essa matéria. Eles não estão, talvez, sempre muito de acordo consigo mesmos quanto às coisas ou às expressões sobre uma matéria que se perde frequentemente nas sutilezas obscuras. O padre Theófilo Raynaud[130], no seu livro intitulado *Calvinismus religio bestiarum*, quis provocar os dominicanos sem nomeá-los. Por outro lado, aqueles que se diziam sectários de Santo Agostinho acusavam os molinistas de pelagianismo ou, ao menos, de semipelagianismo; e se extrapolaram as coisas algumas vezes dos dois lados, seja por se defender uma indiferença vaga e atribuir-se demais ao homem, seja por se ensinar *determinationem ad unum secundum qualitatem actus licet non quoad ejus substantiam*[131], isto é, uma determinação ao mal nos não regenerados, como se eles não fizessem outra coisa que pecar. No fundo, creio que se devam censurar apenas os sectários de Hobbes e de Espinosa por destruírem a liberdade e a contin-

---

[130] Théophile Raynaud (1587-1663) foi um teólogo jesuíta que criticou o jansenismo na sua obra *Calvinismus, bestiarum religio* [*Calvinismo, religião dos animais*], aludida por Leibniz.

[131] "É lícita a determinação para algo segundo a qualidade do ato, mas não quanto à sua substância".

gência, pois eles acreditam que aquilo que ocorre é o único possível e deve ocorrer por uma necessidade bruta e geométrica. Hobbes tornava tudo material, submetendo tudo unicamente às leis matemáticas; Espinosa também suprimia a inteligência e a escolha de Deus, deixando-lhe uma potência cega, da qual tudo emana necessariamente. Os teólogos dos dois partidos protestantes cuidaram igualmente de refutar uma necessidade insuportável; e, embora aqueles ligados ao Sínodo de Dordrecht ensinem algumas vezes que basta que a liberdade seja isenta de coação, parece que a necessidade que eles deixam é apenas hipotética ou bem aquilo que se denomina mais propriamente certeza e infalibilidade – de maneira que é bem frequente que as dificuldades consistam apenas nos termos. Digo o mesmo dos jansenistas, embora eu não queira escusar todas essas pessoas em tudo.

372. Para os cabalistas hebreus, Malkuth ou o Reino, a última Sephiroth, significava que Deus governa tudo irresistivelmente, mas de forma doce e sem violência, de maneira que o homem acredita seguir a sua vontade, ao passo que excita aquela de Deus. Eles diziam que o pecado de Adão tinha sido *truncatio Malcuth a caeteris plantis*[132], isto é, que Adão tinha suprimido a última das sefirás ao fazer um império dentro do império de Deus e ao se atribuir uma liberdade independente de Deus, mas que a sua queda lhe ensinou que ele não poderia subsistir por si mesmo e os homens tinham necessidade de ser redimidos pelo Messias. Essa doutrina pode receber um bom sentido. Mas Espinosa – que era versado na Cabala dos autores de sua nação e diz (*Tratado político*, cap. 2, n. 6) que os homens, concebendo a liberdade como o fazem, estabelecem um império no império de Deus – extrapolou as coisas. O império de Deus não é outra coisa em Espinosa senão o império da necessidade, e de uma necessidade cega (como em Estratão), a partir da qual tudo emana da natureza divina, sem que haja nenhuma escolha de Deus e sem que a escolha do homem o isente da necessidade. Ele acrescenta que os homens, para estabelecer o que se denomina *Imperium in Imperio*, imaginam sua alma como uma pro-

---

[132] "A separação de Malkuth das demais plantas".

dução imediata de Deus, sem poder ser produzida por causas naturais, e dona de um poder absoluto de se determinar, o que é contrário à experiência. Espinosa tem razão de ser contra um poder absoluto de se determinar, isto é, sem nenhum motivo – esse poder não convém nem mesmo a Deus. Mas ele se engana em acreditar que uma alma, uma substância simples, possa ser produzida naturalmente. Parece que, para ele, a alma não passava de uma modificação passageira; quando ele parece fazê-la durável e até mesmo perpétua, subsiste aí a ideia do corpo, que é uma simples noção, e não uma coisa real e atual.

373. É curioso o que Bayle relata de Jean Bredenbourg, burguês de Rotterdam (*Dicionário*, artigo "Espinosa", nota H, p. 2.774). Ele publicou um livro contra Espinosa intitulado *Enervatio Tractatus Theologico-politici, una cum demonstratione geometrico ordine disposita, Naturam non esse Deum, cujus effati contrario praedictus Tractatus unice innititur*[133]. Houve surpresa ao ver-se que um homem que não exercia profissão de letras e tinha apenas pouco estudo (tendo escrito o seu livro em flamengo e mandado traduzi-lo para o latim) pôde penetrar tão sutilmente em todos os princípios de Espinosa e derrubá-los felizmente, depois de tê-los reduzido por uma análise de boa-fé a um estado em que eles poderiam se mostrar com toda a sua força. "Relatou-se-me", acrescenta Bayle, "que esse autor, tendo refletido uma infinidade de vezes sobre a resposta e sobre o princípio de seu adversário, constatou, enfim, que se poderia reduzir esse princípio à demonstração. Ele tentou, pois, provar que não há outra causa de todas as coisas senão uma natureza que existe necessariamente e age por uma necessidade imutável, inevitável e irrevogável. Ele observou todo o método dos geômetras e, depois de ter edificado a sua demonstração, examinou-a de todos os lados imagináveis, esforçou-se em encontrar a sua fraqueza e não pôde jamais inventar nenhum meio de destruí-la, nem mesmo de enfraquecê-la. Isso lhe causou um verdadeiro desgosto: ele lamentou-se disso e suplicou aos mais hábeis de seus amigos para socorrê-lo na busca dos defeitos dessa demonstração, não obstante não fos-

---

[133] *O esgotamento do Tratado Teológico-Político, juntamente com a demonstração disposta em ordem geométrica de que a natureza não é Deus, em cujo contrário enfático o referido tratado se baseia unicamente*, publicado em Rotterdam, em 1675.

se muito fácil tirar cópias dela. Francisco Cuper[134], sociniano (que havia escrito *Arcana Atheismi revelata* [*Segredos do ateísmo revelados*] contra Espinosa, Rotterdam, 1676, in-quarto), possuindo uma delas, publicou-a tal como era, isto é, em flamengo, com algumas reflexões, e acusou o autor de ser ateu. O acusado se defendeu na mesma língua. Orobio[135], médico judeu muito hábil (aquele que foi refutado por Limbourg e respondeu, pelo que ouvi dizer, numa obra póstuma não impressa), publicou um livro contra a demonstração de Bredenbourg intitulado *Certamen philosophicum propugnatae veritatis Divinae ac naturalis, adversus J. B. principia* [*Disputa filosófica em defesa da verdade divina e natural, contra os princípios de J. B.*], Amsterdam, 1684. E Aubert de Versé[136] escreveu também contra ele no mesmo ano sob o nome de Latinus Serbattus Sartensis. Bredenbourg protestou, dizendo que ele estava persuadido do livre-arbítrio e da religião, e que gostaria que se lhe fornecesse um meio de responder à sua demonstração."

374. Gostaria de ver essa pretensa demonstração e de saber se ela tendia a provar que a natureza primitiva, que produz tudo, age sem escolha e sem conhecimento. Nesse caso, admito que a sua demonstração era espinosista e perigosa. Mas, se ele entendesse talvez que a natureza divina é determinada ao que produz pela sua escolha e pela razão do melhor, não haveria necessidade de se afligir com essa pretensa necessidade imutável, inevitável e irrevogável. Ela é apenas moral, é uma necessidade feliz. E, bem longe de destruir a religião, coloca a perfeição divina no seu maior esplendor.

375. Nesse momento, direi que Bayle relata (p. 2.773) a opinião daqueles que creem que o livro *Lucii Antistii Constantis de jure Ecclesiasticorum liber singularis*[137], publicado em 1665, é de Espinosa, mas que tenho motivo para duvidar, embora Colerus – que nos forneceu um relato seu sobre a vida desse judeu célebre – seja da

---

[134] Frans Kuyper (1629-1691) foi um filósofo holandês.

[135] Isaac Orobio de Castro (*c.* 1617-1687) foi um filósofo e médico judeu português.

[136] Noel Aubert de Versé (1642-1714) foi um filósofo francês defensor da tolerância religiosa.

[137] A autoria dessa obra (cujo título em português, em tradução livre, é *Sobre o direito dos eclesiásticos*), assinada com o pseudônimo de Lucius Antistius Constans, é incerta. Ela já foi atribuída a Lodewijk Meijer, que pertencia ao círculo de Espinosa, embora a atribuição a Van den Hoof, proposta por Leibniz, seja frequentemente aceita.

mesma opinião. As letras iniciais L. A. C. me fazem julgar que o autor desse livro foi De la Court ou Van den Hoof[138], famoso por *L'Interest de la Hollande*, *La balance politique* e vários outros livros que publicou (em parte se chamando V. D. H.) contra a potência do governador da Holanda, que se acreditava então perigosa à república, na medida em que a memória da tomada do príncipe Guilherme II[139] da cidade de Amsterdam ainda estava bem fresca. E, como a maior parte dos eclesiásticos da Holanda estava no partido do filho desse príncipe, que era menor então, e suspeitavam que De Wit[140] e o que se denominava "a facção de Lovenstein" favoreciam os arminianos, os cartesianos e outras seitas ainda mais temidas, animavam o populacho contra eles, o que não ficou sem efeito, como o evento bem mostrou. Era muito natural que De la Court publicasse esse livro. É verdade que raramente se observa um meio-termo justo nas obras que o interesse de partido faz publicar. Diria de passagem que se acaba de publicar uma versão francesa de *L'interest de la Hollande*, de De la Court, sob o título enganoso de *Mémoires de M. le Grand-Pensionnaire De Wit*, como se os pensamentos de um particular, que era, com efeito, do partido do De Wit e hábil, mas não tinha conhecimentos suficientes dos negócios públicos nem capacidade o bastante para escrever como poderia ter feito esse grande ministro de Estado, pudessem passar por produções de um dos primeiros homens de seu tempo.

376. Vi De la Court e Espinosa no meu retorno da França pela Inglaterra e pela Holanda e aprendi com eles algumas boas anedotas sobre assuntos daquele tempo. Bayle diz (p. 2.770) que Espinosa estudou a língua latina com um médico chamado Franciscus van den Ende[141] e relata ao mesmo tempo, de acordo com Sebastian

---

[138] Pieter de la Court (1618-1659) e Johan de la Court (1622-1660), ou Van den Hoof, foram dois escritores políticos holandeses que se opunham ao partido orangista e defendiam a forma republicana de governo.

[139] Guilherme II de Orange (1626-1650) tentou, sem sucesso, conquistar Amsterdam em 1650.

[140] Johan de Witt (1625-1672) foi um matemático, político e economista holandês que passou a exercer o controle da política e economia holandesas após a morte de Guilherme II.

[141] Franciscus van den Ende (1602-1674) é mais conhecido por ter ensinado latim a Espinosa. Participou de um complô contra Luís XIV e por isso foi condenado à morte.

Kortholt[142] (que fala disso no prefácio da segunda edição do livro do seu falecido pai, *De tribus impostoribus*, Herberto L. B. de Cherbury, Hobbio et Spinosa [*Sobre os três impostores: Lorde Herbert de Cherbury, Hobbes e Espinosa*]), que uma moça ensinou latim a Espinosa e se casou em seguida com Kerkering, que era seu discípulo ao mesmo tempo que Espinosa. Observo que essa senhorita era filha de Van den Ende e dividia a tarefa com seu pai na função de ensinar. Van den Ende, que se chamava também A Finibus, foi depois para Paris, onde tinha alunos internos em Faubourg St. Antoine. Ele era tido como excelente na didática e me disse, quando fui vê-lo, que apostava que os seus auditores estavam sempre atentos ao que ele dizia. Ele tinha também então junto a si uma moça jovem que falava também latim e fazia demonstrações de geometria. Ele foi admitido por Arnauld, e os jesuítas começaram a ter inveja de sua reputação. Mas se perdeu um pouco depois ao se juntar à conspiração do Cavaleiro de Rohan.

377. Mostramos suficientemente, parece, que nem a presciência nem a providência de Deus poderiam ser nocivas à sua justiça e bondade, tampouco à nossa liberdade. Restam somente a dificuldade que advém do concurso de Deus com as ações das criaturas, que parece interessar mais de perto, a sua bondade em relação às nossas ações más e a nossa liberdade em relação às boas ações, assim como em relação às demais. Bayle a valoriza com o seu espírito habitual. Tentaremos esclarecer as dificuldades que ele alega e, depois disso, estaremos em condições de finalizar esta obra. Já estabeleci que o concurso de Deus consiste em nos dar continuamente o que há de real em nós e em nossas ações, na medida em que contém perfeição. Mas o que há nelas de limitado e de imperfeição é uma consequência das limitações precedentes que estão originariamente nas criaturas. E, como toda ação da criatura é uma alteração das suas modificações, é visível que a ação é proveniente da criatura em relação às limitações ou negações que ela encerra, e que se encontram variadas por essa mudança.

378. Já indiquei mais de uma vez nesta obra que o mal é uma consequência da privação, e creio ter explicado isso de uma maneira

---

[142] Sebastian Kortholt (1675-1760) foi professor de filosofia na Universidade de Kiel.

suficientemente inteligível. Santo Agostinho já valorizou esse pensamento e São Basílio disse algo próximo em *Hexaëmeron*, homilia 2, "que o vício não é uma substância viva e animada, mas uma afecção da alma contrária à virtude que advém do fato de que se deixa o bem, de maneira que não se precisa procurar um mal primitivo". Bayle, ao relatar essa passagem no seu *Dicionário* (artigo "Paulicianos", nota D, p. 2.325), aprova a observação de Pfanner[143] (que ele denomina teólogo alemão, mas que é jurisconsulto de profissão, conselheiro dos duques da Saxônia) que censura São Basílio por não querer admitir que Deus é o autor do mal físico. Ele o é sem dúvida, na medida em que se supõe que o mal moral já existe, mas, absolutamente falando, poder-se-ia sustentar que Deus permitiu o mal físico consequentemente ao permitir o mal moral, que é a sua fonte. Parece que os socinianos também tiveram conhecimento do quão pequena é a entidade do mal. Estas palavras de Epíteto o indicam: "*Sicut aberrandi causa meta non ponitur, sic nec natura mali in mundo existit.*"[144]

379. Não se tinha, portanto, necessidade de recorrer a um princípio do mal, como São Basílio muito bem observa. Não se tem necessidade também de procurar a origem do mal na matéria. Aqueles que acreditam que houve um caos antes que Deus tenha posto a mão procuraram nele a fonte do desregramento. Era uma opinião que Platão avançava em *Timeu*[145]. Aristóteles censurou-o por isso (*Do céu*, livro 3, cap. 2)[146] porque, segundo essa doutrina, a desordem seria original e natural, e a ordem seria introduzida contra a natureza – o que Anaxágoras evitou ao fazer a matéria repousar até que Deus a movesse, e Aristóteles elogia-o na mesma passagem. Seguindo Plutarco (*De Iside et Osiride* e o tratado *De animae procreatione ex Timaeo*) [*De Ísis e Osíris* e *Da procriação da alma à partir de* Timeu]), Platão reconhecia na matéria uma certa

---

[143] Tobias Pfanner (1641-1716) foi jurista, tutor de príncipes e conselheiro dos duques da Saxônia.

[144] "Assim como não se põe limite para a equivocação, não existe no mundo a natureza do mal."

[145] Cf. Platão, *Timeu*, 30a.

[146] 300b, 16-8.

alma ou força malfeitora, rebelde a Deus: era um vício real, um obstáculo aos projetos de Deus. Os estoicos também acreditaram que a matéria fosse a fonte dos defeitos, como Justus Lipsius mostrou no primeiro livro de *Fisiologia dos estoicos*.

380. Aristóteles teve razão de rejeitar o caos; mas nem sempre é fácil distinguir a opinião de Platão, e ainda menos a de alguns outros antigos cujas obras se perderam. Kepler, um dos mais excelentes matemáticos modernos, reconheceu uma espécie de imperfeição na matéria mesmo que não haja movimento desregrado: é o que ele denomina sua inércia natural, que lhe dá uma resistência ao movimento pela qual uma massa maior recebe menos velocidade de uma mesma força. Há solidez nessa observação, e servi-me dela utilmente para ter uma comparação que mostrasse como a imperfeição original das criaturas dá limites à ação do Criador, que tende ao bem. Mas, como a própria matéria é um efeito de Deus, ela fornece apenas uma comparação e um exemplo, e não poderia ser a fonte mesma do mal e da imperfeição. Já mostramos que essa fonte se encontra nas formas ou ideias dos possíveis, pois ela deve ser eterna, e a matéria não o é. Ora, na medida em que Deus fez toda realidade positiva que não é eterna, ele teria produzido a origem do mal se ela não consistisse na possibilidade das coisas ou das formas, única coisa que Deus não fez, uma vez que ele não é autor de seu próprio entendimento.

381. Entretanto, ainda que a origem do mal resida nas formas possíveis, anteriores aos atos da vontade de Deus, não deixa de ser verdadeiro que Deus concorre ao mal na execução atual que introduz essas formas na matéria – e é o que faz a dificuldade da qual se trata aqui. Durand de Saint-Pourçain, o cardeal Aureolus, Nicolas Taurellus, o padre Louis de Dole, Bernier e alguns outros, ao falar desse concurso, quiseram-no apenas geral, com medo de lesar a liberdade do homem e a santidade de Deus. Parece que eles entenderam que Deus, ao dar às criaturas a força de agir, contenta-se em conservá-la. Por outro lado, Bayle, seguindo alguns autores modernos, leva o concurso divino longe demais. Ele parece temer que a criatura não seja suficientemente dependente de Deus. Ele vai até o ponto de negar ação às criaturas; nem mesmo reconhecia a distinção real entre o acidente e a substância.

382. Ele se apoia sobretudo nessa doutrina aceita nas escolas de que a conservação é uma criação continuada. Em consequência dessa doutrina, parece que a criatura não existe jamais e está sempre nascendo e morrendo, como o tempo, o movimento e outros seres sucessivos. Platão acreditou nisso a respeito das coisas materiais e sensíveis, dizendo que elas estão num fluxo perpétuo: "*Semper fluunt, nunquam sunt.*"[147] Mas ele julgou de forma completamente diferente as substâncias imateriais, que considerava as únicas verdadeiras, no que não se enganava totalmente. Mas a criação continuada observa todas as criaturas sem distinção. Vários bons filósofos eram contrários a esse dogma, e Bayle relata que Davi de Rodon[148], filósofo célebre entre os franceses ligados a Genebra, refutou-o fervorosamente. Os arminianos também não o aprovam; eles não são muito favoráveis a essas sutilezas metafísicas. Não direi nada dos socinianos, que gostam delas menos ainda.

383. Para bem examinar se a conservação é uma criação continuada seria preciso considerar as razões sobre as quais esse dogma se apoia. Os cartesianos, a exemplo de seu mestre, servem-se de um princípio que não é suficientemente conclusivo para prová-lo. Eles dizem que, "na medida em que os momentos do tempo não têm nenhuma ligação necessária um com o outro, do fato de que existo neste momento não decorre que continuarei a existir no momento seguinte se a mesma causa, que me dá ser neste momento, não me o dê também no instante seguinte". O autor de *Avis sur le tableau du Socinianisme*[149] serviu-se desse raciocínio, e Bayle (talvez o autor desse mesmo *Avis*) o relata (*Resposta às questões de um provincial*, t. 3, cap. 141, p. 771). Pode-se responder que, na verdade, não se segue necessariamente que existindo eu existirei; mas isso se segue, no entanto, naturalmente, isto é, de si, *per se*, se nada o impede. É a diferença que se pode fazer entre o essencial e o natural; é como naturalmente o mesmo movimento dura se alguma causa nova não

---

[147] "Sempre fluem e nunca são."

[148] David de Rodon, ou Derodon (1600-1664), foi um teólogo calvinista e filósofo francês.

[149] Trata-se de uma obra anônima, atribuída a Isaac Jaquelot e publicada em 1690. Leibniz cita o texto a partir de *Resposta às questões de um provincial*, t. 3, cap. 141, p. 771.

o impede ou o muda, porque a razão que o faz cessar nesse instante, se ela não é nova, já o teria feito cessar antes.

384. O falecido Erhard Weigel – matemático e filósofo célebre em Iena, conhecido pelo seu livro *Analysis Euclidea*, sua filosofia matemática, algumas invenções mecânicas muito belas e, enfim, pelo esforço que fez para levar os príncipes protestantes do Império à última reforma do almanaque[150], cujo sucesso, no entanto, ele não viu – comunicou aos seus amigos uma certa demonstração da existência de Deus, que recaía, com efeito, nessa criação continuada. E, como ele tinha costume de fazer paralelos entre contar e raciocinar, o que a sua moral aritmética raciocinada (*rechenschafftliche Sittenlehre*) testemunha, dizia que o fundamento da demonstração era aquele começo da Tabela Pitagórica: uma vez um é um. Essas unidades repetidas eram os momentos da existência das coisas e cada um dependeria de Deus, que ressuscita, por assim dizer, todas as coisas fora dele a cada momento. E, como elas caem a cada momento, é preciso sempre que alguém as ressuscite, que não poderia ser ninguém além de Deus. Mas se precisaria de uma prova mais exata para chamar isso de demonstração. Seria preciso, em primeiro lugar, provar que a criatura sempre sai do nada e nele recai; e, particularmente, é preciso mostrar que o privilégio de durar mais de um momento pela sua natureza está ligado ao único ser necessário. As dificuldades sobre a composição do *continuum* entram também nessa matéria. Pois esse dogma parece resolver o tempo em momentos, ao passo que outros veem os momentos e os pontos como simples modalidades do contínuo, isto é, como extremidades das partes que se podem aí assinalar, e não como partes constitutivas. Aqui não é o lugar de entrar nesse labirinto.

385. O que se pode dizer de certo sobre o assunto presente é que a criatura depende continuamente da operação divina e não depende menos dela depois que ela começou do que no começo. Essa dependência implica que ela não continuaria a existir se Deus não continuasse a agir; enfim, que essa ação de Deus é livre. Pois, se

---

[150] Trata-se, provavelmente, de uma referência a *Entwurff der Conciliation Deß Alten und Neuen Calender-Styli* [*Esboço de uma conciliação entre os calendários antigo e novo*], publicado em Frankfurt em 1698. Nessa obra, Weigel defendia uma nova versão do calendário gregoriano, a ser adotada a partir de 1699, ano de sua morte.

fosse uma emanação necessária, como aquela das propriedades do círculo, que decorrem de sua essência, seria preciso dizer ou que Deus produziu de início a criatura necessariamente ou bem seria preciso mostrar como, ao criá-la uma vez, ele se impôs a necessidade de conservá-la. Ora, nada impede que essa ação conservadora seja denominada produção, e até mesmo criação, caso se queira. Pois, na medida em que a dependência é tão grande na sequência quanto no começo, a denominação extrínseca de ser ou não nova muda a natureza.

386. Admitamos, pois, num tal sentido, que a conservação seja uma criação continuada, e vejamos o que Bayle parece inferir disso (p. 771), de acordo com o autor de *Avis sur le tableau du Socinianisme*, oposto a Jurieu. "Parece-me", diz esse autor, "que se deve concluir que Deus faz tudo e que não há em nenhuma criatura nem causas primeiras, nem causas segundas, nem mesmo ocasionais, como é fácil prová-lo. Pois neste momento em que falo sou tal como sou, com todas as minhas circunstâncias, com tal pensamento e tal ação, sentado ou de pé: que se Deus me cria neste momento tal como sou, como se deve necessariamente dizê-lo nesse sistema, ele me criou com tal pensamento, tal ação, tal movimento e tal determinação. Não se pode dizer que Deus me cria primeiramente e que, estando criado, ele produz comigo os meus movimentos e as minhas determinações. Isso é insustentável por duas razões: a primeira é que, quando Deus me cria ou me conserva neste instante, ele não me conserva como um ser sem formas, como uma espécie ou algum outro dos universais da lógica. Sou um indivíduo; ele me cria e conserva como tal, sendo tudo o que sou neste instante com todas as minhas dependências. A segunda razão é que Deus, ao me criar neste instante, caso se diga que em seguida ele produz comigo as minhas ações, seria preciso necessariamente conceber outro instante para agir. Pois é preciso ser antes de agir. Ora, seriam dois instantes que supomos apenas um. É, portanto, certo nessa hipótese que as criaturas não têm nem mais ligação nem mais relação com as suas ações do que teriam com a sua produção no primeiro momento da primeira criação." O autor desse *Avis* extrai disso consequências muito duras, que se podem imaginar, e no fim afirma que teria gra-

tidão a alguém que ensinasse aos aprovadores desse sistema a se livrar desses absurdos terríveis.

387. Bayle leva isso ainda mais adiante. "Sabeis que se demonstra nas escolas", diz ele (p. 775) citando Arriaga, discussão 9, *Phys.*, seção 6 e, em especial, subseção 3, "que a criatura não poderia ser nem a causa total nem a causa parcial de sua conservação, pois, se o fosse, ela existiria antes de existir, o que é contraditório. Sabeis que se raciocina desta maneira: o que se conserva, age; ora, o que age, existe, e nada pode agir antes de ter a sua existência completa; portanto, se uma criatura se conservasse, ela agiria antes de ser. Esse raciocínio não é fundado sobre probabilidades, mas sobre os primeiros princípios da metafísica, *non entis nulla sunt accidentia, operari sequitur esse*[151], claros como o dia. Vamos mais adiante. Se as criaturas concorressem com Deus (entende-se aqui um concurso ativo, e não um concurso de instrumento passivo) para se conservar, elas agiriam antes de ser: demonstrou-se isso. Ora, se concorressem com Deus para a produção de alguma outra coisa, elas agiriam também antes de ser. É, portanto, tão impossível que elas concorram com Deus para a produção de alguma outra coisa (como o movimento local, uma afirmação, uma volição, entidades realmente distintas de sua substância, ao que se pretende) como para a sua própria conservação. E, uma vez que a sua conservação é uma criação continuada, e que todos os homens no mundo devem admitir que elas não podem concorrer com Deus no primeiro momento de sua existência nem para se produzir nem para se dar alguma modalidade, pois isso seria agir antes de ser (noteis que Tomás de Aquino e vários outros escolásticos ensinam que, se os anjos tivessem pecado no primeiro momento de sua criação, Deus seria o autor do pecado; *vide* o *feuillant* Pierre de St. Joseph, pp. 318 s. de *Suavis concordia humanae libertatis*: é um sinal de que eles reconheciam que no primeiro instante a criatura não pode agir no que quer que seja), segue-se evidentemente que elas não podem concorrer com Deus em nenhum dos momentos seguintes, nem para se produzir a si próprias nem para produzir qualquer outra coisa. Se elas pudessem con-

---

[151] "O não ser não tem acidentes, o agir segue-se do ser".

correr a isso no segundo momento de sua duração, nada lhes impediria de poder concorrer a isso no primeiro momento."

388. Eis como se deve responder a esses raciocínios. Suponhamos que a criatura fosse produzida de novo a cada instante; combinemos também que o instante exclui toda prioridade de tempo, sendo indivisível; mas observemos que ele não exclui a prioridade de natureza, ou o que se denomina anterioridade *in signo rationis*, e que ela basta. A produção ou ação pela qual Deus produz é anterior em natureza à existência da criatura que é produzida; a criatura, tomada nela mesma, com sua natureza e suas propriedades necessárias, é anterior a suas afecções acidentais e a suas ações; e, no entanto, todas as coisas se encontram no mesmo momento. Deus produz a criatura conforme a exigência dos instantes precedentes, seguindo as leis de sua sabedoria; e a criatura opera conforme a essa natureza, que ele lhe dá criando sempre. As limitações e imperfeições nascem nela pela natureza do sujeito, que limita a produção de Deus: é a consequência da imperfeição original das criaturas. Mas o vício e o crime nascem nela pela operação interna livre da criatura, tanto quanto pode haver no instante e que se torna notável pela repetição.

389. Essa anterioridade de natureza é ordinária em filosofia. É assim que se diz que os decretos de Deus têm uma ordem entre si. E, quando se atribui a Deus, com razão, a inteligência dos raciocínios e das consequências das criaturas, de tal maneira que todas as suas demonstrações e todos os seus silogismos lhe são conhecidos e se encontram eminentemente nele, vê-se que há, nas proposições ou verdades que ele conhece, uma ordem de natureza sem nenhuma ordem ou intervalo de tempo que o faça avançar em conhecimento e passar das premissas à conclusão.

390. Não encontro nos raciocínios que se acabam de relatar algo que não seja satisfeito por essa consideração. Quando Deus produz a coisa, ele a produz como um indivíduo, e não como um universal de lógica (admito-o), mas ele produz a sua essência antes de seus acidentes, sua natureza antes de suas operações, seguindo a prioridade de sua natureza e *in signo anteriore rationis*. Vê-se por aí como a criatura pode ser a verdadeira causa do pecado, sem que o impeça a conservação de Deus, que se regra pelo estado precedente

da mesma criatura para seguir as leis de sua sabedoria não obstante o pecado, que vai ser produzido primeiramente pela criatura. Mas é verdade que Deus não teria criado no começo a alma num estado em que ela teria pecado desde o primeiro momento, como os escolásticos muito bem observaram – pois não há nada nas leis de sua sabedoria que poderia tê-lo levado a isso.

391. Essa lei da sabedoria também faz com que Deus reproduza a mesma substância, a mesma alma: é o que o abade que Bayle introduziu no seu *Dicionário* (artigo "Pirro", nota B, p. 2.432) poderia responder. Essa sabedoria faz a ligação das coisas. Concordo, pois, que a criatura não concorre com Deus para se conservar (da maneira que se acaba de explicar a conservação), mas não vejo nada que a impeça de concorrer com Deus para a produção de alguma outra coisa e, particularmente, de sua operação interna, como seria um pensamento, uma volição, coisas realmente distintas da substância.

392. Mas eis-nos de novo às voltas com Bayle. Ele pretende que não haja tais acidentes distintos da substância. "As razões", diz ele, "que os nossos filósofos modernos utilizaram para demonstrar que os acidentes não são seres realmente distintos da substância não constituem simples dificuldades. São argumentos que abatem e que não se saberia resolver. Esforcei-vos em procurá-los no padre Maignan[152], no padre Malebranche, em Calli[153] (professor de filosofia em Caen), ou ainda em *Accidentia profligata* [*Acidentes corrompidos*], do padre Saguens, discípulo do padre Maignan, obra da qual se encontra uma passagem na *Nouvelles de la République des Lettres*, junho de 1702; ou, caso quereis que um único autor vos baste, escolhei Dom Francisco Lami, religioso beneditino e um dos cartesianos mais importantes da França. Encontrareis entre as suas *Cartas filosóficas*, impressas em Trévoux no ano de 1703, aquela na qual ele demonstra pelo método dos geômetras que Deus é a única causa verdadeira de tudo o que é real." Gostaria de ver todos esses livros[154]. E, quanto à

---

[152] Emmanuel Maignan (1601-1676) foi um físico, matemático e teólogo francês que pertenceu à Ordem dos Mínimos.

[153] Pierre Cally (1630-1709) foi um filósofo e teólogo cartesiano.

[154] Leibniz introduziu aqui uma longa nota que foi publicada nas *Mémoires de Trévoux*, em julho de 1712, e está reproduzida em GP VI, 347. A tradução da nota se encontra no fim desta terceira parte.

última proposição, ela pode ser verdadeira num sentido muito bom: Deus é a única causa principal das realidades puras e absolutas ou das perfeições. *Causae secundae agunt in virtute primae*[155]. Mas, quando se compreendem as limitações e as privações sob as realidades, pode-se dizer que as causas segundas concorrem para a produção do que é limitado. Sem isso, Deus seria a causa do pecado e até mesmo a sua única causa.

393. É bom, ademais, que se tome cuidado, ao se confundir as substâncias com os acidentes e ao se suprimir a ação das substâncias criadas, para não cair no espinosismo, que é um cartesianismo exacerbado. O que não age não merece o nome de substância: se os acidentes não são distintos das substâncias, se a substância criada é um ser sucessivo, como o movimento, se não dura além de um momento e não permanece a mesma (durante alguma parte assinalável do tempo), não mais do que seus acidentes, se não opera não mais que uma figura matemática ou que um número, por que não se dirá como Espinosa que Deus é a única substância[156] e que as criaturas não passam de acidentes ou de modificações? Até aqui se acreditou que a substância permanece e que os acidentes mudam; e creio que se deve aderir-se ainda a essa antiga doutrina, considerando que os argumentos que recordo ter lido não podem provar o contrário e provam mais do que se deve.

394. "Um dos absurdos", diz Bayle (p. 779), "que emanam da pretensa distinção que se quer admitir entre as substâncias e seus acidentes é o de que, se as criaturas produzissem os acidentes, elas teriam uma potência criadora e aniquiladora, de maneira que não se poderia fazer a menor ação sem que se criasse um número inumerável de seres reais e se reduzisse ao nada uma infinidade deles. Ao mover a língua apenas para gritar ou comer, criam-se tantos acidentes quantos movimentos há nas partes da língua e se destroem tantos acidentes quantas partes há no que se come, que perdem a sua forma, que se transformam em produtos da digestão, sangue etc." Esse argumento não passa de uma espécie de espantalho. Que mal há em

---

[155] "As causas segundas agem em virtude da causa primeira."
[156] Espinosa, *Ética*, I, § 14.

uma infinidade de movimentos e uma infinidade de figuras nascerem e desaparecerem a todo momento no universo, e até mesmo em cada parte dele? Pode-se demonstrar, aliás, que isso ocorre.

395. Quanto à pretensa criação de acidentes, quem não vê que não se necessita de nenhuma potência criadora para mudar de lugar ou de figura, para formar um quadrado, um retângulo ou qualquer outra figura de um batalhão pelo movimento dos soldados que fazem seu exercício não mais do que para formar uma estátua retirando-se alguns pedaços de um bloco de mármore, ou para fazer alguma figura em relevo mudando, diminuindo ou aumentando um pedaço de cera? A produção das modificações nunca foi denominada criação, e é abusar dos termos aterrorizar o mundo. Deus produz as substâncias a partir do nada e as substâncias produzem os acidentes pela modificação de seus limites.

396. Quanto às almas ou formas substanciais, Bayle tem razão de acrescentar que "não há nada de mais incômodo para aqueles que admitem as formas substanciais que a objeção que se faz de que elas não poderiam ser produzidas senão por uma verdadeira criação, e que dá pena dos escolásticos quando eles se esforçam em respondê-la". Mas não há nada de mais cômodo para mim e para o meu sistema do que essa objeção mesma, já que sustento que todas as almas, entelequias ou forças primitivas, formas substanciais, substâncias simples ou mônadas de qualquer nome que se possa chamá-las, não poderiam nascer naturalmente nem perecer. E concebo as qualidades, as forças derivativas ou aquilo que se denomina formas acidentais como modificações da entelequia primitiva, da mesma forma que as figuras são modificações da matéria. Eis por que essas modificações são uma mudança perpétua, enquanto a substância simples permanece.

397. Mostrei anteriormente (primeira parte, §§ 86 ss.) que as almas não poderiam nascer naturalmente nem ser tiradas umas das outras, e que é preciso que a nossa seja criada ou seja preexistente. Mostrei até mesmo um certo meio-termo entre uma criação e uma preexistência inteira, achando conveniente dizer que a alma preexistente nas sementes desde o começo das coisas era apenas sensitiva, mas foi elevada a um grau superior, que é a razão, quando o ho-

mem, a quem essa alma deve pertencer, foi concebido, e que o corpo organizado, acompanhando essa alma desde o começo, mas sob muitas mudanças, foi determinado a formar o corpo humano. Julguei também que se poderia atribuir essa elevação da alma sensitiva (que a fez alcançar um grau essencial mais sublime, isto é, a razão) à operação extraordinária de Deus. Entretanto, é bom acrescentar que preferiria dispensar o milagre na geração do homem como na dos outros animais: isso se poderia explicar concebendo-se que, nesse grande número de almas e de animais ou, ao menos, de corpos orgânicos viventes que estão nas sementes, apenas essas almas destinadas a alcançar um dia a natureza humana compreendem a razão que neles aparecerá um dia, e que apenas os corpos orgânicos dessas almas são pré-formados e predispostos a tomar um dia a forma humana. Os outros pequenos animais ou viventes seminais, nos quais nada disso é preestabelecido, são essencialmente diferentes e possuem apenas o que é inferior. Essa produção é uma maneira de *tradução*[157], mas mais tratável do que aquela que se ensina vulgarmente: ela não tira uma alma de uma alma, mas somente o animado de um animado, e evita os milagres frequentes de uma nova criação, que fariam uma alma nova e pura entrar num corpo que deve corrompê-la.

398. Sou, entretanto, da opinião do reverendo padre Malebranche de que em geral a criação, entendida como se deve, não é tão difícil de se admitir como se poderia pensar e está compreendida de algum modo na noção da dependência das criaturas. "Como os filósofos são estúpidos e ridículos!", exclamava ele em *Méditat. Chrétienn.*, 9, n. 3. "Eles imaginam que a criação é impossível porque não concebem que a potência de Deus seja suficientemente grande para fazer algo a partir do nada. Mas eles concebem melhor que a potência de Deus seja capaz de mover um fio de palha?" Ele acrescenta muito bem (n. 5): "se a matéria fosse incriada, Deus não poderia movê-la nem formar a partir dela qualquer coisa. Pois Deus não pode mover a matéria ou arranjá-la com sabedoria sem conhecê-la". Ora, Deus não pode conhecê-la se ele não lhe dá ser: ele não

---

[157] Cf. primeira parte, §§ 88-9.

pode extrair seus conhecimentos a não ser de si mesmo. Nada pode agir nele ou esclarecê-lo.

399. Bayle, não contente em dizer que somos criados continuamente, insiste ainda nessa outra doutrina, da qual ele queria extrair que a nossa alma não poderia agir. Eis como ele fala sobre isso (cap. 141, p. 765): "ele tem demasiadamente conhecimentos do cartesianismo (é de um hábil adversário que ele fala) para ignorar com qual força se sustentou em nossos dias que não há criatura que possa produzir o movimento, e que a nossa alma é um sujeito puramente passivo em relação às sensações, às ideias e aos sentimentos de dor e de prazer etc. Se não se levou a coisa até as volições, é por causa das verdades reveladas; sem isso, os atos da vontade seriam considerados tão passivos como aqueles do entendimento. As mesmas razões que provam que a nossa alma não forma as nossas ideias e não move os nossos órgãos provariam também que ela não pode formar os nossos atos de amor e as nossas volições etc.". Ele poderia acrescentar: nossas ações viciosas, nossos crimes.

400. É preciso que a força dessas provas, que ele elogia, não seja tal como ele crê, já que elas provariam demais. Elas fariam Deus o autor do pecado. Admito que a alma não poderia mover os órgãos por uma influência física, pois creio que o corpo deve ter sido formado de tal maneira anteriormente que ele faça no tempo e no espaço o que responde às vontades da alma, embora seja verdadeiro que a alma é o princípio da operação. Mas não vejo nenhuma razão para dizer que a alma não produz os seus pensamentos, sensações, sentimentos de dor e de prazer. Na minha filosofia, toda substância simples (isto é, toda substância verdadeira) deve ser a real causa imediata de todas as suas ações e paixões internas; e, para falar no rigor metafísico, ela não apresenta outras ações além daquelas que produz. Aqueles que têm outra opinião e fazem de Deus o único autor embaraçam-se sem motivo nas expressões das quais eles teriam muita dificuldade de se livrar sem ofender a religião – além de ofenderem absolutamente a razão.

401. Eis, no entanto, sobre o que Bayle se baseia: ele diz que não fazemos o que não sabemos como se faz. Mas é um princípio com o qual não concordo. Vejamos o seu discurso (pp. 767 ss.): "É uma

coisa espantosa que quase todos os filósofos (devem-se excetuar disso os intérpretes de Aristóteles, que admitiram um intelecto universal, distinto de nossa alma e causa de nossas intelecções: *vide* no *Dicionário histórico e crítico* a nota E do verbete 'Averróis') tenham acreditado, junto com o povo, que formamos ativamente as nossas ideias. Onde está o homem, não obstante, que não saiba, por um lado, que ignora absolutamente como as ideias se fazem e, por outro, não poderia costurar dois pontos se ignora como se deve costurar? Será que costurar dois pontos é em si uma obra mais difícil do que pintar no seu espírito uma rosa, a partir do momento em que ela cai sob os olhos e sem que se tenha jamais aprendido esse tipo de pintura? Não parece, ao contrário, que esse retrato espiritual é em si uma obra mais difícil do que traçar sobre a tela a figura de uma flor, o que não saberíamos fazer sem ter aprendido? Estamos todos convencidos de que uma chave não nos serviria de nada para abrir um cofre se ignorássemos como se deve empregá-la e, no entanto, figuramo-nos que a nossa alma é a causa eficiente do movimento de nossos braços, embora ela não saiba nem onde estão os nervos que devem servir a esse movimento nem onde se devem tomar os espíritos animais que devem fluir nesses nervos. Experimentamos todos os dias que as ideias que gostaríamos de rememorar não vêm e que elas se apresentam por si mesmas quando não pensamos mais nelas. Se isso não nos impede de acreditar que somos a sua causa eficiente, sobre qual fundamento basearemos a prova do sentimento, que pareceria tão demonstrativa para Jaquelot? A autoridade sobre as nossas ideias é frequentemente mais curta do que a autoridade sobre as nossas volições? Se contássemos bem, encontraríamos no curso de nossa vida mais veleidades do que volições, isto é, mais testemunhos da servidão da nossa vontade do que de seu império. Quantas vezes um mesmo homem não experimenta que não poderia realizar um certo ato de vontade (por exemplo, um ato de amor para um homem que acaba de ofendê-lo; um ato de desprezo por um belo soneto que ele teria escrito; um ato de ódio por uma amante; um ato de aprovação por um epigrama ridículo. Notei que falo apenas de atos internos, expressos por um *eu quero*, como *eu quero desprezar, aprovar* etc.), mesmo que houvesse cem pistolas para ganhar imediatamente e ele desejasse com ardor ganhar essas cem pistolas e se animasse com a ambição de se convencer por uma prova de experiência de que ele é o mestre de si?"

402. "Para reunir em poucas palavras toda a força do que acabo de vos dizer observarei que é evidente a todos aqueles que se aprofundam nas coisas que a verdadeira causa eficiente de um efeito deve conhecê-lo e saber também de qual maneira se deve produzi-lo. Isso não é necessário quando se é apenas o instrumento dessa causa ou o sujeito passivo de sua ação, mas não se poderia conceber que isso não seja necessário a um agente verdadeiro. Ora, se examinarmos bem, ficaremos muito convencidos 1) de que, independentemente da experiência, a nossa alma sabe tão pouco o que é uma volição quanto sabe o que é uma ideia; 2) de que, depois de uma longa experiência, ela não sabe melhor como se formam as volições do que sabia antes de ter querido alguma coisa. O que concluir disso senão que ela não pode ser a causa eficiente de suas volições, assim como a de suas ideias e do movimento dos espíritos que fazem os nossos braços se moverem? [Notei que não se pretende aqui decidir absolutamente isso; considera-se a questão apenas relativamente aos princípios da objeção]."

403. Eis uma maneira estranha de raciocinar! Que necessidade há de se saber sempre como se faz o que se faz? Os sais, os metais, as plantas, os animais e milhares de outros corpos animados ou inanimados sabem como se faz o que eles fazem e têm necessidade de sabê-lo? É preciso que uma gota de óleo ou de gordura entenda a geometria para se arredondar sobre a superfície de água? Costurar pontos é outra coisa: age-se para um fim – é preciso saber os seus meios. Mas não formamos as nossas ideias porque queremos; elas se formam em nós, elas se formam por meio de nós não em consequência de nossa vontade, mas de acordo com a nossa natureza e a das coisas. E assim como o feto se forma no animal e como milhares de outras maravilhas da natureza são produzidas por um certo instinto que Deus nela colocou, isto é, em virtude da pré-formação divina, que fez esses autômatos admiráveis e próprios para produzir mecanicamente tão belos efeitos, é fácil julgar que a alma é um autômato espiritual ainda mais admirável, e que é pela pré-formação divina

que ela produz essas belas ideias, nas quais a nossa vontade não toma parte e que a nossa arte não poderia atingir. A operação dos autômatos espirituais, isto é, das almas, não é mecânica, mas contém eminentemente o que há de belo na mecânica: os movimentos desenvolvidos nos corpos estão nelas concentrados pela representação como num mundo ideal, que exprime as leis do mundo atual e suas sequências – com a diferença, em relação ao mundo ideal perfeito que está em Deus, de que a maior parte das percepções nos outros são apenas confusas. Pois se deve saber que toda substância simples compreende o universo por meio de suas percepções confusas ou sentimentos, e que a sequência dessas percepções é regrada pela natureza particular dessa substância, mas de uma maneira que exprime sempre toda a natureza universal, e toda percepção presente tende a uma percepção nova, como todo movimento que ela representa tende a outro movimento. Mas é impossível que a alma possa conhecer distintamente toda a sua natureza e se aperceber de como esse número inumerável de pequenas percepções empilhadas ou, antes, concentradas todas juntas se forma nela: seria preciso para isso que ela conhecesse perfeitamente todo o universo que nela está compreendido, isto é, que ela fosse um deus.

404. Quanto às veleidades, não são outra coisa senão uma espécie muito imperfeita das vontades condicionais. Quereria, se pudesse; *liberet si liceret*[158]. E, no caso de uma veleidade, não queremos propriamente querer, mas poder. É o que faz com que não as haja em Deus, e não se deve confundi-las com as vontades antecedentes. Expliquei suficientemente alhures que o nosso império sobre as volições só poderia ser exercido de uma maneira indireta, e que se seria infeliz caso se fosse mestre o bastante de si mesmo a ponto de poder querer sem motivo, sem pé nem cabeça. Queixar-se por não ter tal império seria raciocinar como Plínio, que encontra o que criticar na potência de Deus porque ele não pode se destruir.

405. Tinha a intenção de acabar aqui, depois de ter satisfeito – parece-me – todas as objeções de Bayle que pude encontrar nas suas obras sobre esse tema. Mas, tendo me lembrado do diálogo

---

[158] "Libertaria se fosse permitido".

de Lorenzo Valla sobre o livre-arbítrio contra Boécio[159], do qual já fiz menção, acreditei que seria oportuno relatar um resumo conservando a forma de diálogo e depois prosseguir onde ele acaba, continuando a ficção que ele começou; e isso bem menos para amenizar a matéria do que para me explicar sobre o fim do meu discurso da maneira mais clara e popular possível. Esse diálogo de Valla e seus livros sobre a voluptuosidade e o verdadeiro bem mostram suficientemente que ele não era menos filósofo do que humanista. Esses quatro livros eram opostos aos quatro livros da *Consolação da filosofia*, de Boécio, e o diálogo, ao quinto. Um certo Antônio Glarea, espanhol, solicita-lhe um esclarecimento sobre a dificuldade do livre-arbítrio, coisa tão pouco conhecida quanto é digna de sê-lo, donde dependem a justiça e injustiça, o castigo e a recompensa nesta vida e na vida futura. Lorenzo Valla responde-lhe que é preciso nos consolarmos com uma ignorância, que nos é comum com todo mundo, como nos consolamos de não ter as asas dos pássaros.

406. *Antônio*: Sei que podeis me dar essas asas, como um outro Dédalo, para sair da prisão da ignorância e para me elevar até a região da verdade, que é a pátria das almas. Os livros que vi não me satisfizeram, nem mesmo o célebre Boécio, que tem aprovação geral. Não sei se ele próprio compreendeu bem o que ele diz do entendimento de Deus e da eternidade superior ao tempo. E vos pergunto vossa opinião sobre a maneira de conciliar a presciência com a liberdade.

Lorenzo: Temo chocar muitas pessoas ao refutar esse grande homem; quero, entretanto, antepor a consideração que tenho pelas preces de um amigo a esse temor, contanto que me prometeis...

Antônio: O quê?

Lorenzo: É que quando jantardes em minha casa não solicitareis que eu vos dê o que comer, isto é, desejo que estejais contente com a solução da questão que me propusestes sem me propor outra.

407. *Antônio*: Eu vos prometo. Eis o ponto da dificuldade: se Deus previu a traição de Judas, era necessário que ele traísse, era impossível que ele não traísse. Não há obrigação para com o impos-

---

[159] Ver nota 20 do prefácio.

sível. Ele não pecou; portanto, ele não merecia ser punido. Isso destrói a justiça e a religião, junto com o temor a Deus.

Lorenzo: Deus previu o pecado, mas não forçou o homem a cometê-lo – o pecado é voluntário.

Antônio: Essa vontade era necessária, já que ela era prevista.

Lorenzo: Se a minha ciência não faz com que as coisas passadas ou presentes existam, a minha presciência não fará também os futuros existirem.

408. *Antônio*: Essa comparação é enganosa: nem o presente nem o passado poderiam ser mudados, eles já são necessários; mas o futuro, móvel em si, torna-se fixo e necessário pela presciência. Imaginemos que um deus do paganismo se vangloria de saber o futuro: perguntar-se-lhe-ia se ele sabe qual pé colocarei à frente, depois farei o contrário do que ele tinha predito.

Lorenzo: Este Deus sabe o que quereis fazer.

Antônio: Como sabe ele, dado que farei o contrário daquilo que ele terá dito e suponho que ele dirá o que pensa?

Lorenzo: Vossa ficção é falsa: Deus não vos responderá; ou, se ele vos responde, a veneração que teríeis por ele vos precipitaria a fazer o que ele tivesse dito: sua predição seria para vós uma ordem. Mas mudamos a questão. Não se trata do que Deus predirá, mas do que ele prevê. Voltemos, pois, à presciência e distingamos entre o necessário e o certo. Não é impossível que aquilo que é previsto não ocorra, mas é infalível que ocorrerá. Posso me tornar soldado ou padre, mas não me tornarei.

409. *Antônio*: É aqui que vos pego. A regra dos filósofos exige que tudo o que é possível possa ser considerado existente. Mas se o que dizeis é possível, isto é, que um evento diferente do que foi previsto ocorresse atualmente, Deus teria se enganado.

Lorenzo: As regras dos filósofos não são oráculos para mim. Essa, particularmente, não é exata. As duas contraditórias são frequentemente possíveis. Podem também existir as duas? Mas, para dar-vos mais explicações, imaginemos que Sextus Tarquinius, vindo a Delfos para consultar o oráculo de Apolo, obtenha a seguinte resposta:

> *Exul inopsque cades irata pulsus ab urbe.*
> Pobre e banido de tua pátria,
> te veremos perder a vida.

O jovem homem se queixará: "Trouxe-vos um presente real, ó Apolo, e anunciais uma sorte tão infeliz?" Apolo lhe dirá: "Vosso presente me é agradável, e faço o que me pedistes: digo-vos o que ocorrerá. Sei o futuro, mas não o faço. Ide queixar-vos com Júpiter e as Parcas." Sextus seria ridículo se continuasse depois disso a se queixar de Apolo, não é verdade?

Antônio: Ele dirá: "Agradeço-vos, ó santo Apolo, de não me ter pagado com o silêncio, de ter descoberto a verdade para mim. Mas de onde advém que Júpiter é tão cruel comigo a ponto de preparar um destino tão duro a um homem inocente, a um adorador religioso dos deuses?"

Lorenzo: "Vós, inocente?", dirá Apolo. "Sabeis que sereis soberbo, que cometereis adultérios, que sereis um traidor da pátria." Sextus poderia replicar: "Vós sois a causa disso, ó Apolo. Forçais-me a fazê-lo ao prevê-lo?"

Antônio: Admito que ele teria perdido a razão se fizesse essa réplica.

Lorenzo: Portanto, o traidor Judas não pode se queixar também da presciência de Deus. E eis a solução de vossa questão.

410. *Antônio*: Satisfizestes-me além do que esperava. Fizestes o que Boécio não pôde fazer: vos serei grato por toda a minha vida.

Lorenzo: Não obstante, prossigamos ainda um pouco mais na nossa historiazinha. Sextus dirá: "Não, Apolo, não quero fazer o que dizeis."

Antônio: "Como!", dirá o deus, "seria então eu um mentiroso? Repito: fareis tudo o que acabo de dizer."

Lorenzo: Sextus suplicaria talvez aos deuses para mudarem os destinos, para lhe darem um coração melhor.

Antônio: Responder-se-lhe-ia:

Desine fata Deum flecti sperare precando.[160]

Ele não poderia fazer a presciência divina mentir. Mas o que dirá, então, Sextus? Não romperia em queixas contra os deuses? Não di-

---

[160] "Deixa de esperar que o destino se altere suplicando a Deus" (Virgílio, *Eneida*, VI, 376).

ria: "Como? Não sou então livre? Não está no meu poder seguir a virtude?"

Lorenzo: Apolo dir-lhe-á talvez: "Sabeis, meu pobre Sextus, que os deuses fazem cada um tal como é. Júpiter fez o lobo rapace, o coelho tímido, o asno estúpido e o leão corajoso. Ele vos deu uma alma má e incorrigível. Agireis conforme vossa natureza, e Júpiter vos tratará como merecem as vossas ações – ele jurou isso por Estige."

411. *Antônio*: Concedo-vos que me parece que Apolo, ao se desculpar, acusa mais Júpiter do que Sextus, e Sextus responder-lhe-ia: "Júpiter condena, portanto, em mim o seu próprio crime; é ele o único culpado. Ele poderia me fazer de uma maneira completamente diferente, mas faz como sou; devo agir como ele quis. Por que, então, me punir? Eu poderia resistir à sua vontade?"

Lorenzo: Concedo-vos que me encontro detido aqui tanto quanto vós. Fiz os deuses virem sobre o teatro, Apolo e Júpiter, para vos fazer distinguir entre a presciência e a providência divina. Mostrei que para Apolo a presciência não prejudica a liberdade, mas não vos saberia satisfazer quanto aos decretos da vontade de Júpiter, isto é, quanto às ordens da providência.

Antônio: Tirastes-me de um abismo e me fizestes mergulhar num abismo maior.

Lorenzo: Lembreis-vos de nosso contrato: fiz com que vós jantastes e vós pedistes de dar-vos também o que comer.

412. *Antônio*: Vejo agora a vossa sutileza: apanhastes-me – não é um contrato de boa-fé.

Lorenzo: Que quereis que eu faça? Dei-vos vinho e carne de minha produção, que minha pequena fazenda fornece; quanto ao néctar e à ambrosia, demandei aos deuses: esse alimento divino não se encontra entre os homens. Escutemos São Paulo, essa nave eleita que foi extasiada até o terceiro céu, que escutou palavras inexprimíveis; ele vos responderá pela comparação do oleiro, pela incompreensibilidade das vias de Deus, pela admiração da profundidade de sua sabedoria. Entretanto, é bom observar que não se pergunta por que Deus prevê a coisa, pois isso se entende – é porque ela ocorrerá –, mas se pergunta por que ele ordena assim, por que endurece um e tem piedade de outro. Não conhecemos as razões que ele pode ter para tanto, mas é suficiente que ele seja muito bom e sábio para nos fazer julgar que elas são boas. E, como ele é justo também, segue-se que os seus decretos e operações não destroem a nossa liberdade. Alguns procuraram alguma razão disso. Eles disseram que somos feitos de uma massa corrompida e impura, de lama. Mas Adão e os anjos eram feitos de prata e de ouro e não deixaram de pecar. Permanece-se ainda endurecido algumas vezes depois da regeneração. Deve-se, portanto, procurar outra causa do mal, e duvido que até mesmo os anjos o saibam. Eles não deixam de ser felizes e de louvar a Deus. Boécio escutou mais a resposta da filosofia do que a de São Paulo – foi o que o fez fracassar. Acreditemos em Jesus Cristo: ele é a virtude e a sabedoria de Deus; ele nos ensina que Deus quer a salvação de todos, que ele não quer a morte do pecador. Fiemo-nos, pois, na misericórdia divina e não nos tornemos incapazes dela pela nossa vaidade e malícia.

413. Esse diálogo de Valla é belo, ainda que haja algumas coisas para corrigir aqui e acolá. Mas seu principal defeito é que ele corta o nó e parece condenar a providência sob o nome de Júpiter, a quem ele quase torna o autor do pecado. Levemos, pois, ainda mais adiante a pequena fábula.

Sextus, deixando Apolo e Delfos, vai encontrar Júpiter em Dodona. Ele faz sacrifícios e depois expõe as suas queixas: "Por que me condenastes, ó grande deus, a ser mau e infeliz? Modifiqueis a minha sorte e o meu coração ou reconheceis o vosso erro."

Júpiter lhe responde: "Se quereis renunciar a Roma, as Parcas fiar-vos-ão outros destinos – tornar-vos-ei sábio e sereis feliz."

Sextus: "Por que devo renunciar à esperança de uma coroa? Eu não poderia ser um bom rei?"

Júpiter: "Não, Sextus; sei melhor o que vos cabe. Se fordes a Roma, estareis perdido."

Não podendo se determinar a fazer um sacrifício tão grande, Sextus sai do templo e se abandona ao seu destino.

Teodoro, o grande sacrificador, que tinha assistido ao diálogo de Deus com Sextus, endereça estas palavras a Júpiter: "Vossa sabedoria é adorável, ó grande mestre dos deuses. Convencestes esse homem de seu erro; é preciso que ele impute desde o presente a sua infelicidade à sua vontade má; ele não tem o que dizer. Mas vossos fiéis adoradores estão surpresos: eles desejariam admirar a vossa bondade, assim como a vossa grandeza: dependia de vós dar-lhe outra vontade."

Júpiter: "Ide à minha filha Palas. Ela vos informará o que eu deveria fazer."

414. Teodoro faz a viagem a Atenas e ordenam-lhe dormir no templo da deusa. Ao sonhar, ele se encontra transportado para um país desconhecido. Há lá um palácio de um brilho inconcebível e de uma grandeza imensa. A deusa Palas aparece na porta envolta por raios de uma majestade ofuscante.

Qualisque videri
Coelicolis et quanta solet.[161]

Ela toca o rosto de Teodoro com um ramo de oliveira que tem na mão. Eis que ele se torna capaz de suportar o brilho divino da filha de Júpiter e tudo o que ela lhe deve mostrar. "Júpiter, que vos ama", ela lhe diz, "recomendou-vos a mim para ser instruído. Vedes aqui o palácio dos destinos do qual tenho a guarda. Há representações não apenas do que ocorre, mas também de tudo o que é possível; e Júpiter, tendo feito a revisão antes do começo do mundo existente, assimilou as possibilidades em mundos e fez a escolha do melhor de todos. Ele vem algumas vezes visitar esses lugares para se dar o prazer de recapitular as coisas e renovar a sua própria escolha, com a qual ele não pode deixar de se comprazer. Só tenho de falar e iremos ver todo um mundo que meu pai poderia produzir, no qual se encontrará representado tudo sobre o que se pode perguntar e, a partir disso, pode-se saber ainda o que ocorreria se tal ou tal possibilidade devesse existir. E, quando as condições não estiverem suficientemente determinadas, haverá tantos mundos distintos entre si quanto se quer que respondam diferentemente à mesma questão, e de tantas maneiras quanto for possível. Aprendestes a geometria quando éreis ainda jovem, como todos os gregos bem-educados. Sabeis, portanto, que, quando as condições de um ponto que se

---

[161] "Tal qual como só aparece aos habitantes do céu" (Virgílio, *Eneida*, II, 591-2).

questiona não o determinam suficientemente e há uma infinidade desses pontos, eles caem no que os geômetras chamam um lugar, e esse lugar (que frequentemente é uma linha), ao menos, será determinado. Assim, podeis imaginar uma sequência regrada de mundos que conteriam todos e cada um o caso do qual se trata e variarão as suas circunstâncias e consequências. Mas, se estabeleceis um caso que difere do mundo atual apenas numa única coisa definida e nas suas sequências, um determinado mundo vos responderá: esses mundos estão todos aqui, isto é, em ideias. Mostrar-vos-ei onde se encontra não exatamente o mesmo Sextus que vistes (isso não pode ocorrer: ele carrega sempre junto consigo o que será), mas Sextus próximos, que terão tudo o que já conheceis do verdadeiro Sextus, mas não tudo o que já está nele sem que nós nos apercebamos disso nem, consequentemente, tudo o que lhe ocorrerá ainda. Encontrareis num mundo um Sextus muito feliz e educado e, em outro, um Sextus contente com um estado medíocre; Sextus de todas as espécies e de uma infinidade de maneiras."

415. Então a deusa conduz Teodoro a um dos apartamentos e, quando ele chega lá, não é mais um apartamento, mas um mundo:

Solemque suum, sua sidera norat.[162]

Pela ordem de Palas, veem-se aparecer Dodona, com o templo de Júpiter, e Sextus, que dele sai. Ouve-se ele dizer que obedece a Deus. Eis que Sextus vai a uma cidade localizada entre dois mares, semelhante a Corinto. Lá ele compra um pequeno jardim. Ao cultivá-lo, encontra um tesouro e se torna um homem rico, amado e considerado; ele morre numa velhice bem avançada, querido por toda a cidade. Teodoro vê toda a vida de Sextus como numa só olhada e como numa representação de teatro. Há um grande volume de escrituras nesse apartamento. Teodoro não pode deixar de perguntar o que isso quer dizer. "É a história deste mundo que estamos agora visitando", diz-lhe a deusa, "é o livro de seus destinos. Vistes um número sobre a fronte de Sextus, procureis nesse livro o lugar que ele marca." Teodoro o procura e aí encontra a história de

---

[162] "Conhecia seu próprio sol e seus astros" (Virgílio, *Eneida*, VI, 641).

Sextus mais ampla do que aquela que ele viu em resumo. "Coloqueis o dedo sobre a linha que vos aprouver", diz-lhe Palas, "e vereis representado efetivamente em todo o seu detalhe o que a linha marca grosseiramente." Ele obedece e vê aparecerem todas as particularidades de uma parte da vida desse Sextus. Passa-se a outro apartamento e eis outro mundo, outro Sextus, que, saindo do templo e resoluto a obedecer a Júpiter, vai à Trácia. Lá, ele esposa a filha do rei, que não tinha outros filhos, e o sucede. Ele é adorado por seus súditos. Passa-se a outras câmaras e veem-se sempre novas cenas.

416. Os apartamentos prosseguem em pirâmide; eles se tornam sempre mais belos à medida que se sobe em direção à ponta, e representam mundos mais bonitos. Chega-se enfim ao supremo, que termina a pirâmide e é o mais belo de todos; a pirâmide tem um começo, mas não se vê o fim. Ela tem uma ponta, mas não uma base; ela prossegue crescendo ao infinito. Isso – como a deusa lhe explica – porque entre uma infinidade de mundos possíveis há o melhor de todos, de outro modo Deus não se determinaria a criar nenhum; mas não há nenhum mundo possível que não tenha outros menos perfeitos sob si: eis por que a pirâmide cresce sempre ao infinito. Teodoro, entrando nesse apartamento supremo, encontra-se radiante de êxtase – é-lhe necessário o socorro da deusa: uma gota de um licor divino posta na língua o restabelece. Ele nem se senta de alegria. "Estamos no verdadeiro mundo atual", diz a deusa, "e estais na fonte da felicidade. Eis o que Júpiter vos prepara se vós continuais a servi-lo fielmente. Eis Sextus tal como ele é e tal como será atualmente. Ele sai do templo em cólera e despreza o conselho dos deuses. Vede-o indo a Roma, colocando tudo em desordem, violando a mulher de seu amigo. Ei-lo cassado junto com o seu pai, derrotado, infeliz. Se Júpiter tivesse posto aqui um Sextus feliz em Corinto, ou rei em Trácia, não seria mais este mundo. E, no entanto, ele não poderia deixar de escolher este mundo, que ultrapassa em perfeição todos os outros, que faz a ponta da pirâmide. De outro modo, Júpiter teria renunciado à sua sabedoria e teria me banido – eu, que sou a sua filha. Vede que meu pai não fez Sextus mau; ele o era de toda eternidade, ele o era sempre livremente. Ele nada fez senão lhe conceder a existência, que a sua sabedoria

não poderia recusar ao mundo em que ele está compreendido: ele o fez passar da região dos possíveis àquela dos seres atuais. O crime de Sextus serve a grandes coisas: ele torna Roma livre: dele nascerá um grande império, que fornecerá grandes exemplos. Mas isso não é nada diante do preço deste mundo, cuja beleza admirais assim que – após uma feliz passagem deste estado mortal a outro melhor – os deuses vos tornarem capaz de conhecê-lo."

417. Nesse momento, Teodoro desperta, dá graças à deusa, faz justiça a Júpiter e, imbuído do que viu e ouviu, continua a função de grande sacrificador, com todo o zelo de um verdadeiro servidor de seu Deus e com toda a alegria da qual um mortal é capaz. Parece-me que essa continuação da ficção pode esclarecer a dificuldade de que Valla não quis tratar. Se Apolo representou bem a ciência divina da visão (que diz respeito às existências), espero que Palas não tenha feito mal à personagem quanto ao que se denomina a ciência da simples inteligência (que diz respeito aos possíveis), na qual é preciso, enfim, procurar a fonte das coisas.

154 * *A nota seguinte estava contida nas* Mémoires de Trévoux, *julho de 1712. Ela é aqui reproduzida de acordo com o manuscrito disponível.*

Fevereiro de 1711.

Disse nos meus *Ensaios*, p. 592 [*Teodiceia*, III, § 392, p. 371 deste livro], que desejava ver as demonstrações citadas por Bayle e contidas na sexta carta impressa em Trévoux, em 1703. O reverendo padre Des Bosses me comunicou essa carta, na qual se tenta demonstrar pelo método dos geômetras que Deus é a única causa verdadeira de tudo o que é real, e a leitura que fiz dela confirmou para mim a opinião que assinalei no mesmo lugar: que essa proposição pode ser verdadeira num sentido muito bom, Deus sendo a única causa das realidades puras e absolutas ou das perfeições. Mas, quando se compreendem as limitações ou as privações sob o nome de realidades, pode-se dizer que as causas segundas concorrem para a produção do que é limitado. E que, de outro modo, Deus seria a causa do pecado e até mesmo a causa única. Eu tendo a acreditar que o hábil autor da carta não está tão longe da minha opinião, embora pareça compreender todas as modalidades sob as realidades, das quais ele pretende ser Deus a única causa. Pois, no fundo, creio que ele admitiria que Deus é a única causa e autor do pecado. Ele até mesmo se explica de uma maneira que parece reverter a sua tese e conceder às criaturas uma verdadeira ação, pois na confirmação do oitavo corolário de sua segunda proposição há estas palavras: "O movimento natural da alma, embora determinado em si mesmo, é indeterminado em relação aos objetos. Pois é o amor do bem em geral. É pelas ideias do bem que aparece nesses objetos particulares que esse movimento se torna particular e determinado em relação a esses objetos. E, assim como o espírito tem o poder de diversificar as suas ideias, pode também modificar as determinações de seu amor. E não é necessário para isso que ele exceda a potência de Deus nem que se oponha à sua ação. Essas determinações dos movimentos em direção aos objetos particulares não são invencíveis. E é a sua não invencibilidade que faz com que o espírito seja livre e capaz de modificá-los, mas, considerando-se tudo, ele não faz essas modificações a não ser pelo movimento que Deus lhe dá e conserva." De acordo com o meu estilo, eu teria dito que a perfeição que está na ação da criatura advém de Deus, mas que as limitações que nela se encontram são uma consequência da limitação original e das limitações precedentes sobrevindas na criatura. E que isso ocorre não apenas nos espíritos, mas ainda em todas as outras substâncias, que são, por isso, as causas concorrentes da mudança que ocorre nelas mesmas, pois essa determinação de que o autor fala não é outra coisa senão uma limitação. Ora, passando em revista depois disso todas as demonstrações ou corolários da carta, poder-se-á aceitar ou rejeitar a maior parte de suas asserções, de acordo com a explicação que se poderá dar a respeito delas. Se por realidade entendem-se apenas as perfeições ou realidades positivas, Deus é a sua única causa verdadeira. Mas, se o que encerra limitação é compreendido sob as realidades, negar-se-á uma boa parte das teses e o próprio autor nos terá mostrado o seu exemplo. É para tornar a coisa mais concebível que me servi nos *Ensaios* [*Teodiceia*, I, § 30; *Resumo da controvérsia...*; *A causa de Deus*, §§ 71-3] do exemplo de um barco carregado, que a corrente leva tanto mais lentamente quanto mais carregado ele estiver. Vê-se claramente que a corrente é a causa do que é positivo nesse movimento, da perfeição, da força, da velocidade do barco, mas que a carga é a causa da restrição dessa força e produz a lentidão. É louvável querer aplicar o método dos geômetras às matérias metafísicas, mas deve-se admitir que raramente se obteve sucesso até aqui – e o próprio Descartes, com toda essa habilidade muito grande que não se pode negar-lhe, talvez jamais tenha obtido menos sucesso do que quando o tentou numa de suas respostas às objeções. Pois nas matemáticas é mais fácil obter-se sucesso porque os números, as figuras e os cálculos suprem os defeitos escondidos nas palavras; mas na metafísica, em que se é privado desse socorro (ao menos nas maneiras ordinárias de raciocinar), seria preciso que o rigor empregado na forma do raciocínio e nas definições exatas dos termos suprisse essa falta. Mas não se vê nem um nem outro.

O autor da carta – que mostra sem dúvida muita vivacidade e penetração – vai um pouco rápido demais algumas vezes, como no quarto corolário da segunda proposição, quando pretende provar que há tanta realidade e força no repouso quanto no movimento. Ele alega que a vontade de Deus não é menos positiva no repouso do que no movimento, e que ela não é menos invencível. Que seja, mas segue-se que há tanta realidade e força num e noutro? Não vejo essa consequência, e pelo mesmo raciocínio provar-se-ia que há tanta força num movimento forte quanto num movimento fraco. Deus, querendo o repouso, quer que o corpo esteja no lugar A, onde esteve imediatamente antes, e para isso basta que não haja razão que leve Deus à mudança. Mas, quando Deus quer que na sequência o corpo esteja no lugar B, é preciso que haja uma nova razão que o determine a querer que ele esteja em B e não em C ou em outro lugar, e que ele aí esteja mais ou menos prontamente, e é dessas razões, das vontades de Deus, que se deve extrair a estima da força e da realidade que se encontra nas coisas. O autor fala suficientemente da vontade de Deus, mas não aborda nessa carta as razões que o levam a querer e das quais tudo depende. E essas razões são tomadas dos objetos.

No segundo corolário da primeira proposição, observo inclusive que, embora seja verdadeira, ela não é muito bem provada. Afirma-

-se que, se Deus apenas cessasse de querer que um ser existisse, ele não existiria mais. E prova-se-o assim, palavra por palavra:

Demonstração: O que existe apenas pela vontade de Deus não existe mais assim que essa vontade deixa de existir. [Mas é o que se deve provar. Ele se esforça em fazê-lo acrescentando:] Retireis a causa e vós retirareis o efeito. [Teria sido preciso colocar essa máxima entre os axiomas, postos no começo. Mas, por infelicidade, esse axioma se pode contar entre essas regras filosóficas que estão sujeitas a muitas exceções.] Ora, pela proposição supracitada, e pelo seu primeiro corolário, nenhum ser existe a não ser pela vontade de Deus. Portanto etc.

Há ambiguidade na ideia de que nada existe a não ser pela vontade de Deus. Caso se queira dizer que as coisas não começam a existir a não ser por essa vontade, tem-se razão de se reportar às proposições precedentes. Mas, caso se queira que a existência das coisas seja sempre uma consequência da vontade de Deus, supõe-se mais ou menos o que está em questão. Seria preciso, pois, provar, em primeiro lugar, que a existência das coisas depende da vontade de Deus e não é apenas seu simples efeito, mas ainda uma dependência na proporção da perfeição que elas encerram, e, isso posto, elas não dependerão menos dele na sequência do que no começo. Foi assim que considerei a coisa nos meus *Ensaios*. Entretanto, reconheço que a carta sobre a qual acabo de fazer observações é muito bela e muito digna de ser lida, e que ela contém opiniões belas e verdadeiras, desde que se a considere no sentido que acabo de indicar. E essas maneiras de raciocinar podem servir de introdução a meditações um pouco mais avançadas.

RESUMO DA CONTROVÉRSIA, REDUZIDA A ARGUMENTOS EM FORMA

Algumas pessoas inteligentes desejaram que fizéssemos esta adição e condescendemos com sua sugestão tanto mais facilmente, na medida em que, por meio dela, tivemos ainda a oportunidade de satisfazer certas dificuldades e de fazer algumas observações que ainda não tinham sido abordadas suficientemente na obra.

I. Objeção

Quem não toma o melhor partido carece de poder, de conhecimento ou de bondade.

Deus não tomou o melhor partido ao criar este mundo.

Logo, Deus careceu de poder, de conhecimento ou de bondade.

Resposta

Negamos a premissa menor, isto é, a segunda premissa desse silogismo, e o adversário o prova com este:

Prossilogismo

Quem faz coisas em que há o mal e que poderiam ser feitas sem nenhum mal, ou cuja produção poderia ser omitida, não toma o melhor partido.

Deus fez um mundo onde há o mal; um mundo – digo eu – que poderia ser feito sem nenhum mal, ou cuja produção poderia ser completamente omitida.

Logo, Deus não tomou o melhor partido.

Resposta

Concordamos com a premissa menor desse prossilogismo, pois se deve admitir que há o mal neste mundo que Deus fez e que era possível fazer um mundo sem mal, ou até mesmo não criar nenhum mundo, já que a sua criação dependeu da vontade livre de Deus, mas negamos a premissa maior, isto é, a primeira das duas premissas do prossilogismo, e poderíamos nos contentar com a exigência da sua prova. Mas, para fornecer mais esclarecimentos sobre a matéria, quisemos justificar essa negação observando que o melhor partido não é sempre aquele que tende a evitar o mal, uma vez que pode ocorrer de o mal ser acompanhado de um bem maior. Por exemplo, um general do exército preferirá uma grande vitória com um leve dano a um Estado sem dano e sem vitória. Mostramos isso mais amplamente nesta obra, evidenciando até mesmo por meio de instâncias tomadas das matemáticas e de alhures que uma imperfeição na parte pode ser exigida para uma perfeição maior no todo. Seguimos nisso a opinião de Santo Agostinho, que disse centenas de vezes que Deus permitiu o mal para dele extrair um bem, isto é, um bem maior, e a opinião de Tomás de Aquino, que disse (*Sent.*, livro 2, dist. 32, q. 1, art. 1) que a permissão do mal tende para o bem do universo. Mostramos que, nos antigos, a queda de Adão foi denominada *felix culpa*, um pecado feliz, porque ela fora reparada com uma vantagem imensa, pela encarnação do filho de Deus, que dotou o Universo com algo de mais nobre do que teria havido entre as criaturas na ausência disso. E, para uma maior inteligibilidade, acrescentamos depois, junto com vários bons autores, que estava de acordo com a ordem e o bem geral que Deus deixasse a certas criaturas a ocasião de exercer a sua liberdade, mesmo quando tenha previsto que elas se voltariam para o mal – o que ele poderia também reparar –, porque não convinha que, para impedir o pecado, Deus agisse sempre de uma maneira extraordinária. Basta, pois, para destruir a objeção, mostrar que um mundo com o mal poderia ser melhor do que um mundo sem o mal. Mas fomos ainda mais adiante nesta obra e mostramos até mesmo que este universo deve ser efetivamente melhor do que qualquer outro universo possível.

II. Objeção

Se há mais mal do que bem nas criaturas inteligentes, há mais mal do que bem na obra inteira de Deus.
Ora, há mais mal do que bem nas criaturas inteligentes.
Logo, há mais mal do que bem na obra inteira de Deus.

Resposta

Negamos a premissa maior e a menor desse silogismo condicional. Quanto à premissa maior, não concordamos com ela porque essa pretensa consequência da parte para o todo, das criaturas inteligentes para todas as criaturas, supõe tacitamente e sem prova que as criaturas destituídas de razão não podem entrar em comparação e consideração com aquelas que a têm. Mas por que o excedente de bem nas criaturas não inteligentes, que preenchem o mundo, não poderia compensar e até superar incomparavelmente o excedente de mal nas criaturas racionais? É verdade que o valor das últimas é maior, mas, em compensação, as outras são em número incomparavelmente maior; e pode ser que a proporção da quantidade ultrapasse a da qualidade.

Quanto à premissa menor, não devemos concordar com ela tampouco – não devemos concordar que há mais mal do que bem nas criaturas inteligentes. Não temos nem mesmo necessidade de convir que há mais mal do que bem na espécie humana porque pode ser, e é até mesmo muito razoável, que a glória e a perfeição dos bem-aventurados sejam incomparavelmente maiores do que a miséria e a imperfeição dos condenados, e que aqui a excelência do bem total no menor número prevaleça sobre o mal total que está no maior número. Os bem-aventurados se aproximam da divindade por meio de um mediador divino tanto quanto cabe a essas criaturas e fazem progressos no bem, progresso que é impossível aos condenados fazerem no mal, mesmo quando se aproximam o máximo que se pode da natureza dos demônios. Deus é infinito, e o demônio é limitado; o bem pode ir e vai ao infinito, ao passo que o mal tem seus limites. Pode ser, pois, e é crível que, na comparação entre os bem-aventurados e os condenados, a proporção dos graus supere a dos números, ao passo que, na comparação entre as criaturas inteligentes e as não inteligentes, a proporção dos números seja maior do que a dos valores. Estamos no direito de supor que uma coisa pode ocorrer enquanto não se prova que ela é impossível e que até mesmo aquilo que propomos aqui ultrapassa a suposição.

Ademais, mesmo que se concordasse que há mais mal do que bem na espécie humana, temos ainda motivos para não concordar que há mais mal do que bem em todas as criaturas inteligentes, pois há um número inconcebível de gênios e talvez ainda de outras criaturas racionais. E um adversário não poderia provar que em toda a cidade de Deus, composta tanto de gênios como de um sem-número de animais racionais e de uma infinidade de espécies, o mal ultrapassa o bem. E, ainda que se tenha de responder a uma objeção para provar que uma coisa é, quando a única possibilidade basta, não deixamos de mostrar na obra presente que é uma consequência da suprema perfeição do soberano do universo que o reino de Deus seja o mais perfeito de todos os Estados ou governos possíveis, e que, por conseguinte, o pouco de mal que há seja exigido para a culminação do bem imenso que nele se encontra.

III. Objeção

Se é sempre impossível não pecar, é sempre injusto punir.

Ora, é sempre impossível não pecar; ou também todo pecado é necessário.

Logo, é sempre injusto punir.

Prova-se a premissa menor:

1. Prossilogismo

Tudo o que é predeterminado é necessário.

Todo evento é predeterminado.

Logo, todo evento (e, por conseguinte, o pecado também) é necessário.

Prova-se ainda esta segunda premissa menor:

2. Prossilogismo

O que é futuro, o que é previsto, o que está contido nas suas causas é predeterminado.

Todo evento é assim.
Logo, todo evento é predeterminado.

Resposta

Concordamos num certo sentido com a conclusão do segundo prossilogismo, que é a premissa menor do primeiro, mas negaremos a premissa maior do primeiro prossilogismo, isto é, que tudo o que é predeterminado é necessário, entendendo pela necessidade de pecar, por exemplo, ou pela impossibilidade de não pecar ou de não fazer alguma ação, a necessidade da qual se trata aqui, isto é, aquela que é essencial e absoluta e que destrói a moralidade da ação e a justiça dos castigos. Pois, se alguém entendesse outra necessidade ou impossibilidade (isto é, uma necessidade que fosse apenas moral ou hipotética, que explicaremos logo adiante), é manifesto que negaríamos a premissa maior da própria objeção. Poderíamos nos contentar com essa resposta e exigir a prova da proposição negada, mas quisemos ainda dar a razão desse procedimento na obra presente para melhor esclarecer a coisa e dotar toda essa matéria de mais luz, explicando a necessidade que deve ser rejeitada e a determinação que deve ser aceita. É que a necessidade contrária à moralidade, que deve ser evitada e tornaria o castigo injusto, é uma necessidade insuperável que tornaria toda oposição inútil, mesmo quando se quisesse de todo o coração evitar a ação necessária e se fizessem todos os esforços possíveis para isso. Ora, é manifesto que isso não é aplicável às ações voluntárias, já que nós não a faríamos se não a quiséssemos. Assim, a sua previsão e predeterminação não são absolutas, mas supõem a vontade: se é certo que as faremos, não é menos certo que quereremos fazê-las. Essas ações voluntárias e suas consequências não ocorrerão independentemente do que se faça ou se queira, mas porque se as fará e porque se quererá fazer o que a elas conduz. E isso está contido na previsão e na predeterminação, e até mesmo constitui a sua razão. E a necessidade de tais eventos é denominada condicional ou hipotética, ou bem necessidade de consequência, porque ela supõe a vontade e os outros *requisitos*, ao passo que a necessidade que destrói a moralidade e torna o castigo injusto e a recompensa inútil está nas coisas que serão, a despeito do que se faça e do que se queira fazer, e, em uma palavra, naquilo que é essencial – é o que se denomina uma necessidade absoluta. Assim, não serve de nada em relação ao que é absolutamente necessário emitir proibições ou ordens, propor penas e prêmios, censurar ou louvar: não será por isso nem mais nem menos. Ao passo que, nas ações voluntárias e naquilo que delas dependem, os preceitos, investidos do poder de punir e de recompensar, servem muito frequentemente e estão compreendidos na ordem das causas que fazem a ação existir. E é por essa razão que são úteis não apenas os cuidados e os trabalhos, mas também as preces, na medida em que Deus as teve em vista antes de ter ordenado as coisas e teve em consideração o que era conveniente. Eis por que o preceito que diz *ora et labora* (oreis e trabalheis) perdura por completo. E não apenas aqueles que, sob o vão pretexto da necessidade dos eventos, alegam que se podem negligenciar os cuidados que os assuntos exigem, mas também aqueles que raciocinam contra as preces caem naquilo que os antigos já denominavam *sofisma preguiçoso*. Assim, a predeterminação dos eventos pelas causas é justamente o que contribui para a moralidade, em vez de destruí-la, e as causas inclinam a vontade sem dela necessitar. Eis por que a determinação da qual se trata não é uma necessitação: é certo (para aquele que sabe tudo) que o efeito seguirá essa inclinação, mas esse efeito não se segue por uma consequência necessária, isto é, cujo contrário implica contradição – e é assim, por tal inclinação interna, que a vontade se determina sem que haja necessidade. Suponhais que se tenha a maior paixão do mundo (por exemplo, uma grande sede); admitireis que a alma pode encontrar alguma razão para lhe resistir, quando não será aquela de mostrar o seu poder. Assim, embora nunca se esteja numa perfeita indiferença de equilíbrio e haja sempre uma preponderância da inclinação pelo partido que se toma, ela, não obstante, não torna jamais a resolução que se toma absolutamente necessária.

IV. Objeção

Quem pode impedir o pecado de outrem e não o faz, mas antes contribui para ele, apesar de estar bem informado a seu respeito, é seu cúmplice.

Deus pode impedir o pecado das criaturas inteligentes, mas não o faz; antes, contribui para ele pelo seu concurso e pelas ocasiões que produz, apesar de ter um perfeito conhecimento disso.
Logo etc.

Resposta

Negamos a premissa maior desse silogismo. Pois se poderia dar o caso em que se pode impedir o pecado, mas não se deve fazê-lo, porque não se poderia fazê-lo sem que se cometesse um pecado, ou, quando se trata de Deus, sem que houvesse uma ação irracional. Fornecemos exemplos disso e os aplicamos ao próprio Deus. Pode ocorrer também que se contribua ao mal e que até mesmo se lhe abra o caminho por vezes, ao se fazerem coisas que se está obrigado a fazer. E, quando se faz o seu dever, ou, falando de Deus, quando, tudo bem considerado, faz-se aquilo que a razão exige, não se é responsável pelos eventos, mesmo quando se os preveem. Não se desejam esses males, mas se deseja permiti-los para um bem maior, que não se poderia dispensar racionalmente para preferir outras considerações. E é uma vontade *consequente*, que resulta de vontades *antecedentes*, a partir das quais se quer o bem. Sabemos que alguns, ao falar da vontade antecedente e consequente de Deus, entenderam pela *antecedente* aquela que quer que todos os homens sejam salvos, e pela *consequente* aquela que quer, em decorrência do pecado perseverante, que haja condenados, na medida em que a condenação é uma consequência do pecado. Mas se trata apenas de exemplos de uma noção mais geral, e se pode dizer pela mesma razão que Deus quer, pela sua vontade antecedente, que os homens não pequem, e que, pela sua vontade consequente ou final e decretória, que sempre tem o seu efeito, quer permitir que eles pequem, sendo essa permissão uma consequência de razões superiores. E há motivos para dizer, de modo geral, que a vontade antecedente de Deus se dirige à produção do bem e ao impedimento do mal, cada um tomado em si e como que destacado (Tomás, *particulariter et secundum quid*, I, q. 19, art. 6)[1], de acordo com o grau de cada bem ou de cada mal,

---

[1] Tomás de Aquino, *Suma teológica*, I, q. 19, art. 6.

mas que a vontade divina consequente, final ou total se dirige à produção de quantos bens se podem colocar juntos, cuja combinação se torna, a partir disso, determinada e compreende também a permissão de alguns males e a exclusão de alguns bens, como exige o melhor plano possível do universo. Arminius, em seu *Antiperkinsus*[2], explicou muito bem que a vontade de Deus pode ser denominada consequente não apenas em relação à ação da criatura considerada previamente no entendimento divino, mas ainda em relação a outras vontades divinas anteriores. Mas basta observar a passagem citada de Tomás de Aquino e aquela de Scotus (I, dist. 46, q. 11)[3] para ver que eles consideram essa distinção tal como fizemos aqui. No entanto, se alguém não quer consentir com esse uso dos termos, que coloque vontade *prévia* no lugar de antecedente e vontade *final* ou decretória no lugar de consequente. Pois não queremos discutir sobre as palavras.

V. Objeção

Quem produz tudo o que há de real numa coisa é a sua causa.
Deus produz tudo o que há de real no pecado.
Logo, Deus é a causa do pecado.

Resposta

Poderíamos nos contentar em negar a premissa maior ou a menor, porque o termo "real" admite interpretações que podem tornar essas proposições falsas. Mas, a fim de explicar melhor, distinguiremos: "real" significa ou o que é positivo apenas, ou compreende ainda os seres privativos. No primeiro caso, negamos a premissa maior e concordamos com a menor; no segundo, fazemos o contrário. Teríamos podido nos limitar a isso, mas quisemos ainda ir mais longe para dar a razão dessa distinção. Foi, portanto, muito fácil

---

[2] Leibniz se refere ao livro de Arminius intitulado *Examen modestum libelli quem D. Guglielmus Perkinsius edidit ante aliquot annos de praedestinationis modo et ordine itemque de amplitudine gratiae divinae* [*Modesto exame do livro que o sr. Guglielmus Perkinsius publicou há alguns anos sobre o modo e a ordem da predestinação e sobre a amplitude da graça divina*], publicado em 1612, em Leiden.

[3] John Duns Scot, *Quaestiones quattuor voluminum Scripti Oxoniensis super sententias* [*Questões dos quatro volumes das Escrituras Oxonianas sobre sentenças*], I, dist. 46, q. 11, vol. 1.

mostrar que toda realidade puramente positiva ou absoluta é uma perfeição, e que toda imperfeição advém da limitação, isto é, do privativo, pois limitar é rechaçar o progresso ou o que está mais além. Ora, Deus é a causa de todas as perfeições e, por conseguinte, de todas as realidades quando se as consideram como puramente positivas. Mas as limitações ou as privações resultam da imperfeição original das criaturas, que limitam a sua receptividade. É como um barco carregado que o rio faz ir mais ou menos lentamente conforme o peso que transporta: assim, a velocidade advém do rio, mas o retardamento que limita essa velocidade advém da carga. Dessa forma, mostramos na presente obra como a criatura, ao causar o pecado, é uma causa deficiente; como os erros e as inclinações más nascem da privação; e como a privação é eficaz por acidente. E justificamos a opinião de Santo Agostinho (*Ad. Simpl.*, livro 1, q. 2), que explica, por exemplo, como Deus endurece não ao dar algo mau à alma, mas porque o efeito de sua boa impressão é limitado pela resistência da alma e pelas circunstâncias que contribuem para essa resistência, de sorte que ele não lhe dá todo o bem que superaria seu mal. *Nec (inquit) ab illo erogatur aliquid quo homo fit deterior, sed tantum qua fit melior non erogatur*[4]. Mas, se Deus tivesse querido fazer mais, ele teria precisado fazer criaturas de outra natureza ou outros milagres para mudar as suas naturezas, o que o melhor plano não pôde admitir. É como se fosse preciso que a corrente do rio fosse mais rápida do que o declive permite ou que os barcos fossem menos carregados se ele devesse fazê-los ir mais depressa. E a limitação ou a imperfeição original das criaturas faz com que mesmo o melhor plano do universo não possa receber mais bens e ser isento de certos males, que, todavia, devem dirigir-se a um maior bem. São algumas desordens nas partes que exaltam maravilhosamente a beleza do todo, como certas dissonâncias que, empregadas como se deve, tornam a harmonia mais bela. Mas isso depende daquilo que já respondemos na primeira objeção.

---

[4] "Não é (diz ele) que ele provê o homem com algo que o torna pior, mas apenas que não lhe fornece algo que o torna melhor."

VI. Objeção

É injusto quem pune aqueles que fizeram tanto bem quanto estava em seu poder fazer.
Deus o faz.
Logo etc.

Resposta

Negamos a premissa menor desse argumento e acreditamos que Deus fornece sempre os auxílios e as graças que bastariam para aqueles que têm boa vontade, isto é, que não rejeitam essas graças por um novo pecado. Assim, não concordamos com a condenação das crianças que morrem sem batismo ou fora da Igreja, nem com a condenação dos adultos que agiram de acordo com as luzes que Deus lhes deu. E acreditamos que, se alguém seguiu as luzes que possuía, receberá luzes indubitavelmente maiores do que tem necessidade, como observou nalguma parte o falecido Hülsemann[5], teólogo célebre e profundo de Leipzig; e, se um tal homem careceu delas durante a sua vida, ele as receberia ao menos *in articulo mortis*.

VII. Objeção

Quem fornece apenas a alguns, e não a todos, os meios que os fazem ter efetivamente a boa vontade e a fé final salutar não tem bondade suficiente.
Deus o faz.
Logo etc.

Resposta

Negamos a premissa maior. É verdade que Deus poderia superar a maior resistência do coração humano e ele o faz também algumas vezes, seja por uma graça interna, seja pelas circunstâncias externas, que podem muito sobre as almas, mas ele não o faz sempre. Donde vem essa distinção – dir-se-á – e por que a sua bondade parece ser limitada? É que não estaria dentro da ordem agir sempre extraordi-

---

[5] Johann Hülsemann (1602-1661) foi um teólogo luterano alemão.

nariamente e perturbar a conexão das coisas, como já observamos ao responder à primeira objeção. As razões dessa conexão, pelas quais um está inserido em circunstâncias mais favoráveis do que outro, estão ocultas na profundeza da sabedoria de Deus: elas dependem da harmonia universal. O melhor plano do universo, que Deus não poderia deixar de escolher, exigia que fosse assim. Julgamo-lo pelo evento mesmo: uma vez que Deus o fez, não era possível fazer melhor. Bem longe de essa conduta ser contrária à bondade, é a suprema bondade que o levou a isso. A resposta a essa objeção poderia ser extraída do que foi dito em relação à primeira, mas pareceu útil abordá-la à parte.

VIII. Objeção

Quem não pode deixar de escolher o melhor não é livre.
Deus não pode deixar de escolher o melhor.
Logo, Deus não é livre.

Resposta

Negamos a premissa maior desse argumento: antes, é a verdadeira e mais perfeita liberdade usar da melhor forma o seu livre-arbítrio e exercer sempre esse poder sem ser desviado nem por força externa nem por paixões internas, das quais aquela constitui a escravidão dos corpos, e estas, das almas. Não há nada menos servil e mais conveniente ao mais alto grau de liberdade do que ser sempre levado ao bem, e sempre pela sua própria inclinação, sem nenhum constrangimento e sem nenhum desprazer. E objetar que Deus tinha, então, necessidade de coisas externas é apenas um sofisma. Ele as criou livremente, mas, tendo se proposto uma finalidade, que é a de exercer a sua bondade, a sua sabedoria determinou que escolhesse os meios mais apropriados para obtê-la. Denominar isso necessidade é tomar o termo num sentido não ordinário que o expurga de toda imperfeição, mais ou menos como se faz quando se fala da cólera de Deus.

Sêneca diz nalguma parte que Deus comandou apenas uma vez, mas obedece sempre, porque obedece às leis que ele quis se prescrever: "*Semel jussit, semper paret.*"⁶ Mas ele teria dito melhor se dissesse que Deus comanda sempre e é sempre obedecido; pois, ao querer, ele segue sempre a propensão de sua própria natureza, e todo o restante das coisas segue sempre a sua vontade. E, como essa vontade nunca muda, não se pode dizer que ele não obedece senão àquela de outrora. No entanto, embora a sua vontade seja sempre infalível e se dirija sempre ao melhor, o mal, ou o menor bem que ele rechaça, não deixa de ser possível em si; de outro modo, a necessidade do bem seria geométrica – por assim dizer – ou metafísica e totalmente absoluta; a contingência das coisas seria destruída e não haveria escolha. Mas esse tipo de necessidade, que não destrói a possibilidade do contrário, tem esse nome apenas por analogia; ela se torna efetiva não unicamente pela essência das coisas, mas pelo que está fora e acima delas, a saber, pela vontade de Deus. Essa necessidade é denominada moral, porque, no sábio, *necessário* e *devido* são coisas equivalentes; e, no caso de produzir sempre o seu efeito, como verdadeiramente ocorre no perfeito sábio, isto é, em Deus, pode-se dizer que se trata de uma necessidade feliz. Quanto mais as criaturas dela se aproximam, mais se aproximam da felicidade perfeita. Assim, esse tipo de necessidade não é aquela que nos esforçamos em evitar e que destrói a moralidade, as recompensas e os louvores. O que ela encerra não ocorre independentemente do que se faça e do que se quer, mas porque se o quer. E uma vontade para a qual é natural escolher bem merece mais do que todas ser louvada: assim ela leva consigo a sua recompensa, que é a felicidade soberana. E, como essa constituição da natureza divina dá uma satisfação plena a quem a tem, ela é também a melhor e a mais desejável para as criaturas que dependem todas de Deus. Se a vontade de Deus não tivesse como regra o princípio do melhor, ela se dirigiria ao mal, o que seria o pior; ou então seria de alguma forma indiferente em relação ao bem e ao mal e seria guiada pelo acaso. Mas uma vontade que se deixasse sempre se guiar pelo acaso não valeria mais para o governo do universo do que o concurso fortuito dos corpúsculos, sem que houvesse nenhuma divindade. E, mesmo que

---

⁶ "Comandou uma vez, obedece sempre" (Sêneca, *Sobre a providência divina*, cap. 5).

Deus se abandonasse ao acaso apenas em algumas circunstâncias e de alguma maneira (como ele faria se não se dirigisse sempre plenamente ao melhor e se fosse capaz de preferir um bem menor a um bem maior, isto é, um mal a um bem, dado que o que impede um bem maior é um mal), ele seria imperfeito, assim como o objeto de sua escolha; ele não mereceria uma confiança plena; ele agiria sem razão num tal caso, e o governo do universo seria como certos jogos divididos entre a razão e a fortuna. E tudo isso mostra que essa objeção que se faz contra a escolha do melhor perverte as noções do livre e do necessário, e até mesmo nos representa o melhor como mal – o que é malicioso ou ridículo.

REFLEXÕES SOBRE A OBRA QUE HOBBES PUBLICOU EM INGLÊS SOBRE A LIBERDADE, A NECESSIDADE E O ACASO

1. Como a questão da necessidade e da liberdade, juntamente com aquelas que dela dependem, foi debatida outrora pelo célebre Hobbes e por John Bramhall, bispo de Derry, por meio de livros publicados por uma parte e por outra, acreditei que seria oportuno fornecer um conhecimento distinto a seu respeito (embora já tenha feito menção desse debate mais de uma vez), ainda mais porque esses escritos de Hobbes foram publicados apenas em inglês até agora e o que advém desse autor ordinariamente contém algo de bom e engenhoso. O bispo de Derry e Hobbes, tendo se encontrado em Paris no domicílio do marquês (posteriormente duque) de Newcastle[1] no ano de 1646, iniciaram um debate sobre esse assunto. A disputa transcorreu com muita moderação, mas o bispo enviou um pouco depois um escrito ao milorde Newcastle e solicitou-lhe que estimulasse Hobbes a lhe responder. Ele respondeu, mas assinalou, ao mesmo tempo, que desejava que a sua resposta não fosse publicada, porque acreditava que pessoas mal instruídas poderiam abusar de dogmas como os seus, por mais verdadeiros que pudessem ser. Ocorreu, entretanto, que o próprio Hobbes a comunicou a um amigo francês e permitiu que um jovem inglês fizesse a

---

[1] William Cavendish (1592-1676), primeiro duque de Newcastle, foi um nobre inglês ligado ao movimento dos monarquistas. Encarregou-se da educação do futuro rei Carlos II e, em 1642, recrutou um exército para auxiliar Carlos I contra os parlamentaristas. Depois da derrota na batalha de Marston Moor, em 1644, exilou-se em Hamburgo e, posteriormente, em Paris, onde também se exilavam John Bramhall e Thomas Hobbes.

sua tradução para o francês, em prol desse amigo. Esse jovem guardou uma cópia do original em inglês e a publicou posteriormente na Inglaterra sem o conhecimento do autor, o que obrigou o bispo a replicá-la, e Hobbes a treplicá-la e a publicar todas as partes unidas num livro de 348 páginas impresso em Londres em 1656, in-quarto, intitulado *Questões sobre a liberdade, a necessidade e o acaso, esclarecidas e debatidas entre o dr. Bramhall, bispo de Derry, e Thomas Hobbes de Malmesbury*[2]. Há uma edição posterior, do ano de 1684, numa obra intitulada *Hobbes's Tripos*, na qual se encontram seu livro sobre a natureza humana, seu tratado sobre o corpo político e seu tratado sobre a liberdade e a necessidade; mas este último não contém nem a réplica do bispo nem a tréplica do autor. Hobbes raciocina sobre esse assunto com seu espírito e sutileza costumeiros, mas é uma pena que tanto uma parte como a outra se detenham em várias pequenas chicanas, como ocorre quando se está obstinado. O bispo fala com muita veemência e com certa arrogância. Hobbes, por seu turno, não costuma poupar e demonstra um desprezo um pouco excessivo pela teologia e pelos termos da escola, aos quais o bispo parece estar vinculado.

2. É preciso admitir que há algo de estranho e de insustentável nas opiniões de Hobbes. Ele quer que as doutrinas concernentes à divindade dependam inteiramente da determinação do soberano e que Deus não seja mais a causa das boas ações das criaturas do que das más. Ele quer que tudo o que Deus faça seja justo, porque não há ninguém acima dele que possa puni-lo e coagi-lo. No entanto, por vezes ele fala como se aquilo que se diz a respeito de Deus não passasse de elogios, isto é, expressões apropriadas para honrá-lo, e não para conhecê-lo. Enuncia também que lhe parece que as penas dos maus devem cessar com a sua destruição – é aproximadamente a opinião dos socinianos, mas parece que as dele vão bem mais longe. Sua filosofia, que defende que os corpos são unicamente substâncias, não parece ser favorável à providência de Deus e à imor-

---

[2] *Questions touchant la liberté, la nécessité et le hasard, éclaircies et débattues entre le docteur Bramhall, évêque de Derry, et Thomas Hobbes de Malmesbury.* O título no original é *The questions concerning liberty, necessity, and chance, clearly stated and debated between Dr. Bramhall, Bishop of Derry, and Thomas Hobbes of Malmesbury.*

talidade da alma. Ele não deixa, porém, de dizer coisas muito razoáveis sobre outros assuntos. Mostra muito bem que não há nada que se faça ao acaso, ou, antes, que o acaso significa apenas a ignorância das causas que produzem o efeito e que, para cada efeito, é necessário um concurso de todas as condições suficientes, anteriores ao evento, das quais é patente que nenhuma pode faltar quando ele deve ocorrer, porque se trata de condições, e que o evento tampouco deixa de se produzir quando todas se encontram unidas, porque se trata de condições suficientes – o que recai naquilo que eu disse tantas vezes: tudo ocorre a partir de razões determinantes, cujo conhecimento, se tivéssemos, nos faria conhecer ao mesmo tempo por que a coisa ocorreu e por que ela não transcorreu de outra maneira.

3. Mas o temperamento desse autor, que o conduz a paradoxos e o leva a procurar se opor a outros, faz-lhe extrair consequências e expressões exageradas e odiosas, como se tudo ocorresse de uma necessidade absoluta. Por sua vez, o bispo de Derry indicou muito bem, na sua resposta ao art. 35, p. 327, que se produz apenas uma necessidade hipotética, tal qual todos nós concedemos aos eventos em relação à presciência de Deus, ao passo que Hobbes afirma que até mesmo a presciência divina por si só baste para estabelecer uma necessidade absoluta dos eventos, o que era também a opinião de Wycliffe e mesmo de Lutero quando escreveu *De servo arbitrio* – ao menos era o que eles diziam. Mas hoje se reconhece suficientemente que essa espécie de necessidade que se denomina hipotética, que se origina da presciência ou de outras razões anteriores, não tem nada com que nos devamos alarmar, ao passo que seria totalmente diferente se a coisa fosse necessária por si mesma, de maneira que o contrário implicasse contradição. Hobbes também não quer ouvir falar de uma necessidade moral, porque tudo, com efeito, produz-se a partir de causas físicas. Mas temos razão, não obstante, de fazer uma grande diferenciação entre a necessidade que obriga o sábio a fazer o bem, que se denomina moral e tem lugar até mesmo em relação a Deus, e essa necessidade cega, com base na qual Epicuro, Estratão, Espinosa e talvez Hobbes acreditaram que as coisas existissem sem inteligência nem escolha, e, por conseguinte, sem Deus,

do qual, com efeito, não se teria necessidade, segundo eles, na medida em que, a partir dessa necessidade, tudo existiria por meio de sua própria essência, de modo tão necessário como dois mais três devem fazer cinco. E essa necessidade é absoluta porque tudo o que ela encerra consigo deve ocorrer, independentemente do que se faça, ao passo que o que ocorre mediante uma necessidade hipotética ocorre da suposição de que isso ou aquilo foi previsto, ou determinado, ou feito previamente, e de que a necessidade moral encerra uma obrigação de razão, que sempre tem o seu efeito no sábio. Essa espécie de necessidade é feliz e desejável quando somos levados por boas razões a agir como se deve; já a necessidade cega e absoluta arruína a piedade e a moral.

4. Há mais razão no discurso de Hobbes quando ele concede que as nossas ações estão em nosso poder, de maneira que fazemos o que queremos quando temos poder para isso e quando não há impedimento, e sustenta que as nossas volições mesmas não estão em nosso poder, de tal maneira que pudéssemos nos dar, sem dificuldade e de acordo com o nosso bel-prazer, inclinações e vontades que pudéssemos desejar. O bispo parece não ter atentado a essa reflexão, que Hobbes também não desenvolve suficientemente. A verdade é que também temos algum poder sobre as nossas volições, mas de uma maneira oblíqua, e não absoluta e indiferente. É o que foi explicado em algumas passagens desta obra. Enfim, Hobbes mostra, após outras coisas, que a certeza dos eventos e a própria necessidade, se esta existisse de maneira tal que as nossas ações dependessem de causas, não nos impediriam de empregar as deliberações, as exortações, as censuras e os elogios, as penas e as recompensas, já que elas servem aos homens e os levam a produzir as ações ou a se abster delas. Assim, se as ações humanas fossem necessárias, elas o seriam por esses meios. Mas a verdade é que, na medida em que essas ações não são absolutamente necessárias e independentes do que se faça, esses meios contribuem apenas para tornar as ações determinadas e certas, como elas o são de fato, com sua natureza mostrando que elas são incapazes de uma necessidade absoluta. Hobbes apresenta também uma noção muito boa da liberdade, desde que seja tomada num sentido geral, comum às substâncias inteligentes

e não inteligentes, dizendo que uma coisa é considerada livre quando a potência que ela tem não é impedida por uma coisa externa. Assim, a água que é retida por um dique tem a potência de se espalhar, mas não tem liberdade, ao passo que ela não tem a potência de se elevar acima do dique, embora nada a impeça então de se espalhar, e que até mesmo nada de exterior a impeça de se elevar tão alto. Mas seria preciso para isso que ela própria viesse de um lugar mais alto ou que fosse elevada por algum acréscimo de água. Assim, um prisioneiro não tem liberdade, mas um enfermo não tem potência para sair.

5. Há no prefácio de Hobbes um resumo dos pontos debatidos, que introduzirei aqui acrescentando algumas apreciações críticas. "De uma das partes", diz ele, "sustenta-se [1] que não está no poder presente do homem escolher a vontade que deve ter presentemente." Isso é bem dito, sobretudo em relação à vontade presente: os homens escolhem os objetos pela vontade, mas não escolhem as suas vontades presentes – elas resultam de razões e de disposições. É verdade, não obstante, que se podem buscar novas razões e se outorgar com o tempo novas disposições; e por esse meio podemos ainda obter uma vontade que não tínhamos nem podíamos nos outorgar imediatamente. É – para me servir da comparação do próprio Hobbes – como a fome ou a sede. Presentemente, não depende da minha vontade ter fome ou não, mas depende da minha vontade comer ou não comer. Entretanto, para o futuro, depende de mim ter fome ou me impedir de tê-la a uma determinada hora do dia comendo previamente. É assim que há meios de se evitarem frequentemente vontades más; e, embora Hobbes diga na sua réplica n. 14, p. 138, que o estilo das leis é dizer: "deves fazer ou não deves fazer isso ou aquilo", não há lei que diga: "deves querer ou não deves querer"; é manifesto, porém, que ele se engana em relação à lei de Deus, que diz: "*non concupisces*" – não desejarás. É verdade que essa proibição não se aplica aos primeiros movimentos, que são involuntários. Sustenta-se "[2] que o acaso [*chance* em inglês, *casus* em latim] não produz nada". Isto é, que ele não produz nada sem causa ou razão. Muito bem: consinto com isso, desde que se fale de um acaso real, pois a fortuna e o acaso são apenas aparên-

cias que advêm da ignorância das causas ou da abstração que delas se faz. "[3] Que todos os eventos têm suas causas necessárias." Mal: eles têm suas causas determinantes, a partir das quais se pode se dar a sua razão, mas não são causas necessárias. O contrário poderia ocorrer sem implicar contradição. "[4] Que a vontade de Deus faz a necessidade de todas as coisas." Mal: a vontade de Deus produz apenas coisas contingentes, que poderiam ocorrer de outro modo, sendo o tempo, o espaço e a matéria indiferentes a todo tipo de figuras e movimentos.

6. "De outra parte", segundo ele, "sustenta-se [1] que não apenas o homem é livre (absolutamente) para escolher o que quer fazer, mas ainda para escolher o que ele quer querer." É mal dito: não somos mestres absolutos de nossa vontade para alterá-la imediatamente sem nos servirmos de algum meio ou habilidade para isso. "[2] Quando o homem quer uma boa ação, a vontade de Deus concorre com a sua; caso contrário, não." É bem dito, desde que se entenda que Deus não quer as ações más, embora ele queira permiti-las, a fim de que não ocorra algo pior do que esses pecados. "[3] Que a vontade pode escolher se ela quer querer ou não." Mal, no que diz respeito à volição presente. "[4] Que as coisas ocorrem sem necessidade, por acaso." Mal: o que ocorre sem necessidade não ocorre por isso por acaso, isto é, sem causas e razões. "[5] Que, embora Deus preveja que um evento ocorrerá, não é necessário que ele ocorra, na medida em que Deus prevê as coisas não como futuras e em suas causas, mas como presentes." Aqui se começa bem e se termina mal. Há razão em se admitir a necessidade da consequência, mas não há motivos aqui para se recorrer à questão de como o futuro é presente para Deus, pois a necessidade da consequência não impede que o evento ou o consequente não seja contingente em si mesmo.

7. O nosso autor crê que a doutrina ressuscitada por Arminius, na medida em que foi favorecida na Inglaterra tanto pelo arcebispo Laud[3] como pela corte e em que as promoções eclesiásticas mais consideráveis se realizaram unicamente a favor de seus partidários,

---

[3] William Laud (1573-1645) foi arcebispo da Cantuária. Combateu o puritanismo e o calvinismo e foi condenado à morte por seu apoio a Carlos I.

contribuiu para a revolta que fez com que o bispo e ele se encontrassem no seu exílio em Paris, no domicílio do milorde Newcastle, e entrassem em disputa. Não gostaria de aprovar toda a conduta do arcebispo Laud, que tinha mérito e talvez boa vontade, mas parece ter favorecido demasiadamente os presbiterianos. Contudo, pode-se dizer que as revoluções, tanto na Holanda como na Grã-Bretanha, ocorreram em parte devido à intolerância excessiva dos rígidos; e pode-se dizer que os defensores do decreto absoluto foram no mínimo tão rígidos quanto os outros, tendo oprimido os seus adversários na Holanda pela autoridade do príncipe Maurício[4] e fomentado as revoltas na Inglaterra contra o rei Carlos I. Mas são defeitos dos homens, não dos dogmas. Os seus adversários não os poupavam também, como mostram a severidade que se utilizou na Saxônia contra Nicolas Crellius[5] e o procedimento dos jesuítas contra o partido do bispo de Ypres.

8. Hobbes observa que, desde Aristóteles, há duas fontes de argumentos: a razão e a autoridade. Quanto à primeira, ele diz que admite as razões extraídas dos atributos de Deus, que ele denomina argumentativos, cujas noções são concebíveis; no entanto, defende que há outros atributos dos quais não se concebe nada e que não passam de expressões pelas quais pretendemos honrá-lo. Mas não vejo como se possa honrar Deus por meio de expressões que não significam nada. Talvez para Hobbes, assim como para Espinosa, sabedoria, bondade, justiça não passem de ficções em relação a Deus e ao universo, uma vez que a causa primitiva age, segundo eles, pela necessidade de sua potência, e não pela escolha de sua sabedoria – opinião cuja falsidade já demonstrei o bastante. Ao que parece, Hobbes não quis se explicar suficientemente por medo de escandalizar as pessoas – no que se mostra louvável. Também por isso, como ele próprio diz, desejou que não se publicasse o debate ocorrido em Paris entre o bispo e ele. Ele acrescenta que não é bom dizer que uma ação não desejada por Deus possa ocorrer, porque seria dizer, com efeito,

---

[4] Maurício de Orange-Nassau (1567-1625) foi *stadhouder* da Holanda.

[5] Nikolaus Krell (1551-1601) foi chanceler da Saxônia. Tentou promover o calvinismo na Saxônia luterana, tendo sido decapitado por causa disso.

que Deus carece de poder. Mas ele acrescenta ainda, ao mesmo tempo, que tampouco é bom dizer o contrário e afirmar que ele quer o mal, porque isso não é honroso e parece que é acusá-lo de pouca bondade. Hobbes crê, portanto, que, nessas matérias, não é bom dizer a verdade, e ele teria razão se a verdade estivesse nas opiniões paradoxais que sustenta; pois parece, com efeito, que, segundo a opinião desse autor, Deus não tem bondade, ou, antes, que o que ele denomina Deus não é outra coisa senão a natureza cega da aglomeração das coisas materiais, que age segundo leis matemáticas, segundo uma necessidade absoluta, como os átomos o fazem no sistema de Epicuro. Se Deus fosse como os grandes são por vezes aqui embaixo, não seria conveniente dizer todas as verdades que lhe dizem respeito, mas ele não é como um homem, cujos desígnios e ações é preciso frequentemente omitir, ao passo que é sempre permitido e razoável publicar os conselhos e ações de Deus porque são sempre belos e louváveis. Assim, as verdades que dizem respeito à divindade são sempre boas de serem afirmadas, ao menos com relação ao escândalo. E explicamos, parece, de uma maneira que satisfaz a razão e não fere a piedade, como se deve conceber que a vontade de Deus tem o seu efeito e concorre para o pecado sem que a sua sabedoria ou bondade sofram com isso.

9. Quanto às autoridades extraídas das Sagradas Escrituras, Hobbes as divide em três tipos: umas, segundo ele, são a seu favor, outras são neutras e as terceiras parecem ser a favor de seu adversário. As passagens que ele acredita serem favoráveis à sua opinião são aquelas que atribuem a Deus a causa da nossa vontade. Como em Gn 45, 5, em que José diz a seus irmãos: "Não vos afligis e não tendes arrependimento de que me vendêreis para ser conduzido até aqui, já que Deus me enviou ante vós para a conservação de vossa vida", e no verso 8: "Não me conduzistes até aqui, mas sim Deus." Deus diz em Ex 7, 3: "Endureci o coração do faraó." Moisés diz em Dt 2, 30: "Mas Siom, rei de Hesebon, não quis nos deixar passar pelo seu país. Pois o Eterno, teu Deus, havia endurecido seu espírito e tornado insensível seu coração, a fim de entregá-lo em tuas mãos." Davi diz de Semei (2 Sm 16, 10): "Que ele amaldiçoe, pois o Eterno lhe disse: 'maldito Davi'; e que ele lhe dirá: 'por que tu o

fizeste?'" Em 1 Rs 12, 15: "O rei (Roboão) não escutou o povo, pois isso fora assim conduzido pelo Eterno." Em Jó 12, 16: "É a ele a quem pertence tanto aquele que se extravia como aquele que o faz se extraviar." Versículo 17: "Ele tira a razão dos juízes." Versículo 24: "Ele retira o coração dos chefes dos povos e os faz errar nos desertos." Versículo 25: "Ele os faz cambalear como pessoas que estão embriagadas." Deus diz a respeito do rei da Assíria (Is 10, 16): "Enviá-lo-ei contra o povo a fim de que ele faça uma grande pilhagem e o pisoteie como a lama nas ruas." Jeremias diz (Jr 10, 23): "Eterno, sei que a via do homem não depende dele e que não está no poder do homem que anda dirigir os seus passos." Deus diz (Ez 3, 20): "Se o justo se desvia de sua justiça e comete iniquidade, ele morrerá assim que eu colocar um obstáculo diante dele." O Salvador diz (Jo 6, 44): "Ninguém pode vir a mim se o Pai que me enviou não o atrai." São Pedro (At 4, 27-8): "Herodes e Pôncio Pilatos, junto com os gentios e os povos de Israel, se reuniram para fazer todas as coisas que a tua mão e o teu conselho tinham determinado previamente que deveriam ser feitas." São Paulo (Rm 9, 16): "Não é daquele que quer nem daquele que corre, mas de Deus, que faz misericórdia." Versículo 18: "Ele faz misericórdia para aquele que quer e endurece quem quer." Versículo 19: "Mas me dirás: 'por que ele se queixa ainda, pois quem pode resistir à sua vontade?'" Versículo 20: "Mas, sobretudo, ó homem, quem és tu, tu que contesta Deus? A coisa formada dirá àquele que a formou: 'por que me fizeste assim?'" Em 1 Cor 4, 7: "Quem é que diferencia tu e outro e o que tu tens que não tenhas recebido?" Em 1 Cor 12, 6: "Há diversidade de operações, mas há um mesmo Deus que opera todas as coisas em todos." Em Ef 2, 10: "Somos a sua obra, tendo sido criados em Jesus Cristo para boas obras, que Deus preparou a fim de que caminhemos nela." E em Fp 2, 13: "É Deus que produz em vós o querer e a perfeição segundo o seu bel-prazer." Podem-se acrescentar a essas passagens todas aquelas que fazem Deus o autor de toda a graça e de todas as boas inclinações, bem como todas aquelas que dizem que estamos como mortos no pecado.

10. Eis agora as passagens neutras, segundo Hobbes. São aquelas em que as Sagradas Escrituras dizem que o homem tem a escolha

de agir, se quiser, ou de não agir, se não quiser. Por exemplo, Dt 30, 19: "Tomo hoje como testemunhas o céu e a Terra contra vós de que coloquei diante de ti a vida e a morte: escolhe, pois, a vida, a fim de que vivas, tu e a tua posteridade." Js 24, 15: "Escolhei hoje a quem quereis servir." Deus diz a Gad, o profeta (2 Sm 24, 12): "Vá, digas a Davi que assim disse o Eterno: 'trago três coisas contra ti; escolhe uma das três a fim de que eu a faça para ti'." Is 7, 16: "Até que a criança saiba rejeitar o mal e escolher o bem." Enfim, as passagens que Hobbes reconhece que parecem contrárias à sua opinião são todas aquelas em que está indicado que a vontade do homem não é conforme à de Deus, como em Is 5, 4: "Que mais eu haveria de fazer à minha vinha que eu não tenha feito? Por que esperava que ela produzisse uvas e ela produziu cachos silvestres?" Jr 19, 5: "Eles construíram lugares altos a Baal para queimar no fogo seus filhos para holocaustos a Baal, o que não ordenei nem falei e no que jamais pensei." Os 13, 9: "Ó Israel, tua destruição vem de ti, mas teu auxílio está em mim." E 1 Tm 2, 4: "Deus quer que todos os homens sejam salvos e cheguem ao conhecimento da verdade." Ele admite poder expor várias outras passagens como essas que indicam que Deus não quer a iniquidade, que ele quer a salvação do pecador, e em geral todas aquelas que fazem conhecer que Deus ordena o bem e proíbe o mal.

11. Ele responde a essas passagens em que Deus não quer sempre o que ele ordena, como quando ordenou a Abraão que sacrificasse seu filho; e em que a sua vontade revelada não é sempre a sua vontade plena ou seu decreto, como quando revelou a Jonas que Nínive pereceria em quarenta dias. Ele acrescenta também que, quando é dito que Deus quer a salvação de todos, isso significa apenas que Deus ordena que todos façam aquilo que é necessário para ser salvo; e que, quando as Escrituras dizem que Deus não quer o pecado, isso significa que ele quer puni-lo. E, quanto ao resto, Hobbes o atribui a maneiras de falar humanas. Mas respondemos que não é digno de Deus que a sua vontade revelada seja oposta à sua vontade verdadeira; que o que ele fez ser dito aos ninivitas por meio de Jonas era mais uma ameaça do que uma predição; e que, assim, a condição da impenitência estava aí subentendida – também os ninivitas

tomaram-na nesse sentido. Diremos também que é bem verdade que Deus ordenou a Abraão sacrificar o seu filho – quis a sua obediência, mas não quis a ação, que ele impediu depois de ter obtido a obediência, pois não era uma ação que merecia por si mesma ser querida. Mas não se dá o mesmo nas ações que ele indica querer positivamente e que são, com efeito, dignas de ser objeto da sua vontade. Tais são a piedade, a caridade e toda ação virtuosa que Deus ordena; tal é a omissão do pecado, mais afastado da perfeição divina do que qualquer outra coisa. É incomparavelmente melhor, pois, explicar a vontade de Deus, como fizemos nesta obra: assim, diremos que Deus, em virtude da sua soberana bondade, tem previamente uma inclinação séria para produzir ou ver e fazer produzir todo bem e toda ação louvável, e para impedir ou para não ver e não fazer todo mal e toda ação má, mas que ele é determinado por essa bondade mesma, unida a uma sabedoria infinita, e por meio do concurso de todas as inclinações prévias e particulares para todo bem e para o impedimento de todo mal, a produzir para melhor desígnio possível de coisas, o que faz a sua vontade final e decretória. E que, porquanto esse desígnio do melhor seja de uma natureza tal que o bem seja realçado, como a luz, pelas sombras de algum mal, incomparavelmente menor do que esse bem, Deus não poderia excluir esse mal, nem introduzir certos bens excluídos nesse plano, sem causar dano à sua suprema perfeição; e é por isso que se deve dizer que ele permitiu o pecado de outrem, porque, de outro modo, ele próprio teria feito uma ação pior do que todo o pecado das criaturas.

12. Acho que o bispo de Derry tem ao menos razão em dizer, no art. 15 da sua réplica, p. 153, que a opinião dos adversários é contrária à piedade quando eles atribuem tudo unicamente ao poder de Deus, e que Hobbes não devia dizer que a honra ou o culto são um signo apenas do poder daquele que se honra, uma vez que ainda se pode e se deve reconhecer e honrar a sabedoria, a bondade, a justiça e outras perfeições. "*Magnos facile laudamus, bonos libenter.*"[6] Essa opinião, que despoja Deus de toda bondade e de toda justiça

---

[6] "Os grandes louvamos facilmente; os bons, alegremente."

verdadeira, que o representa como um tirano que se utiliza de um poder absoluto, independentemente de todo direito e de toda equidade, e cria milhares de criaturas para serem eternamente infelizes, e isso sem outro propósito senão o de mostrar o seu poder; essa opinião, dizia eu, é capaz de tornar os homens muito maus, e, se ela fosse aceita, não seria preciso outro diabo no mundo para semear a discórdia entre os homens e entre eles e Deus, como a serpente fez ao induzir Eva a crer que Deus, ao proibir-lhe a fruta da árvore, não queria o seu bem. Hobbes trata de amparar esse golpe na sua tréplica (p. 160) dizendo que a bondade é uma parte do poder de Deus, isto é, o poder de se tornar amável. Mas é abusar dos termos por um falso subterfúgio e confundir o que se deve distinguir. E, no fundo, se Deus não tem em vista o bem das criaturas inteligentes, se não possui outros princípios da justiça que não unicamente o seu poder, que o faz produzir ou arbitrariamente o que o acaso lhe apresenta ou necessariamente tudo o que se pode sem que haja escolha fundada sobre o bem, como ele poderia se tornar amável? É então a doutrina da potência cega ou a do poder arbitrário que destrói a piedade: uma destrói o princípio inteligente ou a providência de Deus, a outra lhe atribui ações que convêm ao mau princípio. A justiça em Deus, diz Hobbes (p. 161), não é outra coisa senão o poder que ele possui e exerce ao distribuir bênçãos e aflições. Essa definição me surpreende: não é o poder de distribuí-las, mas de fazê-lo racionalmente, isto é, é a bondade guiada pela sabedoria que faz a justiça de Deus. Mas, diz ele, a justiça não é em Deus como num homem, que só é justo pela observação das leis feitas pelo seu superior. Hobbes se engana ainda nisso, bem como Pufendorf, que o seguiu: a justiça não depende das leis arbitrárias dos superiores, mas das regras eternas da sabedoria e da bondade, tanto nos homens como em Deus. Hobbes defende, na mesma passagem, que a sabedoria que se atribui a Deus não consiste numa discussão lógica da relação dos meios com os fins, mas num atributo incompreensível, conferido a uma natureza incompreensível, para honrá-lo. Ele parece querer dizer que é um não sei quê atribuído a um não sei quê e mesmo uma qualidade quimérica dada a uma substância quimérica para intimidar e divertir as pessoas pelo culto que elas lhe rendem. Pois, no fundo, é difícil que Hobbes tenha outra opinião de Deus e de sua sabedoria, uma vez que ele admite apenas substâncias materiais. Se Hobbes estivesse vivo, eu me absteria de atribuir-lhe opiniões que pudessem prejudicá-lo, mas é difícil isentá-lo. Ele pode ter mudado de opinião posteriormente, pois alcançou uma idade avançada – assim, espero que os seus erros não tenham sido perniciosos para ele. Mas, como eles poderiam sê-los para outros, é útil estender advertências àqueles que lerão um autor que tem, aliás, muito mérito e do qual se pode tirar proveito em vários assuntos. É verdade que Deus não raciocina, falando propriamente, empregando o tempo, como nós, para passar de uma verdade à outra, mas como ele compreende tudo ao mesmo tempo, todas as verdades e todas as suas ligações, ele conhece todas as consequências e encerra eminentemente em si todos os raciocínios que podemos fazer, e é por isso mesmo que a sua sabedoria é perfeita.

OBSERVAÇÕES CONCERNENTES AO LIVRO *SOBRE A ORIGEM DO MAL*, PUBLICADO HÁ POUCO NA INGLATERRA[1]

1. É uma pena que Bayle tenha visto apenas as resenhas dessa bela obra que se encontram nos jornais[2], pois, se ele próprio a tivesse lido e examinado como se deve, teria nos fornecido uma boa ocasião para esclarecer várias dificuldades que nascem e renascem, como a cabeça da Hidra, num assunto em que é fácil se enredar quando não se tem em vista todo o sistema e quando o esforço de raciocinar com rigor não é realizado. Pois se deve saber que, nos assuntos que ultrapassam a imaginação, o rigor do raciocínio faz o que as figuras fazem na geometria, já que é sempre necessária alguma coisa que possa fixar a atenção e tornar as meditações ligadas entre si. Eis por que, assim que caiu em minhas mãos esse livro em latim, cheio de saber e de elegância, impresso primeiramente em Londres e depois reimpresso em Bremen, julguei que a dignidade do assunto e o mérito do autor exigiam considerações que os próprios leitores poderiam me pedir, visto que não somos da mesma opinião a não ser quanto à metade do tema. Com efeito, a obra contém cinco capítulos, e o quinto, junto com o apêndice, equivale aos outros em grandeza. Notei que os quatro primeiros – nos quais se trata do mal em geral e do mal físico em especial – concordam bastante com os meus princípios (excetuando algumas passa-

---

[1] Trata-se da obra de William King intitulada *De origine mali*.
[2] Pierre Bayle leu o resumo da obra de King, que foi publicado na *Nouvelles de la République des Lettres* em maio-junho de 1703. Com base nesse resumo, fez uma crítica da obra em *Resposta às questões de um provincial*, t. 2, caps. 74-92.

gens em particular) e, por vezes, até mesmo desenvolvem com força e eloquência alguns pontos em que eu apenas toquei, porque Bayle não havia insistido neles. Mas o quinto capítulo, com as suas seções (entre as quais algumas que equivalem a capítulos inteiros) que falam da liberdade e do mal moral que dela depende, é constituído de princípios opostos aos meus, e frequentemente até mesmo opostos aos de Bayle, se houvesse meios de lhe atribuir princípios fixos. Pois esse quinto capítulo tende a mostrar (se isso fosse possível) que a verdadeira liberdade depende de uma indiferença de equilíbrio, vaga, inteira e absoluta, de sorte que não haja nenhuma razão de se determinar anterior à determinação, nem naquele que escolhe nem no objeto escolhido; e que não se elege o que agrada, mas que, ao eleger sem motivo, fazemos com que nos agrade aquilo que elegemos.

2. Esse princípio de uma eleição sem causa e sem razão, desprovida do fim da sabedoria e da bondade, é considerado por vários o grande privilégio de Deus e das substâncias inteligentes, e como que a fonte de sua liberdade, de sua satisfação, de sua moral e de seu bem ou mal. E a imaginação de se poder dizer independente não apenas da inclinação, mas da própria razão, no interior, e do bem e do mal, no exterior, é pintada por vezes com cores tão belas que se poderia tomá-la como a coisa mais excelente do mundo, e, no entanto, não passa de uma imaginação vazia, uma supressão das razões do capricho do qual nos glorificamos. O que se pretende é impossível, mas, caso ocorresse, seria prejudicial. Esse caráter imaginário poderia ser atribuído a algum *Don Juan ou O convidado de pedra*, e até mesmo algum homem romanesco poderia produzir o seu aspecto e se persuadir de que ele tem o seu efeito; mas não se encontrará jamais na natureza uma eleição em que não sejamos levados pela representação anterior do bem e do mal, por inclinações ou por razões; e sempre desafiei os defensores dessa indiferença absoluta a me mostrar um exemplo dela. Entretanto, se trato como imaginária essa eleição em que não se é determinado por nada, estou longe de tratar os defensores dessa suposição, e sobretudo o nosso engenhoso autor, como quimeristas. Os peripatéticos ensinam algumas opiniões dessa natureza, mas seria a maior injustiça do

mundo querer desprezar por isso um Ockham, um Suisset[3], um Cesalpino, um Conring, que ainda sustentavam algumas opiniões da escola que foram reformadas nos dias de hoje.

3. Uma dessas opiniões, ressuscitada e introduzida pela baixa escola e na idade das quimeras, é a indiferença vaga nas eleições ou o acaso real imaginado nas almas, como se nada nos desse uma inclinação quando não nos apercebemos dela distintamente – e como se um efeito pudesse ser produzido sem causas quando as suas causas são imperceptíveis. É mais ou menos como alguns que negaram os corpúsculos imperceptíveis porque não os viam. Mas, como os filósofos modernos reformaram as opiniões da escola, mostrando, de acordo com as leis da natureza corporal, que um corpo só poderia ser movido pelo movimento de outro que o empurra, da mesma forma se deve julgar que as nossas almas, em virtude das leis da natureza espiritual, só poderiam ser movidas por alguma razão do bem e do mal, mesmo quando não se pode identificar na alma um conhecimento distinto, em virtude do concurso de uma infinidade de pequenas percepções que nos tornam às vezes alegres, às vezes tristes, e que dispostas diferentemente nos fazem gostar mais de uma coisa do que de outra, sem que possamos dizer por quê. Platão, Aristóteles e até mesmo Tomás de Aquino, Durand, entre outros escolásticos dos mais sólidos, raciocinam sobre esse assunto como a maioria dos homens e como as pessoas sem prevenção sempre fizeram. Eles situam a liberdade no uso da razão e das inclinações, que fazem os objetos serem escolhidos ou rechaçados, e tomam como uma constante que a nossa vontade é levada às suas eleições pelos bens ou pelos males, verdadeiros ou aparentes, que se concebem nos objetos. Mas, enfim, alguns filósofos um pouco sutis demais extraíram de suas ideias uma noção inexplicável de uma eleição independente do que quer que seja, que deve fazer maravilhas para resolver todas as dificuldades. Mas ela própria leva a uma das maiores dificuldades ao ferir o grande princípio do raciocínio, que nos faz sempre supor que nada ocorre sem alguma causa ou razão sufi-

---

[3] Richard Swineshead, conhecido como Suisset, foi um filósofo, lógico e matemático inglês do século XIV. Sua principal obra consistiu numa série de tratados conhecidos como *Liber calculationum* [*Livro de cálculos*].

ciente. Como a escola esquecia frequentemente a aplicação desse grande princípio, admitindo certas qualidades ocultas primitivas, não nos devemos espantar que essa ficção da indiferença vaga tenha encontrado aprovação na escola e que até mesmo homens excelentes tenham sido imbuídos dela. Nosso autor, desenganado, aliás, de muitos erros da escola vulgar, cai nessa ficção; mas ele é sem dúvida um dos mais engenhosos entre os que ainda a sustentaram.

Si Pergama dextra
Defendi possent, etiam hac defensa fuissent.[4]

Ele lhe dá a melhor aparência possível e mostra apenas o seu lado belo. Sabe despojar a espontaneidade e a razão de suas vantagens e lhes dá todas à indiferença vaga: é apenas por meio dessa indiferença que somos ativos, que resistimos às paixões, que nos comprazemos na nossa escolha, que somos felizes; e parece que seríamos miseráveis se alguma necessidade feliz nos obrigasse a escolher bem. Nosso autor havia dito belas coisas sobre a origem e sobre as razões dos males naturais; ele não precisava senão aplicar os mesmos princípios ao mal moral, ainda mais porque ele próprio julga que o mal moral se torna um mal por meio dos males físicos que causa ou tende a causar. Mas não sei como ele acreditou que seria degradar Deus e os homens se eles devessem estar sujeitos à razão; que eles se tornariam passivos e não ficariam contentes consigo mesmos; enfim, que os homens não teriam nada para opor aos males que lhes advêm do exterior se eles não tivessem em si esse belo privilégio de tornar as coisas boas ou toleráveis ao escolhê-las, e de transformar tudo em ouro pelo contato com essa faculdade surpreendente.

4. Examinaremos isso mais distintamente na sequência, mas será bom aproveitar antes os excelentes pensamentos do nosso autor sobre a natureza das coisas e sobre os males naturais, ainda mais porque há algumas passagens em que poderemos avançar um pouco – assim, entenderemos melhor por esse meio toda a economia de seu sistema. O primeiro capítulo contém os princípios. O autor deno-

---

[4] "Se Pérgamo tivesse podido ser defendida com a mão direita,/ ela teria sido defendida aqui também com essa" (Virgílio, *Eneida*, II, 291-2).

mina *substância* um ser cuja noção não encerra a existência de outro. Não sei se há algo assim entre as criaturas, dada a conexão das coisas; e o exemplo de uma vela de cera não é um exemplo de uma substância, não mais do que o seria um enxame de abelhas. Mas podem-se tomar os termos num sentido extenso. Ele observa muito bem que, após todas as mudanças da *matéria* e todas as qualidades das quais ela pode ser despojada, restam a extensão, a mobilidade, a divisibilidade e a resistência. Ele explica também a natureza das *noções* e dá a entender que os *universais* marcam apenas as semelhanças que existem entre os indivíduos; que conhecemos a partir de *ideias* só o que é conhecido por uma sensação imediata e que o resto é conhecido apenas por meio das relações com essas ideias. Mas, quando ele concede que não temos ideia de Deus, do espírito, da substância, ele parece não ter observado o suficiente que nos apercebemos imediatamente da substância e do espírito ao nos apercebermos de nós mesmos; que a ideia de Deus está na nossa pela supressão dos limites de nossas perfeições, como a extensão, tomada absolutamente, está compreendida na ideia de um globo. Ele tem razão também de sustentar que ao menos as nossas ideias simples são inatas e de rejeitar a *tábula rasa* de Aristóteles e de Locke; eu não poderia concordar com ele quando diz que as nossas ideias não têm mais relação com as coisas do que têm as palavras lançadas ao ar ou as letras traçadas no papel com as nossas ideias; e que as relações das sensações são arbitrárias e *ex instituto*[5] como os significados das palavras. Já indiquei alhures por que não estou de acordo com os cartesianos quanto a isso.

5. Para chegar até a causa primeira, o autor procura um *critério*, uma marca da verdade, e a faz consistir nessa força pela qual as nossas proposições internas, quando evidentes, obrigam o entendimento a lhe dar seu consentimento; e é a partir disso, diz ele, que damos fé aos sentidos. Ele mostra que a marca dos cartesianos, a saber, uma percepção clara e distinta, precisa de uma nova marca para fazer discernir o que é claro e distinto, e que a conveniência ou desconveniência das ideias (ou melhor, dos termos, como se

---

[5] "Segundo o uso estabelecido".

falava outrora) podem ser também enganosas porque há conveniências reais e aparentes. Ele parece até mesmo reconhecer que a força interna, que nos obriga a dar o nosso assentimento, está também sujeita à causação e pode vir de prejuízos arraigados. Por isso, ele admite que aquele que fornece outro critério teria encontrado algo de muito útil para a espécie humana. Tratei de explicar esse *critério* num pequeno *discurso sobre a verdade e as ideias*[6], publicado em 1684, e, embora eu não me vanglorie de ter feito nele uma nova descoberta, espero ter desenvolvido coisas que eram conhecidas apenas confusamente. Distingo entre as verdades de fato e as verdades de razão. As verdades de fato só podem ser verificadas pela sua confrontação com as verdades de razão e pela sua redução às percepções imediatas que estão em nós, e das quais Santo Agostinho e Descartes reconheceram muito bem que não se poderia duvidar, isto é, não poderíamos duvidar que pensamos e mesmo que pensamos tais ou tais coisas. Mas, para julgar se as nossas aparições internas têm alguma realidade nas coisas e para passar dos pensamentos aos objetos, minha opinião é de que se deve considerar se as nossas percepções são bem conectadas entre si e com outras que tivéramos, de tal maneira que manifestem as regras das matemáticas e outras verdades de razão. Nesse caso, deve-se considerá-las reais, e creio que é o único meio de distingui-las das imaginações, sonhos e visões. Assim, a verdade das coisas fora de nós só poderia ser reconhecida a partir da conexão dos fenômenos. O *critério* das verdades de razão ou daquelas que procedem das *concepções* consiste no uso exato das regras da lógica. Quanto às ideias ou *noções*, denomino *reais* todas aquelas cuja possibilidade é certa, enquanto as *definições* que não indicam essa possibilidade são apenas *nominais*. Os geômetras versados numa boa análise sabem a diferença que há nesse caso entre as propriedades pelas quais se pode definir alguma linha ou figura. Nosso engenhoso autor não foi tão longe talvez; vê-se, porém, por tudo o que dele acabamos de reportar e pelo que se segue, que ele não carece de profundidade nem de meditação.

---

[6] *Meditationes de cognitione, veritate et ideis* [*Meditações sobre o conhecimento, a verdade e as ideias*] (GP IV, 422-6).

6. Depois disso, ele passa a examinar se o movimento, a matéria e o espaço se originam deles mesmos. Para esse fim, considera se há meio de conceber que eles não existem e assinala esse privilégio de Deus de que, assim que supomos que ele existe, se deve admitir que ele existe necessariamente. É um corolário de uma observação que fiz no pequeno discurso citado há pouco, a saber, que, assim que se admite que Deus é possível, é preciso admitir que ele existe necessariamente. Ora, assim que se admite que Deus existe, admite-se que ele é possível. Portanto, assim que se admite que Deus existe, deve-se admitir que ele existe necessariamente. Ora, esse privilégio não pertence às três coisas de que acabamos de falar. O autor julga também, particularmente sobre o movimento, que não basta dizer, como Hobbes, que o movimento presente procede de um movimento anterior e este também de outro, e assim ao infinito. Pois ascendei tanto quanto quiserdes e não estareis mais adiantado para encontrar a razão que faz com que haja movimento na matéria. É preciso, pois, que essa razão esteja fora dessa sequência, e, se houvesse um movimento eterno, isso exigiria um motor eterno, assim como os raios do Sol, se são eternos como ele, não deixam de ter nele a sua causa eterna. Estou muito contente de reportar esses raciocínios de nosso engenhoso autor a fim de que se veja de quanta importância é, segundo ele próprio, o princípio de razão suficiente. Pois, se é permitido admitir alguma coisa da qual se reconhece que não há nenhuma razão, será fácil para um ateu arruinar esse argumento dizendo que não é necessário haver uma razão suficiente da existência do movimento. Não quero entrar na discussão sobre a realidade e a eternidade do espaço por receio de me afastar demais do nosso assunto. Basta reportar que o autor julga que ele pode ser aniquilado pela potência divina, mas por inteiro e não por partes; e que poderíamos existir sozinhos com Deus, mesmo que não houvesse nem espaço nem matéria, uma vez que não encerramos em nós a noção da existência das coisas externas. Ele considera também que a ideia do espaço não está encerrada nas sensações dos sons, odores e sabores. Mas, seja qual for o julgamento que se faça do espaço, basta que haja um Deus, causa da matéria, do movimento e, enfim, de todas as coisas. O autor crê que podemos raciocinar sobre Deus

como um cego de nascença raciocinaria sobre a luz. Mas considero que há algo a mais em nós, pois a nossa luz é um raio da luz de Deus. Depois de ter falado de alguns atributos de Deus, o autor reconhece que Deus age para um fim, que é a comunicação da sua bondade, e que as suas obras estão bem-dispostas. Enfim, ele conclui esse capítulo como se deve ao dizer que Deus, ao criar o mundo, teve o cuidado de lhe dotar da maior conveniência das coisas, da maior comodidade dos seres providos de sentimento e da maior compatibilidade dos apetites que potência, sabedoria e bondade infinitas e combinadas poderiam produzir; e acrescenta que, se restou, não obstante, algum mal, deve-se julgar que essas perfeições divinas infinitas não poderiam (preferiria dizer que não deveriam) suprimi-lo.

7. O segundo capítulo trata da anatomia do mal. Assim como nós, ele o divide em metafísico, físico e moral. O mal metafísico é aquele das imperfeições; o mal físico consiste nas dores e outros incômodos semelhantes; e o mal moral, nos pecados. Todos esses males se encontram na obra de Deus; e Lucrécio concluiu disso que não há providência, assim negando que o mundo possa ser um efeito da divindade:

Naturam rerum divinitus esse creatam;

porque há tantos defeitos na natureza das coisas,

quoniam tanta stat praedita culpa.[7]

Outros admitiram dois princípios, um bom e outro mal; e houve quem acreditasse que a dificuldade era insuperável, no que o nosso autor parece ter tido em vista Bayle. Ele espera mostrar na sua obra que não se trata de um nó górdio que tenha de ser cortado, e tem razão em dizer que a potência, a sabedoria e a bondade de Deus não seriam infinitas e perfeitas no seu exercício se esses males fossem banidos. Ele começa pelo mal de imperfeição no terceiro capítulo e observa, como Santo Agostinho, que as criaturas são imper-

---

[7] "Que a natureza das coisas fora criada por Deus;/ porque tão grandes são os defeitos que a natureza revela." Trata-se de uma citação inexata de Lucrécio. Nesse autor o texto se encontra assim: "*Nequaquam nobis divinitus esse paratam/ Naturam rerum: tanta stat praedita culpa*" (Lucrécio, *Sobre a natureza das coisas*, V, 199-200).

feitas porque são tiradas do nada, ao passo que, se Deus criasse uma substância perfeita de seu próprio fundo, teria feito a partir disso um deus, o que serve de ocasião para o autor fazer uma pequena digressão contra os socinianos. Mas alguém dirá: "Por que Deus não se absteve da produção das coisas antes do que fazê-las imperfeitas?" O autor responde muito bem que a abundância da bondade de Deus é a sua causa. Ele quis se comunicar à custa de uma delicadeza que imaginamos em Deus ao imaginarmos que as imperfeições o ferem. Assim, ele preferiu o imperfeito ao nada. Mas se teria podido acrescentar que Deus produziu, com efeito, o todo mais perfeito possível, com o qual ele teve motivos para estar plenamente contente, na medida em que as imperfeições das partes servem a uma perfeição maior no todo. Assim, assinala-se um pouco depois que certas coisas poderiam ser mais bem-feitas, mas não sem outros incômodos novos e talvez maiores. Esse "talvez" poderia ser omitido: na medida em que o autor também toma como certo, e com razão, ao final do capítulo, que *pertence à bondade infinita escolher o melhor*, ele teria podido extrair um pouco antes a consequência de que as coisas imperfeitas serão unidas às mais perfeitas, desde que não impeçam que estas últimas existam tanto quanto se pode. Desse modo, os corpos foram criados assim como os espíritos, visto que um não constitui obstáculo ao outro; e a obra da matéria não foi indigna do grande Deus, como acreditaram os hereges antigos, que atribuíram essa obra a um certo demiurgo.

8. Venhamos ao mal físico, sobre o qual se fala no quinto capítulo. Nosso célebre autor, após ter indicado que o mal metafísico, isto é, a imperfeição, procede do nada, julga que o mal físico, isto é, o incômodo, procede da matéria, ou, antes, de seu movimento, pois sem este a matéria seria inútil; e é até mesmo preciso que haja contrariedade nesses movimentos; caso contrário, se tudo fosse junto para o mesmo lado, não haveria nem variedade nem geração. Mas os movimentos que fazem as gerações fazem também as corrupções, visto que da variedade dos movimentos nasce o choque dos corpos, pelos quais eles são frequentemente dissipados e destruídos. No entanto, o autor da natureza, para tornar os corpos mais duráveis, distribuiu-os em sistemas, dos quais aqueles que conhecemos são

compostos de globos luminosos e opacos de uma maneira tão bela e propícia para fazer conhecer e admirar o que eles encerram que não poderíamos conceber nada de mais belo. Mas o ápice da obra foi a estrutura dos animais, a fim de que houvesse por toda parte criaturas capazes de conhecimento:

Ne regio foret ulla suis animalibus orba.[8]

Nosso judicioso autor crê que o ar e até mesmo o éter mais puro tenham seus habitantes, assim como a água e a terra. Mas, mesmo que houvesse lugares sem animais, esses lugares poderiam ter usos necessários para outros lugares que são habitados, como por exemplo as montanhas, que tornam a superfície do nosso globo desigual e algumas vezes estéril, mas são úteis para a produção de rios e ventos; e não temos motivos para nos queixar das areias e dos pântanos, uma vez que ainda restam tantos lugares para cultivar. Além do mais, não se deve imaginar que tudo seja feito para o homem unicamente; e o autor está persuadido não apenas de que há espíritos puros como também de que há animais imortais que se aproximam desses espíritos, isto é, animais cujas almas sejam unidas a uma matéria etérea e incorruptível. Mas não ocorre o mesmo com os animais cujo corpo é terrestre, composto de tubos e fluidos que o circundam e cujo movimento cessa pela ruptura dos vasos – o que faz o autor crer que a imortalidade concedida a Adão, se ele tivesse sido obediente, não teria sido um efeito de sua natureza, mas a graça de Deus.

9. Ora, seria necessário para a conservação dos animais corruptíveis que eles tivessem sinais que os fizessem conhecer um perigo presente e lhes dessem a inclinação para evitá-lo. Por isso, aquilo que está no ponto de causar uma grande lesão deve causar anteriormente a dor que possa obrigar o animal a empreender esforços capazes de repelir ou afastar a causa desse incômodo e prevenir um mal maior. O horror da morte serve também para evitá-la: se ela não fosse tão feia e se as soluções da continuidade não fossem tão dolorosas, bem frequentemente os animais não se preocupariam em perecer ou dei-

---

[8] "Para que nenhuma região seja privada de seus animais próprios" (Ovídio, *Metamorfoses*, I, 72).

xar perecer as partes de seu corpo, e os mais robustos teriam dificuldade em subsistir um dia inteiro. Deus deu também a fome e a sede aos animais para obrigá-los a se alimentarem e a se manterem, substituindo o que se utiliza e se esvai insensivelmente. Esses apetites servem também para levá-los ao trabalho, a fim de que adquiram uma alimentação conveniente à sua constituição e propícia para lhes dar vigor. Foi até mesmo considerado necessário pelo autor das coisas que um animal bem frequentemente sirva de alimento a outro, o que não o torna mais infeliz, já que a morte causada por doenças tem o costume de ser tão ou mais dolorosa que uma morte violenta; e esses animais sujeitos a serem presas de outros, não tendo a previsão nem o cuidado do porvir, não vivem menos em repouso quando estão fora de perigo. Dá-se o mesmo com as inundações, os terremotos, os raios e outras desordens que as bestas brutas não temem e que os homens não têm motivos para temer ordinariamente, dado que são poucos que delas padecem.

10. O autor da natureza compensou esses males e outros, que ocorrem apenas raramente, por milhares de comodidades ordinárias e contínuas. A fome e a sede aumentam o prazer obtido ao se comer o alimento. O trabalho moderado é um exercício agradável das potências do animal, e o sono também é agradável de uma maneira totalmente oposta, restabelecendo as forças pelo repouso. Mas um dos prazeres mais vivos é aquele que leva os animais à propagação. Deus, tomando o cuidado de procurar que as espécies fossem imortais, dado que os indivíduos não poderiam sê-lo aqui embaixo, quis também que os animais tivessem uma grande ternura pelas suas crias, a ponto de se exporem para a sua conservação. Da dor e da voluptuosidade nascem o temor, a cupidez e outras paixões ordinariamente úteis, embora ocorra por acidente que elas se voltem algumas vezes para o mal; deve-se dizer o mesmo dos venenos, das doenças epidêmicas e de outras coisas nocivas, isto é, que são consequências indispensáveis de um sistema bem concebido. Quanto à ignorância e aos erros, deve-se considerar que as criaturas mais perfeitas ignoram bastante, sem dúvida, e que os conhecimentos têm o costume de ser proporcionais às necessidades. No entanto, é necessário que se esteja sujeito a casos que não poderiam ser

previstos, e esses tipos de acidente são inevitáveis. É preciso frequentemente que nos enganemos em nosso juízo porque não é sempre permitido suspendê-lo até uma consideração exata. Esses inconvenientes são inseparáveis do sistema das coisas: é necessário que elas se assemelhem muitas vezes numa certa situação e que uma possa ser tomada pela outra. Mas os erros inevitáveis não são os mais comuns, tampouco os mais perniciosos. Aqueles que nos causam mais mal costumam provir de nossa falta e, por conseguinte, seria um erro tomar os males naturais como motivo para tirar a vida, uma vez que se constata que aqueles que o fizeram foram ordinariamente levados a isso por males voluntários.

11. Em todo caso, constata-se que todos esses males de que falamos procedem de boas causas por acidente, e é pertinente julgar com base em tudo o que conhecemos e em tudo o que não conhecemos que não se teria podido eliminá-los sem cair em inconvenientes maiores. E, para melhor reconhecê-lo, o autor nos aconselha a conceber o mundo como um grande edifício. É necessário que haja nele não apenas apartamentos, salas, galerias, jardins, grutas, mas também a cozinha, o porão, o poleiro, estábulos, esgotos. Assim, teria sido desproposital fazer apenas sóis no mundo ou fazer uma Terra toda de ouro e de diamantes, mas inabitável. Se o homem tivesse sido todo olho ou todo ouvido, ele não teria sido capaz de se alimentar. Se Deus o tivesse feito sem paixões, ele o teria feito estúpido e, se tivesse querido fazê-lo sem erro, teria sido preciso privá-lo de sentidos ou fazê-lo sentir de outro modo do que por órgãos, isto é, não haveria o homem. Nosso sábio autor assinala aqui uma opinião que histórias sagradas e profanas parecem ensinar, a saber, que as bestas ferozes, as plantas venenosas e outras espécies que nos são nocivas foram armadas contra nós pelo pecado. Mas, como ele raciocina apenas de acordo com os princípios da razão, deixa de lado o que a revelação pode ensinar. Ele crê, entretanto, que Adão teria estado isento de males naturais (se tivesse sido obediente) unicamente em virtude da graça divina e de um pacto feito com Deus; e que Moisés não indica expressamente mais que uns sete efeitos do primeiro pecado. Esses efeitos são:

1. A revogação do dom gracioso da imortalidade.

2. A esterilidade da terra, que não deveria mais ser fértil por si própria, a não ser em ervas más ou pouco úteis.
3. O trabalho rude que se deveria empregar para se alimentar.
4. A sujeição da mulher à vontade do marido.
5. As dores do parto.
6. A inimizade entre o homem e a serpente.
7. O banimento do homem do lugar delicioso em que Deus o tinha colocado.

Mas ele crê que vários de nossos males advêm da necessidade da matéria, sobretudo depois da subtração da graça; além disso, para o autor parece que, depois do nosso exílio, a imortalidade estaria a nosso cargo, e que é talvez mais para o nosso bem do que para nos punir que a árvore da vida se tornou para nós inacessível. Há aqui e acolá algumas coisas a dizer, mas o fundo do discurso do nosso autor sobre a origem dos males é cheio de boas e sólidas reflexões, as quais julguei ser oportuno aproveitar. Agora será preciso regressar ao assunto que está em controvérsia entre nós, isto é, a explicação da natureza da liberdade.

12. O sábio autor dessa obra sobre a origem do mal, propondo-se a explicar a origem do mal moral no quinto capítulo, o qual constitui a metade de todo o livro, crê que ela é totalmente diferente da origem do mal físico, que consiste na imperfeição inevitável das criaturas. Pois, como veremos em breve, parece-lhe que o mal moral advenha principalmente do que ele denomina perfeição, que a criatura tem em comum, segundo ele, com o Criador, isto é, o poder de escolher sem nenhum motivo e sem nenhuma causa final ou impulsiva. É um paradoxo bem grande sustentar que a maior imperfeição, isto é, o pecado, advenha da perfeição mesma; mas não é um paradoxo menor fazer passar por uma perfeição a coisa menos razoável do mundo, cuja vantagem seria ser privilegiado contra a razão. E, no fundo, bem longe de mostrar a fonte do mal moral, é querer que não haja nenhuma. Pois, se a vontade se determina sem que haja nada nem na pessoa que escolhe nem no objeto que é escolhido que possa levar à escolha, não haverá nenhuma causa ou razão para essa eleição; e, como o mal moral consiste na escolha má, é admitir que o mal moral não tem absolutamente nenhuma fonte. Assim,

nas regras da boa metafísica, seria preciso que não houvesse nenhum mal moral na natureza; e, ademais, pela mesma razão, tampouco haveria o bem moral, e toda a moralidade seria destruída. Mas se deve escutar o nosso engenhoso autor, para quem a sutileza de uma opinião sustentada por filósofos célebres da escola e os ornamentos que ele próprio lhe acrescentou por meio de seu espírito e eloquência ocultaram os grandes inconvenientes que ela encerra. Ao explicar o estado da questão, ele divide os autores em dois partidos: uns, diz ele, se contentam em dizer que a liberdade da vontade é isenta da coação externa; outros sustentam que ela é ademais isenta da necessidade interna. Mas essa explicação não basta, a menos que se distinga a necessidade absoluta e contrária à moralidade da necessidade hipotética e da necessidade moral, como já explicamos em várias passagens.

13. A primeira seção desse capítulo deve fazer conhecer a natureza das eleições. O autor começa expondo a opinião daqueles que acreditam que a vontade é levada pelo julgamento do entendimento ou pelas inclinações anteriores dos apetites a serem determinados pelo partido que se toma. Mas ele confunde esses autores com aqueles que sustentam que a vontade é conduzida à sua resolução por uma necessidade absoluta e pretendem que a pessoa que quer não tem nenhum poder sobre as suas volições, isto é, ele confunde um tomista com um espinosista. Ele se serve das confissões e declarações odiosas de Hobbes e de seus semelhantes para acusar aqueles que estão infinitamente afastados destes e tomam o cuidado de refutá-los; e os acusa porque eles acreditam, como Hobbes e o mundo todo (exceto alguns doutores que se enredam nas suas próprias sutilezas), que a vontade é movida pela representação do bem e do mal, donde ele lhes atribui que não há contingência e, portanto, tudo é conectado por uma necessidade absoluta. É ir bem rápido no raciocínio; não obstante, ele acrescenta que, falando propriamente, não haverá vontade má, visto que, assim, tudo o que nela se poderia censurar seria o mal que ela pode causar, o que, diz ele, está afastado da noção comum, pois o mundo censura os maus não porque eles prejudicam, mas porque eles prejudicam sem necessidade. Ele considera assim que os maus seriam apenas infelizes e de maneira nenhuma culpados; que não haveria diferença entre o mal físico

e o mal moral, já que o próprio homem não seria a verdadeira causa de uma ação que ele não poderia evitar; que os malfeitores não seriam censurados e maltratados porque merecem, mas porque isso pode desviar as pessoas do mal, e que seria por essa razão apenas que se repreende um ladrão e não um doente, porque os reproches e ameaças podem corrigir um e não podem curar outro; que os castigos, de acordo com essa doutrina, teriam por fim apenas o impedimento do mal futuro, sem o que a simples consideração do mal já feito não bastaria para punir; e que, igualmente, o reconhecimento teria por único fim o de procurar uma nova benfeitoria, sem o que a simples consideração da benfeitoria passada não forneceria uma razão suficiente. Enfim, o autor crê que, se essa doutrina que deriva a resolução da vontade da representação do bem e do mal fosse verdadeira, seria preciso perder as esperanças quanto à felicidade humana, dado que ela não estaria em nosso poder e dependeria de coisas que estão fora de nós. Ora, como é descabido esperar que as coisas exteriores a nós se regulem e se conciliem com os nossos desejos, nos faltará sempre alguma coisa e sempre haverá algo de excessivo. Todas essas consequências se produzem, segundo ele, também contra aqueles que acreditam que a vontade se determina de acordo com o último julgamento do entendimento – opinião que ele crê despojar a vontade de seu direito e tornar a alma totalmente passiva. E essa acusação vai contra uma infinidade de autores sérios e aprovados, que são colocados aqui na mesma classe de Hobbes e Espinosa e de alguns outros autores reprovados, cuja doutrina é julgada odiosa e insuportável. Quanto a mim, não obrigo a vontade a seguir sempre o julgamento do entendimento, porque distingo esse julgamento dos motivos que advêm das percepções e inclinações sensíveis. Mas acredito que a vontade segue sempre a representação mais vantajosa, distinta ou confusa, do bem e do mal, que resulta de razões, paixões e inclinações, embora ela possa também encontrar motivos para suspender seu julgamento. Mas ela age sempre a partir de motivos.

14. Será necessário responder a essas objeções contra a nossa opinião antes de passar ao estabelecimento da opinião do autor. A origem do desprezo dos adversários advém da confusão entre uma

consequência necessária a partir de uma necessidade absoluta, cujo contrário implica contradição, e uma consequência que é fundada apenas sobre verdades de conveniência e não deixa de ter êxito, isto é, confunde-se o que depende do princípio de contradição, que constitui as verdades necessárias e indispensáveis, com o que depende do princípio de razão suficiente, que tem lugar também nas verdades contingentes. Já fiz alhures essa observação, que é uma das mais importantes da filosofia, considerando que há dois grandes princípios: a saber, o da *identidade* ou da contradição, que afirma que, de duas enunciações contraditórias, uma é verdadeira, a outra, falsa; e o da *razão suficiente*, que afirma não haver nenhuma enunciação verdadeira cuja razão não poderia ser vista por alguém com todo o conhecimento necessário para entendê-la perfeitamente. Ambos os princípios devem ter lugar não apenas nas verdades necessárias, mas também nas contingentes, e é até mesmo necessário que o que não tem nenhuma razão suficiente não exista, pois se pode dizer de alguma maneira que esses dois princípios estão encerrados na definição do verdadeiro e do falso. No entanto, quando se faz a análise da verdade proposta e vê-se que ela depende de verdades cujo contrário implica contradição, se pode dizer que ela é absolutamente necessária. Mas, quando se conduz a análise tanto quanto se apraz, sem que se possa jamais chegar a tais elementos da verdade dada, deve-se dizer que ela é contingente e tem a sua origem numa razão prevalecente que inclina sem necessitar. Isso posto, vê-se como podemos dizer, junto com vários filósofos e teólogos célebres, que a substância que pensa é levada à sua resolução pela representação prevalecente do bem e do mal, e isso de maneira certa e infalível, mas não necessariamente, isto é, por razões que a inclinam sem a necessitar. É por isso que os futuros contingentes, previstos neles mesmos e pelas suas razões, permanecem contingentes. E Deus foi levado infalivelmente pela sua sabedoria e pela sua bondade a criar o mundo pela sua potência e a lhe dar a melhor forma possível; mas ele não foi levado a isso necessariamente, e tudo isso se passou sem nenhuma diminuição da sua liberdade perfeita e soberana. E, sem essa consideração que acabamos de fazer, não sei se seria fácil resolver o nó górdio da contingência e da liberdade.

15. Essa explicação faz todas as objeções de nosso engenhoso adversário desaparecerem. Em primeiro lugar, vê-se que a contingência subsiste com a liberdade. Em segundo lugar, as vontades más são más não apenas porque prejudicam, mas também porque são uma fonte de coisas prejudiciais ou males físicos, um espírito mau sendo na esfera de sua atividade o que o princípio mau dos maniqueus seria no universo. Assim, o autor assinalou no cap. 4, seção 4, § 8, que a sabedoria divina proibiu ordinariamente as ações que causariam incômodos, isto é, males físicos. Concordamos que aquele que causa o mal por necessidade não é culpável, mas não há nenhum legislador ou jurisconsulto que entenda por essa necessidade a força das razões do bem e do mal, verdadeiro ou aparente, que levaram o homem a agir mal; de outro modo, aquele que rouba uma grande soma de dinheiro ou que mata um homem poderoso para alcançar um alto posto seria menos punível do que aquele que roubasse algumas moedas para beber uma cerveja ou que matasse voluntariamente um cão de seu vizinho, porque estes últimos foram menos tentados. Mas se passa totalmente o contrário na administração da justiça autorizada no mundo, e, quanto maior é a tentação de pecar, mais ela precisa ser reprimida pelo temor de um grande castigo. Além disso, quanto mais raciocínio encontrarmos no desígnio de um malfeitor, mais descobriremos que a sua maldade foi deliberada e julgaremos que ela é grande e punível. É assim que uma fraude excessivamente artificiosa constitui o crime agravante chamado *estelionato*, e que um enganador se torna um falsário quando tem a sutileza de minar os fundamentos mesmos da nossa segurança nos documentos escritos. Mas ter-se-á mais indulgência por uma grande paixão porque ela se aproxima mais da demência. E os romanos puniram com um suplício dos mais rigorosos os sacerdotes do deus Ápis – que tinham maculado a castidade de uma dama distinta com um cavaleiro que a amava perdidamente, fazendo-o passar por seu deus – e se contentaram em banir o amante. Mas, se alguém tivesse feito ações más sem razão visível e sem aparência de paixão, o juiz seria tentado a tomá-lo por um louco, sobretudo quando se descobre que era propenso a fazer frequentemente tais extravagâncias, o que poderia conduzir à diminuição da pena, bem

longe de fornecer a verdadeira razão da maldade e da punição – tão afastados estão os princípios de nossos adversários da prática dos tribunais e da opinião comum dos homens.

16. Em terceiro lugar, a distinção entre o mal físico e o mal moral subsistirá sempre, embora eles apresentem em comum o fato de que têm as suas razões e causas. E por que forjar novas dificuldades concernentes à origem do mal moral? Pois o princípio da resolução das dificuldades provenientes dos males naturais basta para dar a razão dos males voluntários. Isto é, basta mostrar que não se poderia impedir que os homens fossem sujeitos a cometer faltas sem alterar a constituição do melhor dos sistemas ou sem empregar milagres a cada passo. É verdade que o pecado constitui uma grande parte da miséria humana e mesmo a maior, mas isso não impede que se diga que os homens são maus e puníveis; caso contrário, dever-se-ia dizer que os pecados atuais dos não regenerados são desculpáveis por serem provenientes do princípio da nossa miséria, que é o pecado original. Em quarto lugar, dizer que a alma se torna passiva e que o homem não é a verdadeira causa do pecado se ele é levado às suas ações voluntárias pelos objetos – como o autor pretende em muitas passagens e, em especial, no cap. 5, seção 1, subseção 3, § 18 – é formar novas noções dos termos. Quando os antigos falaram daquilo que é ἐφ'ἡμῖν, ou quando falamos daquilo que depende de nós, da espontaneidade, do princípio interno das nossas ações, não excluímos a representação das coisas externas, pois essas representações se encontram também nas nossas almas; elas constituem uma parte das modificações desse princípio ativo que está em nós. Não há ator que possa agir sem ser predisposto ao que a ação exige; e as razões ou inclinações extraídas do bem e do mal são as disposições que fazem com que a alma possa se determinar entre vários partidos. Queremos que apenas a vontade seja ativa e soberana, e temos o costume de concebê-la como uma rainha sentada em seu trono, da qual o entendimento é o ministro de Estado e as paixões são os cortesãos ou as damas favoritas, que, por meio de sua influência, prevalecem frequentemente sobre o conselho do ministério. Queremos que o entendimento fale apenas a partir da ordem dessa rainha, que ela possa oscilar entre as razões do ministro e as sugestões dos favoritos, e até mesmo recha-

çar tanto uns como outros, enfim, que ela os faça calar ou falar e lhes conceda audiência ou não, como bem lhe pareça. Mas é uma prosopopeia ou ficção um pouco mal-entendida. Se a vontade deve julgar ou tomar conhecimento das razões e das inclinações que o entendimento ou os sentidos lhe apresentam, ser-lhe-ia necessário outro entendimento nela mesma para compreender o que se lhe apresenta. A verdade é que a alma ou a substância que pensa escuta as razões, sente as inclinações e se determina segundo a prevalência das representações que modificam a sua força ativa para especificar a ação. Não tenho necessidade de empregar aqui o meu sistema da harmonia preestabelecida, que coloca a nossa independência no seu esplendor e nos isenta da influência física dos objetos. O que acabo de dizer basta para resolver a objeção. E nosso autor, embora admita, como a maioria, essa influência física dos objetos sobre nós, assinala, não obstante, muito engenhosamente que o corpo ou os objetos dos sentidos não nos dão ideias e muito menos a força ativa da alma, servindo apenas para desenvolver o que está em nós, mais ou menos como Descartes acreditou que, uma vez que a alma não podia dar força ao corpo, dotava-o ao menos de alguma direção. É um meio-termo entre os dois lados, entre a influência física e a harmonia preestabelecida.

17. Em quinto lugar, objeta-se que, para nós, o pecado não seria censurado nem punido porque se merece, mas porque a censura e o castigo servem para impedi-lo de ocorrer novamente, ao passo que os homens exigem algo a mais, isto é, uma satisfação pelo crime, mesmo que não servisse nem para a correção nem para o exemplo, assim como os homens exigem com razão que a verdadeira gratidão proceda de um reconhecimento verdadeiro da benfeitoria passada e não do escopo interessado de extorquir uma nova benfeitoria. Essa objeção contém reflexões belas e boas, mas não nos atinge. Rogamos que se seja virtuoso, agradecido, justo, não apenas por interesse, por esperança ou por temor, mas também pelo prazer que se deve encontrar nas boas ações – caso contrário, não se alcançou ainda o grau de virtude que se deve procurar atingir. É isso que assinalamos quando dizemos que se deve amar a justiça e a virtude por si mesmas; e é também o que expliquei ao dar a razão do amor desinteres-

sado, um pouco antes do nascimento da controvérsia que produziu tanto ruído. E, da mesma forma, julgamos que a maldade se tornou maior quando se tornou prazer, como quando um ladrão de estrada, depois de ter matado alguns homens porque eles lhe resistiram ou porque teme a sua vingança, torna-se enfim cruel e sente prazer em matá-los e até em fazê-los sofrer antes. E esse grau de maldade é julgado diabólico, embora o homem acometido por ele encontre nessa maldita voluptuosidade uma razão mais forte para os seus homicídios, que ele não tinha quando matava apenas por esperança ou temor. Observei também, ao responder às dificuldades de Bayle, que, de acordo com o célebre Conring, a justiça que pune por meio de penas medicinais, por assim dizer, isto é, para corrigir o criminoso ou para, ao menos, dar exemplo aos outros, poderia existir na opinião daqueles que destroem a liberdade isenta da necessidade; mas que a verdadeira justiça vindicativa, que vai além da medicinal, supõe algo a mais, isto é, a inteligência e a liberdade daquele que peca, porque a harmonia das coisas exige uma satisfação, um mal de paixão que faça o espírito sentir a sua falta depois do mal da ação voluntária à qual ele deu seu assentimento. Também Hobbes, que aniquila a liberdade, rejeitou a justiça vindicativa, como fazem os socinianos, refutados pelos nossos doutores, embora os autores desse partido tenham o costume de exagerar a noção da liberdade.

18. Objeta-se enfim, em sexto lugar, que os homens não podem esperar a felicidade se a vontade só puder ser movida pela representação do bem e do mal. Mas essa objeção me parece nula de toda nulidade, e creio que se teria muita dificuldade em adivinhar qual cor se lhe poderia dar. Assim, com essa finalidade, raciocina-se da maneira mais surpreendente do mundo: que a nossa felicidade depende das coisas externas se é verdade que ela depende da representação do bem e do mal. Ela não está, portanto, em nosso poder, diz-se, pois não temos nenhum motivo para esperar que as coisas externas se ajustem para nos agradar. Esse argumento coxeia de todas as pernas: "Não há força nenhuma na consequência. Poder-se-ia concordar com a conclusão: o argumento poderia ser retorquido ao autor." Comecemos por essa *refutação*, que é fácil. Pois os homens são mais felizes ou mais independentes dos acidentes da fortuna por

isso ou porque se lhes atribui a vantagem de escolher sem motivo? Eles sofrem menos as dores corporais? Eles têm menos pendor para os bens verdadeiros ou aparentes, menos temor dos males verdadeiros ou imaginários? Eles são menos escravos da voluptuosidade, da ambição, da avareza? Menos temerosos? Menos invejosos? "Sim", dirá o nosso engenhoso autor, "provarei com uma espécie de cálculo ou de estimação." Eu teria preferido que ele o tivesse provado pela experiência; mas vejamos esse cálculo. Supondo-se que, pela minha escolha – que faz com que eu dote de bondade, relativamente a mim, o que escolho –, eu desse ao objeto escolhido seis graus de bondade e que houvesse anteriormente dois graus de mal no meu estado: tornar-me-ia feliz de repente e como eu quisesse, pois teria quatro graus de bem excedentes ou de bem livre. Isso é belo, sem dúvida, mas, infelizmente, é impossível: por qual meio se poderiam dar esses seis graus de bondade ao objeto? Para isso, ser-nos-ia necessário o poder de alterar o nosso gosto ou as coisas como bem nos parece. Seria mais ou menos como se eu pudesse dizer eficazmente ao chumbo: "serás ouro"; à pedra: "serás diamante, ou, ao menos, me causareis o mesmo efeito". Ou seria como se explica a passagem de Moisés, que parece dizer que o maná do deserto tinha o gosto que os israelitas queriam lhe dar. Eles não tinham senão que dizer ao seu gomor: "serás capão, serás perdiz"[9]. Mas, se sou livre para dar seis graus de bondade ao objeto, não me é permitido dar-lhe mais? Penso que sim. Se é dessa forma, porém, por que não daremos ao objeto toda a bondade imaginável? Por que não prosseguiremos até os 24 quilates de bondade? E, assim, nós seríamos plenamente felizes, apesar dos acidentes da fortuna: que vente, que caia granizo, que neve, não nos preocuparemos: em virtude desse belo segredo, estaremos sempre ao abrigo desses casos fortuitos. E o autor concede (nessa primeira seção do cap. 5, subseção 3, § 12) que esse poder supera todos os apetites naturais e não pode ser superado por nenhum deles, e o considera (§§ 20-2) o mais sólido fundamento da felicidade. Com efeito, como não há nada que possa limitar uma potência tão indeterminada como a de escolher sem

---

[9] Leibniz se refere a Ex 16.

nenhum motivo e de dar bondade ao objeto pela escolha, é preciso ou que essa bondade ultrapasse infinitamente aquela que os apetites naturais procuram nos objetos, uma vez que esses apetites e objetos são limitados, ao passo que essa potência é independente, ou, ao menos, que essa bondade que a vontade dá ao objeto escolhido seja arbitrária e tal qual ela a queira. Pois onde encontraríamos a razão dos limites se o objeto é possível, se está à disposição daquele que o quer e se a vontade pode lhe dar a bondade que ela quer, independentemente da realidade e das aparências? Parece-me que isso pode bastar para destruir uma hipótese tão precária, na qual há algo de semelhante aos contos de fadas: *optantis ista sunt, non invenientis*[10]. Portanto, resulta como a mais pura verdade que essa bela ficção não nos poderia isentar dos males. E veremos adiante que, quando os homens se colocam acima de certos apetites ou certas aversões, é com base em outros apetites que sempre se fundamentam na representação do bem e do mal. Eu disse também que se poderia concordar com a conclusão do argumento, que afirma que não depende absolutamente de nós sermos felizes, ao menos no estado presente da vida humana; pois quem não duvida que estamos sujeitos a milhares de acidentes que a prudência humana não poderia evitar? Como eu me impediria, por exemplo, de ser tragado por um terremoto junto com a cidade onde moro se tal é a ordem das coisas? Mas, enfim, posso ainda negar a consequência do argumento que afirma que, se a vontade é apenas movida pela representação do bem e do mal, não depende de nós sermos felizes. A consequência seria boa se não houvesse Deus, se tudo fosse governado por causas brutas; mas Deus faz com que, para ser feliz, baste ser virtuoso. Assim, se a alma segue a razão e as ordens que Deus lhe deu, ela está certa de sua felicidade, embora não se possa encontrá-la o bastante nesta vida.

19. Depois de ter procurado mostrar os inconvenientes da nossa hipótese, o engenhoso autor ostenta as vantagens da sua. Ele crê, pois, que ela é a única capaz de salvar a nossa liberdade, que nela repousa toda a nossa felicidade, que ela aumenta os nossos bens e

---

[10] "É o tipo de coisa que se deseja, não aquela que se encontra".

diminui os nossos males, e que um agente que possui essa potência é mais perfeito. Quase todas essas vantagens já foram refutadas. Mostramos que, para ser livre, basta que as representações dos bens e dos males e outras disposições internas ou externas nos inclinem sem nos necessitar. Não se vê também como a indiferença pura possa contribuir para a felicidade; ao contrário, quanto mais indiferente se é, mais insensível e menos capaz de apreciar os bens se será. Além do mais, a hipótese produz uma prova excessiva, pois, se uma potência indiferente pudesse se dar o sentimento do bem, ela poderia se dar a felicidade mais perfeita, como já mostramos. E é manifesto que não há nada que lhe dê limites, uma vez que os limites a fariam sair dessa indiferença pura, da qual se pretende que ela não saia senão por si mesma, ou, antes, na qual ela jamais esteve. Enfim, não se vê no que consiste a perfeição da pura indiferença; ao contrário, não há nada de mais imperfeito: ela tornaria a ciência e a bondade inúteis e reduziria tudo ao acaso, sem que houvesse regras ou medidas para seguir. Há, não obstante, algumas vantagens, ainda que o nosso autor alegue que não foram debatidas. Parecer-lhe-ia, portanto, que é apenas por meio dessa potência que somos a verdadeira causa das nossas ações, aqueles a quem elas possam ser imputadas, já que, de outro modo, seríamos forçados pelos objetos externos; e que é também apenas por causa dessa potência que nos podemos atribuir o mérito de nossa própria felicidade e comprazer-nos conosco mesmos. Mas é o contrário: quando recaímos numa ação por um movimento absolutamente indiferente, e não em consequência de nossas boas ou más qualidades, não seria o mesmo que se recaíssemos nela cegamente por acaso ou por sorte? Por que, pois, nos glorificaríamos por uma boa ação ou seríamos censurados de uma ação má se é preciso agradecer ou acusar o acaso ou a sorte? Penso que somos mais louváveis quando devemos a ação às nossas boas qualidades e mais culpáveis à medida que somos a isso dispostos pelas nossas qualidades más. Querer estimar as ações sem pesar as qualidades das quais elas nascem é falar ao vento e colocar um não sei quê imaginário no lugar das causas. Assim, se esse acaso ou esse não sei quê fosse a causa das nossas ações, com a exclusão das nossas qualidades naturais ou adquiridas, de nossas inclinações, de nossos hábitos, não haveria meio de fixar algo indefinido e de julgar em qual baía será jogado o navio da vontade pela tempestade incerta de uma indiferença extravagante.

20. Mas, deixando as vantagens e as desvantagens de lado, vejamos como o nosso sábio autor estabelecerá essa hipótese, na qual ele promete haver tantas utilidades. Ele concebe que apenas Deus e as criaturas livres sejam verdadeiramente ativas, e que, para ser ativo, é preciso ser determinado por si mesmo. Ora, o que é determinado por si mesmo não deve ser determinado pelos objetos, e, por conseguinte, é preciso que a substância livre, enquanto livre, seja indiferente aos objetos e não saia dessa indiferença a não ser por sua escolha, que tornará o objeto agradável para ela. Mas quase todos os passos desse raciocínio estão sujeitos a dificuldades. Não apenas as criaturas livres como também todas as outras substâncias e naturezas compostas de substâncias são ativas. As bestas não são livres, e, no entanto, não deixam de ter almas ativas, a não ser que imaginemos, como os cartesianos, que são puras máquinas. Não é também necessário que, para ser ativo, se seja exclusivamente determinado por si mesmo, visto que uma coisa pode receber direção sem receber a força. É assim que o cavalo é governado pelo cavaleiro e que o navio é dirigido pelo leme; e Descartes acreditou que o nosso corpo, conservando a sua força, recebe apenas alguma direção da alma. Assim, uma coisa ativa pode receber do exterior alguma determinação ou direção capaz de alterar aquela que ela teria por si mesma. Enfim, até quando uma substância ativa é determinada unicamente por si mesma, não se segue que ela não seja movida pelos objetos, pois é a representação do objeto que está nela mesma que contribui para a determinação, a qual não vem, assim, do exterior, e, por conseguinte, a espontaneidade é nela totalmente integral. Os objetos não agem sobre as substâncias inteligentes como causas eficientes e físicas, mas como causas finais e morais. Quando Deus age de acordo com a sua sabedoria, ele se determina a partir das ideias dos possíveis, que são os seus objetos, os quais não têm nenhuma realidade fora dele antes de sua criação atual. Assim, essa espécie de moção espiritual e moral não é contrária à atividade da substância nem à espontaneidade de sua ação. Enfim, mesmo que a potência livre não

fosse determinada pelos objetos, ela não poderia jamais ser indiferente à ação quando está no ponto de agir porque é preciso que a ação nasça nela a partir de uma disposição de agir. De outro modo, se faria absolutamente tudo, *quidvis ex quovis*[11], e não haveria nada de tão absurdo que não se poderia supor. Mas essa disposição já teria quebrado o encanto da pura indiferença, e, se a alma se dá essa disposição, é preciso outra predisposição para esse ato de dá-la. Por conseguinte, não importa o quanto se ascenda, não se chegará jamais a uma pura indiferença na alma para as ações que ela deve exercer. É verdade que essas disposições a inclinam sem necessitá-la: elas se relacionam ordinariamente com os objetos, mas há também aquelas que advêm, diferentemente, *a subjecto*[12] ou da própria alma, e que fazem com que um objeto seja mais apreciado do que outro ou que o mesmo objeto seja apreciado diferentemente em outro tempo.

21. O nosso autor insiste sempre em nos assegurar de que a sua hipótese é real e tenta mostrar que essa potência indiferente se encontra efetivamente em Deus, e até mesmo que se lhe deve atribuí-la necessariamente. Pois, segundo ele, nada é para Deus nem bom nem mal nas criaturas. Deus não tem nenhum apetite natural que seja satisfeito pela fruição de alguma coisa que esteja fora dele: ele é, pois, absolutamente indiferente a todas as coisas externas, visto que não poderia ser auxiliado nem incomodado; e é preciso que ele se determine e produza para si quase que um apetite ao escolher. E, depois de ter escolhido, ele quererá manter a sua escolha, exatamente como se tivesse sido a ela levado por uma inclinação natural. Assim, a vontade divina será a causa da bondade nos seres. Isto é, haverá bondade nos objetos não pela sua natureza, mas pela vontade de Deus, sem a qual não poderia haver nem bem nem mal nas coisas. É difícil conceber como autores de mérito puderam chegar a uma opinião tão estranha, pois a razão que se parece alegar aqui não tem a menor força. Parece que se quer provar a opinião de que todas as criaturas obtêm todo o seu ser de Deus e de que elas não

---

[11] "Qualquer coisa a partir de qualquer coisa".
[12] "Do sujeito".

podem, portanto, agir sobre ele, tampouco determiná-lo. Mas visivelmente isso é se enganar. Quando dizemos que uma substância inteligente é movida pela bondade de seu objeto, não pretendemos dizer que esse objeto seja necessariamente um ser que exista fora dela, e nos basta que ela seja concebível, pois é a sua representação que age na substância, ou melhor, a substância age sobre si mesma na medida em que é disposta e afetada por essa representação. Em Deus, é manifesto que seu entendimento contém as ideias de todas as coisas possíveis e é por isso que tudo está nele eminentemente. Essas ideias lhe representam o bem e o mal, a perfeição e a imperfeição, a ordem e a desordem, a congruência e a incongruência dos possíveis; e a sua bondade superabundante o faz escolher o mais vantajoso. Deus se determina, pois, por si mesmo; sua vontade é ativa em virtude da bondade, mas ela é especificada e dirigida na ação pelo entendimento repleto de sabedoria. E, como seu entendimento é perfeito, seus pensamentos sempre distintos, suas inclinações sempre boas, ele não deixa jamais de fazer o melhor, ao passo que nós podemos ser enganados pelas falsas aparências do verdadeiro e do bom. Mas como é possível dizer que não há bem ou mal nas ideias antes da vontade de Deus? A vontade de Deus forma as ideias que estão no seu entendimento? Não ouso atribuir ao nosso sábio autor uma opinião tão estranha, que confundiria entendimento e vontade e destruiria completamente o uso dessas noções. Ora, se as ideias são independentes da vontade, a perfeição ou imperfeição que são nelas representadas também serão. Ora, é pela vontade de Deus ou não é antes pela natureza dos números que, por exemplo, certos números são mais capazes do que outros de receber várias divisões exatas, que uns são mais propícios do que outros a formar conjuntos, a compor polígonos e outras figuras regulares, que o número seis tem a vantagem de ser o menor entre todos os números denominados perfeitos, que, num plano, seis círculos iguais podem tocar um sétimo, que, entre todos os corpos iguais, a esfera apresenta a menor superfície, que certas linhas são incomensuráveis e, por conseguinte, pouco propícias a harmonia? Não se vê que todas essas vantagens ou desvantagens procedem da ideia da coisa e que o contrário implicaria contradição? Será que se pensa também que a dor e o incômodo das criaturas sensitivas e, sobretudo, a felicidade e a infelicidade das substâncias inteligentes são indiferentes para Deus? E o que se dirá de sua justiça? Ela é também algo arbitrária e teria ele agido de maneira sábia e justa se tivesse resolvido condenar os inocentes? Sei que houve autores muito mal-informados a ponto de sustentar uma opinião tão perigosa e capaz de destruir a piedade. Mas estou certo de que o nosso célebre autor está longe disso. Entretanto, essa hipótese parece conduzi-lo a isso se não há nada nos objetos que não seja indiferente para a vontade divina antes de sua escolha. É verdade que Deus não tem necessidade de nada, mas o próprio autor ensinou muito bem que a sua bondade, e não a sua necessidade, o levou a produzir as criaturas. Havia nele, portanto, uma razão anterior à resolução, e, como eu disse tantas vezes, não foi nem por acaso nem sem motivo, tampouco por necessidade, que Deus criou este mundo, mas foi por inclinação que chegou a isto, e sua inclinação o conduz sempre ao melhor. Assim, é surpreendente que o nosso autor sustente aqui (cap. 5, seção 1, subseção 4, § 5) que não há razão que tenha podido levar Deus, que é absolutamente perfeito e feliz por si mesmo, a criar algo fora dele, tendo ele próprio ensinado anteriormente (cap. 1, seção 3, §§ 8-9) que Deus age em vista de um fim, e que o seu objetivo é comunicar a sua bondade. Não lhe era, pois, absolutamente indiferente criar ou não criar, e, não obstante, a criação é um ato livre. Não lhe era tampouco indiferente criar um tal ou qual mundo, um caos perpétuo ou um sistema cheio de ordem. Assim, as qualidades dos objetos, compreendidas nas suas ideias, constituem a razão de sua escolha.

22. O nosso autor, que tinha dito coisas tão boas sobre a bondade e a comodidade das obras de Deus, buscou uma reviravolta para conciliá-las com a sua hipótese, que parece retirar de Deus todas as considerações pelo bem e pela comodidade das criaturas. A indiferença de Deus só ocorre, segundo ele, nas suas primeiras eleições, mas, assim que Deus tiver elegido algo, elege virtualmente ao mesmo tempo tudo o que está necessariamente conectado com ele. Havia uma infinidade de homens possíveis igualmente perfeitos: a eleição de alguns dentre eles é puramente arbitrária, conforme o nosso

autor. Mas Deus, tendo-os elegido, não poderia querer o que fosse contrário à natureza humana. Até aqui o autor fala conforme a sua hipótese, mas o que se segue vai mais longe, pois ele afirma que, quando Deus resolveu produzir certas criaturas, decidiu, em virtude da sua bondade infinita, dar a elas toda a comodidade possível – não há nada de tão razoável, com efeito, mas também nada de tão contrário à hipótese que estabeleceu. E ele tem razão de modificá-la completamente em vez de conservá-la cheia de inconveniências contrárias à bondade e à sabedoria de Deus. Aqui se verá manifestamente como ela não poderia ser conciliada com o que acaba de se dizer. A primeira questão será: Deus criará alguma coisa ou não e por quê? O autor responde que ele criará alguma coisa para comunicar a sua bondade. Não lhe é, portanto, indiferente criar ou não criar. Depois disso perguntar-se-á se Deus criará tal coisa ou outra e por quê. Será preciso responder, para falar de maneira consistente, que a mesma bondade o fez escolher o melhor, e, com efeito, o autor recai nisso na sequência; mas, seguindo a sua hipótese, ele responde que criará tal coisa, mas que não há nenhum porquê, pois Deus é absolutamente indiferente pelas criaturas, que só adquirem a sua bondade a partir de sua escolha. É verdade que o nosso autor varia um pouco antes, pois ele diz aqui (cap. 5, seção 5, subseção 4, § 12) que é indiferente para Deus escolher entre homens que são iguais em perfeição ou entre espécies igualmente perfeitas de criaturas racionais. Assim, de acordo com essa expressão, ele daria preferência à espécie mais perfeita; pois, como espécies igualmente perfeitas se conciliam mais ou menos com outras, Deus escolherá as que se acomodam mais; não haverá, pois, indiferença pura e absoluta, e o autor recai, assim, nos nossos princípios. Mas falemos como ele fala, segundo a sua hipótese, e afirmemos junto com ele que Deus escolhe certas criaturas, embora elas lhe sejam absolutamente indiferentes. Ele escolherá imediatamente, portanto, criaturas irregulares, mal constituídas, malfeitoras, infelizes, caos perpétuos, monstros por toda parte, apenas celerados habitando a Terra, diabos enchendo todo o universo, em vez de belos sistemas, espécies bem-feitas, pessoas de bem, bons anjos! O autor dirá que não, que Deus, tendo resolvido escolher os homens, decidiu dar-lhes todas as comodidades de que o mundo fosse capaz, e o mesmo ocorre com as outras espécies. Respondo que, se essa comodidade estivesse ligada necessariamente com a sua natureza, o autor falaria segundo a sua hipótese, mas, como não é isso que ocorre, é preciso que ele concorde que é mediante uma nova eleição independente daquela que levou Deus a fazer os homens que Deus resolveu dar-lhes toda a comodidade possível. Mas de onde advém essa nova eleição? Advém também de uma pura indiferença? Se é isso, nada leva Deus a buscar o bem dos homens, e, se ele chega a isso algumas vezes, será como que por acaso. Mas o autor quer que Deus tenha sido levado a isso pela sua bondade; portanto, o bem e o mal das criaturas não lhe são indiferentes e há nele eleições primitivas nas quais é conduzido pela bondade do objeto. Ele escolhe não apenas criar os homens, mas também criar homens tão felizes quanto se pode nesse sistema. Depois disso, não restará nenhuma indiferença pura, pois podemos raciocinar com relação ao mundo inteiro como raciocinamos com relação à espécie humana. Deus resolveu criar um mundo, mas a sua bondade o conduziu ao mesmo tempo a escolher aquele em que houvesse o máximo de ordem, regularidade, virtude e felicidade possível. Pois não vejo nenhuma plausibilidade em dizer que Deus seja levado pela sua bondade a tornar os homens, que ele resolveu criar, tão perfeitos quanto se pode nesse sistema, e que não tenha a mesma boa intenção com respeito ao universo inteiro. Eis que nós voltamos, pois, à bondade dos objetos; e a indiferença pura, pela qual Deus agiria sem motivo, é absolutamente destruída pelo próprio procedimento de nosso engenhoso autor, em quem a força da verdade, quando foi preciso ir diretamente ao ponto, prevaleceu sobre uma hipótese especulativa que não poderia ter nenhuma aplicação na realidade das coisas.

23. Nada é, então, absolutamente indiferente para Deus, que conhece todos os graus, todos os efeitos, todas as relações das coisas, e penetra de uma só vez em todas as suas conexões possíveis. Vejamos se ao menos a ignorância e a insensibilidade do homem podem torná-lo absolutamente indiferente na sua escolha. O autor nos brinda com essa indiferença pura como se fosse um belo presente. Eis as provas que ele dá a seu respeito: 1) nós a sentimos; 2) experimentamos em nós as suas marcas e propriedades; 3) podemos

mostrar que outros casos capazes de determinar a nossa vontade são insuficientes. Quanto à primeira prova, ele afirma que, sentindo em nós a liberdade, sentimos ao mesmo tempo a indiferença pura. Mas não concordo que sintamos tal indiferença nem que esse pretenso sentimento se siga daquele de liberdade. Sentimos ordinariamente em nós alguma coisa que nos inclina à nossa escolha e, embora às vezes não possamos dar a razão de todas as nossas disposições, um pouco de atenção nos faz conhecer, não obstante, que a constituição de nosso corpo e dos corpos ambientes, a situação presente ou precedente de nossa alma e várias pequenas coisas envolvidas nessas coisas capitais podem contribuir para fazer com que gostemos mais ou menos dos objetos e formemos julgamentos diversos em diferentes tempos sem que ninguém atribua isso a uma pura indiferença ou a alguma força desconhecida da alma que exerça sobre os objetos o que se diz que as cores fazem no camaleão. Assim, o autor não tem motivo para apelar aqui ao julgamento do povo; ele o faz ao dizer que em muitas coisas o povo raciocina melhor que os filósofos. É verdade que certos filósofos caíram em quimeras e parece que a pura indiferença é do tipo das noções quiméricas. Mas, quando alguém pretende que uma coisa não existe porque o vulgo não se apercebe dela, o povo não poderia passar por um bom juiz, visto que ela se determina apenas pelos sentidos. Muitas pessoas creem que o ar não é nada quando ele não é agitado pelo vento. A maioria ignora os corpos insensíveis, o fluido que faz o peso, ou a energia, a matéria magnética, para não dizer nada das almas e de outras substâncias indivisíveis. Dizemos, pois, que essas coisas não existem porque o vulgo as ignora? Nesse caso, poderíamos também dizer que a alma age algumas vezes sem nenhuma disposição ou inclinação que contribua a fazê-la agir, porque há muitas disposições e inclinações que não são suficientemente apercebidas pelo vulgo por falta de atenção e meditação. Quanto à segunda prova, das marcas da potência em questão, já refutei a vantagem que se lhe dá de fazer com que sejamos ativos e a verdadeira causa de nossa ação, que sejamos sujeitos à imputação e à moralidade; essas não são, pois, boas marcas de sua existência. Eis uma que o autor alega que também não o é: temos em nós uma potência para nos opor aos apetites naturais, isto é, não apenas aos sentidos, mas também à razão. Mas eu já disse que nos opomos aos apetites naturais por meio de outros apetites naturais. Supõem-se certas vezes alguns incômodos, e isso se faz com alegria, mas por causa de alguma esperança ou alguma satisfação que está unida ao mal e o ultrapassa: esperamos um bem a partir dele ou o encontramos nele. O autor afirma que é essa potência transformadora das aparências, que ele pôs em cena, que torna agradável o que nos desagradava no começo. Mas quem não vê que é antes porque a aplicação e a atenção ao objeto e o costume mudam a nossa disposição e, por conseguinte, nossos apetites naturais? O costume faz também com que um grau de frio ou de calor suficientemente considerável não nos incomode mais como incomodava anteriormente, e não há ninguém que atribua esse efeito ao nosso poder eletivo. Assim, é preciso tempo para atingir esse endurecimento ou essa calosidade que faz com que as mãos de certos operários resistam a um grau de calor que queimaria as nossas. O povo, para quem o autor apela, julga muito bem a causa desse efeito, embora o aplique algumas vezes de maneira ridícula. Duas criadas estão junto ao fogo na cozinha quando uma diz à outra ao se queimar um pouco: "Oh, minha querida, quem poderá suportar o fogo do purgatório?" A outra lhe responde: "Estás louca, minha amiga, acostumamo-nos a tudo."

24. Mas, segundo o autor, essa potência maravilhosa que nos torna indiferentes ou inclinados a tudo, de acordo com o nosso puro arbítrio, prevalece até sobre a razão. E é a sua terceira prova, a saber, que não se poderiam explicar suficientemente as nossas ações sem recorrer a essa potência. Veem-se milhares de pessoas que desprezam as preces de seus amigos, os conselhos de seus próximos, os reproches de sua consciência, os incômodos, os suplícios, a morte, a cólera de Deus, até mesmo o inferno, para correr atrás de tolices que só têm algo de bom e de suportável pela sua eleição pura e livre. Tudo vai bem nesse raciocínio, mas apenas até as últimas palavras, pois, quando se chega a algum exemplo, descobrir-se-á que houve razões ou causas que levaram o homem à sua escolha e que há conexões bem fortes que o atam a ela. Um amor passageiro, por exemplo, não será jamais oriundo de uma pura indiferença: a inclinação ou a paixão terá

desempenhado seu papel nela; mas o costume e a obstinação poderão, em certas naturezas, fazer com que alguns causem a própria ruína em vez de se desprenderem. Eis outro exemplo que o autor alega: um ateu, um Lucilio Vanini[13] (é assim que vários autores o denominam, ao passo que ele próprio toma para si o nome magnífico de Giulio Cesare Vanini nas suas obras), preferirá suportar o martírio ridículo de sua quimera a reconhecer a sua impiedade. O autor não nomeia Vanini, e a verdade é que esse homem renegou suas opiniões más quando foi convencido de ter dogmatizado e de ter se transformado no apóstolo do ateísmo. Quando se lhe perguntou se ele tinha um Deus, arrancou uma erva dizendo:

Et levis est cespes qui probet esse Deum.[14]

Mas o procurador-geral do parlamento em Toulouse, querendo, segundo se diz, afligir o primeiro presidente (de quem Vanini era próximo e a cujos filhos ensinava filosofia, embora não fosse exatamente seu empregado), conduziu a inquisição com rigor, e Vanini, vendo que não havia perdão, declarou, ao morrer, o que ele era, isto é, ateu, no que não há nada de tão extraordinário. No entanto, se houvesse um ateu que se oferecesse ao suplício, a vaidade poderia ser nele uma razão muito forte, assim como no gimnosofista Calanus e no sofista cuja morte voluntária pelo fogo nos foi relatada por Luciano. Mas o autor crê que essa vaidade mesma, essa obstinação, essas outras considerações extravagantes das pessoas, que, afora isso, parecem de muito bom senso, não poderiam ser explicadas pelos apetites que se originam da representação do bem e do mal, nos forçando a recorrer a essa potência transcendente que transforma o bem em mal e o mal em bem, e o indiferente em bem ou em mal. Contudo, não temos necessidade de ir tão longe, e as causas de nossos erros são sobremaneira visíveis. Com efeito, podemos fazer essas transformações, mas não é como nas fadas, por um simples ato dessa potência mágica, mas porque se obscurecem e se suprimem

---

[13] Lucilio Vanini (1585-1619) foi um filósofo italiano queimado vivo pela Inquisição em Toulouse.

[14] "E é insignificante a erva que demonstra que Deus existe."

em seu espírito as representações das qualidades boas ou más, unidas naturalmente a certos objetos, e porque consideramos apenas aquelas que são conformes ao nosso gosto ou às nossas prevenções, ou mesmo porque acrescentamos a elas, por muito nelas pensar, certas qualidades que se lhe encontram ligadas apenas por acidente ou pelo nosso costume de considerá-las. Por exemplo, abomino em toda a minha vida uma alimentação boa porque, quando era criança, encontrei algo repugnante que deixou uma grande impressão em mim. Por outro lado, um certo defeito natural me agradará porque ele despertará em mim alguma lembrança de uma pessoa que eu estimava ou de quem gostava. Um jovem homem terá ficado encantado com os grandes aplausos que recebeu depois de alguma ação pública feliz; a impressão desse grande prazer o terá tornado maravilhosamente sensível à glória, ele pensará dia e noite no que pode alimentar essa paixão, e isso o fará desprezar até mesmo a morte para atingir o seu objetivo. Pois, embora saiba bem que não ouvirá o que se dirá dele depois da sua morte, a representação que ele produz antecipadamente produz um grande efeito sobre o seu espírito. E há sempre razões semelhantes nas ações que parecem ser as mais vãs e as mais extravagantes para aqueles que não consideram essas razões. Em suma, uma impressão forte ou frequentemente repetida pode mudar consideravelmente nossos órgãos, nossa imaginação, nossa memória e até mesmo nosso raciocínio. Ocorre que um homem, por ter muitas vezes contado uma mentira, que ele talvez tenha inventado, chega, enfim, a acreditar nela. E, como muitas vezes representamos para nós mesmos alguma coisa que nos agrada, tornamo-la fácil de conceber, e acreditamos também que seja fácil de efetuar, donde advém que nos persuadimos facilmente daquilo que desejamos. "*Et qui amant ipsi sibi somnia fingunt.*"[15]

25. Os erros não são, portanto, jamais voluntários, absolutamente falando, embora a vontade contribua com frequência para eles de uma maneira indireta, por causa do prazer que sentimos em nos abandonar a certos pensamentos ou da aversão que sentimos por outros. A bela impressão de um livro contribuirá para a persuasão

---

[15] "E quem ama forja por si mesmo seus sonhos" (Virgílio, *Bucólicas*, VIII, 108).

do leitor. O ar e as maneiras daquele que fala granjear-lhe-ão o auditório. Seremos levados a desprezar as doutrinas que procedem de um homem que desprezamos ou odiamos, ou a seguir as de outro que se lhe assemelha em algo que nos impressiona. Eu já disse por que nos dispomos facilmente a acreditar no que é útil ou agradável, e conheci pessoas que no começo haviam mudado de religião por causa de considerações mundanas, mas depois foram persuadidas (e bem persuadidas) de que tinham tomado o bom partido. Vê-se ainda que a obstinação não é simplesmente uma eleição má que persevera, mas também uma disposição a nela perseverar que advém de algum bem ou de algum mal que se imagina na mudança. A primeira eleição foi talvez feita por leviandade, mas o desígnio de mantê-la advém de algumas razões ou impressões mais fortes. Há até mesmo alguns autores de moral que ensinam que alguém deve manter a sua escolha para não ser inconstante ou para assim não parecê-lo. Entretanto, uma perseverança é má quando se desprezam as advertências da razão, sobretudo quando o assunto é assaz importante para ser examinado com atenção; mas, quando o pensamento da mudança é desagradável, desvia-se facilmente dele a atenção, e é por isso que se se obstina o mais das vezes. O autor, que quis relacionar a obstinação com a sua pretensa indiferença pura, poderia considerar que precisava de outra coisa para se ater a uma eleição do que apenas a eleição ou uma indiferença pura, sobretudo se essa eleição foi feita levianamente, e tanto mais levianamente será feita quanto mais seja feita com indiferença – caso no qual se a desfará facilmente, a menos que a vaidade, o costume, o interesse ou alguma outra razão nos façam perseverar nela. Tampouco se deve imaginar que a vingança agrade sem motivo. As pessoas que têm um sentimento vivo pensam nela dia e noite e lhes é difícil apagar a imagem do mal ou da afronta que sofreram. Elas imaginam um prazer muito grande em se verem livres da ideia do desprezo que lhes advém a todo momento, o que faz com que haja pessoas para as quais a vingança seja mais doce do que a vida:

Quis vindicta bonum vita jucundius ipsa.[16]

---

[16] "Alguém pensa que a vingança é um bem mais agradável do que a própria vida" (Juvenal, *Sátiras*, XIII, 180).

O autor queria nos persuadir de que, ordinariamente, quando nosso desejo ou nossa aversão se dirige a algum objeto que não o merece o bastante, outorgamos-lhe o excesso de bem ou de mal do qual se é afetado pela pretensa potência eletiva que faz as coisas parecerem boas ou más como se queira. Tínhamos dois graus de mal natural e nos outorgamos seis graus de bem artificial pela potência que pode escolher sem motivo. Assim, teremos quatro graus de bem livre (cap. 5, seção 2, § 7). Se isso pudesse ser praticado, iríamos longe, como já disse. Ele crê até mesmo que a ambição, a avareza, a mania de jogo e outras paixões frívolas tomam todo o seu poder dessa potência (cap. 5, seção 5, subseção 6), mas há, afora isso, tantas falsas aparências nas coisas, tantas imaginações capazes de aumentar ou diminuir os objetos, tantas conexões mal fundamentadas nos raciocínios, que não temos necessidade dessa pequena fada, isto é, dessa potência interna que opera como que por encantamento e à qual o autor atribui todas essas desordens. Enfim, eu já disse várias vezes que, quando decidimos por algum partido contrário à razão reconhecida, somos a ele levados por outra razão mais forte em aparência, como é, por exemplo, o prazer de parecer independente e de fazer algo extraordinário. Houve outrora na corte de Osnabrück um preceptor de pajens que, como um outro Mucius Scaevola, colocou o braço na chama e cogitou adquirir uma gangrena para mostrar que a força de seu espírito era maior do que uma dor muito aguda. Poucas pessoas o imitarão, penso eu, e não sei se até mesmo se encontraria facilmente um autor que, depois de ter sustentado uma potência capaz de escolher sem motivo ou mesmo contra a razão, quisesse provar o seu livro pelo seu próprio exemplo, renunciando a algum benefício ou a algum belo cargo simplesmente para mostrar essa superioridade da vontade sobre a razão. Mas estou certo de que pelo menos um homem engenhoso não o faria, que ele perceberia prontamente a inutilidade de seu sacrifício ao se lhe mostrar que ele não tinha feito nada além de imitar Heliodoro[17],

---

[17] Trata-se de Heliodoro de Emesa, que viveu entre os séculos III e IV e é autor de *As Etiópicas ou Teágenes e Caricleia*. Relata-se que Heliodoro teria preferido perder seu cargo de bispado em Tricca, na Tessália, a ser obrigado a queimar seu romance. Leibniz o confunde com outro bispo homônimo do século III, Heliodoro de Lárissa.

bispo de Lárissa, para quem o seu livro sobre Teágenes e Caricleia era, pelo que se diz, mais caro que seu bispado – o que pode ocorrer facilmente quando um homem tem motivos para se desembaraçar de seu cargo e é muito sensível à glória. Assim, encontram-se todos os dias pessoas que sacrificam suas vantagens por seus caprichos, isto é, bens reais por bens aparentes.

26. Se eu quisesse seguir passo a passo os raciocínios de nosso engenhoso autor, que retorna amiúde ao que já examinamos, mas ordinariamente volta com alguma adição elegante e bem-feita, seria obrigado a ir mais adiante, mas espero poder me dispensar disso depois de ter satisfeito, ao que parece, todas as razões. O melhor é que nele a prática corrige e retifica costumeiramente a teoria. Depois de ter afirmado, na segunda seção desse quinto capítulo, que nos aproximamos de Deus pelo poder de escolher sem razão e que, na medida em que essa potência é a mais nobre, seu exercício é a coisa mais apta a tornar alguém feliz (coisas mais paradoxais do mundo, uma vez que imitamos Deus antes pela razão e que a nossa felicidade consiste em segui-la), depois disso, dizia eu, o autor introduz um excelente corretivo a essa afirmação, pois diz muito bem (§ 5) que, para ser feliz, devemos acomodar as nossas eleições às coisas, já que elas não são dispostas para se acomodar a nós, e que isso é, com efeito, acomodar-se à vontade divina. É bem dito, sem dúvida, mas é dizer, ao mesmo tempo, que é preciso que a nossa vontade se ajuste, tanto quanto possível, à realidade dos objetos e às verdadeiras representações do bem e do mal, e que, por conseguinte, os motivos do bem e do mal não são contrários à liberdade e que a potência de escolher sem motivo, bem longe de servir à nossa felicidade, é inútil e até mesmo muito nociva. Assim, felizmente ela não subsiste em parte alguma e é um *ser de razão raciocinante*, como alguns escolásticos denominam as ficções que nem sequer são possíveis. Por mim, teria preferido denominá-las *seres de razão não raciocinante*. Penso também que a terceira seção (sobre as eleições indevidas) pode ser admitida, pois ela diz que não se devem escolher coisas impossíveis, inconsistentes, nocivas, contrárias à vontade divina, preocupadas com outros assuntos. E o autor observa muito bem que, ao se violar sem necessidade a felicidade de

outrem, fere-se a vontade divina, que quer que todos sejam felizes tanto quanto possível. Eu diria o mesmo da quarta seção, onde se fala da fonte das eleições indevidas, que são o erro ou a ignorância, a negligência, a leviandade de se mudar muito facilmente, a obstinação de não se mudar a tempo, e os hábitos ruins; enfim, a inconveniência dos apetites que frequentemente nos conduzem mal no que diz respeito às coisas externas. A quinta seção é feita para conciliar as eleições más ou os pecados com a potência e a bondade de Deus, e, por ser prolixa, é dividida em subseções. O próprio autor se encarregou sem necessidade de uma grande objeção, pois sustenta que, sem a potência de escolher absolutamente indiferente, na escolha não haveria pecado. Ora, seria muito fácil para Deus recusar às criaturas uma potência tão pouco razoável. Bastava-lhes que fossem movidas pelas representações dos bens e dos males; seria, pois, fácil para Deus impedir o pecado, de acordo com a hipótese do autor. Ele não encontra outro recurso para sair dessa dificuldade além de dizer que, se essa potência fosse retirada das coisas, o mundo seria apenas uma máquina puramente passiva. Mas é o que refutei suficientemente. Se faltasse essa potência no mundo, como de fato falta, não se queixariam dela. As almas se contentariam bastante com as representações dos bens e dos males para fazer as suas eleições, e o mundo permaneceria tão belo quanto é. O autor retoma o que já afirmara: que sem essa potência não haveria felicidade; mas respondi a isso suficientemente e não há a menor verossimilhança nessa asserção e em alguns outros paradoxos que ele afirma aqui para sustentar o seu paradoxo principal.

27. Ele faz uma pequena digressão sobre as preces (subseção 4) e diz que aqueles que oram a Deus esperam uma mudança na ordem natural; mas parece que eles se enganam, segundo a sua opinião. No fundo, os homens se contentarão em ser atendidos sem se inquietar se o curso da natureza mudar a seu favor ou contra eles. Com efeito, se eles são auxiliados pelo socorro dos bons anjos, não haverá mudança na ordem geral das coisas. Também é uma opinião muito razoável do nosso autor de que há um sistema das substâncias espirituais, assim como há um sistema das substâncias corporais, e que aquelas têm um comércio entre si, como os corpos. Deus

se serve do ministério dos anjos para governar os homens sem que a ordem da natureza seja afetada por isso. Entretanto, é mais fácil afirmar essas coisas do que explicá-las, a menos que se recorra ao meu sistema da harmonia. Mas o autor vai um pouco além. Ele crê que a missão do Espírito Santo era um grande milagre no começo, mas que no presente as suas operações em nós são naturais. Deixo-lhe o trabalho de explicar sua opinião e de se conciliar com outros teólogos. Não obstante, observo que ele faz o uso natural das preces residir na força que têm de tornar a alma melhor, de superar as paixões e de atrair para si um certo grau de graça nova. Podemos dizer aproximadamente as mesmas coisas pela nossa hipótese, segundo a qual a vontade age apenas de acordo com motivos; e estamos isentos das dificuldades nas quais o autor se põe por meio da sua potência de escolher sem motivo. Ele se encontra também muito embaraçado pela presciência de Deus. Pois, se a alma é perfeitamente indiferente na sua escolha, como é possível prever essa escolha e qual razão suficiente poder-se-ia encontrar no conhecimento de uma coisa se não há nenhuma para o seu ser? O autor remete a outra passagem a solução dessa dificuldade, que exigiria, segundo ele, uma obra inteira. De resto, ele diz por vezes boas coisas sobre o mal moral e bastante conformes aos nossos princípios. Por exemplo, quando ele diz (subseção 6) que os vícios e os crimes não diminuem a beleza do universo, mas antes a aumentam, assim como certas dissonâncias feririam o ouvido pela sua dureza se fossem escutadas sozinhas, mas não deixam de tornar a harmonia mais agradável na mistura. Ele indica também vários bens encerrados nos males; por exemplo, a utilidade da prodigalidade nos ricos e da avareza nos pobres; com efeito, isso serve para fazer as artes florescerem. Em seguida, ele considera também que não devemos julgar o universo pela pequenez de nosso globo e de tudo o que nos é conhecido, cujas manchas ou defeitos poderiam ser também úteis para revelar a beleza do resto; que as pintas, que não têm nada de belo por si mesmas, são julgadas adequadas pelo belo sexo para embelezar o rosto inteiro, embora enfeiem a parte do rosto coberta. Cotta, em Cícero[18], tinha comparado a providência, quando dá a

---

[18] Cícero, *Da natureza dos deuses*, III, XXVII, 69.

razão aos homens, a um médico que recomenda vinho a um enfermo, embora preveja o abuso que ele fará dele, à custa de sua vida. O autor responde que a providência faz o que a sabedoria e a bondade exigem e que o bem que dela resulta é maior do que o mal. Se Deus não tivesse dado a razão ao homem, não haveria absolutamente nenhum homem, e Deus seria como um médico que mataria alguém para impedi-lo de se tornar enfermo. Pode-se acrescentar que não é a razão que é nociva em si, mas o defeito da razão; e, quando a razão é mal-empregada, raciocina-se bem sobre os meios, mas não se raciocina suficientemente sobre o fim ou sobre o fim mal proposto. Assim, é sempre por falta de razão que se faz uma ação má. Ele propõe também a objeção de Epicuro que está em Lactâncio, no seu livro *Sobre a cólera de Deus*[19], cujos termos são aproximadamente os seguintes: ou Deus quer suprimir os males e não pode fazê-lo, caso em que seria fraco; ou pode suprimi-los e não quer, o que indicaria a sua malignidade; ou então faltam poder e vontade ao mesmo tempo, o que o faria parecer fraco e invejoso simultaneamente; ou, enfim, ele pode e quer, mas nesse caso se perguntará por que ele, se existe, não o fez. O autor responde que Deus não pode suprimir os males e tampouco o quer, e que, no entanto, não é nem maligno nem fraco. Eu teria preferido dizer que ele pode suprimi-los, mas que não o quer absolutamente e com razão, porque suprimiria os bens ao mesmo tempo e suprimiria mais bem do que mal. Enfim, nosso autor, tendo acabado a sua sábia obra, acrescenta-lhe um *apêndice* em que fala das leis divinas. Ele distingue muito bem essas leis em naturais e positivas; observa que as leis particulares da natureza dos animais devem ceder às leis gerais dos corpos; que Deus não está propriamente em cólera quando as suas leis são violadas, mas que a ordem quis que aquele que peca atraia um mal e que, por seu turno, aquele que comete violência aos outros padeça dela. Mas ele julga que as leis positivas de Deus mais indicam e predizem o mal do que causam a sua inflicção. Isso lhe dá a oportunidade de falar da condenação eterna dos malvados, que não serve mais para a correção nem para o exemplo, e que não deixa de satisfazer a justiça vindicativa de Deus, embora eles atraiam a

---

[19] *De ira Dei*, cap. XIII.

sua infelicidade para si mesmos. Suspeita, no entanto, que essas penas dos malvados tragam alguma utilidade às pessoas de bem e duvida, ainda, se não é melhor ser condenado do que ser nada, visto que os condenados poderiam ser pessoas insensatas, capazes de se obstinar em permanecer na sua miséria por uma certa fraqueza de espírito, que faz com que, segundo ele, eles se aplaudam nos seus maus julgamentos, em meio à sua miséria, e se comprazam em controlar a vontade de Deus. Pois se veem todos os dias pessoas tristes, malignas, invejosas, que têm prazer em pensar nos seus males e procuram afligir a si mesmas. Esses pensamentos não são de se desprezar, e tenho por vezes algo próximo a isso, mas me abstenho de julgá-los decisivamente. Relatei no § 271 dos *Ensaios* contra Bayle a fábula do diabo recusando o perdão que um anacoreta lhe oferece da parte de Deus. O barão André Taifel, austríaco, *Cavallerizzo Maggior* de Fernando, arquiduque da Áustria – depois imperador segundo com esse nome –, fazendo alusão a seu sobrenome (que se assemelha a "diabo" em alemão), tomou por símbolo um demônio ou sátiro com a expressão espanhola "*más perdido y menos arrepentido*", o que indica uma paixão sem esperança e da qual não se pode afastar. E esse emblema foi repetido depois pelo conde de Villamediana[20], espanhol, quando se dizia que ele estava enamorado pela rainha. Voltando à questão de por que ocorre muitas vezes o mal aos bons e o bem aos maus, nosso ilustre autor crê que já se satisfez suficientemente essa questão e que não restam quase escrúpulos a esse respeito. Ele observa, entretanto, que se pode duvidar frequentemente se os bons que estão na miséria não se tornaram bons pela sua infelicidade mesma e se os maus não foram talvez estragados pela prosperidade. Ele acrescenta que somos o mais das vezes maus juízes quando se trata de conhecer não apenas um homem de bem, mas ainda um homem feliz. Honra-se frequentemente um hipócrita e se despreza outro cuja sólida virtude é sem afetação. Conhecemo-nos pouco também no que diz respeito à felicidade, e a felicidade é amiúde disfarçada sob os farrapos de um pobre contente, enquanto a procuramos em vão nos palácios de alguns grandes homens. Enfim, o autor observa que a maior felicidade aqui embaixo

---

[20] Juan de Tassis y Peralta (1582-1622), poeta barroco espanhol nascido em Lisboa.

consiste na esperança da felicidade futura e que, assim, se pode dizer que não ocorre nada aos maus que não sirva para a correção ou castigo, e que não ocorre nada aos bons que não sirva ao seu maior bem. Essas conclusões conciliam-se completamente com a minha opinião, e não se poderia dizer nada de mais apropriado para finalizar a obra.

A CAUSA DE DEUS, DEFENDIDA A PARTIR DE SUA JUSTIÇA, CONCILIADA COM TODAS AS SUAS OUTRAS PERFEIÇÕES E COM A TOTALIDADE DAS AÇÕES[1]

1. O *Tratado apologético da causa de Deus* é importante não apenas para a glória divina, mas também para a nossa utilidade, levando-nos a honrar a grandeza de Deus, isto é, sua potência e sua sabedoria, a amar sua bondade, assim como o que dela se deriva, sua justiça e sua santidade, e as imitarmos tanto quanto pudermos. Este tratado se divide em duas partes: a primeira pode ser considerada sobretudo como preparatória, e a segunda, como principal. A primeira diz respeito *à grandeza e à bondade* divinas, consideradas *separadamente*, e a segunda examina aspectos que concernem a ambas em conjunto, dentre os quais se encontram a *providência* de Deus sobre todas as criaturas e o seu *governo* sobre as criaturas inteligentes, principalmente em matéria de piedade e salvação.

2. Os teólogos rígidos levaram mais em conta a grandeza de Deus do que a sua bondade; os mais maleáveis fizeram o contrário; a verdadeira ortodoxia se preocupa com ambas as perfeições igualmente. O erro daqueles que diminuem a grandeza divina poderia ser denominado *antropomorfismo*; o daqueles que retiram a bondade de Deus, *despotismo*.

3. A *grandeza* de Deus deve ser defendida com diligência sobretudo contra os socinianos e contra certos semissocinianos, dos

---

[1] Este opúsculo, redigido em latim, não se encontra na edição original dos *Ensaios de teodiceia* – que foram redigidos em francês –, mas foi impresso à parte no mesmo ano (1710) e pelo mesmo editor (Isaac Troyel, Amsterdam). A partir da segunda edição dos *Ensaios*, de 1712, foi incorporado a eles.

quais Conrad Vorstius foi quem mais se enganou em relação a ela, que pode resumir-se em dois pontos principais: a onipotência e a onisciência.

4. A *onipotência* compreende tanto a independência de Deus em relação às outras coisas como a dependência de todos em relação a ele.

5. A *independência de Deus* se manifesta na sua existência e nas suas ações. *Na sua existência*, na medida em que ele é necessário e eterno e, como habitualmente se diz, existente por si mesmo[2], donde se segue também que é imenso.

6. *Nas suas ações*, ele é independente natural e moralmente. Naturalmente, na medida em que é libérrimo e não é determinado a agir senão por si mesmo; moralmente, na medida em que é ἀνυπεύθυνος[3], isto é, sem superior.

7. *A dependência das coisas em relação a Deus* se estende a todos os possíveis, isto é, a tudo o que não implica contradição e a todas as coisas atuais.

8. A *possibilidade* mesma das coisas, quando elas não existem em ato, tem a sua realidade fundada na existência divina; pois, se Deus não existisse, nada seria possível, e os possíveis estão desde toda a eternidade nas ideias do entendimento divino.

9. As coisas *atuais* dependem de Deus na sua existência e na sua ação e dependem não apenas do seu entendimento, mas também da sua vontade. Quanto à sua *existência*, na medida em que todas as coisas foram livremente criadas por Deus e são conservadas por ele. Não é sem fundamento que se ensina que a conservação divina é uma criação contínua, como o raio é continuamente emitido pelo Sol, embora as criaturas não emanem da essência divina nem emanem necessariamente.

10. As coisas dependem de Deus *nas suas ações*, na medida em que ele concorre nas ações das coisas, enquanto há nessas ações alguma perfeição, que sempre deve emanar de Deus.

11. O *concurso* de Deus (inclusive o ordinário, isto é, não milagroso) é simultaneamente imediato e especial. É *imediato* porque o

---

[2] "*Ens a se*".

[3] "Que não deve prestar contas a ninguém".

efeito depende de Deus não apenas porque a causa tem a sua origem em Deus, mas também porque ele não concorre menos, nem de maneira mais remota, na produção do próprio efeito do que na produção de sua causa.

12. Seu concurso é *especial* porque não apenas se dirige à existência e aos atos da coisa, mas também ao modo de existir e às qualidades, enquanto encerram alguma perfeição, que sempre deriva de Deus, pai das luzes e doador de todos os bens.

13. Até aqui tratamos da potência de Deus; tratemos agora da sua sabedoria, que é denominada *onisciência* por causa da sua imensidão. Sendo ela própria perfeitíssima (não menos que a sua onipotência), compreende todas as ideias e todas as verdades, isto é, todas as coisas, tanto as incomplexas como as complexas, que podem ser objeto do entendimento, e versa tanto sobre as coisas possíveis como sobre as atuais.

14. A *ciência dos possíveis* é a que se denomina *ciência da simples inteligência*, que versa tanto sobre as coisas quanto sobre as suas conexões; e nestas, tanto sobre as necessárias como sobre as contingentes.

15. Os *possíveis contingentes* podem ser considerados tanto separadamente como coordenados em infinitos mundos inteiros possíveis, os quais são perfeitamente conhecidos por Deus, embora apenas um dentre eles seja levado à existência; e de nada serve imaginar muitos mundos atuais, pois só um encerra para nós toda a universalidade das criaturas, de todos os tempos e lugares, e é nesse sentido que se utiliza aqui a palavra "mundo".

16. A *ciência das coisas atuais* ou do mundo levado à existência e, nele, das coisas passadas, presentes e futuras denomina-se *ciência da visão* e só difere da ciência da simples inteligência deste mesmo mundo considerado possível na medida em que a ela se acrescenta o conhecimento reflexivo pelo qual Deus conhece o seu próprio decreto de levá-lo à existência. E a presciência divina não precisa de nenhum outro fundamento.

17. A *ciência* habitualmente chamada *média* está compreendida sob a ciência da simples inteligência no sentido que expusemos. Se, contudo, alguém deseja uma ciência média entre a ciência da sim-

ples inteligência e a ciência da visão, poderia concebê-la de maneira diferente da habitual, a saber, não apenas como sendo a dos futuros condicionais, mas também dos possíveis contingentes em geral. Dessa maneira, a ciência da simples inteligência será considerada numa acepção mais restrita, na medida em que trata das verdades possíveis e necessárias; a ciência média, como aquela que trata das verdades possíveis e contingentes; a ciência da visão, como aquela que trata das verdades contingentes e atuais. A ciência média terá em comum com a primeira o fato de tratar das verdades possíveis e, com a última, de tratar das contingentes.

18. Até aqui tratamos da grandeza divina; tratemos agora também da *bondade divina*. Assim como a sabedoria, ou o conhecimento do verdadeiro, é a perfeição do entendimento, a bondade, ou o apetite do bem, é a perfeição da vontade. E toda vontade tem por objeto o bem, ao menos aparente, mas a vontade divina só tem por objeto o bem e o verdadeiro simultaneamente.

19. Desse modo, consideraremos a vontade e o seu objeto – a saber, o bem e o mal –, que fornece a razão de querer e de não querer; e, na vontade, consideraremos a sua natureza e as suas espécies.

20. A *natureza* da vontade exige a *liberdade*, que consiste em que a ação voluntária seja espontânea e deliberada, e, por conseguinte, que seja excluída a necessidade, que suprime a deliberação.

21. A necessidade que é excluída é a *necessidade metafísica*, cujo oposto é impossível ou implica contradição, mas não a *moral*, cujo oposto é o inconveniente. Embora Deus não possa errar ao eleger e eleja sempre o que é mais conveniente, isso não é um obstáculo para a sua liberdade, mas antes o que a torna a mais perfeita. Ela se lhe oporia se houvesse apenas um único objeto possível da vontade ou se uma única face das coisas fosse possível, caso em que não haveria mais eleição e não se poderia louvar nem a sabedoria nem a bondade do agente.

22. Desse modo, errava ou ao menos fala muito incorretamente quem diz que só são possíveis aquelas coisas que existem em ato, isto é, aquelas que Deus elege – é o erro de Diodoro (o estoico em

Cícero) e, entre os cristãos, de Abelardo, Wycliffe e Hobbes[4]. Adiante falaremos mais sobre a liberdade, quando se deverá defender a liberdade humana.

23. Isso é quanto basta sobre a natureza da vontade; examinemos a continuação da *divisão da vontade*, que, para o nosso presente propósito, é preferencialmente dupla: em uma, divide-se em antecedente e consequente; na outra, em produtiva e permissiva.

24. De acordo com a *primeira divisão*, a vontade é antecedente, isto é, prévia; ou consequente, isto é, final, ou, o que é o mesmo, inclinante ou decretória. Aquela é menos plena; esta é plena e absoluta. À primeira vista, essa distinção parece ser explicada de maneira diferente por alguns, segundo os quais a vontade antecedente de Deus (a de salvar todos os homens, por exemplo) precederia a consideração da ação das criaturas, ao passo que a sua vontade consequente (a de condenar alguns, por exemplo) segue-se dessa consideração. Mas a primeira precede e a segunda segue também outras vontades de Deus, dado que a própria consideração da ação das criaturas não é apenas pressuposta por certas vontades de Deus, mas pressupõe também, por seu turno, certas vontades de Deus sem as quais a ação das criaturas não pode ser pressuposta. Desse modo, Tomás, Scotus e outros tomam essa divisão no sentido que empregamos[5], a saber, que a vontade antecedente é aquela que se dirige a algum bem, tomado em si e particularmente, na proporção de seu grau próprio de bondade, donde segue-se que ela é apenas relativa; a vontade consequente, em contraste, tem em consideração a totalidade e contém a determinação última, donde segue-se que ela é absoluta e decretória, e, quando se trata de Deus, tem sempre seu efeito pleno. De resto, se alguém não quer a nossa explicação, não discutiremos; se quer, que substitua antecedente e consequente por prévia e final.

25. A *vontade antecedente* é completamente séria e pura e não deve ser confundida com a veleidade (pela qual se quereria, se se pudesse, e pela qual se quereria poder), que não convém a Deus,

---

[4] Cf. *Teodiceia*, II, §§ 170-2 e 235.
[5] Cf. *Teodiceia*, prefácio; "Resumo da controvérsia", quarta objeção.

nem com a vontade condicional, da qual não se trata aqui. A vontade antecedente em Deus tende a procurar toda espécie de bem e a repelir toda espécie de mal, na medida em que são tais e na proporção em que são bens ou males. O próprio Deus declarou quão séria é essa vontade quando afirmou de maneira tão assertiva que não quer a morte do pecador, que quer a salvação de todos e que odeia o pecado[6].

26. A *vontade consequente* procede do concurso de todas as vontades antecedentes, de tal modo que, quando os efeitos de todas não podem coexistir, seja produzido o maior efeito que pode ser obtido por meio da sabedoria e da potência. Essa vontade denomina-se habitualmente também *decreto*.

27. A partir disso, é evidente que as vontades antecedentes não são completamente vãs, mas têm a sua eficácia, ainda que o efeito que se segue delas não seja sempre pleno, mas restrito pelo concurso de outras vontades antecedentes. Mas a vontade decretória que resulta de todas as vontades inclinantes obtém sempre o seu efeito pleno quando a potência não falta àquele que quer, como é certo que não pode faltar em Deus. Sem dúvida, é apenas da vontade decretória que se diz o axioma: "aquele que pode e quer faz", uma vez que, ao compreender com isso mesmo, sob a potência, a ciência requisitada para agir, supõe-se que nada falte no exterior e no interior para a ação. Não estorva em nada a felicidade e a perfeição de Deus, considerado enquanto alguém que tem volições, que nem toda a sua vontade logre ao efeito pleno, pois, como ele não quer os bens senão na proporção do grau de bondade que está em cada um, a sua vontade se satisfaz no mais alto grau quando é obtido o melhor como resultado.

28. A *segunda divisão da vontade* é em *produtiva*, que concerne aos seus próprios atos, e *permissiva*, que concerne aos atos alheios. Assim, por vezes é lícito permitir (ou seja, não impedir) o que não está permitido fazer, como os pecados, dos quais se tratará em breve. E o objeto próprio da vontade permissiva não é aquilo que se permite, mas a própria permissão.

---

[6] Ez 18, 21.23.28; 33, 11; Jn 8, 7.11.

29. Até aqui tratamos da vontade; agora tratemos da *razão para querer*, isto é, *do bem e do mal*. Cada um deles é triplo: metafísico, físico e moral.

30. O *metafísico* consiste em geral na perfeição ou imperfeição das coisas, inclusive daquelas que não são inteligentes. Jesus Cristo disse que o Pai celestial cuida dos lírios do campo e das aves[7], e, segundo Jonas, Deus tem em consideração as bestas brutas.

31. O *físico* compreende em geral o bem-estar e os sofrimentos das substâncias inteligentes, e a isso se refere o *mal de pena*.

32. O *moral* se refere às ações virtuosas e viciosas, e a isso se refere o *mal de culpa*. Nesse sentido, o mal físico deriva ordinariamente do mal de culpa, embora eles não estejam sempre nos mesmos sujeitos; mas o que poderia parecer uma aberração se corrige com tanto proveito a ponto de os inocentes desejarem tê-lo sofrido. *Vide* mais adiante o § 55.

33. Deus quer o que é bom por si mesmo, ao menos antecedentemente, a saber, quer, em geral, tanto a perfeição das coisas como, em particular, a felicidade e a virtude de todas as substâncias inteligentes e, como já foi dito, cada um dos bens conforme o grau de sua bondade.

34. Os males, embora não caiam na vontade antecedente de Deus senão para serem afastados, caem, no entanto, sob a sua vontade consequente ocasionalmente, embora de forma indireta, porque o seu afastamento seria às vezes causa de que bens maiores não poderiam ser obtidos, caso em que esse afastamento dos males não é conduzido plenamente ao seu efeito e, detendo-se na vontade antecedente, não avança para a vontade consequente. Donde Tomás de Aquino, depois de Agostinho, ter dito bem a propósito que Deus permite que alguns males ocorram para que muitos bens não sejam impedidos.

35. Os males metafísicos e físicos (como as imperfeições nas coisas e os males de pena nas pessoas) tornam-se por vezes bens subsidiários, como meios para bens maiores.

36. Mas o mal moral ou mal de culpa nunca tem o valor de meio, porque não se deve fazer o mal (conforme a advertência do após-

---

[7] Mt 6, 26.28.

tolo)⁸ para que se suceda o bem. Não obstante, tem ocasionalmente valor de condição, que é denominado *sine qua non*, ou seja, de condição coligada e concomitante, isto é, sem a qual não se pode alcançar o bem devido; e sob o termo de "bem devido" está compreendida também a privação devida do mal. Ora, o mal é admitido não do princípio da necessidade absoluta, mas do princípio de conveniência. De fato, é preciso que haja uma razão para que Deus permita o mal de preferência a não permiti-lo; ora, a razão da vontade divina não pode ser extraída senão do bem.

37. Ademais, o mal de culpa nunca é em Deus objeto de sua vontade produtiva, mas apenas ocasionalmente de sua vontade permissiva, porque ele próprio nunca comete o pecado, mas apenas e no máximo o permite algumas vezes.

38. Mas há uma regra geral, comum a Deus e aos homens, para permitir o pecado: não se deve nunca permitir o pecado de outrem, a não ser que, para impedi-lo, ele próprio seja levado a cometer um ato mau. E, para dizê-lo numa palavra, nunca é *lícito* permitir o pecado a menos quando se deve fazê-lo, o que se explicará mais distintamente adiante, no § 66.

39. Deus, portanto, tem por objeto da sua vontade o melhor como fim último, mas tem como meio o bem, seja qual for, inclusive o bem subalterno, as coisas indiferentes e também frequentemente os males de pena. Mas tem o mal de culpa somente como condição sem a qual não existiria uma coisa que, de outro modo, deveria existir, no sentido em que Cristo disse que é preciso que os escândalos existam⁹.

40. Até aqui tratamos da grandeza e da bondade separadamente, o que pode ser considerado os prolegômenos deste tratado; tratemos agora do que diz respeito a ambas tomadas em conjunto. O que é comum à grandeza e à bondade é o que não procede apenas da bondade, mas também da grandeza (isto é, da sabedoria e da potência), pois a grandeza faz com que a bondade alcance o seu efeito. E a bondade se refere tanto às criaturas em geral quanto às

---

⁸ Cf. Rm 3, 8.
⁹ Mt 18, 7; Lc 17, 1.

criaturas inteligentes em particular. No primeiro caso, constitui, junto com a grandeza, a providência na criação e no governo do mundo; no segundo caso, constitui a justiça no governo especial das substâncias dotadas de razão.

41. Como a sabedoria dirige a bondade de Deus, que se exerce sobre as criaturas em geral, consequentemente a *providência divina* se manifesta na série total do universo; e deve-se dizer que Deus elegeu a melhor dentre as infinitas séries possíveis de coisas, até esta que existe em ato. De fato, todas as coisas no universo são harmônicas entre si, e o ser supremamente sábio não decreta nada sem ter examinado tudo; por conseguinte, seu decreto tem por objeto o todo. Com relação às partes tomadas separadamente, a vontade pode ser prévia. Com relação ao todo, deve ser entendida como decretória.

42. Donde segue-se que, falando com exatidão, não é necessário que haja uma ordem nos decretos divinos, mas se pode dizer que houve um único decreto de Deus para que essa série de coisas alcançasse a existência, depois de ele ter considerado todas as coisas que integram a série e de tê-las comparado com as que integram as demais séries.

43. Por conseguinte, o decreto de Deus também é imutável, porque todas as razões que podem sofrer objeção já foram levadas em consideração; mas daqui se origina uma necessidade distinta da de consequência, a saber, aquela que se denomina hipotética, que se deriva da suposição da previsão e da preordenação. No entanto, não se extrai nenhuma necessidade absoluta ou do consequente, porque uma ordem distinta de coisas, tanto nas partes como no todo, era possível, e porque Deus, ao eleger a série dos contingentes, não alterou a sua contingência.

44. A certeza das coisas não faz com que as preces e o trabalho sejam inúteis para que se obtenham os eventos futuros desejados, pois Deus, ao representar essa série de coisas como possível, antes de ter pensado em decretá-la levou também em consideração as preces futuras e as outras causas que produziriam efeitos; e estas impactaram a eleição dessa série e também, por conseguinte, os eventos que a compõem. E o que agora impulsiona Deus a agir ou a permitir já o havia impulsionado a decretar anteriormente o que ele iria fazer ou permitir.

45. E já indicamos antes que as coisas são determinadas pela presciência e providência divinas não absolutamente, isto é, independentemente do que faças ou não faças, mas a partir de suas causas e razões. Desse modo, se se dissesse que as preces, o zelo e o trabalho são inúteis, incidir-se-ia no *sofisma* que os antigos já chamavam *preguiçoso*[10]. *Vide* mais adiante os §§ 106-7.

46. Ora, a sabedoria infinita do Todo-Poderoso, aliada à sua bondade imensa, fez com que, uma vez tudo calculado, nada poderia ter sido mais bem-feito do que o foi por ele; ademais, fez com que todas as coisas sejam perfeitamente harmoniosas e conspirem entre si com a maior beleza: as causas formais ou almas com as causas materiais ou corpos; as causas eficientes ou naturais com as finais ou morais; o reino da graça com o reino da natureza.

47. E, por conseguinte, todas as vezes que uma coisa nos parece repreensível nas obras de Deus, deve-se julgar que não a conhecemos suficientemente e crer que um sábio que a compreendesse julgaria que não se poderia desejar nada de melhor.

48. Donde se segue também que não há uma felicidade maior do que aquela de servir a um mestre tão bom, e que, por conseguinte, Deus deve ser amado acima de todas as coisas e se deve ter total confiança nele.

49. Ora, a razão suprema para eleger a melhor série de coisas (seguramente esta mesma) foi Cristo θεάνθρωπος[11] – que, como a criatura elevada à mais alta perfeição, devia estar contido nesta série nobilíssima como uma parte do universo criado e, mais exatamente, como a sua cabeça –, a quem foi dado todo o poder no céu e na Terra, a quem todas as gentes devem se bendizer, por meio de quem toda criatura será livrada da servidão da corrupção e alcançará a liberdade da glória dos filhos de Deus.

50. Até aqui tratamos da providência geral; prosseguindo-se, a bondade, relacionada em especial às criaturas inteligentes, unida à sabedoria, constitui a *justiça*, cujo grau máximo é a *santidade*. Desse modo, a justiça, tomada num sentido tão amplo, não compreende

---

[10] Cf. *Teodiceia*, I, § 55, e III, § 367; "Resumo da controvérsia", terceira objeção.
[11] "Homem-Deus".

apenas o direito estrito, mas também a equidade e, mais ainda, a misericórdia legítima.

51. Observando a justiça em termos gerais, ela pode ser dividida em justiça considerada de maneira especial e santidade. A *justiça considerada de maneira especial* versa sobre o bem e o mal físico, estendida para as demais criaturas inteligentes; a *santidade* versa sobre o bem e o mal moral.

52. *Os bens e os males físicos* ocorrem tanto nesta vida como na vida futura. Nesta vida, muitos se queixam em geral de que a natureza humana está exposta a vários males, sem pensar o bastante que grande parte deles procede da culpa dos homens, os quais, na realidade, não reconhecem com gratidão suficiente os benefícios de Deus com relação a nós, e que a nossa atenção se dirige mais aos males do que aos bens.

53. A outros desagrada sobretudo que os bens e os males físicos não sejam distribuídos de acordo com os bens e males morais, isto é, que muitas vezes suceda o mal aos bons e o bem aos maus.

54. A essas queixas se devem dar duas respostas: primeiro, aquela que o apóstolo deu[12] de que as aflições deste tempo não são comparáveis com a glória futura que se revelará em nós; segundo, aquela que o próprio Cristo sugeriu por meio de uma comparação belíssima: se o grão de trigo que cai sobre a terra não morresse, não produziria frutos[13].

55. Por conseguinte, não apenas as aflições serão amplamente compensadas, mas servirão ainda ao crescimento da nossa felicidade; e não apenas esses males são úteis, como também são indispensáveis. *Vide* também o § 32.

56. Quanto à vida futura, a dificuldade é ainda mais grave, pois objeta-se que lá os bens serão igualmente vencidos pelos males, uma vez que poucos são os eleitos[14]. Orígenes, é verdade, suprimiu completamente a condenação eterna; alguns dos antigos pensaram que muito poucos deveriam ser condenados pela eternidade, dentre os

---

[12] Rm 8, 18.
[13] Jn 12, 24.
[14] Mt 22, 14.

quais estava Prudêncio; pareceu a alguns que todo cristão deveria ser salvo no fim, ao que Jerônimo parece ter-se inclinado ocasionalmente.

57. Mas não há razão para nos refugiarmos nessas opiniões paradoxais e rechaçáveis: a resposta verdadeira é que não se deve estimar toda a extensão do reino dos céus com base na nossa compreensão, pois pode ser que a glória dos bem-aventurados na visão divina seja tão grande que os males de todos os condenados não possam ser comparados com esse bem. As Escrituras reconhecem um número inacreditável de *anjos bem-aventurados*, e a própria natureza, esclarecida por descobertas recentes[15], nos revela uma grande *variedade de criaturas*, o que nos permite defender o maior valor do bem sobre o mal com mais comodidade do que Agostinho e outros antigos.

58. Certamente, nossa Terra não passa de um satélite de um Sol único, e há tantos sóis quanto estrelas fixas e é crível que haja um espaço muito grande além delas. Desse modo, nada impede que os sóis ou, sobretudo, as regiões que há além dos sóis sejam habitados por criaturas felizes, se bem que os planetas também podem ser ou se tornar lugares felizes semelhantes ao Paraíso. "Na casa do nosso Pai há muitas moradas"[16], disse Cristo em especial sobre o céu dos bem-aventurados, que alguns teólogos denominam império e situam para além dos astros ou sóis, embora não se possa afirmar nada de certo sobre o lugar dos bem-aventurados. Por ora, pode-se julgar verossímil que haja muitas moradas, umas mais felizes do que outras, para as criaturas racionais.

59. Desse modo, o argumento do grande número de condenados está fundado apenas na nossa ignorância, e uma única resposta o destrói – aquela que já indicamos, a saber, que, se conhecêssemos tudo, perceberíamos que não se pode desejar nada de melhor do que Deus fez. As penas dos condenados perseveram porque eles perseveram na sua maldade, com base no que um excelente teólogo, Johann Fecht, num primoroso livro sobre o estado dos condena-

---

[15] Cf. *Teodiceia*, I, § 91.
[16] Jn 14, 2.

dos[17], refuta bem aqueles que negam que os pecados mereçam castigo na outra vida, como se a justiça, que é essencial a Deus, pudesse cessar.

60. Enfim, as dificuldades mais graves se referem à *santidade de Deus*, isto é, à perfeição em relação aos bens e aos males morais dos outros seres. Ela o faz amar a virtude e odiar o vício, mesmo nos outros, e o afasta o máximo possível da desonra e do contágio com todo pecado. No entanto, os crimes reinam por todos os lados no próprio seio do império de Deus Todo-Poderoso. Mas, seja qual for a dificuldade, ela é superada até mesmo nesta vida com o auxílio da luz divina, de maneira que aqueles que são piedosos e amam Deus podem, quando for necessário, satisfazer-se nesse ponto.

61. Certamente, *objeta-se* que Deus concorre demasiadamente para o pecado e que o homem não concorre suficientemente – Deus *concorre demasiadamente para o mal moral*, física e moralmente, a partir de uma vontade produtiva e permissiva do pecado.

62. Observam que o concurso moral para o pecado ocorreria mesmo que Deus não contribuísse para o pecado por meio de sua ação, mas pelo menos o permitisse, isto é, não o impedisse quando podia fazê-lo.

63. Mas na realidade dizem que Deus concorre moral e fisicamente ao mesmo tempo, porque não apenas não impede os pecadores como também os auxilia de alguma maneira, fornecendo-lhes forças e ocasiões. Donde estas palavras das Sagradas Escrituras: "Deus endurece e incita os maus."[18]

64. A partir disso, alguns ousam inferir que Deus, ou dessas duas maneiras ou ao menos de uma delas, é cúmplice e até mesmo autor do pecado e chegam a destruir a santidade, a justiça e a bondade divinas.

65. Outros preferem minar a onisciência e a onipotência, numa palavra, a grandeza divina, como se Deus ignorasse os males ou não se preocupasse minimamente com eles e não pudesse enfrentar a torrente de males. Essa foi a opinião dos epicuristas e dos mani-

---

[17] Johannes Fecht, *De statu damnatorum*, 1708.
[18] Ex 7, 1-13; Rm 9, 18.

queus; e é algo semelhante a isso, embora mais mitigado, que ensinam os socinianos, que com razão querem tomar o cuidado de não macular a santidade divina, mas abandonam sem razão as demais perfeições de Deus.

66. Para responder, antes de mais nada, sobre o *concurso moral de permissão*, é preciso prosseguir o que começamos a dizer um pouco antes: que a permissão do pecado é lícita (isto é, moralmente possível) quando se descobre que é devida (isto é, moralmente necessária), a saber, quando não se pode impedir o pecado alheio sem que se cometa por si próprio uma ofensa, isto é, sem violação do que se deve aos outros ou a si mesmo. Por exemplo, um soldado colocado num posto não deve, sobretudo em tempos de perigo, deixá-lo para apartar dois amigos que se preparam para se enfrentar em um duelo. *Vide* também o § 38. E que Deus não deve fazer algo que não entendemos à maneira humana, mas θεοπρεπώς[19], já que, caso contrário, suas perfeições seriam rebaixadas.

67. Ademais, se Deus não tivesse escolhido a melhor série do universo (na qual o pecado intervém), teria admitido algo pior do que todo pecado das criaturas, já que teria rebaixado a sua própria perfeição e, depois disso, a dos demais. A perfeição divina não pode deixar de escolher o que há de mais perfeito, uma vez que o menos bom contém a natureza do mal. E todas as coisas seriam suprimidas caso se suprimisse Deus se ele padecesse de impotência, ou se o seu entendimento o enganasse, ou se a sua vontade desfalecesse.

68. O *concurso físico para o pecado* levou alguns a constituir Deus como causa e autor do pecado; desse modo, o mal de culpa seria também o objeto da vontade produtiva de Deus, e é apoiados nisso que os epicuristas e maniqueus mais nos atacam. Mas também aqui, iluminando o nosso espírito, Deus é o seu próprio defensor na alma piedosa e ávida pela verdade. Explicaremos, pois, como Deus concorre para o pecado não formal, mas materialmente, isto é, o que há de bem no mal.

---

[19] "Como convém a Deus".

69. Deve-se responder, pois, que não há nenhuma perfeição e realidade puramente positivas nas criaturas e nos seus atos que não se devam a Deus, mas que a imperfeição do ato consiste na privação e procede da limitação original das criaturas, que já a tinham pela sua essência, no estado de pura possibilidade (isto é, na região das verdades eternas ou das ideias que se apresentam ao entendimento divino), uma vez que o que não tivesse limitações não seria criatura, mas Deus. A criatura é dita limitada porque há limites ou fronteiras para a sua grandeza, potência, ciência e para qualquer perfeição sua. Assim, o fundamento do mal é necessário, mas a sua origem é contingente, isto é, é necessário que os males sejam possíveis, mas é contingente que sejam atuais; contudo, não é contingente que da potência se passe ao ato por causa da harmonia das coisas, em razão da sua conveniência com a melhor série de coisas, da qual fazem parte.

70. Mas, como a muitos parece vão – ou, ao menos, obscuro – o que dissemos da natureza privativa do mal, depois de Agostinho, Tomás, Lubinus[20] e outros filósofos antigos e modernos, vamos esclarecê-lo pela própria natureza das coisas para que nada pareça mais sólido; para isso, recorreremos à semelhança com algo sensível e material, que consiste igualmente numa natureza privativa e foi denominada *inércia natural dos corpos* por Kepler, esse insigne investigador da natureza.

71. Com efeito (para utilizar um exemplo fácil), quando o rio transporta barcos, imprime-lhes uma velocidade, limitada por sua própria inércia, de tal modo que os que estão mais carregados se movem mais lentamente (ocorre algo igual com todas as outras coisas). Dessa maneira, a velocidade procede do rio, e a lentidão, da carga; o positivo, da força que o empurra, e o privativo, da inércia do que é impulsionado[21].

---

[20] Eilhard Lubin, ou Lubinus (1565-1621), foi um teólogo, filósofo, matemático e cartógrafo alemão que exerceu o cargo de reitor na Universidade de Rostock. Publicou uma edição trilíngue do Novo Testamento e examinou o problema do mal em *Phosphorus sive de prima causa et natura mali* [*Fósforo ou A primeira causa e natureza do mal*], de 1601.

[21] Cf. a respeito do mesmo exemplo: *Teodiceia*, I, § 30, e III, § 335; "Resumo da controvérsia", quinta objeção.

72. Deve-se dizer que é da mesma maneira que Deus atribui perfeição às criaturas, mas uma perfeição limitada pela sua receptividade própria; assim, os bens procederiam da força divina, e os males, da torpeza da criatura.

73. Dessa maneira, o entendimento se equivocará frequentemente por falta de atenção e a vontade se abaterá frequentemente por falta de vivacidade todas as vezes que o espírito, que deveria tender a Deus, isto é, ao bem supremo, se detém por causa da inércia da criatura.

74. Até aqui respondemos àqueles que pensam que Deus concorre demasiadamente para o mal; devemos agora satisfazer aqueles que dizem que o *homem não concorre suficientemente* para o mal, ou não é suficientemente culpado ao pecar, para que por meio disso voltem a acusação contra Deus. Nossos adversários se esforçam em provar isso tanto pela debilidade da natureza humana como pela falta da graça divina, que é necessária para auxiliar a nossa natureza. Assim, examinaremos na natureza do homem tanto a sua corrupção como os vestígios da imagem divina desde o seu estado de integridade.

75. Consideraremos tanto a origem como a constituição da *corrupção humana*. A origem procede tanto da queda dos primeiros humanos como da propagação do contágio. Com relação à queda, é preciso examinar a sua causa e a sua natureza.

76. *A causa da queda*, isto é, a razão pela qual o homem caiu, com Deus sabendo, permitindo e favorecendo isso, não deve ser buscada no poder despótico de Deus, como se a justiça e a santidade não fossem atributos dele, o que efetivamente seria verdadeiro se não houvesse nelas o cálculo do reto e do justo.

77. Não se deve tampouco procurar a causa da queda numa certa indiferença de Deus em relação ao bem e ao mal, ao justo e ao injusto, como se ele próprio os tivesse constituído arbitrariamente. Se isso fosse admitido, seguir-se-ia que ele teria podido instituir qualquer coisa, com o mesmo direito e razão, isto é, com nenhum deles, o que reduziria a nada todo elogio de sua justiça e até mesmo de sua sabedoria, visto que não haveria nenhuma escolha nas suas ações e nenhum fundamento de escolha.

78. Não se deve tampouco situar a causa da queda numa vontade de Deus imaginada que não seria nem santa nem digna de ser amada, como se ele não tivesse em consideração senão a glória de sua grandeza e como se, sem bondade e por uma cruel misericórdia, tivesse tornado os homens infelizes a fim de ter com o que ser misericordioso; e que, por uma justiça perversa, tivesse querido que fossem pecadores, a fim de ter o que punir – coisas que são dignas de um tirano e completamente estranhas à verdadeira glória e perfeição, cuja beleza reside não apenas na grandeza, mas também na bondade.

79. Mas a verdadeira raiz da queda está na imperfeição e debilidade original das criaturas, que faziam com que o pecado estivesse incluído na melhor série possível das coisas, o que já havíamos afirmado antes. Donde resultou que a queda tenha sido permitida justamente, não obstante a virtude e a sabedoria divinas, e que até mesmo as mantendo ela não podia não ser permitida.

80. *A natureza da queda* não deve ser concebida, como faz Bayle, como se Deus tivesse condenado Adão, em punição de seu pecado, a ter de pecar também no futuro e (na execução da sua sentença) tivesse infundido nele uma natureza pecaminosa. Antes, essa natureza foi consequência da força mesma do primeiro pecado, como por uma conexão física, do mesmo modo que da ebriedade nascem muitos outros pecados.

81. Advém em seguida *a propagação do contágio* originado pela queda dos primeiros homens, que atinge as almas de seus descendentes. Parece que não se pode explicar de maneira mais adequada do que se estabelecendo que as almas dos descendentes já estavam infectadas em Adão. A fim de entender isso melhor, deve-se saber, a partir das observações e teorias mais recentes[22], que a formação dos animais e das plantas não se efetua a partir de uma massa indistinta, mas a partir de um corpo em alguma medida já pré-formado, latente na semente e animado há muito tempo. Donde segue-se que, pela força da bendição divina originária, já existiam havia muito tempo, no protoplasto de cada espécie, rudimentos orgânicos de todos os viventes (e, para os animais, pelo menos, sob a forma de

---

[22] Cf. *Teodiceia*, I, § 91.

animais, ainda que imperfeitos) e, de certo modo, as próprias almas, todas as quais iriam se desenvolver com o tempo. Mas é preciso dizer que as almas e os princípios vitais das sementes destinadas aos corpos humanos subsistiram com os demais animálculos seminais que não tinham essa destinação na condição de natureza sensitiva, até que se separaram dos demais por meio da concepção final, e que simultaneamente o corpo orgânico se dispôs segundo a forma humana e a sua alma se elevou ao grau de racionalidade (não determino se por uma operação ordinária ou extraordinária de Deus).

82. A partir disso, parece também que não sustentamos a preexistência da racionalidade; no entanto, poder-se-ia pensar que não apenas o organismo humano, mas também a própria racionalidade já estavam preestabelecidos nos germes preexistentes e preparados por Deus para se produzirem algum dia em um ato, por assim dizer, assinalado, anterior à sua execução, e, ao mesmo tempo, que a corrupção introduzida na alma pela queda de Adão, embora essa alma não fosse ainda humana e o estado de racionalidade lhe fosse acrescentado apenas posteriormente, acabou por se transformar numa natureza pecaminosa original. De resto, foi mostrado, por descobertas muito recentes, que o princípio vital e a alma procedem unicamente do pai e que, na concepção, a mãe fornece uma espécie de envoltório (na forma de óvulo, segundo se diz) e o crescimento necessário para a perfeição do novo corpo orgânico.

83. Assim se suprimem as dificuldades filosóficas sobre a origem das formas e das almas, a imaterialidade da alma e, ainda, a sua indivisibilidade, que faz com que uma alma só possa nascer de outra alma.

84. Suprimem-se também as dificuldades teológicas sobre a corrupção das almas, de maneira que não se pode dizer que uma alma racional pura, preexistente ou criada de novo, seja introduzida à força por Deus numa massa corrupta para ela própria também se corromper.

85. Haveria, assim, uma espécie de tradução[23], mas mais razoável do que aquela que Agostinho e outros autores ilustres sustentaram: não de alma para alma (que foi rechaçada pelos antigos, como é

---

[23] Cf. *Teodiceia*, I, §§ 86 ss.

evidente desde Prudêncio, e não está de acordo com a natureza das coisas), mas de ser animado para ser animado.

86. Até aqui tratamos da causa da nossa corrupção; agora trataremos de sua *natureza* e constituição, que consistem no pecado original e do que dele se deriva. O pecado original tem uma força suficiente para tornar os homens débeis nas coisas naturais e mortos nas coisas espirituais antes da regeneração; seu entendimento é voltado para o sensível, e sua vontade, para o carnal, de modo que, por natureza, somos filhos da ira.

87. Apesar disso, não se deve conceder a Bayle e aos outros adversários que impugnam a bondade divina, ou que em todo caso a obscurecem com algumas objeções, que aqueles que morrem antes de ter um uso suficiente da razão, submetidos apenas ao pecado original e sem pecado atual (como as crianças que morrem antes do batismo e fora da Igreja), sejam necessariamente destinados ao fogo eterno, pois é preferível deixar tais casos à clemência do Criador.

88. Elogio nesse ponto a moderação de Johann Hülsemann, de Johann Adam Osiander[24] e de alguns outros teólogos ilustres da Confissão de Augsburgo, que logo depois se inclinaram nesse sentido.

89. Não estão extintas por completo as centelhas da imagem divina, das quais falaremos mais adiante, mas elas podem ser novamente estimuladas até as coisas espirituais pela graça prévia de Deus, de tal modo, contudo, que a graça sozinha opere a conversão.

90. Mas o pecado original não torna a massa corrompida da espécie humana completamente alheia à benevolência universal de Deus. Pois Deus amou tanto o mundo que, embora este jazesse no mal, entregou seu único filho aos homens.

91. O *pecado derivado* é duplo: atual e habitual, nos quais consiste o exercício da corrupção, de modo que esta varia nos graus e nas modificações e se manifesta de maneira variada nas ações.

92. O pecado *atual* consiste tanto nas ações exclusivamente internas como nas compostas de ações internas e externas; e é tanto

---

[24] Johann Adam Osiander (1622-1697) foi um teólogo luterano alemão que exerceu o cargo de reitor na Universidade de Tübingen.

de comissão como de omissão; e é tanto culposo devido à debilidade de nossa natureza como malicioso devido à depravação da alma.

93. O pecado *habitual* se origina das ações más, sejam frequentes, sejam pelo menos fortes por causa da grande quantidade ou magnitude das impressões. E, desse modo, a malícia habitual acrescenta um grau de malignidade à corrupção original.

94. Entretanto, embora essa servidão do pecado se difunda pela vida inteira do não regenerado, não se deve concluir que nenhuma das ações do não regenerado seja jamais verdadeiramente virtuosa e até mesmo inocente, mas sempre formalmente pecaminosa.

95. Com efeito, mesmo os não regenerados podem agir às vezes por amor à virtude e ao bem público, sob o impulso da reta razão e até por consideração a Deus, sem a isso se mesclar a menor intenção de ambição, de proveito próprio ou de paixão carnal.

96. Não obstante, as suas ações procedem de uma raiz infectada e de algo depravado (ainda que às vezes no modo habitual, apenas).

97. De resto, essa corrupção e depravação humana, por maiores que sejam, não tornam por isso o homem desculpável nem o eximem de culpa, como se não agisse com espontaneidade e liberdade suficientes; com efeito, subsistem *vestígios da imagem divina*, que fazem com que a justiça de Deus se mantenha a salvo na punição dos pecadores.

98. Os vestígios da imagem divina consistem tanto na luz inata do entendimento quanto na liberdade congênita da vontade. Ambas são necessárias para toda ação virtuosa ou viciosa, a saber, para que conheçamos e queiramos o que fazemos, e para que possamos também nos abster deste pecado que cometemos, contanto que façamos uso delas com zelo suficiente.

99. A *luz inata* consiste tanto em ideias incomplexas como em noções complexas que nascem daquelas. Assim sucede que Deus e sua lei eterna estejam inscritos nos nossos corações, embora sejam muitas vezes obscurecidos pela negligência dos homens e pelas paixões dos sentidos.

100. Essa luz se prova, contra certos escritores recentes, tanto pelas Sagradas Escrituras, que atestam que a lei de Deus foi inscrita

em nossos corações[25], como pela razão, visto que as verdades necessárias só podem ser demonstradas por princípios implantados no espírito, e não pela indução dos sentidos. Com efeito, a indução das coisas singulares nunca leva a se inferir a necessidade universal.

101. A liberdade também permanece a salvo, por maior que seja a corrupção humana, de maneira que, embora seja indubitável que o homem vá pecar, nunca é necessário que cometa o ato de pecar que comete.

102. A liberdade está isenta tanto da necessidade como da coação. A *necessidade* não é produzida nem pela futurição das verdades, nem pela presciência ou preordenação de Deus, nem pela predisposição das coisas.

103. A *futurição* não produz a necessidade. Com efeito, embora a verdade dos futuros contingentes esteja determinada, a certeza objetiva ou a determinação infalível da verdade que está neles não deve ser de nenhum modo confundida com a necessidade.

104. *A presciência ou preordenação de Deus* tampouco impõe a necessidade, embora também ela própria seja infalível. Com efeito, Deus viu as coisas na série ideal dos possíveis tais como haveriam de ser e, dentre elas, o homem pecando livremente; e, ao decretar a existência desta série, não alterou a sua natureza nem tornou necessário o que era contingente.

105. A *predisposição das coisas* ou série das causas tampouco prejudica a liberdade. Com efeito, embora nunca ocorra algo a respeito do qual não se possa dar a razão e nunca exista uma indiferença de equilíbrio (como se na substância livre e fora dela todas as coisas tendessem alguma vez a dois opostos de modo igual), já que sempre existem certas preparações na causa agente e nas causas concorrentes – denominadas "predeterminações" por alguns –, é preciso dizer que essas determinações são apenas inclinantes e não necessitantes, de maneira que uma certa indiferença ou contingência permanece sempre a salvo. E nunca há em nós uma paixão ou apetite tão grande a ponto de a ação se seguir necessariamente, pois, enquanto o homem for dono de sua mente, mesmo que esteja estimu-

---

[25] Jr 31, 33; Rm 2, 14-5; 2 Cor 3, 2.

lado muito fortemente pela ira, pela sede ou por uma causa semelhante, pode, entretanto, sempre encontrar alguma razão para resistir ao impulso, e por vezes basta unicamente o pensamento de exercer sua liberdade e seu poder em relação às paixões.

106. Desse modo, tanto a predeterminação como a predisposição a partir das causas, tal qual descrevemos, estão longe de introduzir uma necessidade contrária à contingência, ou seja, contrária à liberdade ou à moralidade; antes, distingue-se o destino dos maometanos do destino dos cristãos, o destino absurdo do destino racional, uma vez que os turcos não se preocupam com as causas, ao passo que os cristãos e todos os que as conhecem deduzem o efeito a partir da causa.

107. Os turcos, com efeito, como se sabe (embora eu não creia que todos sejam tão tolos), pensam que é inútil evitar a peste e os demais males sob o pretexto de que as coisas futuras ou decretadas ocorrerão *não importa o que se faça*, o que é falso, visto que a razão nos ensina que aquele que certamente morrerá de peste muito certamente tampouco evitará as causas da peste. Sem dúvida, como bem se diz num provérbio alemão, a morte quer ter uma causa. E o mesmo se dá com todos os demais eventos. *Vide* o § 45.

108. Tampouco há *coação* nas ações voluntárias: embora as representações das coisas externas possam influir muito sobre a nossa mente, a nossa ação voluntária é, no entanto, sempre espontânea, de tal maneira que o seu princípio está no agente. É o que se explica mais claramente do que foi feito até agora por meio da harmonia preestabelecida desde o princípio por Deus entre corpo e alma.

109. Até aqui tratamos da debilidade da natureza humana; agora devemos falar do *auxílio da graça divina*, cuja falta é objetada pelos nossos antagonistas a fim de se transferir novamente a culpa do homem para Deus. A graça pode ser concebida de duas maneiras: uma, como suficiente para aquele que quer; outra, como eficaz para nos fazer querer.

110. Deve-se dizer que *a graça suficiente para aquele que quer* não é negada a ninguém. Àquele que faz o que pode fazer não há de faltar a graça necessária, diz um velho provérbio; e Deus só abandona aquele que o abandona, como o próprio Agostinho assinalou, seguindo autores mais antigos que ele. Essa graça suficiente é ou

ordinária, em virtude do verbo e dos sacramentos, ou extraordinária, devendo ser deixada a Deus, como aquela que ele utilizou em relação a Paulo.

111. Com efeito, embora muitos povos nunca tenham recebido a doutrina salvadora de Cristo e não seja crível que a sua predicação teria sido vã para aqueles a quem ela faltou, dado que o próprio Cristo afirma o contrário em relação a Sodoma[26], não é necessário que alguém se salve sem Cristo ou seja condenado, ainda que tenha feito tudo o que pôde por natureza. De fato, as vias de Deus não foram todas exploradas por nós e não sabemos se ele não fornece algum auxílio por uma razão extraordinária pelo menos àqueles que estão a ponto de morrer. Deve-se, com efeito, considerar como certo, também conforme o exemplo de Cornélio[27], que, se há alguns que se utilizaram bem da luz que receberam, a estes será dada a luz de que carecem, porque não a receberam ainda, ainda que deva ser-lhes dada apenas no momento mesmo da morte.

112. Assim como os teólogos da Confissão de Augsburgo reconhecem uma espécie de fé nos filhos dos fiéis purificados pelo batismo, embora não apareça nenhum vestígio dela, nada impediria que Deus concedesse extraordinariamente e em plena agonia àqueles aos quais nos referimos, embora não fossem ainda cristãos, essa luz necessária que lhes faltou até então durante suas vidas.

113. Por conseguinte, também οἱ ἔξω[28], aos quais apenas a predicação externa foi negada, devem ser deixados à clemência e à justiça do Criador, embora não saibamos a quem Deus socorrerá, nem por qual razão poderosa ele o fará.

114. Mas em todo caso é certo que a *graça mesma de querer* não é dada a todos, sobretudo aquela que é coroada por um final feliz. A partir disso, os adversários da verdade acusam Deus de misantropia ou ao menos de parcialidade por procurar a miséria dos homens e por não salvar a todos embora pudesse fazê-lo, ou no mínimo por não eleger aqueles que merecem.

---

[26] Mt 10, 15.
[27] At 10, 1-48.
[28] "Aqueles que estão fora da Igreja".

115. E, seguramente, se Deus tivesse criado a maior parte dos homens apenas para que a sua malícia e miséria servissem à glória da sua própria justiça, não se poderia louvar nele nem a bondade, nem a sabedoria, nem mesmo a verdadeira justiça.

116. E em vão se repõe o argumento de que ante ele não somos nada, não mais que os vermes em relação a nós, pois essa escusa, longe de atenuar, apenas aumentaria a sua dureza, uma vez eliminada por completo toda filantropia, se Deus não cuidasse dos homens não mais do que cuidamos dos vermes, dos quais não podemos nem queremos cuidar. Mas nada escapa à providência de Deus por causa de sua pequenez, nem se confunde por causa de sua grandeza; ele alimenta os passarinhos, ama os homens, vela pelo sustento daqueles e prepara, no que depende dele, a felicidade destes.

117. Se alguém fosse longe a ponto de sustentar que o poder de Deus está tão solto e tão isento de regras que ele tem direito de condenar até mesmo um inocente, então não se veria mais onde está a sua justiça ou que diferença haveria entre um princípio do mal que goza das coisas e um semelhante governador do universo, ao qual se poderia atribuir com justiça *misantropia* e tirania.

118. Com efeito, esse Deus manifestamente deveria ser temido pela sua grandeza, mas não haveria de ser amado pela sua bondade. Os atos tirânicos decerto não excitam o amor, mas o ódio, por maior que seja a potência do agente e até mesmo quanto maior for a sua potência, apesar de o medo reprimir as manifestações desse ódio.

119. E os homens que veneram um semelhante mestre seriam, ao imitá-lo, afastados da caridade e impulsionados para a dureza e a crueldade. Assim, fizeram mal aqueles que, sob o pretexto da existência de um direito absoluto em Deus, atribuíram a ele atos tais que seriam forçados a admitir que um homem agiria pessimamente se agisse dessa maneira, do mesmo modo que alguns se deixam levar a ponto de dizer que o que é depravado nos demais não o seria em Deus, porque a ele não se impõe nenhuma lei.

120. A razão, a piedade e Deus nos ordenam a acreditar em coisas muito diferentes a respeito dele. Sua sabedoria suprema, conjugada à bondade soberana, faz com que ele observe com superabundância as leis da justiça, da equidade e da virtude; que cuide de

todos, mas sobretudo das criaturas inteligentes, que fez à sua imagem; que produza tanta felicidade e virtude quanto comporta o melhor modelo do universo; e não admita nenhum outro vício e miséria além daqueles que eram exigidos e foram admitidos na melhor série.

121. E, ainda que nos pareça que não somos nada em comparação com o próprio Deus infinito, é justamente o privilégio de sua infinita sabedoria poder cuidar de modo perfeitíssimo de seres infinitamente inferiores a ele. Embora nenhum desses seres se compare com ele em nenhuma proporção assinalável, eles mantêm entre si a proporção e exigem a ordem que Deus lhes estabeleceu.

122. Nisso os geômetras imitam Deus de um certo modo, graças à nova análise dos infinitesimais, que os faz extrair, da comparação recíproca de quantidades infinitamente pequenas e inassináláveis, conclusões mais importantes e úteis do que se acreditaria nas próprias grandezas assináláveis.

123. Rechaçada, pois, essa misantropia perfeitamente odiosa, sustentamos com todo o direito uma suprema *filantropia* nesse Deus que quis seriamente que todos alcançassem o conhecimento da verdade, que todos se convertessem do pecado para a virtude, que todos fossem salvos, e manifestou a sua vontade pelos múltiplos auxílios da sua graça. Se o que ele quis não se realizou sempre, deve-se atribuí-lo unicamente à resistência maligna dos homens.

124. "Mas", dirás, "a sua potência soberana teria podido vencê-la." Admito-o, digo eu; mas ele não estava obrigado a fazê-lo por nenhuma lei, tampouco alguma razão procedente de outra parte o impelia.

125. Insistirás que uma benignidade tão grande quanto aquela que atribuímos com justiça a Deus teria de ter ultrapassado o que tinha de fazer e que Deus, que é perfeito, deveria, até mais do que isso, fazer o melhor, partindo da própria bondade de sua natureza.

126. Aqui, pois, deve-se recorrer, com Paulo, aos tesouros da suprema sabedoria, que certamente não permitiram que Deus exercesse violência na ordem das coisas e em suas naturezas sem lei nem medida, nem que se perturbasse a harmonia universal e se elegesse uma série de coisas que não fosse a melhor. Ora, estava contido nesta série que todos fossem deixados à sua liberdade e alguns, ade-

mais, à sua perversidade; e assim concluímos porque foi o que se realizou. *Vide* o § 142.

127. Contudo, a filantropia universal de Deus, isto é, a sua vontade de salvar todos os homens, manifesta-se com clareza nos próprios auxílios que proporcionou a todos, inclusive aos reprovados, com suficiência e até mesmo amiúde com superabundância, embora a graça não seja vitoriosa em todos.

128. De resto, não vejo por que seria necessário que a graça, quando alcança o seu efeito completo, o conseguisse sempre por causa da sua própria natureza, isto é, que ela fosse por si mesma eficaz, pois pode ocorrer de a mesma medida de graça não alcançar em um, por causa da sua resistência ou das circunstâncias, o efeito que alcança em outro. E não vejo como se poderia provar, seja pela razão, seja pela revelação, que a graça vitoriosa é sempre suficiente para superar a resistência, por maior que seja, e as incongruências das circunstâncias, por maiores que sejam. Não é próprio de um sábio admitir forças supérfluas.

129. Não nego, entretanto, que alguma vez Deus não se sirva daquela graça triunfante contra os obstáculos maiores e contra a obstinação mais severa para que pensemos que jamais se deve desesperar-se com alguém, embora não se possa constituir a partir disso nenhuma regra.

130. É um erro muito mais grave atribuir aos eleitos a graça, a fé, a justificação, a regeneração, como se (embora a experiência o contradiga) πρόσκαιροι[29] fossem todos hipócritas e não recebessem nenhuma assistência espiritual do batismo, nem da eucaristia, nem em geral do verbo e dos sacramentos; ou como se nenhum eleito, uma vez justificado, não pudesse recair no crime, isto é, no pecado deliberado; ou ainda, como outros preferem dizer, como se, em meio aos seus crimes, o eleito não perdesse a graça da regeneração. Estes são os mesmos que têm o costume de exigir do fiel uma convicção firmíssima de fé final e negam, assim, que essa fé se imponha aos reprovados e consideram que lhes é ordenado crer em algo falso.

---

[29] "Aqueles que não tiveram fé durante a vida".

131. Mas essa doutrina, entendida com mais rigor, ainda que puramente arbitrária, privada de todo fundamento e totalmente estranha às opiniões da Igreja antiga e do próprio Agostinho, poderia ter uma influência sobre a vida prática e engendrar no homem reprovado uma convicção temerária na sua salvação futura ou no homem piedoso uma dúvida angustiosa quanto à sua admissão atual na graça, e em ambos os casos não sem perigo de desleixo ou desespero – eis por que, depois do despotismo, é a essa espécie de particularismo que mais me oponho.

132. Mas felizmente a maioria tempera o rigor dessa novidade tão grande e paradoxal, e os defensores restantes de uma doutrina tão perigosa se mantêm na pura teoria, sem levar para a prática as suas perversas consequências; aqueles dentre eles que são piedosos trabalham para a sua salvação, em conformidade com um dogma melhor, com um temor filial e com uma confiança cheia de amor.

133. Podemos estar seguros da fé, da graça e da nossa justificação presente, na medida em que somos conscientes do que nos ocorre presentemente; temos uma boa esperança em nossa perseverança no futuro, mas uma esperança moderada pelo cuidado, pois o apóstolo[30] adverte que aquele que está de pé deve procurar não cair. Mas não devemos descuidar da piedade por causa da persuasão da nossa eleição nem confiar no arrependimento futuro.

134. Isso deve bastar com relação à misantropia imputada a Deus. Agora devemos mostrar que não se pode com justiça censurá-lo por parcialidade, como se a sua eleição carecesse de razão. O fundamento da eleição é Cristo, mas, se alguns participam menos do que outros de Cristo, a causa disso está na sua maldade final, que Deus previu reprovando-os.

135. Mas (caso se pergunte de novo): por que auxílios diferentes, sejam internos, sejam pelo menos externos, são dados a pessoas distintas que, em alguns casos, vencem a maldade e, em outros, são vencidas por ela? Sobre esse ponto nasceram opiniões divergentes: a alguns parece claro que Deus ajudou mais os menos malvados ou aqueles que no mínimo opunham menos resistência; a outros pare-

---

[30] 1 Cor 10, 12.

ce que um auxílio igual teve mais eficácia nestes últimos; outros ainda, ao contrário, não querem que o homem se diferencie de nenhuma maneira ante Deus pela prerrogativa de uma natureza melhor ou, em todo caso, menos malvada.

136. É indubitável que entre as razões que inclinam o sábio a eleger está a consideração das qualidades do objeto. Entretanto, o valor do objeto, tomado de maneira absoluta, não constitui sempre uma razão para a eleição, mas na maioria das vezes se tem uma consideração maior da conveniência da coisa com relação a um determinado fim, em uma hipótese determinada relativa às coisas.

137. Assim, pode ocorrer que, numa construção ou decoração, não se eleja a pedra mais bela ou mais preciosa, mas aquela que preenche melhor o lugar vazio.

138. Mas o mais seguro é estabelecer que todos os homens, quando estão espiritualmente mortos, são igualmente maus, embora não de maneira semelhante. Assim, diferenciam-se por suas inclinações perversas, e disso resultará que serão preferidos aqueles que, em virtude da série das coisas, acham-se nas circunstâncias mais favoráveis, nas quais encontraram menos ocasião (certamente com êxito) de pôr a nu sua depravação peculiar e mais ocasião de receber a graça conveniente.

139. Desse modo, também os nossos teólogos, seguindo a experiência, reconheceram uma diferença considerável entre os homens, pelo menos quanto aos auxílios externos da salvação, mesmo quando a graça interna era igual em todos; e, no que diz respeito à economia das circunstâncias externas que nos afetam, elas se refugiam no βάθος[31] de Paulo, porque frequentemente os homens se pervertem ou se emendam pela sorte do nascimento, da educação, das convivências, do modo de vida e dos eventos fortuitos.

140. Assim, fora de Cristo e da previsão da perseverança final no estado de salvação, pela qual a ele nos unimos, nenhum fundamento da eleição ou do dom da fé nos é dado a conhecer, nem se deve estabelecer nenhuma regra cuja aplicação possa ser reconhecida por nós, isto é, por meio da qual os homens poderiam adular a si mesmos ou insultar os outros.

---

[31] "Abismo". Cf. Rm 11, 33.

141. Pois, algumas vezes, Deus vence uma depravação insólita e uma obstinação extrema em resistir para que ninguém se desespere da misericórdia, como Paulo indica a respeito de si mesmo; algumas vezes, aqueles que foram bons por muito tempo desfalecem na metade do caminho para que ninguém confie demais em si mesmo; na maior parte das vezes, no entanto, aqueles que têm menos depravação para resistir e maior interesse pela verdade e pelo bem experimentam mais fortemente o fruto da graça divina, para que ninguém pense que a maneira como os homens conduzem-se não afeta em nada sua salvação. *Vide* o § 112.

142. Mas o próprio βάθος mantém-se oculto nos tesouros da sabedoria divina ou no Deus oculto, e (o que é o mesmo) na harmonia universal das coisas, que fez com que esta série do universo, que compreende os eventos que admiramos e os juízos que adoramos, tenha sido julgada por Deus como a melhor e preferível de todas. *Vide* o § 126.

143. O teatro do mundo corpóreo nos mostra cada vez mais nesta vida, à luz da própria natureza, a sua elegância, desde que os sistemas do macrocosmo e do microcosmo começaram a se abrir a partir das descobertas recentes.

144. Mas a parte suprema das coisas, a cidade de Deus, é um espetáculo cuja beleza seremos dados a conhecer mais de perto por fim, quando formos iluminados pela luz da glória divina. Agora, com efeito, só se pode alcançá-la por meio dos olhos da fé, isto é, por uma confiança muito firme na perfeição de Deus: quanto mais compreendermos que ele não exerce apenas a potência e a sabedoria, mas também a bondade da mente suprema, mais nos escandeceremos do seu amor e mais nos inflamaremos para imitar de alguma maneira a bondade e a justiça divinas.

Tabela I

TRATADO APOLOGÉTICO DA CAUSA DE DEUS (§ 1)

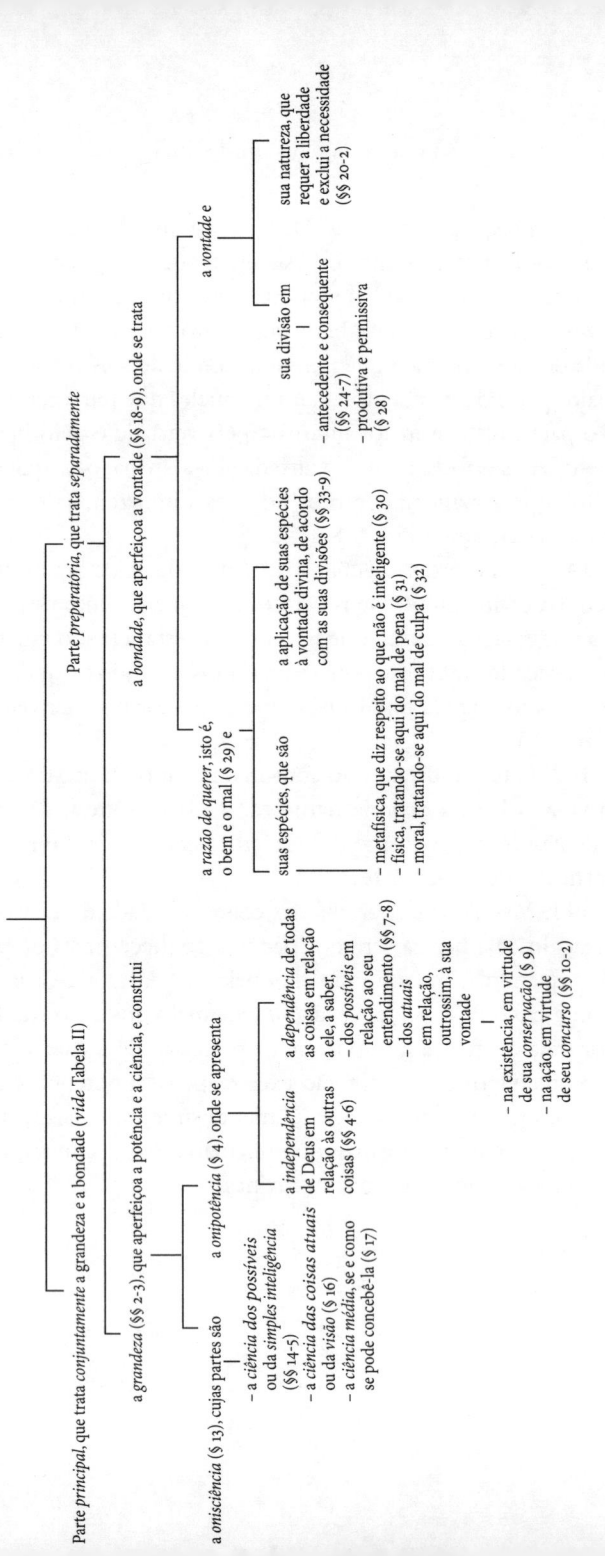

- **Parte *principal*, que trata *conjuntamente* a grandeza e a bondade (*vide* Tabela II)**
  - a *grandeza* (§§ 2-3), que aperfeiçoa a potência e a ciência, e constitui
    - a *onisciência* (§ 13), cujas partes são
      - a *onipotência* (§ 4), onde se apresenta
        - a *ciência dos possíveis* ou da *simples inteligência* (§§ 14-5)
        - a *ciência das coisas atuais* ou da *visão* (§ 16)
        - a *ciência média*, se e como se pode concebê-la (§ 17)
      - a *independência* de Deus em relação às outras coisas (§§ 4-6)
      - a *dependência* de todas as coisas em relação a ele, a saber,
        - dos *possíveis* em relação ao seu entendimento (§§ 7-8)
        - dos *atuais* em relação, outrossim, à sua vontade
          - na existência, em virtude de sua *conservação* (§ 9)
          - na ação, em virtude de seu *concurso* (§§ 10-2)

- **Parte *preparatória*, que trata *separadamente***
  - a *bondade*, que aperfeiçoa a vontade (§§ 18-9), onde se trata
    - a *razão de querer*, isto é, o bem e o mal (§ 29) e
      - suas espécies, que são
        - metafísica, que diz respeito ao que não é inteligente (§ 30)
        - física, tratando-se aqui do mal de pena (§ 31)
        - moral, tratando-se aqui do mal de culpa (§ 32)
      - a aplicação de suas espécies à vontade divina, de acordo com as suas divisões (§§ 33-9)
    - a *vontade* e
      - sua divisão em
        - antecedente e consequente (§§ 24-7)
        - produtiva e permissiva (§ 28)
      - sua natureza, que requer a liberdade e exclui a necessidade (§§ 20-2)

Tabela II

Tratado principal da causa de Deus sobre a grandeza e a bondade *conjuntamente* (§ 40), no que diz respeito

- **às criaturas inteligentes e seu governo (§ 50), onde se trata da**
  - **às criaturas em geral, onde se trata da *providência* (§§ 41-9)**
  - ***santidade* de Deus no que diz respeito ao bem e ao mal moral (§§ 60-1), ao que se objeta**
    - que o *homem* não concorre suficientemente (§ 74) por uma falta
      - da natureza, no que se devem observar
        - os vestígios da integridade (§ 98) na
          - luz do entendimento (§§ 98-100)
          - liberdade da vontade, que não é suprimida (§§ 101-8), onde se responde às objeções
        - a sua corrupção (§ 75) e
        - sua constituição, que consiste no pecado
          - derivativo (§ 91)
          - atual (§ 92)
          - habitual (§§ 93-6)
      - original, onde se examina em que medida ele causa a danação (§§ 84-90)
      - a queda do primeiro homem e sua
        - constituição (§ 80)
        - causa, no que diz respeito
          - ao homem (§ 79)
          - a Deus (§§ 76-8)
        - propagação nos descendentes, onde se trata da origem da alma (§§ 81-5)
  - ***justiça* de Deus considerada *especialmente*, no que diz respeito ao bem e ao mal físicos dos seres inteligentes na vida presente ou na vida futura (§§ 51-9)**
    - que *Deus* concorre demasiadamente para o pecado, isto é, ao mal moral (§§ 61-5)
      - *moralmente*, ao permitir a falta. Mas mostra-se que isso se realiza em virtude de uma necessidade moral superior (§§ 66-7)
      - *fisicamente*, ao cooperar. Mas mostra-se que isso se realiza porque o mal envolve alguma bondade (§§ 68-73)
- **da *graça* (§ 109), que é**
  - *eficaz para nos fazer querer* e não é concedida a todos (§ 114) sem
    - *misantropia* (§§ 115-27), onde se trata da graça de Deus, vitoriosa por si quando se produz (§§ 128-9); dos benefícios de Deus, equivocadamente dirigidos aos poucos eleitos (§§ 130-3)
    - *parcialidade*, onde se trata da razão da eleição em Cristo (§§ 134-8); mas, na razão última das coisas singulares e na economia das circunstâncias, deve-se reconhecer um βάθος (abismo), porque a consideração do infinito entra na harmonia das coisas (§§ 139-44)
  - *suficiente para aquele que quer* e é concedida a todos; um grau mais elevado não é recusado àqueles que utilizaram bem o grau que lhes foi concedido, e ela é
    - ordinária (§ 110)
    - extraordinária (§§ 111-3)

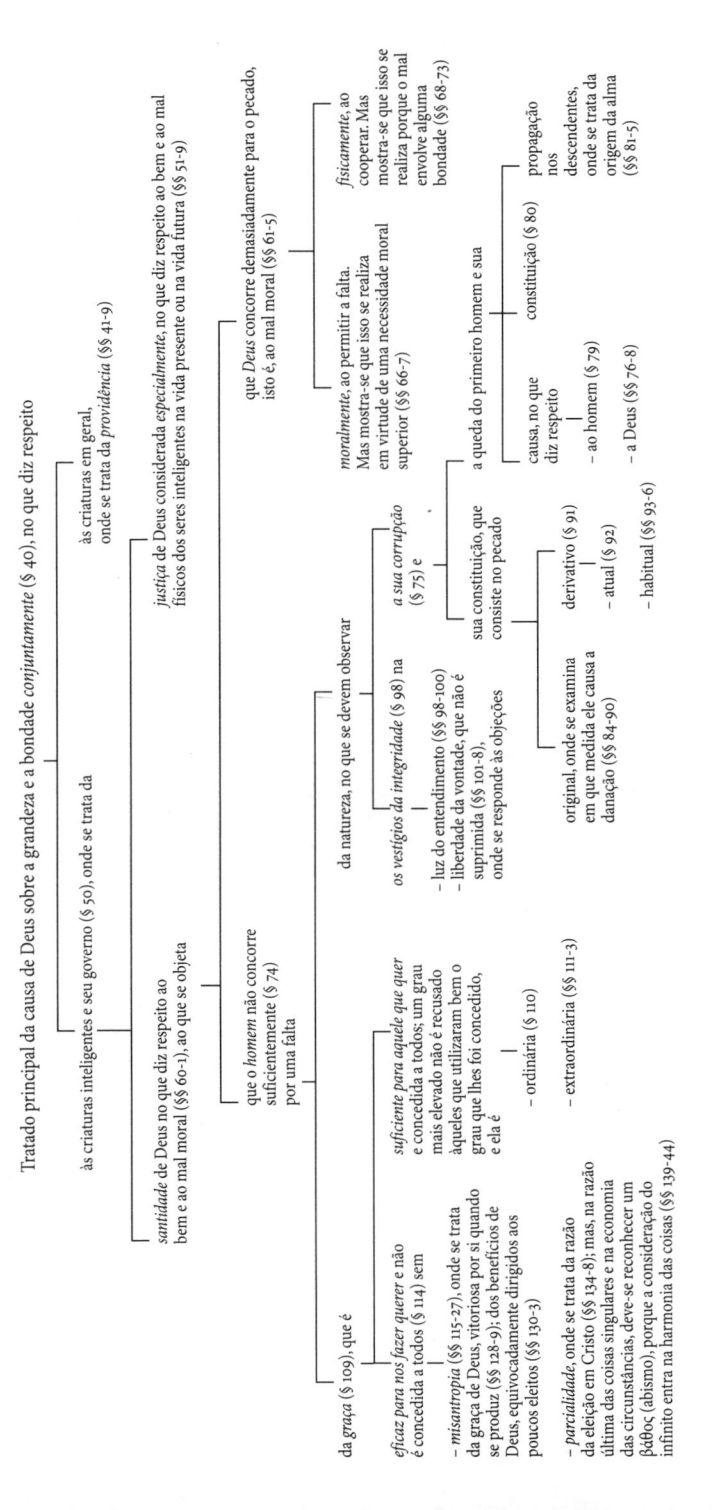

ENSAIO DE UMA TEODICEIA OU DOUTRINA DA JUSTIÇA DIVINA SOBRE A BONDADE DE DEUS, A LIBERDADE DOS HOMENS E A ORIGEM DO MAL[1]

Reflexões sobre a conformidade da fé com a razão

1. Começo com a seguinte pergunta provisória, já que se trata de uma questão que tem grande peso na nossa obra e foi constantemente abordada por Bayle: até que ponto a fé e a razão estão em conformidade e até que ponto a sabedoria mundana pode ser empregada na doutrina divina? Pressuponho que duas verdades não podem se contradizer e que o que é relativo à fé consiste na verdade que Deus revelou de maneira extraordinária; mas a razão não é senão uma cadeia ou conexão de verdades, particularmente aquelas (quando se deixa a fé de lado) que o entendimento alcança com as suas próprias forças, sem o auxílio da revelação. Essa descrição da razão (a saber, a sã e verdadeira) pareceu estranha a alguns que têm o hábito de repreendê-la e que a entendem num sentido demasiadamente amplo. Eles admitiram que esse significado dado por mim nunca tinha chegado aos seus ouvidos, pois talvez nunca tivessem falado sobre isso com alguém que lhes esclarecesse acerca de tais coisas de modo claro e ordenado. No entanto, eles tiveram de conceder que não se

---

[1] O presente texto, que tem como título original *Versuch einer Theodicaea oder Gottrechts-Lehre von der Güthigkeit Gottes, Freiheit des Menschen und Ursprung des Bösen*, é uma versão alemã dos *Ensaios de teodiceia*, versão que Leibniz iniciou, mas não concluiu. Nele estão contidos os sete primeiros parágrafos do "Discurso sobre a conformidade da fé com a razão". O escrito foi editado por Carl Immanuel Gerhardt juntamente com o restante da *Teodiceia* no volume VI de *Die Philosophischen Schriften von Gottfried Wilhelm Leibniz*.

pode censurar a razão entendida nesse sentido. É justamente nesse sentido, porém, que às vezes a razão é contraposta à experiência, pois, uma vez que o trabalho da razão é conectar diferentes verdades, ela tem o direito de fazer a mesma coisa com aquelas que são fornecidas pela experiência e, com base nisso, extrair conclusões de maneira mista de ambas. Contudo, à medida que se considera a razão apenas por si mesma e se a contrapõe à experiência, ela ensina propriamente as verdades cuja prova não deve nada aos sentidos externos. A fé pode ser, pois, comparada com a experiência, pelo menos no que diz respeito às bases sobre as quais ambas as verdades se fundamentam. Pois, quanto à sua reputação, a fé depende completamente da experiência daqueles que observaram o milagre, pelo qual a revelação é confirmada, e de relatos credíveis, por meio dos quais o mesmo milagre chega ao nosso conhecimento – assim como nos baseamos na experiência daqueles que viram a China e, graças à sua credibilidade, confiamos nas suas narrativas ao acreditar nos maravilhosos relatos sobre essas terras distantes. Mas o movimento interno do Espírito Santo – que se apossa das nossas almas e as guia para o bem, isto é, para a fé e o amor, sem que sejam necessários outros motivos – será tratado em outro lugar.

2. As verdades de razão são de dois tipos: o primeiro são aquelas denominadas *verdades morais*, que são de uma necessidade tão ilimitada que as suas contrárias encerram contradição, e tal necessidade é denominada lógica, metafísica ou geométrica, a qual não pode ser negada sem se cair na conclusão mais descabida. O segundo tipo são as denominadas *verdades legais*, porque constituem aquelas leis que Deus deu à natureza conforme o seu querer ou que decorrem dessas leis. Reconhecemos as verdades legais ou pela experiência e, por assim dizer, detrás, ou pela razão e pela frente, isto é, a partir de sua origem, a saber, pelo exame do que é mais conveniente, o que levou Deus a estabelecer as coisas assim. E, embora essa conveniência e esse bem-estar também tenham as suas regras e causas, não é por meio de uma necessidade interna e mensurável ou geométrica das coisas, mas da eleição de Deus que o mais conveniente manteve a prioridade e se tornou algo. E pode-se dizer assim que a necessidade física ou natural se fundamenta naquela moral ou ética, porque

as leis da natureza se fundamentam na eleição do sábio, como convém à sua sabedoria. Essas duas necessidades se diferenciam, contudo, da geométrica, que faz com que algo só possa ser assim e não de outro modo. A necessidade física é, pois, aquela que faz a ordem na natureza e consiste naquelas regras do movimento e outras leis gerais que Deus prescreveu às coisas quando lhes concedeu a sua existência (que se dá, portanto, de acordo com a sua natureza, mas não é atada à sua essência). Por conseguinte, resta, a partir disso, que Deus não produziu essas regras por uma razão extraordinária, na medida em que não elege nada, por assim dizer, de uma ideia qualquer, ou como que da sorte e sem diferenciação, como se tudo fosse igual para ele, mas elege com sabedoria. Contudo, tais regras do bem e da ordem (na natureza) que o levaram a agir assim podem em alguns casos ser sobrepujadas por razões mais importantes de uma ordem superior (da graça).

3. Com base nisso, notamos que Deus, cujas criaturas promulgam algo das suas leis uma vez dadas, poderia produzir nelas efeitos que elas não poderiam alcançar por natureza precisamente quando ele produz milagres. Quando Deus, pois, eleva as criaturas a uma perfeição e força mais nobres do que têm por natureza, os escolásticos a denominam força obediente (*potentiam obedientialem*), porque a criatura alcança tal força quando, por assim dizer, obedece à advertência daquele que lhe pode dar algo que ela não tem, embora esses escolásticos geralmente apresentem um exemplo disso que considero impossível, como quando dizem que Deus poderia dotar a criatura da capacidade de criar algo a partir do nada. Por outro lado, é bem provável também que Deus produza (embora não propriamente) alguns milagres por meio dos anjos, mas não há nada nisso que seja sobrenatural, e as leis da natureza tampouco são violadas com isso, assim como quando as pessoas auxiliam a natureza por meio da arte, visto que a arte e a força dos anjos se diferenciam da nossa apenas pelo grau mais elevado de sua perfeição. Contudo, continua sendo sempre verdadeiro que as leis da natureza podem ser afrouxadas pelo legislador e que milagres verdadeiramente sobrenaturais podem ser produzidos. As denominadas verdades eternas, por sua vez, assim como se dá na arte da medida (arte do cálculo, arte da dedução), não sofrem absolutamente nenhuma exceção; a

fé tampouco pode ser-lhe contrária. Assim, uma objeção irrefutável não pode ser feita contra a verdade, pois, quando se trata de uma demonstração fundamental – que é deduzida de axiomas certos ou relatos inquestionáveis por meio de uma conexão contínua de verdades irrepreensíveis –, a conclusão deve ser certa e irrefutável e a contrária, por sua vez, necessariamente falsa, porque, de outro modo, duas proposições diretamente contrárias poderiam ser simultaneamente verdadeiras. Se uma tal objeção não detém nem certeza nem consequências claras, não pode tampouco produzir uma certeza total, mas apenas uma probabilidade, o que não pode fazer nada contra a fé, pois se está de acordo que os mistérios da religião chocam com a aparência externa das coisas. Note-se também que Bayle, na resposta a Le Clerc publicada após a sua morte, não queria sustentar que pudesse haver algumas objeções irrefutáveis contra a doutrina da fé – e, com isso, todas as dificuldades supostamente insuperáveis e todas as polêmicas anteriores da razão com a fé desaparecem de uma só vez.

> *Hi motus animorum atque haec discrimina tanta*
> *Pulveris exigui jactu compressa quiescunt.*[2]

4. Tanto os teólogos protestantes como os católicos estão de acordo quanto às suas sentenças (que foram até o momento esclarecidas por mim) quando examinam a coisa com cuidado. E tudo o que é dito contra a razão atinge apenas uma suposta e corrompida razão, que é enganada por aparências falsas. E o mesmo ocorre em especial com o conceito que temos da justiça e bondade divinas, pois alguns supõem que a razão seria muito afligida com elas. Sobre isso, fala-se às vezes como se não tivéssemos absolutamente nenhuma instrução ou descrição desses dois atributos de Deus, ou como se não soubéssemos absolutamente nada do que eles significam. Dessa maneira, porém, não teríamos nenhum motivo para conferir-lhe esses atributos ou louvá-lo por causa deles. Todavia, a sua bondade, justiça e sabedoria não se diferenciam dos atributos que se encontram em nós senão porque são incomparavelmente, ou melhor, infi-

---

[2] "Estes ataques de ira e estes terríveis combates acalmar-se-ão e terminarão lançando-se um pouco de pó" (Virgílio, *Geórgicas*, IV, 86-7).

nitamente mais perfeitas (e, assim, em relação à nossa razão, embora ele seja muito superior, não lhe é contrária). Dessa forma, os conceitos simples das coisas, as verdades necessárias e as conclusões mais fundamentais da filosofia (isto é, os três atos conhecidos da mente) não são contrários às revelações divinas. E, se algumas proposições filosóficas são por ora rejeitadas na teologia, isso ocorre porque se considera que elas têm então uma necessidade apenas física e moral e só esclarecem como as coisas normalmente devem ocorrer, mas não como devem ocorrer sempre e infalivelmente; por conseguinte, fundamentam-se tão somente numa crença que pode falhar se Deus achar bom desviar o curso comum.

5. Com base no que eu expus até agora, esclarece-se que aqueles que, por assim dizer, voltam-se tanto contra a filosofia como contra a teologia ou a razão e a fé são assaz injustos no seu modo de falar e não distinguem bem o que *esclarecer, compreender, demonstrar e sustentar* envolvem; até mesmo Bayle, por mais perspicaz que tenha sido, caiu diversas vezes nessa confusão. Embora os mistérios possam ser elucidados, ao menos tanto quanto é exigido para saber no que se crê, não se pode compreendê-los e tampouco mostrar o que se passa com eles, da mesma maneira que, na explicação da natureza, muitas propriedades que são percebidas pelos sentidos podem até um certo grau ser esclarecidas apenas de maneira imperfeita, porque não as compreendemos inteiramente. Tampouco é possível demonstrar os mistérios pela razão, pois apenas o que se deixa demonstrar pela frente ou pela razão pode também ser compreendido. Portanto, nada mais nos resta (se atribuirmos fé aos mistérios, porque somos convencidos da verdade da religião com base em fundamentos críveis) senão poder defendê-los contra[3] todas as objeções, já que sem isso não teríamos fundamento suficiente para acreditar neles, pois tudo o que pode ser refutado com certeza absoluta deve ser necessariamente falso, de maneira que as demonstrações das verdades da religião, que só podem, sem a revelação, produzir uma grande credibilidade, uma certeza denominada moral, seriam não

---

[3] Na edição de Gerhardt se encontra "*Demnach bleibt uns nichts übrig als daß wir dieselben wieder allerhand Einwürffe behaupten können [...]*". Acreditamos que aqui apareça a palavra "*wieder*" (novamente) em vez de "*wider*" (contra) em virtude de um erro tipográfico.

apenas igualadas, mas completamente sobrepujadas por tais objeções irrefutáveis que trazem consigo uma certeza absoluta. Assim, este pequeno discurso poderia bastar para suspendermos as dificuldades que costumam se originar da utilização da razão e da sabedoria mundana na religião, quando não se trata de pessoas que já foram anteriormente arrebatadas [por essas objeções] e necessitam, assim, de uma explanação mais ampla. Por isso, porque a coisa é importante e foi tornada muito confusa, não será sem serventia falar um pouco mais detalhadamente sobre isso.

6. A questão do acordo entre fé e razão sempre foi um grande ponto de disputa. Na primeira Igreja, os mais doutos dos doutores cristãos sustentavam-na junto com a filosofia platônica, que lhes agradava mais e estava mais em voga naquela época. Pouco a pouco, Aristóteles tomou o lugar de Platão, visto que se começou a gostar de *systematibus*[4] ou edifícios doutrinários, e que a própria teologia, com base nas conclusões dos concílios gerais, tornava-se cada vez mais uma arte da ordem, na qual foram estipuladas certas expressões para serem utilizadas nas doutrinas. Agostinho, Boécio e Cassiodoro, no Ocidente, e João Damasceno, no Oriente, foram os que mais contribuíram para que a teologia tomasse a forma de uma ciência, para não falar dos seus sucessores Beda, Alcuíno, Rabani, Anselmo e vários outros teólogos que eram bem versados na sabedoria mundana, até que finalmente os escolásticos lograssem fundir completamente a sabedoria mundana com a teologia, graças à vida ociosa nos mosteiros, que davam ensejo para estender os limites de suas contemplações profundas, e ao auxílio da filosofia aristotélica traduzida do árabe. Com isso, a maior parte das questões que se sucederam foram produto do cuidado de unir a fé com a razão. Contudo, não se alcançou o escopo desejado porque a teologia, devido ao estado ruim das épocas, à ignorância e aos preconceitos obstinados, estava muito deteriorada. Também a filosofia, pelos seus próprios equívocos deveras grandes, tomou parte dos erros que se ocultavam na teologia, assim como esta, por sua vez, tinha motivo para se queixar de sua ligação com uma filosofia obscura e altamente imperfeita. Entretanto, deve-se reconhecer, junto com o excelente

---

[4] "Modelos sistemáticos".

Grotius, que às vezes, sob a imundície do latim bárbaro dos monges, ocultava-se ouro. Essa é a razão pela qual desejei mais de uma vez que um homem engenhoso, que tivesse uma ocupação ligada ao ensino da língua dos escolásticos, selecionasse o melhor dela, e fosse um outro Petau ou Thomassin, e desejasse fazer o mesmo que esses dois homens doutos fizeram em relação aos seus antecessores. Isso seria uma obra muito útil e importante para a história eclesiástica, por meio da qual a história da doutrina na Igreja seria desenvolvida, desde o tempo em que a erudição se restabeleceu e as coisas ganharam um novo aspecto bem mais amplo até a atualidade. Pois muitas doutrinas se tornaram vigentes apenas depois do Concílio de Trento, como as da *praedeterminatione physica, scientia media, peccato philosophico, praecisionibus objectivis*[5] – como as coisas eram denominadas –, entre outras, tanto na erudição especulativa e contemplativa dos assuntos divinos como também na erudição prática e relativa à ação, que lida com questões de consciência.

7. Algum tempo antes da alteração e grande divisão na Igreja Ocidental, que até agora persevera, havia na Itália uma espécie de sábios mundanos que combatiam esse acordo da fé com a razão que defendemos. Eles eram denominados *averroístas* por serem adeptos de um famoso árabe que era chamado também de *o Comentador* porque, dentre os seus compatriotas, ele parecia ser aquele que tinha entendido melhor Aristóteles. Averróis, que se movia no rastro do intérprete grego, sustentava que, depois de Aristóteles, depois da razão mesma (que era então una), a imortalidade da alma não poderia ter lugar. Ele fez a seguinte dedução: a espécie humana é, de acordo com Aristóteles, eterna; assim, a não ser que a alma que se encontra em vários corpos não morra, a espécie humana deve-se degenerar na transmigração das almas, o que o filósofo, entretanto, refutou; ou, então, se as almas antigas permanecessem e novas almas diariamente nascessem no mundo, como Aristóteles pretendia, desde a eternidade até agora, deveria se admitir uma quantidade infinita de tais almas que se originaram desde a eternidade e se conservam duradouramente. Ora, de acordo com Aristóteles, uma quantidade realmente infinita seria impossível, e disso se seguiria que as almas,

---

[5] "Predeterminação física, ciência média, pecado filosófico, precisões objetivas".

isto é, aqueles seres que dão a vida aos corpos orgânicos (*formae corporis organici*), morreriam junto com os corpos e ao menos a força paciente do entendimento (*intellectus passivus*), que cada um possui à sua maneira, seria aniquilada e nada permaneceria senão o entendimento ativo (*intellectus agens*), que, como este escritor imaginava, seria comum a todas as pessoas e, segundo Aristóteles, estaria fora de nós e agiria em todas as partes em que encontrasse instrumentos eficazes, assim como o vento produz uma espécie de música quando sopra nos tubos de um órgão bem-feito. Ora, essa assim chamada demonstração fundamental era muito fraca, na medida em que não se julga que Aristóteles tenha refutado completamente a transmigração das almas ou demonstrado a eternidade da espécie humana; ademais, é falso que uma quantidade efetivamente infinita seja impossível. Não obstante, os aristotélicos consideravam essa conclusão irrefutável e, com base nisso, imaginavam que abaixo da Lua, na nossa esfera, haveria um certo ser inteligente que atravessaria tudo, do qual nós participaríamos e que constituiria o nosso intelecto ativo. Outros, entretanto, que aderiam menos a Aristóteles, atinaram até mesmo que haveria uma alma comum que seria a fonte de todas as almas singulares não apenas abaixo da Lua, mas em todo o universo, e deveria ser a única a ter uma duração permanente, ao contrário das outras, que nascem e morrem. De acordo com essa opinião, as almas nasceriam, como as gotas fluem de sua fonte, assim que achassem um corpo que pudessem animar, e morreriam depois que o corpo se desfizesse; e elas se reuniriam então com a sua fonte novamente, assim como os rios se perdem no mar.

GRÁFICA PAYM
Tel. [11] 4392-3344
paym@graficapaym.com.br